Moskau und der Goldene Ring

Altrussische Städte an Moskva, Oka und Volga.
Aufgezeichnet von Andrea Hapke und Evelyn Scheer

Trescher
Reihe Reisen

2. Auflage 2003

Reinhardtstraße 9
10117 Berlin
www.trescherverlag.de
post@trescherverlag.de

ISBN 3-89794-024-8

Trescher-Reihe Reisen
Herausgegeben von Sabine Fach und Bernd Schwenkros

Satz und Bildbearbeitung: Tom Schülke
Reihenentwurf: Robert Schumann
Lektorat: Sabine Fach, Corinna Grulich
Lektorat Russisch: Elena Kretzschmar
Aktualisierungen von Annette v. Helmrich-Elgott, mit freundlicher Unterstützung von Lernidee Reisen
Stadtpläne und Karten: Bernd Schwenkros, Johann Maria Just

Bildnachweis: Andrea Hapke, Evelyn Scheer; außer: Uwe Dippelt: S. 221; Falk Haberkorn: S. 46, 48, 92, 144, 145, 175; Michael Kardaetz: S. 115, 159; Renate Loose: S. 154 re. o.; Wedigo Scheer: S. 95, 321, 430, 528; Michael Schroedter: S. 51, 55, 73, 94, 96, 104 u., 118, 154, 156, 161, 174, 176, 204, 221, 332, 380, 390 u., 391, 394, 439, 517, 519, 520, 523; Henrik Schulze: S. 426
Textnachweis: Andrea Hapke, Evelyn Scheer; Gerd Schmidt: S. 53–62; Bert Konopatzky: S. 242–244; Jana Schröder: S. 299–303

Gedruckt auf chlorfrei gebleichtem Papier.
Printed in Germany.

ЗНАЧКИ

ПРОДАЮ!
КУПЛЮ
АВТОМОБИЛЬ
БУХГАЛТЕРСКОГО УЧЕТА
СНИМУ. КУПЛЮ

„ПРОИЗВОДСТВЕННОЕ СОВЕЩАНИЕ"
РЫЧАГ ПРОИЗВОДСТВА
ДВУХНЕДЕЛЬНЫЙ ЖУРНАЛ ЛГСПС
ПОДПИСНАЯ ЦЕНА НА ОДИН МЕСЯЦ 30 КОП.
КОНТОРА И РЕДАКЦИЯ ДВОРЕЦ ТРУДА ТЕЛ. 509-07, 183-83
ЛЕНИНГРАД

Vorwort

Im 19. Jahrhundert beschrieb ein Reisender Rußland als das Land der Kirchen, der Türme, das Land der traurigen Überlieferungen, der Volksmärchen und der Grabmäler. Und noch heute ziehen die mächtigen Kreml, die goldenen Kuppeln und Glockentürme der Kirchen und Klöster mit ihrer magischen Kraft und Poesie Reisende in ihren Bann. Sie zeugen von der hohen Meisterschaft der altrussischen Baukunst, die die Epoche vom 11. bis in das 17. Jahrhundert prägte.

In den altrussischen Städten haben sich die Besonderheiten der russischen Kultur und Baukunst, die jeder Kunstliebhaber und insbesondere jeder Russe spürt, herausgebildet. Auf ihre Spuren möchte sich das Reisebuch begeben und einen Einblick in die wechselvolle russische Geschichte ermöglichen.

Das Herz des alten Rußland pulsiert im modernen Moskau, im Kreml, dem Sitz der höchsten weltlichen Macht, in den alten Klöstern, in den holprigen Gassen und schäbigen Höfen, die sich beinahe ihren ländlichen Charakter bewahrt haben.

Viele mittelalterliche Städte Rußlands sind älter, scheinen beeindruckender als das im 12. Jahrhundert gegründete Moskau, doch wird eine Reise durch die alten russischen Städte in Moskau beginnen.

Im Umkreis von zwei- bis vierhundert Kilometern von Moskau befinden sich die allgemein mit dem bedeutungsvollen Begriff ›Goldener Ring‹ zusammengefaßten altrussischen Städte: Sergiev Posad, Vladimir, Suzdal', Jur'ev-Pol'skij, Pereslavl'-Zalesskij. Aus den ehemals mittelalterlichen Festungsanlagen haben sich altrussische Kunstzentren entwickelt, deren alte Kreml, Klöster und Kirchen mit den prachtvollen Mosaiken, herrlichen Ikonen und unermeßlich wertvollen Kirchenschätzen den provinziellen Alltag der Städtchen überragen.

Der ›Goldene Ring‹, eine der beliebtesten Reiserouten von Touristen, führt durch mehrere Gebiete der sogenannten ›Nichtschwarzerdezone‹, verkündet ein Reiseführer, der in den 80er Jahren in der Sowjetunion verlegt wurde. Er führt in Städte, die sich auf einer genau festgelegten Reiseroute befinden und alljährlich von unzähligen Reisegruppen und Touristen besucht wurden.

Aber auch abseits der klassischen Reiseroute ›Goldener Ring‹ hält sich manches Kleinod versteckt: An der Oka ragen rätselhaft Kolomna, Rjazan' und Murom auf, bevor der Fluß in die Volga mündet und sich die alten Handelsstädte Nižnij Novgorod, Jaroslavl' und Kostroma dem Betrachter öffnen.

Doch auch unsere Auswahl ist nicht vollständig. Im Norden Rußlands befinden sich die altrussischen Städte Novgorod und Pskov, die in den Ausführungen keinen Platz erhalten haben. Es ist eine Referenz an die neue Zeit, denn ein Besuch der beiden Städte, losgelöst von St. Petersburg, der modernen Metropole Rußlands, erscheint wenig sinnvoll und ist verkehrstechnisch schwer zu bewältigen.

Wir haben uns um einen vorsichtigen Zugang zu den Problemen der Gegenwart bemüht, ist doch ein Reiseführer – bei aller Sorgfalt und Bemühung um Sachlichkeit – auch ein verborgen subjektiver Reisebericht, eine Auswahl an Themen, Orten, Reflexionen, die nicht immer leichtgefallen ist.

Wir bitten um Verständnis, wenn aufgrund der Schnellebigkeit und der Veränderungen, die Rußland ergriffen haben, einige Informationen schneller als absehbar veralten, ein Café aus unerfindlichen Gründen plötzlich geschlossen hat, oder eine Kirche, an der gestern noch gebaut wurde, heute geöffnet ist.

Die Autorinnen und der Verlag sind um so mehr für Hinweise und konstruktive Vorschläge dankbar.

Andrea Hapke und Evelyn Scheer, Sommer 2003

Hinweise zur Benutzung des Reisebuches

Das vorliegende Reisebuch möchte dazu beitragen, Rußland dem deutschsprachigen Leser näherzubringen. Ob als Anregung oder Reisegefährte – es ist sowohl für Individualtouristen als auch für Reisegruppen gedacht, wobei es nicht beansprucht, vollständig zu sein.

Im ersten Teil sollen allgemeine Informationen eine Annäherung an Land und Leute ermöglichen. Einen besonderen Schwerpunkt bilden die Stadtgeschichte und Baukunst Altrußlands, mit denen jeder Besucher von Moskau und den Städten am ›Goldenen Ring‹ konfrontiert wird. Ergänzt wird das Einführungskapitel durch einen deutsch-russischen Sprachführer, wobei die Übertragung der wissenschaftlichen Transliteration folgt. Bei der Schreibweise von Orts- und Personennamen wird in der Regel die russische Form verwendet, mit der Ausnahme von Bezeichnungen wie ›Moskau‹ oder ›Jelzin‹, die sich im Deutschen eingebürgert haben.

Die folgenden Abschnitte sind einzelnen Städten und Regionen gewidmet. Besonders ausführlich wird Moskau beschrieben. Nach einer Einführung und praktischen Tips werden Rundgänge durch einzelne Stadtteile empfohlen und Anregungen für Ausflüge in die Umgebung gegeben. Danach werden die Regionen – der ›Goldene Ring‹, das Land an der Oka und die Städte an der Volga – vorgestellt; ihre Besonderheiten und Geschichte hervorgehoben. In den jeweiligen Kapiteln sind Exkurse zu finden, die vertiefende Informationen zu Themen wie Literatur oder Kunst bieten. In den Infokästen findet man praktische Reisetips wie Hotels, Restaurants oder Museen.

Den Beschreibungen sind Stadtpläne beigefügt. Sie sollen die Orientierung erleichtern. In den Karten sind die Orts- und Straßennamen russisch angegeben, in den Beschreibungen sowohl in russisch als auch in lateinischer Umschrift.

Praktische Reisetips beschließen das Buch. Preise für Hotelübernachtungen oder Fahrkarten werden in US-Dollar angegeben, um somit eine Vorstellung vom Preisniveau in Rußland zu vermitteln, ohne auf die Inflation Rücksicht nehmen zu müssen. Im Anhang sind weiterführende Literaturhinweise und ein Glossar zu finden.

Zeichenlegende

 Allgemeine Informationen

 Restaurant

 Postamt, Telegraf

 Café

 Busbahnhof

 Museen

 Bahn

 Theater, Kino- und Konzerthäuser

 Flughafen

 Einkaufsmöglichkeiten

 Anlegestellen, Schiffsausflüge

 Buchladen

 Hotel, Übernachtungsmöglichkeit

Im Buch wurden folgende Abkürzungen verwendet:

ul. (ул.) – ulica (Straße)
per. (пер.) – pereulok (Gasse)
pr. (пр.) – prospekt (Prospekt)
pl. (пл.) – ploščad' (Platz)
bul. (бул.) – bul'var (Boulevard)
nab. (наб.) – naberežnaja (Uferstraße)
bol. (бол.) – bol'šoj (groß)

»Denn um etwas zu sagen, zu schreiben, muß man mit dem ganzen Eisen des Geistes, des Herzens ›diesen Druck‹ bejahen, – Rußland, wie es jetzt ist, ganz bis auf die Knochen, das von Zimmer zu Zimmer, von Tür zu Tür, von Tor zu Tor, von Straße zu Straße jagende Rußland, das russische Leben mit seiner klotzigen Schwerfälligkeit, seiner Angst um die eigene Haut, seiner Geducktheit, – Rußland mit seinem Eingeweide und dem kernigen Fluch, aber auch mit dem großen geliebten Herzen und

der unbedingten freien Einfachheit – das russische Leben mit seinem einzigen glühenden Durst nach Freiheit.«

Alexej Remizov,
›Aus dem flammenden Rußland zu den Sternen‹

Annäherung an Rußland

Geschichte Rußlands

»Wir besitzen den Schlüssel, der alle Epochen aufschließt, manchmal benutzen wir ihn schamlos, werfen einen eiligen Blick durch den Türspalt, erpicht auf schnellfertige Urteile, doch sollte es auch möglich sein, uns schrittweis zu nähern, mit Scheu vor dem Tabu, gewillt, den Toten ihr Geheimnis nicht ohne Not zu entreißen.«

Christa Wolf, Medea

Rußland ist das Land der Verheißung, das in uns Hoffnung und Sehnsucht weckt und uns zugleich durch oft unverständliches Geschehen mit Grauen erfüllt. Rußland ist das Land mit dem Januskopf, das Brückenland zwischen Europa und Asien, dessen Geschichte Bände füllt, und deren wichtigste Ereignisse seit dem 9. Jahrhundert an dieser Stelle in gebotener Kürze dargestellt werden sollen.

Schon die Überschrift – Geschichte Rußlands – birgt eine Ungenauigkeit. Es geht nicht nur um die Geschichte Rußlands, sondern auch um die der alten Rus'. Rußland ist aus einem Kernraum erwachsen, der nicht mehr als das Gebiet der oberen Dvina, der oberen Volga und des oberen und mittleren Dnepr umfaßte. Von Rußland, dem Staat Rossija, kann erst seit dem 16. Jahrhundert gesprochen werden, als er nach mehreren Kolonisations- und Expansionsschüben ein gewaltiges Territorium mit auch nichtrussischen Völkern umfaßte.

Am Zusammenfluß von Oka und Volga – Nižnij Novgorod

Das Land

Die Geschichte der alten Rus' und des europäischen Rußland westlich des Urals wurde durch geographische Voraussetzungen, die sich langfristig auf Kultur, Wirtschaft und Gesellschaft auswirkten, bestimmt. Sie spielte sich in einem Raum ab, der geprägt wurde durch die Russische Tafel, die sich zwischen Baltischem Schild, den Karpaten, dem Jaila-Gebirge auf der Krim und dem Ural erstreckt. Der unendlichen Weite des flachen Landes fehlen natürliche Grenzen. Im Osten ist der Ural leicht passierbar und bietet so einen Übergang zur Westsibirischen Tiefebene. Im Norden öffnet sich der Großraum ungeschützt, denn die das Land durchquerenden Gebirge verlaufen, außer am Südrand, meridional. Immer wieder kommt es vor, daß selbst während des Sommers kalte arktische Luftmassen weit nach Süden durchbrechen können, in deren Folge es in der russischen Landwirtschaft sehr viel häufiger zu Mißernten als in mittel- oder westeuropäischen Ländern kommt. Mißernteserien zogen in der Vergangenheit Hungersnöte nach sich, die die Widerstandskräfte der Menschen schwächten und Epidemien nach sich zogen, die die wirtschaftliche und demographische Entwicklung Altrußlands beeinflußten.

Die kontinentale Landmasse wird von einem Flußsystem gegliedert, wobei die großen Flüsse in Nord-Süd-Richtung verlaufen. Eine Wasserscheide, die vom Weißrussischen Landrücken über die Valdai-Höhen zum Nordrussischen Landrücken verläuft, teilt das europäische Rußland in einen nördlichen und einen südlichen Teil. Alle großen Flüsse fließen von dieser Wasserscheide den Meeren zu, die Westliche Dvina der Ostsee, der Dnepr dem Schwarzen Meer und die Volga dem Kaspischen Meer. Da sich die Wasserscheide relativ leicht überbrücken läßt, ist Rußland auf dem Flußweg vor allem in Nord-Süd-Richtung gut zu durchqueren. Bevor man in der Lage war, Kanäle zu bauen, wurden die Schiffe zwischen den Flüssen über Land transportiert. Die Schleppstellen wurden Voloki genannt und sind noch heute in vielen Ortsnamen enthalten.

Rußland ist von einem extrem kontinentalen Klima geprägt. Es liegt, oft verkannt, hoch im Norden, Moskau zum Beispiel auf der Höhe von Kopenhagen. Langen, kalten und schneereichen Wintern folgen kurze, heiße und nicht besonders trockene Sommer. Dazwischen lag früher die Zeit der Rasputica, die Zeit der schlechten Wege. Die Schneeschmelze im Frühjahr und die Herbstregen machten das Land praktisch unpassierbar. Nur im Winter wurde das Verkehrsproblem gemildert, wenn die zugefrorenen Flüsse mit Schlitten befahrbar wurden. Welche Ausmaße die schlechten Verkehrsbedingungen in einem großen Land wie Rußland hatten, läßt sich leicht ausdenken. Erst 1830 wurde zwischen St. Petersburg und Moskau eine befestigte Straße angelegt. 1838 entstand die erste Eisenbahnverbindung.

In Abhängigkeit vom Klima erstrecken sich von Norden nach Süden Vegetationszonen, die Tundra, die Waldzone, die Steppe und entsprechend eine Abfolge von verschiedenen Bodengürteln. Der am weitesten verbreitete Bodentyp sind die Wald- oder Podsolböden, die für die Landwirtschaft nur befriedigende Erträge bringen, wenn sie regelmäßig gedüngt werden. Von den russischen Bauern wurden schon im frühen Mittelalter wegen ihrer Fruchtbarkeit die grauen Waldböden geschätzt, wie sie sich im Bereich der nördlichen Waldsteppe und im Laubwaldgürtel ausgebildet haben. Zwischen Kljaz'ma und oberer Volga befand sich das Gefilde von Vladimir, eine in den Podsolgürtel eingelagerte Insel lößartiger, grauer Waldböden, weshalb diese Gegend während des 10. bis 12. Jahrhunderts schneller und dichter besiedelt wurde als die umliegenden Landschaften. Dadurch wurde die Grundlage geschaffen, um das politische Machtzentrum der alten Rus' aus dem südlichen Kiev nach Nordosten, nach Vladimir, verlegen zu können.

Die ökonomische Entwicklung Rußlands wurde wesentlich von den klimatischen und geographischen Bedingungen beeinflußt. Mehrere Teufelskreise ökonomischer Stagnation führten dazu, daß Rußland bis in die sowjetische Zeit hinein ein agrarisch geprägtes Land blieb, dessen Städte, Handel und Industrie sich erst spät entwickelten. Die Offenheit des Landes nach allen Seiten hatte zur Folge, daß es leicht von außen erobert werden konnte, wie der Mongolensturm im 13. Jahrhundert gezeigt hatte. Doch Napoleons Rußlandfeldzug 1812 und Hitlers Unternehmen ›Barbarossa‹ 1941/42 mußten scheitern, nachdem die Invasoren in die Weite des Landes gelockt und dort aufgerieben worden waren.

Die unermeßliche Weite begünstigte im Inneren das Entstehen eines autokratischen Systems. Durch die großen Entfernungen waren Regierungsmaßnahmen nur schwer durchsetzbar und forderten einen stark zentralistisch organisierten Staat. Unzufriedene konnten sich leicht der Obrigkeit entziehen. Bauern, aber auch Herren entzogen sich ihren Verpflichtungen und wanderten bis Ende des 18. Jahrhunderts in die Weite des Landes ab. Wer sich mit seinem Nachbarn stritt, konnte ihm ausweichen, indem er wegzog, allein die Mühe des Rodens von Wald auf sich nehmend.

Die ostslavische Landnahme

Die Urheimat der Slaven wird nördlich der Karpaten zwischen Weichsel, Dvina und Oberem Dnepr vermutet. Im Verlaufe der slavischen Wanderbewegung seit dem 6./7. Jahrhundert drangen Ostslaven in Gebiete Rußlands ein. Sie schlossen sich zu Stämmen zusammen und gründeten befestigte Siedlungen. Schon die älteste russische Chronik, die ›Erzählung der vergangenen Jahre‹ (1113), die nach ihrem Verfasser, einem Mönch des Kiever Höhlenklosters, Nestorchronik genannt wird, berichtet von der ostslavischen Landnahme. Die Nestorchronik erwähnt Stämme und deren Siedlungsgebiet in der ersten Hälfte des 9. Jahrhunderts, ohne jedoch Aussagen über Lebensweise, Sitten und Gewohnheiten der frühen Ostslaven zu treffen, so daß über die soziale und politische Ordnung der damaligen Zeit wenig bekannt ist. Seit dem späten 8. Jahrhundert drangen Waräger aus dem germanischen Skandinavien nach Nordrußland vor. Es handelte sich hauptsächlich um bewaffnete Fernkaufleute, deren Ziele Konstantinopel und die Reichtümer des Orients waren. Auf dem ›Weg von den Warägern zu den Griechen‹ kamen sie, dem Lauf der Dvina folgend, über die Flußsysteme der Volga und des Dnepr ins Landesinnere. Dabei spielten sie eine maßgebende Rolle bei der Herausbildung eines Herrschaftsgebildes zwischen den Zentren Kiev und Novgorod, die 881 vom warägischen Rjurikidenfürsten erstmalig territorial vereinigt wurden.

Die Bedeutung der Waräger für das erste ostslavische ›Staatsgebilde‹ spiegelt sich in der Bezeichnung ›Rußland‹ (russkaja zemlja = russisches Land) wieder. Nach der Überquerung des Meeres traten die ankommenden Waräger zunächst mit finnischen Stämmen, die im Norden Rußlands siedelten, in Kontakt und wurden von diesen ›Ruotsi‹, also Schweden oder ›vom Meer Herübergekommene‹, genannt. Von den Ostslaven wurde diese Bezeichnung übernommen. Sie übertrug sich allmählich auf das gesamte Volk und das Land Rus'. Von einer warägischen ›Staatsgründung‹, wie es der Verfasser der Nestorchronik glaubhaft machen will, kann allerdings nicht die Rede sein. Die ›Mutter‹ aller russischen Städte wurde nicht das im Norden gelegene und strategisch wichtige Novgorod, sondern Kiev, das den Zugang zum Süden, nach Konstantinopel, bildete.

Das Kiever Reich

Als verkehrsgünstiger Stützpunkt des Fernhandels entwickelte sich Kiev zum Herrschaftszentrum des entstehenden Kiever Reiches, das in lockerer Gliederung die gewaltige Ländermasse des durch Laub- und Mischwälder charakterisierten stumpfen Dreiecks zwischen östlicher Ostsee, Okamündung und Karpatenbogen umschloß.

Im Jahre 899 führte Vladimir (978–1015 – die Jahreszahlen geben die Herrschaftszeit an), der im 13. Jahrhundert heiliggesprochen wurde, das Christentum byzantinischer Prägung ein. Die Annahme des griechisch-orthodoxen Christentums in Dogma, Kultus, Kirchenlehre, Kirchenrecht und Verfassung hat das kulturelle Schicksal des Ostslaventums in vielfältiger Weise geprägt. Die herrschaftsstützende Lehre der Kirche, daß alle Obrigkeit von Gott sei, festigte die

Jaroslav der Weise setzt in der Sophienkathedrale in Kiev den ersten russischen Metropoliten, Ilarion, ein. (aus der Radiziwill-Chronik)

Stellung des Fürsten von Kiev im Innern außerordentlich. Durch die Annahme des Christentums wurde das Prestige des Fürsten gesteigert und das Kiever Reich mit den übrigen christlichen Völkern auf eine Stufe gehoben. Besonders während der Tatarenherrschaft wurde das Zusammenwachsen der ostslavischen Stämme durch den einigenden Glauben vorangetrieben. Gleichzeitig grenzte sich das Kiever Reich durch die Annahme des Christentums griechisch-orthodoxer Prägung vom abendländischen Westen ab. Tatsächlich führte die religiöse Grenze zu einer weitgehenden kulturellen und politischen Isolation Rußlands, die erst im 17. Jahrhundert zu schwinden begann.

Vladimir der Heilige vermochte es, seine Herrschaft zu festigen, wichtige Verkehrswege zu erschließen und die Tributherrschaft Kievs auszudehnen. Unter seinem Sohn Jaroslav dem Weisen (1019–1054) erreichte das Kiever Reich seinen Höhepunkt. 1037 wurde der Bau der Sophienkathedrale in Kiev nach dem Vorbild der Hagia Sophia in Konstantinopel begonnen. Im selben Jahr wurde der erste russische Metropolit Ilarion eingesetzt. Aus der Herrschaftszeit Jaroslav des Weisen stammt die russkaja pravda, die erste russische Rechtskodifikation, eine anschauliche Quelle der rechtlichen, sozialen und wirtschaftlichen Verhältnisse im Kiever Reich. Sie hatte wesentlichen Einfluß auf nachfolgende Rechtsdenkmäler.

Aufgrund eigener Erfahrungen im blutigen Kampf um die Herrschaft bemühte sich Jaroslav der Weise um eine Nachfolgeregelung. Er führte das Seniorat ein, eine Thronfolgeordnung, bei der nicht der älteste Sohn dem Vater, sondern der nächstälteste Bruder des Vaters auf den Thron folgte. Nach dem Tod von Jaroslavs Vater Vladimir dem Heiligen im Jahre 1015 waren unter den Söhnen blutige Kämpfe um die Alleinherrschaft in Kiev entbrannt. Zunächst übernahm Svjatopolk die Macht in Kiev, ohne dafür den Mord an seinen Brüdern Boris und Gleb zu scheuen. Boris und Gleb wurden später als erste russische Nationalheilige gewürdigt, hatten sie doch dem Bruder keinen Widerstand geleistet, sondern sich als Märtyrer ihren christlichen Glauben bewahrt. Auch Jaroslav der Weise war in die Zwistigkeiten verwickelt und konnte erst 1036 nach langem Kampf die Alleinherrschaft in Kiev antreten. Mit dem Seniorat, der neuen Erbfolgeregelung, wollte er erneuten Zwistigkeiten vorbeugen.

Doch auch das Seniorat konnte Thronfolgestreitigkeiten nicht beseitigen, sondern führte zu Onkel-Neffen-Konflikten. Auf dem Fürstentag von Ljubeč 1097 wurde das Seniorat in des Vatererbe nach dem Grundsatz, »daß ein jeder in seinem Vatererbe herrsche«, umgewandelt, ohne daß es gelang, Fürstenfehden auszuschließen. Auch Vladimir Monomach (1113–1125), unter dem das Kiever Reich einen letzten Höhepunkt erreichte, konnte das Auseinanderfallen des Reiches zwar verzögern, nicht aber verhindern.

Die Rus' von Vladimir-Suzdal'

Neben Novgorod im Norden entwickelten sich neue Machtzentren: im Südwesten das galizisch-wolhynische Fürstentum und im Nordosten das Fürstentum Vladimir-Suzdal'. Besonders unter Jurij Dolgorukij (1149–1157) begann die Sonderentwicklung des Nordostens, die unter seinem Sohn Andrej Bogoljubskij (1169–1174) vollendet wurde. Andrej Bogoljubskij ließ 1169 die alte Hauptstadt Kiev zerstören. Er residierte als erster Großfürst im Nordosten, in Vladimir, und leitete damit eine Epoche ein, die zur endgültigen Zersplitterung des Kiever Reiches in Teilfürstentümer führte. Aber auch das nunmehr stärkste Fürstentum der Rus', Vladimir-Suzdal', zerfiel. Es bildeten sich unter anderem die Fürstentümer Perejaslavl', Rostov, Suzdal', Jaroslavl', Tver' und Moskau heraus. Dieser Prozeß wurde durch die Invasion der Mongolen in der ersten Hälfte des 13. Jahrhunderts beschleunigt.

Der Mongolensturm

Ein erster Angriff mongolisch-tatarischer Truppen erfolgte im Jahre 1223 und endete für die Rus' mit der Niederlage an der Kalka. Zunächst zogen sich die frem-

Die Schlacht auf dem Peipussee 1242 (Miniatur aus der Laptevskij Chronik, 16. Jh.)

den Invasoren zurück, um dann 1236–1238 und 1241 alle russischen Fürstentümer außer Novgorod zu unterwerfen.
In Novgorod konnte sich mongolische Herrschaft erst 1257 konsolidieren, nachdem Alexander Nevskij (1252–1263) im Jahre 1252 zum Großfürsten von Vladimir ernannt wurde. Alexander Nevskij hatte sich durch die erfolgreiche Verteidigung Rußlands gegen Angriffe aus dem Westen hervorgetan. 1240 konnte er das

Vordringen der Schweden an der Neva (daher sein Beiname) abwehren und 1242 auf dem Eise des Peipussees deutsche Ordensritter schlagen. Sein Erfolg im Westen gegen die lateinischen Christen ging allerdings einher mit der bedingungslosen Unterwerfung unter die mongolisch-tatarische Herrschaft.

Während der mongolisch-tatarischen Herrschaft kam es zu keinen wesentlichen Veränderungen in der politischen, sozialen und kirchlichen Ordnung der Rus'. Von Bedeutung waren allerdings die demographischen Bewegungen. In Folge von mongolisch-tatarischen Überfällen kam es vor allem in den am weitesten nach Süden exponierten Landstrichen zwischen Oberem Donec und Südlichem Bug zu Bevölkerungsabwanderungen, die später auch die nordöstlichen Fürstentümer betrafen. So entschlossen sich die Fürsten von Rjazan' Ende des 13. Jahrhunderts, ihren Sitz an der Steppengrenze okaaufwärts zu verlegen, in das heutige Rjazan'. Die abziehenden Bevölkerungsgruppen ließen sich vor allem in den weiten Waldländern nördlich und nordöstlich der Oberen Volga nieder.

Besonders Moskau und Tver', beide zu Beginn des 13. Jahrhunderts unbedeutende Burgstädte, die sich erst nach dem Mongolensturm zu Teilfürstentümern entwickelten, profitierten von den Bevölkerungsverschiebungen. Sie bildeten die Voraussetzung für den politischen und wirtschaftlichen Aufstieg des jungen Fürstentums Moskau, von dem die ›Sammlung des russischen Landes‹ ausgehen sollte. Nachdem es innerhalb der mongolisch-tatarischen Herrschaft zu Machtkämpfen und einer damit einhergehenden Schwächung kam, konnten die Tataren 1380 unter Dmitrij Donskoj in der Schlacht auf dem Schnepfenfeld (Kulikovo-Feld) 1380 erstmalig geschlagen werden. De facto erlosch die mongolisch-tatarische Herrschaft aber erst 1480 mit der Einstellung der Tributzahlungen des Moskauer Großfürsten an den Tatarenkhan.

Moskaus Aufstieg

Im ersten Viertel des 14. Jahrhunderts kristallisierten sich im Kampf um die Großfürstenwürde, die vom mongolischen Khan verliehen wurde, zwei feindliche Fürstentümer heraus: Moskau und Tver'. Der Kampf entschied sich zugunsten Moskaus. 1328 wurde Ivan I. Kalita (1328–1340) die Großfürstenwürde verliehen. Er zeichnete sich besonders durch die Anhäufung von Reichtümern und Landerwerb aus, daher auch sein Beiname (›kalita‹ – ›Geldbeutel‹), und er leitete die ›Sammlung des russischen Landes‹ ein. Die Kunst des Intrigenspiels, eine protatarische Einstellung und eine wirksame Unterstützung durch die Kirche bestimmten den Aufstieg Moskaus und den Abstieg des Rivalen Tver'.

Die ›Sammlung des russischen Landes‹ wurde von Ivan III. (1462–1505) vollendet, so daß mit seiner Regierung 1462 die Geschichte des Moskauer Reiches begann. Er erreichte 1480 die formelle Beendigung der mongolisch-tatarischen Oberherrschaft sowie die endgültige Inkorporierung der letzten Moskauer Teilfürstentümer und der übrigen russischen Fürstentümer. 1478 wurde Novgorod einverleibt, 1485 fiel Tver'. Im Jahre 1472 heiratete Ivan III. die Prinzessin Zoe Palaiogos, die Nichte des letzten byzantinischen Kaisers. Der Großfürst von Moskau übernahm den byzantinischen Selbstherrschertitel und das Wappen der byzantinischen Kaiser, den zweiköpfigen Adler.

Ivan III. (1440–1505)

Mit seiner Politik verfolgte er die Idee vom Dritten Rom, die mit dem Fall von Konstantinopel 1453 entstanden war. Danach war Rom der erste Mittelpunkt der Welt, später war Konstantinopel zum Zentrum der Christenheit geworden, das nunmehr von Moskau als dem Dritten Rom abgelöst wurde, und ein viertes sollte es nicht geben. Schon mit der Wahl eines eigenen Metropoliten Ende 1448 hatte die russische Kirche faktisch ihre Unterstellung unter Konstantinopel aufgekündigt. Die Autokephalie der russischen Kirche stärkte das Ansehen des russischen Reiches und zwang die Kirche in eine größere Abhängigkeit vom Großfürsten. Zwar wurden die Metropoliten von den Bischöfen gewählt, doch es zeigte sich rasch, daß sie bei der Wahl den Wünschen des Großfürsten folgten. In der Rolle als der einzigen die Grenze der russischen Fürstentümer überschreitenden Macht trug die Kirche wesentlich zu der verhältnismäßig raschen Konsolidierung Moskaus bei.

Die Innenpolitik von Ivan III. war durch den Aufbau von Zentralämtern und einer einhergehenden Stärkung der Zentralverwaltung gekennzeichnet. 1497 trat der Sudebnik in Kraft, ein Gesetzbuch, welches für das ganze Land galt und somit den Erfordernissen nach der ›Sammlung des russischen Landes‹ entsprach. Der freie Abzug der Bauern, also ihr Ortswechsel, wurde auf die Woche vor und auf die Woche nach dem St. Georgstag am 26. November beschränkt und stellte einen ersten Schritt hin zur Leibeigenschaft der Bauern dar, was den Interessen des Adels entsprach.

Der Moskauer Staat

Die Geschichte Rußlands im 16. Jahrhundert ist eng mit der Persönlichkeit eines Mannes verbunden, dem der Ruf ›Der Schreckliche‹ (›Groznyj‹ – eigentlich der ›Drohende‹) anhängt: Ivan IV. (1533–1584). Er war seit 1533 Großfürst. Zur Durchsetzung seines Machtanspruches ließ er sich 1547 als erster russischer Herrscher zum Zaren krönen. Der Titel ›Samoderžec – Selbstherrscher‹ wurde unter Ivan IV. zum festen Bestandteil der Herrschertitulatur. ›Selbstherrschaft‹ beziehungsweise ›Autokratie‹ bedeutete absolute und uneingeschränkte Herrschaftsgewalt über das Land und seine Bevölkerung. Erst nach dem Verschwinden der letzten Teilfürstentümer und durch die Unterstützung der russischen Kirche konnte sich Ivan IV. als Großfürst der ganzen Rus' und als autokratischer Herrscher durchsetzen.

Ivan IV. (1530–1584)

Ivan IV. führte einschneidende Reformen des Steuerwesens, des Militärdienstes sowie der Zentral- und Lokalverwaltung durch, die einhergingen mit dem Aufbau effizienter Verwaltungsstrukturen. Das Bestreben des Staates kam damit den Interessen des Dienstadels entgegen, der sich auf Kosten des Bojarenadels vermehrte. Bojaren (wahrscheinlich aus dem Alttürkischen ›bai‹ und ›är‹ – ›vornehmer Mann‹) nannte man die freien Gefolgsmänner der Kiever Fürsten. Dies waren Angehörige der gehobenen Schicht, die durch ihre Gefolgschaft zum nichtfürstlichen Adel Altrußlands gehörten. Im 16. und 17. Jahrhundert verschmolz der Bojarenadel mit dem neuen Dienstadel, dessen Loyalität sich Ivan IV. durch Vergabe von Land erkaufte.

Infolgedessen kam es zur Beschneidung der Rechte der Bauern, deren Abzug von den Adelsgütern seit 1581 allmählich unmöglich wurde. Viele Bauern flüchteten in die Randgebiete des Reiches und lebten das Leben eines freien Kosaken. Besonders am Unterlauf des Dnepr und des Don bildeten sich ›Kosakenrepubliken‹ heraus, die in den Bauernrevolten des 17. und 18. Jahrhunderts ein explosives Gemisch darstellten.

Der Moskauer Staat dehnte seine politischen und ökonomischen Beziehungen auch auf Europa aus. Es bestanden Handelskontakte mit England und Holland. Nach der Eroberung Kazans 1552 und Astrachans 1556 befand sich der gesamte Unterlauf der Volga in russischer Hand. Wichtige verkehrspolitische Voraussetzungen für weiteres Ausgreifen nach Osten und Südosten waren geschaffen. 1558 begann der Livländische Krieg, dessen Ziel, den für Rußland so wichtigen Zugang zur Ostsee zu erringen, Ivan IV. jedoch nicht zu erreichen vermochte. 1582 fand auf Initiative der Kaufmannsfamilie der Stroganovs und aufgrund der Unternehmungslust ›freier‹ Kosaken eine erste Eroberung des westsibirischen Tatarenkhanats statt.

Smuta – Die Zeit der Wirren

Boris Godunov (1598–1605) gehörte als Günstling von Ivan IV. zu dessen berüchtigten Opričniki. Unter dem schwachsinnigen Zaren Fedor I., dem letzten Rjurikiden, stieg er seit 1584 zum eigentlichen Herrscher auf und wurde 1598 zum Zaren erwählt. Das erste Mal in der russischen Geschichte war es notwendig geworden, einen Zaren zu wählen. Nach dem Tod von Boris Godunov begann die ›Zeit der Wirren‹. Innere Machtkämpfe, Erschütterungen der Sozialstruktur und ausländische Interventionen kennzeichneten den Zeitraum bis zur nächsten Zarenwahl im Jahre 1613. Als erster Zar aus der Dynastie der Romanovs wurde 1613 Michail Fedorovič (1613–1645) gekrönt. Damit endete die Schreckensperiode der Smuta, wie die ›Zeit der Wirren‹ genannt wird.

Boris Godunov (1552–1605)

Innenpolitisch war die Herrschaft von Michail Fedorovič auf die Herstellung der Autokratie gerichtet. Die Außenpolitik war durch den Frieden von Stolbovo vom 27. Februar 1617 und den Waffenstillstand von Deulino vom 1. Dezember 1618 gekennzeichnet. Damit wurden der schwedisch-russische Krieg und der polnisch-moskauische Krieg beendet.

Ivan der Schreckliche

Sergej Eisenstein (1898–1948) drehte inmitten des Zweiten Weltkrieges, in den evakuierten Filmstudios in Alma Ata, seinen Film ›Ivan der Schreckliche‹. In dem monumentalen Epos entwirft er ein Porträt der umstrittenen Zarenpersönlichkeit als Selbstherrscher, der ein klares und für seine Zeit fortschrittliches politisches Programm vorlegt und der gegen die Opposition der Bojaren und kirchlichen Würdenträger ankommen muß.

Der erste Teil des Films setzt 1547 mit der Krönung des jungen Zaren ein. Er nennt sich als erster Moskauer Fürst in der Geschichte Rußlands Zar und Alleinherrscher von ganz Rußland. Er kündigt den Bojaren das Ende ihrer Macht an, strebt nach einem starken Zentralstaat, den er nur mit Unterstützung der Armee regieren wird. Nach seiner Hochzeit mit Anastasija Romanovna Zachar'ina-Jur'eva (1531–1560) zieht er mit seiner gut ausgerüsteten Armee bis vor die Tore von Kazan, wo er die Mauern unterminieren läßt und somit die Festung einnehmen kann. Nach seiner erfolgreichen Rückkehr erkrankt der Zar schwer, so daß er an eine Nachfolgeregelung zugunsten seines sechs Monate alten Sohnes Dmitrij denken muß. Doch die Bojaren und engsten Ratgeber begegnen ihm mit Widerstand und ermorden seine Frau Anastasija.

Der Zar wird wider Erwarten gesund und schwört am Grab seiner Frau, den Aufruhr der Bojaren endgültig zu brechen.

Die Zäsur zwischen dem ersten und dem zweiten Teil des Films bildet die Flucht des Zaren in die Aleksandrovskaja Sloboda bei Vladimir. Von hier aus erhebt er in zwei Sendschreiben an die Moskauer Bürger bittere Vorwürfe gegen den Adel. Er verfügt eine Teilung des Landes. Für seinen eigenen Herrschaftsbereich sondert er die sogenannte ›Opričina‹ ab (eigentlich das bei Erbteilungen abgetrennte Erbgut für die Witwen). Der Bojarenduma überläßt er die Verwaltung der anderen Hälfte. Im Kampf gegen seine Feinde zeichnet er sich zunehmend durch Rücksichtslosigkeit und Grausamkeit aus. Er sammelt eine Truppe von abenteuerlustigen, skrupellosen Hörigen, die Opričniki, um sich. Schließlich umfaßt die Opričina das gesamte Weißmeergebiet und die wirtschaftlich wichtigen nord- und zentralrussischen Stadtgebiete. Erst immer bedrohlicher werdende äußere Gefahren zwingen ihn zum Einlenken. Besonders im zweiten Teil des Filmes zeigt Sergej Eisenstein den russischen Zaren als düsteren Alleinherrscher, der in einer Auseinandersetzung sogar seinen Sohn umbringt. Erst 1958, fünf Jahre nach Stalins Tod, konnte der zweite Teil des Films öffentlich gezeigt werden.

Das Petrinische Imperium

Peter I. (1682–1725) wurde wegen seiner Umgestaltung Rußlands und seiner militärischen Erfolge auch der Große genannt. Peter I. war seit 1682 russischer Zar und ernannte sich 1721 zum ›Imperator‹ und Rußland zum ›Imperium‹. Im selben Jahr hatte Friedrich Christian Weber, der braunschweigisch-hannoversche Resident in Rußland, mit seinem Buch ›Das veränderte Rußland‹ die Eindrücke seiner Zeitgenossen zum Ausdruck gebracht: »Daß Rußland seit einigen zwanzig Jahren ganz verwandelt und verändert sen, werden nicht allein diejenigen, welche in Rußland gewesen, sondern auch alle, die nur einige Kenntnis von dem jetzigen gestehen müssen. Die Erweiterung der Rußischen Gränzen, die Erbauung der Stadt Petersburg und des Cronschlotischen Hafens, die auf den Teutschen Fuß gesetzte, und durch eine unaufhörliche Übung streitbar gemachte Militz, die aus den Casanischen Hölzern verfertigte und in die Ost-See gesetzte Flotte, die zum Matrosen-Handwerk angewiesene Bauren, die Aufrichtung der See- und andren Academien, ...«

Die Expansionspolitik von Peter I. war durch das Streben nach besseren maritimen Positionen und der Sicherung der immer wieder gefährdeten Flanke nach Süden geprägt. Zunächst griff Peter I. die türkische Festung Asov an der Mündung des Dons ins Asovsche Meer an, die 1696 fiel, jedoch im Prut-Frieden 1711 wieder an die Türken abgetreten werden mußte. 1722/1723 eroberten die Russen die Küste des Kaspischen Meeres. Mit dem Sieg über die Schweden und dem Frieden von Nystad am 30. August (10. September) 1721 wurde der Nordische Krieg (1700–1721) beendet. Rußland hatte einen Zugang zur Ostsee, der bisher von den Schweden blockiert worden war, gewonnen. Schon 1703 war St. Petersburg an der Neva-Mündung als Marinebasis begründet worden. Seit 1711 war die Stadt Residenz für Hof und Regierung, nun wurde sie die neue Hauptstadt von Rußland und das ›Fenster nach Europa‹.

Mit der erfolgreichen Außenpolitik waren Reformen im Inneren einhergegangen, die eine ›Europäisierung‹ anstrebten. Schon der junge Zar hatte engen Kontakt zur Moskauer Ausländervorstadt. 1697/98 unternahm er inkognito Reisen nach Europa und war damit der erste russische Zar, der den Aufbruch nach Westen wagte. Die Erfahrungen seiner Reisen nach Livland, Deutschland, England und Holland äußerten sich in Neuerungswillen und Reformtätigkeit. Nach seiner Rückkehr nach Rußland schaffte er die traditionelle Barttracht, die nach dem russisch-orthodoxen Glauben den Mann vom Tier unterscheidet, ab. Allen Bartträgern forderte er eine Bartsteuer ab und verlangte von seinen Landsleuten europäische Kleidung. Die traditionelle Kleidung wie Kaftane und locker fallende, mit einem Gürtel gefaßte Hemden sollten der altrussischen Vergangenheit angehören. Er baute ein stehendes Heer auf, richtete eine moderne Flotte ein und reformierte die zivile Verwaltung. Im Dienstadel- beziehungsweise Rangtabellengesetz von 1722 beseitigte er die letzten Unterschiede zwischen dem Geburts- und dem Dienstadel, so daß sich theoretisch jedem Untertanen Aufstiegsmöglichkeiten bis an die Spitze des Staates erschlossen.

Der Zar führte 1699 den Julianischen Kalender ein, der den alten Kirchenkalender ablöste, dessen Zeitrechnung mit der Erschaffung der Welt im Jahre 5508 v. Chr. begann. Im Jahre 1918 wurde dieser Kalender durch den Gregorianischen Kalender ersetzt, wodurch die Zeitrechnung an diejenige der westeuropäischen Staaten angeglichen wurde (aus diesem Grunde sind in geschichtlichen Quellen für ein und dasselbe Ereignis häufig verschiedene Daten angeführt).

Das Museum ›Botik‹ am Pleščeevo-See, in dem das Boot von Peter I. zu sehen ist.

Schon früh erkannte Peter I., daß der Neubau des Staates nur einhergehen konnte mit der Hebung des allgemeinen Bildungsniveaus und der Freisetzung von Staatsdienern für eine neue Bürokratie, die für einen effektiven Dienst- und Militärstaat geformt werden mußte. Für die Gründung einer Akademie der Wissenschaften, zu deren Einweihung es allerdings erst 1725 – also nach seinem Tode – kam, gewann er geeignete Fachleute aus westeuropäischen Ländern. Sie wurden mit der Ausbildung von Spezialisten beauftragt. An erster Stelle standen militärisch und volkswirtschaftlich wichtige Gebiete wie Fortifikation (Befestigungstechnik), Ballistik, Landvermessung und Geographie. Vom Nutzen einer Akademiegründung hatte sich der Zar besonders in Gesprächen mit Gottfried Wilhelm Leibniz (1646–1716) überzeugt. »Weil in Dero Reich«, schrieb er dem Zaren, »großenteils noch alles die Studien betreffend neu und gleichsam ein weiß Papier, so können unzählig viel Fehler vermieden werden, die in Europa allmählich und unbemerkt eingerissen, und weiß man, daß ein Palast, der ganz von neuem aufgeführt wird, besser herauskommt als wenn daran viele secula über gebaut, gebessert und auch viel geändert worden.«

Peter I. hat es verstanden, den Moskauer Zarenstaat zum Petersburger Imperium zu wandeln und Rußland auf den Weg vom europäischen Randstaat zur Hegemonialmacht zu führen. Aus Rußland war eine europäische Großmacht geworden, deren Anspruch im europäischen Kräftekampf sich jedoch spätestens im Krimkrieg als unüberbrückbarer Widerspruch zwischen ökonomischen Möglichkeiten und nach außen gerichtetem Anspruch verheerend niederschlagen sollte.

Das Zeitalter Katharinas II.

Eine Palastrevolution brachte Katharina II. (1762–1796) auf den russischen Thron. Unter Anspielung auf eines seiner Stücke, das von einer Gattenmörderin auf dem Thron Assyriens handelt, apostrophierte Voltaire die neue Zarin, eine ehemalige deutsche Prinzessin von Anhalt-Zerbst, als ›Semiramis des Nordens‹. Damit spielte er auf die Ermordung ihres Gatten Peter III. an. Voltaire war langjähriger Freund der Zarin, mit dem sie in regem Briefkontakt stand, und den sie mit dem Abfassen einer Biographie Peters des Großen beauftragte. Unter demselben Stern stand schon zu Beginn ihrer Regierungszeit der Auftrag an den französischen Bildhauer Falconet, ein Denkmal ihres ruhmreichen Vorgängers Peter I. zu entwerfen. 1782 wurde das Denkmal des ›ehernen Reiters‹ in St. Petersburg eingeweiht.

Katharina II. (1729 – 1796)

Katharina II. übernahm mit Rußland einen Vielvölkerstaat, der sich über ein riesiges Territorium von der Ostsee bis zum Stillen Ozean erstreckte. Er umfaßte Gebiete von Polen, den nördlichen Kaukasus und Sibirien. Während ihrer Herrschaft kam es durch die polnischen Teilungen (1772–1795) zu weiterem Gebietszuwachs. Zwei Türkenkriege (1768–1774 und 1787–1792) brachten den Zugang zum Schwarzen Meer, den Besitz der Krim und des Küstenlandes am Schwarzen Meer bis zum Dnestr.

Als Reaktion auf den Pugačev-Aufstand leitete Katharina II. eine Reihe administrativer Reformen ein, die den russischen Staat bis weit ins 19. Jahrhundert prägen sollten. Zwischen 1775 und 1785 dezentralisierte sie die Reichsverwaltung durch die Bildung der Gouvernements, führte eine lokale Selbstverwaltung der Städte ein und gründete eine reichsweit operierende Polizei. Die ›Große Instruktion‹, ganz im Geiste der Aufklärung 1766 verfaßt, sollte das in Rußland immer noch gültige Gesetzbuch von 1649 ersetzen. Die ›Große Instruktion‹ veranlaßte Freunde und Feinde zu unverhohlenen Äußerungen. Man nannte sie einen Entwurf, »dessen Ausführung ihr mehr Ehre machen und mehr Vorteile bringen wird als eine gewonnene Schlacht oder die Eroberung eines Königreiches«.

Eine geschickte Politik, Reformankündigungen, Konfessionsfreiheit sowie Förderung von Wissenschaft und Kunst vermochten Katharinas wahres Gesicht zu verdecken und die Welt im Glauben lassen, daß auch in Rußland das Zeitalter liberaler Ideen gekommen sei. Tatsächlich wurden alle Ambitionen gesellschaftlicher Mitbestimmung abgewehrt und die Macht des Staatsapparates gestärkt. Der Adel wurde durch Privilegien dem Staat dienstbar gemacht, gleichzeitig aber machtlos gehalten. Staat und Bürokratie begannen eine regelrecht unabhängig vom Volk existierende Einheit zu werden. Die Abhängigkeit der Bauern von den Gutsherren wurde verschärft und die Leibeigenschaft auch auf die Kosaken übertragen. Es kam zu Hungerrevolten und spontan ausbrechenden Aktionen, die im Pugačev-Aufstand (1773–1775) gipfelten. Mit dem Beginn der französischen Revolution, die von Katharina II. als ›Pest der Auflehnung gegen die Obrigkeit‹ bezeichnet wurde, steigerte sich ihr Mißtrauen gegen aufklärerische Tendenzen. Liberal-humanitäre Ideen und Reformen wurden endgültig verworfen.

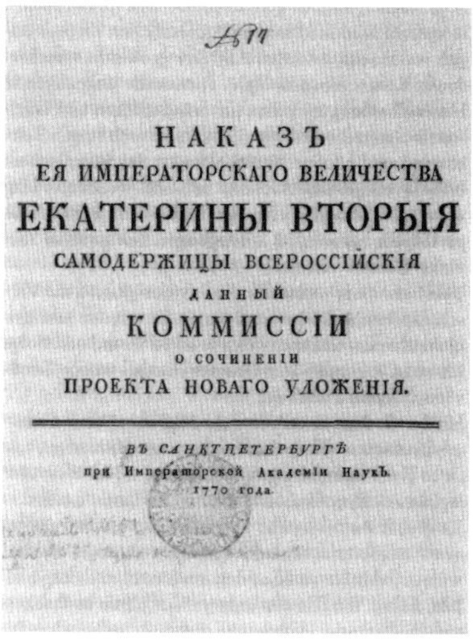
НАКАЗЪ
ЕЯ ИМПЕРАТОРСКАГО ВЕЛИЧЕСТВА
ЕКАТЕРИНЫ ВТОРЫЯ
САМОДЕРЖИЦЫ ВСЕРОССІЙСКІЯ
ДАННЫЙ
КОММИССІИ
О СОЧИНЕНІИ
ПРОЕКТА НОВАГО УЛОЖЕНІЯ.

ВЪ САНКТПЕТЕРБУРГѢ
при Императорской Академіи Наукъ
1770 года.

Entwurf zum neuen Gesetzbuch, 1770

Der Schriftsteller Radiščev (1749–1802) sympathisierte als russischer Zeitgenosse mit den Aufständischen. Auch er hoffte auf die Abschaffung der absolutistischen Regierung unter Katharina II. unter dem Druck einer spontanen Bauernerhebung. Sein sentimentaler Reisebericht ›Reise von Petersburg nach Moskau‹ erschien 1790. Er zeichnete ihn als radikalen Kritiker des Herrschaftssystems und des sozialen Systems, insbesondere der Leibeigenschaft, aus. In anscheinend planlos aneinandergereihten Anekdoten, Gesprächen und Betrachtungen vermittelt er ein erschütterndes Bild von den Lebensverhältnissen der Bauern. Das Werk wurde umgehend verboten, und Radiščev ereilte das Todesurteil, das später in eine zehnjährige Verbannung umgewandelt wurde.

»Die Geschichte eines gewissen Gutsherren soll zeigen, daß der Mensch um seines Eigennutzes willen die Menschlichkeit bei seinesgleichen vergißt, und daß wir nach Beispielen von Herzenshärte nicht in ferne Länder zu gehen brauchen, kein Wunder jenseits der Meere suchen müssen; sie geschehen in unserem Reiche vor unseren Augen.

Einer, der im Staatsdienst kein Glück gehabt hatte, wie es im Volksmunde heißt, oder es dort nicht suchen wollte, hatte die Hauptstadt verlassen, ein kleines Dorf etwa 100 oder 200 Seelen erworben und beschlossen, seinen Vorteil im Feldbau zu suchen. Er stellte sich nicht selbst an den Pflug, sondern beabsichtigte, aufs eifrigste den bestmöglichen Gebrauch von den natürlichen Kräften seiner Bauern zu machen, indem er sie veranlaßte, das Land zu bestellen. Das sicherste Mittel dazu schien ihm, seine Bauern Werkzeugen gleich zu machen, die keinen Willen nach Initiative haben; und er machte sie wirklich bis zu einem gewissen Grade den Kriegern unserer Zeit ähnlich, die als Waffe gelenkt werden, als Waffe in den Kampf ziehen und einzeln nichts bedeuten. Um sein Ziel zu erreichen, nahm er ihnen den kleinen Besitz an Acker und Wiesen, den sie zu notdürftiger Ernährung sonst von den Edelleuten erhalten, gewissermaßen als Lohn für alle erzwungenen Arbeiten, die sie von den Bauern verlangen. Mit einem Wort, dieser Edelmann ließ alle Bauern, ihre Weiber und Kinder an allen Tagen des Jahres für sich arbeiten. Auf daß sie aber nicht Hungers stürben, gab er ihnen eine bestimmte Menge Getreide, die man Monatsdeputat nennt. Die keine Familie hatten, erhielten kein Deputat, sondern speisten nach der Sitte der Lakedämonier gemeinschaftlich auf dem Herrenhof, wobei sie zur Schonung ihres Magens an Fleischtagen leere Kohlsuppe erhielten, an Fastentagen aber Brot mit Kwass. Wirkliches Fleisch gab es allenfalls in der Osterwoche.«

Alexander I. – Retter Europas

Durch einen Staatsstreich gelangte 1801 Alexander I. (1777–1825) an die Macht. Er war im Geiste der Aufklärung erzogen worden und als Zar sichtlich bemüht, den Problemen seines Landes gerecht zu werden. Er leitete Umwälzungen ein, die vom ›Inoffiziellen Komitee‹ (1801–1803), einem Organ ähnlich der ›Großen Kommission‹ unter Katharina II., beratend begleitet wurden. Er richtete einen Staatsrat ein, der Legislative und Exekutive trennte, bildete moderne Ministerien, ohne jedoch am autokratischen Charakter der Regierung zu rütteln. 1819 wurde die Petersburger Universität gegründet, Mustergymnasien nach französischem Vorbild wurden eingerichtet, unter denen sich das Gymnasium in Carskoe Selo bei Petersburg hervortat. Auch Puschkin war Schüler in Carskoe Selo. In seinem Verspoem ›Evgenij Onegin‹ charakterisierte er Alexander I. folgendermaßen:

»Ein Schwächling, Lügner, Volksbetrüger,
als tatenloser Geck bekannt,
durch Zufall nur berühmt als Sieger,
beherrschte damals unser Land.«

Puschkin spielte damit auf die Rolle Alexanders I. als ›Retter Europas‹ nach dem Sieg in den Napoleonischen Kriegen an. Im Frieden von Tilsit am 13. Juni 1807 kam es zur Allianz zwischen Rußland und Frankreich, die durch Napoleons Rußlandfeldzug gebrochen wurde. Am 12. Juni 1812 überschritt das napoleonische Heer den Nemen. Am 2. September 1812 standen seine Truppen vor Moskau. Die Stadt wurde von der russischen Armee selbst angezündet, so daß die ›Grande Armée‹ aller Versorgungsmöglichkeiten für den Winter beraubt war. Nach gescheiterten Verhandlungsversuchen mußten sich Napoleons Truppen zurückziehen. Auf dem Wiener Kongress bemühte sich Alexander I. um eine Neuordnung Europas, die in der Heiligen Allianz, deren Stifter der russische Zar war, bekräftigt wurde. Alexander I. ging aus den Napoleonischen Kriegen als ›Retter Europas‹ hervor. In Berlin wurde der Alexanderplatz nach ihm benannt.

Nach dem glücklichen Ausgang der Napoleonischen Kriege traten weitere Reformpläne in den Hintergrund. Eine in den letzten Regierungsjahren einsetzende Reaktion unter Alexander I. rief eine immer bewußter werdende revolutionäre Bewegung hervor. Während der Napoleonischen Kriege waren die russischen Truppen nach Westeuropa gelangt, wo sich die adligen Offiziere mit westeuropäischen Verhältnissen vertraut machen konnten. Nach Beendigung des Krieges bildeten sich nach dem Vorbild des patriotisch-revolutionären deutschen Tugendbundes Vereinigungen heraus, denen Offiziere und zivile Adlige angehörten, deren Lust an selbständigem Denken geweckt worden war. Von politischer Bedeutung war der 1816 gebildete Rettungsbund, der sich 1818 zum Wohlfahrtsbund entwickelte.

Als Zar Alexander I. 1825 unerwartet starb, kam es zu einer revolutionären Erhebung der russischen Adelsintelligenz. Anläßlich der Vereidigung der Petersburger Garnison auf den Zaren Nikolaj I. unternahm eine Gruppe russischer Adliger in Petersburg den Versuch eines Militärputsches gegen die Selbstherrschaft des Zaren. Der Aufstand, in die Geschichte als Dekabristenaufstand (›dekabr'‹ – ›Dezember‹) eingegangen, scheiterte. Fünf der mit liberalen Reformideen erfüllten Adligen, meist jüngere Gardeoffiziere, wurden hingerichtet, andere in die Verbannung nach Sibirien geschickt.

Der zunehmende Einfluß aufklärerischer Ideen aus Mittel- und Westeuropa war jedoch weder durch Gewalt noch durch Zensur aufzuhalten. Repression und Reaktion führten vielmehr zur Ausbildung einer relativ kleinen Gruppe politisch machtloser und oft gesellschaftlich isolierter Personen verschiedenster Herkunft und Bildung: die ›Intelligencija‹, deren Spektrum von Revolutionären bis zu Reaktionären reichte und die sich unter anderem in Westler und Slavophile aufteilte.

Westler und Slavophile

›Rußland und Europa‹ bildete das zentrale und heftig diskutierte Thema der russischen Geistesgeschichte im 19. Jahrhundert. Ausgelöst wurde die Kontroverse 1836 durch den sogenannten ›1. Philosophischen Brief‹ von Čaadaev (1793–1856). In seinen Thesen kritisierte er die vorpetrinische russische Geschichte und bescheinigte Rußland völlige Kulturlosigkeit und Rückständigkeit gegenüber dem Westen. Nach Erscheinen seines ›1. Philosophischen Briefes‹ wurde Čaadaev offiziell für geisteskrank erklärt und in seinem Zimmer eingesperrt. Um so mehr fand die Veröffentlichung stürmisches Echo. Die Vertreter des Westlertums, einer um 1840 entstandenen politisch-publizistischen Richtung, forderten radikale reformerische Veränderungen. Ihre Kritik galt vor allem dem System der Leibeigenschaft und den politischen Verhältnissen der Autokratie. Sie setzten sich für einen Anschluß Rußlands an Europa ein, insbesondere was europäische Regierungsformen betraf. Die Westler standen in harter Auseinandersetzung mit den Slavophilen, die an den religiösen, kulturellen und sozialen Traditionen Altrußlands festhalten wollten.

Nikolaj I. – Gendarm Europas

Die Ereignisse des Dekabristenaufstandes überschatteten die Regierungszeit von Nikolaj I. (1825–1855). Seine restriktive, fortschrittsfeindliche Politik war darauf gerichtet, jeden liberalen Einfluß aus Europa zu unterdrücken und seine Macht zu sichern, wozu er einen Polizeistaat errichtete. Mit der ›Dritten Abteilung‹ erlangte die Polizei eine noch nie da gewesene Macht im Staat. Die Furcht vor Revolutionen wurde besonders durch Aufstände in Europa verstärkt. Der polnische Aufstand 1830/31 wurde von Rußland zerschlagen. Nach der Revolution von 1848/49 wurden vor allem die Bildungseinrichtungen den Kontrollorganen unterstellt, die öffentliche Meinung durch Zensur und Geheimpolizei zum Schweigen verurteilt.

Rußland hinkte der Entwicklung in Europa hinterher, seine Finanz- und Wirtschaftslage verschlechterte sich rapide, obwohl es Nikolaj I. gelang, seine imperia-

Gesichter Rußlands
In der Moskauer Innenstadt; Ländliche Idylle

ПРОХЛАДИТЕЛЬНЫЕ
НАПИТКИ

СРОЧНОЕ
СРОЧНОЕ

le Expansionspolitik fortzusetzen. Besonders in Mittelasien und im Fernen Osten konnte er territoriale Gewinne erzielen. Seine erfolgreiche Orientpolitik wurde erst durch die Niederlage im Krimkrieg (1853–1856) beendet. Im Zarenreich, das sich durch die Kriegshandlungen am Rande des wirtschaftlichen Ruins befand, verschärften sich unter dem Eindruck des außenpolitischen Mißerfolges die inneren Gegensätze, die schließlich zu den sogenannten ›Großen Reformen‹ führten.

Zaren und Revolutionäre

Alexander II. (1818–1881) übernahm mitten im Krimkrieg (1853–1856) ein schwer erschüttertes Rußland. Nach dem Frieden von Paris 1856 und der Erkenntnis, daß Rußland auf der bestehenden Grundlage seine internationale Stellung nicht würde behaupten können, begann er eine innere Reformära. Seine ›Großen Reformen‹ schafften 1861 zunächst die Leibeigenschaft der Bauern ab. Da die Bauern jedoch weder über Geld noch über Boden verfügten, befanden sie sich weiterhin in Abhängigkeit vom Gutsbesitzer. Mit der Bauernbefreiung mußte auch die lokale Verwaltung neu organisiert werden. Seit 1864 wurden die Zemstva (vom Wort ›zemlja'‹ – ›Land‹ abgeleitet) eingeführt. Sie bildeten Organe der ländlichen Selbstverwaltung, in denen gewählte Vertreter des Adels, der das Übergewicht hatte, sowie der Städter und Bauern sich um die lokalen Belange der Bevölkerung kümmerten. Ferner umfaßten die ›Großen Reformen‹ Umbildungen im Justiz-, Heeres- und Bildungswesen. Außerdem wurde durch die Justizreform von 1864 zum ersten Mal ein unabhängiges Gerichtswesen ins Leben gerufen, das einen wichtigen Schritt auf dem Weg zur Beschränkung der Autokratie darstellte.

Nichtsdestotrotz waren die ›Großen Reformen‹ ein Mittel zur Erhaltung der Autokratie und ließen die Fundamente der politischen und sozialen Ordnung des Reiches weitgehend unangetastet. Sie wurden deshalb von Teilen der ›Intelligencija‹ abgelehnt, die in der Folge versuchte, die Bauern gegen die zaristische Ordnung aufzubringen. Diese sogenannte ›Narodničestvo‹ (sinngemäß: Bewegung der Freunde des Volkes) scheiterte allerdings am Konservatismus der Bauern, die von den ›Narodniki‹ nicht für revolutionäre Ideale gewonnen werden konnten.

Die Isolation der revolutionären Bewegung bedingte schließlich deren Radikalisierung und zunehmende Gewaltbereitschaft, die sich in den 80er Jahren als blutiger Terror zu entladen begann, dem bis 1917 nicht nur viele hochrangige Regierungsbeamte und Minister, sondern im Jahre 1881 auch der ›Reformzar‹ Alexan-

Auf dem Roten Platz; Blumenverkäufer in Kostroma
Prozession der Ikone des heiligen Fëdor in Kostroma

Der letzte Zar – Nikolaj II. (1868–1918)

der II. zum Opfer fielen. Sein Nachfolger Alexander III. (1881–1894) hingegen entkam im März 1887 einem terroristischen Attentat. Einer der Täter war Alexander Ul'janov, der ältere Bruder Lenins, der hingerichtet wurde.

Unter Alexander III. versuchte sich die Autokratie mit den Mitteln der Reaktion gegen die revolutionären Kräfte zu verteidigen. Die ergriffenen Maßnahmen trafen allerdings nicht nur die wenigen gewaltbereiten Terroristen, sondern vor allem die Mehrheit der an einer konstruktiven Zusammenarbeit mit der Autokratie interessierten gebildeten Schichten Rußlands, etwa die Liberalen oder die sogenannte Zemstvo-Intelligenz. Ihnen verweigerte das System – letztlich zu seinem eigenen Schaden – jegliche politische Mitbestimmung gerade zu einer Zeit, als das Land eine rasante soziale und ökonomische Entwicklung durchmachte.

In den 90er Jahren begann ein bis dahin nicht gekannter industrieller Aufschwung. Es bildete sich eine Industriearbeiterschaft heraus, die sich in den wichtigsten Zentren konzentrierte: um St. Petersburg, im zentralen Industriegebiet um Moskau und in der Hütten- und Bergwerksindustrie des Donec-Beckens. In den Städten etablierte sich nicht nur Schritt für Schritt ein ›Unternehmerbürgertum‹, sondern auch ein in ärmlichsten Verhältnissen lebendes Industrieproletariat. Die Dynamik der von einem verspäteten, dafür aber um so rasanteren Modernisierungsschub erfaßten Gesellschaft begann für die Statik des Regierungssystems zunehmend bedrohlicher zu werden.

Auch Nikolaj II. (1868–1918), der letzte Monarch der Dynastie Romanov und überhaupt des Russischen Reiches, setzte die Politik seines Vaters Alexanders III. fort. Der russisch-japanische Krieg 1904/05, der durch die imperialistische Politik Rußlands im Fernen Osten verursacht worden war, brachte schwerste ökonomische Belastungen mit sich und führte zur rapiden Zuspitzung der inneren Krise, die in die Revolution von 1905 mündete. Am 9. Januar 1905, am ›Blutsonntag‹, zogen über 100 000 Arbeiter in der größten Demonstration Rußlands vor das Winterpalais in St. Petersburg. Die Demonstranten wollten dem Zaren eine Petition überbringen, in der sie ihre Forderungen nach einer Verfassungsgebenden Versammlung, nach Land für die Bauern und nach Verbesserungen der Arbeitsbedingungen darlegten. Offiziere der Leibgarde ließen auf die Demonstranten schießen. Es gab 150 bis 200 Tote. Eine Welle spontaner Proteststreiks der Arbeiter, in denen überwiegend wirtschaftliche Forderungen erhoben wurden, erschütterte das Land.

Nachdem im Oktober auch die Eisenbahner streikten, sah sich Nikolaj II. gezwungen, im ›Oktobermanifest‹ oder ›Manifest über die Vervollkommnung der staatlichen Ordnung‹ vom 17. Dezember 1905 den Forderungen der streikenden Arbeiter und der Intelligenz zum Teil nachzugeben und eine beratende Volksvertretung, die Staatsduma, einzuberufen. Während der Oktoberstreiks bildeten sich in Petersburg und Moskau, später im ganzen Land, Arbeitersowjets heraus. Die Sowjets bildeten den Kern des revolutionären Kampfes, in deren Reihen sich die seit 1903 in Menschewiki (Minderheitler) und Bolschewiki (Mehrheitler), gespaltenen Sozialdemokraten um den Vorrang ihrer Ziele stritten. Die Bolschewiki forderten den bewaffneten Aufstand, zu dem es vom 7. bis 15. Dezember in Moskau kam. Er endete mit einer Niederlage der ersten russischen Revolution.

Mit ihrer zunehmenden Stabilisierung verlor die Regierung jedoch das Interesse an einer Zusammenarbeit mit der Staatsduma und mit der Ermorderung von Ministerpräsident Stolypin im Jahre 1911 auch noch einen der wenigen überdurchschnittlichen Staatsmänner jener Zeit. Am Hofe des Zaren gewann der Mönch Rasputin großen Einfluß auf die Zarin und damit auch auf Nikolaj II., der seiner schwierigen Aufgabe in keiner Weise gewachsen war. Das Beharren auf der Autokratie und die Weigerung, mit den progressiven gesellschaftlichen Kräften zusammenzuarbeiten, führte letztlich zu einer fast vollständigen Isolation von Zar und Regierung. Dies ist der eine Grund für den Zusammenbruch des zaristischen Systems im Jahre 1917. Der andere war der Erste Weltkrieg, dessen Belastungen die Kräfte des russischen Staates, seiner Bevölkerung und Wirtschaft überstieg.

Krieg, Revolution, Hunger

Als Rußland 1914 in den Ersten Weltkrieg eintrat, war das Land weder in militärischer, ökonomischer und politischer Hinsicht auch nur annähernd gerüstet noch hatte es in Nikolaj II. einen wirklichen Herrscher an der Spitze. Nach dem Attentat von Sarajevo am 18. Juli (31. Juli) 1914 erfolgte die russische Generalmobilmachung. Nach einer kurzfristigen Kriegsbegeisterung und einem aufgeputschten großrussischen Chauvinismus verfiel in dem Maße, wie sich für Rußland die Kriegslage verschlechterte und die Wirtschaftskrise immer katastrophalere Formen annahm, die Moral der russischen Armee und der Bevölkerung in der Heimat. Hinter der Regierung stand bald niemand mehr, hinter der Duma aber auch nicht das Volk. Die Folge dieser Entwicklung war die Februarrevolution. Am 2. März 1917 erklärte Nikolaj II. seinen Rücktritt. Die provisorische Regierung und Exekutivvertreter der revolutionären Sowjets übten von den ersten Tagen an eine Art ›Doppelherrschaft‹ aus. Die Armee löste sich allmählich auf, ganze Regimenter gingen nach Hause, um bei der erhofften Landverteilung nicht zu spät zu kommen.

Die provisorische Regierung konnte sich weder zum Friedensschluß, der immer unabdingbarer wurde, entschließen noch der Forderung der Bauern nach der Enteignung der Gutsbesitzer entgegenkommen. So verlor sie zunehmend Terrain an die Sowjets mit ihren Antikriegsparolen. Am 25. Oktober 1917 wurde die Regierung von den Bolschewiki unter Führung Lenins, der seit Frühjahr 1917 wieder in Petrograd weilte, in Zusammenarbeit mit linken Sozialdemokraten gestürzt. Am 26. Oktober 1917 trat der II. Gesamtrussische Kongress der Arbeiter- und Soldatenräte zusammen. Einen Tag später wurde Lenin zum Regierungschef ernannt. Die neue Regierung nannte sich, um ihren revolutionären Charakter zu unterstreichen, Rat der Volkskommissare. Von Anfang an hatte sie mit innen- und außenpolitischen Schwierigkeiten zu kämpfen. Mit dem Dekret über den Frieden vom 26. Oktober 1917 wurde das Ausscheiden Sowjetrußlands aus dem Ersten Weltkrieg beschlossen. Am 3. März 1918 wurde der Friede von Brest-Litovsk zwischen der Sowjetregierung und den Mittelmächten unterzeichnet. Damit konnte sich Lenin mit seiner Forderung nach sofortigem Friedensschluß durchsetzen. In der bolschewistischen Regierung war es zu einer Kontroverse gekommen, Bucharin hatte die Fortsetzung des Krieges gefordert, Trotzki hingegen versucht, die Verhandlungen nach dem Motto ›Weder Frieden noch Krieg‹ in die Länge zu ziehen.

Aufruf an die Bevölkerung zur stetigen Produktionssteigerung

Der Friede von Brest-Litovsk bürdete dem jungen Sowjetstaat schwere Lasten auf. Er verlor große Gebiete und damit verbunden einen großen Anteil an der bisherigen Stahl- und Eisenindustrie. Im März 1918 wurde die Regierung nach Moskau verlegt. Im Frühjahr 1918 begann in Folge der Machtergreifung der Bolschewiki der Bürgerkrieg, der sich bis in das Jahr 1920 erstreckte. ›Rote‹ und ›Weiße‹ standen sich dabei gegenüber. Zeitweilig griffen auch ausländische Interventionsmächte in die Auseinandersetzungen ein. »Fern in der Stille hörte ich Stöhnen. Ringsum schwebte der Brodem heimlichen Mordes«, schrieb Isaak Babel (1894–1940), der Jude aus Odessa, der ›unter fremde Menschen‹ gegangen war. Als Kriegskorrespondent in Budennyjs Reiterarmee, die entscheidenden Anteil an der Zerschlagung der weißgardistischen Armeen Denikins und Vrangels hatte, richtete er seinen Blick auf die Zerstörungen, das Morden und Plündern.

Dem Bürgerkrieg begegnete man mit dem Kriegskommunismus, einer Politik, die die vollständige Zentralisierung von Produktion und Verteilung bedeutete. Industriebetriebe wurden verstaatlicht, eine allgemeine Arbeitspflicht eingeführt und ein Abgabezwang für landwirtschaftliche Produkte eingeführt. Die Arbeiter wurden in Naturalien entlohnt, was zum Verfall des Geldes beitrug. Die wirtschaftlichen Folgen führten zu einer Katastrophe. Die Unzufriedenheit mit der Kommunistischen Partei und der Politik des Kriegskommunismus führten 1920/21 zu Demonstrationen und Arbeiterstreiks. Eine Kronstädter Massenversammlung, an der sich etwa 15 000 Menschen beteiligt hatten, verabschiedete am 1. März 1921 eine Resolution, in der unverzügliche Neuwahlen zu den Sowjets und die Wiederherstellung der Rede- und Pressefreiheit gefordert wurden. Der Aufstand wurde niedergeschlagen.

Lenin hatte die Unzufriedenheit der breiten Massen mit der bolschewistischen Politik erkannt. Der ›Kriegskommunismus‹ wurde aufgegeben und die ›Neue Ökonomische Politik‹ eingeläutet. Damit wurden Zugeständnisse an die Bauern, an den Handel und das Privatkapital gemacht. Schon nach Beendigung des Bürgerkrieges mußten sich die Bolschewiki eingestehen, wesentliche theoretische Zielsetzungen verfehlt oder aufgegeben zu haben. So war eine straff organisierte Rote Armee anstelle der allgemeinen Volksbewaffnung entstanden. Zur Bekämpfung der Gegenrevolution war die Čeka, eine Geheimpolizei mit weitreichenden Befugnissen, geschaffen worden. Auch in der Phase der ›Neuen Ökonomischen Politik‹ wurde diese Entwicklung fortgesetzt. Auf dem XI. Parteitag im März 1922, es war der letzte, an dem Lenin selbst teilnahm, warnte er vor dieser ihm gefährlich scheinenden Politik. Im Mai 1922 erlitt Lenin einen ersten Schlaganfall, am 16. Dezember einen zweiten, am 21. Januar 1924 starb er.

Die Sowjetunion

Der Georgier Iosif Vissarionovič Džugašvili (1879–1953) übernahm als Stalin (›der Stählerne‹) nach der Revolution von 1917 im 1. Rat der Volkskommissare das Amt für Nationalitätenangelegenheiten. Auf Vorschlag Lenins wurde er 1922

Stalin (1879–1953)

zum Generalsekretär des Zentralkomitees gewählt. Nach und nach gelang es ihm, alle Konkurrenten auszuschalten.

1922 kam es formell zur Vereinigung der RSFSR mit der Weißrussischen Sozialistischen Sowjetrepublik, der Ukrainischen Sozialistischen Sowjetrepublik und der Transkaukasischen Sozialistischen Föderation zur Union der Sozialistischen Sowjetrepublik. Grundlage der Vereinigung sollte das Prinzip der Freiwilligkeit und Gleichberechtigung der Unionsrepubliken sein. 1928 setzte der Personenkult um Stalin und die Sicherung seiner Alleinherrschaft ein. Stalin setzte die Abkehr von der Neuen Ökonomischen Politik und einen Übergang zur Industrialisierung und Kollektivierung durch, die er entsprechend seiner These vom ›Aufbau des Sozialismus in einem Land‹ und dem Ziel der weitgehenden Autarkie der Sowjetunion forcierte. Die Ergebnisse der verfehlten Kollektivierungspolitik spiegelten sich in den verheerenden Hungersnöten der Jahre 1932–1934 wider, bei denen etwa fünf Millionen Menschen umkamen.

Mit zunehmender Festigung seiner Macht richtete sich Stalins Diktatur gegen seine vermeintlichen Feinde. Opfer von Massenrepressalien wurden zunächst 1928–1932 Bauern und Kulaken sowie Angehörige der Intelligenz. Die folgenschwerste Vernichtungswelle war in den Jahren 1934–1938 vor allem gegen Mitglieder der KPdSU und des Komsomol, gegen Mitarbeiter des Staatsapparates, Wirtschaftsfunktionäre und Offiziere der Roten Armee gerichtet. Die dramatischen Einbrüche in der Roten Armee führten mit dem deutschen Überfall auf die Sowjetunion am 22. Juni 1941 zu einer Katastrophe. Diese Säuberungen waren ein wesentlicher Grund für die anfänglichen deutschen Erfolge an der Front und die gewaltigen Verluste an Menschen auf sowjetischer Seite.

Die Sowjetunion hatte 1939 mit Deutschland einen Nichtangriffspakt unterzeichnet, der in einem geheimen Zusatzprotokoll die Aufteilung Polens vorsah. Nach der Unterwerfung Polens durch das Deutsche Reich zu Beginn des Zweiten Weltkrieges begann am 17. September 1939 der Einmarsch der Roten Armee

in Polen. 1940 wurden die Baltischen Staaten besetzt. Obwohl Stalin mehrmals gewarnt wurde, traf der Überfall die Sowjetunion unvorbereitet. Maßnahmen für einen Eventualfall waren nicht getroffen worden. Die allein auf Offensivstrategien verpflichtete Rote Armee erlitt große Verluste. Bald nach dem Überfall drangen deutsche Truppen bis nach Moskau vor. Die ›Schlacht um Moskau‹ (30. September 1941–20. April 1942) endete mit einer deutschen Niederlage. Das deutsche Konzept, den Rußlandfeldzug als ›Blitzkrieg‹ zu führen, war gescheitert.

Vor allem der sofortigen Hilfe durch die USA und den eigenen Mobilisierungsanstrengungen der SU im bald so genannten ›Großen Vaterländischen Krieg‹ war es zu verdanken, daß der deutsche Vormarsch an Schwung verlor. Einen Wendepunkt im Zweiten Weltkrieg bedeutete für die Sowjetunion die ›Schlacht um Stalingrad‹, die mit der Einkesselung der VI. Armee und deren Kapitulation endete. Nach der deutschen Kapitulation am 8./9. April 1945 war der Krieg beendet.

Seit 1953 war Nikita Sergeevič Chruščev Erster Sekretär des Zentralkomitees, seit 1958 auch Vorsitzender des Ministerrates. In seiner Geheimrede auf dem XX. Parteitag 1956 leitete er die Politik des ›Tauwetters‹, die Entstalinisierung, ein. Zahlreiche Personen und ganze Bevölkerungsgruppen wurden rehabilitiert. Neue Konzepte sollten die Stagnation in Wirtschaft und Politik überwinden. Doch zunehmende wirtschaftliche Mißerfolge sowie eine Verschärfung des Konflikts mit der Volksrepublik China führten 1964 zu seinem Sturz. Seine Nachfolge trat Leonid Il'ič Brežnev (1906–1982) an, dessen Amtsperiode durch Amtsmißbrauch, Bürokratismus und Stagnation gekennzeichnet war.

Die Perestrojka 1985 – 1990

1985 trat Michail Sergeevič Gorbačev (geb. 1931) das Amt des Generalsekretärs des ZK an und leitete die Perestrojka ein, die zu einer grundlegenden Umgestaltung der Sowjetunion und Rußlands führte. Sein Programm umfaßte Pläne für eine weitreichende Demokratisierung der Gesellschaft, die Abschaffung der Einheitslisten bei den Wahlen, eine kritische Neubetrachtung der Sowjetgeschichte und die Veränderung der inneren Struktur der KPdSU. Jedoch stießen er und seine Mitstreiter, wie

Denkmäler des ›Großen Vaterländischen Krieges‹

1942 konnte der Vormarsch der deutschen Armee nach der entscheidenden Schlacht um Stalingrad in einen Rückzug verwandelt werden. Die Planung des Wiederaufbaus sowjetischer Städte, die schon nach ersten militärischen Erfolgen bei Moskau zu Beginn des Jahres 1942 begonnen hatte, wurde nun unter Leitung des Politbüromitgliedes Michail Kalinin (1875–1946) forciert, da ›das neue Bauen große Möglichkeiten für das Errichten von fundamental sozialistischen Städten bietet.‹ Der Krieg sollte nicht nur gewonnen werden, sondern den Weg in eine glorreiche Zukunft ebnen. Damit einher ging die Planung von Kriegsdenkmälern, die den Sieg wie Sterne am Himmelszelt manifestieren sollten. Obwohl das Ende des Krieges fern war, veranstaltete der sowjetische Architektenverband während des Jahres 1942 und des Frühjahrs 1943 Freundschaftswettbewerbe. Die zahlreichen Entwürfe für Denkmäler und Gedenkstätten wurden 1943 in der Ausstellung ›Heldenfront und Heldenetappe‹ in der Moskauer Tretjakov-Galerie gezeigt.
Auch wenn die Entwürfe ›Papier‹ blie-

ben, offenbarten sie den zukünftigen Stil der Monumentaldenkmäler. Die Denkmäler des ›Großen Vaterländischen Krieges‹ beriefen sich auf das nationale Erbe und eigene Traditionen. Formen der altrussischen Architektur wie das Hügelgrab, klassische Elemente – Triumphbogen, Säule, Obelisk – fanden in den neuen Kompositionen Verwendung. Die durch die Nationalsozialisten geplante Ausrottung der slavischen Kultur wurde mit einem Orientierungswechsel in der offiziellen Propaganda beantwortet. »Laßt Euch in diesem Krieg inspirieren durch das tapfere Vorbild Eurer großen Vorfahren – Alexander Nevskij, Dmitrij Donskoj, Kuz'ma Minin, Dmitrij Požarskij, Alexander Suvorov, Michail Kutuzov«, propagierte Stalin auf der berühmten Parade auf dem Roten Platz am 7. November 1941. Ruhmreiche Vorfahren wurden aus der Schublade der angeordneten Vergessenheit hervorgekramt und in den Dienst des Kriegspatriotismus gestellt. Nur eine übermenschliche Kraftanstrengung des ganzen Volkes konnte den Feind schlagen, und die Parteiführung begriff, daß man die Massen zur Verteidigung der russischen Heimat und nicht zum Kampf für den Sozialismus aufrufen mußte.

Auf der anderen Seite wurden während des ›Großen Vaterländischen Krieges‹ bestimmte Völker und nationale Gruppen, wie die Deutschen der Autonomen Republik der Volga-Deutschen, der Kollaboration mit dem Feind bezichtigt, zwangsweise umgesiedelt, in Lager verschleppt, vernichtet. Auch nach Kriegsende wurden Sowjetbürger, die in deutsche Kriegsgefangenschaft geraten oder nach Deutschland verschleppt worden waren, nach ihrer Rückkehr in die Heimat zu Zwangsarbeit in Lager gebracht.

Nach dem Krieg erlebte die Sowjetunion bis in die 80er Jahre eine Schwemme von Denkmälern, die dem ›Großen Vaterländischen Krieg‹ gewidmet sind. Die monumentale Kunst, vorzugsweise aus hochwertigen Materialien – rostfreiem Stahl, Marmor, Glasmosaik und Granit –, spielte zweifelsohne eine wichtige patriotische Rolle, die dem hungernden Volk helfen sollte, über Entbehrungen und Verluste, wie auch schwere Fehler bei der Landesverteidigung in eine glorreiche Zukunft zu blicken.

Alexander Jakovlev, Eduard Schewardnadse, Boris Jelzin, um nur einige zu nennen, auf den erbitterten Widerstand der Parteifunktionäre auf allen Ebenen.

Eine entscheidende Zäsur in den Auseinandersetzungen um die Perestrojka stellte die XIX. Allunionskonferenz der KPdSU im Juni 1988 dar, auf der Gorbačev die Reformpolitik durch einige entscheidende Beschlüsse verankerte. Die Konferenz beschloß erste Schritte zu einer Trennung von Partei und Staat: die Stärkung der Sowjets, der örtlichen und regionalen Verwaltungen, die Schaffung

eines Kongresses der Volksdeputierten der Sowjetunion als höchstes Repräsentationsorgan der Staatsmacht und die Durchführung von Mehrkandidatenwahlen. Die im März 1989 durchgeführten Wahlen zum Volksdeputiertenkongreß waren noch keine ›echten‹ freien Wahlen, jedoch gelang den Reformern ein Durchbruch mit den überwältigenden Siegen Jelzins in Moskau (89,1 Prozent) und Anatolij Sobčaks in Leningrad (76 Prozent).

Boris Jelzin (geb. 1931) hatte sich zum Hoffnungsträger der Menschen entwickelt, denen Gorbačevs Reformen nicht weit genug gingen. Im Land herrschte Aufbruchsstimmung. Menschenrechtler wie Andrej Sacharov kehrten aus der Verbannung zurück, bisher verfemte Autoren durften veröffentlicht werden, indizierte Filme und Theaterstücke aufgeführt und Tabuthemen wie Kriminalität, Bürokratismus und Korruption öffentlich zur Sprache gebracht werden. Die Reformkräfte formierten sich und erfuhren zunehmend Unterstützung aus der Bevölkerung. 1990 wurde die Bewegung ›Demokratisches Rußland‹ gegründet, die mit mehreren großen Kundgebungen vor allem gegen das Machtmonopol der Kommunistischen Partei demonstrierte. Im März 1990 entschied der Volksdeputiertenkongreß die Abschaffung des Machtmonopols und die Zulassung von gesellschaftlichen Organisationen und Parteien.

Die Autorität der Kommunistischen Partei schwand zunehmend. Gorbačev, der sich im Ausland großer Popularität erfreute und 1990 für seine Sicherheits- und Abrüstungspolitik mit dem Friedensnobelpreis ausgezeichnet wurde, geriet im eigenen Land immer mehr ins Abseits. Im März 1990 vom Kongreß der Volksdeputierten zum sowjetischen Präsidenten gewählt, setzte er noch immer auf die Möglichkeit eines Umbaus des Systems von innen und die Erneuerung der Partei. Sein Gegenspieler Jelzin, Vorsitzender des Obersten Sowjets der Russischen Föderation, trat aus der Kommunistischen Partei aus und stand an der Spitze der Bewegung ›Demokratisches Rußland‹. Eine Trennung der Organe der Sowjetunion und der Russischen Föderation setzte ein. Am 12. Juni 1990 verabschiedete der Volksdeputiertenkongreß der Russischen Föderation die Souveränitätserklärung Rußlands. Der 12. Juni ist seitdem Staatsfeiertag. Im April 1991 wurde Jelzin mit großer Mehrheit vom Volk zum russischen Präsidenten gewählt.

Der Putschversuch 1991

Als die Reformgegner zunehmend an Boden verloren, versuchten sie am 19. August 1991, den Reformprozeß mit Gewalt zu stoppen. Den Putschisten unter Führung von KGB-Chef Krjučkov und Verteidigungsminister Jasov gelang die Isolierung Gorbačevs, der sich in seiner Urlaubsdatscha auf der Krim aufhielt. Seine Amtsgeschäfte übernahm der Vizepräsident der UdSSR Gennadij Janajew, ein ›Notstandskomitee‹ wurde gegründet, das einen sechsmonatigen Ausnahmezustand über das Land verhängte, um das ›Abgleiten der Gesellschaft in eine gesamtnationale Katastrophe zu verhindern‹. Jedoch hatten die Putschisten den Widerstand der Bevölkerung und selbst in den eigenen Truppen unterschätzt. Zehntausende folgten Jelzins Aufruf zum Widerstand gegen die Putschisten und sammelten sich vor dem Weißen Haus, in dem Jelzin mit seinen engsten Mitarbeitern belagert wurde. Im ganzen Land kam es zu Streiks und Demonstrationen, Armee-Einheiten wechselten auf Jelzins Seite, und die Alpha-Gruppe des KGB weigerte sich, das Weiße Haus zu stürmen. Am Morgen des 21. August begannen die Belagerer ihren Rückzug, und der Staatsstreich wurde als gescheitert erklärt. Das Volk feierte seinen Sieg und Jelzin.

Gorbačev trat nach dem einige Tage später folgendem Verbot der KPdSU vom Amt des Generalsekretärs zurück, empfahl dem Zentralkomitee, sich aufzulösen und ließ das Parteieigentum einfrieren.

Das Scheitern des Putsches veränderte auch die außenpolitische Situation. Seit Ende der 80er Jahre strebten die Sowjetrepubliken immer mehr nach nationaler Eigenständigkeit. Sie forderten Souveränität innerhalb des Unionsverbandes und verlangten schließlich die Unabhängigkeit und das Recht auf eigene Streitkräfte. Die ersten Republiken waren Estland, Lettland, Litauen, Moldova, Georgien und Armenien. Später schlossen sich die Ukraine und Weißrußland an.

Die Sowjetunion zerfiel, und alle Versuche, den Zerfall aufzuhalten, sowohl mit militärischen Mitteln als auch über neue mögliche Bündnisse, scheiterten. Als sich am 3. Dezember 1991 die Präsidenten Rußlands, der Ukraine und Belorußlands trafen und die ›Gemeinschaft Unabhängiger Staaten‹ (GUS) gründeten, war das Ende der Sowjetunion besiegelt. Der GUS traten außer Georgien und den drei baltischen Ländern alle ehemaligen Republiken bei, um Lösungen für die Folgen der wirtschaftlichen und politischen Verflechtungen zu finden.

Auf dem Weg in die Marktwirtschaft

In Moskau wurde die Flagge der Sowjetunion über dem Kreml eingeholt und durch die russische Trikolore in den Farben rot-blau-weiß ersetzt. Jelzin übernahm das Arbeitszimmer des zurückgetretenen sowjetischen Präsidenten Gorbačev und begann, zusammen mit seinem Ministerpräsidenten Jegor Gajdar ein ›500-Tage-Programm‹ zum radikalen Umbau der Wirtschaft, die sogenannte

›Schockprivatisierung‹, umzusetzen. Der Weg in die Marktwirtschaft begann am 2. Januar 1992 mit der plötzlichen Freigabe aller Preise, worauf die Lebenshaltungskosten um das Dreifache stiegen und die Produktion zunehmend zusammenbrach. Während im Land Enttäuschung und Unzufriedenheit wuchsen, formierte sich erneut die Opposition. Im Volksdeputiertenkongreß und im Obersten Sowjet saßen immer noch mehrheitlich Reformgegner. Gegenspieler Jelzins waren vor allem der russische Vizepräident Alexander Ruckoj und der Präsident des Parlaments Ruslan Chazbulatov.

Die Demokraten hatten nach dem Scheitern des Putsches ihre Chance verpaßt, die in sofortigen Neuwahlen und dem Aufbau breiter lokaler demokratischer Strukturen gelegen hätte. Jelzin nutzte jedoch den Rückhalt in der Bevölkerung nicht, achtete auch wenig auf die Entwicklung der demokratischen Bewegung, sondern konzentrierte sich ausschließlich auf die Tätigkeit der Regierung und die Auseinandersetzung mit dem Oberstem Sowjet und dem Volksdeputiertenkongreß. Letzterer beschnitt zunehmend Jelzins 1991 genehmigte Sondervollmachten und setzte im Dezember 1992 Gajdar ab. Zum neuen Ministerpräsidenten wurde Viktor Tschernomyrdin, einer der Reformbremser, ernannt.

Die Ereignisse im Herbst 1993

Jelzin versuchte, dieser Doppelherrschaft ein Ende zu setzen, indem er am 20. März 1993 Rußland vorübergehend der Präsidialherrschaft unterstellte und einen Volksentscheid anberaumte, in dem er sich seine Stellung und seine Reformpolitik bestätigen ließ. Das Referendum, an dem sich 64,5 Prozent der Wahlberechtigten beteiligten, umfaßte vier Fragen: Vertrauen Sie dem Präsidenten der Russischen Föderation? Befürworten Sie die Wirtschafts- und Sozialpolitik von Präsident und Regierung? Sind Sie für vorgezogene Neuwahlen des Präsidenten? Sind sie für vorgezogene Neuwahlen der Volksdeputierten? Die ersten beiden Fragen wurden positiv entschieden, während sich für Neuwahlen keine ausreichende Mehrheit ergab.

Im September beging Jelzin einen eindeutigen Verfassungsbruch, indem er die beiden Häuser (Volksdeputiertenkongreß und Obersten Sowjet) einfach auflöste. Er setzte Neuwahlen für Dezember und ein Referendum über eine neue Verfassung an. Der Oberste Sowjet reagierte darauf mit der Absetzung Jelzins und wählte Ruckoj zum Staatschef. Der Machtkampf spitzte sich zu bis zum 3. Oktober 1993, als etwa 10 000 Jelzin-Gegner das Weiße Haus stürmten und es besetzten. Jelzin gelang es mit Hilfe der regierungstreuen Truppen, die Besetzer zur Kapitulation zu zwingen. Ruckoj und Chazbulatov mußten sich ergeben. Bei den Kämpfen gab es mindestens 100 Tote und etwa 300 Verhaftete.

Demokratische Wahlen und die Macht des Präsidenten

Am 12. Dezember fanden erstmalig Parlamentswahlen nach demokratischen Regeln statt. Gleichzeitig wurde über einen Verfassungsentwurf abgestimmt, der dem Präsidenten eine ungeheure Machtposition gegenüber dem Parlament sicherte. Die Verfassung wurde durch 58 Prozent der Wähler angenommen. Doch die geringe Wahlbeteiligung und die Ergebnisse der Wahlen waren ein Schock für die Demokraten und Ausdruck der schwierigen Situation im Land. Die Verteilung der Sitze in der Duma wurden durch Listen- und Direktwahl bestimmt. Unter den Parteilisten erhielt die nationalistische Liberal-Demokratische Partei (LDPR) mit ihrem Vorsitzenden Širinovskij die meisten Stimmen, während sich bei der Direktwahl die Anhänger Jelzins durchsetzten.

Die Stimmung im Land war durch den stetigen Produktionsrückgang, eine galoppierende Inflation, Preissteigerungen und wachsende Arbeitslosigkeit geprägt. Verantwortlich dafür wurden vor allem die regierungsnahe Partei ›Wahl Rußlands‹ und Gajdar gemacht. Die Kämpfe des Jahres 1991 waren vergessen, die Auseinandersetzungen mit den Reformbremsern nur wenigen Wählern bekannt. Die meisten sahen nicht mehr einen Kampf zwischen Diktatur und Demokratie, sondern betrachteten die Parteien als politische Cliquen, die ihre eigenen Machtinteressen verfolgten. Viele sehnten sich nach Autorität und Ordnung.

Jelzins Rücktritt

Bei den Parlaments- und Präsidentschaftswahlen 1995/96 setzte sich Jelzin mit Unterstützung der Presse und der reich gewordenen Oligarchen noch einmal durch. Eine wesentliche Rolle spielte auch der 1994 begonnene Tschetschenienkrieg, der die Ablösung der Kaukasusrepublik von Rußland verhindern, jedoch wohl vor allem den nationalen Zusammenhalt stärken und von innenpolitischen Problemen ablenken sollte. Doch wurden die Krise und die Hilflosigkeit der Regierung immer offensichtlicher. Nach einem dramatischen Kursverlust des Rubels im August 1998 entließ Jelzin die gesamte Regierung. Der nächste Regierungschef wurde nach einem dreiviertel Jahr entlassen, der nächste nach drei Monaten.

Als Jelzin Silvester 1999 überraschend zurücktrat, ging auch der Mythos von der Demokratisierung und einer konstruktiven Umgestaltung Rußlands zu Ende. Die anfängliche politische Mobilisierung der Bevölkerung war längst in Apathie umgeschlagen, soziale und existentielle Probleme bestimmten das Leben. Die

Undurchsichtigkeit politischer Strukturen und die geringen Einflußmöglichkeiten riefen Resignation und Hilflosigkeit hervor. Politik wurde von der Mehrheit der Menschen, wenn überhaupt, dann als Medienspektakel wahrgenommen.

Laut einer Meinungsumfrage im August 1999 vertrauten Jelzin nur drei Prozent der Bürger Rußlands, 90 Prozent ausdrücklich nicht.

Bei der Privatisierung von 70 bis 80 Prozent der Staatsbetriebe kam es zu Monopolbildungen, wodurch sich ein Großteil der Wirtschaft in den Händen weniger Oligarchen befindet. Was als Reform angekündigt wurde, endete als kriminelle Umverteilung des früheren Gemeinschaftsvermögens und der Verarmung der Mehrheit der Bevölkerung. Über 40 Prozent lebt unterhalb der Armutsgrenze. Die gewachsenen sozioökonomischen Strukturen wurden zerstört, ohne daß neue funktionsfähige an ihre Stelle getreten wären.

Der starke Staat

Mit Vladimir Putin betrat Ende 1999 eine neue Generation die politische Bühne. Im August von Jelzin zum Ministerpräsidenten ernannt, gewann dieser zusammen mit der neugegründeten Kreml-Partei ›Jedinstvo‹ (Einheit) die Duma-Wahlen im Dezember und die Präsidentschaftswahlen im März 2000. Seinen Sieg verdankte Putin, der bis zum Schluß keinerlei Regierungsprogramm vorlegte, vor allem dem im November erneut begonnenen Tschetschenienkrieg, der Sehnsucht nach einem ›starken Mann‹ an der Spitze Rußlands und dem Mangel an Alternativen. Seinem Motto, im Kaukasus sei das Vaterland in Gefahr, wagte nur Grigorij Jawlinskij, der Vorsitzende der ›Jabloko‹-Partei öffentlich zu widersprechen.

Seit seiner Wahl versucht Putin von oben, das Land innen- und außenpolitisch zu stabilisieren. Seine Politik richtet sich auf die Stärkung zentraler staatlicher Machtstrukturen und die Schaffung eines einheitlichen Rechtsraums, die Beendigung der Konflikte zwischen Republikchefs und Gouverneuren und der Moskauer Exekutive. Diese Entwicklung und die Reform des Föderationsrates gehen zu Lasten der Möglichkeiten lokaler Selbstverwaltung.

Mit der Übernahme des Senders NTV durch den halbstaatlichen Konzern ›Gasprom‹ im April 2001 und die Abschaltung von TV-6, des letzten privaten Fernsehkanals überregionaler Reichweite, gelang die Rückdrängung des Einflusses der Oligarchen, die in den 90ern ihre Medienimperien aufgebaut hatten. Gleichzeitig wird zunehmend der Spielraum für kritischen Journalismus beschnitten.

Putins Schritte zur Schaffung eines starken Staates gehen einher mit dem Versuch, westlichen Erwartungen zur Schaffung einer Zivilgesellschaft zu entsprechen. So wurden zum Beispiel 2002 ein Gesetz gegen Extremismus und ein Zivildienstgesetz verabschiedet – ein höchst zweifelhaftes Anliegen vor dem Hintergrund eines aus dem öffentlichen Bewußtsein verdrängten Krieges und der fehlenden Aufarbeitung der Vergangenheit.

Hoffnungen

Der Aufbau zivilgesellschaftlicher Strukturen und die Stärkung der Selbstorganisation der Menschen ist das Ziel vieler nicht-staatlicher Organisationen (NGOs, ›non government organisations‹). Diese konzentrieren sich einerseits auf die Lösung oder Verringerung sozialer Probleme. Zum Beispiel gibt es eine breite Bewegung für Straßenkinder, und in den Großstädten existieren mittlerweile erste Frauenhäuser und verschiedene Frauenorganisationen. Das Komitee der Soldatenmütter setzt sich seit Jahren für die Beendigung des Tschetschenienkrieges, eine Veränderung der Zustände in der Armee bis hin zu ihrer Abschaffung ein. Andere Menschenrechtsorganisationen wie zum Beispiel ›memorial‹ fördern die dringend notwendige Aufarbeitung der Vergangenheit. Und in vorsichtigen Schritten formiert sich in den letzten Jahren eine außerparlamentarische Opposition.

Die russisch-orthodoxe Kirche

Weihrauchduft, getragener Chorgesang und farbige Gewänder sind die üblichen Assoziationen, wenn man an die russisch-orthodoxe Kirche denkt. Aber was sind die Unterschiede zur katholischen oder evangelischen Kirche? Und wie kam es eigentlich zur Trennung der christlichen Kirchen? Welche Stellung hat die Kirche in der heutigen Gesellschaft? Um diese Fragen zu beantworten, muß man die Geschichte des Christentums in Rußland näher beleuchten.

Die römische Reichskirche teilte sich aufgrund der politischen Entwicklung schon frühzeitig. Neben dem Papst in Rom gab es die Patriarchen in Konstantinopel, in Alexandria (Ägypten), Antiochien (Syrien) und Jerusalem. Während Rom und Konstantinopel mächtige kirchliche und politische Zentren waren, repräsentierten die anderen Patriarchen nur eine geringe Schar von Gläubigen. Die politische Rivalität zwischen ost- und weströmischem Reich drückte sich auch in einer unterschiedlichen Entwicklung von Ost- und Westkirche aus. Die endgültige Spaltung dieser Kirchen, das sogenannte Schisma, wird auf das Jahr 1054 datiert. Die Unterschiede waren aber auch davor beträchtlich und schlugen sich zum Beispiel in einer unterschiedlichen Kirchenarchitektur und einem besonderen Stellenwert der Bilder nieder.

Geschichte der russisch-orthodoxen Kirche

Die sich im 10. Jahrhundert herausbildenden ostslavischen Fürstentümer hatten vielfältigen Kontakt zu christlichen Nachbarn. Besonderen Einfluß hatte das Byzantinische Reich. Verbürgt ist die Taufe der Fürstin Olga im Jahre 977 in Konstantinopel. In dieser Zeit gab es bereits erste Kirchen in Kiev, der Hauptstadt der Kiever Rus'. Die Annahme des Christentums als Staatsreligion blieb allerdings Olgas Enkel Vladimir überlassen. Der Legende nach wurden verschiedene Religionen durch Gesandte geprüft. Weder der jüdische Glaube noch der Islam oder der lateinische Katholizismus wurden empfohlen, sondern die griechisch-byzantinische Orthodoxie. Von den Gottesdiensten in Konstantinopel berichteten die Gesandten: »So etwas Herrliches können wir nicht vergessen … wir hier in Rußland (wollen) nicht länger mehr anders leben.« Außerdem wird bei dieser Entscheidung eine Rolle gespielt haben, daß bei einer Taufe Vladimirs die Hochzeit mit der Schwester des byzantischen Kaisers in Aussicht gestellt wurde.

Vladimir hatte zwar schon fünf Frauen, aber die Verbesserung der Beziehungen zu dem mächtigen Byzanz war ohne Frage wichtig.

Nach den angeordneten Massentaufen im Dnepr baute man die erste Steinkirche, die Zehntkirche genannt, weil sich Vladimir verpflichtete, den zehnten Teil der Einkünfte für ihren Unterhalt zu spenden. Bei diesem und anderen Kirchenbauten halfen Architekten aus Byzanz, wie auch anfangs große Teile des Klerus von dort oder aus Bulgarien kamen. Die mit der Taufe befohlene Zerstörung der alten Götterstatuen mit dem Hauptgott Perun konnte aber nicht darüber hinwegtäuschen, daß im Volk alte heidnische Vorstellungen noch lange Zeit eine Rolle spielten. Aus den Anfängen der russischen Kirche unter Vladimir, der bald als Heiliger verehrt wurde, entwickelte sich unter seinem Sohn Jaroslav dem Weisen eine Kirche, die bereits Einfluß auf alle Lebensbereiche nahm. Die Fürsten berieten sich in wichtigen Fragen mit den Geistlichen, und vor Feldzügen wurde das Heer durch die Metropoliten gesegnet.

Nach dem Vorbild der Hagia Sophia in Konstantinopel entstanden Sophienkathedralen in Novgorod, Polock und Kiev. Die Kiever Kathedrale wurde Sitz des Metropoliten (Stellvertreter des Patriarchen). Dabei war es üblich, daß der Patriarch in Konstantinopel den russischen Metropoliten einsetzte, meist einen griechischen Mönch. Fürst Jaroslav ließ von einer Synode (Versammlung der Bischöfe) einen Russen einsetzen, den Mönch Ilarion. Dieser war ein Eremit aus einer Meditationshöhle vor den Toren Kievs, aus der später das berühmte Höhlenkloster hervorging. Schon wenige Jahre danach zeigte der byzantinische Patriarch mit einer erneuten Einsetzung eines Griechen als Metropoliten, daß die oberste Autorität der russischen Kirche zu dieser Zeit in Konstantinopel saß.

Ganz nach byzantinischer Tradition gab es auch in Rußland immer eine enge Verknüpfung von kirchlichen und weltlichen Strukturen. Als die Kiever Rus' unter den Erben Jaroslavs in viele Teilfürstentümer aufgeteilt wurde, entstanden auch neue Bischofssitze. Im 13. Jahrhundert gab es bereits 16 Eparchien (kirchliche Bereiche, die einem Bischof zugeordnet sind). Obwohl in politischer Hinsicht die im 12. Jahrhundert gegründeten Städte wie Vladimir, Moskau, Rostov, Suzdal' und Novgorod eine größere Bedeutung als Kiev, die ›Mutter der Russischen Städte‹, erlangten, behielt der Stellvertreter des byzantinischen Patriarchen seinen Sitz in Kiev.

Die Teilfürstentümer mußten sich gegen mächtige Feinde wehren. Die Tataren kamen als große Reiterarmee aus der mongolischen Steppe und zerstörten viele Städte und Dörfer. Viele Menschen wurden umgebracht, Landstriche verödeten. Die geschwächten russischen Fürsten mußten an den Tatarenkhan Tribut zahlen. Die mongolischen Stämme bekannten sich zum Schamanentum und nahmen in ihrem Staat – der an der unteren Volga gelegenen sogenannten ›Goldenen Horde‹ – im 14. Jahrhundert den Islam als Staatsreligion an. Zwar wurden bei den Überfällen auf die russischen Städte auch Kirchen und Klöster zerstört, aber die Kirche insgesamt konnte sich aufgrund der religiösen Toleranz der Tataren schnell

Fresko der Vladimir-Suzdaler Schule

erholen. Später bekam sie sogar die Unantastbarkeit des Klerus und des kirchlichen Eigentums garantiert.

Der Nordwesten des Landes (Gebiet von Novgorod) konnte nicht von den Tataren eingenommen werden. Hier mußte sich der Fürst Alexander Nevskij allerdings gegen Überfälle von Schweden, Litauern und Deutschordensrittern (Schlacht auf dem Eise des Peipussees) wehren. Dabei wurden nicht nur territoriale Ansprüche zurückgewiesen, sondern auch die Orthodoxie gegen den westlichen Katholizismus verteidigt.

In dieser Zeit gab es zwei Typen von Klöstern: die repräsentativen Stiftungen der Fürsten, meist in Städten angesiedelt, und die Einsiedeleien der Asketen oder sich daraus entwickelnde Klöster, die meist fernab von menschlichen Siedlungen gelegen waren. Viele Einsiedler sahen in der Tatarenherrschaft die gerechte Strafe für ein gottloses Leben und suchten die Erlösung in der Buße und im Gebet. Die Einödklöster erlebten in diesem Zeitraum eine Blüte – innerhalb von 200 Jahren enstanden über 150. Oft waren diese Klöster Wegbereiter der Kolonisation unbewohnter Gebiete. Der Wald wurde gerodet, Ackerbau betrieben; die Klöster wuchsen, und bald enstanden in der Nähe Dörfer. Ein Beispiel ist die Einsiedelei, die Sergij von Radonež mit seinem Bruder etwa 70 Kilometer nördlich von Moskau gründete. Daraus entwickelte sich das heutige geistliche Zentrum der russisch-orthodoxen Kirche, das Dreifaltigkeitskloster in Sergiev Posad.

Trotz der Verwüstungen der Tatarenzeit kam die geistige und religiöse Entwicklung nicht zum Erliegen. So entstanden wichtige Chroniken und Biographien von Heiligen in den Klöstern. Predigten wurden gesammelt und verbreitet. Die Ikonen- und Freskenmalerei erreichte eine Blüte. Andrej Rublev (circa 1360 – circa 1430) und Feofan Grek (Theophanus der Grieche) malten die Maria-Verkündigungs-Kathedrale des Moskauer Kreml und die Mutter-Gottes-Kathedrale in Vladimir aus. Andrej Rublev schuf um 1420 die wohl berühmteste Ikone: die Dreifaltigkeitsikone für die gleichnamige Kirche im heutigen Sergiev Posad.

Die Entwicklung und wirtschaftliche Blüte der Klöster und die sozialen Unterschiede innerhalb des Klerus ließen kritische Stimmen aufkommen. Kritik entzündete sich vor allem an der Käuflichkeit der kirchlichen Weihen. Die erste russische Ketzerbewegung, die ›Strigolniki‹, war Ausdruck dieses kritischen Denkens und entstand in Novgorod Ende des 14. Jahrhunderts. Landbesitz von Kirchen und Klöstern und die käufliche Weihe galt ihnen als unvereinbar mit dem Glauben. Diese Kritik wurde mit Gewalt unterdrückt, die Wortführer ermordet.

Die zweite Hälfte des 15. Jahrhunderts kann als sehr bedeutsam für die russische Geschichte angesehen werden. Der Großfürst von Moskau, Ivan III., begann mit der ›Sammlung des russischen Landes‹ und nannte sich Herrscher von ganz Rußland. Das Heer des Deutschen Ordens wurde endgültig geschlagen, und die Tatarenherrschaft fand ihr Ende. In diesen Zeitraum fällt der Beginn der Autokephalie, der Unabhängigkeit und Eigenständigkeit der russischen Kirche. Byzanz selbst wurde von den Türken bedrängt, und es wurden Schritte zu einer Union mit der Westkirche unternommen. In Rußland stand man einer Annäherung an die lateinische Kirche des Papstes ablehnend gegenüber. Eine Synode setzte 1448 ohne Rücksprache den Russen Iona als ›Metropoliten von ganz Rußland‹ ein und löste sich damit von dem bisherigen Oberhaupt, dem Patriarchen von Konstantinopel. Bei den nachfolgenden Machtkämpfen zwischen Orthodoxen und ›Unierten‹ wurde 1459 die Autokephalie des Moskauer Staates und die vorläufige Trennung von den westrussischen Gebieten durch eine Synode festgelegt.

Ein wichtiger Richtungsstreit fand in dieser Zeit innerhalb der russischen Kirche statt. Die eine Seite vertrat der Abt des Klosters von Volokolamsk, Iosif Sanin, genannt Volockij. Für ihn stand die göttliche Sendung des Zaren außer Frage. Die Kirche mußte den weltlichen Herrscher unterstützen und ihm Gehorsam leisten. Als Ausnahme sollte nur gelten, wenn er selbst sich der Gotteslästerung schuldig machte. Abweichende Meinungen innerhalb der Kirche seien hart zu verfolgen und die Kirche auch durch Landbesitz wirtschaftlich zu stärken. Für die Gegenseite stand der Mönch Nil Sorskij. Er propagierte eine Rückbesinnung auf das klösterliche Ideal des Zusammenlebens, auf Armut und Leidenschaftlosigkeit gegenüber den materiellen Dingen. Sorskij war der ›Vater‹ der ›Starzen‹ (›starcy‹) – der Tradition gemeinschaftlicher Askese unter Mönchen.

Pikant scheint dieser Streit, wenn man sich vergegenwärtigt, daß die Kirchen und Klöster ausgedehnte Landbesitzungen hatten – Schätzungen sprechen von einem Drittel des Landes! –, und der Zar natürlich daran interesssiert war, über Landvergabe den Dienstadel zu verpflichten. Im Herrscherhaus gab es offensichtlich eine gewisse Zustimmung zu den Ideen Sorskijs. Zar Vasilij III. entschied sich trotzdem für die Auffassungen Volockijs. Eine Ursache dafür war sicher auch die Toleranz, die Volockij der Ehescheidung und Wiederverheiratung des Zaren entgegenbrachte. Die Anhänger und Schüler von Nil Sorskij wurden verfolgt und umgebracht.

Von nun an gab es das Bündnis einer ›reichen‹ Kirche mit dem Herrscherhaus. Der Großfürst ließ sich die Herrschaft durch die Kirche legitimieren, und die Kirche hatte freie Hand, um ihre (auch wirtschaftliche) Selbständigkeit zu stärken und gegen Ketzer und Sekten vorzugehen.

Die ›Judaisierenden‹, deren Bewegung aus einem humanistischen Bildungsideal heraus entstand, gewannen rasch Zulauf und wurden schließlich verfolgt. Ein Streben nach umfassender Erkenntnis auch in Bezug auf Kirche und Glauben sollte die durch einen geringen Bildungsstand der Priester gekennzeichnete Kir-

Der Patriarch Nikon

che reformieren. Mit dem Namen verunglimpften die Gegner die Bewegung und unterstellten Verbindungen zum Judentum.

In der Herrschaftszeit von Ivan IV. (Ivan der Schreckliche) kam es zu einer kulturellen Blütezeit. Erste Druckereien wurden eingerichtet, bedeutende Ikonen geschaffen. Sein Selbstverständnis war das eines Herrschers über Leben und Tod der Untertanen sowie über Gedeih und Verderb der Kirche. Einen nicht gefügigen Metropoliten ließ er zum Beispiel durch seinen Geheimbund – die Opričina – ermorden.

Auf mehreren Synoden wurde versucht, die russisch-orthodoxe Kirche zu festigen und zu ordnen. Es kam zur Heiligsprechung von 64 russischen Asketen und Wundertätern. Auf der Hundert-Kapitel-Synode 1551 schuf man eine einheitliche Kirchenordnung, ging gegen Mißstände innerhalb der Kiche vor und regte die Bildung von Schulen an.

Die Kirche erstarkte, und die offizielle Errichtung eines Patriarchats wurde erwogen. Die Erklärung der Autokephalie von 1448 erkannten die anderen orthodoxen Kirchen nicht an. Über einhundert Jahre später befanden sich die Patriarchate von Jerusalem und Konstantinopel in einer schwierigen Lage, in der sie der Hilfe der russisch orthodoxen Kirche bedurften, und unterstützten die Errichtung eines Patriarchats in Moskau. 1589 wurde Iov der erste Patriarch der russisch-orthodoxen Kirche.

Die Kirchenspaltung

Fast einhundert Jahre später vollzog sich sowohl politisch als auch kirchenpolitisch ein tiefgreifender Wandel. Der Patriarch Nikon (1605–1681) wollte einige Besonderheiten der russischen Kirche abschaffen und sie anderen orthodoxen Kirchen angleichen. Die Altgläubigen, hervorgegangen aus dem ›Kreis der Eiferer‹, wollten das spezifisch Russische der Orthodoxie nicht aufgeben. Der Streit kulminierte in den rituellen Änderungen. Beim Handkreuze sollten drei Finger (als Symbol der Dreifaltigkeit) statt wie bisher zwei benutzt werden; das ›Halleluja‹ dagegen nur noch zweimal statt bisher dreimal an einer bestimmten Stelle der Liturgie ertönen.

1667 wurden schließlich auf einer Synode die Anhänger des alten Ritus exkommuniziert und verdammt. Das bedeutete eine Kirchenspaltung – ›raskol‹ –, und die Altgläubigen wurden nun ›Raskolniki‹ genannt. Sie hielten alle Lebensformen, die sich von der altrussischen unterschieden, für unannehmbar: Rasieren von Bärten, moderne Kleidung und weltliche Kunst. Die Altgläubigen wurden anfangs grausam verfolgt, viele verbrannten sich selbst, andere zogen sich in

Vailij Ivanovič Surikov, ›Bojarin Morozova‹, 1886

unwegsame Gebiete zurück. Der gebildete Avvakum zum Beispiel, der die erste russische Autobiographie verfaßte, wurde ins Gefängnis geworfen und schließlich auf dem Scheiterhaufen verbrannt. Unter den Anhängern der Raskolniki fanden sich Bauern, Kaufleute, aber auch Bojaren – Menschen, die bei den gesellschaftlichen Veränderungen Verluste erlitten hatten und den althergebrachten Glauben nicht aufgeben wollten. Bei nachfolgenden Aufständen waren auch immer wieder Altgläubige beteiligt.

Die Altgläubigen teilten sich ihrerseits in verschiedene Richtungen: Die ›Priesterlosen‹ meinten, daß in der endzeitlichen Stimmung keine Priester mehr geweiht werden könnten und kannten deshalb auch keine Sakramente mehr. Diese Gruppierung spaltete sich später noch mehrmals. Die ›Priesterlichen‹ dagegen blieben wesentlich gechlossener. Durch die konservative Haltung der Raskolniki wurde vieles aus der Zeit vor den Reformen bewahrt. Im Lande verstreut leben auch heute noch Altgläubige, auch in den Städten findet man vereinzelt Gemeinden. Erst vor wenigen Jahren wurde zum Beispiel in Sibirien eine Gruppe entdeckt, die schon lange keinen Kontakt zu anderen Menschen hatte und gemäß der alten Traditionen einfach, bescheiden und autark lebt.

Erst 1971 wurde die Verdammung der Altgläubigen durch den Patriarchen Pimen zurückgenommen und wieder erste Gepräche geführt. Man schätzt, daß heutzutage etwa ein Zehntel der Gläubigen an den alten Ritualen festhält.

Von Peter I. bis heute

Die Reformen von Zar Peter I. machten auch vor der Kirche nicht halt. Als 1700 der Patriarch starb, sorgte der Zar dafür, daß kein neuer gewählt wurde. Der Patriarchverweser übte sein Amt über 20 Jahre aus. Dann fühlte sich Peter I. stark genug, den ›Heiligsten Regierenden Synod‹ einzusetzen. Den Vorsitz in diesem Organ hatte der Oberprokuror – ein weltlicher Beamter. Damit war die Kirche in die allgemeine Staatsverwaltung eingegliedert und in ihren Rechten beschnitten. Andererseits waren nun andere Kirchen und Sekten keiner Verfolgung mehr ausgesetzt, und es herrschte religiöse Toleranz. Der geistliche Berater des Zaren war der Bischof Feofan Prokopoj, ein Gelehrter, der in Rom studiert hatte und später Professor für Poetik, Rhetorik und Philosophie wurde. Er arbeitete ein geistliches Reglement aus und ordnete damit die Rechte und Pflichten in der Kirchenhierarchie neu. Seine Hauptbemühung lag darin, den Bildungsstand der Bischöfe und Priester zu verbessern. Andere Reformen betrafen das Mönchstum. Einsiedeleien galten als Hort des oppositionellen Denkens und wurden verboten. Der Eintritt in ein Kloster wurde erschwert, für Männer galt zum Beispiel ein Mindestalter von 30 Jahren. Es sollte verhindert werden, daß sich potentielle Soldaten der Militärpflicht entziehen konnten.

Diese Reformen haben die Geschichte der russischen Kirche für zwei Jahrhunderte geprägt. Viele Ansätze wurden von den folgenden Herrschern verschärft. Zarin Elisabeth betraute beispielsweise verabschiedete Offiziere mit der Verwaltung der Klöster. Die Säkularisierung der Klöster erreichte damit ihren Höhepunkt.

Im 19. Jahrhundert erblühte das russische Nationalbewußtsein. Die Politik wurde auf die drei Prinzipien Monarchie, Orthodoxie und Volkstum hin ausgerichtet. Trotz der Vielzahl von Strömungen bot die russisch-orthodoxe Kirche vor dem Ersten Weltkrieg ein eindrucksvolles Bild: 163 Bischöfe, 51105 Pfarrgeistliche, 54174 Kirchen, 1025 Klöster und 61 geistliche Akademien und Seminare.

Aber gerade viele gebildete Menschen standen der Kirche in dieser Zeit kritisch gegenüber.

Auf dem Landeskonzil, welches im August 1917 in Moskau begann, wurden viele wichtige Entscheidungen getroffen – die wohl wichtigste war die Wiedererrichtung des Patriarchats. Ein greiser Mönch wählte unter den drei Kandidaten den Metropoliten Tichon durch Losentscheid aus. Im Januar 1918 wurde durch die Sowjetmacht die Trennung der Kirche vom Staat vollzogen. Der Patriarch nahm mehrmals scharf gegen die Bolschewiki Stellung, er machte sie für das Blutvergießen in den Wirren des Bürgerkrieges verantwortlich.

Monarchistische russische Emigranten hielten in Karlowitz (Jugoslawien) eine Synode ab. Sie wollten eine Wiedergeburt Rußlands mit christlichen, monarchistischen Strukturen erreichen. Patriarch Tichon distanzierte sich zwar, trotzdem kam es zum Vorwurf des konterrevolutionären Verhaltens durch die Bolschewiki. 1922 erhob man Anklage gegen ihn und er bekam Hausarrest, wurde aber 1923 wieder freigelassen.

Verschiedene Gruppen versuchten ihrerseits die Kirche zu reformieren und zu modernisieren. Für sie war die Wahl eines Patriarchen ein Rückschritt. Die ›Erneuerer‹ stellten radikale Forderungen auf und fanden anfangs großen Zuspruch. In dem Maße aber, wie der Patriarch gegenüber der Sowjetmacht versöhnlichere Töne anschlug, schwand der Einfluß der vielfach gespaltenen ›Erneuerer‹.

Die von Atheisten gegründete ›Liga kämpferischer Gottloser‹ zählte Ende der zwanziger Jahre über fünf Millionen Mitglieder. Das Vorgehen gegen die Kirche wurde als Klassenkampf gesehen, viele Kirchen zerstört und Gläubige verfolgt. 1929 erließ die Regierung die ›Verordnung über religiöse Vereinigungen‹ – die Kirchen wurden damit faktisch enteignet, kirchliche Versammlungen untersagt und Klöster aufgelöst. Nach kurzer Zeit waren viele Kirchengebäude zerstört oder einer anderen Bestimmung übergeben; sie dienten fortan als Lagerhalle, Sporthalle oder als Museum für Atheismus.

Noch am ersten Tag des Überfalls Deutschlands auf die Sowjetunion wandte sich der Patriarchverweser Sergij an die Gläubigen mit einem Aufruf zur Verteidigung der Heimat (Stalin hatte einige Tage gebraucht, um einen Aufruf über Radio verbreiten zu lassen). Geldspenden, Bittgottesdienste, Einrichtung von Krankenhäusern, ja sogar die Ausrüstung einer Panzerkolonne waren die Aktivitäten der Kirche in dieser Zeit. Nach einem vorher undenkbaren Empfang bei Stalin und Molotov konnte Sergij zum Patriarchen gewählt werden. Der Kirche wurden Zugeständnisse gemacht und die antireligiöse Kampagne eingestellt.

Nach dem Zweiten Weltkrieg erlebte das Verhältnis zwischen Kirche und Staat Höhen und Tiefen. Seit Mitte der 60er Jahre nahm die Zahl der Gläubigen langsam zu, und der Kirche wurde ein gewisser Freiraum zugestanden. Die Verwick-

Prozession zum Festtag der wundertätigen Ikone des heiligen Fedor in Kostroma

lungen der kirchlichen Hierarchie mit der Staatsmacht und dem KGB werden bis heute nicht thematisiert. Mit dem Beginn der Perestrojka setzte auch eine andere Kirchenpolitik ein. Die Feierlichkeiten zum 1000jährigem Jubiläum der ›Taufe Rußlands‹ waren ein sichtbarer Ausdruck dafür. Der Staat begann, Kirchengebäude zurückzugeben.

Laut Umfragen bekannten sich 1997 über 60 Prozent der Bevölkerung zum orthodoxen Glauben. Die kirchlichen Feiertage werden von etwa 90 Prozent der Bevölkerung begangen. Über 369 Klöster wurden wiedereröffnet. Allerdings ist die Unkenntnis der Menschen über den Glauben und die Kirche erschreckend groß. Rituale wie das Bekreuzigen, die Ikonenverehrung oder das Anzünden von Kerzen in der Kirche werden aus Gewohnheit oder wegen ›der Schönheit‹ vollzogen. Gerade in unsicheren Zeiten übt eine auf Tradition bedachte Kirche eine beträchtliche Anziehungskraft aus. Aber die russisch-orthodoxe Kirche hat Konkurrenz bekommen: Auch die Missionare anderer Glaubensrichtungen und vor allem Vertreter von Sekten finden offene Ohren.

Russisches Tagebuch

Im Jahre 1906 begibt sich ein deutscher Reisender nach Rußland. Den weiten Weg legt er in einer Kutsche zurück, durch deren Fenster sein Blick über das Land gleitet. Die Rede ist von Ernst Barlach, der seine Eindrücke im ›Russischen Tagebuch‹ festhielt.

»Die Ferne als deutliche Vorstellung der Nie-Endlichkeit ist mir der Inbegriff des Russischen meiner Erfahrung geworden; und mit der Formung dieses Begriffs begann schon die Reise. Zwei Nächte und den größten Teil von zwei Tagen rollten wir von Alexandrowo an durch das Land. Zweimal ging fast an der gleichen Stelle, vom Wagenfenster aus gesehen, vor uns die Sonne auf, zweimal versank sie rot hinter uns in den Dünsten eines langen Sommertages. Zweimal stieg am gleichen Punkte der volle Mond, nachdem die Sonne gesunken war, über den weiten Ebenen auf. Die großen Pendel der Weltenuhr gingen über uns hin ihren stillen, gewaltigen Gang von Osten nach Westen. Und bei diesem überwältigenden Auf, dem wir entgegenfuhren, diesem Nieder, das wir im Rücken ließen, gleich als hätten wir mit der kilometermordenden Dampfarbeit eines Tages den Bezirk seiner Macht durchmessen und gingen nun in ein Traumland von milderem Regiment hinein, fühlte man die Zeit und jeden Tag mit reichem, überlangem Maß gemessen, jede Nacht, zur tiefen Schlaferquickung unverkürzt gegönnt, wie eine treibende, wandernde, stetig ziehende körperliche Macht hinstreichen übers Land. Sausend durch die Zeit und ihre weiten Provinzen und sie über uns strömend und um uns fließend, in so seltsamen Zustand erhöhten Empfindens verwandelte sich langsam, gegen Abend immer ausschließlicher, immer ruhevoller, immer traummäßiger die anfänglich überreizte Empfindung, die Überwachsamkeit der Reisetage.«

Zwei russische Bäuerinnen, aus »Eine Steppenfahrt« Ernst Barlach, 1912

Altrussische Stadtgeschichte

»In ein freundliches Städtchen tret ich ein ...«

Eduard Mörike, 1804–1875

Schwerlich hätte ein solches Gedicht im alten Rußland entstehen können. Nicht freundlich waren hier die Städte, sondern abweisend, von mehreren Verteidigungslinien umgeben. Meist stellte jede Siedlung, ja oft jedes Haus in sich eine kleine Festung dar. In einer Zeit der feudalen Fehden und der ständigen Bedrohung von außen ist dies nicht verwunderlich. Die Entwicklung in Rußland unterscheidet sich hier nicht so stark von der des mittelalterlichen Europas. So erscheinen die altrussischen Städte vertraut und doch auch fremdartig.

Meist gründeten sie sich entsprechend der natürlichen Bedingungen. Eine Siedlung entstand an einem Fluß oder See, eine Festung wurde erbaut – der Kreml oder Detinez. Die Bezeichnung ›Kreml‹, die oft nur für den Moskauer Kreml geläufig ist, ist also allgemeinerer Natur und meint den befestigten, burgartigen Kern alter Städte in Rußland, innerhalb dessen sich die Paläste des Herrschers, der adligen Gefolgsleute und des hohen Klerus sowie Verwaltungsgebäude, Kathedralen und Klöster befanden. Anfänglich lebten hier auch die unmittelbar zur Residenz gehörenden Bediensteten und Handwerker.

Der Kreml lag meist weithin sichtbar in der russischen Ebene auf einem Hügel und war von einer Holzbefestigung, später von einer Mauer, und von einem tiefen Wassergraben umgeben. Außerhalb dieses Verteidigungsringes gab es eine befestigte Vorstadt, den Posad, in der die Handwerker und Kaufleute lebten. Ihre Holzhäuser gruppierten sich um den Marktplatz (torg), sie gliederten sich nach bestimmten Handwerken und Berufen und in ethnische Gruppen und schufen ihre eigenen kleinen Vorstädte (slobody), meist mit einer Kirche oder einem Gewerbehof als Zentrum. Auch im Posad entstanden befestigte Herrenhöfe und Klöster. Bis ins 17. Jahrhundert war die Bebauung von kleinen, niedrigen Holzhäusern dominiert, die einen starken Kontrast zu den oft sehr gewaltigen und prunkvollen Bauten des Kremls bildeten.

Die Häuser und Gehöfte lagen selten an der Straßenlinie, zwischen den einzelnen Vorstädten gab es immer wieder große, unbesiedelte Flächen. Die Vorstellung von einer Stadt als zusammenhängendem Organismus entwickelte sich erst langsam. Eine Planung war nur in der Orientierung der Hauptgassen auf den Kreml oder den Markt zu erkennen. Mitte des 18. Jahrhunderts, als sich nach der Regierungszeit Peters I. (1682–1725, die Jahreszahlen geben die Herrschaftszeit an) die westeuropäischen Einflüsse vermehrten, kamen mit den Ideen des Klassizismus auch städteplanerische Prinzipien zur Umsetzung. Der Steinbau, der bisher vorwiegend bei Kirchen angewandt wurde, setzte sich allmählich auch bei Wohnhäusern durch, zuerst in den Kreisen des reicheren Adels, dann auch bei wohlhabenden Kaufleuten. 1714 hatte Peter I. den Steinbau in den russischen Städten verboten, da er alle Kräfte und Ressourcen des Landes für den Aufbau Petersburgs nutzen wollte. Das ›Venedig des Nordens‹, das ›Fenster zu Europa‹ sollte zum Musterbeispiel einer durchdachten, nach strengen Prinzipien konzipierten Stadt werden. Das Verbot wurde 1730 durch Anna Ivanovna (1730–1740) aufgehoben.

Ein weiterer Unterschied zum Aufbau der Städte in Westeuropa ist festzustellen, der vor allem im sozialen Gefüge der altrussischen Feudalgesellschaft begründet ist. Der Markt war zwar Hauptkommunikations- und Austauschort des Posad, jedoch nicht Ort der politischen Auseinandersetzung im Sinne eines Gegengewichtes zur fürstlich-feudalen Macht. Das wichtigste Symbol für die Selbständigkeit der bürgerlich-städtischen Kultur, das in Westeuropa seit dem 12. Jahrhundert die Anlage der Marktplätze bestimmte – das Rathaus –, fehlt. Das

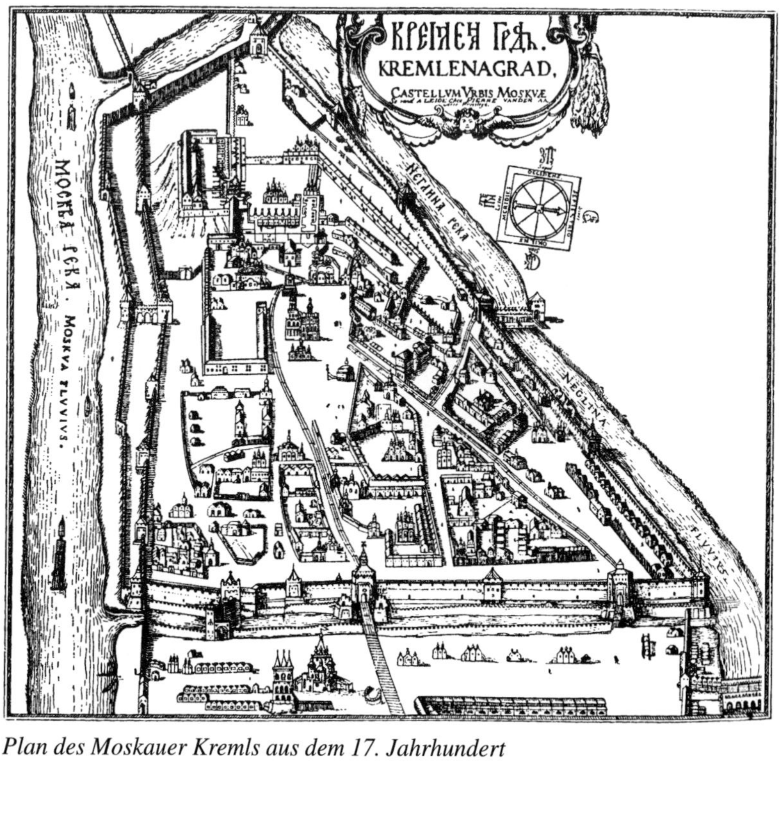

Plan des Moskauer Kremls aus dem 17. Jahrhundert

Bürgertum konnte sich nicht von der fürstlichen Macht emanzipieren, baute keine eigenen Korporationen auf, über die es Einfluß auf die Stadtverwaltung ausgeübt hätte (mit Ausnahme von Novgorod und Pskov, die während der Zeit der Tatarenherrschaft weitgehend unberührt blieben und in dieser Zeit eine Art Stadtrepublik herausbildeten). Die Großkaufleute, die ein Gegengewicht hätten bilden können, verschmolzen mit dem Adel und der hohen Geistlichkeit zu einer einheitlichen Oberschicht. Der niedere Klerus gehörte zu den Unterschichten.

In den Anfängen der Kiever Rus' schränkten zwei Institutionen die fürstliche Macht ein, der Ältestenrat, die ›duma‹, und die Volksversammlung, das ›veče‹. In der ›duma‹ saßen alle Angehörigen der Oberschicht – der Erb- und der Dienstadel, die Bojaren, Geistliche, Verwaltungsbeamte und Großkaufleute. Die Volksversammlung, die meist auf dem Marktplatz tagte, und an der jeder freie Mann teilnehmen konnte, entschied formell über private Streitigkeiten und über staatliche Verträge in Kriegssituationen und konnte anfänglich sogar die regierenden Fürsten absetzen oder bestätigen. Doch das Gewicht verschob sich mehr und mehr zugunsten der Fürsten. Das ›veče‹ wurde zurückgedrängt, die fürstliche Macht wuchs, vor allem aufgrund des Großgrundbesitzes und der Feudalrente, und die soziale Ungleichheit verschärfte sich.

Die Handelsreihen in Kostroma

Ein Gebäude ist heute auf fast allen Marktplätzen russischer Städte zu finden: der Kaufhof (gostinyj dvor) oder die Handelsreihen (torgovye rjady). Er war jedoch kein Kennzeichen altrussischer Städte. Der altrussische Markt glich eher einem orientalischen Basar mit Hunderten von kleinen Holzläden und -ständen. Die steinernen Kaufhöfe entstanden erst im Laufe des 18. und 19. Jahrhunderts.

Eines der typischsten Beispiele für das Wachsen der Stadt mit einem relativ konstanten Kern und den sich darum gruppierenden Vorstädten und ihren Befestigungsringen bildet Moskau, aber auch in vielen anderen Städten ist diese Grundstruktur erkennbar.

Altrussische Baukunst

Zwischen dem Ende des 11. Jahrhunderts und dem ausgehenden 17. Jahrhundert bildete sich die altrussische Baukunst heraus, in einer Epoche, die gekennzeichnet war durch die Annahme des Christentums byzantinischer Prägung und die in den Reformen Peters des Großen endete.

Die altrussischen Bauten waren Denkmale des sakralisierten Staates oder wurden als Denkmale christlicher Feldzüge und Siege errichtet. Jaroslav der Weise legte 1037 den Grundstein für die Sophienkathedrale, an dem Ort, an dem der Sieg über die asiatischen Petschenegen erlangt worden war. Die Maria-Entschlafens-Kathedrale in Vladimir wurde im 12. Jahrhundert durch Andrej Bogoljubskij und später Vsevolod III. als Zeugnis gesamtrussischer Macht und Autokephalie errichtet. In Kolomna wurde die Maria-Entschlafens-Kathedrale (1379–1382) von Dmitrij Donskoj in Auftrag gegeben, nachdem er auf dem Schnepfenfeld die tatarischen Heerscharen 1380 geschlagen hatte. Die Hauptkathedrale Rußlands, die Maria-Entschlafens-Kathedrale (1475–1479) im Moskauer Kreml, entstand infolge der Unterwerfung Novgorods und der erfolgreichen Zentralisierungspolitik Ivans III. Durch ihre monumentale Pracht herrschten die Kirchen und Kathedralen über alle sie umgebenden Bauten und verkörperten die Macht und den Triumph des Staates und der Orthodoxie.

In den Sakralbauten fand das byzantinische Kreuzkuppelschema Anwendung, das durch die Erfahrungen der bodenständigen Holzarchitektur eine schöpferische Umgestaltung fand. Die Kreuzkuppelkirche zeichnet sich durch den Grundriß

Die Kiever Sophienkathedrale

Holzkunstmuseum in Nižnij Novgorod

eines griechischen Kreuzes aus, über dem sich ein auf vier oder acht Säulen ruhender überkuppelter Zentralbau erhebt. Die Mittelkuppel überragt alle anderen Formen und betont die vertikale Mittelachse des Raumes. Dem zentralen Quadrat des Grundrisses werden additiv verhältnismäßig selbständige Raumelemente (Zellen) angefügt. Auch die altrussische Holzblockbauweise war geprägt durch das additive Aneinanderfügen von Raumeinheiten. Die Länge der Holzbalken begrenzte die Blockwände und führte zur vierwandigen, überdachten Grundeinheit, der ›Zelle‹. Durch An- und Aufbau weiterer Zellen konnte der Forderung nach mehr Raum entsprochen werden. Auch die ersten Kirchen in Rußland wurden aus Holz gebaut. Entsprechend trugen die Steinkirchen der alten Rus' Züge der Holzarchitektur des Landes: den abgestuften pyramidalen Aufbau, die Vieltürmigkeit, die additive Wiederholung und den vielfältigen Dekor. Das Geistes- und Formengut wurde zwar von Byzanz übernommen, jedoch in der Kiever Rus' einem Russifizierungsprozeß unterworfen. Somit verkörpert die altrussische Baukunst eine besondere Symbolik und Formgebung, auf die sich die Stilbegriffe der mittel- und westeuropäischen Kunstgeschichte schwer übertragen lassen.

Die Kiever Sophienkathedrale, ein vielkuppliger, fünfschiffiger Zwölf-Pfeiler-Bau, in dem die altrussische Hofkunst zum erstenmal Gestalt gewann, war Sitz des Metropoliten, der vom Patriarchen in Konstantinopel ernannt wurde. In Opposition dazu bildete sich das Kiever Höhlenkloster zum nationalen russischen Bildungszentrum heraus. Schon seit dem 11. Jahrhundert repräsentierte das orthodoxe Mönchstum eine Gegenströmung ›von unten‹. Mit seinen asketischen Regeln beanspruchte es einen einfacheren und intimeren Charakter der Sakralbauten. Er kam in einem bescheideneren und strengeren Bautypus zum Ausdruck, dessen harmonische Proportionen dem menschlichen Körper durch einfache, schlichte Ausmaße angeglichen wurden.

Im 12. und 13. Jahrhundert bildeten sich neue Zentren altrussischer Baukunst heraus, die das Erbe Kievs modifizierten. Im Vladimir-Suzdaler Land, das sich zwischen Oka und Volga und im Norden bis an den Weißen See erstreckte, entwickelte sich eine Kultur und Baukunst, die sich in vieler Hinsicht von der anderer Fürstentümer unterschied. Die Fürsten von Vladimir-Suzdal' waren stets darauf bedacht, ihre Macht zu manifestieren. Sie bezeichneten sich als Großfürsten und erhoben nach dem Niedergang des Kiever Reiches Anspruch auf die Vorherrschaft in der Rus' sowie kirchenpolitische Unabhängigkeit von Kiev und Byzanz. Unter Andrej Bogoljubskij wurde 1158 die Hauptstadt des Fürstentums nach Vladimir verlegt.

Die Demetrius-Kathedrale in Vladimir – Beispiel der vormongolischen Baukunst

Die neu entstandenden Bauten sollten vor allen Dingen repräsentieren. 1158–1160 wurde die Maria-Entschlafens-Kathedrale errichtet, die bereits alle konstruktiven und dekorativen Bauprinzipien der Vladimir-Suzdaler Schule, darunter die betont horizontale Fassadengliederung, vereinte. Die Maria-Entschlafens-Kathedrale wie auch die Demetrius-Kathedrale (1194–1197) in Vladimir waren Beispiele für die außerordentliche Beherrschung des Steinbaus und der Skulptur, die sich durch einen ungewöhnlichen Fassadendekor auszeichneten, in dem romanische, byzantinische und transkaukasische Einflüsse verarbeitet wurden.

Während der jahrhundertelangen Tatarenherrschaft hatten vor allem die Traditionen des Monumentalbaus eine Unterbrechung erfahren. Nach der nationalen Wiedergeburt, die einherging mit der ›Sammlung des russischen Landes‹, orientierte sich die Entwicklung der altrussischen Baukunst seit dem 15. Jahrhundert auf Moskau, dessen Bedeutung als neues Machtzentrum durch die Verlegung des Metropolitensitzes von Vladimir nach Moskau 1328 unterstrichen worden war.

Als Folge der politischen Zentralisierung bildete sich im Anschluß ein gesamtrussischer Stil heraus. Im Geist der Volkskunst unterwarf er sich einer Vereinfachung und Dynamisierung, verzichtete auf pompöse mehrkupplige Anlagen und äußerte sich in einer Abstimmung des Baus auf menschliche Proportionen, besonders

Kokošniki zieren die altrussischen Kirchen – die Nikolajkirche in Kolomna

ders im Innenraum. Die von Pskovern Baumeistern errichtete Maria-Entschlafens-Kathedrale im Moskauer Kreml stürzte 1474 infolge bautechnischer Mängel ein. Daraufhin wurden durch Ivan III. Meister aus Italien nach Moskau berufen. Die Aufarbeitung der repräsentativen Traditionslinie von Vladimir-Suzdal' und die Prinzipien der italienischen Renaissance führten zur strengen, erhabenen Feierlichkeit und zur Weiträumigkeit des fünfkuppligen, dreischiffigen Sechs-Pfeiler-Typus in der Sakralarchitektur.

Im Dekor begann der Kielbogen den Stil zu erobern, der die bis dahin in der Rus' übliche schwere helmförmige Kuppel in die schwungvolle ›Zwiebel‹ verwandelte. Dieser Bogen zog die Rundgiebel in der Spitze empor und formte die Blendgiebel, die das neue Stufengewölbe äußerlich verkleideten und nach einem halbmondförmigen Frauenkopfputz Kokošniki genannt wurden. Die Kokošniki sind in mehreren Reihen um das Postament angeordnet, so daß die Bedachung malerisch pyramidal emporwächst.

Zu den großen Gesamtkunstwerken der altrussischen Baukunst gehören auch Kreml und Klöster. Sie waren meist von einem wehrhaften Mauerring umgeben, der mit Toren und Türmen durchsetzt war und im Inneren von Kirchen und Kathedralen dominiert wurde. Durch den Glockenturm wurde den Kreml- und Klosteranlagen ein vertikaler Akzent verliehen. Dabei wurde unterschieden zwischen dem Zvonica, dem Glockenstuhl, in dem die Glocken horizontal nebeneinander hängen, und dem Kolokol'nja, dem eigentlichen Glockenturm. Zum Kreml gehörte weiterhin der Palast, zum Kloster die Trapeznaja (Refektorium).

Die ältesten Kremlbefestigungen waren aus Holz, später wurden sie aus Stein, meist weißem Naturstein, erbaut. Im 16. Jahrhundert entstand im Süden und Südosten von Moskau ein Ring von Wehrklöstern gegen die noch nicht gebannte Tatarengefahr. Das Aufkommen der Artillerie beeinflußte den Aufbau der Wehrklöster. Erst im 17. Jahrhundert, als die vornehmliche Aufgabe der Verteidigung in den Hintergrund trat, erlebten die Klöster eine zweite Bauperiode, in der die künstlerische Gestaltung wichtigstes Kriterium wurde.

Im 16. Jahrhundert vollzog sich unter Ivan IV. die endgültige Konsolidierung des russischen Staates. Er setzte eine starke Zentralgewalt und wichtige Wirtschafts- und Staatsreformen durch. Der traditionelle Baukanon wurde im 16. Jahrhundert durch die Zeltdacharchitektur durchbrochen. Der Typus der steinernen Zeltdachkirche repräsentierte die politischen Ambitionen der jungen Zarenmacht und das aufkeimende Nationalbewußtsein des einheitlich gewordenen russischen Reiches. Er revolutionierte die altrussische Baukunst, der Baukörper wurde nunmehr unter Einfluß der Holzarchitektur gleichsam vom in die Höhe strebenden Turm aufgesogen. Die vertikale Richtung symbolisierte das Kräftespiel zwischen ›unten‹ und ›oben‹, zwischen irdischen und himmlischen Mächten, zwischen dem Volk und dem Zaren.

Der Zar gründete 1583 das Amt für Steinbauwesen, das die zahlenmäßig zunehmenden staatlichen Aufträge kontrollieren sollte. Gleichzeitig wurden Kaufleute neue Auftraggeber der Bauleute. In ihren Wohnvierteln, in den Vorstädten Moskaus sowie in den großen Handelsstädten entstanden Kirchenbauten von erlesener Schönheit. Die Vorstadtkirchen waren meist enge, pfeilerlose Bauten, die sich durch eine freundliche, formenreiche und bunte äußere Erscheinung hervortaten. Sie versinnbildlichten das anspruchsvoll gewordene Schmuckbedürfnis des wirtschaftlich und politisch erstarkenden Bürgertums.

Daneben entstand ein höfischer Barock, der auch nach der reichen Moskauer Kaufmannsfamilie, in deren Auftrag viele der eindrucksvollen Bauwerke dieser eigenwilligen russischen Stilrichtung entstanden, Naryškin-Barock genannt wird. Bei zahlreichen Sakral- als auch einzelnen Profanbauten trat reiches, barock anmutendes Schmuckwerk, in dem einerseits volkstümliche Traditionen und andererseits Anregungen aus der westeuropäischen Kunst verarbeitet wurden, in den Vordergrund. Mit dem ›Naryškin-Barock‹ endete der Übergangsstil des 17. Jahrhunderts, und die Neuzeit begann, in der die Herrschaft der kirchlichen Kultur der weltlichen vollends weichen mußte.

Die Kunst des Reisens

Wer das erste Mal nach Rußland fährt, hat das Gefühl, sich innerlich darauf einstellen zu wollen. Nun muß man nicht unbedingt dem Beispiel Rilkes folgen und monatelang dicke Bücher wälzen und genauestens Geschichte und Kultur des Landes studieren. Doch daß ein Sprung ins Fremde bevorsteht, die Annäherung an eine unbekannte Kultur, die sich nicht nur im Bild der Dörfer und Städte, sondern vor allem auch im Alltagsleben ausgeprägt hat, ist spätestens nach der Visabeschaffung klar. Rußland ist kein Land des bequemen Reisens, und gerade Individualtouristen treffen oft auf unerwartete Schwierigkeiten. Später kann man oft lachend davon erzählen: von der Verzweiflung auf einem Bahnhof, wenn man eine unfreundliche Auskunft erhalten hat und sich nicht traut, ein zweites Mal nachzufragen. Von der Wut auf die Allmacht der Busfahrer. Von der Ignoranz der Verkäuferinnen, die erst nach einer Viertelstunde fragen, ob man etwas möchte. Groteske Situationen sind Alltag. Nicht umsonst erzählt man sich in Rußland so viele Witze – Anekdoten, wie die Russen sagen. Am Ende des Buches sind einige gesammelt – und wer völlig genervt oder verzweifelt ist, dem sei ein Blick auf diese Seiten empfohlen. Die meisten Erfahrungen muß sicher jeder selbst machen, und Eindrücke wie Unfreundlichkeit und Ignoranz, aber auch Gastfreundschaft und Unkompliziertheit sind nicht zu verallgemeinern. Hier sollen einige vorbereitende Hinweise gegeben werden, die vor allem die Reise- und Orientierungsmöglichkeiten betreffen.

Unterwegs mit Bus und Bahn

Wer ohne Auto unterwegs und auf öffentliche Verbindungen angewiesen ist, um von einer Stadt in die andere zu kommen, sollte sich mit einiger Geduld wappnen. Zur Festlegung der Reiseroute sollte man wissen, daß das Verkehrsnetz stark zentralisiert ist. Städte, die nur einen Katzensprung voneinander entfernt liegen, sind oft nicht direkt durch öffentliche Verkehrsmittel miteinander verbunden. So kann es passieren, daß man einen ganzen Tag braucht, um zunächst in die nächstgrößere Stadt zu fahren und von dort dann das eigentliche Reiseziel zu erreichen. Gerade in kleineren Städten sind Auskünfte oft nur für den entsprechenden Bahnhof oder Busbahnhof zu erhalten; es ist selten möglich, sich eine Verbindung über mehrere Städte geben zu lassen. Überhaupt werden Auskünfte an den Schaltern meist nur sehr kurz und unwillig gegeben.

Busfahrten sind nach der električka, den Vorortzügen, die billigste und am häufigsten genutzte Möglichkeit, weite Strecken zu überwinden. Die Karten sollte man lieber einen Tag vorher kaufen. Wer sich für einen Transitbus entschieden hat, der bereits aus einer anderen Stadt kommt, muß rechtzeitig da sein; die Karten werden bei Ankunft des Busses (auch am Schalter) verkauft, entsprechend der Zahl der freien Plätze. Größeres Gepäck in den Bussen ist ein Problem oder zumindest eine Unsicherheit. Am Schalter wird meist darauf verwiesen, daß die Bezahlung im Bus geregelt wird. Das sieht dann so aus, daß man von der Gnade oder Ungnade des Busfahrers abhängt. Denn eigentlich zahlt niemand, und alle warten darauf, daß der Busfahrer wortlos das schmutzige Fach unterhalb des Busses öffnet, wo man sich dann abmühen kann, die Sachen irgendwie zu verstauen. Wenn er plötzlich doch fragt, muß man zum Schalter hasten und noch schnell ungefähr die Hälfte des Fahrpreises nachzahlen. Die Busse halten oft auch außerplanmäßig in einem kleinen Dorf oder auf ein Zeichen hin mitten auf der Landstraße; bezahlt wird dann im Bus. Alles ist möglich, und alles funktioniert nach unausgesprochenen Regeln. Die Hierarchien und Machtpositionen, die dadurch entstehen, werden in Kauf genommen.

Bei den Fahrplänen sollte man auf die Einschränkungen achten. Busse und Züge fahren täglich (ежедн.), nur an geraden (четн.) oder an ungeraden (нечетн.) Tagen oder außer Mo (пн.), Di (вт.), Mi (ср.), Do (чт.), Fr (пт.), Sa (субб.), So (воск.). In den Bussen unterscheiden sich oft die Fahrpreise an den geraden und ungeraden Tagen, da verschiedene Busunternehmen eingesetzt wer-

den. Auf den Bahnhöfen gibt es meist Gepäckaufbewahrungen – Schließfächer und eine Stelle für Großgepäck –, so daß man sich in Ruhe nach einer Unterkunft umsehen und erste Eindrücke in der Stadt sammeln kann. Bezahlt wird an einer speziellen Kasse; hier erhält man zwei Münzen für das Schließfach, die zweite wird zum Aufschließen benötigt.

Auf der Suche nach einer Bleibe

Wer ein wenig risikofreudig ist und dem Zufall folgen möchte, muß sich in Hotels nicht unbedingt vorher anmelden. Zimmer sind eigentlich immer frei, und die für die Landesverhältnisse recht teuren Hotels sind häufig unterbelegt. Sie entsprechen in ihrem Komfort nicht den von Ausländern verlangten Preisen, haben aber in ihrer Einrichtung häufig einen eigenen Reiz. Manche Hotels dürfen keine ausländischen Gäste aufnehmen. Wer seine Reise längerfristig plant, dem kann die Buchung eines Hotelzimmers über einen Reiseveranstalter empfohlen werden, da diese günstigere Preise erhalten als Individualreisende. In manchen kleineren Städten ist die touristische Infrastruktur völlig zusammengebrochen, so daß man sich überlegen sollte, eine größere Stadt als Ausgangspunkt für Entdeckungsreisen zu wählen.

Der Bahnhof in Rostov

Eine weitere Übernachtungsmöglichkeit sind die Zentren des jungen Tourismus, im weiteren als Jugendherbergen bezeichnet, deren System aber mit dem unserer Jugendherbergen nicht vergleichbar ist. Sie waren bisher staatlich und zentral organisiert und für den landesinneren Austausch und die Aufnahme von Kindergruppen und Schulklassen vorgesehen. Dementsprechend gab es ein gewisses Angebot an Exkursionen und Themenschwerpunkten, die sich vor allem auf die Erforschung der Stadt und ihrer Umgebung bezogen. Doch auch hier haben sich die Zeiten geändert, und die Zentren sind oft auf zusätzliche Geldquellen angewiesen. Teilweise strukturieren sie sich zu Gästehäusern oder Wohnheimen um. Viele der Zentren sind sehr einfach ausgestattet, das Drahtgestell der Liegen hängt durch, es gibt keine Duschen und bis in den Herbst hinein nur kaltes Wasser, Komfort ist nicht vorhanden. Sie sind wirklich nur eine Notlösung für Menschen ohne Ansprüche und mit wenig Geld und Abenteuerlust. In anderen Einrichtungen allerdings, zum Beispiel in Kolomna und Rostov, ist der Komfort besser als in vielen Hotels. Genauere Informationen hierzu sind in den entsprechenden Kapiteln nachzulesen. Hier ist es jedoch – besonders während der Schulferien – durchaus geraten, sich vorher nach freien Zimmern zu erkundigen.

Jugendherberge in Rostov

Eine andere Variante sind die ›komnaty otdycha‹ (комнаты отдыха), die auf allen größeren Bahnhöfen zu finden sind. Sie bieten Ruhe für Stunden, die Möglichkeit, das Gepäck abzustellen und in den Genuß einer Dusche zu kommen, sind aber auch für längere Aufenthalte offen. Von der Bezeichnung ›komnaty materi i rebenka‹ (комнаты матери и ребенка) – ›Zimmer für Mutter und Kind‹ – sollte man sich nicht abschrecken lassen; lange Zeit hatten sie vor allem diese Bestimmung. Was ursprünglich eher einer Bahnhofsmission glich, hat sich auf vielen Bahnhöfen in ein Service-Angebot mit sehr ausdifferenzierten Preisen für jede einzelne Leistung entwickelt. Ausländische Reisende zahlen auch hier in der Regel höhere Preise.

Von der ›Stolovaja‹ zum ›Russkoe bistro‹ – Essen in Rußland

Auf einem Parteitag wurde Breżnev ein Zettel gereicht: »Leonid Il'ič! Warum gibt es in den Geschäften kein Fleisch?« Brežnev antwortete: »Genossen! Mit Siebenmeilenstiefeln schreiten wir dem Kommunismus entgegen. Mit diesem Tempo kann das Rindvieh nicht Schritt halten.«

Im Rußland nach der Oktoberrevolution wurde die Gemeinschaftsverpflegung propagiert, und dafür in den 30er Jahren Betriebsküchen erweitert, Speisesäle für Hunderte von Essensteilnehmern erbaut und die Speisefolge auf ein stabiles Angebot reduziert. Technologische Erfordernisse siegten über die Zubereitung alter russischer Gerichte. In den staatlichen Restaurants brachten gelangweilte Kellnerinnen fades Essen an den Tisch und eine große Enttäuschung an den Gast.
Nach den radikalen Änderungen der 90er Jahre sind überall private Cafés und Restaurants entstanden, die jedoch nicht mit der westlichen Gastronomie verglichen werden können. Vor allem gibt es nicht die gewohnte Kaffeehauskultur, obwohl viele Cafés zu finden sind. In Rußland werden Cafés aufgesucht um einen schnellen Imbiß einzunehmen, sie dienen weniger dazu, ausgiebig bei einer Tasse Kaffee oder einem Glas Wein zu plaudern oder sich in Zeitungen zu vertiefen. Neben Cafés und Restaurants unterschiedlicher Qualität und Preisklasse haben sich die ›Stolovajas‹, die gemeinschaftlichen Speisesäle, erhalten. Sie sind – noch – überall zu finden, haben meist bis 19 Uhr geöffnet und bieten eine preiswerte Möglichkeit zu essen. Bestimmend sind hier Einfachheit, Schnelligkeit und der Wunsch, satt zu werden. Auf Ästhetik oder Geselligkeit wird wenig Wert gelegt. Man holt sich das Essen, bezahlt an der Kasse, was man auf dem Tablett hat, und eilt zum nächsten freien Platz. Viele nehmen sich nicht die Zeit, die Straßenkleidung auszuziehen und die Sachen vom Tablett zu nehmen. Ähnliches – jedoch auch kulinarischer Genuß – erwartet die Gäste eines der auf ein Gericht spezialisierten Selbstbedienungscafés, der ›Pel'mennaja‹, der ›Pirožnaja‹ oder der ›Bliny‹-Cafés.
Nach den Erlebnissen in öffentlichen Speiseeinrichtungen wird man sich wie in einem russischen Märchen fühlen, kommt man in den Genuß, einmal von russischen Freunden bewirtet zu werden. Zur Begrüßung weit gereister Gäste wird Brot und Salz, das Hauptnahrungsmittel der russischen Bauern, gereicht.
Traditionell ist das russische Brot schwarz, das Weißbrot aus Weizenmehl ist eine Delikatesse.
Den Auftakt eines üppigen Mahls bilden die ›Zakuski‹: verschiedene Pickles, Gemüsesalate, Kaviar, geräu-

cherter und eingelegter Fisch, kalte Fleischspeisen und Pasteten. Dazu gibt es Vodka, für jeden Trinkspruch ›sto gramm‹, hundert Gramm, und ›do dna‹, also restlos ausgetrunken. Den maßvollen Genuß alkoholischer Getränke nennt man ›vypivka‹, die extreme Zecherei ›pjanka‹. Die Freude an gutem Essen und die Fähigkeit, beim Trinken mitzuhalten, gehört zu den Geheimnissen der russischen Seele.

Den ›zakuski‹, die von ausländischen Gästen oft irrtümlicherweise für die Hauptmahlzeit gehalten werden, folgt die Suppe. Sie genießt in der russischen Küche eine Vorrangstellung, wodurch der Löffel zum wichtigsten Teil des Bestecks avanciert: »Mit der Gabel ist es schwer, mit dem Löffel kriegt man mehr.« Königin der Suppe ist der ›Šči‹, die Kohlsuppe. »Eine gute Hausfrau nicht mit Worten streitet, sondern guten Šči bereitet.«

Das Hauptgericht besteht zumeist aus gebratenen Kartoffeln und Fleisch. Die Kartoffel brauchte lange, bis sie den Weg nach Rußland fand. Sie findet zwar Verwendung, doch Nudel- und Teiggerichte spielen die größere Rolle. Die Pel'meni werden auf Vorrat aus Mehl, Öl, Salz und Wasser bereitet und meist mit Hackfleisch gefüllt.

Den Abschluß bildet die Pirogge: »Erst die Piroggen sind die Zierde eines Hauses.« Die Piroggen, nach dem altrussischen Wort ›pir‹ für Festmahl genannt, werden zu jeder russischen Feier gereicht. Die kleinen Geschwister, die Pirožki, gehören zum Alltag. Sie werden in unzähligen Variationen zubereitet. An Bahnhöfen und belebten Plätzen verkaufen meist ältere Frauen dampfende Piroški. Die Konkurrenz von McDonalds, dessen Reklame in gewöhnungsbedürftiger kyrillischer Umschrift in großen Städten aufleuchtet, haben sie nicht zu befürchten. Ernster zu nehmen ist da schon die russische Fastfood-Kette, das ›Russkoe bistro‹, das im McDonalds-Stil all die traditionellen Gerichte Renaissance feiern läßt. Doch mit der Atmosphäre in einer russischen Küche ist es natürlich nicht zu vergleichen. Und das wichtigste fehlt: das gemütliche Summen des Samovars. Schwarzer oder grüner Tee wird als Sud zubereitet, der mit heißem Wasser aus dem Samovar, dem Selbstkocher, verdünnt wird. Ernst Barlach notierte am 26. Juni 1906 in sein Tagebuch: »In den Büros, besonders Staatsbüros, soll der Samovar das Symbol der umschriebenen Arbeitsverweigerung sein; unsere in Deutschland unverständliche, burschikose Redensart ›Abwarten und Teetrinken‹ muß aus Rußland kommen. Da ist der Tee Erwecker aller behaglichen Plauderlust. Die summende Maschine läßt die Gemütsfibern anklingen und sänftigt alle wilden Forderungen des Willens nach Tat und Zweckarbeit.«

Unterwegs in den Straßen

Die Orientierung in den Städten wird durch die zentrale Organisation der Straßen und Plätze in den meisten Fällen erleichtert, so daß man zu bestimmten Orten immer wieder zurückfindet oder sich durchfragen kann. Einige Straßen sind in den letzten Jahren umbenannt worden, aber in kleineren Städten beschränken sich die Umbenennungen oft auf den Platz vor dem Kreml und ein oder zwei Hauptstraßen. Ansonsten findet man hier noch immer die Oktjabr'skaja, die Pervomajskaja, die Proletarskaja, die Kommunističeskaja und, nicht zu vergessen, den pl. Lenina. Die Häuser sind einheitlich numeriert: auf der einen Straßenseite die ungeraden, auf der anderen die geraden Zahlen. Unbefestigte Straßen, die in den Reiseberichten der Vergangenheit oft die Verwunderung europäischer Reisender hervorriefen, gibt es nicht mehr so viele. Aber ein Umstand macht die Straßen in Schlechtwetterzeiten auch heute noch zu unsicherem Terrain: Die Abflußrohre enden einen halben Meter über dem Fußweg, so daß sich das Regenwasser in Fluten über die Fahrbahn ergießt und erst dort seinen Weg in die Kanalisation findet.

Die Fahrbahn zu überqueren, ist auf befahrenen Straßen zu allen Zeiten eine Kunst, die gleichzeitig Vorsicht und Entschiedenheit erfordert. Wer abwartend am

Straßenrand steht, wird nie die andere Seite erreichen. Rücksichtsvolle Autofahrer scheint es nicht zu geben. Und wenn wirklich mal einer hält, ruft das eher Erstaunen als Dank hervor. Eine Abbiegeregel kennt man hier nicht, und auch auf Zebrastreifen sollte man sich nicht verlassen. Allerdings hilft es durchaus, die Straße entschlossen zu betreten. Die beste Lösung sind jedoch Unterführungen, die an großen Straßen meistens zu finden sind.

Wer öffentliche Verkehrsmittel wählt, muß vor allem wissen, wie die Bezahlung geregelt ist. Hier gibt es sehr unterschiedliche Varianten. In einigen Städten gibt es an den Haltestellen Kassenhäuschen, zum Beispiel in Nižnij Novgorod. Oft verkaufen die Fahrer die Fahrkarten im 10er-Pack, was bedeutet, daß man die entsprechende Summe bereithalten sollte und am besten gleich vorn einsteigt. An der nächsten Haltestelle kann man dann an das Fensterchen klopfen und um Fahrscheine bitten. Manchmal sieht man noch Geldscheine von Hand zu Hand nach vorn wandern, und auf dem gleichen Weg kommen dann die Fahrkarten zurück. Gleiches geschieht mit den Fahrscheinen auf dem Weg zum Entwerter. Häufig ist die Bitte zu hören, das labberige Stück Papier doch weiterzureichen und zu entwerten. Das ist manchmal keine so leichte Aufgabe, da die Entwerter urige, alte Mechanismen haben, die entweder Geschick oder Kraft erfordern.

Viele kleinere Städte leisten sich Schaffnerinnen, die den ganzen Tag mitfahren, die Fahrkarten kontrollieren und verkaufen. Die meisten gehen nach jeder Station von Fahrgast zu Fahrgast, man muß also nicht unbedingt auf sie zugehen, es reicht, das Geld bereitzuhalten und einfach eine Karte zu verlangen. Den ganzen Tag in den lauten, schmutzigen Bussen oder Bahnen zu fahren, in denen die Sicht nach außen oft durch dreckige oder vereiste Fensterscheiben versperrt ist, ist keine besonders angenehme Aufgabe, und Mißlaunigkeit oder Gleichgültigkeit sollte hier nicht verwundern. Die Arbeit wird fast nur von Frauen verrichtet, und es kommt häufig vor, daß Fahrgäste sich einfach weigern zu zahlen. Manchmal bleiben die Schaffnerinnen an Haltestellen auch einfach auf ihren speziell gekennzeichneten Plätzen (›konduktor‹) sitzen.

Wer mit dem Taxi fahren möchte, sollte die offiziell als Taxis ausgewiesenen Autos vorziehen. Es gibt gerade in Großstädten unwahrscheinlich viele Schwarztaxis oder Autofahrer, die auf dem Heimweg noch schnell einen kleinen Umweg fahren und sich etwas Geld verdienen. Hier sollte man vor dem Einsteigen genau über Preis und Ziel verhandeln.

Die nötigen Rubel

Der Geldumtausch ist gegen Vorlage des Reisepasses inzwischen in allen Banken möglich. In größeren Städten gibt es auch spezielle Wechselstellen. Jedoch sollte man darauf achten, daß man immer einen Vorrat an Rubeln hat, da es passieren kann, daß plötzlich alle Banken einer Stadt geschlossen sind, weil gerade Sanitärtag ist, also der Tag für interne Probleme und Reinigungsaktionen.

Museumsbesuche

Auch in Museen wird einmal monatlich ein Sanitärtag durchgeführt, meist am ersten oder letzten Montag beziehungsweise Freitag im Monat. Die Museumskassen schließen in der Regel eine Stunde vor Ende der Öffnungszeit. In den mehr touristisch ausgerichteten Städten sind die Preisunterschiede für Ausländer oft verblüffend. Ärgerlich ist dann oft, daß die Museen auf ausländische Besucher gar nicht eingestellt und die Beschriftungen nur auf russisch sind. Ein Besuch lohnt sich meist trotzdem, und die Museumsangestellten sind häufig sehr entgegenkommend und engagiert.

»Der Samovar kocht – das bedeutet: Bleib!«

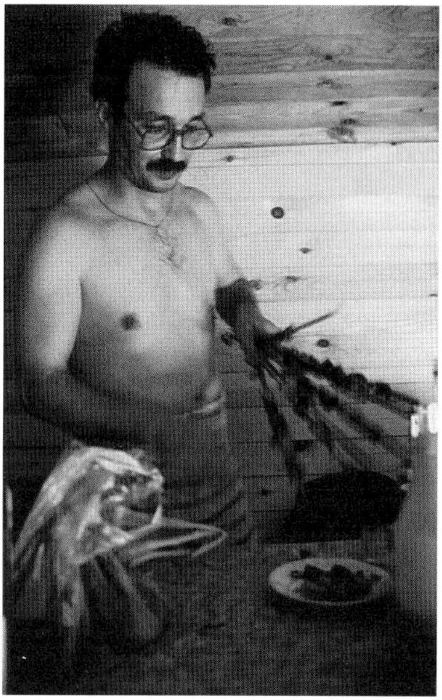

Wer sich bisher nur über unfreundliche Busfahrer und Schalterbeamte geärgert und auf der Straße in abweisende, beschäftigte Gesichter geblickt hat, wird überrascht sein, wenn er plötzlich an einem Küchentisch sitzt, der Samovar leise singt und alle Köstlichkeiten des Hauses aufgetragen werden. Die russische Gastfreundschaft ist sprichwörtlich, und der Samovar kocht fast immer. Doch die Entdeckung des privaten Lebens sei jedem selbst überlassen – das Erlernen der Kunst der Küchengespräche, des Vodkatrinkens, der Saunariten, der Distanzlosigkeit, des Neinsagens.

»Laßt uns im Überschwang Bewunderung bekunden!
Vor großen Worten sei die Scheu nun überwunden!
Und laßt einander froh uns Komplimente sagen,
Der Liebe Türme sinds, die aus dem Alltag ragen!

Laßt uns aufrichtig nun betrauern und weinen,
gemeinsam und allein und beides oft in einem!
Wer gibt auf Klatsch und Tratsch, es hat nichts zu bedeuten.
Trauer und Liebe wohnt benachbart in den Leuten.

Laßt uns einander schon beim halben Wort verstehen,
damit wir, oft schon irr, nicht wieder irre gehen!
Laßt uns in Nachsicht sein, erheben uns zum Leben
und leben desto mehr, je kürzer es gegeben!«

Bulat Okudžava, An die Freunde

Fragen Sie nur! – oder lieber nicht?

In einem fremden Land ist man häufig auf Fragen angewiesen. Man hat sich verirrt oder gerät in unerklärliche Situationen, wo alle anderen des Rätsels Lösung zu wissen scheinen oder sich zumindest mit ihrer Lage abfinden. Ryszard Kapuściński beschreibt seine Empfindungen nach stundenlangem Warten auf einem Flughafen irgendwo in der Tundra:

»Ich mustere meine Nachbarn. Sie stehen da und starren stur vor sich hin. Genau das: Sie stehen da und starren vor sich hin. Ihnen ist keine Ungeduld anzumerken. Keine Beunruhigung, Verärgerung, Wut. Vor allem aber stellen sie keine Fragen. Vielleicht fragen sie nicht, weil sie alles wissen?

Ich erkundige mich bei jemandem, ob er weiß, wann wir abfliegen. Wenn man hier unvermutet eine Frage stellt, muß man sich mit Geduld wappnen. Man kann dem Gesicht des Befragten deutlich ablesen, daß er erst unter Einwirkung dieses Reizes (der Frage) gleichsam zum Leben erwacht und die mühselige Reise von einem anderen Planeten zur Erde antritt. Und das braucht seine Zeit. Dann beginnt sich auf seinem Gesicht leise, sogar amüsierte Verwunderung abzuzeichnen – was hat dieser Dummkopf zu fragen?

Zweifellos hat der Befragte recht, wenn er den Fragenden einen Dummkopf nennt. Denn all seine Erfahrung lehrt ihn, daß es zwecklos ist, Fragen zu stellen, daß der Mensch ohnehin nur so viel erfährt, wie man ihm – auch ungefragt – mitteilt (oder eher: nicht mitteilt), und daß es, im Gegenteil, sogar sehr gefährlich sein kann, Fragen zu stellen, weil der Mensch, der sie stellt, großes Unglück auf sich ziehen kann.

Seit der Zeit des Stalinismus sind zwar etliche Jahre vergangen, doch die Erinnerung daran ist immer noch wach, und die Lehren, Traditionen und Gewohnheiten von damals sind geblieben, haben sich ins Bewußtsein eingegraben und werden noch lange das Verhalten der Menschen prägen. Wie viele von ihnen (oder von ihren Angehörigen und Bekannten) sind nur deshalb ins Lager gewandert, weil sie bei Versammlungen oder auch privaten Zusammenkünften dieses oder jenes fragten? Wie viele haben sich damit die Karriere ruiniert? Wie viele die Arbeit verloren? Wie viele ihr Leben?

Jahrelang kannten Bürokratie und Polizei ein ausgeklügeltes System der Nachforschung und des Zuträgertums, das einer einzigen Frage nachspürte: Hat jemand Fragen gestellt? Was hat er gefragt? Nenne den Namen des Fragers!«

Ryszard Kapuściński: Am Feuer erfrieren – Syktywkar-Workuta, 1991

Fragen verboten? Ganz so ist es nicht – und die Frage nach dem Weg oder der nächsten Haltestelle ist allemal erlaubt. Meist tauen die allerdings oft verschlossen und müde wirkenden Gesichter bei einer Frage auf, und die Antwort wird zum kollektiven Ereignis. Ausführlich wird gemeinsam mit allen Umstehenden erörtert, was denn nun der beste Weg ist, und irgendjemand achtet dann immer darauf, daß man auch rechtzeitig aussteigt und in die richtige Richtung geht. Manchmal ist auch Neugier und Interesse zu spüren, doch der Graben zwischen öffentlichen und privaten Räumen scheint noch immer sehr groß.

Russisch – fremde Sprache. Ein kleiner Sprachführer

Das kyrillische Alphabet entstand Anfang des 10. Jahrhunderts, als die heutigen Unterschiede zwischen den einzelnen slavischen Sprachen (polnisch, tschechisch, slovakisch, bulgarisch, russisch und anderen ostslavischen Sprachen) noch nicht bestanden und eine Verständigung untereinander problemlos möglich war. Die Schaffung einer Schrift, die sich an die in den slavischen Völkern gesprochene Sprache anlehnte, stand in enger Verbindung mit der Christianisierung der Länder. Auf die Bitte Fürst Rastislavs schickte Kaiser Michael III. die beiden Brüder Kyrill (um 827–869) und Method (um 815–885) ins Großmährische Reich, um dort eine selbständige Kirchenorganisation aufzubauen. Die beiden hochgebildeten Patriziersöhne stammten aus der Gegend um Saloniki und waren mit einem altbulgarischen Dialekt vertraut. Für die Missionierungsarbeit in Mähren schuf Kyrill das glagolitische Alphabet (slavisch ›glagol‹ – ›Wort‹). Die Glagolica, der vermutlich die griechische Minuskelschrift und verschiedene astronomische und chemische Symbole wie auch orientalische Schriftzeichen zugrunde lagen, war dem slavischen Lautsystem vorzüglich angepaßt. Die Brüder übersetzten die wichtigsten Kirchenbücher, bildeten Schüler aus und führten die slavische Liturgie in den Gottesdienst ein. Die als ›Slavenapostel‹ in die Geschichte eingegangenen Brüder gerieten bald in Konflikt mit der Papstkirche, da sie für die Ebenbürtigkeit der slavischen Sprache mit dem Griechischen, Lateinischen und Hebräischen eintraten und das Recht der slavischen Völker auf

Die Slavenapostel Kyrill und Method

eine in ihrer Sprache abgehaltene Liturgie verteidigten. Nach dem Tod Kyrills und Methods wurden ihre Schüler aus Mähren vertrieben und gingen nach Bulgarien. Dort entstand das nach Kyrill benannte kyrillische Alphabet, das hauptsächlich auf den griechischen Groß-

buchstaben und aus der Glagolica übernommenen Zeichen für die slavischen Zischlaute basierte. Das Altbulgarische (auch Altslavisch oder Altkirchenslavisch genannt) bildete die Grundlage für die Schriftsprache in Bulgarien, in der 988 christianisierten Kiever Rus' und in Serbien.
In Rußland wird das kyrillische Alphabet, abgesehen von einigen 1709 durch Peter I. und 1917 durch die Sowjetmacht vorgenommenen Veränderungen, bis heute verwendet.
Da eine Orientierung ohne Kenntnis der kyrillischen Buchstaben schwer möglich ist, werden in den Texten die Namen von Straßen, Plätzen und Sehenswürdigkeiten sowohl in der Umschrift (beziehungsweise deutschen Benennung) als auch auf russisch angegeben. In den Stadtplänen werden die russischen Bezeichnungen verwendet. Die Umschrift orientiert sich an der in der wissenschaftlichen Literatur üblichen Transliteration. Nur bei Eigennamen, die auch im deutschen Sprachgebrauch bekannt sind, wurde die gängige Umschreibung vorgezogen, zum Beispiel Kreml (statt Kreml'), Jelzin (statt El'cin) oder Alexander (statt Aleksandr).
Nachfolgend eine kleine Liste von Eigennamen, in der die gängigen Umschreibungen der wissenschaftlichen Transliteration gegenübergestellt werden:

Gorbatschow	Gorbačev
Schirinowski	Žirinovskij
Sowjet	Sovet
Tschechow	Čechov
Tschaikowski	Čajkovskij
Trotzki	Trockij
Wolga	Volga

Kyrillische Zeichen

	Aussprache	Umschrift
а	›a‹ in Vater	a
б	›b‹ in Ball	b
в	›w‹ in Wasser	v
г	›g‹ in gut	g
д	›d‹ in Dom	d
е	›e‹ in Bett (halboffen) beziehungsweise ›je‹ in jeder am Silbenanfang	e
ё	›jo‹ wie Joch	e
ж	›g‹ in Garage oder ›j‹ in Journal (stimmhaft)	ž
з	›s‹ in Rose (stimmhaft)	z
и	›i‹ in Ritus	i
й	›i‹ in Mai (kurz, fast ›j‹)	j
к	›k‹ in Karte	k
л	›l‹ in Lampe	l
м	›m‹ in Mutter	m
н	›n‹ in Nase	n
о	›o‹ in Sommer (offen)	o
п	›p‹ in Post	p
р	›r‹ rollendes Zungenspitzen – r	r
с	›s‹ in was (stimmlos)	s
т	›t‹ in Topf	t
у	›u‹ in Mut	u
ф	›f‹ in Feder	f
х	›ch‹ vor a, e, o, u wie ›ch‹ in Bach, vor i wie ›ch‹ in ich	ch
ц	›z‹ in Zucker	c
ч	›tsch‹ in Kutsche	č
ш	›sch‹ in Schule	š
щ	etwa ›schtsch‹ (stimmlos)	šč
ъ	vorangehender Mitlaut wird härter ausgesprochen	-
ы	dumpfes ›i‹, fast ›ü‹, etwa wie in pfui	y
ь	vohergehender Konsonant wird weicher ausgesprochen	'
э	›e‹ in Ernte	ė
ю	›ju‹ in Juni	ju
я	›ja‹ in Jasmin	ja

Sprachführer

Allgemeine Wendungen
deutsch/russisch [Lautschrift]

Guten Tag!
Добрый день! [Dóbryj den'!]

Hallo!/Привет! [Privét!]

Guten Morgen!
Доброе утро! [Dóbroe utro!]

Guten Abend!
Добрый вечер! [Dóbryj véčer!]

Gute Nacht!
Спокойной ночи! [Spokójnoj noči!]

Auf Wiedersehen!
До свидания! [Do svidánija!]

Tschüß!/Пока! [Poká!]

Wie heißt Du?/Wie heißen Sie?
Как тебя зовут/Как Вас зовут?
[Kak tebjá zovút/Kak Vas zovút?]

Ich heiße …
Меня зовут … [Menja zovút …]

Danke!
Спасибо! [Spasíbo!]

Bitte!
Пожалуйста! [Požálujsta!]

Ja/да [da]

Nein/Нет [Net]

Sprechen Sie deutsch/englisch?
Говорите ли Вы по-немецки/
по-английски?
[Govoríte li Vy po-nemécki/
po-anglíjski?]

Ich verstehe nicht.
Я не понимаю. [Ja ne ponimáju.]

Haben Sie … /Hast du …?
У Вас есть … /У тебя есть …?
[U Vas est' … /U tebja est' …?]

Wie geht es Dir/Ihnen?
Как ты проживаешь/Как Вы
проживаете?
[Kak ty proživáeš'/Kak Vy
proživáete?]

Wo wohnen Sie/Wo wohnst Du?
Где Вы живёте/Где ты живёшь?
[Gde Vy živëte/Gde ty živëš'?]

Orientierung
Sagen Sie bitte, wo ist …?
Скажите, пожалуйста, где
находится …?
[Skažíte, požálujsta, gde
nachóditsja …?]

Verzeihung, wie komme ich zu …?
Извините, как мне попасть к …?
[Izviníte, kak mne popást' k …?]

Öffentliche Verkehrsmittel
Bahnhof
вокзал [vokzál]

Haltestelle
остановка [ostanóvka]

Abfahrt
отправление [otpravlénie]

Ankunft
прибытие [pribýtie]

Bus/автобус [avtóbus]

Straßenbahn
трамвай [tramváj]

Wann fährt der Zug nach …?
Когда отправляется поезд в …?
[Kogdá otpravljáetsja póezd v …?]

Bitte eine Fahrkarte nach … für heute/morgen … für … Uhr.
Дайте мне, пожалуйста, билет в … на сегодня/завтра … в … часов.
[Dájte mne, požálujsta, bilét v … na segódnja/závtra … v … časóv.]

Wo fährt der Zug nach … ab?
Где отправляется поезд в …?
[Gde otpravljáetsja póezd v …?]

Welcher Bahnsteig?
С какой платформы?
[S kakój platfórmy?]

Wohin fährt der Zug?
Куда поезд? [Kudá póezd?]

Geben Sie mir bitte Fahrscheine!
Дайте мне, пожалуйста, билеты!
[Dájte mne, požálujsta, biléty!]

Wann muß ich aussteigen?
Когда мне выходить?
[Kogdá mne východit'?]

Ich möchte zu …
я хочу к … [Ja choču k …]

Verzeihung, steigen Sie jetzt aus?
Извините, Вы выходите?
[Izviníte, Vy vychódite?]

Ortsangaben/öffentliche Einrichtungen

Post/Telegraf
почтамт [počtamt]

Geschäft, Laden
магазин [magazín]

Bank/Sparkasse
банк/сберкасса [bank/sberkássa]

Hotel
гостиница [gostínica]

Botschaft
посольство [posól'stvo]

Krankenhaus
больница [bol'níca]

Apotheka/аптека [aptéka]

Arzt/врач [vrač]

Zahnarzt
зубной врач [zubnój vrač]

Brücke/мост [most]

Kirche/церковь [cérkov']

Kloster
монастырь [monastýr']

Straße/улица [úlica]

Platz/площадь [plóščad']

Tankstelle
заправочная станция
[zaprávočnaja stáncija]

Toilette/туалет [tualét]

wo/где [gde]

rechts/nach rechts
право/направо [právo/naprávo]

links/nach links
лево/налево [lévo/nalévo]

geradeaus/прямо [prjamo]

hier/здесь [zdes']

dort/там [tam]

Ausgang/выход [východ]

Eingang/вход [vchod]

Im Geschäft, Laden
Was kostet das?
Сколько это стоит?
[Skól'ko ėto stóit?]

Zeigen Sie mir bitte …!
Покажите мне, пожалуйста, …!
[Pokažíte mne, požálujsta …!]

Geben Sie mir bitte …!
Дайте мне, пожалуйста, …!
[Dájte mne, požálujsta …!]

Abteilung/отдел [otdél]

Im Restaurant oder Café
Die Speisekarte bitte!
Меню, пожалуйста!
[Menjú, požálujsta!]

Ich möchte zahlen.
Я хочу заплатить.
[Ja choču zaplatít'.]

Bringen Sie bitte …!
Принесите, пожалуйста …!
[Prinesíte, požálujsta …!]

Bei uns wird nicht geraucht!
У нас не курят! [U nas ne kúrjat!]

Vorspeisen
закуски [zakúski]

erster Gang (Suppe)
первое (суп) [pérvoe (sup)]

zweiter Gang
второе [vtoróe]

Nachspeisen
десерт [desért]

Kartoffeln/картошка [kartóška]

Fisch/рыба [rýba]

Fleisch/мясо [mjáso]

Rindfleisch/говядина [govjádina]

Schweinefleisch
свинина [svinína]

Huhn/курица [kúrica]

Brot/хлеб [chleb]

Käse/сыр [syr]

Obst/фрукты [frúkty]

Gemüse/овощи [ovošči]

Mineralwasser
минеральная вода
[minerál'naja vodá]

Saft/сок [sok]

Wein/вино [vinó]

Bier/пиво [pívo]

Tee/чай [čaj]

Kaffee/кофе [kófe]

Zucker/сахар [sáchar]

Telefon

Ich höre./Слушаю. [Slúšaju.]

Wer spricht?
Кто говорит? [Kto govorít?]

Geben Sie mir bitte Ihre Telefonnummer!/Gib mir bitte Deine Telefonnummer!
Дайте мне, пожалуйста, Ваш телефон/Дай мне, пожалуйста, твой телефон!
[Dájte mne, požálujsta, Vaš telefón/ Daj mne, požálujsta, tvoj telefón!]

Vorwahl/код [kod]

Sie haben sich verwählt.
Вы не туда попали.
[Vy ne tudá popáli.]

Zahlen

eins/один [odin]

zwei/два [dva]

drei/три [tri]

vier/четыре [četýre]

fünf/пять [pjat']

sechs/шесть [šest']

sieben/семь [sem']

acht/восемь [vósem']

neun/девять [dévjat']

zehn/десять [desjat']

elf/одиннадцать [odínnadcat']

zwölf
двенадцать [dvenádcat']

dreizehn
тринадцать [trinádcat']

vierzehn
четырнадцать [četýrnadcat']

fünfzehn
пятнадцать [pjatnádcat']

sechzehn
шестнадцать [šestnádcat']

siebzehn
семнадцать [semnádcat']

achtzehn
восемнадцать [vosemnádcat']

neunzehn
девятнадцать [devjatnádcat']

zwanzig
двадцать [dvádcat']

einhundert/сто [sto]

eintausend/тысяча [týsjača]

Zeitangaben
Wie spät ist es?
Который час? [Kotóryj čas?]

gestern/вчера [včerá]

heute/сегодня [segódnja]

morgen/завтра [závtra]

Stunde/час [čas]

am Morgen/утром [útrom]

am Abend/вечером [véčerom]

am Tag/днём [dnëm]

der Tag/день [den']

die Woche/неделя [nedélja]

der Monat/месяц [mesjac]

das Jahr/год [god]

Montag
понедельник [ponedél'nik]

Dienstag
вторник [vtórnik]

Mittwoch
среда [sredá]

Donnerstag
четверг [četvérg]

Freitag
пятница [pjátnica]

Sonnabend
суббота [subbóta]

Sonntag
воскресенье [voskresén'e]

Bald darauf fuhr der Wagen mit Rjuchin nach Moskau zurück. Es tagte schon, und das Licht der Chausseelampen wurde überflüssig und unangenehm. ... Jetzt hörte der Wald auf und blieb zurück, der Fluß verschwand seitlich, und alles mögliche flog dem Lastwagen entgegen: Zäune mit Wächterhäuschen und Holzstapel, hohe Pfähle und Masten mit Drahtspulen, Schotterhaufen, von Kanälen gestreifte Erde – kurzum,

man spürte, Moskau lag ganz nahe, dort hinter der Kurve, gleich würde es auf sie zubrausen und sie verschlingen.«

Michail Bulgakov, ›Der Meister und Margarita‹

Moskau

Ankunft in Moskau (Москва)

Der erste Eindruck von der russischen Hauptstadt ist oft verwirrend: eine lärmende, anstrengende, teure Großstadt mit riesigen Prospekten, über die, häufig auf acht Spuren, die Autos rasen, mit unüberschaubaren Menschenmengen, die irgendwo hineilen und sich auf endlosen Rolltreppen in die unterirdische Welt des Metronetzes begeben. Moskau hat rund neun Millionen Einwohner und erstreckt sich über eine Fläche von etwa 1000 Quadratkilometern. Bei der Einfahrt in die Stadt dominieren Neubau- und Industriegebiete das Bild. Hauptindustriezweige sind Maschinenbau und Metallverarbeitung. Die Stadt hat zwei Universitäten, 74 Hochschulen, über 3000 Bibliotheken, 33 Theater, fast 70 Museen. Moskau ist die dritteuerste Stadt der Welt und feierte 1997 mit viel Pomp und Propaganda seinen 850. Geburtstag.

In Moskau gibt es neun Bahnhöfe, von denen Züge in alle Teile des Landes und über die Grenzen hinaus fahren. Die Züge aus westlichen Richtungen kommen auf dem Belorussischen Bahnhof (Belorusskij vokzal) an, von dem aus die 1-aja Tverskaja-Jamskaja ul. und in ihrer Verlängerung die Tverskaja ul., die Hauptgeschäftsstraße Moskaus, ins Zentrum führen. Außerdem gibt es die Vorortzüge, die ›električki‹, mit denen man schnell, oft ein wenig unbequem, dafür aber ›stilecht‹ und mit viel Unterhaltung die Städte und Dörfer der näheren Umgebung erreichen kann. Der wichtigste Busbahnhof befindet sich an der Metrostation ›Ščelkovskaja‹. Hier fahren Busse in alle altrussischen Städte im Umkreis von rund 300 Kilometern ab.

Flugzeuge aus dem Ausland landen auf dem Flughafen ›Šeremet'evo II‹, 35 Kilometer vor der Stadt. Hier kann man gleich mit einem der öffentlichen Nahverkehrsmittel Bekanntschaft machen. Ein meist überfüllter Bus tuckelt langsam der Stadt entgegen (es gibt auch andere Möglichkeiten, siehe Reisetips) bis zur nächsten Metrostation, ›Rečnoj vokzal‹. Ab hier geht es schneller.

Die Metro ist das schnellste und beliebteste Fortbewegungsmittel in der Millionenstadt. Ein Plan des gut ausgebauten Netzes ist ein unerläßlicher Begleiter. Auf den in die Tiefe führenden Rolltreppen ist es üblich, sich auf der rechten Seite zu halten, da der Durchgang auf der linken Seite für ganz Eilige freibleiben sollte. Die Züge fahren im Minutenabstand und bewältigen relativ problemlos den Ansturm der Menschen. Mit den oft überfüllten Bussen zu fahren, sollte lieber vermieden werden, zumal sie wirklich nur zur Fortbewegung dienen und der Blick nach draußen durch die schmutzigen Scheiben versperrt ist. Wer mehr von der Stadt sehen möchte, kann die Straßenbahn wählen, die gemütlich weite Strecken überwindet und eine schöne Möglichkeit darstellt, die außerhalb des Innenstadtringes gelegenen Gebiete kennenzulernen.

Das Leben in Moskau ist teuer, jedoch gibt es Abstufungen innerhalb der einzelnen Bezirke, und selbst in der Nähe des Arbat sind billige Cafés zu finden. Am preisgünstigsten sind immer noch die ›Speisesäle‹ aus sowjetischer Zeit, die Stolovajas. Mit den Lebensmitteln sieht es schon anders aus. Die Moskauer Geschäfte sind überschwemmt von ausländischen Produkten, die teurer sind als in ihren Herkunftsländern. Einheimische Erzeugnisse sind meist nur auf den über die ganze Stadt verteilten Märkten zu erhalten. Reges Markttreiben hat sich rund um

die Metrostationen entwickelt. Doch auch hier muß man differenzieren, und billig zu leben ist eine über Jahre entwickelte Kunst.

Ähnliches gilt für die Unterkünfte, die für viel Geld oft nicht den entsprechenden Komfort bieten. Konkrete Angaben sind im folgenden Kapitel zu finden. Das kulturelle Leben und das Szene- und Nachtleben in Moskau konnte im Rahmen dieses Buches nur sehr eingeschränkt berücksichtigt werden.

Praktische Moskautips

Moskau besitzt fünf Flughäfen. Inlandflüge verkehren über ›Šeremet'evo I‹ (Шереметьево I), internationale Linien über ›Šeremet'evo II‹ (Шереметьево II). Der Flughafen Šeremet'evo II liegt 35 Kilometer nördlich der Stadt. Zwischen dem Flughafen und der nächsten Metrostation ›Rečnoj vokzal‹ (Речной вокзал) fahren Busse der Linie 551 und die ein wenig teureren Flughafenbusse. Ein Taxi für 50 bis 60 Dollar kann man in der großen Halle mieten. Schwarztaxis sind nicht zu empfehlen. Außerdem verkehren zwischen allen Flughäfen und dem Flughafenbahnhof ›Aėrovokzal‹ (Аэровокзал) an der Metrostation ›Aėroport‹ (Аэропорт) Zubringerbusse.

Die 36 Stunden währende Anreise mit der Bahn ist mühseliger, aber eine oft sehr unterhaltsame und angenehme Annäherung an das fremde Land. Der Zug fährt über Berlin, Warschau, Brest

und Minsk durch die endlose, flache Landschaft. Beim Zugbegleiter gibt es ständig kochendes Wasser für Tee oder Kaffee. In Brest hat der Zug etwa drei Stunden Aufenthalt, weil das Fahrgestell ausgetauscht und auf die russische Gleisbreite umgestellt wird. In den westeuropäischen Ländern fahren die Bahnen auf einer Schienenbreite von 1435 Millimetern, während die Schienenbreite in der gesamten GUS 1520 Millimeter beträgt. Da es nicht möglich ist, diesen aus dem 19. Jahrhundert stammenden Unterschied anders auszugleichen, wird jeder einzelne Waggon hydraulisch gehoben, hängt also in der Luft, und das Fahrgestell wird ausgetauscht.
Züge von Berlin nach Moskau und umgekehrt fahren täglich. In Moskau kommen sie auf dem Belorusskij vokzal (Белорусский вокзал) an.
Im Verkehrsnetz der russischen Eisenbahn müssen ausländische Reisende höhere Preise als die Russen zahlen. Fahrkarten für die Weiter- oder Rückreise mit dem Zug müssen in einem speziellen Büro erworben werden. Am Belorusskij Vokzal befindet sich diese Kasse im Service-Zentrum am Bahnhofsvorplatz, pl. Belorusskogo vokzala 7 (пл. Белорусского вокзала), Tel. 250 01 66, 250 06 04.
Es gibt acht weitere Bahnhöfe in Moskau. Sie verfügen über Fahrkartenschalter, in denen die entsprechenden Tickets erworben werden können. In die nähere Umgebung fahren Vorortzüge, die sogenannten ›električki‹ (электрички), für die es spezielle Kassen gibt, die ›Prigorodnye kassy‹ (Пригородные кассы). Die Fahrkarten werden nach verschiedenen Preiszonen verkauft, die man anhand des Fahrplanes erkennen kann. Es genügt aber, an der Kasse einfach das Fahrtziel anzugeben. Hier gibt es keine Sonderpreise für ausländische Reisende.

Moskauer Bahnhöfe:
Belorusskij vokzal (Белорусский вокзал), an der Metrostation ›Belorusskaja‹ (Белорусская), Züge nach Weißrußland, Litauen, Kaliningrad, Polen und Westeuropa.
Rižskij vokzal (Рижский вокзал), an der Metrostation ›Rižskaja‹ (Рижская), Züge in Richtung Norden, nach Volokolamsk, Ržev, Rezekne, Riga; Vorortzüge nach Novyj Ierusalim, Volokolamsk.
Kievskij vokzal (Киевский вокзал), an der Metrostation ›Kievskaja‹ (Киевская), Züge nach Novgorod-Severskij (nicht zu verwechseln mit der altrussischen Stadt Novgorod im Norden!), Kiev, Südeuropa und Moldawien.
Savelovskij vokzal (Савеловский вокзал), an der Metrostation ›Savelovskaja‹ (Савеловская), Züge nach Jaroslavl', St.Petersburg, Solikamsk, Uglič.
Jaroslavskij vokzal (Ярославский вокзал), an der Metrostation ›Komsomol'skaja‹ (Комсомольская), Züge nach Jaroslavl', Kostroma, Nižnij

Novgorod; Vorortzug nach Sergiev Posad.
Paveleckij vokzal (Павелецкий вокзал), an der Metrostation ›Paveleckaja‹ (Павелецкая), Züge nach Rjazan', Voronež, in den Nordkaukasus und die Ukraine.
Leningradskij vokzal (Ленинградский вокзал), an der Metrostation ›Komsomol'skaja‹ (Комсомольская), Züge nach Tver', St. Petersburg, Murmansk, Skandinavien und Estland.
Kazanskij vokzal (Казанский вокзал), an der Metrostation ›Komsomol'skaja‹ (Комсомольская), Züge nach Murom, Vladimir, Nižnij Novgorod, Rjazan', Čeljabinsk, Taškent, Kasachstan und Mittelasien; Vorortzüge nach Kolomna, Rjazan'.
Kurskij vokzal (Курский вокзал), an der Metrostation ›Kurskaja‹ (Курская), Züge nach Nižnij Novgorod, Vladimir, in die Ukraine und auf die Krim; Vorortzüge nach Vladimir, Volokalamsk, Borodino, Tula.

Der zentrale Busbahnhof befindet sich an der Metrostation ›Ščelkovskaja‹ (Щелковская) (in Fahrtrichtung aussteigen). Von hier fahren Busse nach Vladimir, Ivanovo, Kostroma, Murom, Nižnij Novgorod, Palech, Pereslavl'-Zalesskij, Ples, Ržev, Suzdal', Uglič, Jur'ev-Pol'skij, Jaroslavl'.

Flußtouren durch die Stadt entlang der Moskva können von der Haltestelle ›Kievskij vokzal‹ unternommen werden. Die Haltestelle liegt an der Metrostation ›Kievskaja‹, an der Berežkovskaja naberežnaja. Schiffsrouten über den Moskva-Kanal in die Volga beginnen am Severnyj Rečnoj Vokzal (Северный Речной Вокзал), Metrostation ›Rečnoj Vokzal‹ (Речной Вокзал). Von dort fahren Schiffe unter anderem nach Sankt Petersburg, Astrachan', Rostov, Perm', Tver' und Petrozavodsk. Aktuelle Fahrpläne und -preise können im Gebäude des Flußbahnhofes in Erfahrung gebracht werden. Schiffe verkehren von Juni bis Mitte Oktober.

Ein Touristenbüro befindet sich in der ul. Roždestvenka 5 (ул. Рождественка) und bietet Übernachtungsmöglichkeiten, Stadtführungen und Exkursionen in andere Städte, zum Beispiel die des Goldenen Rings, an. Es hat Mo bis Fr von 9.30 bis 20 Uhr und So von 9.30 bis 18 Uhr geöffnet.

Moskau ist eine der teuersten Städte Europas. In der Riesenmetropole ist es kein Problem mehr, eine Unterkunft zu finden. Die bekannten Hotels im Zentrum der Stadt sind enorm teuer und bieten dabei kaum den entsprechenden Service. Die Kunst besteht darin, eine Übernachtungsmöglichkeit zu finden, die preiswert ist und doch möglichst zentrumsnah liegt.
Preiswerte Unterkünfte in Moskau (Preise pro Person und Nacht):
Hotel ›Nasledie‹ (Наследие), ul. Kosmonavtov 2 (ул. Космонавтов), Metrostation ›VDNCH‹ (ВДНХ), Tel. 286 05 36, 15 bis 20 Dollar.

Jugendherberge (турбаза), ul. Voločaevskaja 38 a (ул. Волочаевская), Metrostation ›Ploščad' Il'iča (Площадь Ильича), Tel. 362 89 91, Tel. 362 89 91, 15 Dollar.

›Gästehaus‹, Bol'šaja Perejaslavskaja ul. 50 (10. Etage) (Большая Переяславская ул.), Metrostation ›Prospekt Mira‹ (проспект Мира), zehn Minuten Fußweg, Tel. 971 40 59, Fax 280 76 86, 15 bis 45 Dollar.

›Zolotoj kolos‹ (Золотой колос), ul. Jaroslavskaja 15 (ул. Ярославская), Metrostation ›VDNCH‹ (ВДНХ), Tel. 286 27 03 oder 217 43 55, 20 Dollar.

Weitere Unterkünfte in Moskau:

›Varšava‹ (Варшава), Kalužskaja pl. 1/2 (Калужская пл.), Metrostation ›Oktjabr'skaja‹ (Октябрьская), Tel. 238 19 70, 60 bis 80 Dollar.

›Central'nyj dom ochotnika i rybolova‹ (Центральный дом охотника и рыболова), Golovinskoe šosse 1a (Головинское шоссе), Metrostation ›Vodnyj stadion‹ (Водный стадион), Tel. 452 13 63, 80 Dollar.

›Central'nyj dom turista‹ (Центральный дом туриста), Leninskij pr. 146 (Ленинский пр.), Metrostation ›Jugo-Zapadnaja‹ (Юго-Западная), weiter mit jedem Bus oder Trolleybus 62 oder 84, zwei Stationen, Tel. 438 55 10, Fax 438 77 56, 25 bis 95 Dollar.

›Rossija‹ (Россия), ul. Varvarka 6 (ул. Варварка), Metrostation ›Kitaj-Gorod‹ (Китай-Город), Tel. 232 50 00, Fax 232 62 62, 100 bis 160 Dollar.

›Ukraina‹ (Украина), Kutuzovskij prospekt 2/1 (Кутузовский проспект), Metrostation ›Kievskaja‹ (Киевская), Tel. 232 03 06, Fax 243 30 30, 100 bis 220 Dollar.

›Inturist‹(Интурист), ul. Tverskaja 3/5 (ул. Тверская), Metrostation ›Ochotnyj Rjad‹ (Охотный Ряд), Tel. 956 83 04, Fax 956 84 50, 155 Dollar.

›Leningradskaja‹ (Ленинградская), ul. Kalančevskaja 21/40 (Каланчевская), Metrostation ›Komsomol'skaja‹ (Комсомольская), Tel. 975 30 32, Fax 975 49 43, 70 bis 240 Dollar.

Hotelinformationen finden sich auf den Internetseiten http.//all-hotels.ru und www.moscow-guide.ru (beide Seiten auf englisch).

In jedem größeren Hotel und auf den Bahnhöfen gibt es eine Poststelle und die Möglichkeit zu telefonieren. Postamt und Telegraf auf der Tverskaja 7 (ул. Тверская), Metrostation ›Ochotnyj Rjad‹ (Охотный Ряд). Der Telegraf arbeitet rund um die Uhr, die Post ist Mo bis Fr von 8 bis 14 Uhr und 15 bis 21 Uhr, Sa von 8 bis 19 Uhr, So von 9 bis 19 Uhr geöffnet .

Ein zentrales Fernsprechamt mit gutem Service befindet sich am Anfang des Novyj Arbat (Новый Арбат) auf der rechten Seite, Metrostation ›Arbatskaja‹ (Арбатская) – das ›Artel‹. Es hat täglich von

8 bis 21 Uhr geöffnet. Von hier können Ortsgespräche, nationale und internationale Gespräche geführt werden. Auch ein Fax-Service steht zur Verfügung.
Das Moskauer Hauptpostamt befindet sich auf der ul. Mjasnickaja 26a (ул. Мясницкая), Metrostation ›Mjasnickaja‹ (Мясницкая).
Die Vorwahl nach Moskau ist innerhalb Rußlands 095, von Deutschland 00 70 95.

Da sich das vorliegende Buch thematisch vorrangig mit Geschichte und Kultur altrussischer Städte auseinandersetzt, wurde auf ausführliche Angaben zum Moskauer Kulturangebot verzichtet. Auf zwei wöchentlich erscheinende Zeitungen, denen das Kulturprogramm entnommen werden kann, soll hier verwiesen werden: ›Dosug‹ (russisch, erscheint als Zeitung und als Broschüre, wobei letztere informativer ist) (Досуг) und ›Pjatnica‹ (Пятница). Beide können an Zeitungskiosken gekauft werden. Das Programm von Konzerten und Clubs kann auch der Freitagsausgabe der ›Moscow Times‹ (englisch) entnommen werden. Sie liegt in allen besseren Hotels und Dollarclubs gratis aus. Das Moskauer Nachtleben ist, auch für den westlichen Geldbeutel, unerhört teuer. Liebhabern russischer Filme kann das ›Muzej-Kino‹ (Музей-Кино) empfohlen werden. Fast täglich werden alte und neuere sowjetische wie auch russische Filme gezeigt. Zum Programm gehören auch ausländische Filme in Originalfassungen und einwöchige Themenschwerpunkte. Das Kino befindet sich hinter der Metrostation ›Krasnopresnenskaja‹ (Краснопресненская), an der Rückseite eines auffälligen Neubaus.
Adresse: Družinnikovskaja ul. 15 (ул. Дружинниковская), Tel. 255 90 57, 255 90 95. Die Kinokasse öffnet eine Stunde vor Vorstellungsbeginn (meist 17 Uhr). Im Hauptteil des Gebäudes befindet sich das ›Kinocentr‹ (Киноцентр), in dem hauptsächlich neue internationale Filme gezeigt werden.

Ein Streckenplan der Moskauer Metro befindet sich im Farbteil auf den Seiten 102/103 und soll die Orientierung im unterirdischen Labyrinth der Metropole ermöglichen. Es wird empfohlen, die Tickets einen Tag im voraus zu kaufen. Im August ist das Kino geschlossen.

Die Moskauer Basiliuskathedrale
Metroplan Moskau

ЧИСТЫЙ
ГОРОД-
НАШЕ
ЗДОРОВЬЕ!

Metroplan Moskau

Медведково
Бабушкинская
Свиблово
Ботанический Сад
Вдик
Алексеевска
Рижская
Проспект Мира
Сухаревска
Комсомольская
Красные зорота
Тургеневская
Чистые Пруды
Улица
Подбельского
Черкизовская
Преображенская
Площадь
Сокольники
Красносельская
Щелковская
Первомайская
Измайловская
Измайловски Парк
Семеновская
Электрозаводская
Бауманская
Курская
Чкаловская
Китай-Город
Новогиреево
Перово
Шоссе Энтузиастов
Авиамоторная
Пл. Ильича
Римская
Третьяковская
Новокузнецкая
Таганская
Марксистая
Павелецкая
Крестьянская
застава
Пролетарская
Автозаводская
Коломенская
Волгоградский
Проспект
Текстильщики
Кузьминки
Рязанский
Проспект
Каширская
Варшавска
Каховская
Дубровка
Выхино
Кантемировская
Царицино
Кожуховская
Орехово
Печатники
Домодедовска
Волжская
Люблино
Красногвардейская
Братиславская
Марьино

СССР
ТЕЛЕФОН
ПОЧТА 9

Rätsel einer Stadt

Unmöglich scheint es, die Gesichter dieser Stadt kennenzulernen und zu verstehen. Ein Ansturm auf die Sinne findet statt, und überall stößt der wache Blick auf Brüche, Risse und Ungereimtheiten. Viele Widersprüche scheinen sich hier in das Stadtbild eingeschrieben zu haben, die Kontinuität einer Stadtwerdung scheint mehrmals gebrochen. Moskau gilt als die organische, wild gewachsene Stadt und wird in Gegensatz zu dem auf dem Reißbrett entworfenen Petersburg gesetzt. Dies zeigt sich unter anderem in Sprichwörtern, die immer wieder das Bild von den zwei Hälften heraufbeschwören, wie zum Beispiel: ›Moskau ist von Jahrhunderten geschaffen, Petersburg von Millionen (Menschen).‹

Es gibt viele Möglichkeiten des Zugangs zu den Rätseln dieser Stadt. Stereotype werden über Postkarten, Bildbände und Nachrichten weitergetragen. Viele Mythen weben sich um die Stadt, die sich in Sprichwörtern, in Literatur, in Eigen- und Fremdbeschreibungen ausdrücken und die vielleicht einiges zum Verständnis des Selbstbewußtseins beitragen, das Moskau, Rußland und die Menschen, die dort leben, prägt. Eine Annäherung über geschichtliche Ereignisse ist sicher unumgänglich. Und da gibt es die Geschichte aus Stein, die Architektur. Hier trifft das europäisch geschulte Auge auf vieles, was es nicht mit Erfahrungen aus dem eigenen Kulturkreis verbinden kann. Viele Schichten gilt es freizulegen, Eindrücke, Erfahrungen und Zusammenhänge, die in den folgenden Kapiteln angesprochen, jedoch nicht zu einem einheitlichen Bild zusammengeführt werden.

Bei Spaziergängen durch die Stadt trifft man auf ein mittelalterliches Moskau, von dem sich noch einiges in der Struktur der Stadt, in Straßennamen oder Gebäuden erhalten hat. Man trifft auf ein Moskau zwischen Anfang des 18. und Ende des 19. Jahrhunderts, das durch den Verlust des Hauptstadtstatus im Zuge der Verlagerung des Regierungssitzes nach Petersburg geprägt ist. Man trifft auf das kapitalistische und avantgardistische Moskau der Jahrhundertwende und auf das sowjetische Moskau, das zu Stein gewordene Projekt einer neuen Gesellschaft.

Geschichte

Bis zur Schaffung Sankt Petersburgs war die Entwicklung Moskaus mit der anderer mittelalterlicher Städte durchaus vergleichbar. Entstanden an den Ufern der Moskva und ihrer Nebenflüsse, an der Kreuzung mehrerer Handelswege, wurde

Metroplan Moskau
Das Hauptpostamt auf der ul. Tverskaja; Der Rote Platz bei Nacht

Der Moskauer Kreml

die Siedlung Moskov bald zum Zentrum der Umgebung. Der Name Moskva wird auf ein finno-ugrisches Wort zurückgeführt, das soviel wie ›Zufluß‹ bedeutet. Danach wäre die Moskva als Nebenfluß der Oka gekennzeichnet und nach ihr die spätere Stadt benannt worden.

Die ersten Slaven kamen im 10. Jahrhundert in das Gebiet, das jedoch bereits seit rund 5000 Jahren besiedelt ist. Mitte des 12. Jahrhunderts ließ Fürst Jurij Dolgorukij, Fürst von Vladimir und Suzdal', eine Holzfestung errichten. Dolgorukij wird als der Gründer Moskaus angesehen, im Zusammenhang mit ihm wurde die Stadt 1147 das erste Mal urkundlich erwähnt. Das Jahr gilt als Gründungsdatum Moskaus. Die Stadt entwickelte sich in der Spannung zwischen dem sich ausbreitenden Posad, der Siedlung der Handwerker und Händler, und der befestigten Burg, die vor allem als Zufluchtsort gesehen wurde.

Im 16. Jahrhundert wurde der Posad befestigt, das heutige Kitaj Gorod. Doch bald sprengte das Wachstum der Stadt diesen Wall. Die Gebiete außerhalb der Mauern wurden besiedelt, und mit dem Bau der weißen Mauer entstand die Weiße Stadt (Belyj Gorod), gefolgt von der Erdstadt (Zemljanoj Gorod), die ihren Namen nach dem sie umschließenden Erdwall erhielt. Gleichzeitig wurde im Schutz der Wehrklöster der Vorposten im Süden – ›das Land jenseits der Moskva‹ – besiedelt, das heutige Zamoskvoreč'e. Die ringförmige Struktur der Innenstadt ist bis heute in der Struktur der Straßen erkennbar. Die ehemalige Mauer der Weißen Stadt wird durch den Boulevardring markiert, der ehemalige Erdwall durch den Gartenring. Auch die Biegung von kleineren Straßen und Gassen zeichnet diese Entwicklung nach.

Aus manchen Straßennamen ist ersichtlich, daß sich mit der Ausdehnung der Stadt auch eine Differenzierung der einzelnen Gewerbe vollzog. Es gab die Vorstädte der Töpfer, der Schmiede, der Weber, der Kaufleute, der Dolmetscher, der Gärtner. Auch Ausländer, vor allem Tataren, Deutsche, Niederländer und Engländer, siedelten in eigenen Vorstädten. Jede Gruppe erhielt oder schuf sich ihr Reich mit einem Zentrum und besonderen Regeln. Die soziale Differenzierung vollzog sich mit dem Aufstieg Moskaus, das sich aus einer relativ unbedeutenden Stadt am Rande des Fürstentums Vladimir-Suzdal' im Laufe des 13. Jahrhunderts zur Residenz eines Teilfürstentums entwickelte und zunehmend an Bedeutung gewann. In der Zeit der tatarischen Fremdherrschaft, der Zersplitterung der russischen Fürstentümer und heftiger Rivalitäten um den Großfürstentitel schuf Ivan I., genannt Kalita (Geldbeutel), durch eine geschickte Politik die Grundlage für den Aufstieg Moskaus.

Ivan Kalita begann die Wiedervereinigung der russischen Lande, die durch die nachfolgenden Großfürsten von Moskau, Ivan III. (1462–1505) und Ivan IV. (1533–1584), fortgeführt wurde. Ivan IV., der Schreckliche, gab sich 1547 selbst

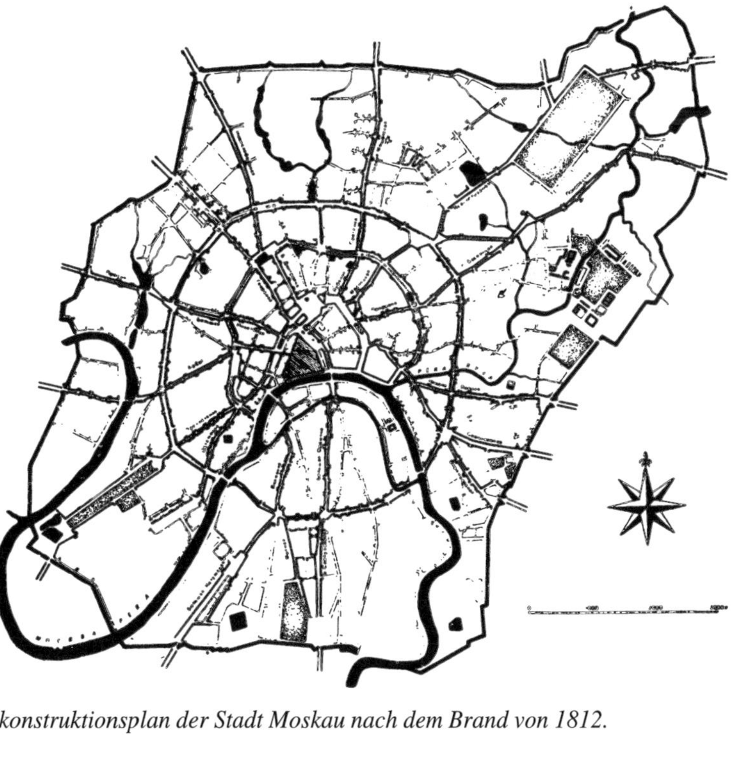

Rekonstruktionsplan der Stadt Moskau nach dem Brand von 1812.

die Zarenwürde. Fortan galt Moskau als die Hauptstadt des russischen Staates, bis Peter I. (1682–1725) 1712 den Regierungssitz in das gerade neunjährige St. Petersburg verlegte. Zu diesem Zeitpunkt war Moskau eine blühende Stadt, deren Anblick viele Reisende begeisterte:

»Die Tage in Moskau waren hinreißend. Welch wundersames, fremdartiges Bild, diese tausendtürmige Stadt mit ihren grünen Dächern, goldenen Kuppeln und den weißen, zackigen Mauern, hoch oben das leuchtende Kreuz des Iwan Welikij! Ein buntes asiatisches Zeltlager, ein Zusammenströmen der Völker Asiens und Europas, eine Schatzkammer aus ›Tausendundeiner Nacht‹ – das ›Rom der Tartaren‹. Und wenn auch Peter der Große diese Residenz verlassen hat – Moskau bleibt doch der Mittelpunkt Rußlands: Moskva matuschka.« Kurd von Schlözer, 1857.

Moskau wird also zum ›Rom der Tataren‹ stilisiert, während Petersburg als das ›Fenster zu Europa‹ gilt. Das aufgeklärte, absolutistische, klassizistische Petersburg wird dem orthodoxen, altrussischen Moskau gegenübergestellt. Rußland ist ein Land mit zwei Hauptstädten, die verschiedene Entwicklungen der russischen Kulturgeschichte verkörpern. Sie entwickeln sich getrennt in ihren Traditionen und ihrer Kultur und beziehen sich fortan ständig als Rivalen aufeinander.

Für Moskau bedeutete die Gründung der nördlichen Hauptstadt, zu deren Erbauung Millionen von Arbeitskräften gebraucht wurden, den Abzug von Energien, Stillstand, den Zerfall des gesellschaftlichen Lebens und der oft leerstehenden Häuser. Denn die Verlegung der Hauptstadt war auch mit einer Zwangsumsiedlung der Aristokratie verbunden, deren Angehörige allerdings nach Peters Tod häufig nach Moskau zurückkehrten und die neuen ›europäischen‹ Sitten mitbrachten. Außerdem wurde der Bau Petersburgs erzwungen, indem für diese Zeit in allen anderen Städten Rußlands der Steinbau verboten wurde, da alle Materialien im Norden verfügbar sein mußten. Moskau bestand bis ins beginnende 19. Jahrhundert hinein aus einem Meer von Holzhäusern: »Es werden in Moscau noch biß drey tausend steinerne Gebäude gezehlet, die überaus dauerhafft, und die meisten kostbar sind, und würden sie eine gute Stadt ausmachen, wenn sie alle ordentlich und aneinander lägen. Allein sie sind hin und wieder, und zwischen so viel tausend höltzerne Häuser gestreut, überdem auch nicht an der Straße, sondern hinten in den Höfen gebauet, und wegen Feuer und Überfall der Diebe mit großen Mauern umgeben. Die Gassen sind nicht ordentlich gebauet und an sehr wenigen Orten gepflastert, die übrigen Wege sind mit Bohlbrücken beleget, welches die Fahrt des Sommers über in der Stadt sehr beschwerlich macht.« Christian Friedrich Weber, 1716.

Im Jahre 1812 beim Einmarsch der napoleonischen Armee brannte Moskau zu 75 Prozent ab. Danach wurde überwiegend in Stein gebaut, und die Ideen des Klassizismus hielten im Gewand des Neoklassizismus in Moskau Einzug. Doch

Zeichen der Macht – die Basiliuskathedrale

warum wählte Napoleon das zu jener Zeit zur Provinzstadt degradierte Moskau zum Ziel und nicht Sankt Petersburg, wo Zar und Regierung saßen? Wieviel wußte und spürte er von der Magie und Bedeutung dieser Stadt, nach deren Eroberung erst sich die Bevölkerung des Landes zu wehren beginnt? Lev Tolstoj (1828–1910) schreibt im zweiten Band von ›Krieg und Frieden‹: »Jeder Russe fühlt beim Anblick Moskaus, daß diese Stadt seine Mutter ist; jeder Ausländer, der zum erstenmal auf Moskau herabschaut, wird etwas vom weiblichen Charakter dieser Stadt empfinden, auch wenn er ihre Bedeutung als Mutter Rußland nicht kennt. Auch Napoleon hatte eine ähnliche Empfindung.« Wieder taucht hier das Bild von den zwei Hälften auf, diesmal in der Spaltung in weiblich und männlich. Auch wenn es Tolstoj an dieser Stelle nicht schreibt: Petersburg wird oft als die rationale, männliche Stadt gesehen.

Das Bild von Moskau als der ›Mutter aller Städte‹ reicht jedoch noch weiter, in eine Vergangenheit, in der Petersburg noch gar nicht existierte. Die Einnahme Konstantinopels (1453) und der Untergang des Byzantinischen Reiches fiel mit dem Aufstieg Moskaus zur Hauptstadt der russischen Lande zusammen. Ivan III.

(1462–1505), der sich seit der Angliederung Novgorods und Tvers als ›Herrscher der ganzen Rus'‹ zu bezeichnen begann, hatte die Nichte des letzten byzantinischen Kaisers, Zoe Palaiogos, geheiratet. Von da ab wurde die Vorstellung genährt, daß nun Moskau zur neuen geistigen und möglicherweise auch politischen Welthauptstadt und zur Verteidigerin des Christentums berufen sei. Die Theorie von Moskau als dem ›dritten Rom‹ prägte nicht nur philosophische und geistige Auseinandersetzungen, sondern fand ihre Versinnbildlichung auch in der Architektur, wie zum Beispiel in der Basiliuskathedrale auf dem Roten Platz, dem Zeichen des Sieges über die Tataren unter Ivan IV. (1533–1584), die mit ihrer neunteiligen Komposition das Himmlische Zion darstellen sollte. Spuren dieses Gedankens scheinen auch heute noch in mancher Diskussion um die Rolle Rußlands an der Grenze zwischen Asien und Europa durchzuschimmern.

Am Anfang des 20. Jahrhunderts sollte erneut eine Hauptstadtverlegung den Beginn einer neuen Epoche kennzeichnen. Doch diesmal wurde keine neue Stadt aus dem Boden oder vielmehr aus dem Sumpf gestampft, sondern die Planer einer neuen Zeit setzten ihre Zeichen in der alten Metropole. Die stalinschen Hochhäuser im sogenannten ›Zuckerbäckerstil‹ strecken an markanten Stellen der Stadt ihre Zacken gen Himmel. Generalpläne zur Rekonstruktion Moskaus wurden zur Grundlage der Umgestaltung ganzer Stadtteile, wobei oft nur fehlende Mittel eine völlige Veränderung verhinderten. Bestehenden Gebäuden, Ensembles, Straßen und Plätzen sollte mit Mitteln der Kunst und Architektur neuer sozialer Sinn gegeben werden. Die Ideen des Jugendstils, des Konstruktivismus und Funktionalismus wurden von einem spannenden Eklektizismus verschiedener Kunst- und Baustile abgelöst. Faszinierende, teilweise größenwahnsinnige Ideen wurden umgesetzt oder waren zum Scheitern verurteilt. Neben den ideologischen Zielen galt es immer, die Probleme des Wohnungs- und Industriebaus zu lösen. So kommt es, daß noch heute in Moskau ganze Straßenzüge im alten Zustand vorzufinden sind, Häuser des vorigen Jahrhunderts, die noch nie von der Hand eines Restaurators berührt wurden.

Die folgenden Kapitel orientieren sich an der historisch gewachsenen Struktur Moskaus. Ausgehend vom Kreml und dem Roten Platz führen sie durch die ehemaligen Vorstädte, durch Kitaj-Gorod, Zamoskvoreč'e, Belyj Gorod und Zemljanoj Gorod. Ein besonderes Kapitel beschäftigt sich mit der ehemaligen Ausländervorstadt, Nemeckaja sloboda, die außerhalb des Gartenringes lag und deren Existenz im Leben der Stadt eine nicht unwesentliche Rolle spielte. Den Klöstern, die die Vorposten Moskaus im Süden bildeten, ist ein weiterer Abschnitt gewidmet. Nicht immer sollte man die Erkundung an den tradierten zentralen Orten beginnen, wie in Kitaj-Gorod oder im Kreml. Ein Spaziergang durch die stillen Gassen Zamoskvoreč'es oder Belyj Gorods vermittelt einen viel lebendigeren Eindruck.

Der Rote Platz

»Am ersten Abend in Moskau muß man auf dem Roten Platz gewesen sein.«
Christa Wolf, Moskauer Novelle, 1961

Auch heute zieht es viele der Ankommenden als erstes zum legendären Roten Platz (›Krasnaja ploščad'‹) (Красная площадь). Das Mausoleum, die Uhr am Spasskij-Turm, die Basiliuskathedrale und die gepflasterte Weite – das galt lange Zeit als das Wahrzeichen Moskaus. Riesig in seinen Ausmaßen (400 mal 150 Meter), mit dem stufenförmig ansteigenden Granitblock des Lenin-Mausoleums am Fuße der Kreml-Mauer wurde der Rote Platz zum Herzen der neuen Zeit. Hierher pilgerten jährlich Tausende, um geduldig in der langen Schlange vor den Toren des Mausoleums vorzurücken und einen kurzen, ehrfürchtigen Blick auf Lenin zu werfen. Jedes Jahr am 7. November wurden hier die Militärparaden abgenommen und mit Saluten die Große Sozialistische Oktoberrevolution gefeiert. Hunderttausende strömten am 1. Mai, am 8. und am 9. Mai und am Revolutionsfeiertag über den Roten Platz, verstummten andächtig vor dem Mausoleum und den dort aufgereihten Größen des Landes, um dann am Abend die Spannung in einem Volksfest mit Feuerwerk und viel Bier und Vodka aufzulösen.

All das ist Grund, den Roten Platz aufzusuchen, der ja noch viel mehr Geschichte gesehen hat, nun jedoch wie in einer hilflosen Geste erstarrt zu sein scheint, die nachdenklich macht. Feierlichkeit und Strenge bestimmen auch heute die Weite des Platzes. Ein wenig verloren wirken die doch zahlreichen Besucher der Stadt, deren Fotoapparate klicken, die sich an den Stufen zur Richtstätte ausruhen und verstohlen eine Zigarette ausdrücken. Rauchen ist hier strengstens verboten, und Frauen mit Eimer und Besen sammeln ständig die Abfälle ein. Nur an den Rändern, dort, wo der Weg am Historischen Museum vorbei zur Metrostation (›Ochotnyj rjad‹) und zur Tverskaja ul., der Hauptgeschäftsstraße Moskaus, führt, und am Beginn der Nikol'skaja ul. zeigt sich das Alltagsgesicht der Stadt.

Hinter der langen, hellen Fassade der ehemaligen Handelsreihen beginnt Kitaj-Gorod, die einstige Vorstadt der Handwerker und Kaufleute. Bis ins 15. Jahrhundert hinein reichten ihre ebenerdigen Holzhäuschen bis an die Kremlmauern heran. Nach einem Brand im Jahre 1493 befahl Ivan III. (1440–1505), eine Schutzzone vor dem Kreml zu schaffen, die nicht mehr bebaut werden durfte. So entstand der Rote Platz, der erst einmal Brandplatz (›požar‹) hieß, später einfach Handelsplatz (›torg‹) und erst seit dem 17. Jahrhundert seinen heutigen Namen (›Krasnaja ploščad'‹) trägt. Daran, daß sich die ursprüngliche Bedeutung des Wortes ›krasnaja‹ – ›schön‹ zugunsten des Rot verschoben hat, ist wohl nicht nur die symbolische Besetzung der Farbe schuld. Auch die den Platz rahmenden Bauwerke haben ihren Anteil daran, die Backsteinmauern des Kreml, das tiefe Rot des Historischen Museums, die Rottöne der Basiliuskathedrale. In die architektonische Gestalt des Platzes haben sich Momente einer Geschichte eingeschrieben, die nicht erst mit dem Roten Oktober begann.

Das älteste Gemäuer ist die Kremlmauer, die mit ihren zahlreichen Türmen den Platz im Südwesten begrenzt. Im Zeitraum zwischen 1485 und 1495 ließ Ivan III. die bis dahin weiße Mauer ersetzen. Hier waren, wie auch im Kreml, italienische Baumeister am Werk – M. Ruffo, A. Gilardi, P. A. Solario und A. di Carcano. Ihnen verdankt die Stadt die orientalisch anmutende Backsteinmauer mit den 1045 ›ghibellinischen‹ Schwalbenschwänzen und den zwanzig Türmen. Zum Roten Platz hin wird die Kremlmauer von einer Reihe von Türmen geschmückt (von rechts nach links): vom Arsenal-Eckturm, Nikolajturm, Senatsturm, Erlöserturm (Spasskij-Turm), Zarenturm, Alarmturm und vom Konstantin-und-Helena-Turm.

Der Erlöserturm, der mit dem Nikolajturm auf der anderen Seite die Eingangstore zum Kreml bildete, ist der bekannteste und prächtigste in dem Ensemble. Der stufenartige Aufbau mit Zeltdachhaube stammt aus den Jahren 1624/25, in denen auch erstmalig eine Uhr angebracht wurde. Die heutige berühmte Kreml-Uhr mit dem Glockenspiel entstand 1852. Ihr Glockenzeichen wurde nach der Oktoberrevolution – in einer Zeit, da alle anderen Glocken verstummt waren – von den neuen Machthabern vereinnahmt und täglich um Mitternacht und in der Frühe über Radio in der ganzen Sowjetunion übertragen, gefolgt von der Nationalhymne.

Streng und schlicht, aus dunkelrotem Granit erhebt sich vor dem Senatsturm das ehemalige Herzstück des Platzes. Die einfache und dadurch so bedeutungstragende Aufschrift aus dunklem Porphyr auf schwarzem Grund läßt heute niemanden mehr erschaudern. Lenin – noch liegt er da, einer Wachspuppe ähnlich, und ist zu eingeschränkten Öffnungszeiten zu besichtigen. Viele Diskussionen gab es um diesen zur Touristenattraktion verkommenen Leichnam, der mit so viel Mühe konserviert wurde und wird. Nach der Perestrojka wurde erstmals bekannt, daß es unterhalb des Mausoleums ein spezielles Forschungslabor gab, dessen Mitarbeiter streng auf die klimatischen Bedingungen im Sarkophag achteten und regelmäßig den Leichnam mit Speziallösungen erneuerten. Die Frage nach der Zukunft tauchte auf. Geschäftstüchtige wollten Lenin (oder seine Hülle) gar in alle Welt verschicken. Andere forderten, daß er, wie er in seinem Testament verfügt hatte, neben seiner Mutter in Petersburg beerdigt wird. Die Frage, warum dieser Bitte nicht 1924 nachgekommen wurde, warum das Vermächtnis in Stein gehauen werden mußte, führt zum Nachdenken über die Schaffung von Mythen. Antworten lassen sich hier u. a. bei den modernen russischen Philosophen Boris Groys und Michail Ryklin finden, und auch die 1995 und 1996 in Berlin und

Moskau gezeigte Ausstellung ›Berlin – Moskau‹ sagt einiges über die Wege der Macht aus. 1924, als Lenin starb, wurde innerhalb von zwei Tagen ein hölzernes Mausoleum gebaut, das nach einigen weiteren Varianten durch den heutigen Monolith ersetzt wurde. Bei aller Distanz zur ideologischen Bedeutung des Bauwerks, beeindruckt das Projekt Ščussevs (1873–1949) und schafft einen architektonischen Schwerpunkt in der Komposition des Roten Platzes. Auch Stalin bekam auf seine eigene Verfügung hin einen Platz im Mausoleum, wurde jedoch auf Anordnung Chruščevs 1961 verlegt. Das mit einer steinernen Büste ge-

schmückte Grab befindet sich heute neben den Grabstätten vieler anderer bedeutender Persönlichkeiten hinter dem Mausoleum an der Kremlmauer. Hier fanden auch Nadežda Krupskaja, Clara Zetkin, Jurij Gagarin, Michail Kalinin und Leonid Brežnev ihre letzte Ruhestätte.

Unweigerlich zieht ein anderes Symbol der Macht aus einer anderen Zeit die Blicke auf sich, die Maria-Schutz-Kathedrale ›am Graben‹ oder Basiliuskathedrale, wie sie zu Ehren des ›Gottesnarren‹ Vasilij oft genannt wird. Ein Märchen aus Stein – bizarr, phantasievoll, verwirrend im Spiel der Formen und Farben und doch genau durchdacht in der Komposition. Eine unwahrscheinliche Wirkung muß dieses Bauwerk im 16. Jahrhundert auf die in ihren niedrigen Holzhäusern lebenden Menschen ausgeübt haben. Bewußt wurde es außerhalb des Kremls errichtet, auf dem zentralen Platz und Marktplatz, wo sich das Volk von morgens bis abends drängte. Mit der Kathedrale wurde der Sieg über den jahrhundertealten Feind, die Tataren, gefeiert. Ivan IV., der Schreckliche, ließ sie aus Anlaß der Befreiung Kazans am 1. Oktober 1552 errichten. Dieser Tag ist nach dem kirchlichen Kalender der Maria-Schutz-Feiertag, nach dem die Kathedrale benannt wurde. Das Volk zog jedoch in späteren Zeiten den Namen des ›Gottesnarren‹ Vasilij, der furchtlos die Grausamkeiten Ivans IV. anprangerte, und dem nach dem Tod des Zaren eine Nebenkirche errichtet wurde, vor. Die Legende schreibt Ivan IV. auch die Grausamkeit zu, daß er die beiden Baumeister der Basiliuskathedrale, Barma und Posnik, blenden ließ, damit sie nie wieder ein vergleichbar schönes Bauwerk errichten konnten.

Abseits vom Getümmel – der ehemalige Münzhof

Barma und Posnik hatten sich für eine neunteilige Komposition entschieden, mit einer Zentralkirche in der Mitte und acht sie umgebenden, sehr individuell gestalteten Kirchen, die in ihrer Gesamtheit eine rhythmische Einheit bilden. Der Grundriß gleicht der Form eines achtstrahligen Sternes und hält im Prinzip die Regeln einer Kreuzkuppelkirche ein. Der ganze Komplex steht auf einem Sockelgeschoß, das unterhalb der äußeren Galerie durch Pfeiler und offene Bogenkonstruktionen gebildet wird. Die bunte, fast grelle Bemalung, die in ihrem Einfallsreichtum der architektonischen Vielfalt nicht nachsteht, erhielt die Kirche in den 70er und 80er Jahren des 17. Jahrhunderts. Ursprünglich war die Farbgestaltung viel einfacher und strenger.

Die Nebenkirche für Vasilij, den ›Gottesnarren‹, wurde 1588 an der nordöstlichen Ecke des Komplexes errichtet, und 1672 kam noch die kleine Johannes-Kirche hinzu. Der Glockenturm mit dem spitzen Zeltdach entstand in seiner heutigen Form Ende des 17. Jahrhunderts. Dort befindet sich heute der Eingang zur Kathedrale. Das Innere ist nicht sehr geräumig, die Gänge führen in enge, düstere Zellenkirchen, nur die zentrale Maria-Schutz-Kirche ist größer und lichter. Dieser Aufbau sollte die Bauten, Plätze und Straßen der ›Gottesstadt‹

symbolisieren. Die Kirche ist gegen Eintritt zu besichtigen und war auch in Sowjetzeiten als Museum stets zugänglich.

Das steinerne Rund unweit der Kathedrale, an dem Touristen sich so gerne ausruhen, Schädelstätte oder Richtplatz genannt, ist in der Geschichte ebenfalls mit Ivan IV. verbunden. Die Stelle wurde erstmalig im Jahre 1547 erwähnt, als Ivan IV. dort das Volk um Verzeihung für seine Willkür bat. 1597/98 wurde das hölzerne Podest durch Stein ersetzt. Es diente als eine Art Tribüne, von der aus Zarenerlasse und Urteile verlesen, öffentliche Predigten gehalten und Paraden durch den Zaren oder den Patriarchen abgenommen wurden. Hinrichtungen fanden hier allerdings nicht statt, sie wurden an beliebigen Orten auf dem Roten Platz vollzogen.

Ein Besuch im ›GUM‹ lohnt sich besonders aus ästhetischen Gründen

An einen weiteren Sieg über fremde Invasoren erinnert das Denkmal vor der Basiliuskathedrale, das 1818 für Minin und Požarskij errichtet wurde. Der Älteste der Stadtbürger von Nižnij Novgorod, Kuzma Minin, und der Suzdaler Fürst Dmitrij Požarskij waren die Helden des Kampfes gegen die polnisch-litauische Besetzung 1612. Die Zeichen der Verklärung dieses nationalen Befreiungsaktes und der erstaunlichen Zusammenarbeit zwischen dem einfachen Bürger und dem Fürsten werden dem Reisenden noch in vielen Städten begegnen.

Um den Reigen der Geschichte zu vollenden, wurde in den 70er Jahren des 19. Jahrhunderts ein weiteres Gebäude auf der gegenüberliegenden Seite des Platzes errichtet, das Historische Museum. Nach vielen Diskussionen wurde die schwierige Aufgabe Vladimir Šervud (1833–1897) übertragen. Er wählte einen verhaltenen neorussischen Stil, der Extreme in der Bauweise vermied. In der Schlichtheit der Grundstruktur und der doch gewagten Extravaganz der weißen Spitzen und Türmchen bildet der ein wenig schloßähnliche Bau einen gelungenen Gegenpol zur Basiliuskathedrale und fügt sich in die Gesamtkomposition des Roten Platzes ein. Das Museum wurde 1883 eröffnet und dokumentiert die Geschichte Rußlands und der ehemaligen Sowjetunion von der Altsteinzeit, der

Kiever Rus', der Tatarenzeit und des Moskauer Reiches bis hin zur russischen Kulturgeschichte des 17. bis 19. Jahrhunderts und den Anfängen des neuen Staates nach der Oktoberrevolution. Zuvor befand sich an dieser Stelle das erste Gebäude der Moskauer Universität.

Die helle, langgestreckte Fassade der ehemaligen Oberen und Mittleren Handelsreihen begrenzt den Roten Platz im Osten. In den Oberen Handelsreihen befindet sich heute das größte Warenhaus Rußlands, das GUM (Gosudarstvennyj Univermag Moskvy). Das phantasievolle, glasüberdachte Gebäude wurde Ende des vorigen Jahrhunderts im damals beliebten neo-altrussischen Märchenstil erbaut. Riesige Kronleuchter, Spiegelglas, Stuck, verzierte Brücken und Stege und ein Springbrunnen in der Mitte schaffen eine festliche Stimmung. Doch sind die Läden in den Passagen inzwischen größtenteils an ausländische Firmen vermietet, und dieser Palast wird westlichen Einkaufszentren immer ähnlicher.

Am Beginn der Nikol'skaja ul. (ул. Никольская) lädt eine kleine Kirche zum Verweilen ein, die noch vor einigen Jahren hier nicht zu finden war. Die Kirche der Kazaner Gottesmutter war anläßlich der Befreiung Rußlands 1625 vom Fürsten Dmitrij Požarskij erbaut worden. Sie wurde in den 30er Jahren abgerissen, in den 90er Jahren wieder aufgebaut und 1993 neu eröffnet. Links daneben befindet sich im Hof das Gebäude des ehemaligen Münzhofes, das, von der Zeit gezeichnet, einen Kontrast zum repräsentativen Ensemble des Roten Platzes bildet.

Zu erreichen ist der Rote Platz über die Metrostation ›Ochotnyj rjad‹ (Охотный ряд). Das Lenin-Mausoleum hat nur vormittags geöffnet, und zwar Di bis Do und Sa/So von 10 bis 13 Uhr. Mit dem Besuch ist auch eine Besichtigung der Gräber an der Kremlmauer verbunden. Die Basilikuskathedrale ist von Mai bis Oktober Mi bis Mo von 10 bis 17 Uhr zu besichtigen, von November bis April von 11 bis 16 Uhr. Am ersten Montag im Monat ist die Kathedrale geschlossen. Historisches Museum, geöffnet täglich von 11 bis 19 Uhr außer Di und am ersten Mo im Monat, Eintritt 1,60 Dollar.

Das Kaufhaus GUM zieht Kauf- und Schaulustige die ganze Woche über von 8 bis 21 Uhr an und hat nur sonntags geschlossen.

Der Moskauer Kreml (Московский Кремль)

»Was läßt sich mit diesem Kreml vergleichen, der, beschützt von gezahnten Mauern, geschmückt mit den goldenen Kuppeln seiner Kathedralen, auf dem steilen Berg liegt wie die Herrscherkrone auf dem Haupt des dräuenden Zaren?
Der Kreml ist Rußlands Altar, auf dem man Opfer niederlegt und dem schon viele Opfer, des Vaterlandes würdig, dargebracht wurden. Ist es etwa schon lange her, daß er wie der sagenumwobene Phönix aus rauchender Asche neu erstand?
Was gibt es Erhabeneres als diese auf einem Platz dicht zusammenstehenden dunklen Tempel, als den geheimnisvollen Palast Boris Godunovs, dessen kalte Säulen und Fliesen schon so viele Jahre den Laut menschlicher Stimmen nicht mehr vernommen haben, der wie ein Mausoleum in der Einöde zum Gedächtnis großer Zaren ragt?!
Nein, weder den Kreml noch seine gezahnten Mauern, seine dunklen Durchgänge, seine prächtigen Paläste kann man schildern. Man muß das alles sehen, sehen und fühlen, was sie dem Herzen und der Vorstellungskraft zu sagen haben.«

Michail Lermontov, 1814 – 1841, ›Panorama Moskaus‹

Baugeschichte

Die Geschichte des Moskauer Kremls geht auf das Jahr 1156 zurück, als auf dem Borovickij-Hügel (russ. ›bor‹ – ›Wald‹) zwischen der von Moskva und Neglinnaja gebildeten Flußgabelung eine erste hölzerne Befestigung angelegt wurde. Ivan Kalita ließ das Gebiet 1326–1340 erweitern, erste steinerne Kirchen errichten und neue Befestigungsanlagen aus Eichenbohlen ausführen. Die ständige Auseinandersetzung mit den Tataren, die sich verstärkende Machtposition des Moskauer Großfürstentums und die endgültige Verlegung der Residenz des Metropoliten von Vladimir nach Moskau machten unter Dmitrij Donskoj eine erneute Ausdehnung des Geländes notwendig. 1365–1367 wurde die berühmte ›Mauer aus weißem Stein‹ mit einer Länge von 2000 Metern errichtet.

Moskau avancierte zur Hauptstadt der vereinigten russischen Fürstentümer, der Kreml zum Wahrzeichen der neuen Staatsidee, was in einem gewaltigen Umbau unter Ivan III. symbolischen Ausdruck fand. Der Zar berief italienische Baumeister nach Moskau, die 1485 gemeinsam mit russischen Kollegen die

Der Kutafja-Turm – Eingang in den Kreml

Arbeiten nach einem einheitlichen Plan begannen. Bis zur Beendigung der Bauarbeiten im Jahre 1516 war auch der neue Graben fertiggestellt. Er verlief vor der östlichen Kremlmauer und verband die Neglinnaja mit der Moskva. Er schloß das schützende Wasserdreieck um den Kreml ab.

Während dieser großen Bauperiode war dem Kreml im wesentlichen sein heutiges Aussehen verliehen worden. Im Inneren der Festung entstanden damals folgende Gebäude: 1475–1479 die Maria-Entschlafens-Kathedrale, 1484–1489 die Maria-Verkündigungs-Kathedrale, 1485/86 die Maria-Gewandniederlegungs-Kirche, 1485–1516 der neue Mauerring, 1487–1491 der Facettenpalast, 1505–1508 der Glockenturm Ivan Velikij und die Erzengel-Michael-Kathedrale. Die Schöpfungen dieser großen Bauperiode bilden eine gelungene Synthese italienischer Baukunst und altrussischer Traditionen, denen sich die fremden Baumeister verpflichten mußten.

Nach den Zerstörungen durch die Tataren und der polnischen Besetzung 1610–1612 setzte sich in der Architektur ein ›malerischer‹ Stil durch, der sich durch verspielt-dekorative Schmuckelemente und die Zeltdacharchitektur auszeichnete. Sakralbauten wurden immer prunkvoller ausgestaltet. In ihrer Erscheinung sollten sie den Profanbauten nicht nachstehen. Aus dieser Zeit stammen folgende Bauwerke: der Erlöser-Turm (1624/25), die Katharinenkirche (1627), der Terempalast (1635/36), die Obere-Erlöser-Kathedrale (1635/36) und das Lustschloß (1652).

Erst durch die Reformen unter dem Patriarchen Nikon, der 1652 in das höchste Amt der russisch-orthodoxen Kirche gewählt worden war, setzte sich ein auf die alten Traditionen zurückführender Stil durch. Die Zeltdacharchitektur und der Bauschmuck des 17. Jahrhunderts wurden verboten und der strenge, monumentale Stil, der bis in das 15. Jahrhundert vorherrschte, wieder kanonisiert. Zwischen 1653–1656 entstand der Patriarchenpalast mit der Zwölf-Apostel-Kirche. Nachdem Nikon 1658 abgedankt hatte, wurde der Bauschmuck noch verspielter, und die Kremltürme erhielten 1670–1685 ihre Zeltdächer. In den 80er Jahren des 17. Jahrhunderts hielt der Naryškin-Barock Einzug. Es entstanden 1680/81 die Auferstehungskirche und 1681 die Keuzigungskirche des Terempalastes sowie 1702–1736 das Arsenal.

Nach dem Einzug der Franzosen 1812 wütete in Moskau ein verheerender Brand, der jedoch den Kreml verschonte. Nicht alle Schätze konnten rechtzeitig aus den Kirchen und Klöstern des Kreml evakuiert werden, so daß die Franzosen reiche Beute fanden. Vor allem die Silberbeschläge der Ikonen, zum Teil mit Edelsteinen und Perlen verziert, wurden heruntergerissen und eingeschmolzen. Besonders die Maria-Entschlafens-Kathedrale litt unter den Verwüstungen, die jahrzehntelange Restaurierungsmaßnahmen sowie den Neubau des Kremlpalastes, wozu der alte abgerissen wurde, nach sich zogen. 1817–1819 wurde die Neglinnaja in ein unterirdisches Bett geleitet und darüber der Alexandergarten angelegt.

Vor der Revolution 1917 gab es im Kreml 24 Kirchen, von denen seitdem eine ganze Reihe abgerissen wurden. Auch die beiden Klöster im Kreml fielen einer großangelegten ›Säuberung‹ zum Opfer. Von 1932–1934 wurde das Regierungsgebäude mit dem Kremltheater (heute Präsidiumsgebäude der Russischen Föderation) errichtet. 1935 wurden von den Tortürmen die zaristischen Doppeladler abgenommen und durch fünfzackige Sterne ersetzt. Als letzter Bau entstand 1960/61 der Kongreßpalast. Im Zuge der Perestrojka konnten die Kreml-Kathedralen nach und nach wieder benutzt werden. Die Glocken läuten wieder, und die Touristen halten in nichtendenwollenden Scharen Einzug.

Mauern und Türme

Die Kremlmauer erhielt ihren endgültigen Verlauf Ende des 15. Jahrhunderts, als die alte, aus Kalksteinblöcken bestehende Mauer durch eine neue aus roten Ziegelsteinen ersetzt wurde. Sie wurde 1485–1495 von italienischen Architekten

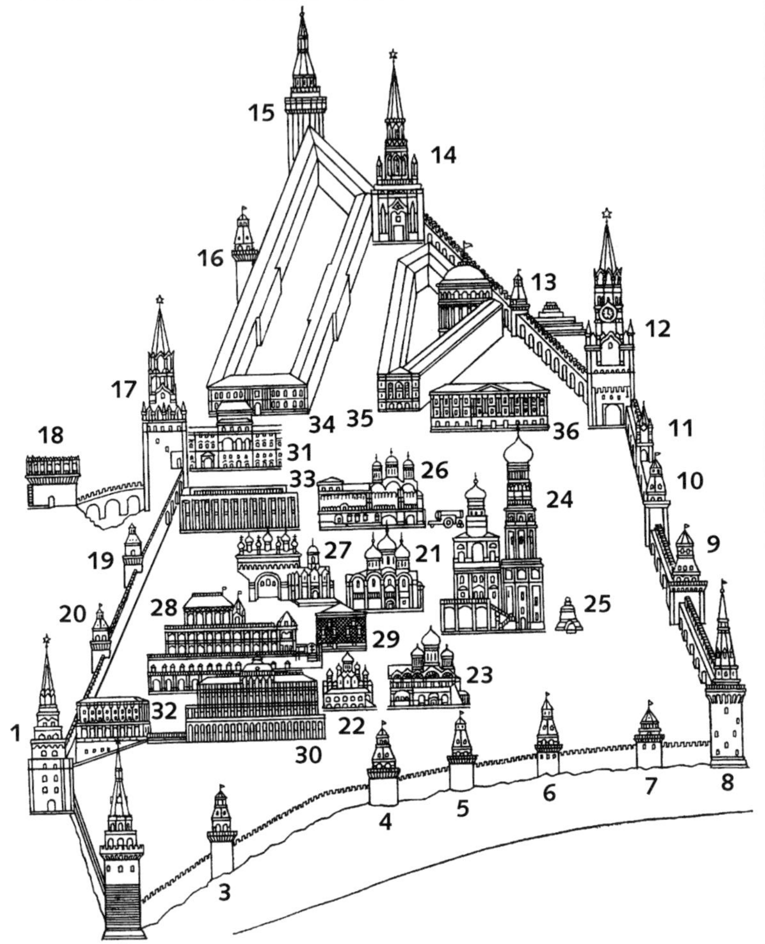

Der Moskauer Kreml

Legende

1 Borovickij-Torturm (Боровицкая башня)

2 Wasserhebe-Turm (Водовзводная башня)

3 Verkündigungsturm (Благовещенская башня)

4 Tajnickij-(Geheim)-Tor (Тайницкие ворота)

5 Erster Namenloser Turm (1-я Безымянная башня)

6 Zweiter Namenloser Turm (2-я Безымянная башня)

7 Petrov-Turm
(Петровская башня)
8 Beklemišev-Brücken-Turm
(Беклемишевская башня)
9 Konstantin-und-Helena-Turm
(Константино-Еленинская башня)
10 Nabat- (‹Sturm‹) Turm
(Набатная башня)
11 Erlöser-Türmchen
(Спасская/Царская башня)
12 Erlöser- (Frolov-) Turm
(Спасская башня)
13 Senatsturm
(Сенатская башня)
14 Nikolaj-Tor
(Никольские ворота)
15 Arsenal- (Sobakin-) Turm
(Арсенальная башня)
16 Mittlerer Arsenal-Turm
(Средняя Арсенальная башня)
17 Dreifaltigkeits-Tor
(Троицкие ворота)
18 Kutaf'ja-Turm (Кутафья башня)
19 Kommandanten-Turm
(Комендантская башня)
20 Waffen- (Marstall-) Turm
(Оружейная башня)
21 Maria-Entschlafens-Kathedrale
(Успенский собор)
22 Maria-Verkündigungs-Kathedrale
(Благовещенский собор)
23 Erzengel-Michael-Kathedrale
(Архангельский собор)
24 Glockenturm ›Ivan Velikij‹
(Колокольня ›Иван Великий‹)
25 Zarenglocke
(Царь-колокол)
26 Patriarchenpalast mit Zwölf-Apostel-Kathedrale
(Патриархский Двор и собор Двенадцати Апостолов)
27 Maria-Gewandniederlegungs-Kirche
(церковь Ризоположения)
28 Terempalast mit Teremkirchen
(Теремной дворец и Теремные церкви)
29 Facettenpalast
(Грановитая палата)
30 Großer Kremlpalast
(Большой Кремлевский дворец)
31 Lustschloß
(Потешный дворец)
32 Staatliche Rüstkammer
(Государственная Оружейная палата)
33 Kongreßpalast
(Дворец съездов)
34 Arsenal
(Арсенал)
35 Residenz des Präsidenten der Russischen Föderation
(Резиденция президента Российской Федерации)
36 Präsidiumsgebäude des Obersten Sowjets der Russischen Föderation
(Здание президиума Верховного Совета)

geschaffen und folgte fast unverändert der alten Linie, nur mit einigem nach außen verschobenen Abstand. Ihre Gesamtlänge erreichte 2235 Meter und umschloß eine Fläche von 28 Hektar. Für den Bau der Kremlmauern- und türme verwendete man einen gut gebrannten roten Ziegel, die Füllung erfolgte aus weißem Kalkstein. Die Kremlmauern bieten sich farblich heute so dar, wie sie ursprünglich waren, was nicht immer so war. Beispielsweise wurden sie 1646/47 wegen Baufälligkeit repariert und weiß getüncht, um Unregelmäßigkeiten zu verdecken.

Die Höhe der Kremlmauern schwankt zwischen 5 und 19 Metern, die Stärke zwischen 3,5 und 6,5 Metern. Sie werden von insgesamt 1045 Zinnen mit einem zweihörnigen Abschluß in der Form von Schwalbenschwänzen abgeschlossen. Da es zur Taktik des Feindes gehörte, sich unterirdisch an Festungen heranzugraben, um dann Mauern und Türme zu sprengen, wurden vom Moskauer Kreml aus weit in die Stadt hinein sogenannte ›Geheim-‹ und ›Horchgänge‹ angelegt. Der heutige Kreml besitzt zwanzig Türme, deren Abstand zueinander ursprünglich durch die Reichweite der Geschütze bestimmt wurde. Im 17. Jahrhundert wurden alle Türme wie auch die Mauern in einem malerischen Stil verändert. Den Türmen, mit Ausnahme des Nikolaj-Turms, wurde ein dekoratives Oberteil aufgestockt; eine Spitze und ein elegantes, achteckiges Zeltdach bildeten den Abschluß.

Errichtung der steinernen Mauern des Moskauer Kremls. Miniatur aus der Bildchronik, 16. Jahrhundert

Der älteste Zugang des Kremls ist der Borovickij-Torturm (1). Er wurde 1490 von Pietro Solario, der im selben Jahr nach Moskau gekommen war, erbaut. Er zeichnet sich durch eine Besonderheit aus: seine Durchfahrt befindet sich nicht unter, sondern neben dem Turm.

Der Wasserhebe-Turm (auch Sviblov-Turm) (2) entstand 1488 durch Antonio Frjasin an der Südwestecke des Kreml. Er verdankt seinen Namen einer 1633 von dem Engländer Christopher Halloway installierten Pumpvorrichtung, die die Gärten und Palais des Kreml mit Wasser versorgte. Der anderere, ältere Name rührt vom Bojaren Sviblov her.

Der Verkündigungsturm an der Flußseite (3), ebenfalls aus dem Jahre 1488 stammend, wurde unter Ivan IV. als Staatsgefängnis genutzt. Bis 1831 gab es beim

Turm das sogenannte ›Waschtor‹, durch das unter anderem die Zarenwäsche zum Fluß gebracht wurde.

Das Tajnickij-Tor (Geheimtor) (4) wurde 1485 als erster Durchgang im Südverlauf der Mauer errichtet. Diese Seite war besonders gefährdet, da von Süden die Tataren nach Moskau einfielen. Den Namen hat das Tor von einem Geheimgang, der zum Ufer hinführte. Der Torbogen wurde zugemauert und ist heute noch in der Mauer unter dem Turm zu erkennen.

Der Beklemišev-Turm

Der Erste Namenlose Turm (1485) diente im 16. Jahrhundert als Pulverturm. Der Zweite Namenlose Turm wurde im selben Jahr errichtet. Beide Türme (5, 6) wurden 1770 gesprengt und dann 1783 wieder aufgebaut.

Der Petrov-Turm (7) wurde 1612 von den Polen, für den Palastbau 1770 und von Napoleon 1812 zerstört und jedes Mal wieder aufgebaut.

Ganz im Gegensatz dazu hat der Beklemišev-Brücken-Turm (8), 1487 von Marco Ruffo erbaut, im Laufe der Jahrhunderte praktisch keine Beschädigungen erlitten. Im 16. und 17. Jahrhundert wurden in seinen Mauern widerspenstige Bojaren eingekerkert. So auch der Bojar Beklemišev, dessen Hof sich hier an der Südostecke der Kremlmauer befand und an den der Name des Turmes erinnert. Beklemišev mußte in Auseinandersetzungen mit Vasilij III. 1525 sein Leben lassen.

Der Konstantin-und-Helena-Turm (9) befindet sich an der Kitaj-Gorod zugewandten Seite. Seine Lage scheint eher zufällig, doch im 15. Jahrhundert führte hier die sogenannte Große Strasse von Kitaj-Gorod in den Kreml. Der Turm wurde 1490 von Antonio Solario mit einer Steinbrücke über dem Graben ausgeführt. Die Brücke ist abgerissen, der Graben zugeschüttet und das Tor zugemauert worden.

Im Nabat- (›Sturm‹) Turm (1495) wurde die Veče-Glocke (10) des von Ivan III. besiegten Novgorod aufgehängt. In Novgorod hatte sie die Bürger zur Volksversammlung gerufen, in Moskau wurde sie benutzt, um die Moskauer zu Angriff oder Verteidigung zu rufen, daher rührt auch der Name des Turms. 1803 wurde die

Glocke abgenommen und in die Rüstkammer verbannt. »Etwas davon hätte ich allerdings vorzüglich gern gesehen, nämlich die Glocke von Nowgorod, die mir merkwürdiger gewesen wäre als die anderen großen Glocken in Moskau und Erfurt, oder wo sie sonst hängen und liegen mögen. Dies war die Sturmglocke, mit welcher einst die Herren der großen Hanse in Nowgorod zu den Waffen läuteten und deren Ton den Russen eine lange Zeit Schrecken und Tod war. Das war die Zeit des Sprichworts: Wer kann wider Gott und Nowgorod? Nach der endlichen Einnahme der Stadt wurde diese Glocke natürlich als ein Siegeszeichen nach Moskau gebracht, wo sie billig zu den ersten Merkwürdigkeiten der Nation gehört.« (Johann Gottfried Seume, 1805)

Einer Legende nach soll vom Erlöser-Türmchen (11) Ivan IV. die Folterungen und Hinrichtungen auf dem Roten Platz beobachtet haben. Tatsächlich wurde das Türmchen als letztes von allen Türmen erst 1680 für eine Sturmglocke errichtet. Es trägt auch den Namen ›Zaren-Turm‹, zeigten sich doch die russischen Zaren nach ihrer Krönung von seiner Höhe dem Volk auf dem Roten Platz.

Am Erlöser- (Frolov-) Turm (12) erinnert außen eine Inschrift in lateinischer und russischer Sprache an Pietro Solario, von dem der Turm 1491 erbaut wurde: ›Johann Vasil'evič von Gottes Gnaden Großfürst von Vladimir, Moskau, Novgorod, Tver', Pskov, Vjatka, Ugorsk, Perm, Bulgarien und anderen und Herrscher von ganz Rußland, befahl im Jahr 30 seiner Herrschaft, diesen Turm zu bauen, und gemacht hat ihn Pietro Antoni Solari, der Milanese, im Jahr 1491 seit der Fleischwerdung des Herrn. Ch. M. P.‹ Im Jahre 1647 hatten die Moskauer eine ›wundertätige‹ Erlöserikone am Stadttor bei der Jauza empfangen. Die Ikone wurde in die Maria-Entschlafens-Kathedrale gebracht und das Tor 1658 offiziell in ›Erlöser-Tor‹ umbenannt. Aus der gleichen Zeit stammt ein Erlaß von Alexej Michajlovič, durch dieses Tor nur barhäuptig zu gehen. Selbst der Zar mußte hier sein Haupt entblößen. Die Einfahrt durch das Erlöser-Tor galt seit alters her als ›heiliges‹ Haupttor des Kremls. Es war, wie heute auch, der offizielle Staatseingang zum Kreml. Es war besonderen kirchlichen Prozessionen und diplomatischen Empfängen vorbehalten.

Im Erlöser-Turm war eine Uhr installiert, die 1624/25 von dem Engländer Christopher Halloway erneuert wurde. Das Ziffernblatt der Uhr mit einer allegorischen Sonnendarstellung drehte sich an dem einen, unbeweglichen Zeiger, der einen Sonnenstrahl darstellte, vorbei. Es zeigte 17 Stunden an, bis Peter der Große eine neue Jahreszählung verfügte und auch die Einteilung des Tages dem westeuropäischen Vorbild anpaßte. Die Uhr des Erlöser-Turmes wurde nach Amsterdamer Vorbild mit einem Glockenspiel und beweglichen Figuren ausgerüstet. Sie wurde nach einem Brand durch eine neue Uhr ersetzt, die man zufällig im Kellergewölbe unter dem Facettenpalast entdeckt hatte. Der neuen Uhr verpaßten deutsche Handwerker die Melodie ›Oh, du lieber Augustin ...‹

1850/51 wurde sie überholt und auf eine neue Melodie eingestimmt: ›Kol' staren naš gospod' v Sione‹. Zur Staatshymne hatte Zar Nikolaj I. seine Zustimmung verweigert. Bei dieser Gelegenheit wurden im Turm auch 24 Glocken aufgehängt. In den Revolutionsjahren unseres Jahrhunderts blieb die Uhr stehen, und man suchte lange nach Meistern, die sie wieder zum Leben erwecken könnten. Während der Reparatur wurde sie erneut auf eine zeitgemäße Melodie eingestimmt: die Internationale.

Der Senatsturm (13) bezieht seinen Namen von dem dahinterliegenden Senatsgebäude, das 1491 in der Mitte des Roten Platzes errichtet wurde.

Der meistbenutzte Zugang zum Kreml war das 1491 von Pietro Solario erbaute Nikolaj-Tor (14). Es wurde nach dem unweit gelegenen Nikolaj-Kloster benannt. Am Eingang befand sich früher eine Mosaik-Ikone des Nikolaj von Možajsk. Das heutige Nikolaj-Tor erinnert nicht zufällig an eine deutsche Kirche. Es wurde 1806 und nach 1812 von einem Architekten umgebaut, der sich den Turm der Marienkirche zu Stargard in Pommern zum Vorbild nahm.

Der Arsenal- (Sobakin-) Turm (15) wurde 1492 von Pietro Solario geschaffen. Er weist mit vier Metern die dicksten Mauern aller Türme auf. In seiner Tiefe beherbergte er eine Quelle und einen Geheimgang. Sein ursprünglicher Name geht auf den Bojaren Sobakin zurück, dessen Hof in dieser Kremlecke lag, der neue Name verweist auf das nahegelegene Arsenal des Kremls.

Der Mittlere Arsenal-Turm (16) wurde 1495 errichtet.

Das Dreifaltigkeits-Tor aus dem Jahre 1499 dient heute als Zugang für die Touristen, die zuvor den Kutaf'ja-Turm und eine lange Brücke passieren müssen (17,18). Früher gelangte man durch dieses Tor zu den Gemächern des Patriarchen, zu denen der Zarin und der Zarentöchter. Durch dieses Tor wurden auch die Verstorbenen aus dem Kreml gebracht.

Der Kommandanten-Turm (19) stammt aus der Zeit von 1493–1495.

Der Waffen- (Marstall-) Turm (20) bezieht seinen Namen von dem benachbarten Gebäude, der Rüstkammer (beziehungsweise dem Marstall).

Der Kathedralenplatz

Der Kathedralenplatz bildet den Mittelpunkt des Kremls. 1918 waren sämtliche Kathedralen und Kirchen des Kremls geschlossen worden. Erst seit 1955 konnten sie wieder besichtigt werden, allerdings nur im Rahmen einer Führung. Heute können alle Kathedralen und Kirchen betreten werden, und die russische Kirche bemüht sich um deren Rückgabe. Waren die Führungen während der Sowjetzeit kirchenfeindlich geprägt, könnte das dann ins Gegenteil umschlagen. Patriarch Alexej II.: »Da in der Kathedrale die Durchführung antikirchlicher Propaganda in jeglicher Form unangebracht ist, wird die Kirche alle Exkursionen der Zensur unterziehen.«

Die Maria-Entschlafens-Kathedrale

Die Maria-Entschlafens-Kathedrale (21) war die Hauptkirche der russischen Orthodoxie. In ihr befand sich das Hauptheiligtum ganz Rußlands, die ›wundertätige‹ Ikone der Gottesmutter von Vladimir. In der Maria-Entschlafens-Kathedrale erfolgte seit 1498 die Krönung der Zaren, auch nachdem Petersburg Hauptstadt wurde. Seit 1598 wurden die russischen Patriarchen hier inthronisiert. Bis 1721, als Peter der Große das Patriarchat abschaffte, wurden hier die Metropoliten, später Patriarchen, beigesetzt. Hier empfingen vor dem Aufbruch die russischen Feldherren den Segen, hier hielten sie nach siegreicher Rückkehr Dankgottesdienste ab. Wichtige Moskauer Prozessionen zu Kirchen und Klöstern nahmen hier ihren Anfang.

Das Hauptportal der Kathedrale

Der Name ›Entschlafens‹-Kathedrale bezieht sich auf das am 15. August gefeierte Fest ›Entschlafen unserer Allheiligen Herrin, der Gottesgebärerin und immerwährenden Jungfrau Maria‹. Dem entspricht das in der katholischen Kirche ebenfalls am 15. August gefeierte Fest Mariä-Himmelfahrt, weshalb die Kathedrale auch oft als Mariä-Himmelfahrts-Kathedrale bezeichnet wird, was aber nicht korrekt ist.

Der erste Vorgängerbau der Kirche stammte aus dem Jahre 1326. Nachdem dieser durch Brände und Witterungseinflüsse baufällig geworden war, gaben Ivan III. und der Metropolit Filip I. im Jahre 1472 den Auftrag zum Neubau einer Kathedrale. Anlaß waren wahrscheinlich die erste Unterwerfung Novgorods 1471, die Inkorporierung anderer Fürstentümer und das erste Friedensangebot der Tatarenkhane. Der Neubau sollte nach dem Vorbild der aus dem 12. Jahrhundert stammenden Vladimirer Maria-Entschlafens-Kathedrale errichtet werden, nur in grösseren Ausmaßen. Der Bau wurde in einem Wettbewerb öffentlich ausgeschrieben, russische Bauleute gingen 1472 ans Werk. Doch schon zwei Jahre später stürzte die fast fertige Kathedrale plötzlich ein. Schuld an der Katastrophe war eine unzulängliche Bautechnik: der Kalk war zu dünn mit Sand vermischt und das Mauerwerk der Wände ohne guten Verband angelegt worden.

Nach der Katastrophe beschloß Ivan III., in Venedig einen erfahrenen Baumeister suchen zu lassen. 1475 kam der Renaissance-Baumeister Rudolfo ›Aristotele‹ Fioravanti nach Moskau, der den Weiterbau der Kathedrale jedoch ablehnte, so daß sie abgerissen werden mußte. Im Sommer 1475 ließ Fioravanti das neue Fundament verlegen, und zwar »nach seiner Auffassung und nicht so, wie es die Moskauer Meister taten«. Im Herbst war das Fundament vollendet, die Arbeit wurde eingestellt, da das damalige Baurecht es verbot, im Winter zu mauern. Fioravanti wurde auf Geheiß Ivan III. nach Vladimir geschickt, damit er die dortige Maria-Entschlafens-Kathedrale studieren konnte. Die Wahl der Vladimirer Kathedrale sollte den Katholiken auf die russisch-byzantinische Tradition verpflichten, war es doch die russische Kirche, die alles Fremde, besonders Lateinische bekämpfte. Im Jahr 1477 war der Rohbau fertig, und am 15. August 1479 fand die feierliche Einweihung statt.

Auf den ersten Blick erscheint die Kathedrale eine bloße Nachahmung des Vladimirer Vorbildes zu sein, jedoch enthält sie viele eigene und neue Züge. Sie besitzt fünf Kuppeln, sechs Pfeiler und fünf Apsiden, aber nur einen dreischiffigen Aufbau. Die Kirche ist mit weißen Kalksteinquadern aufgemauert. Ihre Außenmaße sind kleiner als die des eingestürzten Baus. Firovanti brachte von der italienischen Renaissance das besondere Bemühen um ideale Proportionen mit nach Rußland, wobei die Gesamtstruktur des Gebäudes davon zeugt, daß der Baumeister das Kreuzkuppel-Schema kannte, daß aber sein architektonisches Denken auf der klassischen Grundlage der Renaissance beruhte. Er nahm das traditionelle Halbrundmotiv auf, wiederholte es an den Portalen, an der Blendarkatur, an der Lünette der Südseite, an den Giebeln, an den Fenstern und an den Kuppeln. Die Apsiden wurden relativ niedrig und nach außen flach ausgebildet. Die Kathedrale hat drei traditionelle Portale. Das westliche diente als Haupteingang, durch das nördliche traten die Patriarchen in die Kathedrale, am Südtor fanden Krönungen statt. Die Südseite der Kathedrale grenzt an den zentralen Platz des Kremls, während von Westen und Norden die Paläste des Zaren und des Metropoliten die Sicht verdecken. Die Südseite war als Schauseite der Kathedrale ausgebildet, alle kirchlichen Zeremonien fanden vor ihr statt, Prozessionen führten durch das besonders reich geschmückte Südportal. In der Lünette befindet sich eine Darstellung der Gottesmutter des Erbarmens. Zwischen den Säulen der Blendarkatur sind Kirchenfürsten abgebildet, an beiden Seiten des Portals Erzengel.

Schon Zeitgenossen des Baumeisters waren voller Lob für das harmonische dreischiffige Innere der Kathedrale, über der fünf Kuppeln gleichsam zu schweben scheinen. »Es ist eben diese Kirche sehr wunderbar in ihrer würdigen Erhabenheit, Höhe, Helligkeit und in ihrem Klang und Raum, wie es dies vorher in der Rus' nicht gegeben hat, außer den Vladimirer Kirchen.« Im Vergleich zu früheren großfürstlichen Kathedralen wurde auf jede Empore verzichtet. Der Zar hatte seinen durch ein Ziborium ausgezeichneten Platz direkt vor der Altarstufe. Er war also ganz im Sinne der neuen nationalen Idee nicht mehr über die Gemeinde erhoben, sondern mit ihr vereint.

Bald nach der Fertigstellung wurde die Kathedrale 1481 von Dionisij und seinen Gehilfen ausgemalt. Von dieser Ausmalung ist fast nichts erhalten geblieben. Die jetzige Ausmalung gab Zar Alexej Michajlovič 1642 in Auftrag, 1680 wurde sie in der Sakristei ergänzt. Die Wandmalereien folgen in Bezug auf die Anordnung in mehreren Bändern und auf ihre Komposition dem griechisch-byzantinischen Muster. Eine zentrale Stellung nimmt die Darstellung der Gottesmutter ein. Die Westwand ist dem Jüngsten Gericht gewidmet, an der Nordwand sind Episoden aus dem Leben Marias zu sehen. An den Fensterwangen über dem Nordportal befinden sich Porträts des Fürsten Vladimir und der Fürstin Olga, die in Rußland das Christentum einführten. Auf der Südseite sind die sieben von Olga anerkannten Konzilien der orthodoxen Kirche, auf den Säulen überlebensgroße Darstellungen von Märtyrern, Heiligen und Fürsten aufgebracht.

Der erste Ikonostas von Dionisij aus dem Jahr 1482 ist 1547 durch einen neuen mit drei Reihen (Deesis, Festtage, Propheten) ersetzt worden. 1653 folgte eine weitere Reihe. 1813 und 1881–1883 wurde der Ikonostas restauriert und mit Silber und vergoldeter Bronze verziert. Die Ikonen betonen zwei Themen: die Einheit der Kirche und der Rus' unter Moskauer Führung. Die wertvollsten Ikonen wurden in sowjetischer Zeit in die Tretjakov-Galerie gebracht.

Besondere Aufmerksamkeit verdient die Bildtür am Südeingang. Die beiden eisernen Flügel an der Außenseite sind mit Kupferplatten beschlagen. Sie zeigen auf dunklem Grund zwanzig im Feuervergoldungsverfahren eingravierte biblische Szenen. In der Nähe der Bildtür, direkt am Südportal, steht der holzgeschnitzte Betstuhl für die Zaren, der sogenannte Monomach-Thron. Er wurde 1551 auf Befehl Ivan IV. gefertigt. Seine architektonische Ausprägung entspricht den Altar-Ziborien des 16. Jahrhunderts. Am Unterbau des Stuhls sind von drei Seiten niedrige Paneelbrüstungen und von der vierten eine kleine Tür angeordnet, auf denen Legenden aus dem Leben des Vladimir Monomach dargestellt sind. Im 16. Jahrhundert wurde direkt vor der südöstlichen Säule, also links neben dem ›Monomach-Thron‹, der Sitz des Patriarchen aufgestellt, an der nordöstlichen Säule der Zarinnenthron. An den Wänden der Kathedrale sind die Sarkophage der russischen Metropoliten und Patriarchen aufgestellt. Als letzter wurde hier der im

Jahr 1698 verstorbene Patriarch Adrian beigesetzt. Nach dessen Tod ließ Peter I. den Patriarchenstuhl vakant und setzte 1721 anstelle des Patriarchen den ›Heiligen Regierenden Synod‹ als oberstes kirchliches Gremium ein.

Die Maria-Verkündigungs-Kathedrale

Die kleinste der drei Kathedralen (22) diente den russischen Zaren als Hofkirche. Hier fanden Tauf- und Hochzeitszeremonien statt. Die Kathedrale hatte eine bauliche Verbindung zu den Zarengemächern. Noch heute führt ein Gang von der Empore in den Großen Kremlpalast, an den die Maria-Verkündigungs-Kathedrale unmittelbar anschließt. Der heutige Bau wurde 1484–1489 auf dem hohen Sockelgeschoß des Vorgängerbaus errichtet. Der Grundriß ist der byzantinischen Tradition verpflichtet. Mitte des 16. Jahrhunderts ließ Zar Ivan IV. auf drei Seiten Galerien anbauen und über deren Ecken einkupplige, säulenlose Kapellen errichten. Sie ergänzen mit den fünf Kuppeln des Hauptbaus die Kathedrale. Der Zar ließ die nunmehr neun Kuppeln und das Dach mit Blei abdecken und vergolden, weshalb sich auch die Bezeichnung ›mit den goldenen Dächern‹ eingebürgert hat. Die vier Kapellen sind geweiht: dem Einzug Jesu in Jerusalem, dem Erzengel Gabriel, der Heiligen Muttergottes und Alexander Nevskij.

Die Maria-Verkündigungs-Kathedrale

Die Kathedrale wurde 1508 von Feodosij ausgemalt. Seine Arbeiten haben sich besonders in den Apsiden, an den Pfeilern, an der Empore und in der Nordwestecke unter der Empore erhalten. 1648 wurden sie von Ivan Filatov erneuert. In einem Reiseführer aus dem Jahr 1882 heißt es: »... zwischen den Heiligen der griechisch-orthodoxen Kirche gewahren wir, seltsam genug, mehrere Weise des heidnischen Altertums, einen Aristoteles, Thukydides, Ptolomäus und andere« Drei Themen beherrschen die Wandmalereien: die traditionellen Szenen des Jüngsten Gerichts unter der Empore im Westteil, an den Wänden und im Gewölbe; Pfeiler und Wände der Empore sind von der Legende der Herkunft von den byzantinischen Kaisern geprägt, vor allem durch Darstellungen der Porträts aus der Moskauer Dynastie; die südliche und nördliche Wand sowie die Apsiden sind dem Leben der Gottesmutter und Christi gewidmet.

Der Ikonostas stammt wahrscheinlich ursprünglich aus der gegenüberliegenden Erzengelkathedrale. Er wurde 1399 von Feofan Grek geschaffen und gilt als der älteste erhaltene mehrreihige Ikonostas. Er zeichnet sich durch bis zum Gewölbe hochgezogene Ränge und umfangreiche Festtags-Zyklen aus. Von unten nach oben baut er sich wie folgt auf: die Verehrungs-Reihe, die Reihe von Miniatur-Monatsikonen, der Deesis, die Festtags-Reihe, die Reihe der Propheten und die Reihe der Erzväter. Ursprünglich befand sich links vom Zarentor die berühmte Ikone der Gottesmutter vom Don, die Dmitrij Donskoj 1380 zur Schlacht auf dem Schnepfenfelde begleitet hat. 1930 wurde die Ikone in die Tretjakov-Galerie gebracht. Der Fußboden des an sich kleinen Innenraumes ist aus farbigen Jaspissen zusammengesetzt.

Die Erzengel-Michael-Kathedrale

Am Südrand des Kathedralenplatzes steht die Erzengel-Michael-Kathedrale (23). Der Erzengel Michael galt als der Beschützer der Moskauer Herrscher in Leben und Tod. So verwundert es nicht, daß die Kathedrale als Grabkirche der Moskauer Regenten diente. Bis zur Zeit Peters II. wurden alle russischen Großfürsten und Zaren, mit Ausnahme Boris Godunovs und Peter des Großen, hier beigesetzt.

Der heutige Bau wurde 1505 an der Stelle einer aus dem Jahre 1333 stammenden Kirche von dem Mailänder Baumeister Alevisio Nuovo errichtet. Die Kathedrale wurde 1509 feierlich eingeweiht. Sie war die Kathedrale des Moskauer Metropoliten, beziehungsweise Erzbischofs, während die Maria-Entschlafens-Kathedrale der Sitz des Patriarchen von Rußland war.

Alexander Jaroslavič Nevskij – Fresko in der Erzengel-Michael-Kathedrale

Der Baumeister mußte bei der Ausführung der Kathedrale den ästhetischen Vorstellungen des Auftraggebers Rechnung tragen. Er folgte dem traditionellen Kreuzkuppel-Schema mit sechs Pfeilern. Trotzdem weist die Gestaltung des Äußeren deutlich italienischen Einfluß auf: Eine ›klassische‹ Gliederung durch eine Pilasterordnung und die horizontale Unterteilung in zwei Zonen durch ein breites Gesims, das den Baukörper in etwa halber Höhe umzieht. Das Vorbild sind toskanische Palastbauten. In ihrer heutigen Gestalt ist die Kathedrale das Ergebnis zahlreicher Veränderungen und Ergänzungen. Das ursprüngliche Aussehen kann man sich heute nur noch anhand von Miniaturen aus dem 17. Jahrhundert vorstellen.

Eine wichtige Rolle beim Bau der Kathedrale spielte die westliche Vorhalle. Sie bildete einen kleinen abgesonderten Raum für die Frauen der Zarenfamilie, so daß sie, ohne mit der Menschenmenge in Berührung zu kommen, dem Gottesdienst beiwohnen konnten. Der Baumeister fügte an die westliche Wand einen separaten zweigeschossigen Trakt an, dessen Obergeschoß als Empore diente. Später hat man noch ein drittes Geschoß eingebaut. Trotz des dreigeteilten Innenraumes weist die Kathedrale fünf Apsiden auf. Ende des 16. Jahrhunderts wurde an jedes seitliche Apsidenpaar je eine Kapelle mit Kuppel angebaut: im Süden die Kapelle Johannes des Täufers, im Norden die des Heiligen Uar.

Die Wände, Gewölbe und Pfeiler des Innenraumes sind vollständig von einer Freskomalerei bedeckt. Die ursprüngliche Ausmalung stammt von 1564/65. Sie hat sich nur teilweise erhalten und wurde 1652–1666 durch eine neue ersetzt. In den unteren Abschnitten sind im Halbprofil und stehend die Gestalten der Moskauer Großfürsten und Zaren aufgereiht, die in der Kathedrale ihre letzte Ruhestätte fanden. Die obere Westwand wird traditionsgemäß von den Darstellungen des Jüngsten Gerichts eingenommen. Die obere Nord- und Südwand sind den Wundertaten des Erzengels Michael gewidmet.

In der Kathedrale befinden sich 47 Sarkophage. Es war Brauch, nach der Beisetzung vierzig Tage und Nächte lang Wache am Grab zu halten. In die Kathedrale kamen die russischen Herrscher auch nach ihrer Krönung, um sich vor den Gräbern ihrer Vorfahren zu verbeugen.

Der Glockenturm ›Ivan Velikij‹ (Ivan der Große)

Während des großen Umbaus unter Ivan III. entstanden an der Stelle einer Kirche, die abgetragen wurde, 1505–1508 die dem heiligen Johannes (=Ivan) Klimakos geweihte Kirche sowie der Glockenturm (24). Letzterer besteht aus dem stufenförmigen Aufbau von zwei im Grundriß achteckigen Geschossen, von denen jedes eine Bogenstellung für die Glocken besitzt. Als Boris Godunov 1600 zum Zaren gekrönt wurde, ließ er den oberen Teil und die Kuppel hinzufügen. Die neue Gesamthöhe betrug nunmehr 81 Meter, und der Turm war damit das höchste Bauwerk des Kremls. Zar Boris Godunov hatte angeordnet, daß kein Bau in Moskau

Der Glockenturm ›Ivan Velikij‹ (Ivan der Große)

höher sein dürfe als der ›Ivan Velikij‹. Tatsächlich blieb er bis zum Ende des Zweiten Weltkrieges das höchste Bauwerk von ganz Moskau. Die Inschrift, die Boris Godunov unter der Kuppel anbringen ließ, betont die ideologische Bedeutung des Baus: »Nach dem Willen der Heiligen Dreieinigkeit, auf Geheiß des großen Herrn, des Zaren und Großfürsten Boris Fedorovič, Selbstherrscher der ganzen Rus', und seines Sohnes, des rechtgläubigen großen Herrn, des Carevič und Fürsten Fedor Borisovič der ganzen Rus', wurde diese Kirche vollendet und vergoldet im zweiten Jahr ihrer Herrschaft.« Der Glockenturm war die höchste Vertikale des gesamten Stadtbildes und gleichsam das ›höchste‹ Symbol der russischen Zentralmacht geworden. Er bot einen Blick weit in das Land und war Schlußteil eines Signalsystems, das in südlicher Richtung mehrere Türme und Turmkirchen einbezog und vor drohenden Tatarenüberfällen warnen sollte.

Das Beiwort ›Velikij‹ (›groß‹) bekam der Glockenturm vom Volksmund verliehen, es erinnert an die beiden großen Herrscher Ivan Kalita und Ivan III. Nach dem Turm hieß der angrenzende Platz ›Ivanovskaja ploščad'‹, auf dem Zarenerlässe lauthals verkündet wurden. So entstand der Ausdruck ›vo vsju Ivanovskuju‹, als Äquivalent für ›etwas lauthals verkünden‹. Im Glockenturm hängen 18 Glocken, sechs Glocken befinden sich im Erdgeschoß.

Der Italiener Petrok Malyj baute in den Jahren 1532 bis 1543 die Glockenwand; zwischen ihr und dem Glockenturm hing die ›Große Glocke‹ mit einem Gewicht von 65 Tonnen. 1552 wurde die Außentreppe angefügt, die vom Kathedralenplatz zum dritten Geschoß hinaufführte. 1624 ließ der Patriarch Filaret den nach ihm benannten Anbau ausführen. Nach Zerstörungen im Jahre 1812 wurde das Ensemble restauriert. In der Glockenwand hängen noch drei weitere Glocken. »Sie (die ›Große Glocke‹) wird nur zweimal im Jahre, in der Christnacht und Osternacht, geläutet, ihr dumpfer Ton ist selbst in den entferntesten Teilen Moskaus vernehmbar. Zu erwähnen ist die historisch merkwürdige Thatsache, daß am Freitag Nachmittag, den 18. Februar 1855 während des die Thronbesteigung Alexanders II. verkündenden Glockengeläutes, dieselbe in Folge des verfaulten Holzgerüstes herunterfiel, zwei gewölbte Decken durchbrach und 18 Leute tötete und verwundete.« (Grossmann/Knöbel, Führer durch Moskau und Umgebung, 1882). Zu Ostern 1992 konnten die Glocken des ›Ivan Velikij‹ das erste Mal wieder läuten.

Am Fuße des ›Ivan Velikij‹ steht auf einem riesigen Postament die ›Zarenglocke‹ (24). Sie wurde 1733–1735 gegossen und wiegt 210 Tonnen. Ihre Höhe beträgt 6,14 Meter, ihr Durchmesser 6,6 Meter. Während des verheerenden Brandes 1737 befand sie sich in der Gießgrube. Durch ungleichmäßige Erhitzung und Abkühlung beim Löschen wurden ihr zahlreiche Risse zugefügt. Ein 11,5 Tonnen schweres Stück sprang ab. Die Glocke blieb bis zum Jahre 1836 in der Grube liegen. Auf ihrer Oberfläche sind im mit feinen Ornamenten verzierten Flachrelief Zar Alexej Michailovič, die Zarin Anna Ivanovna sowie fünf Ikonen dargestellt.

Der Patriarchenpalast mit Zwölf-Apostel-Kathedrale

Der ehemalige Sitz des Patriarchen (26), der dreistöckige Patriarchenpalast, durch den man heute meist den Kathedralenplatz betritt, beherbergt das Museum für Russische Volkskunst und Kultur des 17. Jahrhunderts.

Nachdem im 14. Jahrhundert der Metropolitensitz von Vladimir nach Moskau verlegt worden war, wurde 1451 ein erster steinerner Palast errichtet. Der brannte ab, wurde 1484–1486 erneuert und, nachdem Nikon zum Patriarchen erkoren worden war, abgetragen. Er ließ umfangreiche Bauarbeiten anordnen; so entstanden 1653–1656 auf einem hohen, von zwei Bogendurchfahrten durchbrochenen Sockelgeschoß die Kirche des Apostels Philippus (die heutige Zwölf-Apostel-Kirche) sowie ein dreigeschossiger Palast. Die Durchfahrten dienten ursprünglich als Paradetore für den Weg zum Kathedralenplatz.

Mit seinen Reformen wollte Nikon der zunehmenden Säkularisierung begegnen, so daß auch seine Regeln für den Sakralbau das Ziel verfolgten, die vorherrschende Stellung der Kirche zum Ausdruck zu bringen. Die Zeltdacharchitektur und der Bauschmuck des 17. Jahrhunderts wurden als profan und anrüchig angesehen und verboten. Das Kreuzkuppel-Schema mit einer, drei oder fünf Kuppeln, vereint mit nüchterner Monumentalität des Baukörpers, wurde vorgeschrieben. Auch die Architektur des Patriarchenpalastes und der Zwölf-Apostel-Kirche erscheint bescheiden und streng.

Das Obergeschoß des Patriarchenpalastes wird wesentlich durch den gewaltigen Kreuzsaal eingenommen. Nachdem unter Peter dem Großen das Patriarchat durch den Heiligsten Regierenden Synod ersetzt wurde, nannte man den Patriarchenpalast Synodalgebäude. In der Myron-Stube der Zwölf-Apostel-Kirche wurde feierlich das Myron hergestellt: »Hier findet alljährlich, unter grossem Zudrange des Volkes die Bereitung des mit Balsam und anderen aromatischen Stoffen versetzten Chrisma statt. Die Bereitung des letzteren wurde auf dem Kirchenconcilium zu Moskau 1785 nur Moskau und Kiew zugestanden. In der vierten Woche der Grossen Fasten beginnt die Bereitung der nötigen Stoffe, am Montag in der Charwoche die feierliche Zubereitung des Öles selbst. Auf einem besonderen steinernen Feuerherde werden die silbernen Kessel, auf den Stufen einer Holzpyramide die verschiedenen Stoffe placiert. Die höhere Geistlichkeit, den Metropoliten oder einen Bischof an der Spitze, vollzieht die Wasserweihe und besprengt alles zur Bereitung des Chrisma Nötige mit geweihtem Wasser; dann werden die Stoffe in die Kessel entleert und der Bischof facht das Feuer des Herdes an. Diakonen in vollem Ornat rühren den Bestand, Priester lesen ohne Unterbrechung, drei Tage lang, das Evangelium. Am Abend des Mittwoch wird das nunmehr fertige Chrisma in besondere Gefässe gegossen, und am Donnerstag begibt sich der Bischof in vollem Ornat und unter Absingung eines Liedes aus der Uspenskij-Kathedrale in die myrowarennaja palata. Von hier aus wird das Salböl in die Kathedrale gebracht und um den Altar aufgestellt. Nachdem alsdann die Weihe des Chrisma stattgefunden, wird es in die Schatzkammer des Patriarchen zurückgebracht und von hier auf Verlangen an die verschiedenen Bischöfe des Reiches versandt.« (Grossmann/Knöbel 1882)

Vor der Ostseite der Zwölf-Apostel-Kirche droht die Zaren-Kanone ›Zar Puška‹ seit dem 16. Jahrhundert ihren Feinden. Das bedeutende Meisterwerk der russischen Artillerie- und Gußeisenkunst ist 5,34 Meter lang und 40 Tonnen schwer. Dem Kaliber nach – 890 mm – soll sie damals das größte Geschütz der Welt gewesen sein. Der Name rührt von dem im Rohr eingravierten Abbild des Zaren Fedor Ivanovič, einem Sohn von Ivan IV., her.

Die Maria-Gewandniederlegungs-Kirche

Die Kirche (27) wurde 1451 aus Kalksteinquadern zur Erinnerung an die Errettung Moskaus vor den Tataren gebaut. Diese waren am Morgen des Festtages der Gewandniederlegung der Gottesmutter (2. Juli) in den Vorstädten Moskaus erschienen und wieder abgezogen. Die Kirche diente dem Metropoliten als Hauskirche, brannte jedoch 1473 mitsamt dem Palast ab. Der heutige Bau (1484/85) erhebt sich über dem hohen Sockelgeschoß des Vorgängerbaus. Der viersäulige Kreuzkuppelbau mit drei Apsiden, die durch Blendarkatur mit Kielbögen gegliedert sind, besitzt einen fast quadratischen Grundriß. Außer an der Ostseite war er von offenen Galerien umgeben, zu denen vom Kathedralenplatz zwei Freitreppen (von denen sich nur die südliche erhalten hat) hinaufführten. Die Kirche wird im Unterschied zur Maria-Verkündigungs-Kathedrale von nur einer Kuppel bekrönt, deren Tambour auf einem achteckigen Postament ruht.

In der Mitte des 17. Jahrhunderts erbaute sich der Patriarch Nikon einen neuen Palast, so daß die ehemalige Hauskirche der kirchlichen Oberhäupter an den Zarenhof überging. Sie wurde mit dem Terempalast verbunden. In diese Zeit fällt auch die Erneuerung des westlichen und nördlichen Portals, die in der typischen Manier des 17. Jahrhunderts mit Ziegeln ausgeführt wurde. Hingegen hat sich das Südportal aus dem 15. Jahrhundert erhalten. Die Malereien im Innern der Kirche erinnern an einen ornamentalen farbigen Teppich, in dem tiefblaue, ockerfarbene, hellgelbe, braune und hellblaue Töne vorherrschen. Die Fresken sind der Lobpreisung der Gottesmutter gewidmet. Der alte Ikonostas von 1627 wurde im 19. Jahrhundert durch einen neuen ›barock‹ geschnitzten und vergoldeten ersetzt.

Der Terempalast mit Teremkirchen

Den Terempalast (28) ließ Zar Michail Fedorovič 1635/36 ausführen. Unter Terem versteht man ursprünglich eine ausgebaute Dachlaube über dem Obergeschoß der Chоromy (Gemächer in Holzblockbauweise). Auf den zweigeschossigen, arkadenförmigen Unterbau aus dem 16. Jahrhundert, der sich hinter der Maria-Gewandniederlegungs-Kirche und dem Facettenpalast befand, wurde ein drittes Stockwerk aufgesetzt. Darauf kam ein rechteckiger Baukörper, dessen flaches Dach als Terrasse ausgebildet und von einer Brüstung umgeben war. Über diesem zweigeschossigen Wohntrakt des neuen Palastes befand sich der wie ein ›Belvedere‹ erscheinende eigentliche Terem mit Walmdach.

Plastisches Schmuckwerk, vornehmlich ornamentale Steinschneidearbeiten, überzieht gleichmäßig und rhythmisch alle Flächen: bunt bemalte und in Arabeskenform flach reliefierte Fenster- und Portaleinfassungen aus Kalkstein, als Tierköpfe ausgebildete Girki, Gesimse und Brüstungen mit Širinki und leuchtend blauen und grünen Kacheln, Lisenen, Pilastern und anderes mehr. Die bodenständige Holzarchitektur, die Bojarenhöfe auf dem Lande mit ihrem ornamentalen Schnitzwerk, aber auch die reichverzierten steinernen Herrenhäuser des Posad

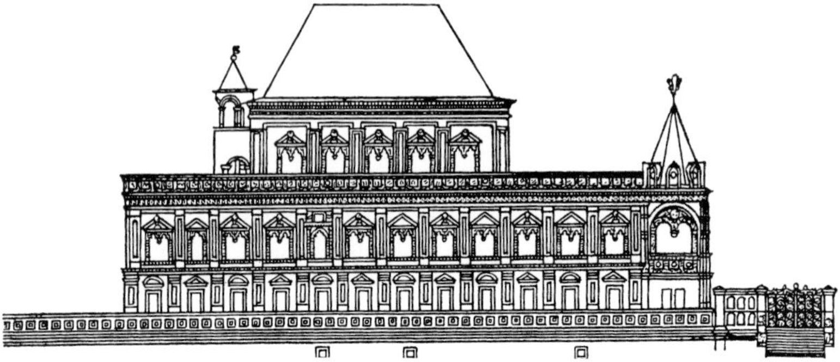

Der Terempalast

dürften zu dem vielfältigen Dekor des Terempalastes angeregt haben. Dieser prächtigste Palast des Kremls liegt etwas versteckt und ist nicht zu besichtigen, und doch ziehen die elf vergoldeten Kuppeln der Hauskirchen der Zarenfamilie jeden Betrachter unwillkürlich in ihren Bann. Die Obere-Erlöser-Kirche, die Katharinenkirche und die Auferstehungskirche erhielten 1681/82 ein gemeinsames Dach. Sie befinden sich an der östlichen Seite des Terempalastes.

Die älteste ist die Katharinenkirche, die sich an die Gemächer der Zarin und der Zarentöchter anschloß, die sich im alten Unterbau erhalten haben und als ›Goldener Palast‹ bezeichnet wurden. Gleichzeitig mit dem Bau des Terempalastes wurde über dem ›Goldenen Palast‹ der Zarin die Hauskirche des Zaren, die Kirche des ›ohne Hand gemalten Erlösers‹, die man später Obere-Erlöser-Kirche nannte, erbaut. Im Jahr 1663 wurde der Kirche ein Refektorium angefügt, 1666/67 das Innere ausgemalt, das 1670 jedoch schon erneuert wurde. Bemerkenswert ist der holzgeschnitzte, vierrangige Barock-Ikonostas aus der zweiten Hälfte des 17. Jahrhunderts. Aus dieser Zeit stammt auch das vergoldete schmiedeeiserne Tor, das die Zarengemächer von der Oberen-Erlöser-Kirche trennt. Das Tor, von dem die Bezeichnung Erlöser-Kirche ›hinter dem Goldenen Gitter‹ herrührt, besticht durch sein bizarres Geflecht von Ranken und Fabeltieren. Über der Katharinenkirche wurde 1680/81 die Auferstehungskirche, über der Kapelle der Oberen-Erlöser-Kirche die Kreuzigungskirche errichtet.

Nachdem man die drei oberen Sakralbauten, die Erlöser-, Auferstehungs- und Kreuzigungskirche unter einem gemeinsamen Dach vereint hatte, wurden das Hauptgesims und die Kuppeltrommeln nach Entwürfen des alten Meisters Hippolytos mit bemerkenswertem Kachelschmuck versehen. Das Blaugrün der Kacheln, auf denen Pflanzenornamente geometrisch angeordnet sind, das Ziegelrot der Trommeln und das Gold der Zwiebelkuppeln verbinden sich zu einer gelungenen Komposition. Ihr Anblick allein kann dafür versöhnen, daß man weder den Palast noch die Teremkirchen betreten kann.

Der Facettenpalast

Von dem ausgedehnten steinernen Palastkomplex (29), der Ende des 15./Anfang des 16. Jahrhunderts entstand und der bis zur Regierung Boris Godunovs ständig erweitert wurde, ist nur der Facettenpalast erhalten geblieben. Die Hauptfassade des Palastes (1487–1491) ist dem Kathedralenplatz zugewandt. Sie wurde mit facettierten, vierseitig abgeschrägten weißen Kalksteinen verkleidet, die dem Palast seinen Namen gaben. Die italienischen Architekten Frjasin und Solario verbanden Frühformen der Renaissance mit altrussischen Bautraditionen.

Im Obergeschoß des fast quadratischen Gebäudes befindet sich der geschichtsträchtige Festsaal. Er mißt fast 500 Quadratmeter und wird von vier Gewölben, die sich auf einen mächtigen Mittelpfeiler stützen, überdeckt. Der größte Saal des alten Moskau war für feierliche Zeremonien bestimmt. Gesandte wurden hier empfangen, hier tagte der Zemskij Sobor, hier feierte man Siege und labte sich an üppigen Banketten.

Um in den Facettenpalast zu gelangen, mußte man über die ›Rote‹ oder ›Schöne Treppe‹ zur Heiligen Diele gehen. Dieser niedrige, langgestreckte Raum weist an seinen Längsseiten paarweise sich gegenüberstehende gewaltige, vergoldete und mit Renaissance-Dekor versehene Kalksteinportale auf. Vier von ihnen wurden als Scheintore angelegt. Über einem Tor der Stirnseite, wo sich der Ausgang zur Schönen Treppe befand, ist folgende Inschrift zu lesen: »Der Grundstein wurde unter dem allerfrömmsten und mächtigen Fürsten Ivan Vasilevič III. anno 1487 gelegt.« Über einem anderen berichtet die Inschrift von der Erneuerung der Tore im Jahr 1847. Über der Heiligen Diele befand sich ein Geheimraum. In ihm versammelten sich die weiblichen Mitglieder der Zarenfamilien, die der Etikette nach bei den Feierlichkeiten im Facettenpalast nicht zugegen sein durften. Durch ein vergittertes Geheimfenster konnten sie den Festlichkeiten zuschauen.

Der Große Kremlpalast

Ebenso wie Terem- und Facettenpalast ist der Große Kremlpalast (30) nicht zu besichtigen. Die dreiflügelige Anlage (1834–1845) umschließt einen Hof, an dessen Nordseite sich der Terempalast aufbaut. Die Hauptfassade des Großen Kremlpalastes (125 Meter lang) ist der Moskva zugewandt und bildet mit der Rüstkammer und dem Terempalast eine architektonische Einheit. Auf einem hohen Sockel scheinen sich drei Geschosse zu erheben. In Wirklichkeit handelt es sich aber um ein zweigeschossiges Gebäude. Das obere Geschoß besitzt zwei übereinanderliegende Fensterreihen. Es beherbergt die Paraderäume, die nach russischen Orden benannt sind.

Fast den gesamten Ostflügel nimmt der Georgssaal ein. Der Saal wurde nach dem Orden des heiligen Georg, 1769 von Katharina II. gestiftet, benannt. Den Saal schmücken 18 Schlangensäulen, die von allegorischen Siegesstatuen gekrönt werden. Sie symbolisieren die Länder, die dem Vielvölkerstaat Rußland angegliedert wurden. Heute dient der Saal vor allem Staatsempfängen. Der Andrej-Saal (ehemals Thronsaal) und der Alexander-Saal wurden 1934 nach einem Entwurf des Architekten Ivanov-Šic zum 3000 Plätze fassenden Sitzungssaal des Obersten Sowjets der UdSSR und RSFSR verbunden (heute Sitzungssaal der Russischen Föderation).

Im Erdgeschoß des Großen Kremlpalastes befinden sich die ehemaligen Privatgemächer der Zaren. Sie wurden nach der Revolution als historisches Kulturgut unberührt erhalten.

Lustschloß und Staatliche Rüstkammer

Zwischen dem Dreifaltigkeits- und dem Waffenturm befindet sich das Lustschloß (31). Das mit Türmchen und geschnitzten Fensterverkleidungen geschmückte Gebäude wurde 1652 errichtet. Es ist das einzige im Kreml erhalten gebliebene Bojarenhaus. Seit 1679 fanden hier Vergnügungsfeste für den Zaren und seine nächste Umgebung statt.

Die Staatliche Rüstkammer (32) beherbergt eine der größten Schatzkammern der Welt, deren Bestände auf die Zeit Ivan des Schrecklichen zurückgehen. Hier werden der Zarenschatz und die Krönungsinsignien aufbewahrt, historische Waffen und Rüstungen, Gewänder von Großfürsten und Zaren, Throne, Ikonen, wertvolles Geschirr, Kutschen, Schlitten und vieles mehr. Die Bestände des Museums umfassen nicht nur russische Kunst, sondern auch einen ungewöhnlichen Reichtum an westeuropäischem und orientalischem Kunsthandwerk.

Früher befand sich hier die Hofwerkstatt des Zaren, in der Rüstungen, Waffen, Schmuck und andere Gebrauchsgegenstände geschmiedet wurden. Im 17. Jahrhundert entstand in der Rüstkammer eine Ikonen- und Malereiwerkstatt. 1806 wurde die Rüstkammer in ein Museum umgewandelt. Zwischen 1844 und 1851 wurde das jetzige Gebäude der Rüstkammer im pseudorussischen Stil unter Rückgriff auf Elemente des Naryškin-Barocks errichtet.

Das Museum konnte lange Zeit nur im Rahmen von Gruppenführungen besichtigt werden. Das hat sich zum Glück geändert.

Der Kongreßpalast

Der Kongreßpalast (33), der nur im Rahmen von Veranstaltungen zu besichtigen ist, wurde 1960/61 von einem Architektenkollektiv unter der Leitung von M. Posochin errichtet. Der Palast aus dreieckigen Marmorpylonen und spiegelndem Glas wurde richtungsweisend für die sowjetische Stadtarchitektur. Damit der Bau sich trotz seiner riesigen Ausmaße in das Kremlensemble einfügt, wurde er tief ins Erdreich gebaut, so daß das Dach des Kongreßpalastes mit dem des Arsenals eine Ebene bildet.

Im Kongreßpalast fanden Parteitage der KPdSU sowie öffentliche Veranstaltungen statt. Der große Bühnensaal faßt 6000 Plätze, über Rolltreppen gelangt man in den 2500 Menschen fassenden Bankettsaal. Von hier hat man eine herrliche Aussicht über den Kreml und Moskau, was den Besuch einer der Veranstaltungen um so lohnenswerter macht.

Das Arsenal

Das langgestreckte Arsenal (34) entstand 1702–1736 auf Anordnung Peters des Großen. Nach den Sprengungen, die die Franzosen 1812 durchführten, erhielt das Arsenal 1815–1828 sein bis heute unverändertes Aussehen. Das Waffen- und Munitionslager sollte nach dem Wiederaufbau in ein Armeemuseum umfunktioniert werden. Von diesem Plan zeugen noch die 875 Kanonen vor den Fassaden und die Reliefs mit den militärischen Trophäen. Das Arsenal kann nicht besichtigt werden.

Die Residenz des Präsidenten der Russischen Föderation

Das ursprünglich für den Senat 1787 im klassischen Stil errichtete Gebäude (35) diente von 1918–1991 als Sitz der Sowjetregierung. Nunmehr weht über der weithin sichtbaren grünen Riesenkuppel wieder die weiß-blau-rote Fahne Rußlands. Direkt unter der Kuppel liegt einer der prächtigsten Säle Moskaus. Der Katharinen- oder Sverdlovsaal (nach dem Tode Sverdlovs 1919 wurde der Saal nach dem Führer der KPdSU umbenannt) besitzt dreigeschossige Fenster, seine weißen Wände sind mit einem korinthischen Säulengang und Basreliefs geschmückt.

Im Osttrakt des Gebäudes lebte und arbeitete von März 1918 bis Mai 1923 Lenin.

Das Präsidiumsgebäude des Obersten Sowjets der Russischen Föderation

Hierbei handelt es sich um das erste während der Sowjetzeit errichtete Bauwerk (1934). Der neoklassizistische Bau (36) wurde für die Militärschule des Gesamtrussischen Exekutivkomitees ausgeführt. 1958 wurde mit dem Lenin gewidmeten Stück ›Das Glockenspiel des Kremls‹ hier das moderne Kremltheater eröffnet. Nach der Eröffnung des Kongreßpalastes baute man das Gebäude 1962 für das Präsidium des Obersten Sowjets um.

Die ampelgeregelte Durchfahrt des Erlöserturmes ist, ebenso wie viele andere Gebäude des Kremls, dem gewöhnlichen Besucher versperrt. Er betritt den Kreml, nachdem er in einer Schlange nach einem Eintrittsticket angestanden, seine Taschen in der Gepäckaufbewahrung abgegeben und sich einer Sicherheitskontrolle unterzogen hat, durch das Kutaf'ja- und Dreifaltigkeitstor. Gepäckaufbewahrungen befinden sich unweit des Kremls im Alexandergarten.
Die Kassen am Kreml haben Fr bis Mi von 9.30 bis 16.30 geöffnet, der Kreml selbst von 10 bis 17 Uhr. Ein einfaches Ticket, das nur zum Betreten des Kremlgeländes ermächtigt, kostet für Ausländer 6,5 Dollar, für Russen 2 Dollar.
Für die Besichtigung der Rüstkammer zahlen Ausländer 11 Dollar, Russen 3 Dollar. Es werden täglich (außer am Donnerstag) vier Führungen angeboten, die schnell ausverkauft sind (10, 12, 14.30 und 16.30 Uhr). Eintrittskarten für die Rüstkammer können am Haupteingang des Kremls oder in der Staatlichen Rüstkammer selbst erworben werden. Wer den Diamantenfonds sehen möchte, muß ein gesondertes Ticket kaufen. Die Rüstkammer ist von Mo bis Mi und von Fr bis So von 10 bis 17 Uhr geöffnet. Das Museum für Russische Volkskunst und Kultur des 17. Jahrhunderts im Patriarchenpalast hat von Mo bis Mi und von Fr bis So von 10 bis 17 Uhr geöffnet.
Die Kasse für Veranstaltungen im Kongreßpalast befindet sich in der nahegelegenen ul. Vozdviženka 1 (ул. Воздвиженка), geöffnet von Mo bis Do von 11 bis 17 Uhr und Fr von 10 bis 14 Uhr. Der Kreml ist von folgenden Metrostationen gut zu erreichen: Aleksandrovskij sad (Александровский сад), Arbatskaja (Арбатская), Biblioteka imeni Lenina (Библиотека имени Ленина).

›Abschied vom Kreml. Eine Melodie der Bewunderung. Ein Blick von den Mauern.‹

Stefan Zweig, 1928

»...und blickt von den Mauern des Kreml auf Moskau, die vielleicht wunderlichste und eigenartigste Stadt der Welt.

Möglicherweise ist es die gleiche Stelle, wo Napoleon einst stand, der große Rasende, der mit sechshunderttausend Mann von Spanien und Frankreich durch Deutschland, durch Polen, durch diese endlose, baumlose, wasserlose Steppe dem Irrlicht des Orients hierher nachzog, der sich unnützerweise von Paris die Oper und die Comédie Francaise fünfzig Tagereisen weit nachkommen ließ, indes er schon ein gewaltigeres Schauspiel erlebte: eine brennende Stadt zu seinen Füßen. Betäubender, verwirrender Anblick muß es damals gewesen sein, und er ist es noch heute. Ein barbarisches Durcheinander, ein planloses Kunterbunt, von der Neuzeit nur noch pittoresker gemacht: grellrot gestrichene Barockkathedralen neben einem Betonwolkenkratzer, weitläufige schloßhafte Paläste neben schlechtgetünchten Holzhäusern mit grindigem Verputz; zwiebeltürmige, halb byzantinische, halb chinesische Kirchen ducken sich unter die riesenhafte technische Eiffelturmsilhouette der Funkstation, und schlecht nachgeahmte Renaissancepalais halten sonderbare Nachbarschaft mit Kaschemmenhütten. Und zwischen all dem, rechts und links, vorn und rückwärts, überall Kirchen, Kirchen, Kirchen, mit ihren heraufgeschraubten Türmen, vierzig mal vierzig, wie die Russen sagen, aber jede anders in Farbe und Formen, ein Jahrmarkt aller Stile, eine zusammengequirlt phantastische Ausstellung aller Bauformen und Kolorite.

Nichts paßt hier zueinander in dieser planlosesten, scheinbar improvisiertesten aller Städte, und gerade diese unablässige Kontrasthaftigkeit macht sie unerhört überraschend.«

Kitaj-Gorod (Китай-Город)

»Nacht in Moskau, in Kitaj-Gorod, hinter dem Kitaier Wall, dem das Moskauer Kaufmannsviertel wohl seinen irgendwie an China erinnernden Namen verdankte, mit seinen gepflasterten Gassen, seinen Torbögen und Gaslaternen – einer Wüste aus Stein. Tags ließ Kitaj-Gorod eine Million Menschen in schwarzglänzenden steifen Melonen und ungezählte Millionen Waren, Kapitalien, Kostenanschläge und Menschenleben nach seiner Pfeife tanzen – präsentierte sich im steifen Hut, durch und durch europäisch, die Aktentasche unterm Arm. Nachts aber verschwanden die glänzenden Melonen von den gepflasterten Gassen und Kaufhöfen, hielten Menschenleere und Friedhofsstille Einzug, streunten Hunde umher und warfen Gaslaternen mattes Licht auf die steinerne Wüste, und im Sarjadje, dem Viertel hinter den Verkaufsbuden, sah man Menschen kommen und gehen, vereinzelt Hunden gleich. Das war die Zeit, da aus den Kaufhöfen und Torbögen dieser Steinwüste jenes andere Kitaj hervorgekrochen kam, das keine Melone trug, das Reich des Himmels, das irgendwo im Osten liegt, hinter der Großen Mauer und die Welt aus scheelen Augen betrachtet, die den Knöpfen russischer Soldatenmäntel gleichen.«

Boris Pil'njak (1894–1938): ›Das nackte Jahr‹

Historisch gesehen ist der Rote Platz untrennbar mit dem im Osten anschließenden Kitaj-Gorod verbunden. Das Viertel, das in seinem Namen die Erinnerung an Asien trägt, präsentiert sich heute als eines der europäischsten Viertel Moskaus überhaupt. Es ist das Banken-, Geschäfts- und Regierungsviertel der Hauptstadt, das nachts wie ausgestorben daliegt und tagsüber von hastendem, suchendem Leben erfüllt ist. Diese Entwicklung, die der westeuropäischer Stadtzentren ähnelt, ist nicht neu. Ein russischer Reiseführer aus dem Jahre 1917 konstatiert: »Die Einwohnerzahl von Moskau wächst mit erstaunlicher Geschwindigkeit, während in Kitaj-Gorod die Bewohner immer weniger werden. … Hier handeln die Menschen, machen Geschäfte, aber hier wohnen sie nicht. Die Zahl der Menschen ist am Tage unendlich viele Male höher als des Nachts.« Der Strom der Menschen wird jedoch heute durch eingeengte oder aufgerissene Straßen behindert; schon seit Jahren ist Kitaj-Gorod eine riesige Baustelle. Der historische Stadtkern soll herausgeputzt werden und außerdem noch Funktionen als gesellschaftliches und administratives Zentrum erfüllen. Doch alles drängt sich dicht an dicht, und in der Enge der Straßen scheint alles in Bewegung.

Lebhaftes Treiben und Bautätigkeit gab es hier im Zentrum Moskaus schon immer. In unmittelbarer Nachbarschaft des Kremls bildete sich im 13. und

Wieder gefüllte Vodkaregale

14. Jahrhundert ein Posad, eine Vorstadt von Handwerkern und kleinen Händlern, heraus. Besiedelt war das Gebiet allerdings schon länger. Schon früh gewann es, begünstigt durch seine Lage in der Nähe des Flusses, Bedeutung als Handelsplatz. Eine Bestimmung, die sich durch alle Jahrhunderte zieht, und auf die eine Deutung des Namens, der sich im 16. Jahrhundert einbürgerte, hinweist. Das russische Wort ›kita‹ bezeichnet den Strick, mit dem die Waren zusammengebunden werden. Eine andere Variante führt den Namen auf die turko-tatarische Wurzel ›kit‹ – ›befestigen‹ zurück, so daß Kitaj-Gorod soviel bedeutet wie ›die befestigte Stadt‹. Mit China hat der Name also wenig zu tun. Die Siedlung wurde recht bald befestigt; in den Jahren 1535–1538 bekam sie ihre erste Mauer aus Stein. Zu diesem Zeitpunkt hatte sich die soziale Zusammensetzung Kitaj-Gorods schon stark verändert. Handwerker und Kaufleute waren seit dem 15. Jahrhundert von den Bojaren, die in der Kreml-Festung nicht mehr alle Platz fanden, verdrängt worden. Sie begannen die Randgebiete des Posad und Zamoskvorečʼe, das geheimnisvolle Land auf der anderen Seite des Flusses, zu besiedeln. Der Handel und ihre Läden und Stände blieben jedoch in Kitaj-Gorod, so daß schon hier die Trennung in der Nutzung des Viertels ihren Anfang nahm. Im 17. Jahrhundert entstanden die ersten Steinbauten in Kitaj-Gorod, und nach dem Brand von 1812 wurde nur noch in Stein gebaut.

An der Wende vom 19. zum 20. Jahrhundert entwickelte sich Kitaj-Gorod zur sogenannten City Moskaus: »Heute wird Kitaj-Gorod nur noch ›Stadt‹ genannt und erweist sich als Zentrum der millionenschweren Handelstätigkeit Moskaus. In ihm findet so etwas wie eine ständige Messe statt. Kolossale Handelsreihen, Banken, Kontore, Börsen, Niederlassungen, Hotels, das ganze Zentrum des Geschäftslebens der Stadt – jeder Handelszweig in den verschiedensten Ecken Rußlands, alles geht von hier aus, alles wird hier entschieden. Das ist die City der Stadt Moskau. Die riesigen Wirtshäuser der Stadt sind von morgens an bis fünf Uhr abends voller Gäste. Hier werden, nach alter Moskauer Sitte bei einem Glas Tee, große Geschäfte gemacht und millionenschwere Unternehmungen ausgeheckt.« (›Moskau und seine Umgebung‹, russischer Reiseführer, 1896)

Ein Rundgang

Ein seltsamer Anblick bietet sich, wenn man hinter den mittleren Handelsreihen in die südlichste der drei Straßen einbiegt – die Varvarskaja ul. oder Varvarka (ул. Варварка), wie sie auch genannt wird. Die majestätische, klassizistische Fassade der ehemaligen Handelsreihen (1) wird durch ein Gebäude ähnlicher Bestimmung fortgesetzt, den Alten Kaufhof (2). Rechts scheint die Straße nur aus Kirchen zu bestehen, die vergessenen Schmuckstücken gleich zwischen der vielbefahrenen Straße und dem Koloß des Hotelkomplexes ›Rossija‹ (3) wie auf einer Insel liegen. Diese ist jedoch nicht unberührt, sondern die Auffahrtrampen des Hotels strecken ihre Krallen danach aus, und es kostet einige Überwindung, sich zwischen und unter die Stakaden zu begeben, um die Schätze russischer Baukunst zu bewundern. Nicht der Kontrast fängt hier den neugierigen Blick ein, sondern eher die Verwunderung über eine derart unsensible Stadtplanung. Doch wer sich nicht mit einem flüchtigen Blick von oben zufrieden gibt – die Kirchen liegen niedriger als die Straße, an einem Hang, der zur Moskva hinunterführte –, wird einiges entdecken.

Ein Schild macht auf zwei Museen aufmerksam. Es verspricht ein wenig großspurig ›Museen in Zarjad'e‹, doch Zarjad'e existiert eigentlich nicht mehr. Es nahm einst genau die Fläche ein, die heute der Hotelkomplex einnimmt und dessen Bau es 1964 zum Opfer fiel. Es lag hinter den Handelsreihen (›za‹ – ›hinter‹; ›rjady‹ – ›Reihen‹) und galt als der ›Hinterhof‹ Kitaj-Gorods, wo vor allem ärmere Menschen lebten. Nach der Revolution standen viele der kleinen, zweistöckigen Häuser leer, da die dort ansässigen Handwerker in die Fabriken gegangen waren. Zarjad'e verkam zum Slum Moskaus, zu einem Ort, der nach Anbruch der Dunkelheit besser gemieden wurde, da hier manchem das Messer recht locker saß. So atmeten viele auf, als das Viertel abgetragen wurde, obwohl die neue Lösung auch viel (unterdrückten) Ärger hervorrief. Stalin plante hier ursprünglich einen der Großbauten im sogenannten Zuckerbäckerstil, der als einziger der acht geplanten nicht

Moskauer Alltag

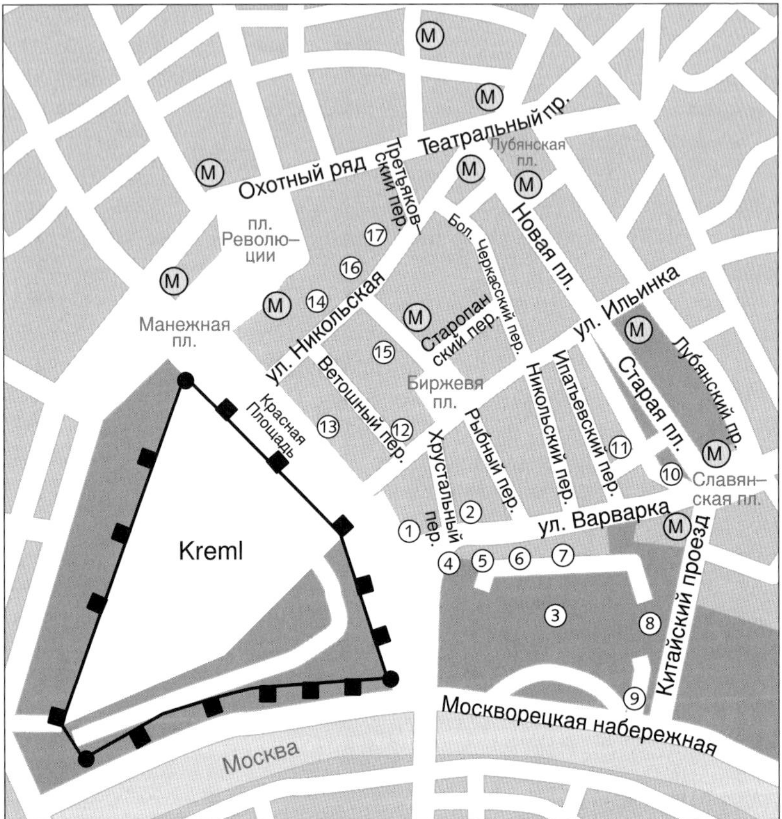

Moskau – Kitaj-Gorod

Legende

1 Mittlere Handelsreihen (Средние торговые ряды)

2 Alter Kaufhof (Старый Гостиный двор)

3 Hotel ›Rossija‹ (гостиница ›Россия‹)

4 Barbara-Kirche (церковь Варвары)

5 Alter Englischer Hof (Старое Английское Подворье)

6 Maxim-Kirche (церковь Максима)

7 Kloster zu Maria Erscheinung mit Bojarenhaus (Знаменский монастырь)

8 Anna-Empfängnis-Kirche in der Ecke (церковь Зачатия Анны)

9 Stadtmauer von Kitaj-Gorod (Китай городская стена)

gebaut wurde. Doch das Streben nach Superlativen bestimmte auch die Nachkriegsjahre – und so entstand unter Leitung des Architekten D. Čečulin das zur damaligen Zeit größte Hotel Europas mit 5500 Schlafplätzen. Der Blick aus den Fenstern auf den in unmittelbarer Nachbarschaft liegenden Kreml und das historische Ensemble des Stadtkerns soll überwältigend sein. Ob es andersherum genauso ist, bleibt fraglich.

Stenka Razin (1630–1671), der ›Vater der wilden Freiheit‹

Anmutig in ihren klaren, klassizistischen Formen eröffnet zum Roten Platz hin die Barbara-Kirche (1796–1804) den Reigen (4). Ihre Vorgängerin vom Anfang des 16. Jahrhunderts gab der Straße und auch dem Stadttor der Kitaj-Gorod ihren Namen. Die Varvarka war Teil des alten Verkehrsweges nach Vladimir. 1671 wurde hier entlang der Führer des Bauernaufstandes, Stenka Razin (1630–1671), der ›Vater der wilden Freiheit‹ (V. Chlebnikov), zur Hinrichtung auf dem Roten Platz geführt. Seit 1933 trug die Straße seinen Namen.

Hinter der Barbara-Kirche erinnert ein kleines, weißes Haus mit dicken Mauern, der Alte Englische Hof (5), an die fremden Kaufleute, die sich das dem Fluß zu gelegene Stadtviertel als Stützpunkt gewählt hatten. Ivan IV., der Schreckliche (1547–1584), übergab das aus dem 16. Jahrhundert stammende Gebäude englischen Kaufleuten, und bald entwickelte sich das Englische Kontor zum Knotenpunkt diplomatischer und geschäftlicher Beziehungen zwischen Rußland und den

10 Kirche Johannes des Täufers (церковь Рождества Иоанна Предтечи)
11 Dreifaltigkeitskirche in Nikitniki (церковь Троицы в Никитниках)
12 Prophet-Elias-Kirche (церковь Илии Пророка)
13 GUM (ГУМ)
14 Erlöserkloster hinter den Ikonenreihen mit der Slavisch-Griechisch-Lateinischen Akademie (Заиконоспасский монастырь)
15 Epiphaniakloster (Богоявленский монастырь)
16 Synodaldruckerei (Синодальная типография)
17 Slavischer Basar (Славянский базар)

Ländern Westeuropas. Die heute hier gezeigten Ausstellungen geben Auskunft über die Geschichte der russisch-englischen Beziehungen, erzählen vom Blick der Ausländer auf das mittelalterliche Moskau, beziehen aber auch ein neues Kapitel der Geschichte des Alten Englischen Hofes mit ein: den Besuch von Königin Elisabeth II. im Jahr 1994.

Ebenfalls in Weiß und mit dicken Mauern präsentiert sich, relativ schmucklos, eine schöne Kirche (6), die dem ›Gottesnarren‹ Maxim geweiht ist. In Rußland gibt es zahlreiche Kirchen, deren Namen an diese ›heiligen Narren‹ erinnern. Die bekannteste ist die Basiliuskathedrale auf dem Roten Platz. Das widersprüchliche Bild der ›Gottesnarren‹ durchzieht sowohl die russische Literatur als auch den Volksglauben. Die Narren sind diejenigen, welche die Regeln brechen, das machen, was im herrschenden Kanon als das Schlechte, das Verachtenswerte gilt, und die doch verehrt werden. Schon das russische Wort ›blažennyj‹ ist in seiner Etymologie widersprüchlich; es bedeutet sowohl töricht und besessen wie auch glückselig.

Die Varvarka

Hinter der Kirche befindet sich ein weiteres weltliches Gebäude. Es ist fast so alt wie der Alte Englische Hof und beherbergt auch ein Museum, das von dem Alltag ganz anderer Bewohner dieses Gebietes erzählt – das Bojarenhaus (7). Es ist das Geburtshaus Michail Romanovs (1613–1645), des ersten Zaren der Romanov-Dynastie, dessen Enkel es an das Kloster übergab. Schon 1859 wurde hier eines der ersten Museen Moskaus eröffnet, das ›Haus der Bojaren Romanov‹, dessen Ausstellung bis 1917 unverändert blieb. In den 30er Jahren wurde es zu einem ›Haus des Bojarenalltags‹, das den ›Klassencharakter der Religion‹ und die ›Ausbeutung durch die Bojaren‹ entlarven sollte. Heute zeigen die Ausstellungsräume, nach mehreren Restaurationen im Laufe der vergangenen zwei Jahrhunderte, das typische Interieur eines Bojarenhauses aus der zweiten Hälfte des 17. Jahrhunderts. Im 17. Jahrhundert war die Blütezeit dieser finsteren, würdevollen, manchmal ein wenig töricht wirkenden Herren bereits vorbei.

Das Bojarenhaus befindet sich auf dem Gelände des ehemaligen Klosters zu Maria Erscheinung, von dem noch die Kathedrale der Muttergottes des Zeichens (1679), der Glockenturm (1782–1784) und das Haus des Abtes (1675–1678) erhalten sind. Die Auffahrtrampe zum Hotel trennt die Kathedrale und das Haus des Abtes auf der einen Seite von dem Glockenturm und auf der anderen Seite von einer weiteren Kirche, der Georgskirche auf dem Pskover Berg. Die farbenfrohe Kirche aus dem Jahre 1658 bildet einen seltsamen Kontrast zu dem blau-weißen Glockenturm im pseudogotischen Stil (unterer Teil) und Empirestil (oberer Teil), der erst 1818 nach dem Brand Moskaus von 1812 erbaut wurde. Der Beiname erinnert an die adligen Pskover Familien, die nach der Einnahme der Städterepublik Pskov (1508–1510) hier angesiedelt wurden. Dies ist die letzte Kirche auf der rechten Seite der Varvarka.

Auf der anderen Seite des Hotels steht am Fluß zwischen ein paar Bäumen, unbeachtet in ihrer schlichten Schönheit noch eine kleine, vergessene Kirche. Durch eine Ironie des Schicksals trägt sie den Beinamen ›in der Ecke‹: Anna-Empfängnis-Kirche in der Ecke (8). Der Beiname bezog sich ursprünglich darauf, daß sie sich in der Ecke der Stadtmauer befand. Der jetzige Bau entstand Anfang des 16. Jahrhunderts und entsprach einem bestimmten Typ von Vorstadtkirche: ein quadratischer, säulenloser Kalksteinbau mit Kreuzgewölbe und nur einer Kuppel und einer mächtigen, halbrunden Altarapsis. Ein Schild beschwört verschiedene Kapitel russischer Geschichte herauf: ›Unter den Gewölben der Kirche beteten für

Unterhalb des ›Rossija‹

die russische Erde Zar Ivan der Schreckliche, die Zaren Michail Fedorovič und Alexej Michajlovič und der Fürst und Befreier Dmitrij Požarskij.‹ Der Weg zu der Kirche führt rechts von der Varvarka auf dem Kitajskij proezd (Китайский проезд) an der ehemaligen Stadtmauer (9) entlang. Die mächtige Backsteinmauer wurde in den Jahren 1535–1538 gebaut. Sie umrundete und schützte Kitaj-Gorod damals mit einer Länge von 2,5 Kilometern; ihre Dicke betrug sechs Meter, und sie hatte zwölf Wachtürme. Reste der Mauer sind noch am Ochotnyj rjad (Охотный ряд) und am Tret'jakovskij proezd (Третьяковский проезд) erhalten, dieses Stück aber, das in den 60er und 70er Jahren restauriert wurde, vermittelt am besten eine Vorstellung vom damaligen Aussehen des Kitajer Walls.

Die Varvarka endet auf dem Slavjanskaja pl. (Славянская пл.), wo mehrere Ausgänge der Metrostation ›Kitaj-Gorod‹ (Китай-Город) das Leben bestimmen. Hier bekommt man in einem der McDonalds-Verschnitte russischer Art, dem ›Russkoe bistro‹, schnell eine Pirogge auf die Hand oder einen leckeren Salat und Vodka im Becher.

Auf der linken Seite, hinter Baumgrün versteckt und ohne Kuppel, befindet sich noch eine unscheinbare Kirche, die Kirche Johannes des Täufers (10). Die Straße, die nach links vom Slavjanskaja pl. abführt, heißt Staraja pl. (Alter Platz) (Старая площадь) und markiert die Grenze der ehemaligen Kitaj-Gorod. Durch

Bojaren. Aus: Adam Olearius ›Vermehrte Moscowitische und Persianische Reisebeschreibung‹, 1656

Die Bojaren

Die Bojaren spielten vom 10. bis 17. Jahrhundert eine wichtige Rolle in der Geschichte Rußlands. Sie gehörten zum nichtfürstlichen Adel und unterstanden als Vasallen, meist als militärische Gefolgsleute, den Fürsten. Sie hatten eigene Güter und besaßen das Recht des freien Abzugs und der Unterstellung unter andere Fürsten. Ihren Einfluß als Berater der Fürsten und Zaren übten sie über die Bojarenduma aus. In dieser Funktion, immer anwesend im Kreml und beteiligt an allen offiziellen Ereignissen, sind sie auch aus den Beschreibungen ausländischer Reisender bekannt. »An den Wänden herumb zur Linken und gegen den Zaren sassen die vornehmbsten Bojaren, Knesen und Reichsräthe über 50 Personen, alle in köstlichen Kleidern und hohen schwartzen Fuchsmützen, welche sie nach ihrer Manier stets auff den Köpfen behielten…« (Adam Olearius, 1634). Doch waren sie auch an vielen Intrigen beteiligt, und in der russischen Geschichte treten immer wieder die Namen einflußreicher Bojarenfamilien auf. Besonders in der Zeit der feudalen Zersplitterung und der Schwächung der Fürsten (12. bis 15. Jahrhundert) stieg ihre ökonomische Macht. Eine unheilvolle Rolle spielten die Cliquen der Glinskijs, Belskijs und Šujskijs in der Kindheit Ivans IV., der minderjährig an die Macht gekommen, diese selbst noch nicht ausüben konnte. Sie nutzten das Vakuum nicht, um eine andere Staatsform herbeizuführen, sondern befehdeten sich gegenseitig und führten einen Zustand völliger Anarchie an der Spitze des Staates herbei. Und sie töteten in dem jungen Zaren jedes Vertrauen zu den Männern, die eigentlich zu seinen Mitarbeitern und Beratern berufen schienen. Mit seiner ›opričina‹ übte er grausame Rache an den Verrätern. In der ›Zeit der Wirren‹ (1598–1613) betraten zwei Bojarenzaren die politische Bühne, Boris Godunov (1598–1605) und Vasilij Šujskij (1606–1610). Das Schicksal Boris Godunovs, der eine interessante Persönlichkeit in der russischen Geschichte darstellte, wurde von A. Puschkin (1799–1837) in einer romantischen Tragödie verarbeitet. Im Laufe des 17. Jahrhunderts änderten sich die Verhältnisse im russischen Adel erheblich. Die Dvorjanen, der Dienstadel, waren seit dem 15. Jahrhundert immer mehr in die hohen Staatsämter aufgestiegen und nahmen dort neben den Bojaren wichtige Stellungen ein. Die Verschmelzung und Gleichstellung der beiden Adelsschichten fand unter Peter I. mit der Adelsrangtabelle ihren Abschluß.

den Abriß der Mauer im Jahre 1934 gewann der Staraja pl., der seine Fortführung im Novaja pl. (Новая пл.) findet, seine heutige durch Grün aufgelockerte Breite.

Ein Abstecher in die Nikitnikov per. (Никитников пер.) ist zu empfehlen. In der ein wenig ansteigenden Gasse erhebt sich wie ein Schloß mit unzähligen kuppelgekrönten Türmen die Dreifaltigkeitskirche in Nikitniki (12). Auf einem Hügel gelegen, überragte die Kirche im 17. Jahrhundert die umliegenden Häuser, und auch heute fasziniert sie inmitten des Eklektizismus von Baustilen mit ihrem Reichtum an Farben und Formen. Ihr Hauptmerkmal scheint die Nichtbeachtung der Symmetrie zu sein, sowohl in der Bauweise als auch in der Gestaltung der Fassaden, wobei das Gesamtbauwerk ein phantasievolles Ganzes ergibt. Sie wurde zum Vorbild für den Kirchenbau in vielen anderen Städten und galt als meisterhaftes Beispiel altrussischer Baukunst. Auch die gut erhaltene Wandmalerei und der Ikonostas aus dem 17. Jahrhundert sind einzigartig.

Einer der Maler war Simon Ušakov (1626–1686), der zur damaligen Zeit als ›Maler des Zaren‹ galt und das staatliche Maleratelier leitete. Dieses befand sich in der Rüstkammer und galt als wichtigstes Kulturzentrum Rußlands, von dem neue Impulse für die Kunst ausgingen. Ušakov bereitete als Maler und auch als Pädagoge den Übergang zur weltlichen Malerei vor. Er strebte größere Lebens- und Naturnähe in den Darstellungen an und verglich die Malerei mit einem großen Spiegel, in dem das gesamte Leben zu erkennen war. Von ihm stammen die Ikone ›Stammbaum des Moskauer Reiches‹ mit der Gottesmutter von Vladimir in der Mitte des Stammbaumes (1668), die heute in der Tretjakov-Galerie zu besichtigen ist, und die ›Verkündigung mit Akathist‹ in der eben beschriebenen Kirche.

Schräg gegenüber der Kirche liegt ein zweistöckiges Wohnhaus aus dem 17. Jahrhundert, das oft als das Wohnhaus des Malers bezeichnet wird. Dieses lag jedoch an der Varvarka bei der Georgskirche, in dem Haus in der Ipat'evskij per. (Ипатьевский пер.) befand sich zeitweise eine Abteilung der Ikonenmalschule Ušakovs. Ansonsten wurde es von Kaufleuten bewohnt und ist das einzige erhaltene ursprünglich reine Wohnhaus eines bürgerlichen Besitzers in der Kitaj-Gorod. Inzwischen sind einige Umbauten vorgenommen worden, und Werkstätten und Holzstapel geben dem Haus und seinen Nebengebäuden einen gemütlichen Anstrich.

Die Ipat'jevskij per. führt zurück zur Varvarka (Варварка). Über die nächste Gasse rechts gelangt man zur Il'inskaja ul. (Ильинская ул.), der Il'inka, die sich in ein strenges, offizielles Gewand kleidet. Granit, Stahlbeton, Bronze und dickes

Die Kuppeln der Teremkirchen im Moskauer Kreml; An der Varvarka
Zarenglocke im Kreml; Christi-Erlöser-Kathedrale; Rigaer Bahnhof

РОССИЯ
ГОСТИНИЦА·РЕСТОРАН·КАФЕ·КИНО-КОНЦЕРТНЫЙ ЗАЛ

РИЖС
ВОКЗАЛ
РИЖСКИЙ РЫНОК

ИЗМАИЛОВСКАЯ

Spiegelglas verleihen den Häusern ein respektables Äußeres, und das Innere scheint nicht weniger respektgebietend. Banken, Versicherungen, Ministerien und staatliche Einrichtungen haben hier ihren Sitz. Die Architektur vom Anfang des Jahrhunderts bedient sich verschiedener Elemente vergangener Baukunst. Beispielhaft dafür sind die Gebäude auf dem Birževaja pl. (Биржевая пл.), der seinen Namen nach der hier befindlichen Börse (Il'inka 6) erhielt. Interessant sind auch das Haus Nr. 7, ein ehemaliges Kontor des Iossifo-Volokolamsker Klosters, und zwei Bankgebäude mit monumentalen Halbsäulen (Il'inka 9).

Die Straßenfront zwischen Rybnyj per. (Рыбный пер.) und Chrustal'nyj per. (Хрустальный пер.) wird von einem gelb-weißen Gebäude eingenommen, dessen Fassade durch Halbsäulen und Bögen rhythmisch gegliedert ist, ein Bauwerk des Klassizismus, also aus den Jahren 1790–1805, der Alte Kaufhof. Dieser war in Handelsreihen unterteilt, in denen die verschiedensten Waren feilgehalten wurden, unter anderem Kristall und Fische, wie die Namen der anliegenden Gassen verraten (›ryba‹ – ›Fisch‹, ›chrustal'‹ – ›Kristall‹).

Dahinter, zum Roten Platz hin, liegen die bereits erwähnten ehemaligen Mittleren Handelsreihen. Gegenüber der Einmündung der Chrustal'nyj per. befindet sich, kaum sichtbar, die Kirche, die der Straße ihren Namen gab – die Prophet-Elias-Kirche (12). Sie gehörte zu einem gleichnamigen Kloster und wurde beim Bau der ›warmen Handelsreihen‹ des GUM (13) 1864/65 in diese einbezogen. Die barocke Kirche ist von der Straße ein wenig zurückgesetzt, die erhaltenen unteren drei Stockwerke des Glockenturms liegen im Inneren der Handelsreihen. Der winzige, provisorisch ausgestattete Kirchenraum ist über eine Treppe im ersten Stock zu erreichen. Bis vor kurzem befand sich hier eine Schreibmaschinenfabrik.

Auch die dritte alte Hauptstraße der Kitaj-Gorod, die Nikol'skaja ul. oder Nikol'ka (Николька), beginnt am Roten Platz und weist eine sehr eigene Prägung auf. Vor allem aufgrund der vielen Geschäfte macht sie am ehesten den Eindruck einer Straße, auf der sich Alltag abspielt. Die Menschen gehen einkaufen, stehen an einem der vielen Stände und unterhalten sich, bewegen sich zielstrebig zur Metrostation an der Lubjanka (Лубянка) oder entgegengesetzt in Richtung des Roten Platzes, weichen dabei geschickt Baustellen und parkenden Autos aus. Eine belebte, geschäftige Straße, die Anfang des 18. Jahrhunderts ›Straße der Aufklärung‹ genannt wurde. Was es damit auf sich hat, erzählen mehrere Gebäude. Hier öffnete die erste höhere Lehranstalt Rußlands ihre Tore, hier wurden die ersten Bücher gedruckt, und auch das berühmte Hotel ›Slavischer Basar‹ erzählt ein Kapitel russischer Kulturgeschichte.

Kleine Himmelfahrtskirche auf der Bol'šaja Nikitskaja; Neujungfrauenkloster
Moskauer Impressionen

Die Vorläuferin der ersten Universität Rußlands, (14) die Slavisch-Griechisch-Lateinische Akademie wurde 1687 auf dem Gelände des Erlöserklosters hinter den Ikonenreihen eingerichtet. An ihr studierten unter anderem der Universalgelehrte und Dichter M. Lomonossov (1711–1765), die Dichter A. Kantemir und V. Trediakovskij und der Baumeister V. Bažėnov. Nachdem das Klostergelände 1812 von Franzosen besetzt und durch Sprengungen im Kreml in Mitleidenschaft gezogen wurde, verlegte man die Akademie nach Sergiev Posad. Auf das Gelände gelangt man durch eine Toreinfahrt auf der linken Seite (Nikol'ka 7–9). Die einzigen erhaltenen Gebäude in dem Hof sind geradeaus das ehemalige Schulgebäude und links die Erlöserkathedrale.

Das Erlöserkloster wurde 1600 gegründet, aus dieser Zeit stammt auch der ursprüngliche Bau der Kathedrale, die ein Jahrhundert später im Barockstil umgebaut wurde. Im unteren Teil befindet sich die Winterkirche, im oberen führt eine schöne Galerie zur Sommerkirche. Auch hier erwartet Neugierige ein typisches Bild. Die obere Kirche ist provisorisch hergerichtet: unverputzter Backstein, eine niedrige eingezogene Decke, die den Blick auf den Kuppelraum versperrt, neue, billige Ikonen. Die untere Kirche ist noch geschlossen. Im Hof herrscht arbeitsame Stimmung, Schutt wird weggebracht, Balken werden geschleppt und Glocken repariert. »Alles war hier – Garagen, Werkstätten, eine Abteilung des KGB, nur keine Gottesdienste«, bemerkt bitter eine der arbeitenden Frauen.

Die gewaltige Kathedrale des Epiphaniaklosters (15), eines der ältesten Klöster Moskaus, auch sie eingezäunt, erhebt sich in einer ebenfalls sehr belebten Neben-

Die Anna-Empfängnis-Kirche

Ein prüfender Blick in den Spiegel

straße der Il'inka, Bogojavlenskij proezd 2–6 (Богоявленский проезд). Das Kloster wurde Ende des 13. Jahrhunderts gegründet und die gleichnamige Kathedrale in den Jahren 1693–1697 erbaut. Schon zu damaliger Zeit fiel sie unter den Moskauer Barockkirchen durch die Schönheit ihres Reliefschmuckes auf, der wie die Spitzenarbeiten russischer Folklore die Apsiden, Karnisen und Simse ziert. Die Kathedrale ist nur zu den Gottesdiensten geöffnet. Im rückwärtigen Teil ist das Haus des letzten vorpetrinischen Patriarchen Hadrian erhalten, ein ähnlich schön verziertes Gebäude, in dem heute Kurse des pädagogischen Lyzeums abgehalten werden.

Doch nicht nur gelehrt und gelernt wurde auf der Nikol'ka, sondern auch die dazu notwendigen Bücher konnten hier erworben werden. Der Buchhandel blühte an allen Ecken und Enden der Straße. Das größte Geschäft gehörte im 18. Jahrhundert dem Buchhändler Glazunov, bei dem sich gleichzeitig eine Bibliothek befand.

Doch noch viel früher nahm gerade hier die Geschichte des russischen Buchdrucks ihren Anfang, als Ivan IV. 1553 die erste Typographie errichten ließ. Hier gab Ivan Fedorov 1564 das erste gedruckte russische Buch, eine Apostelgeschichte, heraus, und 1702 erschien die erste gedruckte Zeitung ›Vedomosti‹ (›Nachrichten‹). Damals war der Druckereihof noch aus Holz. Das heutige, 1814 errichtete, Gebäude der späteren Synodaldruckerei (16) ist ein Schmuckstück gotischen Stils. Die sehr ungewöhnliche Fassade fällt auf der linken Seite der Nikol'ka (Nr. 15) sofort ins Auge. Schlanke, nach oben strebende Säulen, über und über mit phantasievollem Dekor bedeckt, enden in spitzen Türmchen. Variierende Spitzbögen gliedern die Fassade. Über dem mittleren Fenster weist das Wappen des Staatlichen Druckereihofes mit Löwe und Einhorn auf die ehemalige Bestimmung des Gebäudes hin. Heute gehen hier die Studierenden einer Geisteswissenschaftlichen Universität ein und aus. Im Hof ist eines der älteren Gebäude erhalten, die ehemalige Korrekturstelle der Druckerei, die 1697 erbaut und im 19. Jahrhundert restauriert wurde.

Der kleine Turm links von der ehemaligen Druckerei (Nikol'ka 11) ist ein trauriges Überbleibsel des Klosters, nach dem die Straße benannt ist. Seit dem späten 14. Jahrhundert befand sich an dieser Stelle das Griechische Kloster des Heiligen Nikolaj, das zahlreichen Zerstörungen und Umbauten unterlag, bis letztendlich 1946 die Kathedrale vollständig umfunktioniert wurde. Die untere Kirche wurde zur Garage umgebaut, die obere in Wohnungen unterteilt. Die Miethäuser an der Straße, die auch den Glockenturm tragen, stammen vom Ende des vorigen Jahrhunderts.

Das Haus Nr. 17 ist eher unscheinbar in seiner Architektur, berühmt wurde es durch seine Geschichte. Das Hotel ›Slavischer Basar‹ (17) war eine bekannte Adresse in Moskau, hier wohnten der Maler Ilja Repin (1844–1930), die Komponisten Peter Tschaikowski (1840–1893) und Nikolaj Rimskij-Korsakov (1844–1908). 1897 fand hier das Gespräch zwischen Konstantin Stanislavskij und Vladimir Nemirovič-Dančenko statt, das zur Gründung des Moskauer Künstlertheaters (MChAT) führte, in dem erstmalig die Stücke Tschechows (1860–1904) aufgeführt wurden. Auch Tschechow selbst, in dessen Schaffen Moskau eine hintergründig spannungsreiche Rolle spielt, war mehrmals Gast im ›Slavischen Basar‹, und hier findet seine Erzählung ›Die Dame mit dem Hündchen‹ ihren traurig-schönen Ausklang.

Alter Englischer Hof (Старое Английское Подворье), Varvarka 4 (ул. Варварка), Di, Sa und So von 10 bis 18 Uhr, Mi und Fr von 11 bis 19 Uhr.
Bojarenhaus (Дом Бояр Романовых), Varvarka 10 (ул. Варварка), täglich außer Di und den 1. Mo im Monat von 10 bis 18 Uhr und Mi von 11 bis 19 Uhr.
Museum für Geschichte und Rekonstruktion Moskaus, Novaja pl. 12 (Новая пл.), Di, Do, Sa und So von 10 bis 18 Uhr; Mi und Fr von 11 bis 19 Uhr.

›Russkoe bistro‹ (Русское бистро), ul. Varvarka 14 (ул. Варварка); von Mo bis Fr von 9 bis 23 Uhr, Sa und So von 10 bis 23 Uhr.

Zamoskvoreč'e (Замоскворечье)

Auf Zamoskvoreč'e trifft man eher zufällig. Die meisten kommen hierher mit dem Ziel, die Tretjakov-Galerie zu besuchen und wissen, wenn sie nach dem Museumsbesuch wieder in die Metro steigen, oft gar nicht, was für ein wunderschönes Viertel ihnen entgeht. Der Name sagt Fremden wenig, es scheint noch immer »das unbekannte, von niemandem erforschte, von keinem Reisenden beschriebene Land ...« zu sein. So bezeichnete es der Dramatiker Alexander

Ostrovskij (1823–1886), der selbst in Zamoskvoreč'e großgeworden ist und durch dessen Stücke dieses ›Land‹ und seine Bewohner erstmalig bekannt wurden. Plötzlich wurde sie auf allen Bühnen gezeigt, die stille, abgeschlossene Welt der Moskauer Kaufleute, die sich hier im 18. und 19. Jahrhundert entfaltete. Ihr scheinbar wohlgeordnetes Leben, ihre altväterlichen Sitten und der eher dörfliche Charakter des Viertels auf der anderen Seite der Moskva (›Za-Moskvojrekoj‹ – ›hinter dem Moskva-Fluß‹) zogen nach Ostrovskij auch viele andere Schriftsteller an.

Doch in den vorhergehenden Jahrhunderten prägten noch drei andere Bevölkerungsgruppen das Leben in Zamoskvoreč'e: die sogenannten ›ordyncy‹-Tataren

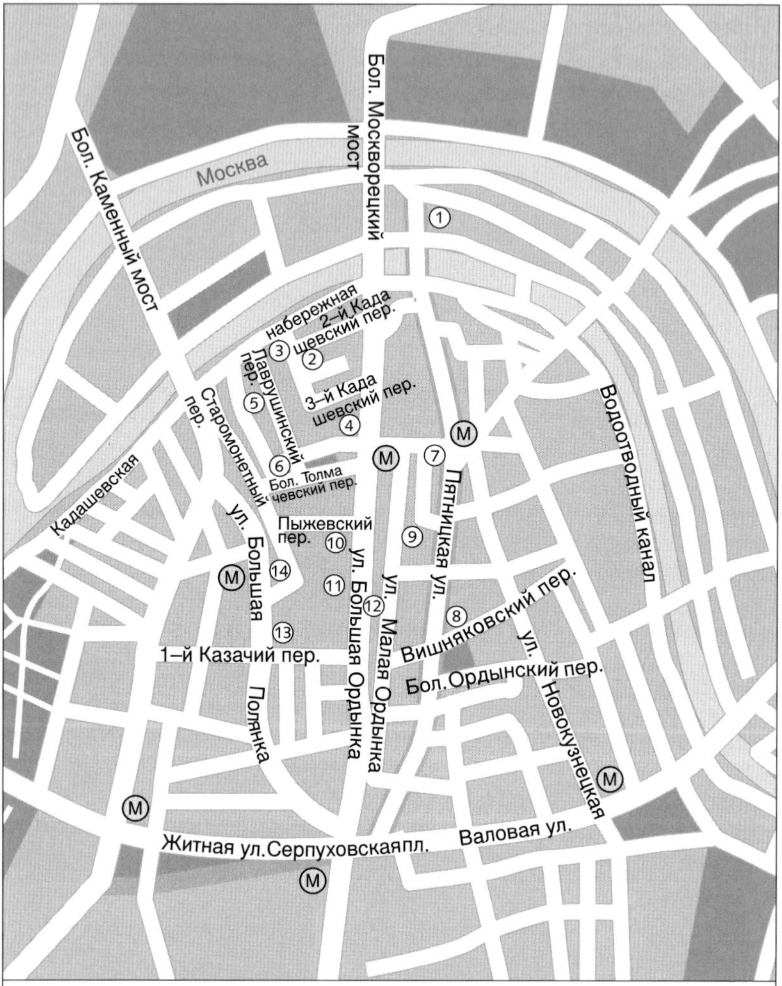

Moskau – Zamoskvoreč'e

Legende

1 Georgskirche in Endova (церковь Георгия в Эндове)

2 Auferstehungskirche in Kadašy (церковь Воскресения в Кадашевской слободе)

3 Wohnhaus (17. Jahrhundert) (палаты в Кадашевской слободе)

4 Kirche zu Aller Bedrängten Freude (церковь Всех Скорбящих Радости)

und alle, die Beziehungen mit der Goldenen Horde (russ. ›orda‹) unterhielten; Handwerker, die im Dienste des Zarenhofes standen und die Strelitzen (Schützen), die von Ivan IV. (1533–1584) hier ihre Grundstücke zugewiesen bekamen. Sie alle bildeten ihre eigenen ›slobody‹ (Vorstädte) mit eigenen Kirchen. Das Gebiet war lange Zeit schwach besiedelt, da der Fluß ein Hindernis darstellte und auch die alljährlichen Überschwemmungen das Land schwer bewohnbar machten. Ein weiteres Hemmnis waren die häufigen Überfälle, gegen die erst die Kette der Wehrklöster im Süden einen Schutz bot. Befestigt wurde Zamoskvoreč'e 1591 durch die Errichtung des Erdwalls, der auch Zemljanoj Gorod umfaßte und dessen Verlauf durch den heutigen Gartenring markiert wird.

Vier Straßen durchziehen strahlenförmig das Gebiet: die Bol'šaja Ordynka (Большая Ордынка), die Pjatnickaja (Пятницкая), die Bol'šaja Poljanka (Большая Полянка) und die Dimitrov-Straße (ул. Димитрова). Sie werden durch ein dichtes Netz von Gassen miteinander verbunden, deren Namen häufig an die ehemaligen Vorstädte erinnern und die noch manche Züge des früheren Provinzialismus tragen. Hier kann man mit Muße spazierengehen. Wie sonst kaum ein Viertel in Moskau, wirkt dieses wie eine kleine Stadt, in der ein ausgewogenes Verhältnis zwischen Wohnhäusern, Geschäften, kleineren Betrieben und Werkstätten herrscht. Immer wieder wurde Zamoskvoreč'e als ein großes, blühendes Dorf beschrieben: die Häuser inmitten von Gärten, hinter hohen finsteren Holzzäunen versteckt, zwischen den einzelnen Höfen Felder und Wiesen, auf denen Pferde und Schafe gehalten wurden. Noch 1845 schrieb der Schriftsteller Belinskij (1811–1848): »Dort sind die Fenster mit dicken Vorhängen verhangen,

5 Tretjakov-Galerie (Третьяковская галерея)
6 Nikolajkirche zu den Dolmetschern (церковь Николы в Толмачах)
7 Papst-Clemens-Kirche (церковь Климента)
8 Dreifaltigkeitskirche in Višnjaki (церковь Троицы в Вишняках)
9 Ostrovskij-Museum (музей Островского)
10 Nikolajkirche in Pyži (церковь Николы в Пыжах)
11 Martha-Marien-Stift (Марфо-Мариинская обитель)
12 Kirche der Muttergottes von Georgien (церковь Грузинской Богоматери)
13 Maria-Entschlafens-Kirche in der Kosaken-Vorstadt (церковь Успения в Казачьей слободе)
14 Kirche des Gregor Neocaeserea (церковь Григория Неокесарийского)

die Tore verriegelt, wenn man Einlaß begehrt, ertönt das zornige Gebell eines Kettenhundes, alles ist tot oder, besser gesagt, verschlafen: Haus oder Hütte – alle gleichen sie einer Festung, die auf eine lange Belagerung eingestellt ist.«

Ein Stück dieses Flairs hat sich bis heute erhalten, auch wenn die ›Denkmalschutzzone‹ Zamoskvoreč'e von der Bauwut des modernen Moskaus nicht mehr verschont wird. Doch wer die großen Straßen verläßt und durch die stillen Gassen wandert, wird so manches Mal die große Stadt vergessen.

Ein Rundgang

Wer sich Zamoskvoreč'e langsam nähern und erst einmal einen Gesamteindruck gewinnen möchte, kann von der Kreml-Seite den Weg über die Moskvoreckij-Brücke (Москворецкий мост) nehmen. Schon von weitem kann man die hoch aufragenden, filigranen grünen Kuppeln der Auferstehungskirche in Kadašy sehen.

Georgskirche in Endova

Das Gebiet hinter der Moskvoreckij-Brücke wurde in alten Zeiten einfach ›Sumpf‹ (›boloto‹) genannt. Es war wenig besiedelt, auf den Wiesen fanden Volksfeste statt. Trocken wurde das Gebiet erst nach Aushebung des Abwasserkanales (1785), durch den eine künstliche Insel geschaffen wurde.

Eine der bekanntesten Straßen auf dieser Insel ist die Balčug-Straße (tatar.: ›Schmutz‹) (ул. Балчуга), auf der vor allem Handel getrieben wurde, in der sich jedoch auch die erste Kneipe Moskaus befand, die von Ivan dem Schrecklichen für seine Anhänger, die ›opričniki‹ eingerichtet wurde. Sie erhielten kostenlos Glühwein, Starkbier und Met, während allen anderen Moskauern das Trinken unter Androhung von Strafe verboten war. Heute wird die Straße vom Hotel ›Balčug Kempinskij‹ dominiert.

Das Gebiet östlich der Balčug-Straße wird seit alten Zeiten Sadovniki genannt, weil sich hier im 16. und 17. Jahrhundert Gärten des Hofes befanden (russ. ›sad‹ –

›Garten‹). Zu dieser Gärtner-Vorstadt gehörte auch die Georgskirche in Endova (1), die heute in einem Hof liegt und außerhalb der abendlichen Messe nur schwer zugänglich ist. Inmitten der modernen Gebäude wirkt sie äußerst reizvoll in ihrer rot-weißen kunstvollen Gestaltung. Die Fenster von Kirche (1653) und Refektorium (1753) sind ausnehmend schön verziert, wie auch die traditionellen Kokošniki ihre Wirkung nicht verfehlen. Im Inneren sind uralte, noch nicht restaurierte Fresken zu bewundern. Der Glockenturm wurde 1806 erbaut. Die Balčug-Straße führt über die Čugunnyj-Brücke (›gußeiserne Brücke‹) (Чугунный мост) zu einer der Hauptadern Zamoskvoreč'es – der Pjatnickaja (ул. Пятницкая). Parallel zu ihr, etwas westlich, verläuft ihre ältere Schwester, die Bol'šaja Ordynka (ул. Большая Ордынка). Beide Straßen wirken auf der Karte wie ein Bogen, dessen gespannte Sehne die Pjatnickaja darstellt. Sie führen vom Kanal bis zum Serpuchovskaja pl. (Серпуховская пл.) und hatten und haben sehr verschiedene Funktionen.

Die Auferstehungskirche

Die Ordynka galt seit dem 18. Jahrhundert als ruhiger, angenehmer Wohnort für Adlige und reiche Kaufleute. Schon länger hatte sie ihren Platz als Hauptverkehrsader an die Pjatnickaja abgetreten, wohin sich Verkehr und auch die Geschäfte verlagerten. 1899 wurde sie mit Linden bepflanzt. Bis heute konnte sich die Straße mit ihren vielen zweistöckigen Häusern, besonders im südlichen Teil, einen gemütlichen, provinziellen Charakter bewahren. Ihr Name spricht jedoch von den früheren, bewegteren Zeiten, als hier im 14. Jahrhundert der Weg zur Goldenen Horde verlief. An ihr bildeten sich Vorstädte der Tataren, der Kosaken, der tatarischen Dolmetscher, der Weber und, im 17. Jahrhundert, verschiedener Schützenregimenter.

Eines der schönsten Viertel entlang der Ordynka ist das ehemalige Viertel der Weber, das Kadaševo genannt wurde und das Gebiet der Kadašever Gassen zwischen Ordynka und Poljanka bis zum Ufer (Kadaševskaja naberešnaja/Кадашевская набережная) umfaßte. Die schon von weitem sichtbare Auferstehungskirche (2) in der 2-j Kadaševskij per. (2-й Кадашевский пер.) war die Haupt-

Die Tretjakov-Galerie

Die Tretjakov-Galerie war das erste Museum Rußlands, in dem vornehmlich die Kunst des eigenen Landes gezeigt wurde. Sie hat ihren Ursprung in einem ähnlichen Gedanken wie das Puschkin-Museum für Bildende Künste, nämlich in dem Anliegen, Kunstwerke, die sich bis dahin ausschließlich in Privatsammlungen befanden, einer breiten Öffentlichkeit zugänglich zu machen. Ihre Gründung verdankt sie vor allem der Initiative zweier Brüder: Pavel und Sergej Tretjakov. Sie stammten aus einer reichen Kaufmannsfamilie, die Flachsspinnereien und -webereien in Kostroma besaß. Vierundzwanzigjährig begann Pavel Tretjakov (1832–1898) die ersten Bilder zu sammeln und bewahrte sie in seinem Wohnhaus in der Lavrušin-Gasse auf.

Die Anfänge der Galerie verbanden sich mit einer interessanten Entwicklung in der russischen Kunst. Seit 1757 bestand die Petersburger Akademie der Künste, die sich in ihren Sujets und Techniken vor allem an der westeuropäischen Kultur orientierte. Viele der jungen Maler studierten im Ausland. Die traditionelle Ikonenmalerei, die sich in ihrem letzten Stadium auch schon weltlichen Themen zugewandt hatte, wurde abgelöst durch Porträt-, Landschafts- und Historienmalerei. Im ersten Viertel des 19. Jahrhunderts entdeckten Maler wie A. Venecianov (1780–1857) und V. Tropinin (1776–1847) das Genre der ›kleinen Leute‹ und zeigten russische Bauern und Handwerker aus idealisierter Sicht. Erste kritische Töne in dieses Bild brachte P. Fedotov (1815–1852). Nach ihm entstand eine junge Generation von Künstlern, die eine realistische Darstellung der Probleme ihres Landes anstrebte. Nachdem trotz der neuen Tendenzen zu einem Wettbewerb zu dem mythologischen Thema ›Ein Mahl in Walhalla‹ aufgerufen wurde, verließen sie die Akademie. Sie gründeten eine Künstlergenossenschaft, aus der 1872 die Bewegung der Wanderaussteller hervorging. Mit wechselnden Ausstellungen zogen sie durch das Land und thematisierten vor allem soziale Mißstände. Die bekanntesten Vertreter sind I. Repin (1844–1930), I. Kramskoj (1837–1887) und V. Surikov (1848–1916); aber auch der Landschaftsmaler I. Levitan (1860–1900) und der Maler des beginnenden Jugendstils, V. Vasnecov, schlossen sich der Bewegung an. Victor Vasnecov (1848–1926) gestaltete später die berühmte Fassade der Tretjakov-Galerie im altrussischen Märchenstil. Die Wandermaler (›peredvižniki‹) wurden vor allem von P. Tretjakov gefördert, der ihre Bilder aufkaufte und mit ihnen den Grundstein für seine Sammlung legte. Die Galerie wurde 1872 eröffnet und gewährte allen Interessierten freien Zutritt. Zwanzig Jahre später schenkte er sie zusammen mit der Sammlung seines jüngeren Bruders, in der vor allem Werke französischer Maler vertreten waren, der Stadt Moskau. Schon lange war in dem Gebäude in der Lavrušin-Gasse nicht mehr genügend Platz, weshalb schon Tretjakov ein neues zweigeschossiges Haus hatte errichten lassen. 1901 wurde der gesamte Komplex umgebaut, im Zuge dessen auch die Fassade nach dem Entwurf von V. Vasnecov gestaltet wurde. 1918 kam das Museum in staatliche Hand, und sein Bestand wurde durch die Verstaatlichung des Privat- und Kirchenbesitzes erheblich erweitert. Die Galerie enthält außer den Bildern der ›peredvižniki‹ eine umfangreiche Ikonensammlung und dokumentiert die Kunstentwicklung um die Jahrhundertwende bis hin zur sowjetischen Malerei der siebziger Jahre. Auch in Rußland gab es zur Jahrhundertwende eine Blüte verschiedenster Künstlervereinigungen und Stilrichtungen. Vertreten sind unter anderem Michail Vrubel (1856–1910), die Maler der Gruppe ›Welt der Kunst‹ (Mir iskusstva) wie Leon Bakst (1866–1924), Anna Ostroumova-Lebedeva (1871–1954), Boris Kustodiev (1878–1927), Ivan Bilibin (1876–1942), Alexander Benois (1870–1960) und Maler der Gruppe ›Blaue Rose‹, die vor allem durch das Schaffen Viktor Borisov-Musatovs (1870–1905) geprägt waren. Zu der Gruppe ›Karo Bube‹, der unter anderem Natalja Gončarova (1881–1962) und Michail Larionov (1881–1964) angehörten, zählten anfangs auch Chagall (1887–1985), Kandinskij (1866–1944) und Malevič (1878–1935). Werke der neueren russischen Malerei sind in der Tretjakov-Galerie kaum zu finden. Künstler wie Erik Bulatov (geb. 1933), Ilja Kabakov (geb. 1933) und Grischa Bruskin (geb. 1945) stellen vor allem in kleineren Galerien und im Ausland aus.

Fassade der Tretjakov-Galerie nach einem Entwurf von Vasnecov

kirche im Weberviertel. In ihrer Nähe befand sich der Kadašever Tuch-Hof, der, 1661 gebaut, eine der ersten Manufakturen Rußlands war. Die Weber belieferten vor allem den Zarenhof, was ihnen einige Privilegien, wie zum Beispiel niedrige Steuern auf ihre Waren, einbrachte. In den umliegenden Gassen sind noch einige Handwerkerhäuser aus dem 18. und 19. Jahrhundert, teilweise sogar aus dem 17. Jahrhundert, erhalten. Einen Eindruck vermittelt das langgezogene, einstöckige Gebäude in der 1-j Kadaševskij per. 10 (1-й Кадашевский пер.), ein Haus aus dem 17. Jahrhundert mit kleinen Fenstern (3). Die unteren abgeschnittenen Fenster verraten, daß die Straßen einmal tiefer lagen.

Die ›Tafel der Besten‹ wird nicht mehr gebraucht

Auf dem Weg zu der Kirche durch die 2-j Kadaševskij per. lohnt sich aber auch ein Blick in den Hof des Hauses Nr. 3, wo sich alte, niedrige Häuschen aneinanderschmiegen, in unmittelbarer Nachbarschaft mit einer Konservenfabrik. Um die Auferstehungskirche zu erreichen, muß man von der 1-j Kadaševskij per. nach links in die Kadaševskij tupik (Кадашевский тупик) (Sackgasse) einbiegen, von welcher wiederum links ein sandiger, grasbewachsener Weg zu einer hohen, schmiedeeisernen Tür führt.

Der Beiname der Kirche ›am Schmutz‹ erinnert an die jährlichen Überschwemmungen, und wirklich scheint sich hier eine Ahnung des vergangenen Lebens erhalten zu haben. Eine Kirche an dieser Stelle wurde 1493 das erste Mal erwähnt, sie bestand damals noch aus Holz. Aus Stein wurde sie 1656/57 im Stil des Moskauer Barocks errichtet und unterlag seitdem mehreren Umbauten. Ihre Konstruktion ist typisch für die Moskauer Kirchen dieser Zeit, jedoch sind die traditionellen Kokošniki am Fuße der Trommeln durch Girlanden ersetzt. Auch der Kubus des Kirchenraumes, auf dem versetzt ein weiterer Kubus ruht, wird von einer Girlande abgeschlossen. Die mittlere Kuppel steht auf zwei versetzt angeordneten Oktagonen, deren Ecken wie auch die der übrigen Trommeln und die Fenster von gewundenen Säulen geschmückt werden. Nach oben hin wird der Dekor immer prachtvoller. Eindrucksvoll ist auch der hohe, schlanke Glockenturm, der im Volksmund ›die Kerze‹ (›svečka‹) genannt wird.

Leider muß ein Blick von außen genügen. 1958 sollte die verfallende Kirche restauriert werden. Es konnte jedoch nicht verhindert werden, daß dort Kleinbetriebe einquartiert wurden, in denen bis 1984 gearbeitet wurde. Heute befindet sich dort ein Büro des Allrussischen Restaurationszentrums.

Die 3. Kadašever Gasse (3-й Кадашевский пер.) führt zurück zur Ordynka, und an der Kreuzung beider Straßen befindet sich eine typische Kirche des späten Klassizismus, die Kirche ›Aller Bedrängten Freude‹ (4). Sie wurde nach dem Brand von 1812 nach Plänen von O. I. Beauvais an der Stelle einer älteren Kirche errichtet. Die Legende, die sich um den Namen der Kirche rankt, führt jedoch ins 17. Jahrhundert, als die auf der Ordynka lebende Witwe Efimija Panina an einer schweren offenen Wunde litt, und ihr niemand mehr helfen konnte. Sie erwartete den sicheren Tod, jedoch in einem innigen Gebet hörte sie die Stimme der Muttergottes, die ihr riet, die Ikone ›Aller Bedrängten Freude‹ aus der oben beschriebenen Kirche zu sich ins Haus zu holen. Sie wurde geheilt, und dies war das erste Wunder, das von der Ikone ausging. Daraufhin pilgerten zahlreiche Heilung Suchende zu der Kirche.

Die eindrucksvolle Rotunde mit den reich dekorierten, halbrunden Fenstern, ihrem ionischen Portikus, einem breiten Fries, der die Zeichnung der Fenstereinfassungen wiederholt, und ihrer riesigen Kuppel war auch zu Sowjetzeiten stets geöffnet. Nach Beauvais' Konzept war der Innenraum ganz in den Farben Weiß und Gold gehalten, die wirkungsvoll mit den schmiedeeisernen Platten des Fußbodens kontrastierten. Heute schafft die Kombination von Rosa und Hellblau einen Gegenpol zur Klarheit und Kälte des Gebäudes.

Die Mittel für den Bau der Kirche gab ein reicher Kaufmann, Dolgov, für den Baženov 1779 eine beeindruckende Stadtvilla gegenüber der Kirche baute, das Haus Nr. 21 auf der Ordynka, in dem sich heute das Lateinamerika-Institut befindet.

Zur Pjatnickaja (ул. Пятницкая) führt gleich hinter dem Gebäude die Klimentovskij per. (Климентовский пер.). Doch wer eine weitere beschauliche Gasse erwartet, wird enttäuscht. 1986 wurde hier ein Ausgang der Metrostation ›Tret'jakovskaja‹ (Третьяковская) eröffnet, und das allen Metrostationen eigene Leben erfüllt nun die Gasse. Menschen kaufen und verkaufen oder machen eine Pause an einem der Imbißstände. Hier fällt es nicht schwer, sich vorzustellen, wohin viele der Menschen wollen. Der Name der Station verrät es schon, und Schilder weisen den Weg: zur Tretjakov-Galerie (5) in der Lavrušinskij per. (Лаврушинский пер.).

Die Lavrušinskij per. (Лаврушинский пер.) führt auf die Tolmačevskij per. (Толмачевский пер.), deren Name an die ehemalige Dolmetscher-Siedlung erinnert. Zuerst schlossen sich hier nur die tatarischen Dolmetscher zusammen, später auch die russischen. Noch später kamen die Übersetzer von Akten und Büchern hinzu, die im Außenamt arbeiteten. Ihre Kirche (6), zu deren Gemeinde ab dem

17. Jahrhundert auch die Weber gehörten, befindet sich gleich hinter dem alten Teil der Tretjakov-Galerie. Sie ist Nikolaj dem Wundertäter geweiht und trägt den Beinamen ›zu den Dolmetschern‹ (cerkov' Nikoly v Tolmačach). Heute ist es ein wenig schwierig, die Kirche zu erkennen, da in der Sowjetzeit der Glockenturm und die Kuppeln abgetragen wurden. Der quadratische Grundriß aus dem 17. Jahrhundert sowie die Steinfriese sind noch zu erkennen. Die Kirche ist wieder geöffnet.

Doch zurück zur Klimentovskij per. (Климентовский пер.), die bis hin zur Pjatnickaja (ул. Пятницкая) von lebhaftem Treiben erfüllt ist. Etwas Ruhe und Grün bietet der Platz – an der Kreuzung beider Straßen – vor dem eindrucksvollen Hintergrund der Papst-Clemens-Kirche (7). 1774 vollendet, gilt sie als die schönste Kirche des Elisabethanischen Stils und als Höhepunkt des Moskauer Barock. Denkt man sich die Kuppeln weg, erweckt die feierlich-weltliche Bauweise mit ihrem Reichtum an Säulen, prunkvoller Verkleidung, Ziergiebeln und Rosetten, ergänzt durch das kräftige Rot der Fassade, eher den Eindruck eines Palastes denn einer Kirche. Die Massivität und Schwere des Baus wird durch die kunstvolle vertikale Gliederung scheinbar aufgehoben. Die hohen gewaltigen Trommeln wirken wie ein weiteres Stockwerk der Kirche. Dieser Eindruck wird noch verstärkt durch die Säulen des zweiten Stockes. Der Grundriß der Kirche ist quadratisch; ein einstöckiges Refektorium stellt die Verbindung zum Glockenturm her. Das Kircheninnere ist nicht zugänglich.

Wie oben schon angedeutet, ist die Pjatnickaja heute die Hauptmagistrale Zamoskvoreč'es, die vor allem auf Höhe der Klimentovskij-Gasse nichts von ihrem lebhaften Geschäftscharakter verloren hat. Sie ist nach der Paraskeva-Pjatnica-Kirche benannt, die sich am Platz der Metrostation ›Novokuzneckaja‹ (Новокузнецкая) befand. Die Bebauung der Straße ist sehr kontrastreich. Neben vielstöckigen Wohnhäusern der Sowjetzeit bewahren die ehemaligen Wohnhäuser wohlhabender Menschen ihr von den Jahren gezeichnetes, doch noch immer prachtvolles Äußeres im barocken, pseudogotischen oder klassizistischen Stil. Ein imposantes Beispiel eines klassizistischen Palastes ist das Haus Nr. 31, das an der Wende vom 18. zum 19. Jahrhundert für die Kaufmannsfamilie Matveev errichtet wurde.

Auf der zweiten Hälfte der Pjatnickaja und in den umliegenden Gassen hatten im 16. und 17. Jahrhundert die Strelitzen ihre Siedlungen. Diese Schützen waren Fußtruppen, die mit Feuerwaffen ausgerüstet waren und vom 16. bis zum beginnenden 18. Jahrhundert eine bedeutende Rolle in der russischen Armee spielten. Sie lagen in ständigen Garnisonen und waren die Vorläufer des späteren stehenden Heeres. Sie dienten lebenslänglich und erhielten außer einem festen Sold in der Nähe von Städten gelegene Bodenparzellen. Dort betrieben sie außerhalb des Militärdienstes Landwirtschaft, Handel und verschiedene Gewerbe. An eines ihrer Regimenter und seinen Hauptmann Višnjakov erinnern der

Name der Višnjakovskij per. (Вишняковский пер.) und die Dreifaltigkeitskirche in Višnjaki (8). Sie wurde 1678 von Schützen aus diesem Regiment gebaut und in den 20er Jahren des 19. Jahrhunderts im klassizistischen Stil erneuert. Dabei wurden die Wände der alten Kirche erhalten. Auffallend ist die reiche Ornamentik des Glockenturms. Das Innere der Kirche ist eher schlicht.

Zwischen Pjatnickaja und Ordynka liegt die Malaja Ordynka, die zu Sowjetzeiten Ostrovskij-Straße hieß, zu Ehren des russischen Dramatikers Alexander N. Ostrovskij. Das kleine Holzhaus, in dem er aufgewachsen ist, stellt ein typisches Beispiel für Wohnhäuser des vorigen Jahrhunderts dar und beherbergt heute ein Museum (9).

Die Klimentovskij per. führt wieder zurück zur Ordynka, auf der sich noch weitere interessante Gebäude befinden. Auch auf der Ordynka sind natürlich Spuren der neuen Zeit zu finden. Im Jahr 1927 wurde im Haus Nr. 25 die erste automatische Telefonstation Moskaus eröffnet, mit welcher der Grundstein zum Bau weiterer großer öffentlicher Gebäude in Zamoskvoreč'e gelegt wurde.

Das nächste Bauwerk (Nr. 26) ist wiederum ein Zeugnis aus der Zeit der Strelitzenvorstädte – die Nikolajkirche in Pyži (10). Gebaut wurde sie 1672 mit Geldern der Schützen des hier ansässigen Regiments, dessen Hauptmann Pyžov hieß. Die Kirche aus weißem Stein ist typisch für die 2. Hälfte des 17. Jahrhunderts und für die phantasievollen Steinmetzarbeiten dieser Epoche. Die traditionellen fünf Kuppeln erheben sich über drei Reihen pyramidenförmig angeordneter Kokošniki, unterhalb derer ein kunstvolles Gesims den viereckigen Grundriß der Kirche unterstreicht.

Die Nikolajkirche in Pyži

Kenntlich durch die mächtigen weißen Mauern und ein kleines, unauffälliges Schild, befindet sich einige Meter weiter auf der gegenüberliegenden Seite das Martha-Marien-Stift (11). Die Gebäude sind stark verfallen, aber eine Runde über den Hof lohnt sich. Die kleine, gedrungene Maria-Schutz-Kirche mit den mächtigen halbrunden Apsiden versetzt die Betrachtenden für einen Moment in die Welt des alten Novgorod. Einkupplig, mit dicken, weißen Mauern, schmalen Fensteröffnungen und spärlichem Dekor trägt sie eindeutige Stilelemente der nordischen Architektur. Doch der Eindruck täuscht; das Ensemble ist ein Bauwerk unseres Jahrhunderts. Es wurde in den Jahren 1908–1912 von A. V. Ščusev (1873–1943) geschaffen, dem späteren Schöpfer des Lenin-Mausoleums, der kunstvoll Elemente des Jugendstils mit Formen der altrussischen Baukunst verknüpfte. Gegründet wurde das Frauenstift von der Großfürstin Elizaveta Fedorovna, nachdem ihr Mann, Generalgouverneur von Moskau, 1905 bei einem Attentat im Kreml ums Leben gekommen war. Die Kirche wurde erst vor kurzem der orthodoxen Kirche zurückgegeben.

Schräg gegenüber, an der Ecke zur Iverskij per. (Иверский пер.), trägt die Kirche der Muttergottes von Georgien (12) nun wieder eindeutige Zeichen des Moskauer Klassizismus. Dickbauchig, mit einer großen Kuppel und vier Säulen zur Straßenfront hin, wurde sie 1798–1802 errichtet. Ihre Vorgängerin, die noch dem Hl. Georg, dem Beschützer des Viehs, geweiht war, stand bei ihrem Bau im 17. Jahrhundert noch inmitten von Weiden.

Zur Poljanka (Полянка), der dritten großen Straße, gelangt man über den Serpuchovskaja pl. (Серпуховская пл.), an dem Ordynka, Pjatnickaja und Poljanka mit den Straßen, die den ehemaligen Wall markieren, zusammenlaufen. Dort befand sich eines der Stadttore, das Serpuchover Tor.

Schöner ist der Weg durch die Kazačij per. (Kosaken-Gasse) (Казачий пер.), deren Name an die ehemaligen Bewohner, die im 17. Jahrhundert von den südlichen Grenzen des Russischen Reiches nach Moskau kamen, erinnert. In der Gasse befindet sich in einem alten Holzhaus ein sehr empfehlenswerter Buchladen. Am Ende der Gasse, zur Poljanka hin, befand sich bis ins 19. Jahrhundert hinein eine Vertretung der Kosaken. Auch die Kirche an der Ecke erhielt einen dementsprechenden Beinamen: Maria-Entschlafen in der Kosaken-Vorstadt (13). Sie wurde 1723 aus Stein erbaut, während Refektorium und Glockenturm 1797 zur Blütezeit des Klassizismus entstanden.

›Bol'šaja Poljanka‹: Nichtmoskauer, die zum ersten Mal den Namen hören, müssen unwillkürlich lächeln. Wenn schon die Verkleinerungsform ›poljanka‹ und nicht ›poljana‹ (Lichtung) verwendet wird, dann kann sie nicht groß (›bol'šaja‹) sein. Wer in Moskau wohnt, bemerkt diesen Widerspruch nicht, sondern sieht sofort die breite, gewundene Straße vor sich. Die Bezeichnung erhielt sie nach einem gleichnamigen Marktplatz. Einst verlief hier der Weg von Novgorod nach Rjazan', und innerhalb Moskaus führte sie vom Borovickij-Tor des Kremls zum Serpuchovskij-Tor auf dem heutigen Serpuchovskaja pl. Ihre Geschichte unterscheidet sich wenig von der anderer Straßen in Zamoskvoreč'e: erst Felder, dann vereinzelte Bauernhütten, dann Siedlungen von Handwerkern, Händlern, Schützen und Kosaken und schließlich Teil der Kaufmannswelt.

Anfang des 20. Jahrhunderts veränderte sich die Straße sehr stark. Während an ihrem Beginn die alte Bebauung noch größtenteils erhalten blieb, bietet sie in der

Umgebung der Metrostation einen interessanten Kontrast zwischen Neubauten auf der westlichen Seite, in deren unteren Etagen sich Geschäfte befinden, und den niedrigen, alten Häusern auf der östlichen Seite.

Schräg gegenüber der Metrostation fällt der Blick auf eine auffallend bunte und geschmückte Kirche, die im Volk auch die ›schöne Kirche‹ genannt wurde – die Kirche des Gregor Neocaesarea (14). Sie besteht aus der quadratischen Kirche, dem Refektorium und einem wuchtigen Glockenturm, durch den der Gehweg einfach hindurchgeht. Der Schmuck besteht vor allem aus Kacheln mit floralen Ornamenten, die nach ihrer Form ›Pfauenauge‹ genannt werden, kunstvoller Kalksteinschnitzerei und der ursprünglichen Bemalung, von der noch Reste an der Stirnseite des Turms über dem Tor erhalten sind. Die Kirche wurde 1667 bis 1676 an Stelle einer Holzkirche errichtet, deren ehemaliger Pope, Andrej Savvinov, 1666 Protopope der Verkündigungskathedrale im Kreml und zum Vertrauten des Zaren geworden war. Auf dessen Bitten ließ Zar Alexej Michajlovič (1645–1676) die Kirche aus Stein errichten und sorgte selbst für den Fortgang der Arbeiten. Doch der schnelle Aufstieg des Andrej Savvinov erregte den Zorn des Patriarchen Ioakim, der Savvinov am Tag der Einweihung der Kirche in Ketten legen ließ. Savvinov kam durch Eingreifen des Zaren kurzzeitig frei, wurde aber nach dessen Tod eingekerkert. Eine der vielen Geschichten von Hofintrigen und dem Kampf zwischen weltlicher und geistlicher Macht, eine Geschichte, von der die Schönheit der Kirche unberührt zu sein scheint.

Tretjakov-Galerie, (Третьяковская галерея) Lavrušinskij per. (Лаврушинский пер.) 10, von Di bis So von 10 bis 19.30 Uhr.
Ostrovskij-Museum, Malaja Ordynka 9 (Малая Ордынка) (im Hof), von Mi bis So von 12 bis 19 Uhr, geschlossen jeden letzten Fr im Monat, Tel. 953 86 84.
Der Eintritt kostet 0,30 Dollar, nur mit Voranmeldung.

‹Russkoe bistro‹, Tolmačevskij per. (Толмачевскиj пер.), täglich geöffnet von 9 bis 21 Uhr.
Restaurant ›Amsterdam‹, Pjatnickaja 30 (Пятницкая), täglich von 10 bis 23 Uhr, teuer, nebenan Fish & Chips-Imbiß (englische Küche).

Café ›Obrita‹, Pjatnickaja 43 (über den Hof), von Mo bis Sa von 11 bis 20 Uhr, typisch russische Ausstattung und preiswertes Essen.
Stolovaja, Malaja Ordynka 19 (Малая Ордынка), täglich von 10 bis 17 Uhr.

Neue Zeitschriften und Bücher sind in dem sehr empfehlenswerten Buchladen in der Kazačij 1-yj pereulok 8 (Казачий пер.) zu erhalten. Geöffnet ist von Mo bis Fr von 11 bis 19 Uhr.

Die Moskauer Metro – Palast unter der Erde

Die Moskauer Metro ist eines der beeindruckendsten Bauwerke der Stalin-Zeit. Pläne für eine Untergrundbahn gab es bereits 1902, sie wurden jedoch aus Kostengründen verworfen. In der jungen Sowjetunion wurde die Idee wieder aufgenommen. Nach dem endgültigen Beschluß des Zentralkomitees der KPdSU konnte der Bau 1931 beginnen. Er wurde zum patriotischen Unternehmen hochstilisiert; im ganzen Land wurden Freiwillige geworben, um beim Aufbau des unterirdischen Palastes des Volkes zu helfen. Schön wie ein Palast der Reichen sollte er sein, und doch von allen genutzt. Die Stationen sollten nicht nur funktional sein, wie bei den Untergrundbahnen in London und Paris, sondern wahre Kunstwerke. Die kostbarsten Materialien wurden eingesetzt, die Entwürfe stammten von namhaften zeitgenössischen Künstlern, so daß die Metro wie ein gigantisches Museum der Kunst der Stalin-Zeit wirkt. Die erste Linie wurde 1935 feierlich eingeweiht. Inzwischen umfaßt das Streckennetz über 200 Kilometer und wird ständig ausgebaut.

Doch auch die Metro ist kein zeitloses Wunder und von der schlechten Versorgungslage im Land betroffen. Die Technik veraltet, Züge müßten längst ausrangiert werden, und doch ist die Metro noch immer das schnellste und zuverlässigste Verkehrsmittel der Millionenstadt, auf das die meisten Menschen angewiesen sind, für das sie aber auch immer höhere Preise bezahlen müssen. Ob sie noch einen Blick für all die Schönheit und den Prunk haben, ist fraglich.

Belyj Gorod und Zemljanoj Gorod – innerhalb des Gartenrings

Ende des 16. Jahrhunderts ließ Boris Godunov (1598–1605) die schnell über ihre Grenzen wachsende Stadt erneut befestigen. Neue Vorstädte waren entstanden, in denen Handwerker und Bedienstete der Zaren, des Hochadels und der Kirche arbeiteten. Wer sie bewohnte, läßt sich an manchen Straßennamen noch ablesen. In dem Gebiet südlich des Arbat lebten die Stallmeister (Starokonjušennyj per. – Alte Stallgasse). Nördlich des Arbat siedelten die Verantwortlichen für die Tafel des Zaren (Povarskaja – Straße der Köche, Chlebnyj per. – Brotgasse, Skatertnyj per. – Tischtuchgasse usw.). Die Bewohner der Straßen und Gassen rund um den Kreml und Kitaj-Gorod waren von den Steuern befreit. Deshalb hieß die Vorstadt auch ›Weiße Stadt‹ (Belyj Gorod).

Mit dem Bau der Mauer aus weißem Kalkstein wurde das ringförmige Wachsen der Stadt zum ersten Mal sichtbar. Die großen Straßen gehen wie Strahlen vom Zentrum aus und laufen auf die ehemaligen Stadttore zu. Von der Mauer ist nichts erhalten, nur die Namen einiger Plätze erinnern an die Stadttore (pl. Nikitskich vorot, pl. Arbatskich vorot, ›vorota‹ – ›Tor‹). Sie alle liegen auf dem heutigen Boulevardring, der die ehemalige Grenze der Weißen Stadt markiert, die Mauer wurde 1775 abgetragen. Bald nach der Befestigung der Weißen Stadt ging Boris Godunov an die Befestigung des nächsten Vorstadtringes, der auch Zamoskvoreč'e

Der Fotograf und der Zeitungsleser

umfaßte. Ein Erdwall wurde aufgeschüttet und ein Palisadenzaun errichtet, die nun die ganze Innenstadt wie ein Ring umschlossen. Für die nördlich der Moskva gelegenen Teile bürgerte sich der Name Erdstadt (Zemljanoj gorod) ein. Heute wird der Verlauf dieses Walles durch den Gartenring (Sadovoe kol'co) gekennzeichnet.

Natürlich veränderte sich die soziale Zusammensetzung beider Vorstädte im Laufe der Jahrhunderte. Sie wurden im 18. und 19. Jahrhundert bevorzugte Wohngebiete des Adels; Schriftsteller, Künstler und andere Angehörige der russischen Intelligenz lebten hier. Öffentliche Gebäude entstanden: die Universität, die Staats-

Legende

1 Kirche auf den Auen (церковь Всех Святых на Кулишках)
2 Ehemaliges Findelhaus des Vormundschaftsrates (Бывший Воспитательный Дом Опекунского Совета)
3 Kirche der Geburt der Muttergottes an der Spitze (храм рождества Пресвятой Богородицы)
4 Peter-und-Paul-Kirche (церковь Петра и Павла)
5 Nikolajkirche am Steilhang (церковь Николы в Подкопаеве)
6 Dreiheiligenkirche auf Kuliški (церковь Трех святителей на Кулишках)
7 Vladimirkirche in den Alten Gärten (церковь Владимира в Старых садах)
8 Kloster Johannes des Täufers (Ивановский монастырь)
9 Synagoge (синагога)

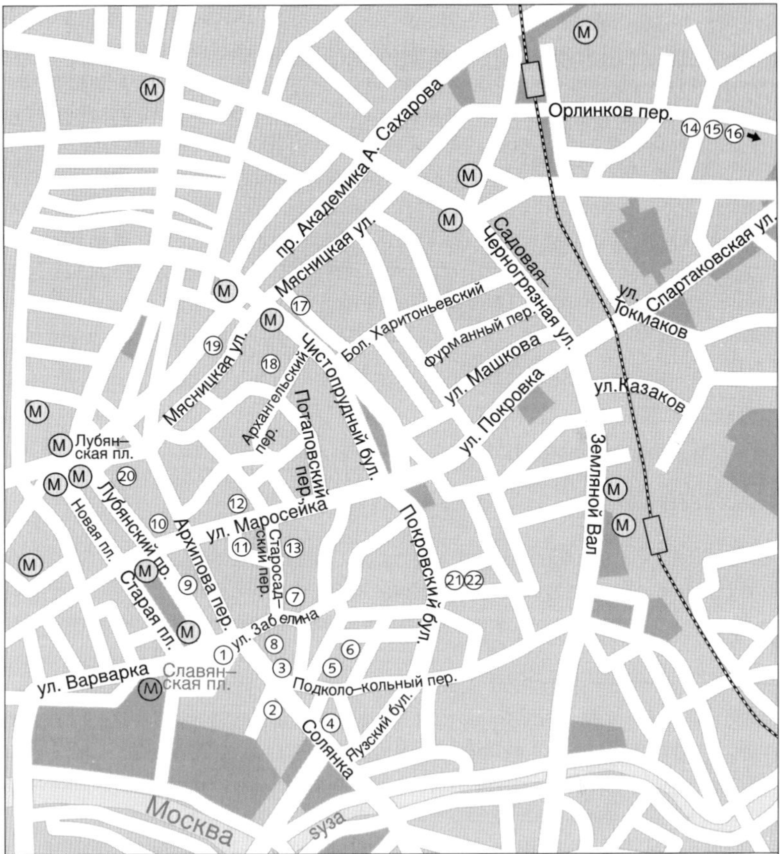

Moskau – Im Osten von Belyj Gorod

10 Nikolajkirche zum Ahorn (церковь Николы в Блиниках)
11 Kosmas-und-Damian-Kirche (церковь Косьмы и Дамиана)
12 Rumjancev-Schloß (Дворец Румянцева)
13 St.-Petri-Pauli-Kirche (Евангелическо-Лютеранский костел Петра и Павла)
14 Epiphaniakathedrale in Elchovo (Богоявленский собор в Елохове)
15 Lefortovo-Palast (Лефортовский Дворец)
16 Palast ›in der Vorstadt‹ (Слободский Дворец)
17 Griboedov-Denkmal (Памятник Грибоедову)
18 Menšikov-Turm (Меншикова башня)
19 Juškov-Haus (Дом Юшкова)
20 Majakovskij-Museum (музей Маяковского)

bibliothek, das Konservatorium und das Theater. So ist ein Spaziergang durch diese Viertel vor allem ein Ausflug in das kulturelle und literarische Leben der Hauptstadt. Unzählige Literaturmuseen und Museen für einzelne Künstler und Schriftsteller, die sogenannten Hausmuseen (dom-muzej) begegnen auf dem Weg, wo in akribischer Kleinarbeit und mit viel Liebe alles gesammelt wurde, was in Beziehung zu diesen Menschen steht. Der Besuch allein eines dieser Museen entblättert oft das ganze Bild einer Epoche, wobei die kritische Reflexion häufig von den Besuchern allein geleistet werden muß. Meist findet man hier eine Einrichtung im Stil der entsprechenden Zeit vor, Fotos, Werkausgaben, Gemälde vom alten Moskau, alte Karten, Theaterdekorationen und biographische Angaben, leider oft nur in russischer Sprache. Doch ein Besuch lohnt sich in den meisten Fällen und gibt Anlaß zu weiterer Beschäftigung.

Im Osten von Belyj Gorod und Zemljanoj Gorod (Белый город и Земляной город)

An der Metrostation ›Kitaj-Gorod‹ (Китай-Город) befindet sich der pl. Slavjanskaja (Славянская пл.). Vor der Revolution wurde er Varvarka-Platz genannt, seit 1924 nach Viktor Nogin, dem ersten Präsidenten des Exekutivkomitees des Moskauer Sowjets. In dem 1912 von Kuznecov errichteten Bankhaus (pl. Slavjanskaja 2) wohnte 1920 John Reed. Am Südende des Platzes, unweit des Bankhauses, liegt eine rote Backsteinkirche, die Kirche auf den Auen (1). Der Beiname rührt von den feuchten Auen und Tümpeln her, die eine natürliche Begrenzung zu Kitaj-Gorod bildeten. Auffallend ist, wieviel tiefer als das heutige Straßenniveau die Kirche liegt. Unter dem Moskauer Großfürsten Dmitrij zog das russische Heer 1380 in die Schlacht auf dem Schnepfenfeld, die am 8. September, dem Tag der Geburt der Gottesmutter, stattfand. Der Großfürst zog aus dem Kreml über diese Straße, die nach Vladimir und Kolomna führte. Die Kirche wurde nach dem Sieg der Schlacht geweiht. Zunächst aus Holz, wurde im 16. Jahrhundert die heutige Kirche aus Stein errichtet. Ein junger, schöner Geistlicher weiß ihre Geschichte zu erzählen. Er spricht die Passanten an, weiß sich auch ohne Sprache zu helfen, denn viel zu oft strömen die Menschen den katalogisierten Sehenswürdigkeiten nach und vergessen sein Kleinod. In der Kirche herrscht eine familiäre Atmosphäre von Ruhe und Geborgenheit, obwohl der Kreml nur wenige Meter entfernt liegt.

Vom pl. Slavjanskaja zweigt die ul. Soljanka (ул. Солянка) ab. Ihr Name geht auf den Salzhof des Zaren zurück (›sol'‹ – ›Salz‹), der sich im 17. und 18. Jahrhundert hier befand. Das Salzhandelsmonopol des Zaren bestand bis 1733. In der ul. Soljanka 12 weist ein mit den Figuren Mutter und Kind markierter Eingang durch eine schattige Allee zum ehemaligen Findelhaus des Vormundschaftrates (2).

Die Nikolajkirche am Steilhang

Schon 1763 hatte Katharina die Große in einem Ukaz befohlen, in ganz Moskau öffentliche Gebäude aus Stein zu errichten. Zwei Tage, nachdem der Erlaß ergangen war, unterbreitete ihr Berater in Schulfragen den Plan zur Gründung eines Findelhauses, das 1764–1772 gebaut wurde. Das Gelände wirkt heute als Industriegebiet eher abweisend. Gegenüber, ul. Soljanka 5, steht wacker die alte, aus dem Jahre 1764 stammende Kirche der Geburt der Muttergottes an der Spitze (3). Der Beiname der Kirche bezieht sich auf ihre Lage. Sie liegt im spitzen Winkel zwischen der Soljanka und der per. Podkolokol'nyj (пер. Подколокольный). Das Innere der Kirche wurde bei Umbauten im 20. Jahrhundert völlig verschandelt, wahrscheinlich hält sie deshalb ihre Tore fest verschlossen. Wer durch das Viertel schlendert, wird nicht nur am Alltag der Moskauer teilnehmen, sondern sicherlich auch verwundert sein, wie viele Kirchen sich über den Dächern der Häuser, an Straßen und in versteckten Hinterhöfen erheben. Die Peter-und-Paul-Kirche an der Jauza, Petropavlovskij per 4 (Петропавловский пер.), war unter den Sowjets die einzige offene Kirche dieses verstohlen schönen Viertels (4). Sie liegt auf einem Hügel, nördlich der Soljanka. Der Name der Kirche weist sie als Bau der Petrinischen Zeit aus. Sie wurde im Stil des damals populären Naryškin-Barocks ausgeführt. So weisen die Fenster weiße Kalkstein-Einfassungen auf, die mit dem Rot des Baus kontrastieren. Durch eine niedrige Vorhalle gelangt man in die Kirche, die über ausdrucksstarke Deckenmalereien verfügt. Der Hauptaltar

Moskauer Bahnhöfe

In Moskau gibt es neun Bahnhöfe, allesamt Kopfbahnhöfe. Die Bahnhöfe empfangen die Menschen mit Moskauer Zeit, den Anreisenden aus Berlin ist Moskau um zwei Stunden voraus. Den aus der entferntesten Stadt des Riesenreiches Ankommenden werden acht Stunden geschenkt. Hundert Nationen drehen an ihren Uhren. Ein einzigartiges Völkergemisch lebt nun mit Moskauer Zeit, schraubt sich durch die Bahnhofshallen den Ausgängen oder den Metroeingängen zu. Menschen springen auf quietschende Rolltreppen. Sie verschwinden auf den Vorplätzen, in Taxis und in den dunklen Schlünden der Metro.

Sie haben vergessen, auf die kleinen Paläste in abgewetztem Gewand zu schauen, die sich Vokzal nennen, das russischen Wort für Bahnhof, das sich bei näherem Hinhören als ›Vauxhall‹ entpuppt. Es gibt auch ein originär russisches Wort für ›Eisenbahn‹, ›železnaja doroga‹. Es steht für den ›eisernen Weg‹, den Rußland mit dem Bau der ersten Verbindung zwischen St. Petersburg und Moskau 1851 einschlug. Tausende Tote forderte dieses Werk der neuen Zeit. »Immer voran, das Volk hats ertragen,/ wenns nur fürs russische Vaterland war,/ Trug auch die eiserne Bahn ohne Klagen,/ Trug, was ihm sandte der himmlische Zar.« (Nikolaj

In verschiedene Gewänder kleiden sich die Moskauer Bahnhöfe: der Jaroslavler Bahnhof im pseudorussischen Märchenstil

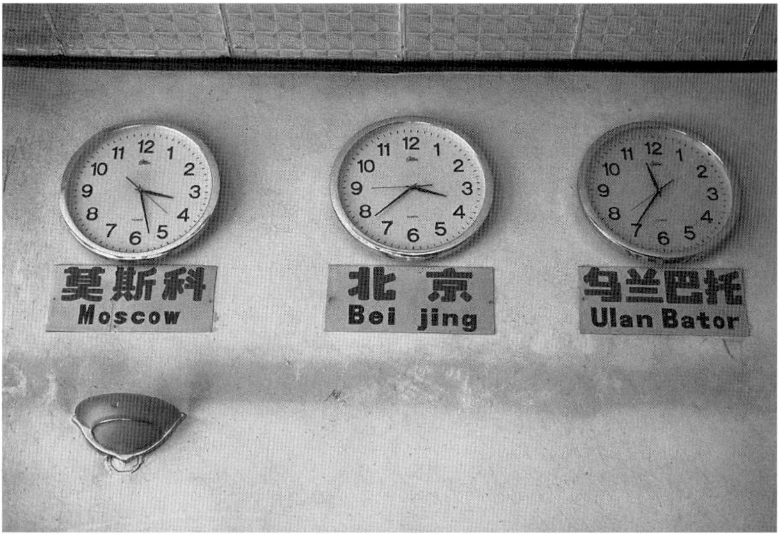

Von Moskau in die weite Welt: Am Jaroslavler Bahnhof startet die legendäre Transsib

Nekrasov: Die Eisenbahn, 1864)
In gewaltigen Schüben wurde eine Region nach der anderen für den Verkehr erschlossen, Rußland in das ›eiserne Zeitalter‹ getrieben. Im Leningrader Bahnhof wurde die erste Eisenbahnlinie zwischen den beiden russischen Hauptstädten eröffnet. Weitere Bahnhöfe folgten, im Nordosten Moskaus befinden sich vier. Drei von ihnen, der schon erwähnte Leningrader Bahnhof sowie der Kazaner und der Jaroslavler Bahnhof, vereinen sich hauptstädtisch imposant am pl. Komsomol'skaja (пл. Комсомольская). Der Kazaner Bahnhof wurde 1913 unter Leitung Ščusevs begonnen. In seiner Fassade sind dekorative Elemente, wie sie typisch sind für verschiedene Städte Rußlands, vereint. Gekrönt wird der Bahnhof von einem spitzen Turm Kazaner Art. Der Jaroslavler Bahnhof wurde 1902–1904 nach einem Entwurf Šechtels auf den Fundamenten eines Vorgängerbaus errichtet. In seiner Architektur verbindet er Formen des Jugendstils und Nordrußlands. Um das Gebäude herum verläuft ein Fries aus grünen Kacheln mit bunten Majolika-Einlagen.
Am Jaroslavler Bahnhof beginnt die mythenumwobene Strecke der Transsibirischen Eisenbahn, die Moskau und Vladivostok verbindet. 9300 Kilometer ›eiserner Weg‹.

der Kirche ist eigentlich der Ikone der ›Muttergottes des Zeichens‹ geweiht, der südliche Seitenaltar gab der Kirche ihren Namen, und der nördliche Seitenaltar ist der Gottesmutter von Kazan gewidmet. Der geschnitzte, vergoldete Ikonostas stammt aus dem 19. Jahrhundert.

Am Hang der Podkopaevskij per. 15 (Подкопаевский пер.), die vom Kloster Johannes des Täufers herunterführt zur Soljanka, wurde 1629 anstelle einer alten Holzkirche die steinerne Nikolajkirche am Steilhang (5) erbaut. Als alle Holzbauten des Kreml und große Teile der Stadt 1493 abbrannten, begab sich Ivan III. hierher und verbrachte mehrere Monate in dem ehemaligen Wirtschafts- und Pferdehof seines Vorgängers Vasilij I. Die steinerne Kirche wurde mehrmals umgebaut, 1759 wurde der dreistöckige Glockenturm erneuert, im 19. Jahrhundert das Refektorium mit seinem Portikus und den beiden Seitenaltären vollständig neu errichtet. Die Auswirkungen unseres Jahrhunderts sind beim Betreten der Kirche noch heute zu verspüren. Am Eingang sammelt die Gemeinde Geld für einen neuen Ikonostas.

Die Dreiheiligenkirche auf Kuliški

In der Malyj Trechsvjatitel'skij per. 4–6 (Малый Трехсвятительский пер.) wurde 1670–1674 eine Kirche gebaut, die Dreiheiligenkirche auf Kuliški (6). Das einkupplige Gotteshaus besteht aus zwei Kirchen, einer unteren Winterkirche und einer oberen Sommerkirche. Der Hauptaltar wurde der Dreifaltigkeit geweiht. Die Kirche wurde allerdings nach einem der Nebenaltäre, der den drei Kirchenvätern Basilius dem Großen, Gregor dem Theologen und Johannes Chrysostomus geweiht ist, benannt. Ein weiterer Altar ist Floros und Lavros, den Beschützern des Viehs, geweiht. In unmittelbarer Nachbarschaft zur Kirche befanden sich die großfürstlichen Pferdeställe.

Am Ende der Starosadskij per. 13 (Altgartengasse) ist auf einem Hügel die Vladimirkirche (7) in den Alten Gärten malerisch gelegen. Von hier bietet sich ein schöner Blick auf das Viertel. Es ist die einzige Kirche Moskaus, die dem Fürsten Vladimir, der 988 die Christianisierung der Rus' veranlaßte, geweiht ist. Eine erste Holzkirche wurde 1423 im Zusammenhang mit der Sommerresidenz von Vasilij I., die sich hier befand, erwähnt. Der Name der Kirche wie auch die umliegenden Straßen erinnern an die alten großfürstlichen Gärten und an einen Hof Vasilij des I. Die Gärten verschwanden mit der Zeit, an ihre Stelle traten die Landsitze reicher Bojaren. Die Kirche aus dem 16. Jahrhundert wurde hundert Jahre später vollständig umgebaut. Der fünfkupplige, säulenlose Hauptbau weist einen fast quadratischen Grundriß mit drei halbrunden Apsiden auf. An die Kirche schließt sich im Norden die Boris-und-Gleb-Kapelle an. Fürst Vladimir war der Vater der beiden Märtyrer Boris und Gleb, die später die ersten russischen Heiligen wurden. An der Westseite befindet sich ein Refektorium aus dem 18. Jahrhundert. An die Boris-und-Gleb-Kapelle schließt sich ein aus dem 18. Jahrhundert stammender dreigeschossiger Glockenturm an.

Der Berg, auf dem sich die Kirche befindet, steht wie das gesamte Gebiet jetzt unter Denkmalschutz. Hier hat sich ohne große Wunden ein reicher Bestand an alter Bausubstanz erhalten, der noch eine Vorstellung davon vermittelt, wie das Viertel im 18. und 19. Jahrhundert ausgesehen haben muß. Das Kloster Johannes des Täufers (8) befindet sich in der Ivanovskij per. 2 (Ивановский пер.), gegenüber der Vladimirkirche. Es wurde erstmalig 1604 urkundlich erwähnt, beim Brand 1737 nahm es schweren Schaden. Beim Brand Moskaus 1812 brannte es bis auf die Kathedrale nieder. Der heutige Bau der Kathedrale und die Instandsetzung des Klosters stammen aus dem Jahr 1879. Schon von weitem springen die beiden Tortürme und die auffallend große Kuppel ins Auge.

Das Kloster war berühmt-berüchtigt als politisches Gefängnis. Hier wurden die zweite Frau des Sohnes von Ivan IV., Pelagaja Solovaja, sowie die zweite Frau Ivans, Evdokija Saburova, eingesperrt. Auch die Frau des Zaren Vasilij Šujskij, Marija Petrovna, mußte ihre Tage hier fristen. Später brachte man Anhänger der Altgläubigen hierher. 1733 wurde im Kloster das Treiben einer häretischen Sekte, deren Anführerin die Klostervorsteherin selbst war, aufgedeckt. Daraufhin wurde es in ein Heim für Witwen und Waisen verdienter Leute umgewandelt. 1785 wurde auf Geheiß von Katharina II. eine Frau in das Kloster gebracht, von der es hieß, sie sei eine Tochter der Kaiserin Elizaveta und des Grafen Razumovskij. Als unliebsame Konkurrentin wurde sie unter strenger Isolation eingesperrt, so daß sie selbst das Sprechen verlernte.

Zwischen der ul. Marosejka (ул. Маросейка) und der ul. Zabelina (ул. Забелина) in der ul. Archipova 8 (ул. Архипова) befindet sich die jüdische Synagoge (9). Sie ist an ihren hebräischen Schriftzeichen (›Hier wohnt Gott‹) am Portal hinter den Säulen leicht zu erkennen. Die Synagoge wurde in den 80er Jahren des vorigen Jahrhunderts erbaut. Sie bietet etwa 1000 Gläubigen Platz. In Moskau lebten am Ende der Sowjetzeit schätzungsweise 400 000 Juden. In Moskau befand sich auch die einzige jüdische theologische Lehranstalt, an der alle Rabbiner, Kantoren und Thora-Leser ausgebildet wurden.

Im Viertel um die ul. Marosejka finden sich Bauten aus vielen Jahrhunderten: Wohnbauten aus dem 16. Jahrhundert, alte Kirchen, zweigeschossige Häuser und Läden, die nach dem Brand von 1812 entstanden, sowie auch Repräsentationsgebäude vom Ende des 19. Jahrhunderts und Anfang des 20. Jahrhunderts. Die Marosejka wurde nach dem Malorossijskij-Gasthaus benannt. Die Ukraine wurde damals Malorossija genannt, also Kleinrußland. In dem Gasthaus stiegen die Gesandten der Hetmans, der Regenten der Ukraine, ab. Zwischenzeitlich hieß die Marosejka ul. Bogdana Chmel'nyc'kogo. Der Hetman Chmel'nyc'kij stand an der Spitze des Befreiungskampfes der Ukrainer gegen die lateinischen Polen und schloß 1654 mit Rußland ein Bündnis, in dessen Folge sich die Ukraine Rußland unterwerfen mußte. In der modernen Marosejka befinden sich Läden, Restaurants und Cafés, so im Haus 6 die Bar ›Flamingo‹. Ein McDonalds – während der heißen Sommermonate kann die Klimaanlage nicht verachtet werden, außerdem gibt es hier die in der Stadt raren Toiletten – ist nicht zu übersehen.

In der ul. Marosejka 7 – man beachte, daß sich in Rußland die Häuser mit geraden Nummern auf der einen, die mit ungeraden auf der anderen Straßenseite befinden – steht die Nikolajkirche zum Ahorn (10). Sie befindet sich unweit des Nordausgangs der Metrostation ›Kitaj-Gorod‹. Das Gotteshaus wurde an der Stelle einer hölzernen Kirche 1657 errichtet. 1701 erhielt es sein heutiges Aussehen. Die Kirche trägt auch den Beinamen ›v Blinikach‹, so genannt nach den bliny, den Plinsen, die hier einstmals in Buden gebacken und verkauft wurden.

Die Kosmas-und-Damian-Kirche auf der Marosejka

Einen Katzensprung weiter, auf der anderen Straßenseite, ul. Marosejka 17, befindet sich vor einem Hochhaus aus Stahl und Glas eine bemerkenswerte grüne Kirche, die Kosmas-und-Damian-Kirche auf der Pokrovka (11). Das klassizistische Bauwerk (1791–1793) schuf der bekannte Architekt M. Kazakov. Es setzt sich aus vier zylindrischen Teilen zusammen: der eigentlichen Kirche, der Apsis und den beiden Seitenkapellen. Den westlichen Abschluß bildet ein Glockenturm. Der Beiname ›auf der Pokrovka‹ stammt von der alten Straßenbezeichnung für die Marosejka. Die Pokrovka war ein altes Zentrum der Schmiede, als deren Beschützer Kosmas und Damian galten. Den kahlen Innenraum schmükken wenige Ikonen. Wer sich für Kirchenliteratur interessiert, sollte sich für die vielen Büchertische etwas Zeit mitbringen.

Gegenüber der Kirche steht ein weiteres Baudenkmal, das an der Wende des 18. und 19. Jahrhunderts errichtete Haus Nr. 17. Es gehörte dem namhaften Feldherrn Rumjancev, später seinem Sohn, dessen wertvolle Sammlungen den Grundstock der Bestände des Rumjancev-Museums und der Rumjancev-Bibliothek, der heutigen Lenin-Bibliothek, bildeten. Gegenwärtig wird das ehemalige Schloß der Rumjancevs (12) von der Weißrussischen Botschaft genutzt.

Zahlreiche Gassen folgen von der Marosejka aus dem natürlichen Verlauf des Geländes. Von der Großstadthektik ist kaum etwas zu verspüren. Bergab verläuft die Gasse Starosadskij per. (Старосадский пер.). Über das Haus 7 schrieb ein sowjetischer, 1981 verlegter Reiseführer: »Im Haus 7 (Anfang des 19. Jahrhunderts) befindet sich das Studio ›Diafilm‹. Es produziert jährlich fast 20 Millionen Kopien von Schwarzweiß- und Farbdiafilmreihen zu Literatur und Kunst, verschiedene Lehrmittel für die Ober- und Hochschulen sowie Kindermärchen.« Etwas zurückversetzt, hinter hohen Bäumen befindet sich das ehemalige Studio ›Diafilm‹ – die 1990 wieder ihrer eigentlichen Bestimmung zugeführte St.-Petri-Pauli-Kirche (13). Das Gebäude stammt aus dem Jahr 1905. Gegenüber auf der anderen Straßenseite befand sich die Deutsche St. Petri-Pauli-Knabenschule. Die Kirche gehörte einer der drei größten deutschen evangelisch-lutherischen Gemeinden Moskaus an, die 1926 ihr dreihundertjähriges Bestehen feierte. 1938 wurde die evangelisch-lutherische Kirche Rußlands offiziell für aufgelöst erklärt.

Nemeckaja Sloboda – die ehemalige Ausländervorstadt

Im Nordosten von Moskau, außerhalb des Erdwalls am rechten Ufer der Jauza, entstand Mitte des 17. Jahrhunderts die sogenannte ›Ausländervorstadt‹. 1652 mußten sich auf Befehl des Zaren Alexej Michajlovič alle in Moskau lebenden Ausländer dort ansiedeln. Die Ausländervorstadt wurde auch Nemeckaja Sloboda genannt. Der Name leitet sich vom russischen Wort ›nemoj‹ (stumm) ab. ›Stumm‹ nannte man ursprünglich alle nicht russisch Sprechenden, erst später wurde die Bedeutung auf die Deutschen eingeschränkt.

Die Ausländer waren zu jener Zeit für den Moskauer Staat längst unentbehrlich geworden. Sie nahmen entscheidenden Einfluß auf die wirtschaftliche und kulturelle Entwicklung Rußlands. Zar Peter der Große hat die Siedlung in seinen Jugendjahren häufig besucht. Er nahm an Festen teil, hob Kinder aus der Taufe

Der Meister und Margarita – Ein Roman von Michail Bulgakov

›Der Meister und Margarita‹ ist einer der zärtlichsten Moskauromane. Seine Lektüre mag zunächst schwierig erscheinen, denn das an Episoden überreiche Geschehen spielt sich auf drei Ebenen ab, doch wer die Mühe auf sich nimmt, wird reichlich belohnt. Es gilt, ein Rätsel zu lösen – Moskau.

Bulgakov (1891–1940) schrieb den Roman in der Zeit von 1929–1940. Erscheinen konnte er allerdings erst in den 60er Jahren und in gekürzter Form. Das personifizierte Böse, der Teufel Voland, beschließt, Moskau heimzusuchen. Er bringt seine Zauberlehrlinge mit sich sowie den Kater Behemoth und Hella, eine blutsaugende Vampirin. Nach allen Regeln der schwarzen Kunst stellen sie Moskau auf den Kopf. Es ist das verkehrte Moskau der 30er Jahre, in dem das Böse gut und das Gute böse ist. Der Teufel kommt, um die Prinzipien von Gut und Böse wieder ins rechte Lot zu rücken. Was aber ist das Böse? Was aber ist das Gute? Satire und bitterer Ernst, Schabernack und Tragik. In den Anfangsszenen des Romans, an den Patriarchenteichen, fallen die bösen Mächte in Moskau ein. Sie prophezeien Berlioz, dem Vorsitzenden einer großen Moskauer Literaturassoziation, das baldige Ende durch Enthauptung mittels Einwirkung von verschüttetem Sonnenblumenöl.

»... er (Berlioz – Anm. d. A.) lief zum Drehkreuz und faßte es mit der Hand. Nachdem er es weitergedreht hatte, wollte er eben die Schienen betreten, als ihm rotes und weißes Licht ins Gesicht spritzte: Im Glaskästchen war die Schrift ›Achtung, Straßenbahn!‹ aufgeleuchtet. Da brauste sie auch schon heran, die Straßenbahn, die auf der neuen Linie von der Ermolaevskij-Gasse in die Bronnaja einbog. Gleich hinter der Kurve, wo es geradeaus weiterging, flammte in ihr plötzlich das elektrische auf, und aufheulend legte sie Tempo zu...«

Berlioz hält inne, doch Annuschka, Werkzeug des Bösen, verschüttet Sonnenblumenöl. Berlioz rutscht aus und gerät unter die Straßenbahn.

»Noch einmal sah er hoch oben, ob rechts oder links konnte er nicht mehr erkennen, den goldgelben Mond. Es gelang ihm, sich auf die Seite zu drehen, mit einer wütenden Bewegung zog er die Beine an den Bauch und erblickte nun die mit unaufhaltsamer Kraft auf ihn zurasende Straßenbahn, das entsetzensbleiche Gesicht der Wagenführerin und ihre rote Armbinde. Berlioz schrie nicht auf, doch ringsum gellte die ganze Straße in hysterischem Frauengekreisch. ... Die Straßenbahn überrollte Berlioz, unterm Gitter der Patriarchenallee hervor sprang ein dunkler runder Gegenstand die gepflasterte

Vorsicht Straßenbahn!

Böschung hinauf, rollte wieder hinunter und hüpfte über den Fahrdamm. Es war der abgetrennte Kopf von Berlioz.«
Alle haben unter dem Teufel zu leiden, kleine schäbige Betrüger, Spekulanten und schmierige Hauswarte. Auch der Tod von Berlioz war des Teufels Machenschaft, eben eine Wohnungsbeschaffungsmaßnahme. Voland und sein Gefolge ziehen in Berlioz' Wohnung ein, wovon die anderen Hausbewohner nichts wissen. Sie wähnen die Wohnung leer. Dazwischen steht der ohnehin vom Wohnungsmangel der 30er Jahre schon geplagte Hauswart. Mit kleinen grünen, Dollarscheinchen wird er gefoppt und blamiert.

»Bitten, Drohungen, Verleumdungen und Denunziationen, ferner das Versprechen, auf eigene Kosten renovieren zu lassen, Hinweise auf unerträgliche Beengtheit und darauf, daß es unmöglich sei, mit Banditen in einer Wohnung zu hausen. Unter anderem gab es da die durch ihre künstlerische Kraft erschütternde Schilderung eines Raubes von Fleischpastetchen, die in der Wohnung 31 in einer Jackentasche verschwunden seien, zwei Ankündigungen, das Leben durch Selbstmord zu beenden, und ein Geständnis heimlicher Schwangerschaft.«
Wirkliche Hilfe gewährt der Teufel nur den Dichtern und einer liebenden Frau. Aber nur, wenn sie den Mut zu Wahrheit besitzen. Doch im Moskau der 30er Jahre die Wahrheit zu sagen, bedeutete Kreuzigung. Als der Spuk beginnt, befindet sich der Meister in einer Irrenanstalt, am Ende ist er mit seiner geliebten Margarita vereint.
Der Wunschtraum Bulgakovs, Gott der Herr werde seine Gerechten in jener Welt erkennen, kann angesichts seiner eigenen, tragischen Biographie nicht verwundern. Ihm war es nicht vergönnt, sich mit des Teufels Gesellen in die Lüfte zu schwingen und Moskau zu verlassen. Sein Grab befindet sich auf dem alten Teil des Friedhofs am Neujungfrauenkloster.

und lernte als Kontrast zum orthodoxen Moskau die Kultur des Westens kennen. Später verlegte er den Zarensitz hierher, bald folgte ihm auch die russische Aristokratie. Ein neues vornehmes Moskauer Viertel mit Häusern namhafter Würdenträger und später auch reicher Kaufleute und Fabrikanten entstand. Es ist das heutige Viertel an der ul. Baumanskaja (ул. Бауманская), an der gleichnamigen Metrostation. Es erinnert heute jedoch eher an ein Industriegebiet und hat von seinem Charme wenig bewahrt. Auch von den Ausländern ist nur noch wenig zu spüren.

An der ul. Radio (ул. Радио), zwischen dem Demidovskij B. per. (Демидовский Б. пер.) und der Baumanskaja ul. (ehemals Nemeckaja ul. – Deutsche Straße), lag eine der bedeutendsten lutherischen Kirchen, die Michaelis-Kirche. Die lutherische Gemeinde in Moskau wurde zwischen 1560 und 65 gegründet, die St.-Michaelis-Kirche 1576 errichtet. Im Viertel lagen weitere Ausländerkirchen: in der heutigen Starokiročnyj per. (Старокирочный пер.) eine römisch-katholische Kirche und die ehemalige Neue-St.-Petri-Pauli-Kirche, in der Denisovskij per. (Денисовский пер.) eine ehemalige holländische Kirche. Ein aus dem Jahre 1863 stammender Plan von Fechner weist eine Unzahl weiterer Ausländerkirchen auf.

Am Ausgang der Metrostation ›Baumanskaja‹ befinden sich mehrere kleinere Cafés. Der Blick fällt auf die goldenen Kuppeln der nahegelegenen Epiphaniakathedrale in Elochovo (14) in der Spartakovskaja ul. 15 (Спартаковская ул). In der Mitte des 17. Jahrhunderts wurde im Dorf Elochovo eine hölzerne Kirche errichtet. Sie wurde 1722–1731 durch eine steinerne ersetzt, in der Alexander Puschkin am 8. Juni 1799 getauft wurde. Der heutige spätklassizistische Bau wurde 1835–1845 ausgeführt. In der prachtvoll ausgestatteten Kathedrale ruhen seit 1947 die Gebeine des Heiligen Alexej (gest. 1378), die aus der Maria-Entschlafens-Kathedrale des Kremls hierher überführt wurden. In der Kathedrale wurde 1943 der Metropolit Sergej als Amtsverweser des Patriarchenstuhls inthronisiert und 1944 in der Nikolajkapelle beigesetzt. Auch sein Nachfolger Aleksij wurde hier 1945 als Patriarch inthronisiert. 1948 wurde in der Epiphaniakathedrale die 500-jährige Autokephalie der russischen Kirche und 1988 die Tausendjahrfeier der russischen Kirche gefeiert. Die Kathedrale war, nachdem der Patriarch nach der Revolution seinen angestammten Sitz im Kreml verloren hatte, die Hauptkirche Moskaus. Erst mit der Rückgabe des Danilov-Klosters an die orthodoxe Kirche 1984 bekam der Patriarch wieder eine standesgemäße Residenz.

Wer den Weg entlang einer schnurgeraden, öden Straße nicht scheut, gelangt von der Baumanskaja ul. (Бауманская ул.) zum Lefortovskaja pl. (Лефортовская пл.). An der Ecke zur Starokiročnyj per. befindet sich der Baumannskij Rynok, ein Markt, auf dem frisches Obst und Gemüse und vieles mehr angeboten werden. Lefortovo bildete den Auftakt für die städtebauliche Tätigkeit Peters I. Der Bau des Lefortovskij-Palastes (15) wurde 1697/99 ausgeführt und sollte ein Geschenk des Zaren an den Admiral der russischen Flotte Franz Lefortovo sein. Doch mehrere Jahre diente er Peter I. als Sitz, auf dem er Gesandte empfing und große Empfänge gab. 1707 schenkte er den Palast seinem Günstling A. Menšikov. Der Palast ist gegenwärtig nicht zu besichtigen, er beherbergt das seit 1819 bestehende militärhistorische Archiv.

Neben dem Palast ließ sich in der Mitte des 18. Jahrhunderts A. Bestužev-Rjumin, Kanzler der Zarin Elisabeth, einen Palast ›in der Vorstadt‹ (16) errichten. Das Schloß wurde zweimal nach Projekten von G. Quarenghi umgebaut. Aus dieser Zeit (1788/89) stammt die von ionischen Säulen umstandene Halbrotunde an der Gartenfassade. 1812 erlitt das Gebäude starke Brandschäden und wurde im Empirestil umgebaut. Die Hauptfassade bekam einen monumentalen Portikus. Die Figuren über der Attika schuf Vitali.

An den Patriarchenteichen

Die Überdachung des Metroausganges ›Čistye Prudy‹ (Чистые Пруды) erinnert wahrlich nicht an den vielgepriesenen Prunk der Moskauer Metro. Auf dem Vorplatz quietschen die alten Straßenbahnen, die um die Patriarchenteiche tuckern.

An den Patriarchenteichen

Gegenüber dem Eingang, vorbei an Imbißbuden, steht ein Denkmal für den russischen Dichter A. Griboedov (1795–1829), das 1959 enthüllt wurde (17). Gestalten der satirischen Komödie ›Verstand bringt Leiden‹ schmücken den Theatervorhang aus Bronze, der bis an den Sockel des grauen Granitdenkmals reicht. Hinter dem Denkmal erstreckt sich ein künstlich angelegter Teich, der reine (čistyj) oder – Patriarchenteich. Offensichtlich müssen es früher mehrere Teiche gewesen sein. Um die Wasserfläche ziehen sich schattige Alleen, sitzen die Moskauer gern zu einem Schwätzchen. Die Moskauer lieben diese Gegend, trotzdem sie wissen, daß das Böse eben hier in Moskau einfiel.

Portal des Menšikov-Turms

An den Patriarchenteichen öffnet allabendlich eines der beliebtesten Moskauer Theater, das ›Sovremennik‹ seine Vorhänge.

Schon von weitem ist der auffallend hohe, orangerot gestrichene Menšikov-Turm (18) zu sehen. Er gehört zum Ensemble zweier Kirchen an der Telegrafnyj per. 15a (Телеграфный пер.). Beide Kirchen beherbergen heute die Vertretung des Patriarchen von Antiochien. Menšikov, einer der engsten Vertrauten Peters I., der während dessen Abwesenheit die Regierungsgeschäfte leitete, erwarb 1699 an der Mjasnickaja ein großes Anwesen. Durch Zukauf benachbarter Grundstücke konnte er es erweitern und auf seinem Grund und Boden den Bau einer neuen Kirche (1705–1707) veranlassen. Über der Kirche erhebt sich ein dreistöckiger Turm. Nach dem Willen des Auftraggebers sollte der Turm höher als der ›Ivan Velikij‹ des Kremls sein. Ursprünglich wurde der Turm durch eine langgezogene, hölzerne Spitze mit einem Erzengel abgeschlossen. Menšikov ging schon bald mit Peter I. nach Norden in dessen neugegründete Hauptstadt. Turm und Kirche standen verlassen. 1723 schlug ein Blitz in die Spitze ein, und die Kirche brannte ab. Erst 1773–1778 konnte die Kirche vollständig restauriert werden. Der alte Turmabschluß wurde jedoch nicht erneuert, so daß die Kirche nunmehr niedriger erscheint. Man nimmt an, daß ›Martinisten‹, Anhänger einer freimaurerähnlichen Loge, den Kirchenneubau in Auftrag gaben. Der Anführer und andere Anhänger der Sekte, die bald unterdrückt wurde, wohnten in der Nähe. 1806 wurde in unmittelbarer Nähe ein weiterer Glockenturm sowie die kleine, ›warme‹ Theodor-Stratilates-Kirche erbaut.

Die Mjasnickaja (ул. Мясницкая)

Die Mjasnickaja wurde nach dem im 16. Jahrhundert hier gelegenen Fleischerdorf mit Schlachthöfen und Fleischereien benannt (russ. ›mjaso‹ – ›Fleisch‹). Im 17. und 18. Jahrhundert wurden die Straße und die anliegenden Gassen mit Herrenhäusern angesehener Würdenträger sowie mit Klosteranlagen und Kirchen bebaut. Nach dem Brand von 1812 entstanden anstelle der ausgebrannnten Holzhäuser ein- bis zweigeschossige Steinbauten. Seit der zweiten Hälfte des 19. Jahrhunderts wuchsen nach und nach Gebäude von Banken, Ämtern und Geschäften empor. 1935 wurde die Magistrale nach Kirov, dem sowjetischen Parteifunktionär und Staatsmann, benannt. Nach dem Ende der Sowjetmacht erhielt sie ihren alten, angestammten Namen zurück.

Das Haus 39 wurde als einer der ersten ›Glasbauten‹ Moskaus errichtet. Es stammt von Le Corbusier aus den Jahren 1928–1935. Daran schließt sich ein einstiger städtischer Herrensitz an, errichtet Anfang des 19. Jahrhunderts von O. Beauvais. Die Mjasnickaja weiter, auf der gegenüberliegenden Straßenseite, Nr. 26, befindet sich das Hauptpostamt. Seit 1700 gab es in Moskau ein Postkontor, das 1793 zur Hauptpost wurde. Über 100 Jahre befand sie sich im ehemaligen Haus Menšikovs, bis O. Munc und L. Novikov 1912 einen Neubau errichteten. Ein von einer Rotunde bekrönter zentraler Kubus nimmt in voller Höhe seiner drei Geschosse den Hauptsaal auf. Strenge Linien und Funktionalität bestimmen den Charakter des Gebäudes.

Etwas weiter steht das sogenannte Juškov-Haus (19), das der Architekt Baženov in den 1780er Jahren für Ivan Juškov, den damaligen Moskauer Zivilgouverneur, errichtete. 1844 kaufte die Gesellschaft der Kunst das Haus und eröffnete darin eine Lehranstalt für Malerei, Bildhauerei und Architektur. Hier studierten und unterrichteten die berühmten russischen Künstler Savrasov, Perov, Levitan, Šiškin, Serov und andere. Hier fand auch 1914 die erste Moskauer Ausstellung der Peredvižniki (Wanderaussteller) statt. An der Schule studierten Malevič 1904/05 und Majakovskij 1911/14. Nach der Revolution wurde die

ROSTA-Fenster Nr. 532 (Fragment)

Schule in die Höheren Staatlichen Künstlerisch-Technischen Werkstätten (VCHUTEMAS) und 1926/27 in das Höhere Staatliche Künstlerisch-Technische Institut (VCHUTEIN) umgewandelt. Als sich auch durch diese Maßnahmen die Kunst der russischen Avantgarde nicht nivellieren ließ, wurde die Schule geschlossen. Zu den Lehrern der VCHUTEMAS gehörten unter anderem Mitglieder der Gruppe ›Karo Bube‹.

Das Teehaus in der Mjasnickaja 19 ließ sich S. Perlov 1890 bauen. Ende des 19. Jahrhunderts gab es in Moskau nur zwei Handelshäuser, die Tee aus China importierten. Anläßlich der Krönung des Zaren Nikolaj II. 1895 verbreitete sich das Gerücht, daß der chinesische Kaiser dem Zeremoniell beiwohnen würde. Perlov schmückte daraufhin sein Haus mit einer chinesischen Fassade, in der Hoffnung, der Kaiser würde bei ihm absteigen. Doch der hohe Gast wohnte bei der Konkurrenz.

Die Mjasnickaja mündet in den pl. Lubjanskaja (пл. Лубянская), Metrostation ›Lubjanka‹ (Лубянка). Etwas versteckt, im Hof eines der riesigen Gebäude, die den Platz säumen, lädt eines der interessantesten Literaturmuseen Moskaus ein. Es ist (20) Vladimir Majakovskij (1893–1930), dem ›Trommler‹ der Revolution, gewidmet, der hier seit 1919 bis zu seinem Tod lebte. Eine Beschreibung aus dem Poem ›Chorošo‹ (›Gut‹):

»Ich wohn in A. Stachevs Haus,
jetzt Volkswirtschaftsrat.
Raus mußten bei Gewehrgeklirr
die Reichen und die Kassen.
Jetzt hausen alle Arten hier
von Leuten und von Klassen.«

Das geschäftige Viertel erreicht man am besten von den Metrostationen ›Kitaj-Gorod‹ (Китай-Город) oder ›Lubjanka‹ (Лубянка). Das ehemalige Ausländerviertel erstreckt sich an der Metrostation ›Baumanskaja‹ (Бауманская). Die drei Bahnhöfe, Leningrader, Kazaner und Jaroslavler Bahnhof, befinden sich an der Metrostation ›Komsomol'skaja‹ (Комсомольская).

Entlang der belebten großen Straßen befinden sich unzählige Cafés und Restaurants, die eine Auswahl schwer machen. Im folgenden seien nur wenige genannt:

Bar ›Flamingo‹, ul. Marosejka 6 (ул. Маросейка), arabische und europäische Küche, Tel. 921 64 28. An der Metrostation ›Baumanskaja‹ (Бауманская) liegt das Café ›Utes‹, ul. Baumanskaja 32, Tel. 265 38 63, täglich von 12 bis 24 Uhr.

Ein Markt befindet sich Ecke ul. Baumanskaja/Starokiročnyj per. (ул. Бауманская/Старокирочный пер.), geschäftiges Handeln herrscht auch an den Bahnhöfen und den Metrostationen.

Das Majakovskij-Museum, proezd Serova 3/6 (проезд Серова) ist Mo von 12 bis 18 Uhr, Di, Fr, Sa von 10 bis 18 Uhr und Do von 13 bis 21 Uhr geöffnet. Seine künstlerische Gestaltung entspricht auf faszinierende Weise der avantgardistischen Kreativität des Jahrhundertanfangs. Materialien, Briefe, Bilder und Texte nähern sich auf behutsame Weise dem Leben des Dichters.

Vladimir Majakovskij – ›Das Boot der Liebe ist am Sein zerschellt‹

Majakovskij kam 1906 nach Moskau und trat 1911 in die Moskauer Kunstschule ein. Im Sturm versuchten er und die ihm Gleichgesinnten – Burljuk, Chlebnikov und Kručennych –, die unruhige Hauptstadt zu erobern. Die Zukunft hatten sie sich auf die Fahnen geschrieben. In ihrem Manifest des Futurismus, der sich in einigem von der italienischen Schule unterschied, forderten sie die ganze marode bürgerliche Gesellschaft heraus. ›Eine Ohrfeige dem öffentlichen Geschmack‹, so nannten sie die Schrift und auch ihren ersten gemeinsamen Sammelband.

›Was du berührtest, schien anders/ Als es bisher war. An dessen Zerstörung/Du gingst, zerstört liegts. In jeglichem Wort/Pulste das Urteil.‹ (Anna Achmatova: ›Majakovskij im Jahr 1913‹)

Die Revolution 1917 schien der Anfang einer neuen Zeit, und Majakovskij schien wie berufen zu ihrem Sänger. Er verbrachte die Tage und Nächte mit dem Entwerfen von Plakaten und Texten, die von der Nachrichtenagentur ROSTA ausgehängt wurden. Die sogenannten ROSTA-Fenster waren ein Versuch, den des Lesens und Schreibens Unkundigen die Inhalte der Revolution nahezubringen. Rastlosigkeit, Arbeit und die Liebe prägten das Leben des Dichters. Eine leidenschaftliche und tragische Beziehung verband ihn über 14 Jahre mit Lilja Brik, der Ehefrau seines Freundes Ossip Brik, von dem sie sich auch nie trennte. Die Brüche in seinem Leben nahmen zu. In die Revolution schlichen sich Alltag und Enttäuschung

Alexander Rodčenko: Vladimir Majakovskij, 1924

ein. Das sensible Dichterherz hinter der stürmischen, lauten Erscheinung, das er schon 1913 poetisch offenbarte – ›Alle trampelt ihr auf den Schmetterling des Dichterherzens, schmutzig, mit Galoschen und ohne‹ – windet sich zwischen dem der Zukunft zugewandten Traum und der erfahrenen Wirklichkeit.

Die 1930 von ihm selbst organisierte Ausstellung ›Zwanzig Jahre Arbeit‹ wird für ihn zum Drama und zum

Sinnbild seiner Einsamkeit. »Volodja wollte Anerkennung. Er wollte, daß wir, die REF (Revolutionäre Kunstfront, Anm. d. A.), seine Ausstellung organisieren – und daß auf die Ausstellung die Vertreter der Partei und der Regierung kämen und sagten, daß er, Majakovskij, ein guter Dichter sei. Volodja war müde vom Kampf, von den Zänkereien, von der Polemik. Er wollte etwas Ruhe und ein bißchen schöpferischen Komfort. … Ich sah, daß Volodja sich in einer abscheulichen geistigen Verfassung befand, daß seine Nerven kaputt waren, kam aber nicht auf den eigentlichen Grund seines Zustands. Dieser Wunsch, offiziell anerkannt zu sein, war für Volodja gar nicht typisch und völlig ungewohnt – so sehr erwartete ich, Volodja im Hasard des Kampfs, im Streit und in der Polemik zu sehen. … Warum hat sich Volodja erschossen? Diese Frage ist schwierig, und die Antwort müßte unweigerlich schwierig sein.« (Ossip Brik: ›Majakowski‹, 1940) Der Dichter selbst gab eine Antwort:

»Ich sterbe. An alle.
Ich sterbe, macht niemanden dafür verantwortlich, und bitte kein Gerede.
Der Verstorbene haßte das… Wie man so sagt: der Fall ist jetzt erledigt,
das Boot der Liebe
ist am Sein zerschellt.
Ich bin mit dem Leben quitt,
es ist nicht nötig,
daß man sich Not
und Qual
entgegenhält.
Den Hinterbliebenen Glück.
12.4.30 Vladimir Majakovskij«

Der Eingang zum Majakovskij-Museum – Eintritt in die Welt der Avantgarde

Im Norden von Belyj Gorod und Zemljanoj Gorod

Ausgangspunkt eines Rundganges ist der Lubjanka-Platz, an der gleichnamigen Metrostation (Лубянка) gelegen. Nahe dem bekannten Bol'šoj-Theater befindet sich die ›Lubjanka‹. Das Haus wurde Ende des 19. Jahrhunderts für die ›Allrussische Versicherungsgesellschaft‹ gebaut. Als im März 1918 die Sowjetmacht von Petrograd nach Moskau umzog, wurde das Gebäude von der Politischen Polizei eingenommen. In den 30er Jahren entstanden die neue Fassade und die beiden oberen Stockwerke, in den Höfen und Kellern wurden ein Gefängniskomplex sowie Hinrichtungsanlagen eingerichtet. Schon im Dezember 1917 hatten die Bolschewiki ihre erste Geheimpolizei geschaffen, die ›Allrussische Außerordentliche Kommission zur Bekämpfung der Konterrevolution und Sabotage‹ (Čeka), aus der sich nach mehreren Umbenennungen der KGB entwickelte, dem Schätzungen zufolge etwa 66 Millionen Menschen zum Opfer fielen.

In der Mitte des Platzes stand ein Denkmal für Felix Dzeržinskij (1877–1926). Ihm wurde im Dezember 1917 der Vorsitz in der Čeka anvertraut. Niemand konnte in die Nähe des Denkmals treten, das sich in der Mitte eines Rondells befand. Dann kam der Putschversuch im August 1991. Das Denkmal des ›Eisernen Felix‹ wurde von der aufgebrachten Menschenmasse niedergerissen. An der Südostseite des Lubjanka-Platzes haben Mitglieder von ›Memorial‹, einer Bürgerbewegung, die sich die Aufarbeitung der Repressalien während der Sowjetmacht auf die Fahnen geschrieben hat, einen Stein aus dem berüchtigten Lager von der Soloveckij-Klosterinsel herbeigeschafft. Er ruht auf einer Platte, deren Inschrift der ›Millionen Opfer des totalitären Regimes‹ gedenkt.

Der Lubjanka-Platz wird von hektischem Verkehr dominiert, dem man nur durch die unterirdischen Fußgängertunnel entkommen kann. Buntes Leben herrscht am Kinderkaufhaus, dem ›Detskij Mir‹ (Детский Мир). In der Malaja Lubjanka 12 befindet sich die St.-Louis-Kirche (1), die französische römisch-katholische Kirche Moskaus. Die Katholiken durften erst Ende des 17. Jahrhunderts eine eigene Kirche eröffnen, da die Orthodoxie eine Einmischung und aktive Propaganda befürchtete. Die St.-Louis-Kirche wurde erstmals 1791 errichtet, der jetzige Bau stammt vom Anfang des 19. Jahrhunderts. Während der Sowjetzeit war dies die einzige offene katholische Kirche, so daß Staatsgäste, die einen katholischen Gottesdienst besuchen wollten, hierher geführt wurden.

In der Bol'šaja Lubjanka 19 (Большая Лубянка) liegt, deutlich tiefer als das heutige Straßenniveau, das ehemalige Kloster der Begegnung (2), von dem heute wesentlich nur noch die Kathedrale erhalten ist. Im Jahre 1395 wurde Moskau von tatarischen Heerscharen bedroht, so daß man aus Vladimir die Ikone der Muttergottes von Vladimir kommen ließ. Sie wurde nach einer elftägigen Reise von der Moskauer Bevölkerung am Stadtrand begrüßt (›sretenie‹ – ›Begegnung‹). In Erin-

Das Kloster der Begegnung

nerung an die Errettung Moskaus wurde an dieser Stelle neben einer schon existierenden eine weitere hölzerne Kirche errichtet. Bei der Kirche entstand ein Kloster. Die jetzige, im Grundriß quadratische Kathedrale wurde 1679 fertiggestellt. Sie trägt die traditionellen fünf Kuppeln und besticht im Inneren durch ihre Fresken, die ursprünglich in vier Bändern auf den Wänden und Säulen verliefen. Die Fremdnutzung der Kathedrale ab den 30er Jahren führte dazu, daß viele der Fresken verlorengingen. Im Klosterhof, der sich hinter den weißen Mauern malerisch erstreckt, wurde von Alexij II., Patriarch von Moskau und ganz Rußland, 1995 ein Holzkreuz eingeweiht, das den vielen Opfern der ›Zeit der Wirren‹ gedenkt.

Die ul. Roždestvenka (ул. Рождественка) verband einst den Kreml mit dem Kloster zur Geburt der Muttergottes, das Ende des 14. Jahrhunderts am steilen Ufer der Neglinnaja entstand. Der Verlauf der Straßenzüge in diesem Viertel war im 14. und 15. Jahrhundert wesentlich von der Ufergestaltung der Neglinnaja bedingt. An höheren Stellen entstanden Festungsklöster. Dort, wo sich Dörfer befanden, wurden die Bauten der Handwerker und Kriegsleute durch Herrenhäuser des Adels verdrängt. Ende des 18. Jahrhunderts entwickelte sich das Viertel zu einem Zentrum des Moskauer Adels und der Kaufmannschaft. Bevor man die Roždestvenka bergan läuft, lohnt es sich, einen Blick in das Touristenbüro an der Roždestvenka 5

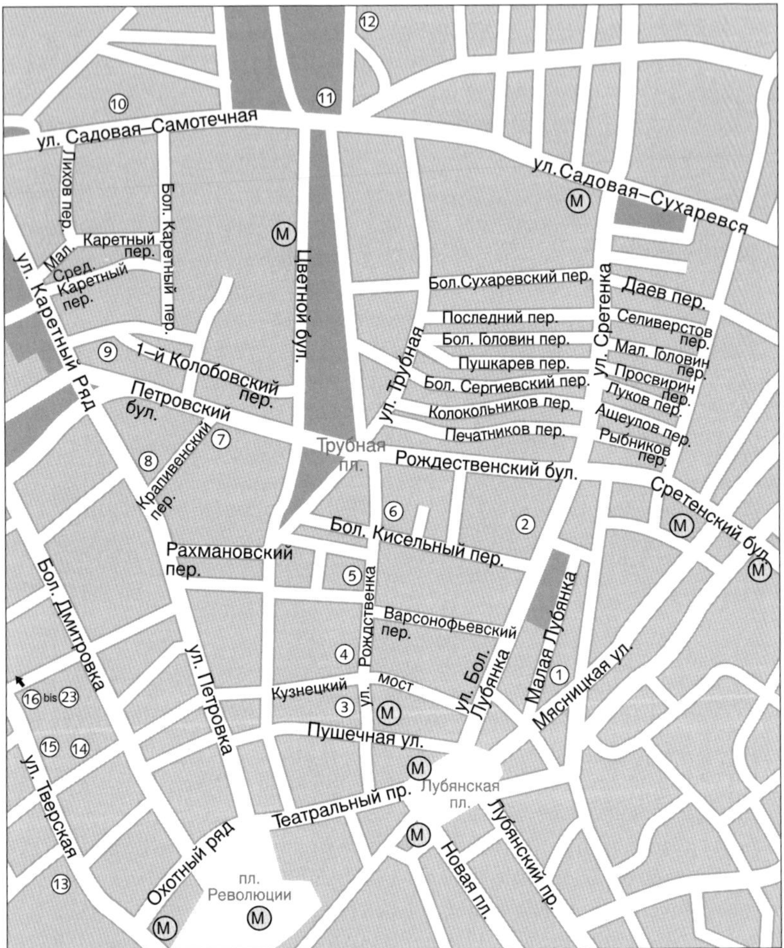

Moskau – Im Norden von Belyj Gorod

Legende

1 St.-Louis-Kirche (церковь св. Луиса)

2 Kloster der Begegnung (Сретенский монастырь)

3 Touristenbüro (Турбюро)

4 Architekturinstitut (Архитектурный институт)

5 Nikolajkirche zu den Glöcknern (церковь Святого Николая в Звонарях)

6 Kloster zur Geburt der Muttergottes (Рождественский монастырь)

7 Sergiuskirche in den Brennesseln (церковь Сергея в Крапивах)

(ул. Рождественка) zu werfen (3), angeboten werden Übernachtungen, Stadtführungen und Exkursionen in andere sehenswerte Städte des Goldenen Rings.

Schräg gegenüber befindet sich das Hotel ›Savoy‹ mit Bar, Restaurant und Pizzeria. Die Fenster des Hotels gehen teilweise auf die Pušečnaja ul. (Пушечная ул.), auf die Kanonenstraße. Hier befand sich bis Anfang des 19. Jahrhunderts der Kanonenhof. Im letzten Jahrhundert säumten niedrige Steinhäuser die Straße, von denen sich einige erhalten haben. Hinter der ul. Kuzneckij Most (Кузнецкий Мост) und der gleichnamigen Metrostation fällt das etwas zurückversetzte Gebäude des Architekturinstitutes (4) auf. Es wurde 1778 errichtet. Ende der 80er Jahre des vorigen Jahrhunderts wurde es von der Stroganov-Schule für angewandte Kunst genutzt. Nunmehr befindet sich das 1866 gegründete Moskauer Architekturinstitut in dem interessanten Haus.

Auf dem Weg zum Kloster kommt man an einer spätbarocken Kirche (1762–1781) vorbei, der Nikolajkirche zu den Glöcknern (5). Der Name weist darauf hin, daß in ihrer unmittelbaren Umgebung die Glöckner der Kremlkathedralen angesiedelt wurden.

8 Hoch-Peter-Kloster (Высоко-Петровский монастырь)
9 Kirche der Gottesmutter des Zeichens (церковь Знамения Пресвятой Богородицы)
10 Obrazsov-Puppentheater (театр Образцова)
11 Dreifaltigkeitskirche in der Troicer Sloboda (Свято-Троицкая церковь)
12 Vasnecov-Museum (музей Васнецова)
13 Post, Telegraf (почтамт, телеграф)
14 Moskauer Künstlertheater (Московский Художественный Академический Театр)
15 Kontor des Savvin-Storoževskij-Klosters (подворье Савво-Сторожевского монастыря)
16 Moskauer Stadtsowjet (Московский Городской Совет)
17 Kosmas-und-Damian-Kirche zu den Tuchwebern (церковь Косьмы и Дамиана)
18 Hotel ›Centralnaja‹ (гостиница ›Центральная‹)
19 Delikatessengeschäft ›Eliseev‹ (Елисеевский магазин)
20 Puschkin-Denkmal (памятник Пушкину)
21 Revolutionsmuseum (музей Революции)
22 Tschaikowski-Konzertsaal (Концертный зал им. Чайковского)
23 Belorussischer Bahnhof (Белорусский вокзал)

Das Architektur-Institut

Schon von weitem ist der hohe Glockenturm des Klosters zur Geburt der Muttergottes (6) sichtbar. Das Kloster liegt am Ende der ehemals nach ihm benannten Straße, ul. Roždestvenka 20. Der Legende nach soll das Nonnenkloster 1386 zu Ehren des Sieges gegen die Tataren auf dem Schnepfenfeld gegründet worden sein. Es war das zweite von den ersten drei Nonnenklöstern Rußlands. Die heutige Kathedrale, ein kleiner quadratischer Kreuzkuppelbau, wurde 1501–1505 errichtet. Über den vier Säulen spannt sich ein Gewölbe, auf dem das Dach mit zwei Reihen Kokošniki ruht. Das Gotteshaus wird von einer helmförmigen Kuppel gekrönt. Im 17. Jahrhundert wurde an die Kathedrale ein Zeltdachglockenturm angebaut, der aber 1835 einem Blitzschlag zum Opfer fiel. In den 1670er Jahren wurde die fünfkupplige warme Johannes-Chrysostomos-Kirche gebaut und das Kloster mit einer Mauer umgeben. Die direkt an die Mauer grenzenden Wohngebäude stammen aus der Zeit von 1812–1833. Der heutige Glockenturm über dem Tor folgte 1835.

Über die Geschichte der alten Sergius-Kirche in den Brennesseln (7) ist wenig bekannt. Wahrscheinlich wurde sie 1591 errichtet, der älteste heute noch erhaltene Teil stammt vermutlich aus dem Jahre 1678. Da andere orthodoxe Kirchen in Moskau eine Vertretung hatten, beschloß man 1880, die Kirche dem Patriarchen von Konstantinopel als Vertretung zu übergeben. Die alten Ziegelbauten, die die Kirche hufeisenförmig umgeben, sind die ehemaligen Gebäude dieser Vertretung. Die Ziegel der Gebäude weisen mal traditionell klassizistische, mal byzantinische, mal altrussische Motive auf. Die Kirche befand sich bis vor kurzem in sehr schlechtem Zustand, da sie als Betrieb genutzt wurde. Sie befindet sich in der Krapivenskij per. 4 (Крапивенский пер.).

An der belebten Petrovka 28 (ул. Петровка) steigen unübersehbar die roten Mauern des Hoch-Peter-Klosters (8) auf. Es liegt auf einer kleinen Anhöhe, auf der sich einst das gleichnamige Tor der Weißen Stadt befand. Zugänglich sind die Gebäude zur Zeit nur von der Rückseite, vom Boulevard-Ring. Umfangreiche Restaurationsmaßnahmen werden durchgeführt, hier soll einmal ein Museum entstehen.

Das Kloster wurde 1377 von Dmitrij Donskoj gegründet. Es war das erste im nördlichen Klosterring Moskaus, und es war das erste Moskauer Kloster, in dem die koinobitische Lebensweise eingeführt wurde: Die Mönche wohnten und speisten gemeinsam, während in anderen Klöstern jeder Mönch für sich allein sorgte. Am Ende des 17. Jahrhunderts erhielt das Kloster sein heutiges Aussehen. Das Klosterareal verdoppelte sich durch Angliederung des Stadtsitzes der Naryškins. Aus dieser Zeit stammen auch die wichtigsten Klosterbauten: die Kirche des Metropoliten Peter, die Kirche der Muttergottes von Bogoljubovo, die Sergius-Refektoriums-Kirche, der Glockenturm, das Haus des Abtes, der Zentraltrakt und die Mauer. Die Kirche der Muttergottes von Bogoljubovo diente den Naryškins als Grabkirche, 1682 wurden hier die ersten Angehörigen der Familie beerdigt. Im Refektorium der Kirche stehen 18 Sarkophage. Der zweistöckige Zellentrakt, der die Hauptfassade des Klosters zur Stadt darstellt, wurde 1691/92

Die Kirche der Gottesmutter des Zeichens

errichtet und bildete einen der größten Wohnbauten im Moskau der damaligen Zeit. Zur Petrovka hin fällt der Gegensatz zwischen dem Erdgeschoß und dem ersten Geschoß des Zellentrakts besonders auf. Das erste fensterlose Geschoß schirmt das Kloster von fremden Blicken ab, während sich im oberen Geschoß ein reich verziertes Fenster an das andere reiht. Das dreigeschossige Haus vis-a-vis, Nr. 25, entstand Ende des 18. Jahrhunderts im Stil des russischen Klassizismus.

Unweit des Hoch-Peter-Klosters, etwas außerhalb des Boulevard-Ringes, liegt die Kirche der Gottesmutter des Zeichens (9), 2-j Kolobovskij per. 4 (2-й Колобовский пер.). Der Name der Gasse, die ursprünglich nach der Kirche benannt wurde, leitet sich von dem Regiment des Obersten Kolobov her, das im 17. Jahrhundert hier stationiert und für den Bau der Kirche verantwortlich war. Die jetzige Kirche stammt von 1680/81. Der fünfkupplige Bau weist zwei Reihen schöner Fenster und mehrere Reihen Kokošniki auf. Die Ausmalung der Kirche stammt aus dem Jahre 1850. Die Ausmalung der Kapelle entwarf Nesterov 1909.

Die Petrovka (ул. Петровка) führt als Karetnyj Rjad (ул. Каретный Ряд) zum Gartenring. 1970 entstand in der Sadovaja-Samotečnaja 3 (ул. Садовая-Самотечная) das neue Gebäude des Puppentheaters (10), genannt nach seinem Gründer Obraszov. Auf den beiden Bühnen werden sowohl für Erwachsene als auch für Kinder Theaterstücke gezeigt. Die Vorführungen erfreuen sich großer Beliebtheit, so daß es oft nicht möglich ist, eine Eintrittskarte zu bekommen. Zur beliebten Attraktion wurde auch die große Märchenuhr über dem Eingang des Theaters. Auf dem großen Ziffernblatt ist ein Märchenhaus dargestellt. Stunde für Stunde erwacht auf seinem Dach ein goldener Hahn, schlägt mit den Flügeln und kräht sein ›Kikeriki‹ in die Welt. Sodann öffnet sich die Tür des Häuschens, und zum Glockenklang treten Bär, Fuchs, Esel, Hase und andere Märchengestalten heraus. Zur Mittagsstunde erscheinen alle Figuren auf einmal und beginnen nach der Melodie des russischen Volksliedes ›Feins Mägdlein ging im Garten spazieren‹ zu tanzen. Im Theater befindet sich ein Puppenmuseum, das während der

Die Märchenuhr über dem Eingang des Puppentheaters

Vorstellungspause besichtigt werden kann. Das Obraszov-Puppentheater ist am schnellsten von den Metrostationen ›Cvetnoj Bul'var‹ (Цветной Бульвар) oder ›Majakovskaja‹ (Маяковская) zu erreichen.

Vom Gartenring, der eher Autoring heißen müßte, zweigt der Olimpijskij prospekt (Олимпийский пр.) ab. Auf einer Anhöhe beim Samotečnaja pl. (Самотечная пл.) strahlt die Dreifaltigkeitskirche in der Troicer Sloboda (11) eine himmlische Ruhe im sonst eher hektischen Moskauer Alltag aus. Die Kirche befindet sich schon außerhalb der sogenannten Erdstadt (Zemljanoj Gorod), vor einem der ehemaligen Stadttore. Zar Vasilij Šujskij überließ 1608 das Land beidseitig des Samoteka-Teiches der Troice-Sergieva-Lavra. Der Samoteka-See, der durch Aufstauung der Neglinnaja entstanden war, wurde Ende des 19. Jahrhunderts zugeschüttet. Um 1708 wurde anstelle einer hölzernen die steinerne Kirche errichtet. Der einkuppligen Kirche schließen sich ein Refektorium und ein Glockenturm an. In der Nähe der Kirche entstand 1757–1760 das Gebäude der Vertretung der Dreifaltigkeits-Lavra. Der letzte vorrevolutionäre Moskauer Metropolit Makarij sowie der russische Patriarch Tichon hatten hier ihre Residenz.

Zwischen den Hochhäusern ringsum nimmt sich das Vasnecov-Haus (12), Vasnecova per. (Васнецова пер.), wie ein verwunschenes Schloß aus längst vergangenen Zeiten aus. Der bedeutende russische Märchenmaler Viktor Vasnecov (1848–1926), der auch den Entwurf für den Haupttrakt der Tretjakov-Galerie lieferte, hat sein Wohnhaus, das heute ein Museum beherbergt, selbst entworfen. Die Inneneinrichtung des aus Baumstämmen im neo-altrussischen Stil gefertigten Hauses ist so belassen, wie sie Vasnecov 32 Jahre lang bis zu seinem Tod benutzt hat. Die Wände zieren Skizzen, Bilder aus Legenden und Märchen sowie Entwürfe zu Bühnenbildern.

Die ul. Tverskaja (ул. Тверская)

Seit alten Zeiten gilt die ul. Tverskaja als Hauptverkehrsader Moskaus, auf dem Weg vom Kreml nach Tver', daher der Name ›Tverskaja‹. Ihre Entwicklungsgeschichte begann im 15. Jahrhundert, im 17. Jahrhundert wurde sie als erste Straße Moskaus gepflastert. Die Gegend um die Tverskaja avancierte zum beliebten Wohn- und Geschäftsviertel. Unter Stalin wurde sie von 15 auf 40 Meter verbreitert. Mit Hilfe besonderer Technik wurden vorhandene Gebäude, die erhalten werden sollten, auf Schienen und Rollen regelrecht verschoben. Die Länge der ul. Tverskaja mißt vom Manegenplatz bis zum Leningradskij prospekt fast sieben Kilometer. Über sechs Spuren rast der Verkehr. Laut und staubig säumt die hohe Häuserschlucht das Treiben auf dem Prospekt, der 1932 zu Ehren

Die ul. Tverskaja

des Schriftstellers Maxim Gor'kij umbenannt wurde und 1991 seinen alten Namen wieder erhielt. Hinter undurchsichtigen braunen Fensterscheiben verstecken sich Nobelläden, daneben finden sich Buchläden und einfache Cafés. Nach dem ersten Eindruck wird man nicht glauben wollen, daß die Moskauer die ul. Tverskaja lieben.

Unweit der Metrostation ›Ochotnyj Rjad‹ (Охотный Ряд) ragt das Hotel ›Intourist‹ auf. Das 22stöckige Haus wurde 1971 erbaut. Es bietet unter anderem eine Touristeninformation, Umtauschmöglichkeit und von der Aussichtsplattform einen schönen Blick auf den Roten Platz und den Kreml. Nebenan, ul. Tverskaja 5 (ул. Тверская), befindet sich in einem Gebäude vom Ende des 19. Jahrhunderts das Ermolova-Theater. Auf dem Spielplan stehen hauptsächlich Stücke zeitgenössischer Autoren.

Nur wenige Schritte entfernt, auf der anderen Straßenseite, in der Georgievskij per. (Георгиевский пер.), befindet sich hinter dem Gosplan-Gebäude das Haus des Bojaren Troekurov aus dem 17. Jahrhundert, das in seiner Schönheit nicht hinter den Zarenpalästen im Kreml zurückstand.

Das Eckgebäude an der ul. Tverskaja/Gazetnyj per. (ул. Тверская/Газетный пер.) wurde 1925–1927 errichtet, beherbergt den Zentralen Telegrafen (rund um die Uhr) und eine Post (13). Bemerkenswert ist auch das Haus 9, nach einem Projekt von Šukov 1949 als Kaufhaus erbaut.

Bitte füllen Sie Ihr Formular aus – auf der Post

In einer rechts abbiegenden Seitengasse befindet sich das Moskauer Künstlertheater (14). Das Künstlertheater wurde 1898 von K. Stanislavskij und V. Nemirovič-Dančenko gegründet. »Das Künstlertheater ist schön und bedeutend wie die Tretjakov-Galerie, wie die Basiliuskathedrale und alles was schön in Moskau ist. Es nicht zu lieben ist unmöglich«, pries Maxim Gor'kij das Künstlertheater. Das Gebäude wurde 1902 von F. Šechtel rekonstruiert, der die neoklassische Fassade mit Elementen des neorussischen Stils und des Jugendstils bereicherte. Der Haupteingang wurde an die Seite verlegt und später durch ein Flachrelief, die ›Welle‹ von A. Golubkina, optisch hervorgehoben. Im Moskauer Künstlertheater wurden zahlreiche Stücke von Tschechov und Gor'kij uraufgeführt.

Im Hof der Tverskaja 6 hält sich das ehemalige Kontor des Savvin-Storoževskij-Klosters versteckt (15). In dem Gebäude lebten Mönche, und hier befand sich die Residenz des Moskauer Vikar-Episkops. Das jetzige, bunt gekachelte Haus wurde Anfang des Jahrhunderts errichtet. Beim Bau wurden über 2000 Münzen aus der zweiten Hälfte des 16. Jahrhunderts entdeckt.

Einer der besten Buchläden Moskaus empfängt in der ul. Tverskaja 8 die Bücherwürmer. In dichtgedrängt stehenden Regalen läßt sich vom Kinderbuch über Lyrik und Belletristik bis zum Fachbuch fast alles finden. Moskauliteratur wird in mehreren Sprachen angeboten.

Der Moskauer Stadtsowjet (16) befindet sich am pl. Tverskaja (пл. Тверская), in einem Gebäude, das 1782–1784 nach Plänen von M. Kazakov entstand. Für den Bau wurden Steine der eingerissenen Mauer der Weißen Stadt verwendet. Damals befand sich hier der Sitz des Moskauer Generalgouverneurs, 1930 wurde an das ehemalige Palais nach einem Entwurf von Ivan Fomin ein neues Gebäude angebaut, 1937/38 wurde es um fast 14 Meter verschoben und durch zwei neue Stockwerke ergänzt. Ihm gegenüber enthüllte man 1954 das Denkmal für Jurij Dolgorukij, den Gründer Moskaus.

Hinter dem Dolgorukij-Denkmal hält sich in der Stolešnikov per. 2 (Столешников пер.) die angesichts der hochgebauten Tverskaja unscheinbar wirkende Kosmas-und-Damian-Kirche zu den Tuchwebern (17) versteckt. Der Beiname der Kirche geht auf das 17. Jahrhundert zurück, als hier in einer Sloboda Weber lebten, die für den Zarenhof Tischtücher herstellten. Eine erste steinerne Kirche wurde an dieser Stelle 1626 begonnen, die Anfang des 18. Jahrhunderts umgestaltet wurde und dabei die typischen Züge des Moskauer Barocks bekam. Während der großen Stadtbrände 1773 und 1812 nahm die Kirche Schaden, 1821/22 wurden die nördliche Seitenkapelle sowie die Apsis der Hauptkirche und der Glockenturm angebaut. Der Glockenturm wurde im 19. Jahrhundert erneuert, im 20. Jahrhundert dann bis auf das noch vorhandene Erdgeschoß abgerissen. Nachdem die Kirche als Druckerei genutzt wurde, erhielt sie in den letzten Jahren

Der Moskauer Stadtsowjet

Russkoe Bistro

ein neues altes Antlitz. Nebenan heißt das bekannte georgische Restaurant ›Aragvi‹ täglich von 12 bis 24 Uhr seine Gäste willkommen.

Im (18) Hotel ›Centralnaja‹, ul. Tverskaja 10, dem ehemaligen Hotel ›Lux‹ logierten während ihres Moskau-Aufenthaltes viele bekannte Persönlichkeiten der Kommunistischen Internationale: Walter Ulbricht, Ernst Thälmann, Klement Gottwald, Palmiro Togliatti, Maurice Thorez und Tschou En-Lai und andere. Das Haus mit der Nummer 14 gehörte in den zwanziger Jahren des vorigen Jahrhunderts der ›Königin der Muse und Schönheit‹, der Fürstin S. Volkonskaja, deren literarischen Salon bekannte Schriftsteller besuchten. Am 26. Dezember 1826 weilte Puschkin hier auf dem Abschiedsabend zu Ehren von M. Volkonskaja, die ihrem Mann, der als Dekabrist zur Zwangsarbeit verurteilt worden war, nach Sibirien folgte. Um die Jahrhundertwende wurde das Haus zu einem luxuriösen Delikatessengeschäft (19), einer Filiale des Petersburger Geschäftes ›Eliseev‹, umgebaut. Noch immer ist es nicht nur ein kulinarischer Genuß, den Laden mit seinem beeindruckenden Jugendstil-Dekor zu betreten. »In der Dämmerung zirpten Hänflinge vor dem Fenster, die mit dem Schnee von den Sperlingsbergen und von Svenigorod hergeflogen waren. Aber am Tage verkaufte man in den Läden Fleisch, Wein, Trauben, Kaviar, ganz wie in Europa in jenem Jahr und wie vor zehn Jahren in diesem selben Moskau. Ganz wie früher, und die Kommis sagten, um die

Hotel ›Lux‹

Das Hotel ›Lux‹ wurde um die Jahrhundertwende von dem stadtbekannten Moskauer Unternehmer Filippov errichtet. Nach der Revolution wurde Filippov enteignet, und das riesige Haus Gemeinschaftsquartier und Gästehaus für die von Lenin ins Leben gerufene III. Kommunistische Internationale. »Nach der Oktoberrevolution und der Aufrichtung der Sowjetmacht in Rußland, wurde Rußland zum Hauptpunkt der internationalen Bewegung. Um sich von den Sozialverrätern zu scheiden, kehrte

Plakat zur III. Kommunistischen Internationalen

die Partei zu dem alten, ruhmvollen und kampfesmutigen Namen zurück und nannte sich Kommunistische Partei. Unter dem Einfluß der Russischen Revolution bildeten sich kommunistische Parteien auch in anderen Ländern. Aus diesen Parteien erwuchs die Kommunistische Internationale. Im März 1919 fand im Kreml, dem einstigen Zarenschloß in Moskau, der erste internationale Kommunistische Kongreß statt, auf welchem die Dritte Kommunistische Internationale gegründet wurde. Diesem Kongreß wohnten die Vertreter der russischen, deutschen, deutsch-österreichischen, ungarischen, schwedischen, norwegischen, finnischen und anderer Kommunisten bei, ebenso der französischen, amerikanischen und englischen Genossen. Der Kongreß nahm einmütig die von den deutschen und russischen Genossen vorgeschlagene Plattform an und zeigte, daß sich das Proletariat fest und entschlossen unter das Banner der Arbeiterdiktatur, der Sowjetmacht und des Kommunismus gestellt hatte.« (Nikolaj Bucharin, Evgenij Preobraženskij: Das ABC des Kommunismus, 1920)

Das Hotel ›Lux‹, ›Absteigequartier der Weltrevolution‹, war Ort der Konspiration, eine Welt für sich mit Speisesaal, Wäscherei, eigener Schreinerei und Schneiderei. In den 30er Jahren, nach dem Sieg Hitlers, verwandelte sich das Hotel ›Lux‹ in eine Arche Noah für Emigranten aus ganz Europa. Doch Stalins Terrorwelle verschonte auch die Komintern nicht, unzählige Biographien verliefen sich im Dunkeln, Nacht für Nacht wurden Menschen aus dem Hotel abgeholt, vom NKWD erschossen

Das ehemalige Hotel ›Lux‹, heute Hotel ›Central'naja‹

oder in den GULag deportiert. »Das übermannshohe, schwere Eingangstor schloß sich selbsttätig hinter dem Eintretenden. Angenehme Kühle in den Hitzemonaten, frostige Kälte in den übrigen strömte die Empfangshalle aus: steinerner Boden, kein Teppichläufer, rechts rote Marmorsäulen, links rote Marmorsäulen, dazwischen links an der Wand ein großer, hoher Spiegel, goldgerahmt und ohne Sprung. Die Halle war so leer und so wenig einladend wie das Kühlhaus eines Krematoriums. Neben dem Lift stand eine Art Glaskasten, in dem ein Wächter, der sogenannte Dejurni, saß, vor sich ein Tischchen und ein Telefon. Ihm oblag die Kontrolle, ob jeder, der den Lift benutzen wollte oder die Haupttreppe zu Fuß hinaufzugehen beabsichtigte, auch einen ›Propusk‹, das heißt einen Passierschein, besaß. Im Idiom des Hauses nahm das Wort ›Propusk‹ den ranghöchsten und rangältesten Platz ein. Wer je das Lux besucht oder darin gewohnt hat, behielt es für immer im Gedächtnis.« (Ruth von Mayenburg: Hotel Lux, 1978)

Kunden zu überreden: ›Bitte sehr, alte Ware!‹ – und der Fußboden war mit Sägespänen bedeckt. Man hätte glauben können, daß Rußland vom Pamir herabgestiegen sei und das Brot aus Haferspreu vergessen habe. Bei Eliseev gab es Lachs, französische Pflaumen, Champagner, aber vor dem spiegelnden Fenster stand ein Mädchen, keine Prostituierte, noch in Schuhen bis ans Knie und in einem Persianermantel. Sie hatte das Gymnasium beendet und studierte im ersten Semester –

Markttag

und bat, man solle sie kaufen, denn ihr seien die Eßrationen gestrichen worden! Das alte Moskau – und als Bettler mit einem Packen Bücher, abgewetzt, bog sie von der Tverskaja in den Nikitskij Boulevard, ein forscher Bursche in steifer Melone holte sie ein.« So erlebte der Schriftsteller Boris Pil'njak die ersten nachrevolutionären Jahre auf der Tverskaja.

Der Puschkin-Platz (пл. Пушкина) wird von dem hohen Puschkin-Denkmal (1880) (20) und der ersten McDonalds-Filiale Rußlands beherrscht. Die Menschen standen nach der Eröffnung der Fastfoodkette Schlange. Mittlerweile gibt es in Moskau mehrere Filialen, so daß sich der Andrang gelegt hat. Hinter dem Puschkin-Denkmal befindet sich eines der größten Moskauer Kinos, das ›Rossija‹. Auf dem Platz herrscht ebenso reges Treiben wie in den Metrounterführungen, die zu den Stationen ›Puškinskaja‹ (Пушкинская), ›Tverskaja‹ (Тверская) und ›Čechovskaja‹ (Чеховская) führen.

Das russische Pendant zum amerikanischen McDonalds heißt ›Russkoe Bistro‹. Es befindet sich etwas bergan, am Rande des Platzes. Als die Russen 1813/14 am Ende der Napolionischen Kriege nach Frankreich kamen, verlangten sie ›bystro – schnell‹ zu essen. Daraus entstanden die französischen Bistros. Im ›Russkoe Bistro‹ gibt es typisch russische Gerichte: Salate, Piroggen, Suppen, Tee, Kvas und Vodka. Nebenan liegt auf zwei Etagen der Buchladen ›Akademika‹.

Die Tverskaja führt weiter zum Triumfal'naja-Platz (Триумфальная пл.). Die linke Straßenseite wurde mit vielstöckigen Gebäuden bebaut. Im Haus 21, einem zweistöckigen Gebäude aus dem 18. Jahrhundert mit einem achtsäuligen Portikus, hat seit 1924 das Revolutionsmuseum (21) seine ständige Ausstellung. Das Gebäude wird von einem Metallgitter und einem Tor mit steinernem Löwen von der Straße getrennt. Es sind jene ›Löwenpforten‹, die Puschkin in seinem ›Evgenij Onegin‹ erwähnte, als er die Ankunft von Tatjana in Moskau beschrieb. Der Palast wurde 1780 erbaut, seit 1831 befand sich hier der Englische Klub. In den Räumlichkeiten des jetzigen Revolutionsmuseums sind unter anderem die Geschichte der Revolutionen 1905 und 1917, aber auch die Ereignisse des Zweiten Weltkrieges und die Geschichte der Sowjetunion dargestellt. Teilweise wurden die alten Ausstellungen belassen und durch kritische Kommentare ergänzt, die allerdings nur dem aufmerksamen Betrachter auffallen. In der unteren Etage befindet sich ein Museumsshop, in dem alte Revolutionsplakate, Abzeichen, Shirts und Samovare verkauft werden. Neben dem Museum befindet sich das Stanislavskij-Theater.

Der architektonische Charakter des Triumfal'naja-Platzes, der seinen Namen dem Sieg über die Schweden im Nordischen Krieg 1721 verdankt, bildete sich in den 40er Jahren heraus, was im ›Zuckerbäckerstil‹ des zwischen 1946–1950 erbauten Hotels ›Pekin‹ zum Ausdruck kommt. In den Jahren 1938–1940 wurde hier der Tschaikowski-Konzertsaal (22) erbaut. Daneben befindet sich das Theater der Satire. Im Sommer 1958 wurde auf dem Platz ein Majakovskij-Denkmal enthüllt. Die Metrostation, deren Ausgang auf den Platz führt, wurde nach dem ›Trommler der Revolution‹ benannt: ›Majakovskaja‹ (Маяковская).

Zwischen dem Triumfal'naja pl. und dem Platz am Belorussischen Bahnhof heißt die Straße ul. 1-aja Tverskaja-Jamskaja (ул. 1-ая Тверская-Ямская). Auf dem Weg zum Belorussischen Bahnhof kommt man an einem Kinderbuchladen vorbei (Haus 13). Der Platz des Belorussischen Bahnhofs (23) wurde an einem ehemaligen Stadttor, Tverskie Vorota, angelegt. Anlaß dazu gab die festliche Begrüßung der russischen Heere, die nach dem Sieg über die Napoleonische Armee aus Paris zurückkehrten. Die Bedeutung des Platzes wuchs mit dem Bau der Eisenbahnlinie Moskau – Smolensk 1870. Das neue Bahnhofsgebäude wurde 1909 im neoaltrussischen Märchenstil erbaut. Blecherne alte Bahnhofslautsprecher verkünden die Abfahrt von Zügen nach Polen und Westeuropa. Ansonsten bietet der Bahnhof das Gesicht eines bunten Marktes, Gepäckträger schreien sich den Weg frei, alte Frauen bieten den Reisenden Lebensmittel feil, gebratene Hühner, gekochte Kartoffeln. Der Geruch von Parfüm und Knoblauch hinterläßt einen unverwechselbaren Eindruck. In einem Gebäude am Bahnhofsvorplatz befindet sich ein Touristenbüro, in dem Fahrkarten nach Westeuropa erstanden werden können. Der Geldumtausch hier ist nicht zu empfehlen. Einen günstigeren Kurs erhält man in einer der Wechselstuben am Vorplatz.

In der Mitte des Platzes wurde 1951 ein Gor'kij-Denkmal aus Bronze enthüllt.

Im Revolutionsmuseum kann man heute noch einen Hauch Sowjetunion spüren. Die Sammlung beschäftigt sich hauptsächlich mit den Ereignissen der Revolutionen 1905 und 1917, aber auch mit der Geschichte der Sowjetunion. In der unteren Etage befindet sich ein Museumsshop, in dem Plakate, Abzeichen und ähnliches verkauft werden. Das Revolutionsmuseum befindet sich in der ul. Tverskaja 21 (ул. Тверская), geöffnet täglich außer Mo und am letzten Fr im Monat von 10 bis 18 Uhr, So von 10 bis 17 Uhr.

Buchläden an der ul. Tverskaja:

Nr. 8: ›Dom Knigi‹ (Дом Книги), geöffnet Mo von 11 bis 20 Uhr, Di bis Sa von 10 bis 20 Uhr.

1-aja Tverskaja-Jamskaja 13 (1-ая Тверская-Ямская): Kinderbuchladen, geöffnet von Mo bis Fr von 10.30 bis 17.30 Uhr.

Entlang der Tverskaja sind Restaurants und Cafés unterschiedlicher Qualität zu finden. Am pl. Tverskaja (пл. Тверская) steht das georgische Restaurant ›Aragvi‹ (Арагви) seinen Gästen täglich von 12 bis 24 Uhr zur Verfügung.

Am pl. Puškinskaja (пл. Пушкинская) gibt es einen McDonalds und das russische Pendant ›Russkoe Bistro‹ (Русское Бистро). In der Nähe des belorussischen Bahnhofs ist die Pizzeria ›Žar-Picca‹ (Жар Пицца) am Gruzinskij Val 28 (Грузинский Вал), von 10 bis 23 Uhr geöffnet, zu empfehlen. In den warmen Sommermonaten gesellen sich viele Straßencafés dazu.

Im Westen von Belyj Gorod und Zemljanoj Gorod

Nachdem das Flüßchen Neglinnaja, das an der östlichen Kremlmauer munter dahinfloß, in ein Rohr eingeschlossen worden war, wurde hier 1822 von Beauvais ein Garten angelegt, der Alexandergarten. Er erstreckt sich vom Borovickaja pl. (Боровицкая пл.) bis zum Arsenal-Turm der Kreml-Mauer. Genau gegenüber dem Dreifaltigkeits-Tor des Kremls befindet sich die Lenin-Bibliothek, die heute wieder Russische Staatsbibliothek (1) genannt wird. Die dazugehörige Metrostation ›Biblioteka imeni Lenina‹ (Библиотека имени Ленина) ist an Wochentagen stark frequentiert.

Tausende von Menschen steigen tagtäglich die breiten Stufen empor, überqueren die ebenfalls weitangelegte Terrasse und verschwinden zwischen den dunklen Granitpfeilern der eindrucksvollen Säulenhalle. Die Beschreibung verrät es schon: Der riesige Gebäudekomplex ist von klassizistischen Einflüssen geprägt. Doch wer davorsteht, wird ihn eindeutig der Sowjetarchitektur zuordnen. Er entstand in den Jahren 1928–1941 als ein Projekt der Architekten Ščuko und Gelfrejch. Eine Bibliothek an dieser Stelle gibt es aber schon länger.

Die klassizistische Bauweise des neuen Gebäudes ist eine Referenz an das Paškov-Haus, in dem 1862 die erste staatliche öffentliche Bibliothek in Moskau eröffnet wurde. Das Haus des Adjutanten P. Paškov ist eines der beeindruckendsten Werke des Moskauer Klassizismus und wurde 1786 unter der Leitung von Baženov gegenüber dem Borovickij-Tor des Kremls errichtet, ist aber in seinen

Lomonossov-Denkmal vor der Alten Universität

Maßstäben mit dem monumentalen Neubau nicht vergleichbar. Ein seltsamer, unwirklicher Eindruck entsteht an Sonn- und Feiertagen, wenn die Bibliothek ihre Tore geschlossen hält und die Kreuzung der Straßen Vozdviženka (ул. Воздвиженка) und Mochovaja (ул. Моховая) menschenleer ist.

Auf der Mochovaja 18–20 befindet sich das Gebäude der Alten Universität (2). Das ehemalige Adelspalais wurde in den Jahren 1782–1793 nach Entwürfen von M. Kazakov im klassizistischen Stil umgebaut. Hier fand die Moskauer Universität, die bisher häufig umgezogen war, erstmalig einen beständigen Ort. Das älteste und erste Universitätsgebäude befand sich auf dem Roten Platz, an der Stelle, wo heute das Historische Museum steht. Von der Gründung einer russischen Universität träumte bereits Boris Godunov (1598–1605). Mit der slavisch-griechisch-lateinischen Akademie auf der Nikol'skaja ul. entstand 1687 die erste höhere Bildungseinrichtung des Landes. Erst 1755 wurde auf Initiative Lomonossovs (1711–1765) die Moskauer Universität gegründet. Sie unterschied sich von europäischen Universitäten dadurch, daß von Anfang an in Russisch unterrichtet wurde, nicht in Latein. Ein Denkmal für den Gründer Lomonossov, dessen Namen die Moskauer Universität seit 1940 trägt, wurde 1957 vor dem Gebäude auf der Mochovaja enthüllt. Heute gehen hier die Studierenden der journalistischen, der juristischen Fakultät und der Afrikanistik ein und aus, während die Mehrzahl der Institute ihre eigene kleine Stadt in dem riesigen Komplex auf den Sperlingsbergen bilden.

In die Räume auf der Mochovaja hat sich eine Geschichte eingeschrieben, die bis ins 16. Jahrhundert führt. Das auch heute noch an einen Herrensitz erinnernde Gebäude gehörte verschiedenen Fürsten, die immer wieder Umbauten vornahmen und es dann weiterverkauften. Im rechten Flügel, der zur Bol'šaja Nikitskaja (ул. Большая Никитская) geht, befand sich im 18. Jahrhundert eine Apotheke, später ein Pferdestall, und im Jahre 1806 wurde der Flügel für das erste staatliche Theater in Moskau gemietet. Es gab bereits seit 50 Jahren ein studentisches Theater, das aber keine eigenen Räume hatte. Hier wirkten die späteren Dramatiker Sumarokov (1717–1777) und Fonvizin (1745–1792) mit, die beide Satiren auf ihre Zeit schrieben. Das studentische Theater markierte für viele den Anfang eines kritischen Denkens und es bestand auch nach der Gründung der ersten professionellen Theatertruppe (1766) weiter. In dem rechten Flügel wurde nun also geprobt, gestritten, gespielt und Beifall geklatscht. Doch bald wurden die Räumlichkeiten zu eng, und in den Jahren 1824/25 entstanden unter Leitung von Beauvais das Malyj- und das Bol'šoj-Theater. Bald darauf wurde der ganze Komplex an die Universität verkauft und noch einmal umgebaut, wobei eine stilistische Einheit mit dem alten Universitätsgebäude angestrebt wurde.

Wenn man auf dem gegenüberliegenden Manežnaja pl. (Манежная пл.) steht, erkennt man an der Ecke zur Bol'šaja Nikitskaja (ул. Большая Никитская) einen Rundbau mit einem Kreuz. Eine Kirche in einer Universität verwundert zunächst ein wenig. Doch wenn man von der Bol'šaja Nikitskaja 1 das Gebäude betritt, das auch heute noch an ein Adelspalais erinnert, und durch die langen Gänge den Pfeilen folgt, findet man es bestätigt: Hauskirche der Moskauer Lomonossov-Universität, die Kirche der Märtyrerin Tatjana. Der Kirchenraum ist improvisiert, eine Gesangsschule gibt es hier, in einem Kiosk wird die übliche Kirchenliteratur verkauft sowie die studentische religiöse Zeitung ›Tatjanin den'‹ (›Tag der Tatjana‹).

Die Frau hinter dem Verkaufsstand erzählt bereitwillig die Geschichte der Kirche. Eine Universitätskirche gibt es seit 1786, theologischer Unterricht war obligatorisch in allen Disziplinen. Beim Umbau des Gebäudes für die Universität wurde der Seitenflügel, in dem ehemals das Theater residierte, eigens für die Universitätskirche vorgesehen. 1918, nach dem Beschluß über die Trennung von Kirche und Staat, sollte auch diese Kirche geschlossen und wie in allen anderen Kirchen das Kreuz und die Aufschrift am Portal abgeschlagen und die Ikonen entfernt werden. Universitätsangehörige bemühten sich, die Kirche wenigstens als Museum zu erhalten, doch wurde nach einiger Zeit der Rektor, der die Zerstörung der Kirche verzögert hatte, verhaftet. Ein Spezialkommando wurde beordert, in einer nächtlichen Aktion das Kreuz und die Aufschrift ›Das Licht Christi erleuchtet alle‹ abzuschlagen und die Ikone der Heiligen Tatjana zu entfernen. Der Kirchenraum wurde nun für Veranstaltungen genutzt. 1927 las hier Majakovskij sein Poem ›Gut‹. 1958 bezog wieder ein studentisches Theater die traditionsbesetzten Räume.

Im Jahre 1991 begann ein erbitterter Streit zwischen der Kirche, die wieder in die Räume einziehen wollte, und dem Theater, das sie nicht verlassen wollte. Der Skandal ging durch die Presse, Partei wurde ergriffen, sowohl für das Theater als auch für die Kirche. Die Administration der Universität mußte Position beziehen. Ein Beschluß wurde gefaßt, daß auf dem Territorium der Lomonossov-Universität wieder religiöse Veranstaltungen stattfinden dürfen und der Kirche eigene Räume zur Verfügung gestellt werden müssen. 1993 wurde die Kirche wieder geweiht. Ein paar Meter weiter auf der Bol'šaja Nikitskaja (ул. Большая Никитская) verkünden noch bunte Buchstaben an einer Holzbrettertür: ›Studentisches Theater der MGU‹.

Das grüne Palais mit den weißen Säulen, das der Kirche gegenüber liegt, beherbergt das Zoologische Museum (3) (Haus Nr. 5). Auch in der nächsten Gasse links, der Romanov per. (Романов пер.), dominieren klassizistische Gebäude das Straßenbild, doch diese sind Wohnhäuser. Der Spielplatz im Hof des Hauses Nr. 5 ist meist von fröhlichem Leben erfüllt, und im Hof des Hauses Nr. 2 beginnt ein Streifzug ins Unerwartete. Auf einem Schild wird hier das Hausmuseum des Naturwissenschaftlers K. Timirjazev angekündigt, der hier von 1899–1920 lebte (4). Außerdem befindet sich hier die Landwirtschaftliche Akademie, die den Namen

»Hier, in dieser Stadt, Stadt an Wundern reich ...« Marina Cvetaeva und Moskau

Die Dichterin und Schriftstellerin Marina Cvetaeva wurde 1892 in Moskau, im Trechprudnyj per. 8, einer Seitengasse der Malaja Bronnaja, geboren. Sie ging 1922 in die Emigration, lebte in Prag und Paris, kehrte 1939 zurück und verbrachte noch zwei schicksalhafte Jahre in der ihr nun fremden Stadt, nachdem ihre Tochter und ihr Mann kurz nach ihrer Ankunft verhaftet wurden. Nach der Evakuierung zu Kriegsbeginn wählte sie 1941 den Freitod. Das sind die Umrisse des Lebens einer Frau, die Wirklichkeit, Phantasie, Geschichte und ihren eigenen starken Willen auf faszinierende Weise miteinander verknüpfte, deren leidenschaftliche Sprache immer ein wenig abgebrochen und atemlos wirkt. In ihren Gedichten und Essays hat sie ihr Moskau geschaffen, die Stadt, in der sie ihre Kindheit und Jugend verbrachte, die Stadt, die sie ihrer Tochter zeigt, die sie freimütig verschenkt:

»Nimm, wundersamer Freund, aus meiner Hand/Die Stadt, die nicht von Menschenhand erstand./Die dutzendvierzig Kirchlein – kirchleinweise,/Dazu die Tauben ihrer Hoheitskreise ...«
(Aus dem Zyklus ›Verse über Moskau‹, 1916).

Sie beschreibt die Stadt der vierzig mal vierzig Kirchen, das ›Siebenhügelreich‹, die geheimnisvolle Stadt der Osternächte, der Kuppeln und Glocken. Doch es ist auch die Stadt der Liebe, der Einsamkeit, der Schlaflosigkeit in den Nächten, der Kämpfe und Leiden:

»Heut nacht bin ich in dieser Stadt allein –
Im schwarzen Kleid die Nonne, schlaflos, hauslos! –
Für heute nacht sind alle Schlüssel mein
Zu allen Toren der alleinigen Hauptstadt.

Fort auf den Weg stößt mich Schlaflosigkeit.
Mein Kreml, lichtes Grau, wie stehst du herrlich! –
Und in der Nacht heut küsse ich den Leib
Der ganzen runden, kriegsführenden Erde.
(Aus dem Zyklus ›Schlaflosigkeit‹, 1916)

Moskau ist zu jener Zeit auch die Stadt der Revolution, der Lebensmittelrationen, der dunklen Schlangen an kalten Wintertagen, der Soldaten. Marina Cvetaeva lebt allein mit ihrer Tochter in dem zweistöckigen Haus in der Borisoglebskij per. Ihr Mann Sergej Efron ist irgendwo im Süden bei den Weißgardisten. In ihren literarischen Tagebüchern, entstanden im Moskau der Jahre 1917 bis 1920 und in Paris 1934, fängt sie die Stimmungen ein, die Schicksale, die Szenen auf der Straße. ›Meine Arbeitsstellen‹ heißt eine dieser Skizzen, in der sie auch die Arbeit im ›Haus der Rostovs‹ beschreibt. Ihr Untermieter bietet ihr die Arbeit an: » ... ein Kommunist, der sanfteste und glühendste. ›Aber was muß man da tun? Ich kann doch überhaupt nichts.‹ ›Ach, das sagen alle!‹ ›Das sagen alle, ich tue es.‹ ›Mit einem Wort, wie Sie es für richtig halten! Die erste ist in der Nikol'skaja, die zweite hier, im Gebäude der ersten čresvyčajka.‹ Ich: › – ?! – ‹ Er, gekränkt: ›Seien sie unbesorgt! Niemand wird Sie zwingen, Erschießungen durchzuführen. Sie werden nur registrieren.‹ Ich: ›Die Erschossenen registrieren?‹ Er, gereizt: ›Ach, Sie wollen nicht verstehen! Als ob ich Sie in der čresvyčajka unterbringen wollte! Da sind solche wie Sie auch gar nicht nötig ...‹ Ich: ›Schädlich.‹ Er: ›Es ist das Haus der čresvyčajka, sie selbst ist fort. Sie kennen es wahrscheinlich, Ecke Povarskaja und Kudrinskaja, es kommt auch bei Lev Tolstoj vor ...‹, Fingerschnalzen, ›... das Haus der ...‹ Ich: ›Das Haus der Rostovs? Einverstanden. Und wie heißt die Behörde?‹ Er: ›Narkomnaz. Volkskommissariat für Nationalitätenfragen.‹ Ich: ›Was für Nationalitäten denn, wenn wir doch die Internationale haben?‹ Er, fast prahlerisch: ›Oh, mehr als zur Zarenzeit, das versichere ich Ihnen! ... Also in der Informationsabteilung des Kommissariats. Wenn Sie einverstanden sind, spreche ich es noch heute mit dem Leiter ab ...«.

So archiviert sie fünf Monate lang Zeitungsausschnitte, hält Zwiegespräche mit Tolstoj, beobachtet das Ausräumen der Adelswohnung, geht jeden Tag den Weg von der Povarskaja zu ihrem Haus in der Borisoglebskij-Gasse. Sie verliebt sich in eine junge Schauspielerin des Vachtangov-Theaters, Sonja Holliday. In der ihr gewidmeten Erzählung ›Sonetschka‹ bewahrt Cvetaeva die Erinnerung an noch einen Weg jener Zeit:

»Die fortgehende Sonetschka war für mich immer gleichbedeutend mit der leuchtenden Povarskaja-Straße, eine weiße Straße ohne Läden, einem Fluß ähnlich, – als ob es bei meinem Haus kein nach links gegeben hätte. Und nur einmal kam es anders: es war Nacht, und plötzlich fiel mir ein, daß ich Sonetschka meine ›Fontäne‹ noch nicht geschenkt hatte. Auf dem vollkommen leeren, mondbeschienenen Platz, unwirklich wie ein Spielzeugplatz – tagsüber der Sobač'ja-Platz, jetzt der Platz von Sevilla: Nur der Chorreigen der Bäume war lebendig, ein dünner Silberstrahl, aus zweifachem Silber: für die Augen, für die Ohren, – endlos ...«

Timirjazevs trägt, und ein staatliches Kommitee für Ernährungs-und Versorgungsfragen. Das medizinische Zentrum VITA-ELIN bietet seine Dienste an.

Wer den Schildern folgt, kommt in einen sauberen, begrünten Hof, und der Blick fällt auf eine trotzige, von der Zeit gezeichnete Barockkirche, die Kirche der Muttergottes des Zeichens auf dem Šeremet'ev-Hof. Die Kirche war die Hauskirche des Grafen Šeremet'ev, dessen Stadtpalais sich hier befand. Der Anblick der Kirche ist besonders reizvoll in den Vormittagsstunden, wenn der Backsteinbau im Schatten der hohen Bäume liegt, und die schrägen Strahlen der Sonne auf die wie mit Schuppenhaut bedeckten grünen Kuppeln fallen. Auf dem Untergeschoß erheben sich drei sich verjüngende Oktagonen, von denen das oberste als Trommel für die Zwiebelkuppel dient. Drei weitere Kuppeln auf halber Höhe zieren die halbkreisförmige Apsis und zwei Seitenkapellen, die von außen über die Terrasse zu erreichen sind.

Zurückgekehrt auf die Bol'šaja Nikitskaja (Большая Никитская), hört man oft schon von weitem die Klänge klassischer Musik, die das Konservatorium (Bol'šaja Nikitskaja 11) ankündigen (5). Die Flügel des Gebäudes rahmen einen kleinen Platz, auf dem nicht nur die Musik zum Verweilen einlädt. Überall hängen Anschläge mit Vorankündigungen für Konzerte im kleinen und großen Saal, ein kleines Café lädt im linken Flügel ein. In der Mitte des Platzes steht ein Denkmal für Tschaikowski mit einer halbkreisförmigen, steinernen Bank davor, in deren gußeisernes Gitter Noten eingefaßt sind. All dies schafft eine Atmosphäre von scheinbarer Zeitlosigkeit und Selbstvergessenheit, die sich im Inneren des Gebäudes fortsetzt. Im Großen Saal beschwört die lange Reihe der Porträts von Komponisten die alten Traditionen. Beethoven, Wagner, Chopin, Borodin und Rimskij-Korsakov blicken hier von der Wand. Natürlich ist auch das Bild Rubinštejns darunter, der das Konservatorium 1866 gründete. Die Besucher tauchen in eine beruhigende Welt ein, die sich aber durchaus sehr ungezwungen darstellt und von einem sehr gemischten Publikum genossen wird. Ein Besuch der Konzerte ist auf jeden Fall ein Erlebnis – die Karten sind jedoch am Abend oft ausverkauft – nicht nur wegen der guten Akustik und des hohen Niveaus der Darbietungen.

Auf der gegenüberliegenden Seite der Straße fällt der Blick in eine stille, schattige Gasse, die wie so viele der Gassen und Straßen hier die Rundung der Kreml-Mauer nachvollzieht. Schräg links steht eine weiße, einfache Kirche aus dem 17. Jahrhundert, die Kleine Himmelfahrtskirche (6). Schräg durch die Höfe hindurch ist noch eine weitere Kirche zu sehen, deren dunkler Backsteinbau mit dem hohen Glockenturm einen seltsamen Kontrast zu der weißen Barockkirche bildet. Der Eingang zu dieser anderen Kirche (7) ist von der Voznesenskij per. (Вознесенский пер.) zu erreichen, und von hier aus kann man noch besser sehen, daß es sich um eine Kirche westeuropäischen Stils handelt. Es ist eine anglikanische Kirche, St. Andrews, die in den 80er Jahren des 19. Jahrhunderts im Auftrag der in Moskau lebenden englischen Gemeinde erbaut wurde.

Malaja Nikitskaja

Die nächste Gasse rechts, Eliseevskij per. (Елисеевский пер.), führt zu einem kleinen Platz, der wiederum von einer Kreuzkuppelkirche beherrscht wird, der Auferstehungskirche am Tobel (8). Im 16. Jahrhundert verlief zwischen der Tverskaja ul. (Тверская ул.) und der Bol'šaja Nikitskaja (Большая Никитская) ein sogenannter Tobel, ein tiefer Graben, der dem ganzen Viertel seinen Namen gab. Durch die Nähe zur Tverskaja, dem alten Weg nach Tver' und Novgorod, war das Viertel schon sehr früh besiedelt, etwa seit dem 14. Jahrhundert. Heute fallen in den ruhigen, sauberen Gassen viele Botschaftshäuser auf.

In der Leont'evskij per. 6 (Леонтьевский пер.) lebte in den 20er und 30er Jahren Konstantin Stanislavskij (1863–1938). Im Museum (9) kann man mehr über Leben und Werk des bekannten Regisseurs und Theaterpädagogen erfahren. Er gründete gemeinsam mit Nemirovič-Dančenko das Moskauer Künstlertheater (MChAT). Seine Bücher gehören zu den Klassikern der Schauspielkunst, und seine Theorien haben derzeitig in einigen deutschen Theatern ihre Renaissance. Auf der gegenüberliegenden Seite macht ein mächtiges Eingangsgewölbe auf das Haus aufmerksam, in dem sich das Volkskunstmuseum (10) befindet. Dahinter kündigt ein Neubau einen Perspektivwechsel an.

Die Straße führt auf einen belebten Platz, wo sich früher das Nikitskij-Tor der Weißen Mauer befand. Der Boulevardring, die ehemalige Grenze der Weißen Stadt, ist erreicht. Der massive, helle Würfel auf der rechten Seite ist der Sitz der Telegraphenagentur TASS. Die riesigen Fenster mit den abgerundeten Ecken erin-

Wohnhaus Maxim Gor'kijs

nern an Bildschirme, und auch der Globus über dem Eingangsportal unterstreicht die Bedeutung des Gebäudes, das 1977 errichtet wurde.

Die Mitte des Platzes nimmt die Große Himmelfahrtskirche (11) ein. Dick und rund steht sie inmitten der Staßenkreuzungen und weckt die Erinnerung an russisch-orthodoxe Frömmigkeit, an Osternächte in der Stadt der 40 mal 40 Kirchen, an das vorrevolutionäre Moskau. Nach der Revolution wurde sie von Behörden genutzt, später entstanden hier ein Konzertsaal und ein Museum, bis sie 1990 der orthodoxen Kirche zurückgegeben wurde. Der Glockenturm wurde 1931 abgetragen. Schon vor dem Bau der Weißen Mauer stand hier im 16. Jahrhundert eine hölzerne Kirche, die den Beinamen ›zu den Wächtern‹ trug. Die Wächter hatten nämlich im Umkreis des Stadttores ihre eigene Vorstadt. Der Bau der heutigen Kirche wurde in den 1870er Jahren begonnen, jedoch erst 1848 beendet. Als eines der schönsten Bauwerke des Empire beeindruckt sie vor allem durch die Einfachheit ihrer Formen und ihre Monumentalität. 1831 wurden in ihr Alexander Puschkin (1799–1837) und Natalja Gončarova getraut.

Viel bescheidener nimmt sich daneben die kleine Theodor-Studitis-Kirche (12) vor dem Nikitskij-Tor aus. Sie wurde nach 1812 ebenfalls im Empire-Stil umge-

Die Hauptkathedrale im Dreifaltigkeits-Sergius-Kloster in Sergiev Posad
Blick auf den Kreml in Kolomna

АВТОСТАНЦИЯ
СТАРАЯ
КОЛОМНА

staltet. Sie bekam eine neue breite Kuppel, darunter blieb jedoch die alte mittlere Kuppel mit den Kokošniki am Fuß der Trommel erhalten, die jetzt wieder freigelegt ist. Beide Kirchen sind geöffnet.

Genau gegenüber der Himmelfahrtskirche, an der Malaja Nikitskaja (Малая Никитская), befindet sich die prachtvolle Jugendstilvilla, in der Maxim Gor'kij (1868–1936) in der Zeit von 1931 bis 1936 lebte (13). Prachtvoll und sehenswert ist auch das Innere des Hauses, das noch immer kostenlos zugänglich ist. Die Einrichtung wurde belassen wie zu Lebzeiten Gor'kijs. Der Eingang zu dem Museum befindet sich in einer Seitenstraße, der Spiridonov per. (Спиридонов пер.). Gleich nebenan lebte Alexej Tolstoj (1883–1945), dessen Wohnung ebenfalls als Hausmuseum (14) zugänglich ist. Sein historischer Roman ›Peter I.‹ zeigt die Konflikte der Petrinischen Zeit und stellt einfühlsam die Spannungen in der Kindheit und Entwicklung des Zaren, die zur Gründung Petersburgs führten, dar.

Die Malaja Nikitskaja (Малая Никитская) führt in strahlenförmiger Verlängerung zur nächsten ehemaligen Stadtbegrenzung. Schon von weitem sieht man eines der stalinschen Hochhäuser, und die stille Straße endet auf einem riesigen Prospekt, dem Gartenring (Садовое кольцо). Wo auf mehreren Spuren die Autos dahinjagen, befand sich bis zum Anfang des 19. Jahrhunderts der Wall, der die Erdstadt umschloß. 1812 wurde er abgetragen und an seiner Stelle Gärten angelegt. Die heutige Verkehrsader entstand in den 30er Jahren des 20. Jahrhunderts. Inmitten der Hochhäuser blieb ein kleines, rotes Häuschen erhalten, weil in ihm von 1886 bis 1890 Tschechow (1860–1904) lebte.

Betäubend sind Lärm und Leben auf dem Nikitskaja pl. (Никитская пл.), der durch die sieben Hochhäuser dominiert wird, die entscheidend das Bild der ganzen Stadt prägen. Von wo man auch kommt, immer ragt am Horizont einer dieser seltsamen Bauten empor, die trotz ihrer Monumentalität ein wenig den Eindruck von Luftschlössern erwecken. Doch von der Aussichtsplattform auf den Sperlingsbergen (Metro ›Universitet‹ [Университет]) erkennt man, wie stark sie mit der Struktur der Stadt verwachsen sind. Sie markieren genau die Linie des Gartenrings, setzen markante Punkte im Zentrum der Stadt. Überall in den einzelnen Stadtbezirken findet man Gebäude, die wie kleinere Geschwister der sieben Hochhäuser wirken.

Noch etwas fällt auf: Zwischen den sieben ›Großen‹ gibt es eine Beziehung, die über die stilistische Verwandtschaft hinausgeht. Sie alle wenden sich einem Punkt zu, dem Platz, wo heute wieder die Christi-Erlöser-Kirche steht. An dieser Stelle befand sich in den vergangenen Jahren das Schwimmbecken ›Moskva‹, und

Blick auf den Kreml in Kolomna
Das Brobrenev-Kloster bei Kolomna; Der Busbahnhof von Kolomna

eigentlich sollte hier einmal der Palast der Sowjets stehen. Das nicht verwirklichte Zentrum der in den 30er und 40er Jahren geplanten Stadt wird nun wieder durch eine Kirche repräsentiert. Eine merkwürdige Ironie der Geschichte.

Wohnungen, Ministerien, Hotels und eine Universität befinden sich in den sieben Gebäuden, die 1947 geplant und in einem einzigartigen Kraftakt innerhalb von vier Jahren aus dem Boden gestampft wurden. Steinbeton, Stahl, Zement und Marmor – das sind die faßbaren Materialien. Die Formensprache bleibt unverständlich und faszinierend. Wie kann man einen Stil bezeichnen, der Elemente der italienischen Renaissance mit denen des russischen Festungsbaus vermischt, der überhaupt Elemente aus allen möglichen Epochen nimmt, gekrönt von riesigen realistischen Skulpturen? Welche Sprache wurde hier verwendet, und was sollte sie ausdrücken? Künstlerische Phantasie, der Bruch mit allen Stilen durch ihre Vermischung? Selbstbehauptung oder inszenierte Macht in einem Land, das vom Krieg ausgezehrt war? Massiv und verwirrend stehen sie da – an den wichtigsten Punkten der Stadt – und zwingen zur Auseinandersetzung. Wo es möglich ist, in den Hotels oder Wohnhäusern, zum Beispiel an der Kotelničeskaja nab. (Котельническая наб.), sollte man sie sich ruhig von innen ansehen.

Ein Wechsel in eine andere Welt ist sofort wieder möglich durch das Einbiegen in die Povarskaja (ул. Поварская), in der im 17. Jahrhundert die Köche des Zaren ihre Vorstadt hatten (›povar‹ – ›Koch‹). Auf der linken Seite (Povarskaja 52) trifft man auf eines der russischen ›Adelsnester‹ aus dem 18. Jahrhundert (16). Von der Straße ein wenig zurückgesetzt, mit Seitenflügeln, die mit dem Hauptgebäude eine U-Form bilden, rahmt der Komplex einen verwilderten Garten ein. In der Mitte wurde ein Denkmal für Lev Tolstoj (1828–1910) errichtet. Das Adelspalais war Vorbild für das Palais der Rostovs in Tolstojs Roman ›Krieg und Frieden‹. Das Denkmal steht auf einem kleinen Rondell, umgeben von Apfelbäumen. Der Straßenlärm ist nur von fern zu hören. Im Herbst 1918 arbeitete hier Marina Cvetaeva (1892–1941). Das Gebäude beherbergte zu jener Zeit das Kommissariat für Nationalitätenfragen. Später entstand hier der ›Palast der Künste‹, wohin die Dichterin noch einmal zurückkehrte, um ihre Gedichte zu lesen.

Der Weg zu ihrem Haus in der Borisoglebskij per. 6 (Борисоглебский пер.) ist nicht weit. Vorbei am Gor'kij-Literatur-Museum und dem Institut für Weltliteratur, kommt man zu der stillen, gewundenen Gasse, an deren Anfang sich neue Gebäude breitgemacht haben. Ziemlich am Ende steht auf der linken Seite ein zweistöckiges, restauriertes Haus, in dem Marina Cvetaeva von 1913 bis 1922 lebte (17). Sie wohnte im Erdgeschoß, aber eigentlich hatte die Wohnung drei Etagen. Über den Wohnräumen lagen die Küche und noch andere Zimmer, darüber befand sich der ›heilige‹ Dachboden, auf dem sie schrieb. »Alles war riesig, weiträumig, verwahrlost, öde, noch vermehrt um die Weite und Leere, und den Ton gab für alles der Dachboden an …« (›Erzählung von Sonetschka‹, 1937). Heute ist das ganze Haus in Erinnerung an die Dichterin ausgestaltet. An einer Tafel vor dem Eingang kann man sich über stattfindende Lesungen und Vorträge informieren.

Wer das Flair stiller Gassen noch einen Moment bewahren möchte, kann nach links in die Bol'šaja Molčanovka (ул. Большая Молчановка) abbiegen und zum Haus Nr. 2 in der Malaja Molčanovka (ул. Малая Молчановка) gehen. Hier steht noch das kleine Holzhaus, in dem Michail Lermontov (1814–1841) von 1829 bis 1832 lebte. Auch dieses ist ein Museum, der Eingang liegt im Hof (18). Wie ein Wunder steht es da, während auf der gegenüberliegenden Seite schon die Hochhäuser in den Himmel ragen.

Simeon-Stylites-Kirche

Noch ein Gruß aus alten Zeiten blieb hier dank einer Laune der Stadtplaner erhalten. Vor einem der Hochhäuser am Beginn des Novyj Arbat (Новый Арбат) steht auf einem Grashügel die kleine, weiße Simeon-Stylites-Kirche (19). Dicke Wände, fünf Kuppeln, eine dreiteilige Apsis und ein zeltdachförmiger Glockenturm – so steht die 1676 erbaute Kirche inmitten dieser modernen Szenerie. Das Innere ist spärlich erleuchtet und kaum geschmückt, niedrige Gewölbe vermitteln das Gefühl von Ruhe und Geborgenheit. Der Neue Arbat, der in Verlängerung der Vozdviženka vom Arbatskaja pl. (Арбатская пл.) zur Novoarbatskij Brücke (Новоарбатский Мост) führt, wurde Anfang der 60er als Kalinin-Prospekt (пр. Калинина) gebaut. Viele kleine Holzhäuser, Gassen und Plätze fielen der 80 Meter breiten neuen Verkehrsader zum Opfer. Auf der linken Seite wurden vier Riesenbauten errichtet, welche die Form aufgeschlagener Bücher haben. Einen Kontrapunkt zu ihnen bildet die Linie der Hochhäuser auf der anderen Seite. Untereinander sind die Komplexe durch Galerien verbunden, in denen sich Geschäfte, Restaurants und Cafés befinden. Hier hat auch das ›Haus des Buches‹ seinen Platz gefunden (20). Auf der gleichen Seite, einige Meter in Richtung Arbatskaja pl. liegt das Internationale Fernsprechamt ›Artel‹ (21). Am Arbatskaja pl. nimmt aber nicht nur der Neue Arbat seinen Ausgang. Hier beginnt auch der Alte Arbat, die vielbesungene und vielbesuchte Straße.

Symbol der Geschichte – die Christi-Erlöser-Kathedrale

Der Ort, an dem heute die Christi-Erlöser-Kathedrale in neuem Glanz erstrahlt, scheint den Sieg der orthodoxen Kirche zu repräsentieren, den Triumph und die Rache für all die abgerissenen, geplünderten und fremdgenutzten Kirchen. Bis vor kurzem befand sich hier ein riesiges Schwimmbecken, das ›Moskva‹, und viele wissen noch, in welches Fundament das Wasser eingelassen wurde.

Nach dem Abriß der Erlöserkathedrale 1931 sollte hier als unübersehbares Symbol der neuen Zeit und der neuen Macht der Palast der Sowjets in den Himmel ragen. 420 Meter hoch, gekrönt von einer 70 Meter hohen Lenin-Statue, mit einem Gesamtvolumen von 7,5 Millionen Kubikmetern und einer Kongreßhalle, die über 21 000 Menschen fassen sollte. Dies war ein Vorhaben, das alle vorherigen Maßstäbe sprengte, und weit mehr darstellte als bloße architektonische Himmelsstürmerei.

Interessant ist die Geschichte des Entwurfs, dessen Ausschreibung im Jahre 1931 weltweit Architekten auf den Plan rief. Erstaunlicherweise befanden sich unter den zwölf Jurymitgliedern nur drei Russen.

Die Vorschläge spiegelten die verschiedensten Architekturströmungen jener Jahre wider. Angenommen wurde schließlich das Projekt von Iofan, das einen in vier Stufen sich nach oben hin verjüngenden

Die Christi-Erlöser-Kathedrale

Rundbau mit vorgelagerten Kolonnaden vorsah. Es wurde als Grundlage für weitere Pläne genommen. Begonnen wurde mit dem Bau 1939, doch bereits zwei Jahre später wurden Arbeitskräfte und Materialien dringender an der Front benötigt. Trotz des Ausnahmezustandes wurde der Plan lange Zeit nicht aufgegeben, und als sichtbares Zeichen hieß die Metrostation an dem Platz bis 1957 ›Palast der Sowjets‹.
Nach dem Tod Stalins im Jahre 1953 wurden erste kritische Stimmen laut. Vielleicht war es doch sinnvoller, Wohnungen zu bauen als Paläste. Beendet wurde das Projekt 1956 nach dem 20. Parteitag, auf dem Chruščev die Entstalinisierung und ›Tauwetterperiode‹ einleitete.
Heute wird ein anderer Palast hier wiedererrichtet, dessen Bau vor allem durch Spenden finanziert werden soll.
Erbaut wurde die Christi-Erlöser-Kathedrale, und ihre Vorgeschichte weist viele Parallelen zu der des Palastes der Sowjets auf. Sie beginnt im Jahr 1812, nach dem Sieg über Napoleon. Auch damals schien eine neue Zeit anzubrechen. Rußland fühlte sich als Retter Europas, dem neuen Selbstbewußtsein sollte Ausdruck verliehen werden. Zar Alexander I. (1801–1825) ließ einen Wettbewerb ausschreiben, in dessen Rahmen ähnliche himmelstürmende Projekte konzipiert wurden wie 100 Jahre später. Greifbares Ergebnis war die gewaltige Kathedrale an den Ufern der Moskva. Heute schließt sich der Kreis, und doch kann ein neues Bauwerk eine siebzigjährige Geschichte nicht vergessen lassen.

Der Entwurf für den Palast der Sowjets

Alter Arbat

»Ach, Arbat, mein Arbat ...« – Bulat Okudžava, der als einer der ersten die sogenannten ›Autorenlieder‹ (Lieder mit einem lyrischen Ich, die mit der Gitarre begleitet werden) sang, hat eines der bekanntesten Lieder über den Arbat geschrieben.

Mit seiner leisen, schwermütigen Stimme im Ohr ist es schwierig, sich heute dieser Straße im Zentrum Moskaus zu nähern. Der Arbat, das war ein ganzes Viertel, das ist heute die einzige Fußgängerzone Moskaus. Die Straße und das Netz der umliegenden Gassen wurden von den Dichtern und Sängern, von den Schriftstellern und Philosophen geprägt. Bulat Okudžava bezeichnete den Arbat als seine ›Religion‹ und als sein ›Vaterland‹, und später nennt er sich selbst einen ›Emigranten, der vom Arbat kommt‹. Andrej Belyj (1880–1934), Dichter und Schriftsteller, der wirklich auf dem Arbat geboren ist, für den sich die Weite des Arbats hinter den Mauern der väterlichen Professorenwohnung erstreckte, erinnert sich später: »Die Geschichte der Welt ist der Arbat.« Die umliegenden Gassen erzählen Geschichten von Puschkin, den Dekabristen, Tolstoj, Cvetaeva, Pasternak. Sie alle lebten hier oder gingen bei Freunden ein und aus ...

Das Viertel taucht im 15. Jahrhundert erstmalig in Beschreibungen auf. Das Wort ›arbad‹, das aus dem Arabischen kommt und eine Vorstadt, einen Vorort, bezeichnet, brachten die krimtatarischen Kaufleute mit, die diesen ›Vorort‹ besiedelten. Seit der zweiten Hälfte des 18. Jahrhunderts galt der Arbat als eines der aristokratischsten Wohnviertel Moskaus, wo Geselligkeit, Müßiggang und Ballabende das Leben bestimmten. »Zamoskvoreč'es Bewohner stehen bereits auf, wenn man sich auf dem Arbat und der Prečistenka gerade schlafen legt.«, schrieb 1840 ein deutscher Reisender.

Die Jahrhundertwende brachte jedoch auch hier Veränderungen. Der Adel war verarmt, längst lebten nicht mehr alle auf eigenen Höfen. Stuckverzierte Bürgerhäuser und Villen waren zu den Adelspalais hinzugekommen. Der Jugendstil brach sich Bahn. Hohe Mietshäuser entstanden, mehretagige ›Kommoden‹, wie verärgerte Moskauer seinerzeit die überall aus dem Boden wachsenden Gebäude nannten, bei denen es mehr um Funktionalität als um Schönheit ging. Doch auch Holzhäuser gab es bis in die 50er Jahre des 20. Jahrhunderts. Sie wurden größtenteils mit der Schaffung des Kalinin-Prospektes abgetragen. Die neu geschaffene Geschäfts- und Verkehrsstraße stellte auch den Alten Arbat in ihren Schatten. Erst in den 80er Jahren wurde er aufwendig restauriert und erhielt als Fußgängerzone und Touristenattraktion ein neues Gesicht.

Es ist ein Ort der Straßenszenen, ein Ort zum Flanieren, wohin die Menschen kommen, um neugierig zuzuhören und zuzusehen, aber auch um Geld auszugeben. Natürlich ist alles teurer als anderswo in Moskau. Dafür gibt es hier bayerisches

Bier neben Vodka in Büchsen, Hamburger und Pommes neben Piroggen. Und wer weniger am Kulinarischen interessiert ist, kann sich aus der Hand lesen, sich mit einem Falken fotographieren oder sich ein Porträt malen lassen. Souvenirs werden überall angeboten, auch sie zu überteuerten Preisen. Cafés laden zum Verweilen ein.

Manchmal ist es aber auch ganz interessant, einen Blick in die Höfe zu werfen, vorbei an den schmucken Fassaden und den Vitrinen der Nobelgeschäfte. Auf der rechten Seite hebt sich das Vachtangov-Theater grau von den pastellfarbenen Bürgerhäusern ab. In der dahinterliegenden Nikolopeskovskij per. (Николопесковский пер.) befindet sich das Hausmuseum für den Komponisten Skrjabin (22). Das Café im Hof daneben bietet zu normalen Preisen Gerichte der russischen Küche an.

Das einzige Museum auf dem Arbat, das an seine ehemaligen Bewohner erinnert, ist das Haus Nr. 53, in dem Alexander Puschkin und Natalja Gončarova 1831 ihre Flitterwochen verbrachten (23). Im Erdgeschoß ist die väterliche Professorenwohnung des Dichters A. Belyj als Museum eingerichtet. A. Belyj war Schriftsteller des russischen Symbolismus, der den anthroposophischen Ideen Rudolf Steiners nahestand und dessen Werk sich im Spannungsfeld zwischen östlichem und westlichem Denken bewegte.

Der Arbat endet am Smolenskaja pl. (Смоленская пл.), wo das Hotel ›Ukraina‹ schon von weitem grüßt und die Metrostation ›Smolenskaja‹ (Смоленская) einen schnellen Ortswechsel ermöglicht. Es lohnt sich, zu bleiben und noch ein wenig in den Gassen und Straßen links vom Arbat spazierenzugehen. So zum Beispiel in einer bekannten Straße mit dem seltsamen Namen Sivcev Vražek (ул. Сивцев Вражек). Den Namen erhielt sie von dem Flüßchen Sivka, das hier munter in seinem Graben (›ovrazhek‹) floß. Auf dem Sivcev Vražek lädt ein Museum ein, sich mit dem literarischen Leben von 1840 bis 1880 auseinanderzusetzen, der ›Literarische Almanach‹ (Sivzev Vražek 30) (24). Gleich gegenüber lag die Wohnung des Schriftstellers und Revolutionärs Alexander Herzen, auch sie beherbergt ein Museum (25).

In einer der Seitengassen, der Bol'šoj Afanas'evskij per. (Большой Афанасьевский пер.), trifft man nicht nur auf die Kirche der Heiligen Afanassij und Kirill, sondern auch auf einen Torbogen aus dunkelblauem Stein, auf dem goldene Lettern großartig verkünden ›Museum der klassischen und modernen Kunst‹. Ein Geheimtip? Ja, im Hof erwartet Neugierige im Sommer ein Museum unter freiem Himmel – eine Art Skulpturenpark, auf dessen Gelände auch ein unterirdischer Theaterraum Aufführungen verspricht (26).

Die Bol'šoj Afanas'evskij per. verbindet den Alten Arbat mit der Prečistenka (ул. Пречистенка). Hier, an der Ecke zur Chruščevskij per. (Хрущевский пер.), steht ein spätklassizistisches Herrenhaus vom Anfang des 19. Jahrhunderts, in dem sich ein Alexander Puschkin gewidmetes Museum befindet (27). Das Gebäude steht in keinerlei Bezug zu dem Dichter, aber weil von den Häusern, in denen Puschkin seine Kindheit verbrachte, keines erhalten ist, richtete man das Museum hier ein.

Geöffnet für Besucher hat aber das schräg gegenüberliegende Tolstoj-Museum (28). Auch dieses klassizistische Palais aus den Jahren 1817–1822 war kein Wohnhaus des Schriftstellers. Es dient seit 1921 als Museum und Forschungsstätte. Hier befinden sich Manuskripte, Porträts, eine umfangreiche Fotosammlung und persönliche Gegenstände des Schriftstellers, dessen Romane einige der lebendigsten Bilder Moskaus und seiner Adelskreise im 19. Jahrhundert zeichnen. Sogar die Stimme Lev Tolstojs ist dank eines Phonographen, den Edison dem Schriftsteller schenkte, abrufbar.

Beim Verlassen des Museums befindet man sich wieder auf der Prečistenka und nur ein paar Schritte sind es noch bis zum Boulevardring und zum pl. Prečistenskich vorot (пл. Пречистенских ворот). Dieser Platz stellt eines der städtebaulichen Zentren der Stadt dar. Auf diesen Ort wurden die sieben Hochhäuser ausgerichtet, und hier ragen die goldenen Kuppeln der Christi-Erlöser-Kirche weithin sichtbar auf (29). Den besten Überblick hat man vom Friedrich-Engels-Denkmal aus, das zwischen Prečistenka (ул. Пречистенка) und Ostoženka (ул. Остоженка) auf einem kleinen Podest steht.

Ein paar Meter weiter auf der linken Seite der ul. Volchonka (ул. Волхонка) befindet sich das Museum für bildende Künste (30), das merkwürdigerweise den Namen des Dichters Puschkin trägt. Das neoklassizistische Gebäude wurde von 1889–1912 eigens zu diesem Zweck errichtet. Es entstand auf Initiative des Universitätsprofessors Ivan Cvetaev (1846–1913), des Vaters von Marina Cvetaeva. Die Dichterin schreibt darüber in ihrem Essay ›Die Geburt des Museums‹:

»Doch der Traum von dem Museum hatte früher begonnen, viel früher, in jenen Zeiten, da mein Vater, Sohn eines Dorfpopen im Dorf Talizy, im Kreis Šuja, Gouvernement Vladimir, von der Kiever Universität ins Ausland geschickt, als sechsundzwanzigjähriger Philologe zum ersten Mal den Fuß auf römischen Stein setzte. Aber ich irre mich: In dieser Sekunde fiel die Entscheidung über die Existenz eines solchen Museums; der Traum von dem Museum, natürlich, entstand vor Rom – schon in der flutenden Weite der Kiever Parks, aber vielleicht auch schon in dem Krähwinkel Talizy, im Kreis Šuja, wo er beim Kienspan Latein und Griechisch lernte: ›Das mal mit den Augen sehen!‹

Und später, als er gesehen hatte: ›Könnten sie‹ (die anderen, auch solche wie er, Barfüßige und ›Kienspänige‹) ›das mal mit den Augen sehen!‹

Der Traum von einem russischen Skulpturen-Museum war, das kann ich kühn behaupten, mit meinem Vater zusammen geboren worden. Sein Geburtsjahr – 1846.«

Die Idee von einem Museum für die ›Barfüßigen und Kienspanigen‹ bestimmte das ganze Leben der Familie. Bisher gab es nämlich außer der Tretjakov-Galerie, in der vor allem russische Kunst ausgestellt wurde, kein frei zugängliches, kostenloses Museum. Die Bilder und Skulpturen befanden sich in privaten Museen und in reichen Adelsvillen. Die Idee eines öffentlichen Museums entstand jedoch schon Mitte des 18. Jahrhunderts an der Moskauer Universität, als dort eine Münzen- und Medaillensammlung eingerichtet wurde. Hundert Jahre später kamen einige Abgüsse antiker Skulpturen von der Petersburger Akademie der Künste hinzu, und ein Kabinett der Schönen Künste entstand. In dieser Zeit begann der Kunst-Professor Ivan Cvetaev den Traum von einem eigenen Museum in die Tat umzusetzen.

Marina Cvetaeva beschreibt die endlosen Absprachen mit den Spendern, die Korrespondenzen ins Ausland, und den mühsamen Weg bis zu dem Tag, als endlich die ersten Besucher das Museum betreten konnten. Heute besitzt es eine der größten Sammlungen der Welt, die neben den antiken Skulpturen Werke der französischen, italienischen, flämischen, holländischen und spanischen Malerei umfaßt. Zu sehen sind unter anderem Gemälde von Fragonard, Poussin, Cézanne, Gauguin, Matisse, Botticelli, Rubens, van Dyck, Rembrandt, El Greco und Picasso. Außerdem werden wechselnde Ausstellungen gezeigt; so fand im Sommer 1996 die Ausstellung ›Berlin–Moskau‹ große Beachtung.

Das Timirjazev-Museum (музей Тимирязева) befindet sich in der ul. Malaja Gruzinskaja 15 (ул. Малая Грузинская), geöffnet Di, Do, Sa, So von 10 bis 18 Uhr, Mi und Fr von 12 bis 19 Uhr, am letzten Dienstag im Monat geschlossen.
Das Stanislavskij-Museum (музей Станиславского) in der Leont'evskij per. 6 (Леонтьевский пер.) hat Mi und Fr von 14 bis 20 Uhr und Do, Sa und So von 11 bis 18 Uhr geöffnet, Tel. 229 28 55.
Das Museum für Volkskunst (музей народного искусства), Leont'evskij per. 7 (Леонтьевский пер.), hat täglich außer Mo von 11 bis 17 Uhr geöffnet, Tel. 291 87 18.
In der ul. Malaja Nikitskaja 6 (ул. Малая Никитская) erwartet das Gor'kij-Hausmuseum (Дом-музей Горького) von Mi bis Fr von 12 bis 19 Uhr und Do, Sa und So von 10 bis 17 Uhr seine Gäste, Tel. 290 05 35.
Das Alexej-Tolstoj-Museum (Музей Толстого), Spiridonovka ul. 2 (Спиридоновка ул.) hat Mi, Fr von 13 bis 18 Uhr und Do, Sa, So von 11 bis 17 Uhr geöffnet, Tel. 290 09 56.
Das Tschechow-Museum (музей Чехова) in der Sadovaja-Kudrinskaja 6 (ул. Садовая-Кудринская) hat Di, Do und Sa von 11 bis 17 Uhr

und Mi und Fr von 13 bis 18 Uhr geöffnet.

Freien Eintritt gewährt das Gor'kij-Literatur-Museum (Литературный музей им. Горького) in der Povarskaja ul. 25 a (ул. Поварская) Mo, Di und Do von 10 bis 17 Uhr und Mi und Fr von 12 bis 19 Uhr. Hier sind Materialien über den Dichter ausgestellt.

Das Cvetaeva-Haus (Дом-музей Цветаевой) in der Borisoglebskij per. 6 (Борисоглебский пер.) hat täglich von 12 bis 17 Uhr geöffnet, auch Führungen sind möglich, Tel. 202 35 43.

Das Lermontov-Haus (Дом-музей Лермонтова) in der Malaja Molčanovka 2 (Малая Молчановка) ist So, Sa, So von 11 bis 16 Uhr und Mi, Fr 14 bis 18 Uhr geöffnet, Tel. 291 52 98.

Das Skrjabin-Museum (музей Скрябина) befindet sich in der Nikolopeskovskij per. 11 (Николопесковский пер.) und hat Mi und Fr von 12 bis 19 Uhr und Do, Sa, So von 10 bis 17 Uhr geöffnet, am letzten Freitag im Monat geschlossen, Tel. 241 19 01.

Auf dem Arbat 53 (Арбат) erwarten das Puschkin-Museum (музей Пушкина) und das Belyj-Museum (музей Белого) ihre Gäste von Mi bis So von 11 bis 19 Uhr, außer am letzten Freitag im Monat, Tel. 241 92 95.

Das Museum ›Literarischer Almanach‹ (›Литературный Алманах‹) in der Sivcev Vražek 30 (пер. Сивцев Вражек пер.) öffnet Mi und Fr von 14 bis 18 Uhr, Do, Sa, So von 11 bis 18 Uhr, am letzte Tag des Monats ist geschlossen, das Herzen-Museum (Музей Герцена) gleich gegenüber hat Di, Do, Sa, So von 11 bis 17.30 und Mi und Fr von 13 bis 17.30 geöffnet, am letzten Tag des Monates ist es geschlossen.

Das Puschkin-Literatur-Museum (музей изобразительных искусств имени Пушкина) an der Ecke Prečistenka 11/Chruščevskij per. 2 (ул. Пречистенка/Хрущевский пер.) geöffnet von Di bis So von 10 bis 17 Uhr.

Das Tolstoj-Museum gegenüber (музей Толстого) öffnet Mi und Fr von 12 bis 20 Uhr und Sa, So, Di von 11 bis 17.30 Uhr.

Das Puschkin-Museum für bildende Künste (музей изобразительных искусств им. Пушкина) zeigt seine Schätze von Di bis So von 10 bis 19 Uhr in der ul. Volchonka 12 (ул. Волхонка), Tel. 203 79 98.

Das Konservatorium befindet sich auf der Bol'šaja Nikitskaja 11 (ул. Большая Никитская).

Neben dem Konservatorium bietet das Café ›Konservatorija‹ täglich von 11 bis 22 Uhr russische Gerichte an. Unzählige Cafés und Restaurants gibt es auf dem Arbat, empfehlenswert und preisgünstig ist das Café im Hof der Nikolopeskovskij per. 11 (Николопесковский пер.) (neben dem Skrjabin-Museum), das täglich von 11 bis 22 Uhr geöffnet hat.

Die Wehrklöster im Süden

Wie grimmige Wächter standen sie dereinst im Süden, weit vor der Stadt, und schützten das werdende Moskau vor den Angriffen fremder Eroberer. Die Klöster hatten vor allem eine strategische Funktion, was sich unschwer an ihrem Grundriß und der Mächtigkeit der Mauern und Wehranlagen ablesen läßt. Sechs an der Zahl, bildeten sie einen Ring, der außerhalb der Befestigung der Erdstadt (des heutigen Gartenringes) lag. Schon Ende des 13. Jahrhunderts war das Danilov-Kloster an der Moskva entstanden. Auf der anderen Flußseite wurden das Simonov-Kloster (1379) und das Andronikov-Kloster (1360) erbaut. Ebenfalls an der Moskva, oberhalb des Simonov-Klosters, ragen seit Ende des 15. Jahrhunderts die Türme und Kuppeln des Neuen-Erlöser-Klosters empor. Das Neujungfrauenkloster in der Flußschleife im Südwesten und das Donskoj-Kloster vollendeten im 16. Jahrhundert die Kette. Heute sind die ehemals einsamen Klöster längst aufgesogen vom Leben der Stadt und liegen inmitten von Wohn- und Industriegebieten. Viele von ihnen wurden in der Vergangenheit fremdgenutzt und erst vor kurzem wieder an die Kirche übergeben. Nun bilden sie mit ihren meist sehr schönen, parkähnlichen Friedhöfen Oasen und Anziehungspunkte in Vierteln, in die Fremde sonst oft nicht kommen würden.

Umgeben von Industrieanlagen: das älteste Kloster Moskaus

Das Danilov-Kloster (Данилов монастырь)

Das älteste Kloster Moskaus, das Danilov-Kloster, wurde lange Zeit nicht einmal erwähnt, so stark war es beschädigt und verändert worden. Es ist in jüngster Zeit wieder zu Ruhm und Ehren gekommen und erstrahlt heute im neuen, weißen Kleid. Hier befindet sich seit 1988 der Sitz des russischen Patriarchen und des Heiligen Synod. Vom 1. bis 3. Oktober 1993 fanden hier in Anwesenheit des Patriarchen Verhandlungen zwischen Vertretern des Präsidenten Boris Jelzin und Vertretern des ehemaligen Obersten Sowjets der Russischen Föderation statt, die durch den Putschversuch am 3. Oktober jäh unterbrochen wurden. Das Kloster wurde 1983 an die Kirche zurückgegeben und mit Hilfe von in- und ausländischen Spenden aufwendig restauriert; Bautrupps und Material stellte der Staat zur Verfügung. Nichts ist mehr zu sehen von den sieben Jahrhunderten, auf die das Kloster zurückblickt.

Das Danilov-Kloster

Gegründet wurde es um 1282 von Daniil Alexandrovič. Der jüngste Sohn Alexander Nevskijs war der erste Fürst von Moskau, das zu dieser Zeit als selbständiges Fürstentum aus dem zerfallenden Großfürstentum Rostov-Suzdal' hervorging. Der Fürst, der das Kloster nach seinem Schutzpatron Daniil benannte, ließ es weit vor der Stadt am Ufer der Moskva errichten. Die älteste Kirche, die Daniil dem Säulenheiligen geweiht war, wurde an der Stelle erbaut, wo heute die Auferstehungskirche (церковь Воскресения) steht. Die Kirche wurde aus Steinen erbaut – zu einer Zeit, da selbst im Kreml noch alles aus Holz gefertigt wurde. Aber die Befestigungen und Klosterbauten wurden in Holzbauweise errichtet, und so verfiel die Anlage sehr schnell, als Ivan Kalita fünfzig Jahre später das Kloster auflösen ließ und den Archimandriten in den Kreml holte.

Einsam stand die Kirche am Ufer der Moskva, bis Ivan IV. (1533–1584) rund 250 Jahre später (1554) eine neue Kathedrale auf ihren Fundamenten errichten ließ und das Kloster neu gründete. Die Hauptkirche wurde den Vätern der Sieben Ökumenischen Konzilien geweiht (церковь святых Отцов семи Вселенских Соборов), in der unteren Maria-Schutz-Kirche (Покровская церковь) befindet sich ein Nebenaltar für Daniil den Säulenheiligen. Die steinerne Mauer mit den sieben Türmen und dem Nordtor stammt erst aus der zweiten Hälfte des 17. Jahrhunderts, obwohl schon vorher einige Schlachten hier geschlagen wurden und das Kloster seine Funktion als das erste in der Kette der Wehrklöster wahrnahm. 1591 wurden hier die Tataren abgewehrt. In der ›Zeit der Wirren‹ besiegte das Heer des Zaren Vasilij Šujskij die aufständischen Bauern unter ihrem Anführer Bolotnikov. Sechs Jahre später lief hier das Volk zusammen, um die Abdankung Šujskijs zu fordern. Während der Pestepidemie 1771 wurde in den Gebäuden ein Lazarett eingerichtet, im Krieg gegen Napoleon (1812) gar ein Schlachthof. Erst im Laufe des 19. Jahrhunderts entstanden zwei weitere Kirchen, und eine Klosterschule wurde eröffnet.

Nach der Oktoberrevolution befanden sich hier ein Waisenhaus, eine Jugendstrafanstalt, eine Regenschirm- und eine Kühlschrankfabrik, so daß sich das Kloster bald kaum noch von den umliegenden Fabriken abhob. Von der nahegelegenen Moskva-Brücke an der Avtozavodskaja ul. (Автозаводская ул.) bietet sich ein interessanter Blick auf die weißen Mauern und Kirchen inmitten der Schornsteine und Industrieanlagen, und es scheint schwer vorstellbar, daß das Kloster einmal weithin sichtbar über kleinen Dörfern und endlosen Feldern aufragte.

Der Eintritt erfolgt durch das Tor an der Nordseite, vom Danilovskij per. (Даниловский пер.) aus. Über dem Torbogen erhebt sich die kleine Kirche des Simeon Stylites und darüber der Glockenturm, der völlig neu im damaligen Stil der 30er Jahre des 18. Jahrhunderts wieder aufgebaut wurde. Die Glocken stammen aus Jaroslavl'; die ursprünglichen Glocken schmücken einen Turm der Harvard-Universität. Ein in Moskau lebender Amerikaner, der den Klang sehr liebte, hatte sie in den 30er Jahren, als alle Glocken in Rußland verstummten, gekauft und sie in die USA mitgenommen. Ein Übersichtsplan am Eingang gibt Auskunft über die Klosteranlage. Außer dem eigens für die Gäste des Patriarchen erbauten Hotelkomplex ›Danilovskaja‹ und seiner 1984 erbauten Residenz, einem hufeisenförmigen Gebäude, das Elemente sowjetischer Prunkarchitektur mit denen des 17. Jahrhunderts verbindet, sowie einem ›Neuen Mönchstrakt‹, in dem das Außenamt der russischen Orthodoxie seinen Sitz hat, gibt es hier keine neuen Gebäude.

Im Mittelpunkt der Klosteranlage steht die 1833–1838 erbaute Dreifaltigkeitskirche (Троицкий собор). Sie wurde nach einem Entwurf von O. Beauvais im klassizistischen Stil errichtet. Der Ikonostas stammt aus neuerer Zeit, doch wurde der Kirche von privater Seite eine Dreifaltigkeits-Ikone aus dem 16. Jahrhundert geschenkt. Alle Ikonen wurden aus den verschiedensten Teilen des Landes herbeigeholt oder extra für das Kloster angefertigt. Auch die Splitter der Gebeine des Gründers Daniil, die auf merkwürdige Weise durch alle Zeiten bewahrt wurden, sind hier in einem Schrein aufgestellt. In der viel älteren Kathedrale der Väter der Sieben Ökumenischen Konzilien befinden sich in der oberen Kirche ein Ikonostas aus dem Kostromaer Gebiet vom Ende des 17. Jahrhunderts und eine Ikone der Gottesmutter von Vladimir aus dem 16. Jahrhundert. Die einkupplige Kathedrale wurde 1554–1560 unter Ivan IV. gebaut. An der Stelle der allerersten Kirche, außerhalb der Klostermauern, findet sich heute die Auferstehungskirche (церковь Воскресения), die 1832–1834 im spätklassizistischen Stil errichtet wurde. Sie ist ein wenig das Stiefkind unter den Kirchen und hält mit den sie umgebenden Werkstätten und Bäumen noch am ehesten eine Erinnerung an das Klosterleben vergangener Zeiten aufrecht.

Das Danilov-Kloster ist von der Metrostation ›Tul'skaja‹ (Тульская) zu erreichen. Man nimmt den Ausgang auf die Bol'šaja Tul'skaja ul. (Большая Тульская ул.), von dort biegt man rechts in die Danilovskij per. (Даниловский пер.) ein. Das Kloster ist frei zugänglich. Zu der Brücke kommt man vom entgegengesetzten Ausgang auf die Avtozavodskaja ul. (Автозаводская ул.).

Das Simonov-Kloster (Симонов монастырь)

In einer Zeitungsnotiz des Jahres 1929 wird die Moskauer Bevölkerung aufgerufen, an einem grandiosen Subbotnik (freiwilliger Arbeitseinsatz, russ. ›subbota‹-›Samstag‹) am 22. Januar 1930 teilzunehmen. In der Nacht zum 22. Januar wird das Simonov-Kloster von 5000 Menschen in einer Art Volksfest abgerissen und während der Arbeiten ein Film gedreht.

Nach der Sprengung im Jahre 1930 wurden die erhalten gebliebenen Klosterteile von Betrieben genutzt und der Friedhof, auf dem bedeutende Persönlichkeiten begraben waren, eingeebnet. In unmittelbarer Nähe wurden ein Kulturpalast und das Stadion eines Autowerkes gebaut. Die nahegelegene Metrostation wurde ›Avtozavodskaja‹ (Автозаводская) genannt.

Gegründet wurde das Kloster 1370, zu einer Zeit, als in der Umgebung nur das Danilov-Kloster, das Kloster auf Kruticy und der Kreml existierten. Das Kloster lag in der Nähe von Moskau und bot, da es von Wald umgeben war, die gewünschte Einsamkeit. Die Gegend wurde Simonovo genannt, womit auch der Name des Klosters verknüpft ist. Doch ehe sich das Kloster an der ursprünglichen Stelle richtig etablieren konnte, erfolgte eine Verlegung an seine heutige, nicht weit entfernte Stelle. Noch im gleichen Jahr, 1379, wurde der Grundstein für die Maria-Entschlafens-Kathedrale gelegt, die nicht erhalten ist.

1591 wurde das Kloster in eine Festung verwandelt, die eine eigene Garnison beherbergte, 1612 von Polen und Litauern eingenommen und beraubt, während einer Pestepidemie 1771 in ein Hospital umfunktioniert und letztlich 1778 aufgelöst. Dem Bemühen von Dolgov, dem damaligen Vorstand der Kaufmannsgilde, war es zu verdanken, daß das Kloster 1795 wiedereröffnet werden konnte. 1812 brachen die Franzosen in das Kloster ein und steckten es teilweise in Brand. Zuletzt beherbergte das Kloster neben dem Archimandriten 16 Mönche und 6 Bedienstete. »Der schöne, harmonische Kirchengesang der Mönche dieses Klosters zieht am Vorabend der Feiertage den Besuch vieler Städter, besonders der fremden Reisenden, an.« (Reiseführer von 1882)

Von der Einfassung, deren Außenlänge etwa 600 Meter betrug, sind die Südmauer, ein Teil der flußseitigen Einfriedung und drei Türme erhalten. Der größte Turm ist der südwestlich gelegene, der mit seinen 40 Metern Höhe die Bedeutung der nahegelegenen Hauptzufahrt unterstrich. Bei dem schlichten Gebäude an der Südwestmauer handelt es sich um einen alten Trockenspeicher aus dem letzten Viertel des 17. Jahrhunderts. Im oberen Stockwerk befindet sich ein Saal, von dem vermutet wird, daß er dem Zaren für Empfänge diente. Das erhalten gebliebene Refektorium geht auf das Jahr 1485 zurück. Aus dieser Zeit stammt noch der Unterbau, zwei große zweistöckige Kalksteinräume. An der Südwestecke wurde das Neue Refektorium samt Nebenräumen, wie Back- und Braustube errichtet. In den Jahren 1840–1843 wurden zwei von außen zugängliche Seitenkapellen angebaut. Die Westfassade wurde mit einer eindrucksvollen Giebelwand versehen.

Das Panorama, welches das alte Simonov-Kloster dem Betrachter einmal bot, hat Karamzin in seiner Erzählung ›Arme Lisa‹ folgendermaßen geschildert:

»Aber am allerschönsten finde ich die Stätte, an der sich die düstren gotischen Türme des Simonov-Klosters erheben. Wenn man auf diesem Berg steht, überblickt man zur Rechten fast ganz Moskau, diese ungeheure Zusammenballung von Häusern und Kirchen, die sich gleich einem majestätischen Amphitheater vor den Augen ausbreitet; ein wundervolles Bild, besonders wenn die Sonne darauf scheint, wenn ihre abendlichen Strahlen auf den unzähligen Kuppeln, auf den unzähligen gen Himmel ragenden Kreuzen lodern! Unten breiten sich satt dunkelgrüne, blühende Wiesen aus, und dahinter fließt im gelben Sandbett der silberglänzende Fluß, dessen ruhige Oberfläche sich nur unter den leichten Riemenschlägen der Fischerboote kräuselt oder unter dem Ruder der Lastkähne aufrauscht, die aus den fruchtbaren Landstrichen des Russischen Reiches kommen, um das unersättliche Moskau mit Brot zu versorgen. Auf dem jenseitigen Ufer sieht man einen Eichenhain, in dessen Nähe große Herden weiden; dort sitzen junge Hirten im Schatten der Bäume, singen einfache traurige Lieder und verkürzen damit die für sie so eintönigen Sommertage. Etwas weiter, aus dem dichten

Grün uralter Ulmen, blitzt mit seinen goldenen Kuppeln das Danilov-Kloster; noch weiter, fast am Rande des Horizonts, heben sich blau die Sperlingsberge vom Himmel ab. Auf der linken Seite aber sieht man weite Getreidefelder, Wäldchen, drei oder vier Dörflein, und in der Ferne das Dorf Kolomenskoe mit seinem hohen Schloß.

Oft suche ich diese Stätte auf und fast immer begrüße ich dort den Frühling, wandere aber auch an düsteren Herbsttagen dorthin, um mit der Natur zusammen zu trauern. Schaurig heult der Wind um die Mauern des verödeten Klosters, zwischen den mit hohem Gras bewachsenen Gräbern und in den dunklen Gängen der Zellen. Dort, an die Trümmer der Grabsteine gelehnt, lausche ich dem dumpfen Stöhnen der Vergangenheit, die im Orkus versunken ist – dem Stöhnen, das mein Herz in Bangen und Zangen pochen und erzittern läßt.«

Das Simonov-Kloster liegt in der Nähe der Metrostation ›Avtozavodskaja‹ (Автозаводская). Von dem alten Kloster ist wenig und in schlechtem Zustand erhalten, so daß sich ein Besuch nur bedingt lohnt.

Das Andronikov-Kloster (Андроников монастырь)

Von der Metrostation ›Taganskaja‹ führt der Weg durch eine Denkmalschutzzone, in der sich das Straßenbild des 19. Jahrhunderts erhalten hat. Am linken Steilufer der Jauza, des größten Nebenflusses der Moskva innerhalb der Stadt, erhebt sich majestätisch das Andronikov-Kloster. Es wurde im Jahr 1360 gegründet und war das zweite Wehrkloster Moskaus, das im Kampf gegen die Tataren und gegen die Vormachtstellung von Tver', Rjazan', Pskov und Nižnij Novgorod von Bedeutung war. Benannt wurde es nach Andronik, dem ersten Abt des Klosters. Unter dem Metropoliten Cyprian (1390–1406) wurde das Kloster zu einem Zentrum von Bildung und Kunst. In dieser Zeit arbeiteten die bedeutenden russischen Ikonenmaler Andrej Rublev und Daniil Černy im Kloster.

Gegenwärtig gehören folgende Gebäude zur Klosteranlage: die Erlöser-Kathedrale (1422–1423), das Refektorium (1496–1508), die Erzengel-Michael-Kirche (1691–1739), das Haus des Priors (Ende des 17. Jahrhunderts), die Klosterzellen (18.–19. Jahrhundert), Mauern und Türme (17.–18. Jahrhundert).

Die Erlöser-Kathedrale (Спасский собор), die während der Gottesdienste betreten werden kann, steht auf einem verhältnismäßig hohen Sockel. Das mit vier Pfeilern, drei Apsiden und einer Kuppel ausgestattete Gotteshaus stellt ein Werk der frühen Moskauer Architekturschule vom Ende des 14. und Anfang des 15. Jahrhunderts dar. Da es sich bei dem Andronikov-Kloster um ein Metropolitenkloster und nicht um ein großfürstliches Kloster handelte, fehlt in dem einfach und klar gegliederten Innenraum eine Empore. Von der Ausmalung durch Andrej Rublev sind nur wenige Fragmente an den Fensternischen der Altarapsis erhalten. In der Kathedrale befinden sich einige Gräber von Adligen und Klostervorstehern.

Das zweigeschossige Refektorium (1496–1508) besitzt einen quadratischen Grundriß. Der Saal im Obergeschoß weist wie der Facettenpalast im Kreml eine Mittelsäule auf. An der Ostseite des Refektoriums wurde 1691 mit dem Bau der Erzengel-Michael-Kirche (церковь Архангела Михаила) begonnen, die aufgrund ihrer Höhe und ihrer Lage an der der Stadt zugewandten Westmauer zum Blickfang der ganzen Anlage wurde. An die Kirche schließt sich entlang der Westmauer der Mönchstrakt aus dem 18. Jahrhundert an. Um die Kathedrale herum befand sich ein bekannter Friedhof. Im Schatten seiner alten Bäume läßt es sich gut ausruhen. Die genaue Grabstätte des Andrej Rublev ist nicht mehr bekannt. Vermutet wird, daß sich seine letzte Ruhestätte in der Kathedrale oder unter dem nicht mehr existierenden Glockenturm befand. Im Nordwesten der Kathedrale wurde für ihn eine Grabstele errichtet.

Die Erlöser-Kathedrale

In den Klostergebäuden wurde 1947 im Zusammenhang mit der 800-Jahr-Feier Moskaus das Andrej-Rublev-Museum gegründet. Zu den Feierlichkeiten des 600. Geburtstages von Andrej Rublev, der als Mönch und bedeutender Ikonenmaler im Andronikov-Kloster lebte, wurde das Museum 1960 eröffnet. Das Museum besitzt eine einmalige Sammlung altrussischer Kunst.

Das Andronikov-Kloster ist von der Metrostation ›Taganskaja‹ (Таганская) bequem zu Fuß zu erreichen. Die Öffnungszeiten der Klosteranlage und des Andrej-Rublev-Museums für altrussische Kunst sind von Do bis Di von 11 bis 18 Uhr. Am letzten Freitag des Monats bleibt das Museum geschlossen. Am Eingang befindet sich eine Kasse, an der für die einzelnen Ausstellungen Tickets erstanden werden können. Das Betreten des Klostergeländes ist kostenlos.

Russische Ikonen

Die Ikone (griechisch ›eikon‹ – ›Bild‹), wegen ihrer herausragenden Rolle im griechisch-orthodoxen Christentum von Theologen und Kunsthistorikern als ›Fenster zum Himmel‹ und ›religiöses Plakat‹ bezeichnet, wird in den Ostkirchen als sinnlich faßbare Widerspiegelung der dargestellten Heiligen, anderer wichtiger Personen sowie historisch und religiös bedeutsamer Geschehnisse zum direkten Objekt kultischer Verehrung. Die Ikone entwickelte sich in der Spätantike im Römischen Reich aus dem Gedächtnisporträt (Mumienporträts in Ägypten), Märtyrerbildern und antiken Kaiserbildern.
Die Anbetung von Bildern religiösen Inhalts setzte sich trotz der Bedenken von Theologen rasch durch und wurde bereits im 6. Jahrhundert kirchlich offiziell anerkannt. Die Anbetung der häufig auch als wundertätig beschriebenen Ikonen steht in gewissem Widerspruch zu den Verboten der Bilderanbetung in biblischen Dogmen und führte zur (unterschiedlich konsequenten) Ablehnung des Bilderkultes in den westlichen Kirchen. Dies ging bis hin zum Versuch der gewaltsamen Vernichtung aller religiösen Personendarstellungen (Ikonoklasmus im frühen Mittelalter, ›Bilderstürme‹ der Reformation). Im Byzantinischen Reich waren fast alle frühen Ikonen während des sogenannten ›Ikonoklasmus‹ des 7. und 8. Jahrhunderts vernichtet worden (mit Ausnahme einiger Ikonen des Katharinenklosters auf der Halbinsel Sinai).
Im Jahre 842 setzten sich in Byzanz auf dem Konzil unter Kaiserin Theodora die ›Ikonodulen‹ (›Bilderanbeter‹) endgültig durch, und es kam durch die im 10. Jahrhundert vollzogene Christianisierung der Kiever Rus' zur Übernahme der Ikonenverehrung nach byzantinischem Vorbild. Bis zum 13./14. Jahrhundert stand die Entwicklung der russischen Ikonenmalerei unter starken byzantinischen Einfluß. Ein Teil der Aufträge wurde durch Maler aus Konstantinopel, welches vom 12. bis 15. Jahrhundert nochmals eine Hochblüte der Ikonenmalerei erlebte, ausgeführt. Im 14./15. Jahrhundert errichteten die Osmanen ihre Herrschaft auf dem Balkan und im östlichen Mittelmeerraum (1453 Eroberung Konstantinopels) und machten dadurch das erstarkende Moskau (in der Selbstbezeichnung nun ›drittes Rom‹) zur politisch dominierenden Vormacht des orthodoxen Christentums. Nach Theophanes dem Griechen (Feofan Grek) erreichte die russische Ikonenmalerei mit Andrej Rublev (circa 1360–1430) eine erste Hochblüte. Seine Ikonen sind durch eine fast schattenlose Transparenz, helle und freudige Farben, eine klare Zeichnung und gefühlsbetonte Gesichter gekennzeichnet. In Zusammenwirkung mit Kreis- und Rhombusformen als Kompositionsprinzip

ergibt sich in seinen Bildern eine unerreichte Durchgeistigung und Innigkeit.
Im 16. Jahrhundert erfolgte eine Verbreiterung der Auftragsgeberschichten von Kirche und Zarenhof auf Privatpersonen, welche zunehmend Ikonen als privates Andachtsbild und in der Miniaturausführung als Reise-Ikone wünschten. Zunehmende kulturelle und politische Kontakte nach West- und Mitteleuropa führten im Rußland des 17./18. Jahrhunderts zur Ablösung der bis dahin vorherrschenden Ikonenmalerei hin zu einer ›modernen‹ westeuropäischen Porträtmalerei (›Parsuna‹), Landschafts- und Historienmalerei.
Einen letzten Höhepunkt erreichte die russische Ikonenmalerei jedoch noch im 17. Jahrhundert im Werk Simon Ušakovs (1626–1686) und seiner Schule. Er integrierte die aus West- und Mitteleuropa kommende plastisch modulierende Licht-Schatten-Malerei mit den Formen und Kompositionen der russisch-orthodoxen Maltradition. In den folgenden Jahrhunderten bis zur Revolution 1917 wurden Ikonen zwar noch in großer Zahl hergestellt, hauptsächlich von den Altgläubigen in der Provinz wie auch in einigen zentralrussischen Malerdörfern.
Im revolutionären Rußland wurde die Ikonenherstellung als Symbol der alten Ordnung bekämpft und weitestgehend verboten.
In technischer Hinsicht waren Ikonen in der Spätantike und im Byzantinischen Reich zuerst als Enkaustik (Malerei mit heißen Wachsfarben) ausgeführt worden. Erst im 8. Jahrhundert setzte sich die Verwendung von Temperafarben durch. Im allgemeinen wurde auf eine verleimte

Ikone der Dreifaltigkeit von Andrej Rublev, 1422–1427

Holztafel, deren Mittelteil als Malfläche für die Ikone vertieft wurde (die Ränder blieben als Rahmen stehen), eine Grundierung aus Leim, Gewebe und Kreide oder Gips aufgebracht. Danach folgte das Einritzen der Vorzeichnung (eventuell mit Blattgoldgrundierung) und schließlich die Bemalung. Seit dem 18. Jahrhundert wurden zusätzlich zum Schutz der Ikone oder als Zeichen der Dankbarkeit der Rahmen und große

Teile des Bildes mit (häufig vergoldetem) Silberblech überzogen.
Bevorzugter Ort für die Ikonen in der Kirche ist der ›Ikonostas‹ (griechisch ›Bilderwand‹), der in russisch-orthodoxen Kirchen den Altarraum von dem für die Gemeinde zugänglichen Raum trennt. Diese meist fünfgeschossige Holzwand ist fast völlig von Ikonen bedeckt und besitzt eine Haupttür und zwei Nebentüren. Die Haupttür in der Mitte, ›Zarentür‹, ›Königstür‹ oder ›heilige Pforte‹ genannt, wird während der Gottesdienste geöffnet und erlaubt einen Durchblick auf das ›Allerheiligste‹. Die linke Tür führt zur ›Prothesis‹, dem Raum der Vorbereitung der Opfergaben, die rechte Tür dient als Durchgang in das ›Diakonikon‹, dem Aufbewahrungsraum von liturgischen Gegenständen.
Inhaltlich ist der Ikonostas in seinen fünf Geschossen nach folgendem Schema aufgebaut: Oben in der Mitte befindet sich ein einfaches Kreuz, darunter folgen in der obersten Reihe die ›Vorväter‹ mit dem Bildnis der ›Dreifaltigkeit‹ in der Mitte, als nächstes folgt die Reihe der Propheten mit der ›Mutter Gottes‹ in der Mitte. Die dritte Reihe zeigt die Darstellung der Festtage, als vierte Reihe folgt die Deisus-Reihe mit dem ›Erlöser auf dem Thron‹ in der Mitte, welche die Fürbitte der Kirche für die Welt darstellen soll, darunter folgt meistens die Reihe der Monatsikonen. Zwischen den Türen befinden sich die sogenannten Kirchen-Ikonen. Über der ›heiligen Pforte‹ ist die ›Apostelkommunion‹ dargestellt.
Der Ikonostas entwickelte sich in Byzanz aus den Altarschranken (eine eher symbolische Abgrenzung des Altarraumes vom Gemeinderaum), die schon in spätantiken Kirchen existierten. Nach dem Sieg der Ikonodulen (Bilderverehrer) im byzantinischen Bilderstreit wurden die allmählich erhöhten Altarschranken prachtvoll mit Ikonen ausgestattet. Der Ikonostas in der traditionellen Form entstand im Rußland des 13. und 14. Jahrhunderts, anfangs noch ohne feste Regeln der Ikonenanordnung. Seit dem 15. Jahrhundert entwickelte sich das Ordnungsschema des schon erwähnten fünfreihigen Bildprogramms mit den drei Türen.

Das Neue-Erlöser-Kloster (Новоспасский монастырь)

Das Neue-Erlöser-Kloster wurde Ende des 15. Jahrhunderts im Zusammenhang mit der Aussiedlung eines Klosters gleichen Namens aus dem Kreml gegründet. Das neue Kloster sollte in Sichtweite des Kremls auf einem Hügel entstehen. Schon 1491 wurde der Grundstein für die steinerne Erlöserkathedrale gelegt. Das Kloster wurde bald nach seiner Gründung zur Grabstätte von Bojarenfamilien, in erster Linie der Romanovs. Zar Michail Fedorovič ließ, nachdem er das Kloster 1640–1642 durch eine steinerne Befestigungsmauer-und türme mit allen verteidigungstechnischen Details hat sichern lassen, Wohnbauten und die Kirche der Muttergottes des Zeichens über den Gräbern seiner vier Onkel errichten. 1620 entstand der Zeltdachglockenturm und 1645–1647 die Verklärungskirche, 1673–1675 die Maria-Schutz-Kathedrale. Die zweite Hälfte des 17. Jahrhunderts bedeutete eine Blütezeit des Klosters, das direkt dem Zarenhof unterstand, und zu dem die Zaren regelmäßig Ausfahrten unternahmen.

In den 30er–40er Jahren und in den 70er–80er Jahren des 20. Jahrhunderts wurden die Klostergebäude sachkundig restauriert, so daß ein Besuch des Klosters durchaus lohnenswert ist.

Auf dem Weg zum Kloster

Wahrzeichen des Klosters ist der viergeschossige barocke Glockenturm über dem Osttor. Der 78 Meter hohe Turm wurde nach langer Bauzeit 1785 vollendet, die Kuppel vergoldet und 1787 die kleine Sergius-Kirche im zweiten Geschoß des Turmes eingerichtet. Der weitere Weg führt unweigerlich zur Erlöserkathedrale (Спасский собор), die 1645–1647 an der Stelle eines Vorgängerbaus errichtet wurde. Fragmente der Galerie des Vorgängerbaus aus dem 15. Jahrhundert, drei achteckige Pfeiler mit Kapitellen und Basen aus Kalkstein, die dem Bauschmuck der Erzengel-Kathedrale im Kreml ähnlich sehen, entdeckte man bei Abbrucharbeiten 1947.

Grabstätten der Zarenverwandten

Besondere Aufmerksamkeit verdient die reiche Innenausstattung der Kathedrale. Die Wandmalerei entstand auf Anordnung Peters des Großen (1689), nach anderthalb Jahrhunderten wurde sie erneuert. Seit 1927 jedoch wurde die Kathedrale als Archiv genutzt, so daß es zu großen Verlusten an der Ausmalung kam. Auf den Wänden sind Stationen aus dem Leben Jesu und Heilige dargestellt. Andere Fresken zeigen den Stammbaum der Romanovs. Im Altarraum sind die zehn Patriarchen, in der Vorhalle das Jüngste Gericht und zu beiden Seiten der Treppe Figuren der griechischen Sage dargestellt. Ein holzgeschnitzter Ikonostas im Stil des ›Naryškin-Barocks‹ ist erhalten geblieben.

Die Erlöserkathedrale steht über einem Untergeschoß, in dem sich die Grabstätten für die Bojaren Romanov, die Verwandten der Zarenfamilie, befinden. In das Untergeschoß führt ein mit einem spitzen Dach versehenes enges Portal, über dem sich eine Mosaik-Ikone des Erlösers befand.

An die Kathedrale wurde 1673–75 die Maria-Schutz-Kirche (Покровская церковь) angebaut. In ihrem Sockelgeschoß befindet sich eine weitere Kirche, die Katharinenkirche (церковь Екатерины). An die Kirche schließt sich das Refektorium an, das hinter der Kathedrale liegt. Die Nikolajkirche (церковь

Николы), die einkupplige Krankenhauskirche des Klosters (1652), liegt im Nordwesten der Klosteranlage. Im Kellergeschoß befanden sich Verließe, in denen Verbrecher eingesperrt und gefoltert wurden. Die gelbe runde klassizistische Kirche, die Kirche der Muttergottes des Zeichens (Сретенская церковь), an der Nordwestseite der Kathedrale stammt von 1791–1795. Das Haus des Klostervorstehers war für seine Gemäldegalerie der weltlichen und geistlichen Oberhäupter Rußlands bekannt. Der Klosterfriedhof war bis zuletzt in Benutzung.

Das außerhalb des Gartenrings gelegene Kloster ist von den Metrostationen ›Taganskaja‹ (Таганская) oder ›Proletarskaja‹ (Пролетарская) bequem zu Fuß zu erreichen. Vor dem Betreten des Männerklosters müssen Frauen sich ein Kopftuch umbinden. Tief verneigen sich die Gläubigen vor der Ikone des Haupttores und treten andächtig in das Kloster ein.

Das Neujungfrauenkloster (Новодевичий монастырь)

Das Neujungfrauenkloster wurde anläßlich des Sieges über Smolensk im Jahre 1514 errichet. Bevor Vasilij III. in die entscheidende Schlacht aufbrach, gelobte er, ein Nonnenkloster zu stiften, falls es ihm gelingen sollte, das Smolensker Gebiet endgültig zu erobern. Nach seiner erfolgreichen Rückkehr gründete er 1524 das Neujungfrauenkloster mit der Kathedrale der Gottesmutter von Smolensk als Festungskloster an der südwestlichen Grenze Moskaus.

Seine Blütezeit erlebte das Kloster während der Regentschaft Sofijas (1682–1689), der Halbschwester Peter des Großen, die es zu seiner heutigen Gestalt ausbauen ließ. Sofija wurde 1689 entmachtet und als Nonne in das Kloster verbannt. Das Kloster zählte zu den reichsten und ehrwürdigsten Nonnenklöstern, dem die russischen Herrscher große Aufmerksamkeit schenkten. Die Nonnen des Neujungfrauenklosters stammten aus Zarenfamilien und Adelsgeschlechtern. Nach Sofija mußte unter anderem Evdokija Lopuchina, die erste Frau Peters des Großen, seit 1727 im Kloster leben.

Im Mittelpunkt des Klosters befindet sich die Smolensker Kathedrale (Смоленский собор), deren Baubeginn für das Jahr 1524 angenommen wird. Die Smolensker Kathedrale wurde architektonisch der Maria-Entschlafens-Kathedrale des Moskauer Kremls nachempfunden. Die Kreuzkuppelkirche mit sechs Pfeilern und fünf Kuppeln weist trotzdem beachtliche Unterschiede auf. So wurde das proportionale Verhältnis von Breite und Höhe zugunsten der Höhe verändert. Das erfahrbare Emporstreben der Kathedrale wird noch durch das hohe Kellergeschoß betont. An drei Seiten ist die Kathedrale von Galerien umgeben.

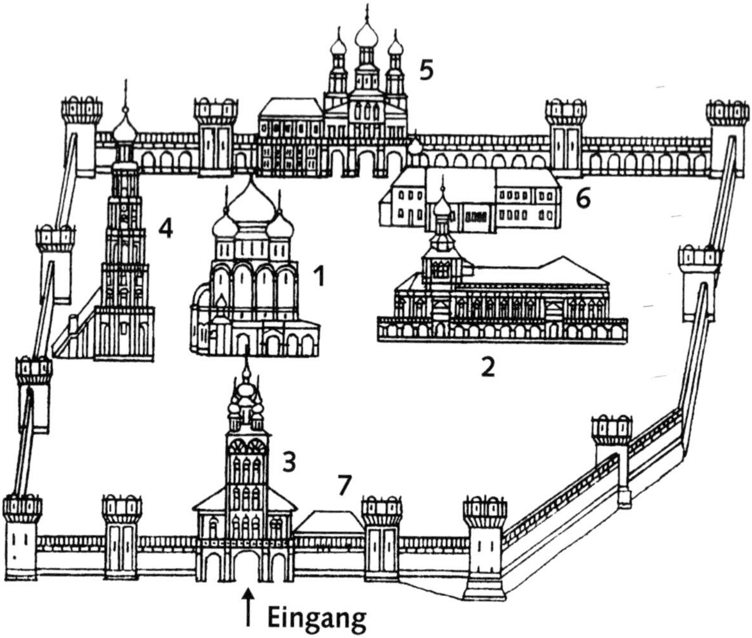

Das Neujungfrauenkloster

Legende

1 Smolensker Kathedrale
2 Maria-Entschlafens-Kathedrale
3 Christi-Verklärungs-Torkirche
4 Glockenturm
5 Maria-Schutz-Torkirche
6 Ambrosius-Kirche und Palast der Irina Godunova
7 Lopuchin-Palast

Besonders eindrucksvoll ist die Ausmalung der Kathedrale; Wände und Gewölbe wurden erstmalig in den 30er Jahren des 16. Jahrhunderts mit Fresken bedeckt. Boris Godunov ließ die Kathedrale teilweise umbauen und ließ die Wandmalereien 1666 durch Meister der Rüstkammer erneuern. In der Mitte des Kathedralenraumes steht ein Weihwasserbecken mit einem kupfergetriebenen, großflächigen Reliefornament aus Tulpen und Rosen. Ebenso eindrucksvoll wirkt der üppig verzierte und vergoldete Ikonostas. Er wurde 1683–1685 von Holzschnitzern der Rüstkammer des Zaren gefertigt. Im Sockelgeschoß der Kathedrale fanden in der Gruft Angehörige adliger Familien ihre letzte Ruhestätte.

Die Smolensker Kathedrale wurde als Sommerkirche genutzt, während die benachbarte Maria-Entschlafens-Kirche 1685–1687 als Winterkirche erbaut wurde. Die Kirche weist heute auf einer achteckigen Basis eine Kuppel auf. Ursprünglich besaß sie auf Reihen von Kokošniki fünf Kuppeln, die bei einem Brand 1796 verlorengingen. Das sich anschließende langgestreckte Refektorium (1685–1687) verfügt über einen riesigen Speisesaal, der von einem pfeilerlosen Gewölbe überspannt wird. Über dem Nordtor, das als Haupteingang fungiert, erhebt sich die dreistöckige und von fünf Kuppeln bekrönte Verklärungskirche (Преображенская церковь) (1687–1689). Besonders auffällig sind die im Stile des ›Naryškin-Barocks‹ ausgeführten Halbsäulen mit Kapitellen und Basen aus Kalkstein wie auch die reich verzierten Fenstereinfassungen. An die Torkirche schließen sich die sogenannten Lopuchin-Gemächer an (1687–1689). Hier lebte 1727–1731 die erste Frau Peters des Großen, Evdokija Lopuchina. Sie liegt in der Kathedrale begraben und war das letzte Mitglied der Zarenfamilie, das in das Kloster kam. Mit der Gründung der neuen Hauptstadt im Norden des Reiches verlor das Kloster seine Bedeutung.

Blickfang des Klosters ist der sich in fünf Oktagonen verjüngende Glokkenturm. Jedes der sechs Geschosse des 72 Meter hohen Turmes besitzt ein individuelles Schmuckwerk. Der russische Konstruktivist Vladimir Tatlin (1885–1953), der durch seine Konstruktion des Turms der III. Internationale bekannt geworden war, hatte im zweiten Geschoß des Glockenturms sein Atelier eingerichtet.

In der Nekropole des Klosters sind Gräber bekannter Dichter, Wissenschaftler, Politiker und anderer Größen des 19. Jahrhunderts zu finden. Wesentlich interessanter ist der neue Friedhof außerhalb der Klostermauern.

Die Smolensker Kathedrale

Der Moskauer Prominentenfriedhof

Das Grab Allelueva Stalinas

Der sich südlich an das Neujungfrauenkloster anschließende Friedhof wurde 1898 angelegt. Während der Sowjetära war er lange Zeit für die Öffentlichkeit geschlossen. Seit 1987 ist er wieder zugänglich und bietet einen interessanten Ausflug in russische und sowjetische Sepulkralkunst. Viele der Gräber wurden auf interessante Weise mit dem Lebenswerk der Toten symbolisch verbunden. Auf dem Grab des bekannten Chirugen Alexander Bakulev (1890–1967) hält eine Hand einen roten, das menschliche Herz symbolisierenden Stein. Die verschleierte Grabstele Allelueva Stalinas befindet sich seit 1932 auf dem Friedhof. Lange Zeit umstritten war das Aufstellen des Gedenksteins für Nikita Chruščev, dem eine Grabstelle an der Kremlmauer verwehrt wurde. Der Grabstein wurde von Ernst Neizvestnyj geschaffen.

Am Eingang des Friedhofs, Lužneckij proezd (Лужнецкий проезд), werden Pläne verkauft, anhand derer man eine Übersicht über die Lage der einzelnen Gräber erhält. Der Friedhof ist Mo bis So von 10 bis 16 Uhr zugänglich.

Das Neujungfrauenkloster erreicht man zu Fuß von der Metrostation ›Sportivnaja‹ (Спортивная). Das Kloster ist Mi bis Mo von 10 bis 17 Uhr, im Sommer bis 18 Uhr zugänglich. In der ul. 10-letija Oktjabrja 11 befindet sich das Restaurant ›Ne gorjuj (Не горюй) mit russischer und georgischer Küche, täglich von 12 bis 24 Uhr geöffnet. Daneben befindet sich ein gleichnamiges, wesentlich preiswerteres Bistro, täglich von 8 bis 22 Uhr geöffnet.

Das Donskoj-Kloster (Донской Монастырь)

Das Kloster mit seinem schönen Friedhof, auf dem man in Ruhe spazierengehen kann, wo Grabsteine und Skulpturen im Schatten alter Bäume ihre Geschichten erzählen, liegt im äußeren Zamoskvoreč'e, also im unteren Bogen der Moskva. Zu erreichen ist es am besten von der Metrostation ›Šabolovskaja‹ (Шаболовская) aus.

An der Kreuzung der Donskaja ul. (Донская ул.) und der ul. Akademika Petrovskogo (ул. Академика Петровского) steht eine sehr schöne rot-weiße Kirche im Stil des Moskauer ›Naryškin-Barocks‹. Die Kirche der Gewandniederlegung auf der Donskaja (церковь Ризоположения на Донской) wurde im 18. Jahrhundert erbaut, hatte aber bereits eine Vorgeschichte. Der persische Schah schickte 1625 einen Gesandten mit Geschenken für den Zaren Michail Fedorovič (1613–1645) und den Patriarchen Filaret (1619–1633). Unter den Geschenken befand sich auch der Leibrock des Herrn. An der Stelle der Begrüßung wurde die erste Kirche errichtet, die 1705 durch die steinerne Kirche ersetzt wurde, die nun inmitten von Bäumen wie ein erster Gruß auf dem Weg zum Kloster wirkt.

Die Straße führt zu einem schmalen, birkenbestandenen Streifen, hinter dem sich die dunklen Mauern des Klosters erheben. Boris Godunov ließ es 1591 gründen, und zwar an der Stelle, wo 20 Jahre zuvor die Tataren vernichtend geschlagen wurden, die ein letztes Mal bis Moskau vorgedrungen waren. Zuerst wurde nur eine Kathedrale erbaut. Die heutige Befestigungsanlage entstand erst hundert Jahre später in einer Zeit, da Peter I. (1682–1725) die Asovschen Feldzüge gegen die Türken führte und den Zugang zur Ostsee erkämpfen wollte. Das Kloster ist seit 1991 wieder eröffnet, zuvor befand sich hier eine Filiale des Ščusev-Architektur-Museums, in der Ikonen, Skulpturen und andere Gegenstände aus den in den 30er Jahren abgerissenen Kirchen zusammengetragen wurden.

Die fast quadratische Anlage entspricht der Form eines römischen Kastells mit zwei rechteckigen Wehrtürmen an jeder Seite und runden Türmen an den Ecken. An der West- und Nordseite befindet sich je ein Tor. Links in der Mitte der Mauer ist die anmutige Torkirche der Tichviner Gottesmutter (Надвратная церковь Тихвинской Богоматери) zu sehen. Der Eingang ins Kloster befindet sich jedoch beim Westtor, das durch einen Glockenturm geziert wird, der in den Jahren 1730–1753 entstand.

Zuerst fällt der Blick auf die Große oder Neue Kathedrale (Новый собор), die genau in der Mitte des Quadrats steht. Sie wurde 1684–1693 erbaut. Doch schon hundert Jahre vorher, in der Gründungszeit des Klosters, wurde die ein wenig rechts stehende Kleine oder Alte Kathedrale (Старый собор) mit Glokkenturm und Refektorium errichtet. Die einkupplige, schlichte Kirche wirkt

Die neue Kathedrale

Die alte Kathedrale

intim und freundlich wie eine Gemeindekirche. In ihre Konstruktion flossen Elemente der Vorstadtarchitektur ein, womit sie Vorbild für viele Klosterkirchen des 16. und 17. Jahrhunderts wurde.

Neben der alten Kirche, die mit dem sie umgebenden Klosterpark eine romantische Einheit bildet, nimmt sich die Neue Kathedrale sehr massiv und monumental aus. Über der symmetrischen Anlage, die im Grundriß einem griechischen Kreuz mit abgerundeten Ecken gleicht, erheben sich fünf hochaufgerichtete, monumentale Kuppeltrommeln. Auffällig ist der sparsame Dekor, der noch an die strengen, einfachen Formen des 16. Jahrhunderts erinnert. In der zentrierten, symmetrischen Anlage zeigen sich jedoch schon Prinzipien des Barocks.

Noch eine weitere Kirche befindet sich auf dem Gelände: rechts vom Westtor hinter den Mönchszellen wurde 1809 die kleine Erzengel-Michael-Kirche (церковь Архангела Михаила) erbaut. Hinter der Großen Kathedrale schließt sich ein wunderschöner Friedhofspark an, dessen Rolle sich Ende des 18. Jahrhunderts schlagartig veränderte. Nach einem Erlaß der Zarin Katharina II. aus dem Jahre 1771 war es verboten, Kirchhöfe im Stadtbereich als Friedhöfe zu nutzen. Im Donskoj-Kloster, das damals noch am Rande Moskaus lag, stieg der Kirchhof zu einem der aristokratischsten Friedhöfe der Stadt auf. Auf ihm wurden Staatsmänner, Gelehrte, Schriftsteller, Komponisten und Militärangehörige beerdigt. Hier finden sich die Grabmale des Architekten des Historischen Museums Šervud (1834–1898), des Dichters und Dramaturgen der Aufklärungszeit Sumarokov (1718–1777), des Malers Serov (1865–1912) und des Historikers Ključevskij (1841–1911).

Puschkins Freund, der Philosoph Petr Čaadaev (1794–1856), fand hier ebenfalls seine letzte Ruhestätte, nachdem er offiziell für wahnsinnig erklärt worden war. Er hatte in seinen ›Philosophischen Briefen‹ Rußland als kulturelle Tabula rasa beschrieben hatte, als ein Land ohne Tradition und ohne geschichtlichen Sinn. Seine Geschichtsphilosophie bestimmte das Denken im 19. Jahrhundert entscheidend und führte zu einer scharfen Trennung zwischen Westlern und Slavophilen. Die Auseinandersetzung entzündete sich an der Frage nach den Traditionen Rußlands und nach seinem Bezug zu Europa.

Das Donskoj-Kloster befindet sich in der Nähe der Metrostation ›Šabolovskaja‹ (Шаболовская), an der Donskaja ul. (ул. Донская).

In der Nähe der Metro, in der ul. Akademika Petrovskogo 11 (ул. Академика Петровского), bietet das Restaurant ›Šabolovka‹ Gerichte der georgischen, russischen und europäischen Küche zu gepflegten Preisen an. Es hat täglich von 12 bis 17 und von 18 bis 6 Uhr geöffnet.

Wer den Ausflug in die ehemaligen Randgebiete der Stadt noch erweitern möchte, kann rund um das Kloster bis zur Kreuzung der Straßen ul. Ordžonikidze (ул. Орджоникидзе), Šabolovskaja ul. (Шаболовская ул.) und ul. Serpuchovskoj val (ул. Серпуховской вал) weiterlaufen, am Anfang des 1-j Roščinskij pr. (1-Рощинский пр.) eine beliebige Straßenbahn nehmen und zwei Stationen bis zum alten Danilov-Friedhof (Даниловское кладбище) in der Duchovskoj per. 1 (Духовской пер.) fahren, der von Mai bis September von 9 bis 19 Uhr und von Oktober bis April von 9 bis 17 Uhr geöffnet hat.

Das Dreifaltigkeits-Sergius-Kloster in Sergiev Posad

Das Kloster in Sergiev Posad wird von mächtigen Festungsmauern umgeben, die gleichsam die Klosterwelt von der alltäglichen Umgebung trennt. Es bietet dem Auge des fernen Besuchers mit seinen Kirchen, Klöstern, Kuppeln und den massiven Mauern ein eindrucksvolles Bild, so daß ein Ausflug in den etwa 70 Kilometer nordöstlich von Moskau gelegenen Ort zu verzückender Schwär-

merei verleiten wird. Touristenbüros in Moskau oder den besseren Hotels bieten regelmäßig Exkursionen an, die jedoch teuer sind. Sergiev Posad ist bequem mit dem Vorortzug vom Jaroslavler Bahnhof (Ярославский вокзал) in Moskau in 90 Minuten zu erreichen. Das auf einem Hügel pittoresk gelegene Dreifaltigkeits-Sergius-Kloster ist nicht zu verfehlen.

Sergius (Sergij) von Radonež gründete mit seinem Bruder um 1340 im Urwald nordöstlich von Moskau eine Einsiedelei. Sie entwickelte sich rasch zu einer bedeutenden Klostergemeinde. Die Mönche des Klosters unterstützten die Moskauer Großfürsten im Kampf um die nationale Unabhängigkeit, lehnten jedoch die staatliche Reglementierung des öffentlichen und privaten Lebens ab und sahen sich als Gegner des zunehmenden Grundbesitzes und Reichtums der Kirche. Sergij Radonež segnete vor der Schlacht auf dem Schnepfenfeld (1380) die Truppen Dmitrij Donskojs. Der Sieg in der Schlacht festigte die Position der Klostergemeinschaft, und Sergij Radonež wurde 1442 von der russischen Kirche heiliggesprochen.

Das 17. Jahrhundert bedeutete eine Blütezeit für das Kloster. Es wurde von den Herrschenden reichlich beschenkt, so daß es bald zu einem der reichsten Klöster avancierte. Im Jahre 1742 wurde ein Geistliches Seminar, 1814 die geistliche Akademie eröffnet. 1744 wurde dem Kloster der Rang einer ›Lavra‹ verliehen, eine Bezeichnung, die bisher nur das Kiever Höhlenkloster für sich beanspruchen konnte. Im gesellschaftspolitischen Leben spielte das Kloster eine wichtige Rolle. Es war ein bedeutendes Kulturzentrum und verfügte über eine der größten Bibliotheken Rußlands. Nach der Oktoberrevolution wurde das Kloster aufgehoben und Sergiev Posad, nach einem jungen Revolutionär, M. Zagorskij, der 1919 einem Attentat zum Opfer gefallen war, in Zagorsk umbenannt. Das Kloster wurde 1943 während des ›Großen Vaterländischen Krieges‹ an die Kirche zurückgegeben und stellte den Sitz des Patriarchen dar. Allerdings wurde der Patriarchensitz 1988 in das Moskauer Danilov-Kloster verlegt. Im Kloster von Sergiev Posad verblieben weiterhin das geistliche Seminar und die Akademie. Rund 150 Mönche beleben heute das alte Kloster, von den unzähligen Besuchern ganz abgesehen.

Das Kloster betritt man durch ein Tor an der Ostseite der Festungsmauern. Die steinernen Wehrmauern wurden 1540–1550 errichtet und umschlossen eine etwa trapezförmige Anlage. Die Länge der Mauerabschnitte richtete sich nach der Reichweite der Artillerie, ihre jetzige Stärke und Höhe erhielten die Mauern im 17. Jahrhundert. Im gleichen Jahrhundert wurden auch die elf Festungstürme umgebaut. Der schönste von ihnen ist der Ententurm, der seinen Namen erhielt, nachdem auf seine Spitze eine steinerne Ente aufgesetzt worden war, angeblich als Erinnerung an Jagdvergnügen von Zar Peter dem Großen.

Die Torkirche Johannes des Täufers (Надвратная церковь Иоанна Предтечи) stammt aus den Jahren 1693–1699 und wurde mit Mitteln der Kaufmannsfamilie Stroganov ausgeführt. Sie wurde im Stil des ›Naryškin-Barocks‹ unter Einfluß der Schule der Stroganovs gestaltet und ähnelt im Fassadendekor dem des Refektoriums.

Die Hauptkathedrale des Klosters, die Dreifaltigkeitskathedrale (Троицкий собор) wurde 1422/23 über dem Grab des Klostergründers erbaut. Die relativ kleine, mit vier Pfeilern, drei Apsiden und einer Kuppel ausgestattete Kathedrale aus weißem Moskauer Kalkstein besticht durch ihre Ausgeglichenheit und Harmonie. Im Jahr 1548 wurde an die Südseite der Kathedrale eine Nikon-Nebenkirche mit dem Grab des Abtes Nikon angefügt. Nikon war es auch, der

Andrej Rublev und Daniil Černy bat, die Kirche auszumalen. Die Fresken (1427/28) sind nicht erhalten, sie wurden 1635 übermalt. Gleichzeitig entstanden auch drei Ränge des Ikonostas: der Deisus-, der Festtags- und der Prophetenrang.

Der nahegelegene Palast des Metropoliten (Метрополичьи палаты), der sich westlich an das Refektorium anschließt, stammt aus dem 17. Jahrhundert, einer Zeit, in der das alte Bauensemble durch viele im Stil des Barock gehaltene

Vervielfältigung von Handschriften im Dreifaltigkeits-Sergius-Kloster, Miniatur aus der Vita des Sergij Radonež

Bauten bereichert wurde. Auf einem hohen Sockelgeschoß erhebt sich das Refektorium mit der Sergius-Kirche (1686–1692). Das architektonisch schlichte Gebäude weist einen ungewöhnlich eleganten Dekor auf.

In der zweiten Hälfte des 15. Jahrhunderts enstand auf einem niedrigen Sockel die schlanke Heilig-Geist-Kirche (церковь Святого Духа), eine Kreuzkuppelkirche mit vier Pfeilern und drei Apsiden. In die Kirche ist – für die damalige Zeit eine ungewöhnliche Lösung – ein Glockenstuhl integriert. Die Maria-Entschlafens-Kathedrale (Успенский собор) wurde 1559–1585 auf Anordnung Ivan IV. nach dem gleichnamigen Vorbild des Moskauer Kremls ausgeführt. Die Wände und Gewölbe der Kathedrale wurden 1684 ausgemalt. Der gewaltige Ikonostas entstand am Ende des 17. Jahrhunderts. In einer westlichen Vorhalle befindet sich die Gruft des Zaren Boris Godunov und seiner Familie. Über einer längst versiegten Quelle wurde 1644 im Stil des russischen Barock die Brunnenkapelle errichtet. Den Obelisken stiftete 1792 der Metropolit Platon. Zu den eindrucksvollsten Schöpfungen der russischen Baukunst zählt der 98 Meter hohe Glockenturm (1741–1770). In den Geschossen wurden insgesamt 42 Glocken aufgehängt.

In einem alten Klostergebäude wurde ein Museum eröffnet, in dem in drei Ausstellungen Kunst, Geschichte und Handwerk des alten Rußland zu betrachten sind.

Sergiev Posad erreicht man am schnellsten und preiswertesten mit dem Vorortzug vom Jaroslavler Bahnhof in Moskau.

Das Museum des Klosters ist von Di bis So von 10 bis 17 Uhr geöffnet, Mo und am letzten Mi des Monats geschlossen.

An der Hauptverkehrsstraße von Sergiev Posad, die am Kloster vorbeiführt, lädt ein typisch russisches Restaurant, das ›Russkij Dvornik‹, von Mi bis Fr von 11 bis 20 Uhr und Sa, So von 11 bis 21 Uhr zum Verweilen ein. Das Restaurant ist auf westliche Gäste eingestellt, was sich vor allem in den Preisen niederschlägt. In anderen kleineren Cafés wird ebenfalls russische Küche serviert, jedoch in schlichterem Ambiente und zu freundlichen Preisen.

In Sergiev Posad gibt es ein interessantes Spielzeugmuseum, ul. Krasnoj Armii 123 (ул. Красной Армии), geöffnet von Mi bis So von 10 bis 17 Uhr, geschlossen Mo, Di und am letzten Fr des Monats.

Am pl. Sovetskaja (Советская пл.), ul. Krasnoj Armii 71, befindet sich das Hotel ›Zagorsk‹ (Гостиница Загорск); ul. Krasnoj Armii 171, Tel. 242 26, Fax 244 43, pro Person 44 Dollar.

»Und noch eine Frage: soll ich darüber schreiben, wie es ist, oder wie ich möchte, daß es wäre? Überhaupt ist mir bange vor dem Schreiben – denn wie soll ich schreiben, wenn ich vergangener Woche in Rjazan' war: eine alte, wunderschöne Stadt, ein Poem des Oka-Gebietes, ein Poem über die ersten Tage der Geschichte Großrußlands, eine Stadt aus Stein, auf Hügeln, über den Wiesen und Feldern von Beloomut, mit einem Kreml, in dem das Schloß der

Fürsten erhalten ist – einem Kreml, umgürtet von einem Fluß mit dem uralten Namen Trubež – …«

Boris Pil'njak in einem Brief an Viktor Miroljubov am 14. Juli 1921

Das Land an der Oka

Ein alter Handelsweg

Der Weg am hohen Ufer der Oka entlang ist reizvoll, und es scheint einer Beleidigung gleich zu kommen, mit dem Bus diesen Weg weiterzufahren, in die nächste größere Stadt zu hasten, ohne das pittoreske Panorama in Augenschein genommen zu haben.

Ungebunden schlängelt sich die Oka von Westen nach Osten durch das Land, durch Wälder, fruchtbare Wiesen und sandige, mit Kiefernwäldern bewachsene Dünen. Der Strom entspringt als kleiner Waldbach in der Mittelrussischen Platte. Im mittleren Verlauf nimmt er die Moskva auf, um dann als zweitgrößter Zufluß in die Volga zu münden.

Kaufleute, die von der Volga auf die Oka gelangten, hielten sie oft für den oberen Volgalauf. Die Oka war eine wichtige Handelsverbindung, über die im 6. bis 7. Jahrhundert der Bernsteinweg verlief. Vom 8. bis zum 10. Jahrhundert belebte sich entlang der Oka die Verbindung zum Osten, wovon zahlreiche Münzfunde zeugen. Vom 10. bis 13. Jahrhundert waren über die Oka und ihre Zuflüsse die alten Städte Kiev und Černigov mit den nördlich gelegenen russischen Städten Nižnij Novgorod, Vladimir, Murom, Rjazan' und Kolomna verbunden. Nach der Mongolenherrschaft belebte sich im 15. bis 17. Jahrhundert die Wirtschaft des Okabeckens wieder. Pelze, Wachs, Honig, Leder und Hanf wurden vornehmlich nach Westeuropa und in östliche Länder gehandelt.

Jahrhundertelang trieben die Schiffe mit der Strömung, entgegen der Strömung wurden sie von Treidlern gezogen. Das erste Dampfschiff wurde im ersten Drittel des 19. Jahrhunderts auf der Oka gesichtet, und am 4. Mai 1858 wurde die erste regelmäßige Dampfschiffverbindung von Moskau nach Nižnij Novgorod eingeweiht. Doch allmählich nahm die Bedeutung der Landwege zu, und der Schiffsverkehr auf der Oka ebbte ab. Dabei ist es eine der romantischsten Möglichkeiten, das weite Land zu erkunden. Doch Rußland ist arm, Rohstoffe teuer und die wirtschaftliche Lage angespannt, weshalb die Passagierrouten zum großen Teil eingestellt worden sind.

Wer trotzdem eine Reise entlang der alten Handelswege unternehmen möchte, muß mit etwas Geduld und Hartnäckigkeit im Moskauer Flußbahnhof die nächste Verbindung ausfindig machen. Auch in den kleinen Städten an der Oka, in Kolomna, Rjazan' und Murom befinden sich Anlegestellen, von denen aus die Fahrt aufgenommen werden kann. Zwischen Kolomna und Rjazan' legt das Schiff in Konstantinovo an. Das versteckte Dorf ist die Heimat des Lyrikers Sergej Esenin, der in wunderbaren Versen die herbe Schönheit der mittelrussischen Landschaft besungen hat.

Kolomna (Коломна)

Drei Flüsse – Kolomenka, Moskva und Oka – nähern sich voller Bewunderung und Andacht dem Städtchen, das sich stolz am Ufer aufbaut und von einem Kreml dräuend bewacht wird. 160 000 Seelen zählt der Ort. Ihre Vorfahren: Einsiedler, Räuber, Knechte, Kräuterkundige, Fürstinnen, Huren, Bauern, Kaufleute oder Orthodoxe, Altgläubige, Anarchisten, Bolschewiki und – Boris Pil'njak. Er gehörte in den 20er Jahren zu den bedeutendsten Prosaautoren des Landes. Seine Vorliebe für Kolomna ist in seine literarischen Szenarien eingegangen.

Das Stadtwappen von Kolomna

Die Wege von den Bahnhöfen führen durch die grauen Industriegebiete, in deren Nähe sich moderne Neubauviertel unfreundlich erstrecken, in das alte Stadtzentrum, den Kreml. Alte Kirchen und Klöster stehen, in friedlicher Eintracht vereint, dicht an dicht. Auf dem Leninplatz mit seinem knallroten Denkmal und an den alten Handelsreihen herrscht reges Markttreiben.

Geschichte der Stadt

An einem grauen, naßkalten Herbsttag des Jahres 1803 traf der bekannte russische Historiker Nikolaj Karamzin (1766–1826) in Kolomna ein. »Wollen Sie wissen, wann und wer diese Stadt erbaut hat?« schrieb er nach wenigen Tagen. »Niemand wird es Ihnen verraten. Chroniken erwähnen Kolomna das erste Mal Ende des 12. Jahrhunderts: Es kann sein, daß die Stadt älter und um vieles älter ist als Moskau. Im allgemeinen taucht der Name Kolomna in der Geschichte auf, weil die Stadt entweder von den Tataren angezündet wurde, oder sich vor den Stadttoren russische Truppen sammelten, um gegen die Tataren zu ziehen …«

1238 wurde Kolomna von den Tataren erobert und im Jahre 1380 zogen russische Truppen gegen die Tataren aus. Unter Dmitrij Ivanovič (1350–1389), der sich offen zusätzlichen Tributforderungen widersetzt hatte, traten sie einen Feldzug gegen die Tataren an. In der Schlacht auf dem Schnepfenfeld am Don im Jahre

1380 konnten die Tataren erfolgreich geschlagen werden. Auch wenn die tatarische Macht damit noch nicht gebrochen war, wurde diese Schlacht in der russischen Geschichte ein vielbeschworener Mythos. Dmitrij Donskoj, fortan nach der Schlacht am Don genannt, führte seine Truppen auf dem Rückzug durch Kolomna, wo er zum Andenken an die Schlacht die Maria-Entschlafens-Kathedrale errichten ließ.

Wohnhaus in Kolomna

Doch das Schicksal von Kolomna wurde 1382 durch einen erneuten Überfall der Tataren und drei Jahre später durch den Rjazaner Fürsten bestimmt. Kolomna befand sich damals an der Grenze zweier Fürstentümer der nordöstlichen Rus': des Fürstentums Rjazan' und seit 1301 des Moskauer Fürstentums. Dmitrij Donskoj ließ Verhandlungen mit Rjazan' aufnehmen. Sie wurden von dem Abt Sergij Radonežskij (1314–1392) zum erfolgreichen Abschluß geführt. Die neue Grenze verlief entlang der Oka.

»Alle waren begierig zu erfahren, woher das Wort Kolomna kam. Man leitete es von dem Adjektiv ›kolymny‹ – ›reichlich‹, ›breit‹, ›satt‹ ab; von den römischen Patriziern Colonna, die nach Skythien gegangen und sich hier angesiedelt hatten (diese Vermutung spiegelte sich auch im Wappen von Kolomna, wo auf blauem Feld drei Sterne und eine Säule – ›kolonna‹ – zu sehen sind), vom Substantiv ›kamenolomnja‹ – ›Steinbruch‹ (nicht umsonst nennen die Einwohner von Kolomna im Rjazaner Dialekt die Stadt Kolomna – Kolomnja); – aber man legte es auch noch auf diese Weise aus: Als Sergij von Radonež durch Kolomna zog, um das Golutvin-Kloster zu bauen, soll er um Wasser gebeten haben, statt dessen bekam er Stockprügel, worauf er gesagt haben soll: ›Um Wasser bat ich, und sie geben es mir mit dem Stock.‹ (›kol‹ bedeutet ›Stock‹, Anm. d. A.) Das Golutvin-Kloster auf der Landzunge, wo Oka und Moskva zusammenfließen, ist wirklich von Sergij von Radonež gegründet worden, dort wird sein Wanderstab noch aufbewahrt …« (Boris Pil'njak: Maschinen und Wölfe)

Für eine kurze Zeit wurde Kolomna zur Hauptstadt des Großfürstentums. Nach den Thronfolgeregelungen hätte Jurij Dmitrievič (1374–1434) zum Großfürsten erhoben werden müssen und nicht sein Neffe Vasilij II. (1415–1462). Der rechtmäßige Thronanwärter verweigerte Vasilij II. 1425 den Eid und schlug ihn 1433 an der Kljaz'ma, wonach er ihm das Teilfürstentum Kolomna zuwies. Doch der verbannte Vasilij II. blieb nicht untätig und rief von Kolomna aus alle Bojaren und Untertanen zu sich, die in ihm den rechtmäßigen Herrscher sahen. Innerhalb weniger Tage verödete Moskau: Die Moskauer zogen nach Kolomna, wo es bald keinen Platz mehr gab für die Menschen und Wagentrosse. Fürst Jurij Dmitrievič war in Moskau völlig isoliert und schickte einen Boten nach Kolomna mit der Nachricht, daß er Moskau verlassen werde und den rechtmäßigen Großfürsten zurückrufe. Kolomna wurde wieder eine Stadt am Rande.

1525 begann man mit dem Bau des steinernen Kremls in Kolomna. Derartige Burganlagen gab es bisher nur in Moskau, Nižnij Novgorod und Tula. Der Kreml von Kolomna erwies sich als eine zuverlässige Verteidigungsanlage.

Doch die Grenzen des Russischen Staates erweiterten sich zunehmend, so daß Kolomna seine Bedeutung als Verteidigungsstützpunkt mehr und mehr verlor und sich zu einer Stadt der Handwerker und Kaufleute entwickelte. Im 18. Jahrhundert wurde die Stadt vollständig von den Kaufleuten dominiert, die ihre Waren nach der Verlegung der Hauptstadt nach St. Petersburg bis an die nördlichen Grenzen handelten. Erste Manufakturen entstanden.

Ein Ereignis von Bedeutung war die Eröffnung der Eisenbahnlinie von Moskau nach Saratov im Jahre 1862. Doch die erste Bahnstation von Kolomna befand sich außerhalb der Stadt. Schuld daran waren die Stadtväter, die von den Streckenbauern eine unverschämt hohe Summe für das Land in Kolomna verlangt hatten. Also umging man die Stadt einfach.

Über den Dächern von Kolomna

Ein weiteres Ereignis war die Gründung eines Maschinenbaubetriebes 1863 durch die Brüder Struve. Aus dem Betrieb entstand um die Jahrhundertwende ein gewaltiges Werk, in dem Brückenelemente, Waggons, Elektrozüge, Schiffe und Straßenbahnen produziert wurden. In den Werken von Kolomna wurde 1892 die erste Straßenbahn Rußlands für die Stadt Kiev gebaut. »Die Fabrik wurde mächtig, einer der Riesen Rußlands, wuchs in Eisen, Stahl und Stein hoch, verschanzte sich meilenweit hinter Zäunen, eine mathematische Formel. – Die Schlote

Kolomna, Stich aus dem Buch »Descrizione di un viaggio a Mosca« von Adam Olearius

stützten den Himmel, rauchten in den Himmel, Dynamomaschinen warfen Licht in die Nacht, heller als die Sonne, Stahl knirschte wie Eisen, Sirenen heulten, die Fabrik wurde eine Stahlgießerei und baute Maschinen. Dort hinter den Fabrikmauern Rauch, Ruß, Feuer, Lärm, das Klirren, Kreischen des Eisens, Halbdunkel, elektrisches Licht statt der Sonne – Maschinen, Kaliber, Kuppelöfen, Martinöfen, Schmieden, hydraulische Pressen und Pressen von Tonnengewicht – heiße Werkhallen und Drehbänke, Fräsen, Drechslerbänke, wo die Späne aus Stahl waren wie vom Fügehobel. Bei der Maschine, unter der Maschine, hinter der Maschine – der Arbeiter. Die Maschine war geölt, die Maschine war aus Stahl, die Maschine war unerbittlich.« (Boris Pil'njak, Maschinen und Wölfe)

Ein Rundgang

Der Kreml in Kolomna lebt, inmitten der Stadt wurde er aufgesogen von den Menschen. Kreuz und quer wurden Straßen und Wege gelegt, in seinen Mauern niedrige Holzhäuser gebaut, in denen sich die Bewohner an langen Winterabenden alte Legenden erzählen. Einer dieser Legenden nach soll im Turm des Kremls Maryna Mniszek (1588–1614), die Frau des Pseudodemetrius I. und danach des Pseudodemetrius II. eingekerkert gewesen sein. In ihrer Sehnsucht nach Freiheit verwandelte sie sich in eine Elster und flog davon. Der Turm wird deshalb auch

Marynasturm genannt. Er ist erhalten geblieben und einer der schönsten des Kreml. Mit seinem Bau wurde 1525 begonnen. Nach sechs Jahren war er vollendet und galt als uneinnehmbar. Wurde doch eine Mauer durchschossen, schob man eine sogenannte ›spazierende Stadt‹ vor das Loch. Dabei handelte es sich um einen hohen Holzturm auf Rädern, der mit Kanonen ausgerüstet war. Die bis zu 21 Meter hohen Kremlmauern waren unten 4,5 Meter und oben 3 Meter dick und hatten eine Länge von 1938 Metern. Die Mauern des Moskauer Kremls, der das Vorbild für den Kreml von Kolomna war, sind 2235 Meter lang. Der Kreml in Kolomna besaß 17 Türme, vier von ihnen hatten Einfahrtstore, zwei weitere Tore befanden sich im Mauerverlauf. Von den Verteidigungsanlagen sind nur Fragmente der Mauer und sieben Türme erhalten geblieben, wodurch der Eindruck ensteht, sich im Zentrum der alten Stadt, aber nicht im Kreml zu befinden.

Maryna Mniszek, Stich aus dem Buch »Feierlicher Gesang« von S. Grochovskij

Der Kreml war an exponierter Stelle errichtet worden, in seiner Mitte lag die Maria-Entschlafens-Kathedrale (Успенский собор), deren Grundstein schon 1379 von Dmitrij Donskoj nach dem Sieg in der Schlacht am Don gelegt worden war. Darum sollte die neue Kirche auch groß und gewaltig sein, doch die Moskauer Baumeister irrten sich in ihren Berechnungen. Der zentrale Teil der Kirche stürzte nach kurzer Zeit ein und mußte erneuert werden. Bei der Kirche handelte es sich um einen dreischiffigen Bau mit sechs Pfeilern, drei Apsiden und drei Kuppeln. Nach einer Reise, die Paul von Aleppo 1654–1656 in Begleitung des Patriarchen von Antiochien, Makarij, unternommen hatte, beschrieb er die Maria-Entschlafens-Kathedrale in Kolomna: »Im Innern der Festung befinden sich fünf Kirchen und ein Jungfrauenkloster … Die vierte Kirche, oder besser die Basilika, ist die Mutterkirche, die Kathedrale des Bischofs. Sie ist so groß und hoch, daß sie zu schweben scheint. Man betritt sie über eine hohe Treppe von drei Seiten her … Sie besteht aus bearbeitetem Stein, erhebt sich zu einer beträchtlichen Höhe und hat ringsherum einen Relieffries … Die Pfosten der Türen und Fenster ähneln geschliffenen Säulen; diese Arbeit ist so kunstvoll, daß die Pfosten so schön wie dünne Säulen erscheinen. Die Kirche hat drei hohe Kuppeln. Die Spitze der größten Kuppel ist ringsum mit schönen viereckigen, auf Holztafeln eingelegten

Figuren bedeckt, die in der Form eines Kreuzes angelegt sind und die Größe einer Handfläche haben. Auf den Kuppeln stehen vergoldete Kreuze. Die Hauptkuppel befindet sich über dem Leuchter, die beiden anderen über den Seitenaltären, denn in dieser Kirche gibt es drei Altäre, wie gewöhnlich in allen ihren Kirchen ... Das Dach dieser Kirche, wie das aller schon erwähnten Kirchen, hat die Form eines Pinienzapfens oder einer Artischocke; es ist weder glatt noch bucklig, sondern an jeder der vier Kirchenwände gibt es so etwas wie drei Bögen, über denen kleinere und dann noch kleinere angebracht sind; rings um die Kuppel gibt es eine schöne Anordnung.« Im 17. Jahrhundert wurde die Kathedrale abgetragen und auf den alten Grundmauern 1672–1682 eine neue Maria-Entschlafens-Kathedrale errichtet. Das Haupt der ansonsten bescheiden wirkenden Kathedrale krönen fünf gewaltige Kuppeln.

Die Maria-Entschlafens-Kathedrale

Das hohe Tor ist verschlossen, bis es eine junge Frau in farbverklecksten Arbeitssachen aufschiebt und sich eine Farbenflut auf den Betrachter ergießt. Die Kirchenwände sind über und über mit Fresken ausgemalt, deren kläglicher Zustand nach Restauration schreit. Die junge Frau heißt Lilja, und sie restauriert in dem kalten Gemäuer auf einer hohen Leiter die alten Wände. Eigentlich hat Lilja eine Schule für Graphiker absolviert. Auf Arbeitssuche klopfte sie in den Kolomwerken an und überzeugte den Direktor, daß auch ein Maschinenbauwerk eine Graphikerin benötigt und malte fortan Jahr für Jahr Plakate zu den einschlägigen Feiertagen. Dann kam die Perestrojka, und in den Kolomwerken brauchte man keine Graphikerin mehr. Lilja begriff, daß die Kirche wieder Aufwind bekam, und erkannte ihre Chance. Zwei Monate wurde sie in einer Moskauer Restauratorenbrigade angelernt. Nun steht sie in der riesigen Kirche. Schmunzelnd erklärt sie, daß sie nun alt werden könne, denn Arbeit hätte sie bis ans Lebensende. Nur mit dem Lohn sehe es schlecht aus, doch schnell erzählt sie weiter, enthusiastisch, von den alten Fresken und dem Ikonostas, den sie bald vergolden werden.

Die Maria-Entschlafens-Kathedrale steht auf dem Kathedralenplatz (Соборная площадь) und in ihrer unmittelbaren Nachbarschaft liegt das Neu-Golutvin-Kloster (Новоголутвин монастырь). Das Kloster beherbergte im 14.–18. Jahrhundert die Residenz des Bischofs von Kolomna. Nachdem 1799 der Bischofssitz aufgehoben wurde, bezogen Mönche des alten Golutvin-Klosters die Gebäude und gaben der alten Bischofsresidenz den Namen Neu-Golutvin-Kloster. Die ehemalige Residenz des Bischofs bildet mit dem ältesten Bauwerk des Klosters, der Maria-Schutz-Kirche (Покровская церковь), eine architektonische Einheit. Die gelb getünchte Maria-Schutz-Kirche, in der Mitte des 17. Jahrhunderts erbaut, befindet sich unmittelbar am Eingang des Klosters. Die Dreieinigkeitskirche (Троицкая церковь) entstammt ebenfalls dem 17. Jahrhundert, Seminargebäude und Refektorium der ersten Hälfte des 18. Jahrhunderts. 1825 wurde das Klosterensemble durch den Glockenturm ergänzt. 1918 wurde das Kloster geschlossen und 1988 der russisch-orthodoxen Kirche zurückgegeben.

Restaurierungsarbeiten in der Maria-Entschlafens-Kathedrale

Gegenüber vom Kloster, ebenfalls auf dem Kathedralenplatz, wurde 1776 von einem reichen Kaufmann aus Kolomna die Kirche der Ikone der Gottesmutter von Tichvin (церковь Тихвинской иконы) erbaut. Die Kirche wurde 1861 umgebaut und dabei so ausgeweitet, daß sie mit dem Glockenturm verschmolz. Der wurde schon Ende des 17. Jahrhunderts in die Höhe gezogen. Sein in Bögen geöffnetes, achteckiges Glockengeschoß wird von einem Zeltdach bekrönt. Hinter dem Ensemble steht die alte Auferstehungskirche (Воскресенская церковь). In ihr wurde 1366 der junge Moskauer Fürst Dmitrij Ivanovič (späterhin Donskoj) mit der Suzdaler Fürstin Evdokija getraut. Die Kirche war durch eine geschlossene Galerie mit dem Fürstenpalast verbunden. Von der Kirche aus weißem Stein ist nur der gewölbeüberspannte Unterbau erhalten geblieben. Darin befindet sich die Restauratorenwerkstatt von Lilja und ihren Kollegen. Eine alte Heizung bullert Wärme in die Werkstätten, wo Teile des Ikonostas, alte Ikonen und Figuren nebeneinander liegen.

Das Neu-Golutvin-Kloster

Schräg hinter der Kirche und Werkstatt führt die ul. Kremlevskaja (ул. Кремлевская) zur ehemaligen Schule des Kreises Kolomna. Der klassizistische Bau stammt vom Ende des 18./Anfang des 19. Jahrhunderts. Die Straße führt bergab an das Ufer der Moskva, bergan zur baufälligen ehemaligen Kirche des Wundertätigen Nikolaj (Никольская церковь). Sie wurde 1501 von einem Kaufmann finanziert, 1848 im spätklassizistischen Stil umgebaut. Der Name der Kirche wird mit dem Auftauchen eines vor den Tataren geretteten Heiligenbildes von Nikolaj von Zaraskij in Verbindung gebracht. Nikolaj (4. Jahrhundert), der legendäre Bischof von Myra aus Kleinasien, wurde zu einem der Hauptheiligen der orthodoxen Kirche. Der Beiname Zaraskij ist vom altrussischen Verb ›zarasitissja‹ abgeleitet, was soviel wie ›sich durch einen Sturz tödlich verletzen‹ bedeutet.

Der Rjazaner Fürst Jurij Igorevič erhielt 1237 die Kunde vom Nahen der tatarischen Krieger. Er schickte seinen Sohn Fedor Jurevič mit Geschenken und der Bitte, das Rjazaner Land zu verschonen zu den Tataren: »Aus Neid hinterbrachte einer von den Mächtigen aus Rjazan' dem gottlosen Khan Batu, daß der Fürst Fedor Jurevič von Rjazan' eine Fürstin aus kaiserlichem Geschlecht zur Gemahlin habe, die von sehr großer körperlicher Schönheit sei. Hinterlistig und ohne Gnade in seinem Unglauben, war Khan Batu leicht erregbar in seiner Fleischeslust, und er sprach zu dem Fürsten Fedor Jurevič: ›Laß mich, o Fürst, die Schönheit deiner Frau erkennen!‹ Der fromme Fürst Fedor Jurevič von Rjazan' jedoch lachte auf und

Die Dreieinigkeitskirche des Neu-Golutvin-Klosters

sprach zu dem Khan: ›Uns Christen geziemt es nicht, dir, dem ruchlosen Khan, unsere Frauen zur Hurerei zuzuführen. Wenn du uns besiegst, wirst du auch unsere Frauen in deiner Gewalt haben.‹ Der gottlose Khan war beleidigt und geriet in Wut. Er befahl sogleich, den frommen Fürsten Fedor Jurevič zu erschlagen und seinen Leib den wilden Tieren und Vögeln zum Zerfleischen hinzuwerfen; auch die anderen Fürsten und die bewährtesten Krieger ließ er töten. Einer der Erzieher des Fürsten Fedor Jurevič mit Namen Aponiza hatte sich verborgen. Er blickte auf den Leib seines Herrn und weinte bitterlich; und da er ihn von niemandem geborgen sah, nahm er seinen geliebten Gebieter und bestattete ihn heimlich. Und er eilte zu der frommen Fürstin Eupraxia und berichtete ihr, wie der ruchlose Khan Batu den frommen Fürsten Fedor Jurevič getötet hatte. Die Fürstin Eupraxia stand mit ihrem Kind, dem Fürsten Ivan Fedorvič, in ihrem hohen Palast. Kaum hatte sie diese todbringenden Worte vernommen, erfaßte sie tiefer Gram, und sie stürzte sich mit ihrem Sohn, dem Fürsten Ivan, aus ihrem hohen Palast hinab auf die Erde und war tot.«

Gegen das Tatarenkhanat richtete sich die Expansionspolitik des Zaren Ivan des Schrecklichen (1530–1584), der nach seiner Ernennung zum Zaren im Jahre 1547 nach Kolomna kam, um seinen Eroberungszug gegen die Stadt Kazan vorzubereiten. In diese Zeit fällt auch die Gründung des Brusenskij-Klosters (Брусенский монастырь), das sich in der Nähe des Marynasturmes befindet. Die Maria-Entschlafens-Kathedrale ist ein klassisches Beispiel für die Zeltdacharchitektur. Die Klostermauern mit zwei Toren und den Türmen werden auf das Jahr 1778 datiert. Vollendet wurde das Klosterensemble unter der Äbtissin Olimpiada (1848–1873). Damals entstanden neue Zellengebäude und die riesige Kreuzerhöhungskirche (Крестовоздвиженская церковь).

In einem der ehemaligen Klostergebäude wurden in den letzten Jahren Ausstellungsräume für junge Künstler geschaffen. Anlaß dazu gab die Fernsehsendung ›Welt und Jugend‹, die im November 1986 einen Beitrag über die Bilder des tragisch verunglückten jungen Kolomnaer Künstlers Konstantin Vasiliev brachte. Daraufhin versprachen die Stadtväter der Mutter des Künstlers, die die Bilder in

Über die Moskva

ihrer Wohnung aufbewahrte, eine Möglichkeit zu schaffen, sie der Öffentlichkeit zu präsentieren. Das alte Klostergebäude wurde rekonstruiert und bildet nun einen Treffpunkt für Kolomnaer Künstler und deren Freunde.

Das Kloster befindet sich auf dem Kremlgelände an der ul. Lažečnikova (ул. Лажечникова). An der Ecke zur ul. Lazareva (ул. Лазарева) führen Treppen zu einem urgemütlichen Café, dessen Raum von alten Kellergewölben überspannt wird. Im Café ›Pogrebok‹ wird an rustikalen Holztischen typische Landesküche serviert. Die Speisen sind preiswert und die Bedienung herzlich.

Die Straßen führen durch den Kreml, vorbei an alten windschiefen Holzhäusern. In dem Häuschen in der ul. Lazareva 10 (ул. Лазарева) wohnte die Schwester des Schriftstellers Alexander Kuprin (1870–1938), der zahlreiche Novellen und Erzählungen schrieb. In den Jahren 1911 bis 1913 weilte er des öfteren in Kolomna und ging mit Vorliebe auf die Jagd, was sich in seinen Jagderzählungen wiederspiegelt. Weltberühmt wurde er durch seinen Roman ›Das Duell‹ (1905), in dem er das starre, sinnlose Offiziersleben in der Provinz schildert. Als Gegner des bolschewistischen Systems verließ er 1919 Rußland und kehrte 1937 in seine Heimat zurück, wo er ein Jahr später verstarb.

Auf dem Weg zum Pjatnickij-Tor (Пятницкие ворота) steht bescheiden und einsam die kleine Kreuzerhöhungskirche (Крестовоздвиженская церковь), deren Grundstein 1764 gelegt wurde. In den Jahren 1790–1825 diente sie als Aufbewahrungsort für das Heiligtum der Stadt, die wundertätige Ikone der Gottes-

... über eine alte Ziehbrücke

mutter vom Don, die man vom Pjatnickij-Tor abgehängt hatte. In einer Chronik aus dem 16. Jahrhundert wird die Kirche der Paraskeva Pjatnica, der Beschützerin des Handels, in der Vorstadt vor den Kremlmauern erwähnt. Nach ihr wurde auch das Pjatnickij-Tor benannt, doch schon im 18. Jahrhundert wurde es umbenannt in Erlöser-Tor. Der alte Name kehrte jedoch zurück und das Pjatnickij-Tor bietet immer noch eine imposante Erscheinung. Hat man es voller Ehrfurcht durchschritten, gelangt man bergab zur Moskva, die über eine alte Ziehbrücke überquert werden kann.

Am anderen Ufer blinken in der Ferne die Türme und Kuppeln des Bobrenev-Klosters (Бобренев монастырь). Eine verlassene Straße führt direkt durch die Felder in das Dorf Bobrenevo (Бобренево). Eine Überlieferung besagt, daß es 1381 zu Ehren des Sieges über die Tataren gegründet worden ist. Die Maria-Geburts-Kathedrale (Рождественская церковь) aus dem 14. Jahrhundert ist das älteste erhalten gebliebene Bauwerk des Klosters. Die Kirche des Fedor (Федоровская церковь) und die Gebäude der Mönchszellen stammen aus dem 18./19. Jahrhundert. Das Kloster wurde 1930 aufgelöst und in den letzten Jahren der orthodoxen Kirche zurückgegeben. Nun leben wieder Mönche inmitten der alten Klostermauern.

Das kleine Kolomna besticht aus der Ferne mit seinen imposanten Kirchenkuppeln und die Glockentürme erwecken den Eindruck einer Stadt aus 1001 Nacht. Ein paar Angler hocken am Ufer und starren ihrer Angelschnur nach.

Das Bobrenev-Kloster

Wer vom Pjatnickij-Tor seinen Weg weiter nimmt, wird ungewollt am alltäglichen Treiben in Kolomna teilnehmen. Streit und Waffengeklirr sind verklungen, doch durch die stille Luft scheint noch ein Nachhall zu schweben. Auf Holzbänken schlummern alte Mütterchen mit wettergegerbten Gesichtern. In der zur Moskva führenden Gasse Moskvoreckij pereulok (Москворецкий переулок) hat sich die Maria-Schutz-Kirche (Покровская церковь) in einem verwilderten Garten in ihr einsames Schicksal gefügt. Die alten, oft begangenen Stufen führen zum verschlossenen Tor der Kirche, die 1813 anläßlich der Rettung Kolomnas vor dem Napoleonischen Feldzug errichtet worden war.

In der Vorstadt war eine andere Kirche, die Nikolajkirche (церковь Николы Посадского), der Mittelpunkt für die Altgläubigengemeinde von Kolomna. Die Nikolajkirche stammt aus dem 17. Jahrhundert und hebt sich durch ihren reichen Dekor hervor, der durch sechs Reihen Kokošniki vollendet wird. Auch der russische Schriftsteller Boris Pil'njak verliebte sich in das alte Gemäuer, das wunderlich schweigsam den Platz bestimmt. In der kleinen, dahinter liegenden Holzhütte lebte er mit seiner Familie.

Von der Nikolajkirche führt die Straße weiter bis zu den Eisenbahnschienen und der nahegelegenen Christi-Erscheinungs-Kirche (Богоявленская церковь)

Die Nikolaj-Kirche der Altgläubigengemeinde in Kolomna
Das Christi-Verklärungs-Kloster in Murom

im prospekt Artilleristov (проспект Артиллеристов). Es ist eine unschöne Gegend, in der sich eine Militärschule und Kasernen befinden. Ein Grund mehr, wieder den Weg zurück in das Stadtzentrum zu nehmen. Reges Treiben herrscht zwischen dem Platz zweier Revolutionen (пл. Двух революций) und dem Leninplatz (пл. Ленина).

Auf dem Platz zweier Revolutionen steht seit 1958 ein Denkmal. An diesem Ort wurden 1918 die Opfer des antibolschewistischen Aufstandes vom 28. Dezember 1917 beigesetzt. Vom Bobrovskij-Friedhof wurden 1927 die Überreste der Teilnehmer des Strafkommandos von 1905, die an der Bahnstation ›Golutvin‹ erschossen worden waren, hierher umgebettet. Die Stätte bekam die Bezeichnung ›Rote Gräber‹ und der Platz wurde in Platz Zweier Revolutionen umbenannt.

Eisverkauf in Kolomna

Einen imposanten Blickfang bietet der 65 Meter hohe Glockenturm der Kirche Johannes' des Evangelisten (церковь Иоанна Богослова), die 1758 erbaut und 1824–1846 umgestaltet wurde. Zur gleichen Zeit wurden die Handelsreihen (Торговые ряды) angebaut, die ebenfalls erhalten geblieben sind. Die architektonische Komposition von Kirche und Handelsreihen war typisch für Handelsstädte der damaligen Zeit. Vor der Kirche herrscht buntes Markttreiben. Am anderen Ende des Platzes befindet sich der Busbahnhof, von hier verkehren die Stadtbusse, aber auch Busse in die nähere Umgebung.

Der Leninplatz mit seinem 1938 aufgestellten knallroten Sockel und der dahinterliegende Park bieten Ruhe und werden gern aufgesucht. Am Park verläuft die ruhige Straße ul. Zajceva (ул. Зайцева). Im Haus 17 wartet ein Pel'meni-Restaurant auf Gäste. Etwas vornehmer geht es im Restaurant ›Kolomna‹ zu, das sich im Haus 21 in der zweiten Etage befindet. In der ul. Zajceva (ул. Зайцева), Ecke ul. Krasnogvardejskaja (ул. Красногвардейская), befindet sich ein Lebensmittelladen.

Eins, zwei, viele – Lenindenkmäler; Ländliche Impressionen in Rjazan'
Der Rostover Kreml am Nero-See; In Rostov; Kremlmauer in Rostov

Folgt man Lenins Blick auf die andere Straßenseite, so fällt das konstruktivistische Verwaltungsgebäude einer Bank, ul. Oktjabr'skoj Revoljucii 196 (ул. Октябрьской Революции), auf. Dahinter befindet sich ein Markt, auf dem fliegende Händler vornehmlich Waren des täglichen Bedarfs anbieten. Am anderen Ende des hektischen Platzes verlaufen schnurgerade verlegte Straßenbahnschienen. Die Wendeschleife befindet sich nur eine Station entfernt und ist in wenigen Minuten zu Fuß zu erreichen. In der dortigen ehemaligen Vorstadtkirche des Erzengels Michael (церковь Архангела Михаила), ul. Graždanskaja 71 (ул. Гражданская), wurde 1936 das Heimatkundemuseum von Kolomna eingerichtet, dessen Sammlung allerdings nur wenig Interessantes bietet.

Von der Wendeschleife der Straßenbahn verkehren die Linien 9 (Richtung Bahnhof ›Kolomna‹) und 1 (Richtung Bahnhof ›Golutvin‹). Die Fahrt beider Linien geht vorbei am Hotel ›Kolomna‹ (Коломна) und einem Kaufhaus, das sich durch eine gute Lebensmittelabteilung hervortut. Auf dem tristen Platz vor dem Hotel wurde 1977 zur 800-Jahrfeier der Stadt ein Denkmal eingeweiht. Auf der anderen Straßenseite, wenige Meter weiter, wurde 1970 eine Gedenkstätte für die Opfer des ›Großen Vaterländischen Krieges‹ eingerichtet. Der alte städtische Friedhof, der sich hier an der alten Stadtgrenze unweit des Rjazaner Tores befand, wurde 1943 geschlossen. An der großen Kreuzung teilen sich die Straßenbahnwege, hier nimmt die ul. Kirova (ул. Кирова) ihren Anfang. Im Haus 1 befindet sich das Hotel ›Sovetskaja‹ (Советская).

Mit der Straßenbahn 1 gelangt man zum Bahnhof ›Golutvin‹ (Голутвин). Von hier verkehren in regelmäßigem Abstand, etwa alle drei Stunden, Nahverkehrszüge nach Moskau und Rjazan'. Fährt man mit der Straßenbahn noch zwei Stationen weiter, erscheint linkerhand das Alt-Golutvin-Kloster (Староголутвин монастырь). Es befindet sich nur fünfzehn Minuten Fußmarsch vom Zusammenfluß der Oka und der Moskva entfernt. Es wurde 1374 von Sergij Radonežskij gegründet und nach seinem ersten Vorsteher Grigorij Golutvinskij benannt. Das Kloster mit seinen beiden Kirchen ist noch geschlossen, da es dringender Reparaturen bedarf.

Kolomna liegt etwa 113 Kilometer südöstlich von Moskau und ist mit Bus und Bahn in etwa drei Stunden bequem zu erreichen. Busse nach Kolomna fahren in Moskau vom zentralen Busbahnhof ab. Nahverkehrszüge verkehren vom Kazaner Bahnhof in Richtung Golutvin oder Rjazan'. Die Züge halten sowohl an der unbedeutenden Station Kolomna, als auch am ›Hauptbahnhof‹ von Kolomna in Golutvin. Von hier fahren Straßenbahnen ins Zentrum der Stadt. Schöner ist es allerdings, schon an der Station ›Kolomna‹ auszusteigen und in die Stadt zu laufen oder mit der Straßenbahn oder dem Bus in die Stadt zu fahren.

Das Hotel ›Kolomna‹ (Коломна) ist das teuerste Haus der Stadt, es liegt zentral am Platz, pl. Sovetskaja 2 (пл. Советская), Tel. 12 18 96. Hier kostet eine Übernachtung etwa 40 Dollar.
In unmittelbarer Nähe am Prospekt Kirova 1 (пр. Кирова), kann man im Hotel ›Sovetskaja‹ (Советская) etwas preiswerter übernachten. Pro Person müssen 27 Dollar veranschlagt werden. Es gibt aber auch Mehrbettzimmer, in denen die Übernachtung billiger ist.
Eine gute Alternative zu den Hotels bietet die komfortabel ausgestattete Jugendherberge (турбаза), die sich auf den ersten Blick etwas außerhalb befindet, in der ul. Rečnaja 8 (ул. Речная), Tel. 220 88. Doch die Mitarbeiter der Jugendherberge werden jedem sofort die Schleichwege zeigen, so daß man in wenigen Minuten im alten Kreml ist. Die Jugendherberge ist vom Stadtzentrum, von der Wendeschleife der Straßenbahn, gut zu erreichen. Dazu muß man die ul. Oktjabr'skaja (ул. Октябрьская) weiter stadtauswärts über den Fluß Kolomenka folgen und an der Bushaltestelle ‹Za Prudy‹ (За Пруды) rechts einbiegen. Der Weg verläuft zunächst zwischen einem hohen Neubau und einem kleinen Park, dann durch eine dörflich anmutende Gegend. Vom Bahnhof ›Kolomna‹ fährt der Bus 1 bis zu der Bushaltestelle ›Za Prudy‹. Eine Übernachtung kostet 13 Dollar. In der unteren Etage befindet sich eine geräumige Küche, in der man sich selbst versorgen kann, was für russische Jugendherbergen noch ungewöhnlich ist.

Wer trotzdem essen gehen möchte, kann sich im Zentrum am Leninplatz für die einfache Variante entscheiden und in die Pel'menistube einkehren. Sie befindet sich in der ul. Zajceva 17 (ул. Зайцева) und ist Mo bis Sa von 10 bis 17 Uhr geöffnet. Das etwas vornehmere Restaurant ›Kolomna‹ ist täglich von 12 bis 24 Uhr geöffnet.

Ein urgemütliches Café, das ›Pogrebok‹, befindet sich im alten Kreml, Ecke ul. Lažečnikova/ ul. Lazareva (ул. Лажечникова/ ул. Лазарева). Täglich von 11 bis 22 Uhr.

Ebenfalls im Kreml, im ehemaligen Brusenskij-Kloster (Брусенский монастырь) befindet sich ein Ausstellungshaus für zeitgenössische Kolomnaer Künstler. Geöffnet Mi bis So von 10 bis 18 Uhr. Das Heimatkundemuseum (Краеведческий музей) kann in der ehemaligen Michaels-Kirche, ul. Graždanskaja 71 (ул. Гражданская), Mi bis Fr von 10.30 bis 13 Uhr und von 13.30 bis 17 Uhr, Sa bis So von 10.30 bis 16 Uhr besucht werden.

Boris Pil'njak oder Wo Nonnen Sowjetkühe melken

Lange Zeit stand Boris Pil'njak im Mittelpunkt des literarischen Lebens der 20er Jahre. Das Schicksal Rußlands bewegte Boris Pil'njak Zeit seines Lebens. Die Oktoberrevolution und die neue Wirklichkeit des russischen Lebens bilden das Hauptthema seines Schaffens. Mit seinen eigenwilligen Wortgebäuden hat er die Revolution klar und eindringlich dargestellt.

1922 erschien sein erstes größeres Werk, ›Das nackte Jahr‹, eine lose Sammlung von Materialien und Episoden, die als gemeinsames Thema das Hungerjahr 1919, Revolution und Bürgerkrieg haben. ›Das nackte Jahr‹ wird vom Motiv des Schneesturms beherrscht, der als Symbol für eine gewaltige Bewegung, die das Alte hinwegfegt und das Neue herbeiführt, steht. Das rauschhafte Erleben der Revolution, aber auch die Sehnsucht des Autors nach den tausendjährigen Traditionen Rußlands weisen stark autobiographische Züge auf.

Boris Vogau (Pil'njak) wurde am 29. September 1894 in Možajsk, zwischen Smolensk und Moskau, geboren. Sein Vater stammte von volgadeutschen Kolonisten und Juden ab. Die Vorfahren seiner Mutter waren russisch-tatarische Kaufmannsleute, die sich zu den

Boris Pil'njak, Zeichnung von Jurij Annenkov

Altgläubigen zählten. Seine Kindheit verlebte Pil'njak in verschiedenen Provinzstädten um Moskau und an der Volga. Das Pseudonym Pil'njak wählte er im Ersten Weltkrieg wegen der herrschenden antideutschen Stimmung im Lande. Seine Kurzsichtigkeit befreite ihn vom Militärdienst. Er nahm an der Moskauer Handelshochschule ein Studium auf, das er 1920 beendete.

Bereits seit 1915 veröffentlichte er Erzählungen. Die Jahre der Revolution verlebte er in Kolomna, das er nur verließ, um auf ›Hamsterfahrten‹ zu ziehen, um sich und seit 1918 seine Familie ernähren zu können. Während der Revolution und später im Bürgerkrieg sprach er

sich weder für die eine oder andere Seite aus noch beteiligte er sich aktiv. Seine Bestimmung sah er darin, als ›Chronist seiner Zeit‹ die Ereignisse literarisch zu verarbeiten.
Ab 1922 konnte Boris Pil'njak Reisen unternehmen. Zunächst führte ihn sein Weg nach Deutschland. Ein Jahr später lernte er England kennen, das einen tiefen Eindruck hinterließ. Nach der bisher eher romantisierenden Darstellung des bäuerlichen Lebens und der alten Zeit wendete sich Pil'njak nun der Welt der Technik und der Maschinen zu.
Das Hauptthema seines 1925 erschienenen Romans ›Maschinen und Wölfe‹ ist der Konflikt zwischen Mensch und Maschine. Pil'njak begrüßte das neue Zeitalter, blickte jedoch auch voller Wehmut in die Zeit des ›Schneesturms‹ zurück.
Zunehmend sah sich Pil'njak heftigen Angriffen ausgesetzt, vergeblich suchte man seinen ideologischen Standpunkt und fühlte sich von der ungewohnten Erzählweise genarrt.
1926 erschien seine ›Geschichte vom nichtausgelöschten Mond‹. Der Held, ein verdienter Bürgerkriegskommandeur, kommt nach Moskau, um sich operieren zu lassen und stirbt während der Operation. Im Prolog wies Pil'njak darauf hin, daß kein Zusammenhang mit dem Fall Frunze bestehe. Frunze war bei einer vom Politbüro angeordneten Operation gestorben. Lange hielten sich Gerüchte, daß Stalin sich auf diese Weise eines Gegners entledigt hätte. Pil'njak zog sich mit der Geschichte den Haß Stalins zu. Nach einem vorläufigen Publikationsverbot konnte er jedoch wieder kurze unpolitische Reiseerzählungen veröffentlichen. Der in einer breit angelegten Hetzkampagne scharf gemaßregelte Pil'njak versuchte, mit ›Die Volga fällt ins Kaspische Meer‹ 1930 eine monumentale Vision vom Aufbau des Kommunismus zu zeichnen. Das Epos konnte die immer bedrohlicher werdende Entwicklung nicht aufhalten. 1938 verschwand Pil'njak aus der Öffentlichkeit.
Erst 1959, nach Chruščevs Geheimrede auf dem XX. Parteitag, gab die Partei eine Erklärung heraus, der Schriftsteller sei ›bedauerlicherweise einer Verletzung der sozialistischen Gesetzlichkeit zum Opfer gefallen‹. Boris Pil'njak wurde offiziell rehabilitiert. Ein Auswahlband seiner Werke wurde jedoch erst 1976 veröffentlicht.
Viele der Erzählungen und Romane von Boris Pil'njak sind ins Deutsche übertragen worden, und doch ist der Name im deutschsprachigen Raum so gut wie unbekannt. Wahrscheinlich liegt es an der schwer zugänglichen Erzählweise. Der Leser wird mit unzähligen Details und Reflexionen konfrontiert, die das Verständnis des an sich schon komplizierten Stoffes erschweren und im Grunde nur dem verständlich sind, der mit der russischen Sprache und Geschichte vertraut ist.

Rjazan' (Рязань)

Inmitten der fruchtbaren Weiten des Rjazaner Landes, der vielbesungenen Heimat des Dichters Sergej Esenin (1895–1925), liegt eine typische russische Kleinstadt: eine ehemalige Handwerkerstadt und eine der vielen ehemaligen Gouvernementshauptstädte der russischen Provinz. Rjazan'. Fast singend und sehr gemütlich sprechen die Einwohner den Namen ihrer Stadt aus – mit einem langgezogenen, offenen ›a‹ und weichen, klangvollen Konsonanten. Im Munde der Moskauer hingegen klingt der Name kurz und abgehackt.

Die Rjazaner waren in der Vergangenheit als gute Handwerker ›weit über die Grenzen des Gouvernements‹ hinaus bekannt und wurden liebevoll die ›Schiefbäuchigen‹ genannt. Über sechzig Handwerke gab es in der Stadt; am bekanntesten waren die Zimmerleute. Viele zogen durch das Land, den Hammer in einem Gurt an der Hüfte hängend, so daß sie immer ein wenig schief gingen. So kamen sie zu ihrem Spitznamen. Heute ist Rjazan' eine moderne Stadt mit etwa 530 000 Einwohnern, 196 Kilometer südlich von Moskau gelegen.

Die Handwerke wurden durch Zweige der Schwerindustrie abgelöst, unter denen der Maschinenbau eine wichtige Rolle spielt. In der Innenstadt vermischt sich die Atmosphäre sowjetischer Provinzstädte mit der einer verschlafenen Gouvernementhauptstadt des vorigen Jahrhunderts, wie sie Michail Saltykov-Ščedrin (1826–1889) in vielen seiner Erzählungen und Märchen beschreibt. Der Schriftsteller und Satiriker war selbst zwei Jahre lang Gouverneur in Rjazan'. In seiner Erzählung ›Leutchen aus dem Puppentheater‹ schildert er die Atmosphäre einer solchen Stadt: »Liebenswürden war eine nicht eben große, aber so reinliche Stadt, daß man dort allenfalls im finstersten Herbst im Schlamm versinken konnte, und beileibe nicht auf allen Straßen. Es hatte eine öffentliche Bank, ein tatkräftiges Feuerwehrkommando, einen Boulevard an der Liebenwurda, einen kleinen Handelshof, einen Dom, zwei gepflasterte Straßen – mit einem Wort, alles, was auch

Legende

1 Kreml (Кремль)
2 Esenin-Denkmal (памятник Есенину)
3 Erlöserkirche am Abhang (церковь Спаса на Яру)
4 Haus der ehemaligen Stadtversammlung (бывшее Дворянское собрание)
5 Zirkus (цирк)
6 Kaufhof (Гостиный двор)
7 Esenin-Theater (театр им. Есенина)
8 Kunstmuseum (Художественный музей)
9 Solženicyn-Haus (дом Солженицына)

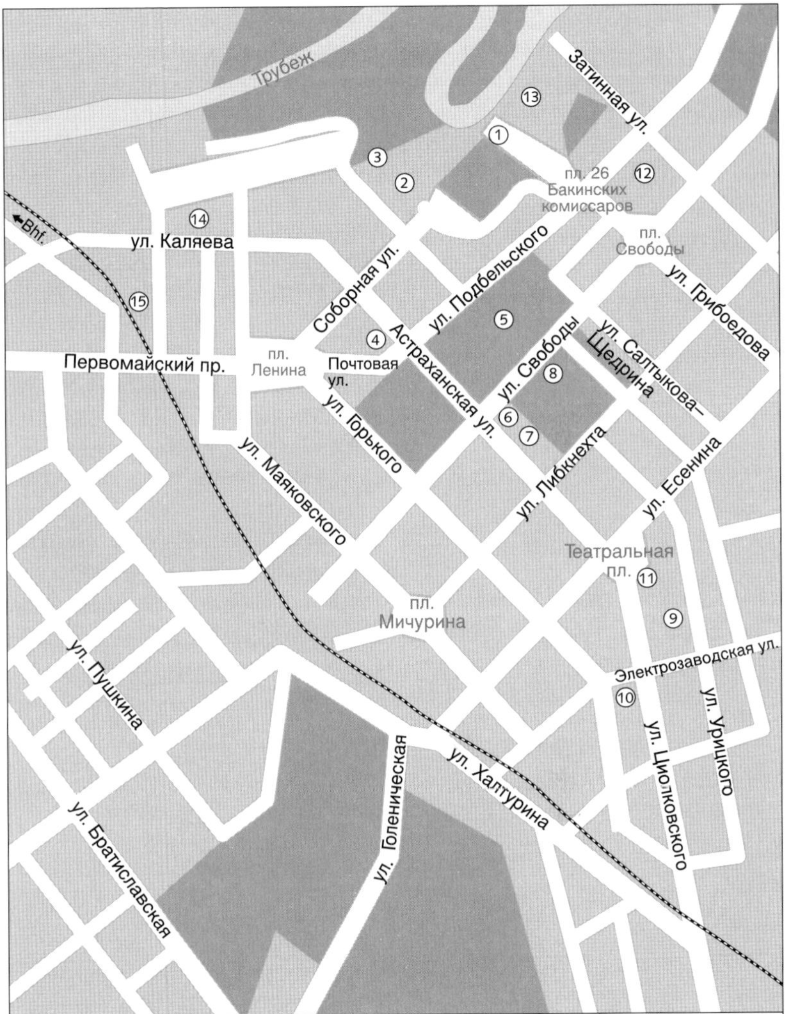

Rjazan' (Рязань)

10 Nikolojamskaja-Kirche (Николоямская церковь)
11 Schauspielhaus (Драматический театр)
12 Kirche des Einzugs in Jerusalem (Входоиерусалимская церковь)
13 Anlegestelle (причал)
14 Boris-und-Gleb-Kirche (церковь Бориса и Глеба)
15 Pavlov-Haus (дом-музей Павлова)

das anspruchsvollste Vorgesetztenherz erfreuen mußte. Doch die höchste Zierde der Stadt war das Stadtoberhaupt selbst. Dieser beispiellos tätige Mann war seit nunmehr fünf Amtsperioden nicht von seinem Platze gewichen und hatte während dieser ganzen Zeit unermüdlich ein Bankett nach dem anderen für die Gouvernementsobrigkeit gegeben, die lokalen Behörden aber mit Geschenken reichlich bedacht. Mit Hilfe dieser Innenpolitik hielt er sowohl sich selbst fest auf dem Posten als auch die Liebenswürdener Gesellschaft bei einer Disziplin, die der eisernen Faust zum Verwechseln ähnlich sah. Und vielleicht blühten gerade deswegen in Liebenswürden die mannigfaltigsten Handwerke, die den Namen dieser Stadt weit über die Grenzen des Gouvernements hinaustrugen.« (M. Saltykov-Ščedrin: Leutchen aus dem Puppentheater, um 1880)

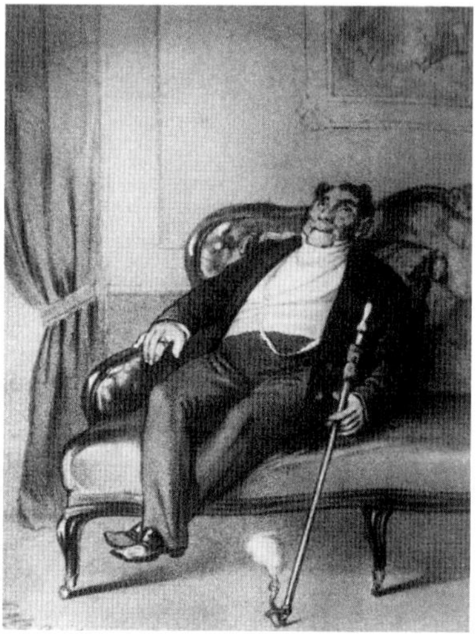

›Skizzen aus der Provinz‹ Lithografie nach einer Zeichnung von M. S. Bašilov, 60er Jahre 19. Jh.

Eine Bank, eine Feuerwehr, ein Boulevard, ein Handelshof, eine gewaltige Kathedrale – all das ist in der Rjazaner Innenstadt zu finden. Niedrige, ein- bis zweistöckige Häuser bestimmen das Bild. Erhalten sind aber auch viele Straßenzüge mit Holzhäusern verschiedenster Natur – einfach oder mit kunstvoller Schnitzerei, niedrig und geduckt oder stattlich und bunt. Sandige Wege führen zu im Grün ertrinkenden Gehöften, wo Blumen in saftigen Farben und ganzen Büschen über die Zäune hängen. Aus altrussischen Zeiten ist aufgrund der Grenzlage des Gebietes und der häufigen Angriffe und Zerstörungen, denen die Stadt ausgesetzt war, wenig erhalten. Das wichtigste Symbol dieser Zeit ist der Kreml, der romantisch auf einem Hügel liegt und hinter dem sich das weite Uferland der Flüsse Oka und Trubež erstreckt. Rundherum gruppierten sich verschiedene Siedlungen, an die zum Teil noch die Namen von Kirchen erinnern. Das heutige Stadtzentrum liegt im ehemaligen Unteren Posad.

Das Leben konzentriert sich in der Fußgängerzone und auf zwei, drei großen Straßen, in deren Umkreis sich der Stadtpark für Erholung und Kultur, das Kunstmuseum, das Dramatische Theater, der Zirkus und die wichtigsten öffentlichen Gebäude befinden. Lenin steht wie einst auf dem zentralen Platz, wenn auch nicht ganz so unumstritten wie in mancher anderen Stadt. Hinter den Grenzen der

Innenstadt erstreckt sich das moderne Rjazan', dessen Bild vor allem von trostlosen Neubausiedlungen und Industriegebieten bestimmt wird.

Geschichte der Stadt

Die Geschichte Rjazan's beginnt eigentlich mit einem anderen Rjazan'. Adam Olearius (1599–1671) schrieb in seinem Reisebericht: »Den 5. dito kamen wir am Flecken Resan vorbei, welches vor diesem eine große, und zwar Hauptstadt der ganzen Provinz dieses Namens gewesen sein soll. Als aber im Jahre Christi 1568 (Angabe nicht richtig, Anm. d. A.) die krimischen Tartaren einfielen und mit Mord und Brand alles verwüsteten, ging diese Stadt auch mit drauf. Weil aber diese Provinz, so zwischen der Oka und dem wider die Tartaren aufgeführten Wall liegt, vor diesem ein Fürstentum und über alle Maßen fruchtbar an Ackerbau, Viehweide und Wild, daß sie auch alle umliegenden Provinzen übertrifft, hat der Zar nach der Verwüstung derselben von allen Orten eine große Menge Volks zusammenbringen, das Land wieder aufbauen und in vorigen Stand bringen lassen. Und weil sie zur Erbauung der Stadt Resan einen bequemern Ort fanden, brachten sie die übriggebliebenen Materialien von Gebäuden dahin und erbauten eine ganz neue Stadt daselbst.«

Die Eroberung von Rjazan' durch die Mongolen 1237. Miniatur aus der Bildchronik, 16. Jh.

Die Angaben Olearius' sind nicht ganz richtig. Einen Zaren, der den Aufbau unterstützen konnte, gab es damals noch nicht. Vielmehr war das Land durch Uneinigkeit und Machtkämpfe der einzelnen Fürstentümer gezeichnet.

Das alte Rjazan' lag 50 Kilometer südöstlich, ebenfalls an der Oka, im heutigen Rayonzentrum Spassk. An der Stelle befindet sich heute ein Dorf namens Staraja Rjazan' (Altes Rjazan'). Hier ließ Fürst Svjatoslav Igorevič in den Jahren 965/966 eine Festung erbauen, als er auf seinem Kriegszug zur Volga und zum Kaspischen Meer die slavischen Stämme von den feindlichen Chasaren befreite. Die Festung lag, wie auch das heutige Rjazan', das seinerzeit auch schon besiedelt wurde, an einem bedeutenden Handelsweg, dem ›Bernsteinweg‹. Er war

Skizzen aus der Provinz

In einer Stadt wie Rjazan' ist man immer wieder an die grotesk-traurigen Geschichten des russischen Schriftstellers und Satirikers Michail Saltykov-Ščedrin (1826–1889) erinnert. Seine Werke zeichnen mit bissiger, oft düsterer Ironie die verschiedensten Charaktere. Ein Gleichnis für seine Tätigkeit hat er in der Erzählung ›Leutchen aus dem Puppentheater‹ geschaffen. Er läßt hölzerne Puppen lebendig werden, denen ihr Meister eine große ›Hartnäckigkeit der Impulse und Regungen‹ verliehen hat. Er typisiert und überzeichnet sie, immer auf der Hut vor der Zensur. »Wie aber, wenn nun das Leben in der Tat solche Menschlein bereits erschafft? Sind am Ende in den zahllosen auf den Menschen eindringenden Zwangssphären solche erschütternden ›Puppenkomödien‹, worin die lebendige Puppe den lebendigen Menschen mitleidlos zu Boden tritt, durchaus keine Seltenheit? Vielleicht ist er, Unbedingt, gar kein Erfinder, sondern nur ein blasser Kopist dessen, was das Leben längst erfunden hat?« Der Kollegienassessor, der Gutsbesitzer, der kleine Beamte, der Bauer, die Stadthauptleute – der Schriftsteller kennt sie alle und hatte in seinem Leben genug Gelegenheit, ihre Charakterzüge zu studieren.
Aufgewachsen auf einem Gutshof im Gouvernement Tver', das er später in das literarische Poschechonien verwandelte, kam er zehnjährig in das Moskauer Adelsinstitut und dann nach Carskoe Selo. Das dortige Lyzeum, an dem auch Alexander Puschkin gelernt hatte, galt zu Zeiten Nikolajs I. (1825–1855) als konservative Erziehungsanstalt für zukünftige Minister und Karrieremacher. Doch wie das weitere Leben Saltykov-Ščedrins zeigt, entwickelten sich auch in dieser Zeit Freidenkertum und Kritik.
1844 nach seinem Abschluß begann der junge Beamte an einem Ministerium in Petersburg zu arbeiten. Er machte erste Bekanntschaft mit den literarischen Kreisen um Petraševskij und Belinskij, in denen vor allem die Ideen des utopischen Sozialismus und die soziale Lage im Land diskutiert wurden. Schon die ersten Erzählungen des Schriftstellers zogen die Aufmerksamkeit der Zensur auf sich, und er wurde in die Provinz versetzt. Dort entstanden seine ›Skizzen aus dem Gouvernement‹, die naturalistisch, noch ohne Überzeichnungen seine sehr genauen Beobachtungen der Zustände in der Provinz wiedergeben. Nach einer kurzen Tätigkeit im Innenministerium kam er in die einflußreiche Position eines Vizegouverneurs, zuerst in Rjazan', dann in Tver'. Doch seine Versuche, auf die Mißstände in der Staatsverwaltung einzuwirken, führten bald zu seiner Absetzung. 1868 verließ er endgültig den Staatsdienst und arbeitete an der Herausgabe der Zeitschrift ›Otečestvennye

zapiski‹ mit, für die viele bekannte Schriftsteller wie Dostojevskij, Ostrovskij, Herzen und Turgenev schrieben. In seinen späten Jahren wählte Saltykov-Ščedrin neben den Satiren eine andere literarische Form – das politische Märchen. Dieses Genre gab ihm die Möglichkeit, die Zensur zu umgehen, und er verfolgte damit das weitverbreitete Anliegen seiner Zeit, aufklärerisch zu wirken und allgemein verständlich zu schreiben. Das ›Volk‹, die Bauern, denen das Interesse vieler Aufklärer galt, wird bei Saltykov-Ščedrin durchaus nicht idealisiert. Er zeigt sie als die Unterdrückten, schildert ihre Lage, zeigt aber auch, wie sie zu ihrer Unterdrückung beitragen. Mitleidlos ist sein Blick jedoch auf die Marionetten, die die Staatsmaschinerie am Laufen halten.

›Na, Her Kollegienassessor, steig heraus!‹ rief Unbedingt, entnahm einem Karton eine Puppe und stellte sie auf den Tisch.

«Vor mir stand ein etwa acht Zoll großes ›Menschlein‹; Gesicht und Körperteile waren wohlproportioniert; Kopf, Beine und Arme bewegten sich frei. Der Typ des Beamten war entschieden getroffen. Schwarz und sorgfältig geglättet die Haare auf dem Kopf, mit kleinen Locken an den Schläfen und einem toupierten Schopf über der Stirn; selbstzufrieden das emporgereckte Gesicht mit enger Stirn und hervortretenden Backenknochen; die Augen klein und beweglich, mit verschlagenem, durchdringenden Blick; die Wangen leicht gedunsen, gelblich schimmernd und an den hervorstehenden Partien mit Ziegelstaub (anstatt Schminke) berieben; die vollen Lippen rot und ölig, wie nach der Einnahme einer fetten Mahlzeit; das Kinn glattrasiert und scharf geschnitten; hier und da Mitesser auf dem Gesicht …

›Sprich, Kollegienassessor, magst du Sporteln?‹ ›Papp-p-pa!‹ kreischte das Menschlein plötzlich ganz exakt. ›Das heißt: Ich mag sie sehr‹, erläuterte Unbedingt und wandte sich wieder an den Kollegienassessor: ›Sag, fette Sporteln (d. h. Bestechung, Anm. d. A.) magst du?‹ ›Papp-p-pa!‹ ›Nach Herzenslust ausplündern? Bis aufs Hemd?‹ ›Pappa! Pappa! Pappa!‹ Bei diesem dreimaligen Ausruf zeigte der Kollegienassessor äußerste Erregung: er rollte die Augen, nickte mit dem Kopf, wackelte mit dem Bauch und klatschte mit den Händen auf die Schenkel, ganz so wie ein Vogel mit den Flügeln schlägt, wenn er unvermutet reichliches Streufutter gefunden hat … ›Na, und was hältst du davon, mal ganz ohne Lohn eine Sache zu entscheiden?‹ ›Wssss …'‹ Der Kollegienassessor zischte nicht nur, sondern verdrehte die Augen, eine rote Flüssigkeit schoß ihm ins Gesicht; die Augen liefen unstet in den Höhlen hin und her. An seinem ganzen Gebaren war zu erkennen, daß ihn allein der Gedanke, eine Angelegenheit ohne Entgelt zu lösen, zur Raserei brachte …«

seit dem 6. Jahrhundert bekannt und führte von der Ostsee nach Indien und China. So entwickelte sich die Siedlung rasch zur Stadt, und im 13. Jahrhundert zählte Rjazan' zu den bedeutenden Fürstentümern der Kiever Rus'.

Doch das Fürstentum lag an der äußersten östlichen Grenze des Reiches, und 1237 fiel die Stadt als erste dem Tatarensturm zum Opfer. Vergeblich bat der Rjazaner Fürst die anderen Fürstentümer um Hilfe, die Stadt wurde dem Erdboden gleichgemacht. Eines der wenigen literarischen Zeugnisse der nachfolgenden Zeit ist die ›Erzählung über die Zerstörung Rjazan's durch Batu‹, die in Abschriften aus dem 16. und 17. Jahrhundert erhalten ist. Doch wie Olearius erzählt, erholte sich das Fürstentum allmählich von den Verwüstungen, die Residenz wurde in das heutige Rjazan' verlegt, das damals unter dem Namen Perejaslavl' Rjazanskij bekannt war.

Das Gebiet des heutigen Rjazan' war seit dem 9. Jahrhundert als Handelsplatz und Hafen namens Vjatkov bekannt. Im 10. Jahrhundert wurde eine Festung – die sogenannte Alte oder Obere Siedlung an der Flußschleife erbaut, dort, wo heute die Boris-und-Gleb-Kirche steht. Oleg Svjatoslavič begann im 11. Jahrhundert die Oka-Gebiete zu befestigen und ließ einen Kilometer entfernt von der Alten Siedlung eine Festung, den Kreml, erbauen. Den Nebenarm der Oka nannte er Trubež, das Flüßchen, das den Festungshügel im Südosten umschloß, Lybed' und die entstehende Stadt Perejaslavl'. Die Festung wurde Olegs Palast oder Olegs Burg genannt. Die Bezeichnung hat sich im Volksmund bis heute für den Bischofspalast erhalten, der sich an der Stelle befindet, wo einst der Palast des Fürsten stand. Die Obere Siedlung wurde im 12. Jahrhundert, nachdem das Rjazaner Bistum

Trunken vor Grün – Holzhäuser in Rjazan'

In Rjazan' – Reklame für den Zirkus

seine Selbständigkeit erlangte, zum Sitz des Bischofs und wurde nach der dortigen Boris-und-Gleb-Kirche bald nur noch Borisov-Glebov genannt.

Die Stadt Rjazan' entstand also auf der Grundlage dreier Siedlungen: des Handelszentrums Vjatkov (Unterer Posad), des religiösen Zentrums Borisov-Glebov (Oberer Posad) und des fürstlichen Zentrums Perejaslavl' Rjazanskij (Kreml). Auch diese Stadt blieb nicht von den Tataren verschont: im Jahre 1237 wurde sie angegriffen und niedergebrannt. Doch Perejaslavl' wurde schnell wieder aufgebaut, und 1300 zogen die Rjazaner Fürsten in die neue Hauptstadt. Das Fürstentum erstarkte und erwies sich gemeinsam mit dem nördlichen Tver' als einer der bedeutendsten Widersacher des aufsteigenden Moskaus.

Eine wichtige Rolle in dieser Zeit spielte der rjazanische Großfürst Oleg Ivanovič (1340–1402), der als Oleg Rjazanskij in die Geschichte eingegangen ist. Der Großfürstentitel wurde von den Tartaren inflationär vergeben, was im Interesse ihrer Machtpolitik lag. Es gab nicht einen Großfürsten von ganz Rußland, sondern einen von ›ganz Rjazan'‹, ›ganz Tver'‹ oder ›ganz Moskau‹. Rjazan' konnte lange Zeit die Selbständigkeit einer eigenen Politik gegenüber den Moskauer Ansprüchen behaupten. Doch war es, je mehr sich die Lage zugunsten Moskaus und eines gemeinsamen Kampfes der russischen Fürstentümer veränderte, zunehmend auf die Unterstützung Moskaus angewiesen.

Oleg Ivanovičs Sohn heiratete im 15. Jahrhundert die Tochter Dmitrij Donskojs, und als 1500 ein Säugling den Rjazaner Fürstenthron bestieg, war der Widerstand endgültig gebrochen. Moskauer Statthalter wurden in Rjazan' eingesetzt, und 1521 wurde es formell eingezogen. Es wurde zur Provinz des erstarkenden Moskauer Reiches. Im 16. Jahrhundert verlegte der Bischof seinen Sitz in den ehemaligen Kreml, der 1650 ein letztes Mal neu befestigt wurde. Katharina II. erklärte Perejaslavl' Rjazanskij 1778 zur Hauptstadt der Rjazaner Statthalterschaft und ließ es offiziell in Rjazan' umbenennen. Ein Generalplan zur Bebauung der Stadt wurde entworfen, die Regeln und Formen des Klassizismus hielten Einzug. 1796 wurde Rjazan' zur Hauptstadt eines eigenen Gouvernements. In der Sowjetunion entwickelte es sich zu einer modernen Industriestadt, in der jedoch noch einige Spuren der Vergangenheit zu finden sind.

Ein Rundgang

Der zentrale Platz in Rjazan' ist der pl. Lenina (пл. Ленина). Die meisten Buslinien verkehren hier, hier haben wichtige Straßen ihren Ausgangspunkt und führen in die verschiedensten Gebiete der Stadt. Von diesem Platz aus kann die Entdeckung Rjazan's beginnen, zu ihm kommt man immer wieder zurück. Der Pervomajskij pr. (Первомайский пр.) verbindet den Platz mit dem Bahnhof ›Rjazan' I‹ und dem Busbahnhof und führt weiter in die Neubaugebiete. Direkt hinter Lenins Rücken beginnt die zentrale Fußgänger- und Einkaufsmeile der Stadt, die Počtovaja ul. (Почтовая ул.), die in eines der schönsten Viertel der Innenstadt führt.

Über die ul. Gor'kogo (ул. Горького) erreicht man die boulevardartige ul. Esenina (ул. Есенина) und den Teatral'naja pl. (Театральная пл.) mit dem Dramatischen Theater. Am Ende der Sobornaja ul. (Соборная ул.) grüßt schon von weitem die Hauptkathedrale des Rjazaner Kemls. Entlang der Sobornaja ul. führte einst der Weg nach Moskau. Heute endet die breite, gepflegte Straße auf dem Sobornaja pl. (Соборная пл.); weiter führt eine Allee bis zu einem künstlich angelegten Graben.

Der Kreml (1) war durch einen hohen Wall geschützt, der im 13. Jahrhundert aufgeschüttet wurde und im 15. Jahrhundert das ganze Territorium umschloß. Reste des westlichen Walls sind noch zu sehen. Auf ihm erhob sich bis ins 18. Jahrhundert hinein eine hölzerne Befestigungsmauer mit zwölf Türmen. Nur der Hauptturm am Eingang der Festung, der Glebovskaja bašnja, bestand aus Stein. An seiner Stelle steht heute der Glockenturm aus dem 19. Jahrhundert. Der Kreml wurde 1095 von Oleg Svjatoslavič gegründet und spielte lange Zeit eine wichtige Rolle bei der Verteidigung der Rjazaner Lande. Nach der Übernahme des

Der Rjazaner Kreml

Fürstentums durch den Moskauer Staat verlegte der Bischof seinen Sitz in den Kreml und begann, ihn neu aufzubauen.

Wer das Gelände nicht gleich betreten, sondern sich erst einmal einen Überblick verschaffen möchte, kann nach links die Promenade entlanggehen. Besonders schön ist die Stimmung am Abend, wenn die Festung mit ihren Kirchen, in ein goldenes Licht getaucht, inmitten der angrenzenden Wiesen liegt, und vereinzelte Spaziergänger die Weite beleben. Die Promenade führt zu einem Denkmal (2), das für einen Dichter errichtet wurde, dessen Name untrennbar mit dieser Landschaft verbunden ist. »Ich kam zurück ins Heimatland / das zärtliche, gedankentiefe, / wo Dämmerung mit weißer Hand / vom Berge winkt, als ob sie riefe....« Sergej Esenin (1895–1925) wurde im Rjazaner Gouvernement, im Dorf Konstantinovo geboren. Das pathetisch wirkende Denkmal, das den Dichter Verse deklamierend darstellt, ist sommers wie winters mit Blumen bedeckt. Hierher kommen die Neuvermählten, um dem Dichter Ehre zu erweisen. Im Hintergrund steht in ländlicher Atmosphäre die bescheidene rot-weiße Erlöserkirche ›am Abhang‹ (3). Sie wurde im Jahre 1695 im Oberen Posad erbaut.

Der Weg führt zurück zum Kreml, dessen gewaltige Maria-Entschlafens-Kathedrale schon von weitem die Blicke auf sich zieht. Sie entstand in den Jahren 1693–1699 im Auftrag des Metropoliten Ilarion. Ihr Architekt, der aus einer ehemaligen Leibeigenenfamilie stammende Jakov Buchvostov, war ein Anhän-

Alexander Solženicyn – Das Schweigen brechen

»Kolyma aber war die größte und berühmteste Insel, ein Grausamkeitspol in diesem sonderbaren Land GULag, das die Geographie in Inseln zerrissen, die Psychologie aber zu einem festen Kontinent zusammengehämmert hat, jenem fast unsichtbaren, fast unspürbaren Land, welches besiedelt ist von besagtem Volk der Seki.
Das Inselland ist eingesprenkelt in ein anderes, das Mutterland; kreuz und quer durchsetzt es seine Landschaft, bohrt sich in seine Städte, überschattet seine Straßen – und trotzdem haben manche nichts geahnt, viele nur vage etwas gehört, bloß die Dortgewesenen alles gewußt. Doch als ob sie auf den Inseln des Archipels die Sprache verloren hätten, hüllten sie sich in Schweigen …« (›Der Archipel GULag‹)
Alexander Solženicyn – einer der vielen schweigenden Namenlosen? Er sollte es nicht bleiben. Der gelernte Mathematiker war 1945, kurz vor Ende des Krieges, in Ostpreußen vom Staatssicherheitsdienst verhaftet und in eines von Stalins Straflagern abtransportiert worden. GULag ist eigentlich die Abkürzung für die Hauptverwaltung der Lager (ГУЛаг), sie wird aber auch für die Lager selbst

Alexander Solženicyn-Haus in Rjazan'

verwendet. Der Schriftsteller lernte in acht Jahren sowohl einfache Straf- und Arbeitslager als auch Speziallager für Wissenschaftler kennen.
1953 erkrankte er an Krebs und wurde nach dem Aufenthalt auf einer Station für Krebskranke nach Mittelasien verbannt. 1956 wurde er in Folge der ›Tauwetterperiode‹ rehabilitiert und begann in Rjazan' seine Erlebnisse aufzuschreiben. Mit seinem Buch ›Der Archipel GULag‹ wollte er die »Torturen des 20. Jahrhunderts« schildern, die »überall auf der Welt denkbar« sind, und die er konkret erfahren hatte.

»All jenen gewidmet,
die nicht genug Leben hatten,
um dies zu erzählen.
Sie mögen mir verzeihen,
daß ich nicht alles gesehen,
nicht an alles mich erinnert,
nicht alles erraten habe.«

Eine nüchterne Anklage, die vor allem auf eigenen Erlebnissen, aber auch auf Erinnerungen und Briefen von anderen beruht. Gerade der Stil einer Dokumentation macht das Lesen manchmal fast unmöglich. In der Sowjetunion wollte man von offizieller Seite auch nach Stalin von einem solchen Buch nichts wissen. Es wurde 1974 im westlichen Ausland veröffentlicht und innerhalb des Landes in Abschriften, durch den sogenannten ›samizdat‹ (Selbstverlag) verbreitet. Legal veröffentlicht wurden nur seine ersten Erzählungen nach der Rehabilitation, doch schon bald stieß der Schriftsteller auf eine unerbittliche und gefährliche Zensur, deren Aufhebung er 1967 in einem Brief an den IV. Sowjetischen Schriftstellerkongreß forderte. Zwei seiner Romane lagen in der Schublade, ›Der erste Kreis der Hölle‹ und ›Krebsstation‹.

1970 wurde dem in seinem Land zensierten und unterdrückten Schriftsteller der Nobelpreis für Literatur verliehen. Zwei Jahre später wurde er, nachdem er den ›Archipel GULag‹ zur Veröffentlichung im Ausland freigegeben hatte, erneut verhaftet. Doch er war schon zu bekannt, um ihn einfach wieder verschwinden zu lassen. So bürgerte man ihn aus, und er emigrierte über Zürich in die USA. 1994 kehrte er nach Rußland zurück.

ger des ›Naryškin-Stils‹, des sogenannten russischen (Moskauer) Barocks. Die Bauwerke dieses Stils werden als die letzten Schöpfungen der altrussischen Baukunst gesehen. In ihnen verbinden sich eine freie, malerische Komposition und der Reichtum an schmückenden Details mit dem Bestreben nach Symmetrie und Ordnung.

Im Grundriß übernahm der Architekt die Hauptmerkmale der Stadtkathedralen des 16. und 17. Jahrhunderts: die drei Längsschiffe, die sechs Innenpfeiler, die drei Apsiden und die fünf eng beieinander stehenden Kuppeln. Auffällig und neu ist jedoch der gewaltige, nicht in Etagen aufgeteilte Kubus, der über einer offenen Galerie erbaut wurde, so daß er wie auf einem Piedestal steht. Das Dach der Galerie dient gleichzeitig als Terrasse. Im unteren Teil befand sich die Winterkirche. In der Komposition Buchvostovs tritt das Interesse an einem reichen Dekor bereits zurück zugunsten einer klaren Gliederung der äußeren Fassade. Durch die Ornamentik wird vor allem die Monumentalität des Bauwerks unterstrichen. Alle Details sind aus weißem Kalkstein gefertigt, während das Mauerwerk aus rotem Ziegelstein besteht; hier ist am deutlichsten der ›Naryškin-Stil‹ zu erkennen. In der Vertikale erfolgt die Unterteilung in gleich große Wandabschnitte durch schlanke Halbsäulen, die sich an den Trommeln fortsetzen. Eine horizontale Gliederung wird durch die Fensterreihen nur angedeutet. Der Dekor konzentriert sich auf die Einfassungen der Fenster und Portale und nimmt von unten nach oben ab. Die Einfassungen und die Ziergiebel sind mit unauffälligen Reliefs bedeckt, in denen sich pflanzliche Motive mit reinen Phantasiegebilden verbinden. 1725 stürzte die gewagte Konstruktion der offenen Galerie auf dem abschüssigen Gelände ein, in den 50er Jahren des 20. Jahrhunderts wurde das Gebäude aufwendig restauriert.

Auch das Innere der Kathedrale ist weiträumig und klar gestaltet. Das Kirchenschiff ist etwa 28 Meter hoch und sehr hell. Es wird von sechs Pfeilern gestützt, von denen sich zwei hinter dem die gesamte Höhe einnehmenden Ikonostas befinden. Der Ikonostas stammt aus der Schnitzerwerkstatt Sergej Christoforovs, wo er 1699 gefertigt wurde. Die Ikonen wurden um 1700 von Nikolaj Solomonov gemalt.

Die hinter der Maria-Entschlafens-Kathedrale gelegene weiße Erzengelkathedrale (Архангельский собор) orientiert sich an der traditionellen Moskauer Bauweise. Es ist ein Kreuzkuppelbau auf vier Säulen, mit einer Kuppel und drei nach Osten ausgerichteten Apsiden. Sie hat keine inneren Pfeiler und besteht aus massivem Backstein. All das sind Merkmale der Architektur des 15. Jahrhunderts, genaue Belege über das Entstehungsdatum gibt es jedoch nicht. Ende des 17. Jahrhunderts wurde der Sakomarabschluß zum Satteldach umgestaltet. In der Kirche befanden sich die Grabstätten der Fürsten und geistlicher Würdenträger.

Die älteste Kirche des Kremls ist die Christi-Geburtskathedrale (Рождественский собор), die alte Maria-Entschlafens-Kathedrale, die im Jahre 1427 vollendet wurde. Sie wurde als Begräbniskirche der Rjazaner Fürsten errichtet und ähnelt in ihrer Bauweise der Maria-Entschlafens-Kirche im Moskauer Kreml. Sie ist im Grundriß quadratisch, ist einkupplig, hat drei Apsiden und wird von vier Säulen gestützt.

Der langgestreckte Erzbischöfliche Palast mit der kleinen Kirche Johannes' des Täufers wird im Volksmund auch der ›Palast Olegs‹ genannt. Dieses Gebäude jedoch stammt aus dem 17. und 18. Jahrhundert und wurde im Auftrag der Erzbischöfe errichtet. Auch hier haben sich Formen des Moskauer Barocks durchgesetzt. Fortlaufende Širinki untergliedern das Gebäude. Besonders schön sind die kunstvollen Fenstereinrahmungen an der Westfassade. Das Portal zum Refektorium aus der Mitte des 17. Jahrhunderts verbindet Elemente aus Renaissance und Barock. Die Westfassade wurde im nüchternen Stil des Petrinischen Barocks gestaltet.

Auf der gegenüberliegenden Seite im Süden und an der Ostseite finden sich zwei weitere langgestreckte Gebäude, die reiche Gäste der Stadt und des Bischofs beherbergten, die Hotels ›Černy‹ (Черны) und ›Znaty‹ (Знаты). Im Hotel ›Černy‹ befanden sich früher die Speicher.

Hochzeitsfest im Neubauviertel

Auf dem Gelände hatten zwei Klöster ihren Sitz. Rechts vom Eingang lag das Erlöserkloster, dessen Gründung auf das 14. Jahrhundert zurückgeht und von dem noch die Christi-Verklärungs-Kathedrale (Благовещенский собор) und die 1647 erbaute Kirche des Erscheinens Christi (Богоявленская церковь) erhalten sind. Sie stehen innerhalb der ehemaligen Klostermauern, von denen noch die zwei runden Ecktürme erhalten sind. Sie wurden als fünfkupplige, pfeilerlose Vorstadtkirche mit Refektorium und Zeltdachglockenturm im Stil des Moskauer Barocks erbaut. Die Christi-Verklärungs-Kathedrale entstand 1702 und ist vor allem durch ihre schönen Kacheln bekannt.

Die Maria-Entschlafens-Kathedrale

Die 1642 erbaute Heilig-Geist-Kirche (церковь святого Духа) des gleichnamigen Klosters steht an der Nordseite des Kremls, dort wo Stufen hinunter zum Trubež führen. Die von Vasilij Zubov entworfene Kirche zeichnet sich durch harmonische Formen, plastischen Dekor und zwei Zeltdächer aus.

Das jüngste Bauwerk ist der gelbe Glockenturm (колокольня) am Eingang des Kremls, der auf den ersten Blick so gar nicht zu dem Ensemble zu passen scheint. Der Bau wurde Ende des 18. Jahrhunderts begonnen, und im Laufe eines halben Jahrhunderts arbeiteten verschiedene Architekten an seiner Fertigstellung. Nach einem Generalplan aus den 80er Jahren des 18. Jahrhunderts sollte an Stelle des alten Moskauer Wegs eine neue Magistrale entstehen, die Sobornaja ul. (Соборная ул.). Die Baumeister hatten nur die zwei Möglichkeiten, den neuen Glockenturm entweder abseits der neuen Magistrale zu errichten oder ihn genau auf diese Schnittstelle zu setzen und dadurch ein neues Verbindungsglied zwischen der alten Kreml-Anlage und dem Stadtzentrum zu schaffen. Man entschied sich für die zweite Variante und schuf so ein interessantes Gegengewicht zur Maria-Entschlafens-Kathedrale. Beeindruckend ist für die durch das Tor Eintretenden der allmählich freigegebene Blick auf die massive Kathedrale. Verschiedene Baustile sind hier vereinigt. Das untere Geschoß trägt Züge des frühen Klassizismus, die drei oberen Stockwerke sind eher dem späten Empire verwandt.

Das Gelb mit dem weißen Säulenschmuck wurde eine Zeitlang dem Ziegelrot der Kathedrale angepaßt. Bei der Restauration erhielt der Turm jedoch seine frühere Farbe zurück.

Im ›Palast Olegs‹ wurde bereits 1890 ein Museum eröffnet, heute befinden sich in den verschiedenen Gebäuden Ausstellungen, die ein sehr abwechslungsreiches Bild von der Geschichte der Stadt und des Rjazaner Gebietes und seiner Bewohner zeichnen. Man kann die Geschichte des alten zerstörten Rjazan' anhand von Ausgrabungen und Karten nachvollziehen, ebenso die Entwicklung Perejaslavl' Rjazanskijs vom 11. bis zum 17. Jahrhundert. Die ethnographische Ausstellung gibt eine Vorstellung von den verschiedenen Stämmen, die das Gebiet zwischen Oka und Volga besiedelten und zeigt anschaulich die Entwicklung der Volkskunst, der verschiedenen Handwerke bis hin zur sowjetischen Volkskunst und Massenproduktion. Eine Ausstellung ist der Natur des Rjazaner Gebietes gewidmet.

Wie bereits erwähnt, befindet sich ein weiterer Eingang zum Kreml an der dem Trubež zu gelegenen nördlichen Seite. Von hier kann man sich dem ehrwürdigen Ensemble über die Hintertreppe nähern und zuvor einiges vom Bild der Stadt aufnehmen. Der Spaziergang beginnt wiederum am pl. Lenina und führt in die Počtovaja ul. (Почтовая ул.). Das ist eine gemütliche kleine Straße mit niedrigen Häusern, in deren unteren Stockwerken sich zumeist Geschäfte und Cafés befinden. Parallel zu ihr verläuft ein Park, der das ehemalige Flußbett des Flüßchens Lybed' kennzeichnet. Die Straße hat ihren Namen nach dem Postamt (1960), das sich rechts an der Kreuzung zur Astrachanskaja ul. (Астраханская ул.) befindet.

Der Rjazaner Kreml

Eins, zwei, viele – Lenindenkmäler

Geht es Ihnen auch so? Entdecken Sie Rußland! Klappen Sie einfach den Stadtplan auf, und schon haben Sie die Orientierung verloren, sich abseits von ausgetrampelten Touristenpfaden garantiert verlaufen. Die Sprache ist fremd, Straßen sind umbenannt, Museen plötzlich geöffnet, Busse haben Benzin. Oder auch nicht!

Dann fragen Sie doch einfach nach Lenin und Sie stehen auch ohne Reiseführer oder kompetente Begleitung im Mittelpunkt des Lebens, im Zentrum von Millionenstädten, auf Marktplätzen entfernter Dörfer oder an wichtigen Verkehrsknotenpunkten.

In Rußland begann mit Lenin eine neue Zeitrechnung. Auch wenn es die Sowjetunion nicht mehr gibt, Lenin kennen alle. Ein Lenindenkmal, ob pompös-graniten oder billigblechern, steht in jedem Ort. Sie können alles wagen, denn Sie finden immer zurück. Doch wagen Sie nicht, daran zu glauben!

Lenin verschwand von seinem Sockel, in der Nacht vom 6. zum 7. Oktober 1993, in Rjazan', nur 196 Kilometer südöstlich von Moskau. Der damalige Bürgermeister V. Rjumin ordnete an, seine Stadt von allen Denkmälern des ›Führers des internationalen Terrorismus V. I. Ul'janov-Lenin‹ säubern zu lassen. Die fünf Tonnen schwere Bronze-Figur wurde in die Städtische Gießerei gebracht. Der Erlös sollte dem Bau von Wohnungen für Afghanistanopfer zugute kommen. Doch die Rjazaner Bürger protestierten gegen diesen barbarischen Akt und wandten sich an den Gouverneur, der sich nun mit Lenin auseinandersetzen mußte.

Dazu bildete er eine Spezialkommission, die zunächst feststellte, daß die Leninfigur anläßlich des 87. Geburtstages Lenins am 22. April 1957 eingeweiht wurde.

Das Lenindenkmal in Rjazan'

Der geistige Vater der 5,5 Meter hohen Bronzefigur auf dem mit rotem ukrainischen Granit eingefaßten Sockel war kein anderer als M. Manizer, der 1940 für sein Lenindenkmal in Ul'janovsk (am 9. Mai 1924 wurde die Geburtsstadt Lenins, Simbirsk an der Volga, in Ul'janovsk umbenannt) den Stalinpreis erhalten hatte. Außerdem stellte man fest, daß das Denkmal unter das ›Gesetz zum Schutz für Kultur- und Geschichtsdenkmäler‹ der Russischen Föderation fiel und der Bürgermeister entsprechend zur Verantwortung gezogen werden mußte.

Abschließend entschied die Kommission, einen neuen Platz für Lenin zu suchen. Sollte es ein eher unauffälliger Ort sein oder doch der Zentrale Kultur- und Erholungspark? Die öffentliche Meinung sollte entscheiden. Doch leider hatten die Menschen ihren sorgenschweren Alltag. Es gingen nur drei Briefe bei der entscheidungstragenden Kommission ein, deren Verfasser für ihre Aktivität prompt eine Geldprämie erhielten. Bei der Verleihung wurde mit erhobenen Zeigefinger betont, daß sie sich als Bürger hervorgetan hätten, denen das Antlitz ihrer Stadt nicht gleichgültig ist!

Die anderen Bürger hatten sich also gleichgültig verhalten und zur Strafe ihre Orientierung verloren. Die Stadt hatte keinen Mittelpunkt mehr, ein neuer wollte sich nicht finden. Das Zentrum war verschwunden, wo war das neue zu suchen? Doch dann wurde Lenin in einer dunklen Nacht des Jahres 1997 wieder auf den Sockel gehoben. Doch der weise Arm Lenins zeigte nicht wie gewohnt auf den großen Platz, sondern zielgerichtet auf das Gebäude der Živago-Bank, deren Direktor Freudensprünge machte. Konnte es eine bessere Werbung geben? Also mußte der Statue die Richtung gewiesen werden. Am Tag der Kosmonauten, am 12. April 1997, wurde das Denkmal feierlich eingeweiht. Zuvor waren jedoch 37 Millionen Rubel ausgegeben worden. Aus welchem Fond? Anläßlich der Ereignisse in Rjazan' gab der bekannte Dramaturg und Publizist E. Radunskij in einer Fernsehsendung einem Gedanken Ausdruck, der viele Menschen in Rußland bewegt: den Körper des Führers zu beerdigen, in der Hoffnung mit diesem mystischen Akt das Leben in Rußland endlich in normale Bahnen zu lenken, genauso wie ein mystischer Akt die Anfänge der Sowjetunion geprägt hat. Das Leninmausoleum wurde 1924 kurz nach dem Tod Lenins auf dem Roten Platz in Moskau errichtet. Es entstammte einer Idee Stalins, mit der er sich auch gegen den Protest der alten Bolschewiki und Kampfgenossen Lenins durchsetzte.

Lenin selbst, der Mann, der die Weltrevolution vollbringen wollte und zu einem der Mächtigen der Erde gehörte, mit dem eine neue Zeitrechnung begann, lehnte jeden Personenkult ab. »Es fällt mir schwer, Zeitungen zu lesen. Wohin man sieht, schreiben sie über mich. Ich finde dieses vollkommen unmarxistische Herausstreichen einer einzelnen Person sehr schädlich. Es ist falsch, unzulässig

und überflüssig. Und diese Porträts? Überall! Wozu das Ganze?«
Trotzdem wurde er nach seinem Tod am 21. Januar 1924 einbalsamiert und, einer Trophäe gleich, der Welt zur Schau gestellt. Mindestens zweimal im Jahr, am Tag der Revolution und am 1. Mai, zogen die Menschen am Mausoleum, auf dessen Tribüne die Staats- und Parteiführung thronte, vorbei. Auf dem Roten Platz, im Herzen Moskaus, standen die Menschen Schlange, die säkularisierte Unsterblichkeit zu erschauen. Das Land erlebte eine Schwemme von Lenindenkmälern.
Auch in Kostroma hat das Lenindenkmal eine denkwürdige Geschichte. Lenin steht auf einem hohen Sockel, den reiche Kostromaer Kaufleute anläßlich des 300jährigen Bestehens der Romanovdynastie finanzierten. Für das Zarendenkmal luden sie die besten Architekten und Bildhauer des Landes ein. 1913 lag ein Entwurf vor, der auf Relieftafeln Szenen aus der russischen Geschichte und wichtige Herrscherpersönlichkeiten hervorhob. Auf einem Stuhl thronte Nikolaj II., auf seinen Knien eine Karte des riesigen Imperiums, zur Linken sein Sohn und Thronfolger Alexej. Der Entwurf wurde vom Zaren gutgeheißen, und Nikolaj II. ließ es sich nicht nehmen, bei der Grundsteinlegung am 20. Mai 1913 dabeizusein. Mit Feuerwerk, Marschmusik und einem Goldrubel weihte er den Grundstein ein.
Das Rad der Geschichte drehte sich jedoch bereits bedrohlich schnell. Das Denkmal sollte 1916 fertig sein, endlich Anfang 1917 trafen die Bronzefiguren in Kostroma ein. Man konnte mit ihrer Aufstellung beginnen. Da fegte schon die Revolution über das russische Land. Die Ernährungs- und Brennstoffsituation wurde immer angespannter. Geld war dringend nötig, und die Bronzefiguren wurden verkauft. Der kahle Sockel geriet in Vergessenheit. Anfang der 20er Jahre kam aus den Reihen der Bolschewiki dann der Vorschlag, auf dem Sockel ein Lenindenkmal zu errichten als ›Symbol des Sieges des Proletariats über Autokratie und Bourgeoisie‹. An Wochenenden arbeiteten Arbeitskollektive in freiwilligen Subbotniks, und am 1. Mai 1928 wurde die Leninfigur auf dem zaristischen Sockel unter den Klängen der Internationale eingeweiht.
Doch 1982 wurde sie wieder hinter Baugerüsten versteckt, denn der Lenin aus Beton war voller Löcher. In einer Winternacht wurden aus Moskau die Einzelteile einer neuen Figur aus Bronze gebracht und im Dunkeln montiert, denn wer sollte Lenin zerstückelt oder vielleicht ohne Kopf sehen. So steht er auch heute noch, scheinbar sicher, auf seinem kostbaren Sockel. Doch schon sind in der lokalen Presse Diskussionen um das alte Romanovdenkmal aufgeflammt. Doch keiner will entscheiden, und von den Ereignissen in Rjazan' hat man auch erschrocken gehört.

Gegenüber steht das respektable Gebäude der ehemaligen Stadtversammlung (4), in dem heute die Duma ihren Sitz hat. Das Haus wurde im frühen 19. Jahrhundert erbaut, vermutlich nach einem Projekt von Kazakov, und ist eine der schönsten Erinnerungen an die Epoche des Klassizismus in Rjazan'. Es ähnelt in vielem den Projekten Kazakovs in Petersburg. Das Haus wurde im Auftrag G. Rjumins gebaut. Der reiche Kaufmann spielte eine wichtige Rolle beim Umbau der Stadt Ende des 18. Jahrhunderts. Als ehemaliger Gutsverwalter war er zum Kaufmann und Millionär aufgestiegen, er bekam den Adelstitel verliehen und den Rang eines Staatsrates. Seine Beziehungen nach Moskau und Petersburg nutzte er, um berühmte Architekten nach Rjazan' zu holen. Das Haus an der Astrachanskaja ul. ließ er als Stadtvilla erbauen, übergab es jedoch schon bald an das Rjazaner Gymnasium. 1815 zog hierher die Stadtversammlung. In den 40er und 50er Jahren wurde der Bau um einen Flügel an der Počtovaja ul. und einen an der Astrachanskaja ul. erweitert. Ursprünglich befand sich der Eingang an der Eckrotunde. Breite Treppen führten zwischen Sphinxen und Laternen in das Foyer. Im Haus Nr. 42 auf der Astrachanskaja ul. lebte 1858 bis 1860 Michail Saltykov-Ščedrin, der als Vizegouverneur in Rjazan' tätig war.

Der Rjazaner Zirkus

Die Perspektive der breiten Astrachanskaja ul. (Астраханская ул.), der ehemaligen ul. Lenina, mündet rechts auf den Teatral'naja pl. (Театральная пл.). Ihr Gesicht wird durch klassizistische Bauten bestimmt. Auf der linken Seite wird der Park fortgesetzt, und von der die Grünfläche schneidenden Brücke gleitet der Blick über in sowjetischer Manier gestaltete, großzügige Rasenrabatten zum modernen Rundbau des Zirkus (5). An der Ecke zur ul. Svobody (ул. Свободы) steht das Gebäude des ehemaligen Kaufhofs (6), in dem sich heute der Kammermusiksaal befindet. Der Kaufhof geht auf einen kleinen Platz, auf dem ein Denkmal für den Biologen Pavlov errichtet wurde. Das Theater (7) an der Rückseite des Platzes, das den Namen S. Esenins trägt, wurde als Sommertheater 1956 errichtet und paßt sich im Stil den umliegenden Gebäuden an.

Dahinter schließt sich ein alter Park an, der in Sowjetzeiten zum Park für Erholung und Kultur erklärt wurde. Den Park ließ G. Rjumin anlegen, dessen Ende des

Portal der Zeitung ›Priokskaja gazeta‹

18. Jahrhunderts erbaute Villa an der ul. Svobody damals noch außerhalb der Stadt lag und von ihm als Landhaus genutzt wurde. Sie hat einen U-förmigen Grundriß, dessen Längsseite mit einem sechssäuligen korinthischen Portikus auf den Park hinausgeht. Die Fassaden sind durch sternförmige Nischen mit Stuck verziert. Der Südflügel wurde 1833 an das Knabengymnasium übergeben. Heute befindet sich hier das Rjazaner Kunstmuseum (8), in dessen ständiger Ausstellung vor allem Ikonenmalerei, russische Kunst des 18. und 19. Jahrhunderts und sowjetische Kunst bis in die 30er Jahre vertreten sind. Sie werden durch sehr interessante wechselnde Ausstellungen ergänzt.

Das Museum wurde 1913 gegründet, und ein Besuch vervollständigt auf faszinierende Weise das Bild der vergangenen Jahrhunderte. Bilder lokaler Künstler vermitteln eine Vorstellung vom Rjazan' des 19. Jahrhunderts. Die altrussischen Städte, wie Rostov, Rjazan' und Sergiev Posad geben sich ein Stelldichein. Die ›peredvižniki‹, die Wandermaler, wie Kramskoj, Repin und Levitan zeigen Szenen aus dem Leben des Volkes und aus der russischen Natur. Vertreten sind Tropinin, Venecianov, Ajvazovskij und Künstler der Jahrhundertwende, wie Vrubel, Maljavin und Golubkina. Die Säle der unteren Etage sind der Volkskunst gewidmet. Die Museumsangestellten sind immer für ein Gespräch offen, und von ihnen erfährt man manches interessante Detail über Rjazan', seine Vergangenheit und Gegenwart. Zur Verarbeitung der Eindrücke in angenehmer Atmosphäre lädt ein schönes Restaurant in einem Holzhaus gegenüber ein – das ›Stargorod‹ (Старгород) in der ul. Polonskogo 3 (ул. Полонского). Ein weiteres Café befindet sich im rückwärtigen Teil des Parkes. Hinter dem Café führt die ul. Urickogo (ул. Урицкого) weiter, wo im Haus Nr. 66 ein grimmig aussehender Holzmann für eine kostenlose Ausstellung der Holzschnitzkunst wirbt.

Auch die umliegenden Straßen scheinen wie ein lebendes Museum der Holzarchitektur. Hier sei vor allem auf die ul. Saltykova-Ščedrina (ул. Салтыкова-Щедрина) verwiesen, die vielleicht nicht zu Unrecht den Namen des Beobachters kleinstädtischen Lebens trägt. Zu ihr gelangt man links über die ul. Libknechta (ул. Либкнехта). Auf der ul. Urickogo (ул. Урицкого) lebte kurze Zeit ein Schriftsteller, der ebenfalls durch die Anprangerung der in seinem Land herrschenden Zustände bekannt wurde – Alexander Solženicyn (geb. 1918). Der Schriftsteller war als Lehrer in Rjazan' tätig. Hier begann er schreibend seine Erlebnisse im Arbeitslager und auf der Krebsstation zu verarbeiten. Er lebte in der ul. Urickogo 17 in einem langgezogenen, zweistöckigen Holzhaus (9), an dem seit kurzem eine Tafel an den ehemaligen Bewohner erinnert.

Kirche des Einzugs in Jerusalem

Auf dem Weg zur Nikolojamskaja-Kirche durch die Elektrozavodskaja ul. (Электрозаводская ул.) lohnt es sich, kurz vor einem unscheinbaren Gebäude auf der linken Seite zu verweilen. Eine Waldorfschule in Rjazan'? Betritt man das Haus, so gewinnt man den Eindruck, daß dies durchaus nichts Ungewöhnliches ist. In den letzten Jahren entstanden in ganz Rußland neue Schulen, oder die alten vesuchten sich ein neues Profil zu geben. Das einheitliche Bildungssystem bestand nicht mehr, und die Eltern standen plötzlich vor der ungewohnten Frage: In welche Schule gebe ich mein Kind? Welche ist die beste? ›Z kakim uklonom?‹, heißt die alles entscheidende Frage – ›Mit welcher Neigung‹. Viele entscheiden sich für Schulen mit einer Spezialisierung auf Fremdsprachen, die am ehesten Zukunftschancen versprechen. In der Waldorfschule in Rjazan' lernen rund 150 Kinder. Sie wurde 1992 aus einem Kreis von Lehrern heraus gegründet, die sich für Anthroposophie und Waldorfpädagogik interessierten. Anfänglich bauten sie eine Sonntagsschule und einen Kindergarten auf, inzwischen gibt es acht Klassenstufen, und die Schule hat ein eigenes Gebäude. Die Schule hat Kontakte mit Schulen in der Partnerstadt Rjazan's, Münster, und in Stuttgart.

Die Elektrozavodskaja ul. geht auf die ul. Ciolkovskogo (ул. Циолковского), die nach einem der berühmten Söhne des Rjazaner Gebietes benannt ist. Konstantin Ciolkovskij (1857–1935), dessen Denkmal am Teatral'naja pl. (Театральная пл.) steht, war Theoretiker der Raketentechnik und Raumfahrt. Die 1961 nach ihm benannte Straße entstand in den 20er Jahren des 20. Jahrhunderts. Gegenüber der Einmündung zur Elektrozavodskaja ul. steht eine Backsteinkirche, die auf den ersten Blick wie neu scheint. Erst von nahem erkennt man Teile des alten Gebäudes. Die Nikolojamskaja-Kirche (10) entstand im 19. Jahrhundert als Vorortkirche der Jamskaja sloboda, wurde jedoch in der Sowjetzeit als Lagerraum für eine Bierbrauerei genutzt. Erst in den 90er Jahren wurde sie der Kirche zurückgegeben und restauriert.

Die Elektrozavodskaja ul. führt weiter bis zur ul. Gor'kogo (ул. Горького). An der Kreuzung der beiden Straßen liegt ein kleiner gepflegter Platz mit einem Denkmal, das ankündigt, daß hier der Oktjabr'skij rayon (Stadtviertel) beginnt. Ein Lenin-Relief trägt die Aufschrift ›Sie kämpften für die Heimat‹ – wer sie sind, ist nicht mehr zu erfahren, denn die Tafeln wurden abgenommen. In der ul. Gor'kogo fällt der neugierige Blick auf das Portal der Lokalzeitung ›Priokskaja gazeta‹ (Nr. 18).

Der Ausflug in das eher sowjetisch geprägte Flair der Stadt endet auf der ul. Esenina (ул. Есенина). Die nach dem Dichter benannte Straße präsentiert sich eher als Boulevard mit einem Parkstreifen in der Mitte, festlichen, ein wenig unmotivierten Bögen und einer Säule, in die Gedichtzeilen eingraviert sind. Den Mittelpunkt dieses Viertels bildet der Teatral'naja pl. (Театральная пл.). Das erste Theater in Rjazan' wurde bereits 1787 als eines der ersten Theater Rußlands eröffnet. Heute gibt es vier Theater in der Stadt: das Dramatische Theater (11), das nach Esenin benannte Sommertheater, das Kinder- und Jugendtheater auf dem Sobornaja pl. (Соборная пл.) und ein Puppentheater, das sich einige Meter weiter in der ul. Esenina (ул. Есенина) befindet. Die Rjazaner sind stolz auf ihre Theater und ihre Künstler. Eng verbunden mit der Geschichte des Dramatischen Theaters ist der Name Evgenij Borisov (geb. 1936). Der Künstler war 1974–1989 hier tätig und entwarf hervorragende Bühnendekorationen. Doch vor allem lohnt sich ein Besuch im Puppentheater, um dem Zauber der Puppen von der Hand Natalja Kuznecovas (geb. 1953) zu erliegen. Die Künstlerin entwirft die Puppen nicht nur für die Stücke, sondern ist auch gern bereit, Kinder in die Wunderwelt ihrer Herstellung einzuführen (meist sonntags).

Nicht fehlen darf in einer Stadt wie Rjazan' der Zirkus, der wie in vielen Städten ein festes Gebäude hat. Er wurde 1970/71 errichtet, dort, wo vorher das schmutzige Flüßchen Lybed' durch das Stadtzentrum geflossen war. Der Spur des Flüßchens folgend, kommt man zum Trubež und ins wilde, romantische ›Hinterland‹ des Kremls. Es ist das Gebiet des ehemaligen Oberen Posad, dessen Mittelpunkt der Alte Basar bildete. Hinter dem Zirkus führt ein Weg weiter, mit alten, sich aneinanderschmiegenden Holzhäusern auf der linken Seite – der Lev Lybed'. Von hier kommt man zur ul. Griboedova (ул. Грибоедова); rechts liegt der pl. Svobody, links der pl. 26 Bakinskich komisarov (пл. 26 Бакинских комиссаров). In der gegenüberliegenden Skomoroščinskaja ul. 6 (ул. Скоморощинская) befindet sich eine wunderschöne, alte Kirche vom Ende des 17. Jahrhunderts. Die Kirche des Einzugs in Jerusalem (1680) aus verwittertem Backstein mit schlanken, dunklen Kuppeln (12). Die Kirche ist nur zu den Gottesdiensten (Sa 17 Uhr, So 8 Uhr) geöffnet.

Doch der Lauf des Lybed' führt in die andere Richtung. Entlang der ul. Zatinnaja (ул. Затинная) kommt man in eine immer mehr dörflich anmutende Gegend; links plätschert munter das Flüßchen, Kinder spielen vor schiefen Holzhäusern. Ein etwa fünfzehnminütiger Spaziergang führt über eine Brücke und einen Fußpfad zur hinteren Seite des Kremls. Am Trubež werden an der Anlegestelle Rundfahrten auf dem Fluß angeboten (13). Wer gar auf dem Fluß wohnen möchte, hat sehr billig die Möglichkeit auf dem benachbarten Hotelschiff. Den Berg hinauf führen Stufen bis vor die Heilig-Geist-Kirche des Kremls. Von hier aus fällt der Blick auf eine Kirche im ehemaligen Unteren Posad, die zur Zeit die größte geöffnete Kirche der Stadt ist: die Boris-und-Gleb-Kirche (14) in der Sennaja ul. (Сенная ул.).

Um dorthin zu gelangen, muß man von der Sobornaja ul. rechts in die ul. Kaljaeva (ул. Каляева) einbiegen. Auf der rechten Seite wurde im Gebäude des ehemaligen Geistlichen Seminars ein Museum für Luftstreitkräfte eingerichtet (ul. Kaljaeva 20). Im Haus Nr. 10 lebte einige Jahre die Schriftstellerin Nadežda Chvoščinskaja (1825–1889), die im 19. Jahrhundert nicht unter ihrem eigenen Namen schreiben konnte. Sie veröffentlichte ihre Erzählungen und Aufsätze unter dem Pseudonym V. Krestovskij. Sie war mit M. Saltykov-Ščedrin befreundet und führte über 30 Jahre einen intensiven Briefwechsel mit ihm.

Das Museum für Luftstreitkräfte

Die Boris-und-Gleb-Kirche ist eine der ältesten Kirchen der Stadt. Erstmalig wurde an dieser Stelle bereits im 12. Jahrhundert eine Kirche erwähnt, als Hauptkathedrale der später eingemeindeten Stadt Borisov-Glebov und des gemeinsamen Bistums. Der jetzige Backsteinbau stammt aus dem Jahre 1686. Refektorium und Glockenturm wurden im 19. Jahrhundert umgebaut. An der Nordfassade des Glockenturms wurde das ursprüngliche Portal aus dem 17. Jahrhundert bewahrt. Das Innere der Kirche ist reich mit Gold und kostbaren Ikonen ausgestattet.

In einer Seitenstraße der ul. Kaljaeva (ул. Каляева) lädt ein Hausmuseum ein, sich mit dem Leben des in Rjazan' geborenen Ivan Pavlov (1849–1936) bekanntzumachen (15). Der Physiologe ist vor allem bekannt als der Entdecker des ›Pavlovschen Reflexes‹, auf den er bei seinen Forschungen zur nervalen Steuerung von Speichel- und Magensekretionsprozessen stieß. Er war als Professor an der Militärmedizinischen Akademie in Petersburg tätig und erhielt 1904 den Nobelpreis. Die nach ihm benannte Straße führt zurück zum Pervomajskij pr. (Первомайский пр.) und somit zum pl. Lenina (пл. Ленина).

Es gibt zwei Bahnhöfe in Rjazan', die durch die Vokzal'naja ul. (Вокзальная ул.) miteinander verbunden sind. Die meisten Züge (nach Moskau, Nižnij Novgorod und in die Umgebung) fahren vom Bahnhof ›Rjazan' I.‹ ab.

Vom Bahnhofsvorplatz fährt der Trolleybus 2 ins Zentrum; die Maloe šosse (Малое шоссе) verbindet den Bahnhof mit dem Pervomajskij pr. (Первомайский пр.) (etwa 5 min), von wo alle Busse auf der gegenüberliegenden Seite ins Zentrum fahren. Nach rechts kommt man mit den Trolleybussen 1 oder 16 zum Busbahnhof auf der Moskovskoe šosse (Московское шоссе) (4 Stationen). Das rote Gebäude auf der linken Seite trägt keine Aufschrift. Von hier fahren Busse nach Nižnij Novgorod, Murom, Vladimir. Die Kasse befindet sich an der rechten Seite des Gebäudes, an der auch die Karten für die Fahrt nach Konstantinovo, in das Heimatdorf S. Esenins zu erhalten sind.

Hinter dem Kreml befindet sich eine Anlegestelle, von wo täglich um 12 Uhr eine einstündige Rundfahrt beginnt. Zu anderen Zeiten sind Absprachen möglich.

Auf dem Pervomajskij pr. (Первомайский пр.) und dem pl. Lenina (пл. Ленина) verkehren die Trolleybusse 1–6 und 8, die Autobusse 1–3, 7, 10, 14 und 17. Von hier sind die meisten Punkte der Stadt zu erreichen.

›Pervomajskaja‹ (Первомайская) Pervomajskij pr. 56 (Первомайский пр.), Tel. 76 58 65, 25 Dollar.

›Priokskaja‹ (Приокская), ul. Kaljaeva 13a (ул. Каляева),

Tel. 28 93 34, 34 Dollar.
›Grand Otel'‹ (Гранд Отель), Zovodskoj prospekt 1 (Зоводской проспект), Tel. 34 76 08, ab 35 Dollar.
›Russkaja Trojka‹ (Русская Тройка), ul. Počtovaja (ул. Почтовая), Tel. 20 55 99, ab 30 Dollar.
›Učitel'‹ (Учитель), ul. Urickogo 2a (ул. Урицкого), Tel. 44 49 79, ab 30 Dollar.

›Stargorod‹ (Старгород), ul. Polonskogo 3 (ул. Полонского), täglich von 12 bis 24 Uhr; Stehcafé in der oberen Etage, täglich geöffnet von 9 bis 14 Uhr und von 5 bis 19.30 Uhr.
›Staryj park‹ (Старый парк), im Stadtpark, Gazetnyj per. 2 (Газетный пер.), täglich von 11 bis 23 Uhr.
Café und Stolovaja im Kaufhaus ›BARS‹ an der rechten Seite des Gebäudes, Mo bis Sa von 9 bis 19 Uhr, So von 9 bis 17 Uhr, Restaurant täglich geöffnet von 12 bis 23 Uhr, Moskovskoe šosse 5a (Московское шоссе).
›Art-Café‹ (Арт-кафе) im Hotel ›Priokskaja‹ (Приокская), ul. Kaljaeva 13a (ул. Каляева), täglich von 11 bis 1 Uhr.
›Kafe Fontan‹ (Кафе Фонтан), pl. Pobedy (пл. Победы), russische, chinesische und europäische Küche, Tel. 96 36 04, täglich von 12 bis 24 Uhr.
Restaurant ›Imperija‹ (Империя), pl. Lenina (пл. Ленина), Tel. 21 42 58.
›Sova‹ (Сова), Torgovyj gorodok 7 (Торговый городок), Tel. 24 05 97, mit Kasino.

Die Ausstelllungen im Kreml sind von 10 bis 18 Uhr geöffnet; die Karten werden im ›Palast Olegs‹ verkauft. Trolleybus 1–6, 8, Autobus 1, 5, 7, 14, Station ›Sobornaja pl.‹ (Соборная пл.).
Kunstmuseum (Художественный музей), ul. Svobody 57 (ул. Свободы), Di bis So von 11 bis 19 Uhr (außer am 1. Freitag im Monat), Trolleybus 3–10, Station ›Chudožestvennyj muzej‹ (Художественный музей).
Pavlov-Museum (Дом-музей Павлова), ul. akademika Pavlova 25 (ул. академика Павлова), von Di bis So von 10 bis 18 Uhr (außer letzter Fr im Monat), Busstation ›Dom chudožnika‹ (Дом художника) auf dem Pervomajskij pr. (Первомайский пр.).
›Museum für Luftstreitkräfte‹ (музей воздушных сил), ul. Kaljaeva 20 (ул. Каляева), Sa von 10 bis 13 Uhr (oder mit Anmeldung).

Theaterkasse des Dramatischen Theaters am Teatral'naja pl. (Театральная пл.), von Di bis Fr von 10 bis 19 Uhr, Sa von 10 bis 18 Uhr, So von 11 bis 13 und von 15 bis 18 Uhr, Trolleybus 6, Station ›Teatral'naja pl.‹ (Театральная пл.).

Post und Telegraph, Ecke Počtovaja ul./Astrachanskaja ul. (Почтовая ул./Астраханская ул.), Mo bis Sa von 8 bis 20 Uhr, So von 8 bis 19 Uhr.

Sergej Esenin – Ein Ausflug nach Konstantinovo

Nördlich von Rjazan' liegt ein kleiner Ort – das alte Dorf Konstantinovo, der Geburtsort des berühmten russischen Dichters Sergej Esenin (1895–1925):

»Vier Dörfer ziehen längs der Straße hin, eines gleicht dem anderen. Keine Gärten. Kein Wald in der Nähe. Dürftige Vorgärtchen. Gelegentlich grellbunte Fenstereinfassungen … Der Kioskladen des Dorfes Konstantinovo ähnelt einem mickrigen Hühnerstall. Hering. Alle Sorten Hering. Bonbons, verklebte kleine Kissen, die schon fünfzehn Jahre keiner mehr ißt. Riesenkloben Schwarzbrot, doppelt so schwer wie in der Stadt, die schneidet kein Messer, das geht nicht ohne Axt.

In der Hütte der Esenins – die kümmerlichen Zwischenwände nicht bis zur Decke, Stübchen, Kämmerlein, Zimmer kann man sie kaum nennen. Im Garten ein kleiner Schuppen, ein winziges Bad muß da früher noch gewesen sein. Hier verkroch sich Sergej und machte seine ersten Verse. Hinterm Zaun ein gewöhnliches Feld …

Was für einen Brocken Begabung muß der Schöpfer hierher, in diese Hütte geschleudert haben, in das Herz dieses aufrührerischen Dorfjungen, daß der in seiner Erschütterung soviel Stoff für Schönheit fand – am Herd, im Stall, auf der Tenne,

Sergej Esenin, portraitiert von J. Annenkov

hinterm Zaun – für die Schönheit, die tausend Jahre nicht bemerkt und mit Füßen getreten worden war.«

So sah Alexander Solženicyn Konstantinovo, als er Esenins Geburtsort in den sechziger Jahren besuchte. Er konnte die Schönheit des russischen Dorfes, wie Esenin sie in seinen Gedichten beschrieben hat, nicht mehr finden. Und doch war Konstantinovo der Ort, wo der Dichter eine unbeschwerte Kindheit (1895–1912) verbracht hatte, und an dessen Anmut, an die Weite der Wiesen und Steppen, an den Duft der Birken er sich bis zum Ende seines Lebens mit Wehmut erinnerte. Hier war die Welt des Dichters noch heil. Hier zog er tagelang mit Hirten durch die Steppe, tränkte er die Pferde an der Oka, ging mit der Großmutter die endlosen Wege in die umliegenden Klöster, hörte mit dem Großvater die Heilige Geschichte und geistliche Lieder vom verheißenen Paradies, hörte die Märchen der Kinderfrau, die er umdichtete, wenn sie traurig endeten:

»Dort überm Teich gewoben ist das
Rot vom Himmelssaum,
der Auerhahn, er klagt, mit ihm
klagts aus dem Nadelbaum.

Auch sie, die Amsel, klagt und weint
und kommt nicht mehr hervor.
In mir – nichts, was da weinen wollt,
das Herz ist lichtumflort:
Den Weg, der dort zum Ring sich
schließt, kann ich dich kommen sehn,
das Heu, gehiefelt, wartet schon, wir
brauchen nicht zu stehn.

Ich küß dich trunken, meine Hand,
sie greift dich – greift ein Blatt.
Wem Freude seine Sinne raubt, hat
Wort und Rede satt.

Ich küß die Finger dir dorthin, wo
Tuch und Schleier sind,
solang die Nacht die Nacht sein will,
bleibst du mir trunken, Kind.

Du Auerhahn, du klage nur, du tön
nur, Nadelbaum:
sie ist nicht schwer, die Schwermut
dort im Himmelssaum.«

Als Sergej Esenin 1912 sein Heimatdorf Konstantinovo verließ, fing diese heile Welt zu bröckeln an, und es begann seine Odyssee durch die Weltgeschehnisse. Auf der Suche nach Ruhm, Anerkennung und Stillung seiner Sehnsüchte ging er zunächst nach Moskau, um eine literarische Karriere einzuschlagen.
Er wurde Mitglied des Surikov-Kreises für Literatur und Musik. In Petrograd schloß er 1915 Bekanntschaft mit Alexander Blok, durch den er den Zugang zu den Symbolistenkreisen erhielt. Mit Hilfe des Bauerndichters Kluev erschien sein erster Gedichtband ›Auferstehungszeit‹ (1916).
1919 ging er zurück nach Moskau und stieß zu Marienhofs literarischer Gruppe der Imaginisten. Doch nirgends war sein Engagement von großer Dauer. Sein ungestümes Wesen war zu widersprüchlich, um sich einer literarischen Strömung unterzuordnen. So blieb er immer allein. Die jungen Dichter sahen in ihm den Schöpfer einer ›neuen Poesie‹, andere nannten ihn den Verkünder einer ›neuen Ideologie‹. Einerseits engagierte er sich für die Sozialrevolutionäre Partei Rußlands, andererseits war er stolz, in Carskoe Selo (1916) der Zarin seine Gedichte vorzutragen und ihr einen Gedichtband widmen zu dürfen, was ihm einige seiner Mitstreiter sehr übel nahmen. Es wäre falsch zu behaupten, Esenin habe sie bewußt in die Irre geführt. Die verschiedenen Empfindungen, die ihn bestürmten, verlangten nach verschiedenen Ausdrucksformen. Aus der

Schwermut machte er ein Programm, aus der inneren Bedrängnis eine literarische Schule. Wichtig waren ihm jedoch immer nur seine Verse, denen er alles andere, die historischen Ereignisse, Liebe und Freundschaft, unterordnete. Gegen Ende seines kurzen Lebens bekannte er: »Ich will ja alles anerkennen, wies auch sei, will gehn auf abgesteckten Wegen, kreuz und quer, geb meine Seele dem Oktober und dem Mai, doch die geliebte Lyra gebe ich nicht her.«

So jagte er von Moskau nach Petersburg, über den Kaukasus nach Mittelasien. Er reiste nach Europa und Amerika und sah nichts, was ihn beflügelt hätte und zum Verweilen einlud: »Diese Niedertracht, diese Eintönigkeit, diese geistige Öde – es ist zum Kotzen ... Außer Foxtrott gibt es hier kaum etwas, Fressen und Saufen und wieder Foxtrott«, schrieb er nach seinem Aufenthalt in Amerika (1922). Nicht, daß seine vielbeschriebene Liebe zu den Birken ihn hinderte, anderes zu sehen. Nein, er sah in der westlichen Gesellschaft die Welt der Zukunft, die sich in einem bedrohlichen Ausmaß auf den ›Rest der Welt‹ ausbreiten und »nicht nur die Kunst, sondern die schönsten Impulse der Menschheit ersticken« würde.

Immer war er auf der Suche nach etwas, das die Zerissenheit seiner Seele, die Zerissenheit dieser Welt zwischen Bürgerkrieg, Revolution und Konsumwahn und geistiger Leere hätte ebnen können. Seine Verzweiflung ertränkte er in Alkohol-Exzessen in Kneipen und Hotels, die oftmals mit wilden Prügeleien endeten. Ruhm bedeutete dem Dichter viel: Ein Denkmal war für ihn

Wohnhaus Anna Sneginas

nicht nur ein Bronzedenkmal. Nein, ein Denkmal war für ihn der Inbegriff der Unsterblichkeit. Durch die Ehe mit der weltberühmten siebzehn Jahre älteren Tänzerin Isadora Duncan (eine seiner intensivsten Liebesbeziehungen) hoffte er, seinen Ruhm in der ganzen Welt zu sichern. Nicht nur in Rußland bezauberte Sergej Esenin, der blondgelockte Jüngling mit blauen, offenen Augen und elegante Draufgänger, sein Publikum. Auch in Westeuropa und Amerika fanden seine Gedichte großen Anklang.
Die Trauer über verlorene Hoffnungen und eine tiefe Schwermut waren in seinen Versen unüberhörbar:

»Es gibt ein gutes Lied, ein Lied der Nachtigallen –
ein Lied auf meinen Kopf, der jäh dem Tod verfallen.

Er blühte, wucherte, er wuchs, der messerhelle,
nun hängt er seinen Schopf und kann nicht von der Stelle.

Gedanken, ihr Gedanken! Schmerzen euch zerteilen.
Vertan ist meine Jugend, ohne Zeit und Weile.

Wie kam es nur dazu, ich kann es selbst nicht wissen.
Ich presse an die Brust des Nachts das rauhe Kissen.

So fließ, ergieße dich, untröstlich Trauerliedchen.
Es scheint im Dunkeln mir, ich kosete mein Liebchen.

Ich hör von fern Musik und sehe Mondes Schimmer,
allein – ich weiß genau – die Liebste seh ich nimmer.

Ach, Liebe du, Holunder, Blut, du Feuerkreisen,
wie die Gitarre alt, und jung wie ihre Weisen.

genau noch mit denselben Lust- und Qualen-Zungen,
wie einst die Väter sangen, singen heut die Jungen.

so singt und trinkt beizeit, statt Schwermut auszubrüten –
die Liebste welkt euch sonst davon wie Faulbaumblüten.

Und wie bin ich verblüht. Durch Ruhm? Beim Suff und Prassen?
Man mochte mich doch einst – nun hat man mich verlassen.

drum ist so gut das Lied, das Lied der Nachtigallen,
das Lied auf meinem Kopf, der jäh dem Tod verfallen.

Er blühte, wucherte, er wuchs, der messerhelle,
nun hängt er seinen Schopf und kann nicht von der Stelle.«

In dem Poem ›Anna Snegina‹ (1925)

läßt Esenin sein Leben Revue passieren. Im Mittelpunkt steht die unglückliche Liebe des Bauernsohnes Sergucha, dem späteren Dichter, zur Gutsbesitzertochter Anna Snegina. Bilder des russischen revolutionären Geschehens begleiten die Handlung des Poems: Krieg, Desertation, Kerenskij-Regierung, ein Überfall Denikins auf das Dorf, Emigration der Heldin ... Immer wieder kehrt Sergucha in sein Heimatdorf zurück. Inmitten des Bürgerkriegs, inmitten von Tod und Armut verkörpert das Haus der Anna Snegina einen Ort der Ruhe, Harmonie und Reinheit. Mit dem Haus der Anna Snegina verbindet sich für den Dichter alles Schöne, seine Kindheit, die erste Liebe »damals waren wir sechzehn«, eine Welt voller Hoffnung. Als Anna Snegina nach London emigriert, verläßt das Schöne und der Glaube an die Liebe nicht nur sein Heimatdorf, nein, auch den Dichter selbst. Am 28. Dezember 1925 wird Esenin im Hotel ›Angleterre‹ in Leningrad tot aufgefunden. Mit einem Kofferriemen erhängt. Die Pulsadern aufgeschnitten. Seinen letzten Vers schrieb er mit Blut an die Wand:

»Freund, leb wohl. Mein Freund auf Wiedersehen.
Unverlorner, ich vergesse nichts.
Vorbestimmt, so wars, du weißt, dies Gehen.
Da's so war: ein Wiedersehn versprichts.
Hand und Wort? Nein, laß wozu noch reden?
Gräm dich nicht und werd mir nicht so fahl.
Sterben –, nun ich weiß, das hat es schon gegeben;
doch: auch Leben gabs ja schon einmal.«

Wohnhaus Esenins in Konstantinovo

Konstantinovo (Константиново) liegt etwa eine Stunde Busfahrt von Rjazan' entfernt. Alle Museen, das alte Wohnhaus, die Dorfschule, das Haus Anna Sneginas und ein Literaturmuseum sind Di bis So von 10 bis 17.30 Uhr geöffnet. Im Dorf gibt es einen kleinen Laden, ein Restaurant und Künstler, die ihre Bilder verkaufen wollen. Das Dorf befindet sich hoch über der Oka, an deren Ufer sich eine Schiffsanlegestelle befindet. Schiffe verkehren nach Rjazan', Moskau, Murom und Nižnij Novgorod, jedoch selten.

Murom (Муром)

Das Muromer Stadtwappen

An dem hohen linken Oka-Ufer, nur 137 Kilometer von Moskau entfernt, liegt still und unbekannt die alte Stadt Murom. Nur selten wurde die Stadt am Goldenen Ring in sowjetischen Publikationen erwähnt, denn nach dem Zweiten Weltkrieg entwickelte sie sich zu einem wichtigen Rüstungsstandort. Murom wurde geschlossen, das heißt, die etwa 127000 Muromer konnten ihre Stadt nur mit Genehmigung verlassen. Wer sie besuchen wollte, mußte dem bürokratischen Sicherheitsapparat seine ›Unbescholtenheit‹ beweisen. Die Zeiten haben sich geändert. Geblieben sind die Legenden von Ilja Muromec, die sich die Muromer an grauen Regentagen laut gestikulierend erzählen. Blumenverzierte Gärten säumen die quadratisch angelegten Straßen mit ihren einladenden Häusern und den gemütlichen Cafés. Den alten Kreml gibt es nicht mehr, er mußte einem Park weichen, und die unzähligen Kirchen wurden zweckentfremdet genutzt. Eifrig hämmern die Bauleute an den alten Baudenkmälern, um ihre Stadt wieder salonfähig zu machen.

Geschichte der Stadt

Über sieben Hügel erstreckt sich am linken Oka-Ufer eine der ältesten Städte Rußlands. In der ›Chronik von den vergangenen Jahren‹ wird sie im Jahr 862 erwähnt. Der Stadtname stammt von den Muromern, einem finno-ugrischen Stamm, der bis zur Ankunft der Slaven das Gebiet besiedelte. Dichte Wälder und Eichenhaine, fruchtbare Wiesen, kleine Bäche und Flüsse zogen die Menschen seit der Steinzeit in das Land an der Oka. Am Strand von Murom kann man mit etwas Glück noch immer grobe Steinwaffen sowie Keramikscherben der Bronzezeit finden.

Seit dem 10. Jahrhundert gehörte Murom zum Kiever Reich. Für Freunde wie auch Feinde, die aus dem Osten kamen, begann die alte Rus' in Murom. In der

Mitte des 11. Jahrhunderts gehörte Murom zum Černigover Fürstentum, 1076 wurde es Zentrum des Murom-Rjazaner Fürstentums, seit der Mitte des 12. Jahrhunderts geriet es in Abhängigkeit von Rostover und Suzdaler Fürsten. In der zweiten Hälfte des 16. Jahrhunderts verlor es endgültig seine politische Bedeutung als Zentrum eines kleinen, doch selbständigen Fürstentums. Nachdem es dem Moskauer Fürstentum angegliedert worden war, wurde Murom Grenzstadt am Rande des Fürstentums.

Die Lage der Stadt bedingte ihre Funktion als befestigter Verteidigungspunkt. Murom hatte wieder und wieder Überfällen standzuhalten, wurde geplündert, brannte nieder und wurde wieder aufgebaut. Als Zar Ivan der Schreckliche nach Kazan zog, überquerte er in Murom mit seinem Heer die Oka. Zuvor nahm er an einem Gottesdienst teil und richtete sein Gebet an die Reliquien der Muromer Fürsten Konstantin, Michail, Fedor und Petr sowie der Fürstin Fevronija. Er gelobte, über den Reliquien dieser Heiligen Kirchen aus Stein zu errichten.

Nach der Angliederung Kazans an Moskau verlor Murom seine Wächterfunktion an der östlichen Grenze des Landes. Der Muromer Kreml verwahrloste im 18. Jahrhundert zunehmend und wurde abgetragen, da er nicht mehr benötigt wurde. Heute erstreckt sich auf dem Gelände ein Stadtpark. Vom nördlichen Durchfahrtsturm des Kremls verlief über eine Brücke nach Westen ein Pfad, der ›Weg nach Moskau über den großen Weg‹ genannt wurde. Die Bezeichnung für die Hauptmagistrale in Murom – die Moskauer Straße – erinnert noch an diese alte Straße.

Legende

1 Bahnhof (вокзал)
2 Panzerzug ›Ilja Muromec‹ (Бронепоезд ›Илья Муромец‹)
3 Busbahnhof (автовокзал)
4 Maria-Reinigungs-Kirche (Сретенская церковь)
5 Kulikov-Museum (музей И. С. Куликова)
6 Maria-Entschlafens-Kirche (Успенская церковь)
7 Wasserturm (Водонапорная башня)
8 Handelsreihen (Торговые ряды)
9 Stadtpark, ehemals Kreml (Городской парк)
10 Heimatkundemuseum (Краеведческий музей)
11 Maria-Verkündigungs-Kloster (Благовещенский монастырь)
12 Dreieinigkeitskloster (Троицкий монастырь)
13 Kirche der Einführung, Auferstehungskirche (церковь Введения, Воскресенская церковь)
14 Kosmas-und-Damian-Kirche (церковь Косьмы и Дамиана)
15 Christi-Verklärungs-Kloster (Благовещенский монастырь)

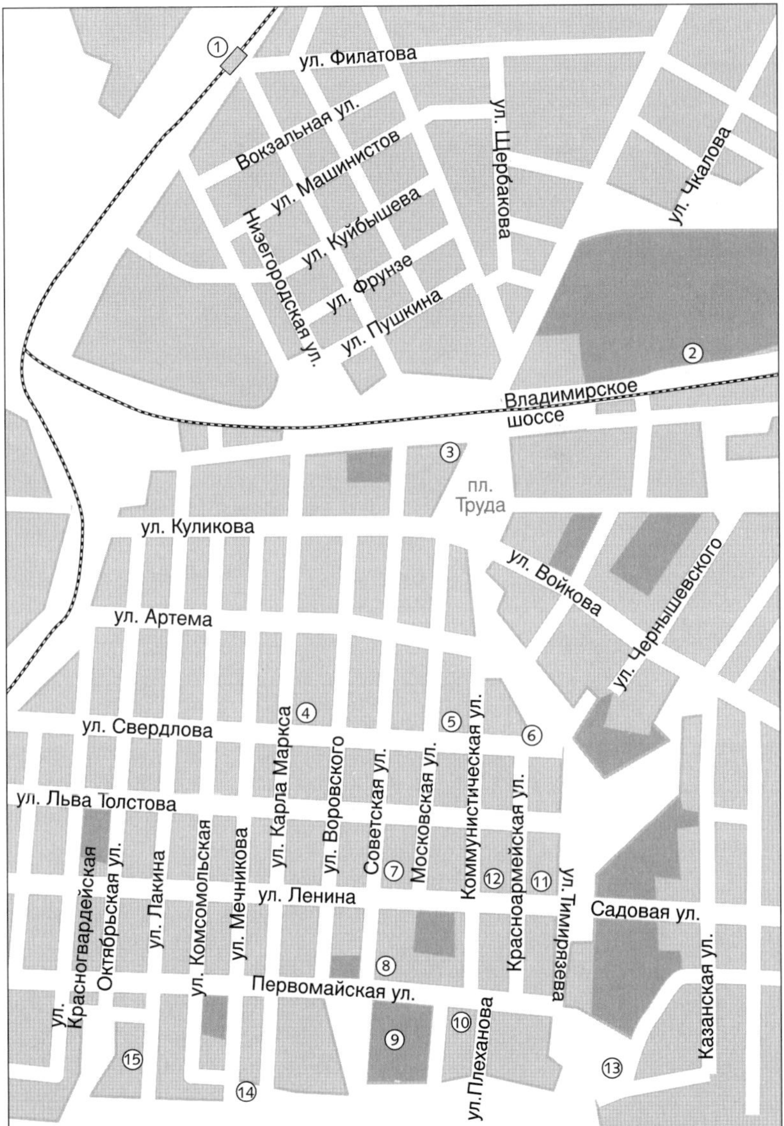
1
ул. Филатова
Вокзальная ул.
ул. Машинистов
Низегородская ул.
ул. Куйбышева
ул. Фрунзе
ул. Пушкина
ул. Щербакова
ул. Чкалова
2
Владимирское шоссе
3
пл. Труда
ул. Куликова
ул. Войкова
ул. Чернышевского
ул. Артема
4
5
6
ул. Свердлова
ул. Карла Маркса
ул. Воровского
Советская ул.
Московская ул.
Коммунистическая ул.
Красноармейская ул.
ул. Льва Толстова
ул. Красногвардейская
Октябрьская ул.
ул. Лакина
ул. Комсомольская
ул. Мечникова
7
12
11
ул. Тимирязева
ул. Ленина
Садовая ул.
8
Казанская ул.
Первомайская ул.
10
9
ул.Плеханова
15
14
13
Ока
Murom (Муром)

Das alte Murom

Durch Murom verliefen wichtige Handels- und Transportwege, die verschiedene Länder und kulturelle Regionen miteinander verbanden. Bei archäologischen Ausgrabungen in der Stadt wurden mittelalterliche arabische Münzen, Scherben griechischer Amphoren, Bronzeschnallen, Wikingerschwerter, Bernstein von der Ostseeküste, Perlen aus südlichen Ländern, bulgarische Keramik und anderes gefunden. Sie legen Zeugnis ab über den regen Kontakt der Muromer mit anderen Kulturen.

Der günstigen Lage Muroms, wo sich verschiedene Handelswege trafen, verdankte die Stadt ihre Bedeutung als Handelszentrum. In Murom wurde Leder gehandelt, die in ganz Europa bekannte Seife auf Stöcken hergestellt und der Muromer Sterlet, eine Fischart, an den Zarenhof geliefert. In der ganzen Umgebung wurde Gurkensamen verkauft. Die Muromer Gurken waren so bekannt, daß die Samen vor rund zweihundert Jahren eine zur damaligen Zeit beachtliche Summe kosteten. Nach einem ganz besonderen Rezept wurde in Murom Weißbrot gebacken, das so beliebt war, daß es sogar in das Stadtwappen einging. Murom besaß zwei Flachsspinnereien und eine Weberei, drei Leinenfabriken, zwei Gießereien, einen Maschinenbaubetrieb, sechs Heupressen, vier Ölmühlen, drei Gerbereien, zwei Fabriken, in denen Talgkerzen hergestellt wurden, zwei Seifensiedereien, eine Brauerei, neun Ziegeleien, 27 Schmieden und 12 Windmühlen. Im Jahre 1914 arbeiteten 4000 Menschen, etwa ein Drittel der Stadtbewohner, in

Betrieben und Fabriken. Bevor 1880 der Eisenbahnweg nach Kovrova eröffnet wurde, wurden die meisten Waren auf der Oka transportiert.

Nach der Oktoberrevolution und dem Bürgerkrieg entstand in Murom eine moderne Industrie, die insbesondere auf den Maschinenbau ausgerichtet war. Am Rande der Stadt entstanden neue Werke, in denen 1937 schon etwa 10 000 Menschen arbeiteten. Während des Zweiten Weltkrieges produzierten die Werke in Murom Nachschub für die Front. In den öffentlichen Gebäuden wurden Krankenhäuser und Auffanglager eingerichtet. Murom blieb auch nach dem Krieg eine Stadt, in der hauptsächlich für die Rüstung produziert wurde. Bald wurde sie eine sogenannte ›geschlossene‹ Stadt. Nur mit einem Passierschein konnte man nach Murom gelangen, und auch für die Einwohner war das Reisen nur mit Genehmigung der örtlichen Sicherheitsorgane möglich. Entsprechend war bis vor kurzem keine Infrastruktur vorhanden, die sich um die Belange von Touristen gekümmert hatte. Um so verwunderlicher scheint die neueste Entwicklung. Die Stadtväter sind sehr bemüht, das Image ihres Murom aufzupolieren.

Ein Rundgang

Der Bahnhof (1) von Murom wirkt trostlos. Auf dem Bahnhofsvorplatz steht ein Denkmal für N. F. Gastello, einen Helden der Sowjetunion. Die Auszeichnung erhielt er für seinen aufopferungsvollen Einsatz während des Zweiten Weltkrie-

Im ›Traktir‹

Die Heilung des Ilja Muromec

Wo die Oka ihre kristallklaren Wasser in die dunklen Fluten der Volga ergießt, liegt Murom. Vor vielen hundert Jahren breiteten sich jenseits der Stadtmauer gepflügte Felder, saftige Wiesen und dunkle Wälder aus. Dreimal drei Tagesritte brauchte man, um von dort in die reiche und prächtige Fürstenstadt Kiev zu gelangen.

Zu jenen alten Zeiten lebte in Murom eine Kosakenfamilie, die schweres Leid tragen mußte. Ilja, der einzige Sohn, konnte weder Arme noch Beine bewegen. Dreißig Jahre schon lag er daheim auf dem breiten Ofen, und niemand hoffte mehr auf Heilung.

Eines Tages klopften zwei Pilger an die Tür und baten um ein Glas Wasser und ein Stück Brot.

Ilja aber rief: »Ach, liebe Leute, wie soll ich gehen, da meine Glieder gelähmt sind und meine Füße mich nicht tragen?«

Die Männer traten in die dunkle Stube, berieten sich leise und sagten dann: »Höre, Ilja Muromec, steig von deinem Ofen herab und reiche uns einen kühlen Trunk.«

Traurig versetzte Ilja: »So gern ich es täte, ich kann mich nicht von der Stelle rühren. Seit dreißig Jahren mühe ich mich vergebens, auf meinen Beinen zu stehen.«

Die Pilger aber sagten: »Vertrau auf deine Kraft. Steig herab und fülle den Becher mit kühlem Wasser.«

Da richtete sich Ilja Muromec auf, und siehe, die Lähmung war aus seinen Gliedern gewichen. Er fühlte, wie Arme und Beine seinem Willen gehorchten und seine Füße ihn trugen.

»Nimm diesen Krug«, sprachen die Männer, »und hole Wasser vom nahen Fluß.«

Ilja begab sich zur Oka, füllte den Krug bis zum Rand mit kristallklarem Wasser und kehrte schnell zurück.

»Nun trinke davon, soviel du kannst«, sagten die Fremden.

In einem Zuge leerte Ilja den großen hölzernen Krug.

Wohlgefällig schauten die beiden Männer auf ihn und fragten: »Nun, wie fühlst du dich?«

»Ich spüre in mir eine Riesenkraft«, erwiderte Ilja. »Meine Arme sind wie Eisenhämmer, meine Beine wie stählerne Pfeiler.«

Iljas Schritte dröhnten durch das ganze Haus. Er warf den zerschlissenen Bauernrock ab, legte ein prächtiges Reckengewand an und trat vor die Tür.

Die Pilger maßen bewundernd seine Schönheit und Körperstärke und sagten: »Nun gebrauche deine Kraft. Dein Vater und deine Mutter haben das Feld gepflügt und den Acker bestellt. Aber das Vieh weidet dort und zertrampelt die junge Saat. Zäune das Land ein, damit die Früchte der Arbeit nicht zunichte werden.« Darauf zogen sie ihres Weges.

Ilja tat, was die Männer ihm aufgetragen. Er verscheuchte das Vieh und zäunte den Acker ein. Doch nahm er dazu weder Latten noch Hölzer, sondern kräftige junge Eichen, die er samt den Wurzeln aus dem Erdboden riß. Die Leute strömten herbei, den ungewöhnlichen Zaun zu bewundern.
Abends kamen Vater und Mutter vom Feld nach Hause. Sie sahen die Eichenstämme, den schützenden Wall, der Blätter trug, und fragten: »Wessen Hände haben dies vollbracht?«
Da trat Ilja vor sie hin und sagte: »Ich, Euer Sohn, habe den Zaun gesetzt, damit die Saat ohne Schaden wachsen und gedeihen kann.«
Fassungslos vor Glück schauten die Eltern einander an. Ihr Sohn stand vor ihnen, stark wie ein Felsen. Seine Arme waren wie Eisenhämmer, seine Schultern wie zusammengeschmiedete Schwerter, seine Gestalt die eines russischen Recken.
Ilja verneigte sich vor den Eltern und sprach: »Gebt mir euren Segen und laßt mich in die weite Welt ziehen. Ich möchte die goldenen Türme der berühmten Stadt Kiev sehen und dem Fürsten Vladimir dienen. Ruhm und Ehre will ich für das Vaterland erringen.«
Die Eltern willigten ein, und der Vater sattelte für den geliebten Sohn sein schönstes Pferd. Weiß war es wie ein Schneehuhn im Winter, tiefschwarz aber waren Schwanz und Mähne, wie rauchige Schatten über verschneitem Feld. Über dem Panzer trug das edle Tier ein golddurchwirktes Tuch. Zügel und Stirnriemen waren mit farbiger Borte verziert. Die seltene Schönheit des Rosses rief bei allen höchste Bewunderung hervor.
Ohne Säumen schwang sich Ilja Muromec in den Sattel und schlug den heute längst vergessenen Weg ein, der durch die Steppe nach Kiev führte.

ges, als er sein brennendes Flugzeug auf eine deutsche Nachschubkolonne lenkte.

Nicht alle Züge halten in Murom, allerdings gibt es mehrmals täglich eine Verbindung nach Moskau sowie Züge nach Kazan, nach St. Petersburg und in andere russische Städte. Doch die meisten Muromer reisen mit dem Bus. Das ist bequemer, denn die Busse verkehren in kürzeren Abständen. Der Busbahnhof befindet sich fünfzehn Minuten zu Fuß entfernt, ist aber auch vom Bahnhof aus mit dem Bus gut zu erreichen. Bahnhof und Busbahnhof werden durch die ul. Dzeržinskaja (ул. Дзержинская) verbunden.

1125 Jahre Murom

Bevor man ein zweites Mal Gleise überquert und zum Busbahnhof gelangt, zweigt linker Hand die Vladimirskoe šosse (Владимирское шоссе) ab. An der Straße steht der alte Panzerzug ›Ilja Muromec‹ aus dem Zweiten Weltkrieg (2). Der gepanzerte Zug schoß sich von 1942–1945 durch den Krieg, bis er schließlich in Frankfurt/Oder angelangte. Von Bedeutung waren die gepanzerten Züge zur Verteidigung von wichtigen Eisenbahnverkehrsknotenpunkten gegen Luftangriffe.

Am Busbahnhof (3) beginnt die ul. Moskovskaja (ул. Московская). Sie verläuft durch das Stadtzentrum, zum Stadtpark, der sich an der Stelle des alten Kreml, oberhalb des Oka-Ufers, befindet. Das architektonische Bild von Murom bildete sich im 19. Jahrhundert und Anfang unseres Jahrhunderts heraus, nachdem zwei Feuer 1792 und 1805 fast die gesamte Holzstadt vernichtet hatten. Die neue Stadt wurde nach einem Generalplan wiederaufgebaut. Der Plan sah ein rechtwinkliges System mit gleich breiten Straßen und Häuserblöcken, die sich an den Kirchen orientierten, vor. Von den gleichförmigen zweietagigen Wohnhäusern hoben sich nur die Handelsreihen und einige andere öffentliche Gebäude ab. Murom stellte somit eine typische russische Provinzstadt dar. Der Straßenverlauf ist erhalten geblieben und ermöglicht eine einfache Orientierung zwischen Bahnhof und Oka.

Viele kleine Cafés und Restaurants beleben die ul. Moskovskaja. Im ›Traktir‹, ul. Moskovskaja 14, einem russischen Restaurant, das aus Gogols Zeiten zu stammen scheint, kann man Tee oder Kaffee schlürfen und original russische Küche

Ihre Opulenz, Ivan Ivanyč Samovar

In Rußland erfreute sich seit dem 18. Jahrhundert der Tee in allen gesellschaftlichen Schichten großer Beliebtheit. Schon bald wurde der Samovar zum Haupt des russischen Teegeschirrs gekrönt. Die Nachfrage war so groß, daß Fabriken in Moskau, Tula und im Ural entstanden. Die dort hergestellten Samovare, die bauchigen ›Selbstkocher‹, waren aus Kupfer, Messing oder Eisen, vergoldet oder versilbert. Es gab ›Riesen‹, die literweise Wasser aufnehmen konnten, und ›Zwerge‹, die als treue Begleiter mit auf Reisen gingen.

Der Samovar avancierte zum Statussymbol und galt lange Zeit als Luxusgegenstand. Er wurde sorgfältig aufbewahrt und von Generation zu Generation weitergereicht. Auch Lenins Elektrifizierungsmaßnahmen konnten ihm nicht den Garaus machen. Ivan Ivanyč Samovar band sich eine Strippe um den Bauch und schloß Freundschaft mit der Steckdose. Nur manchmal wird er noch mit Holzkohle beheizt: In ein offenes eisernes Rohr wird glühende Holzkohle gefüllt, auf das ein Schornstein gesetzt wird. Dann prustet und schnaubt der Samovar und um ihn herum versammeln sich seine Freunde, die Menschen.

Samovare sind höchst eigenständige Individuen: Ihre Nase tropft, sie verkalken und sie verlangen nach Aufmerksamkeit. Manchmal explodieren sie auch wutentbrannt, weil Ihre Opulenz, Ivan Ivanyč Samovar, zum Sockentrocknen mißbraucht wurde. Der Samovar gehört in Rußland nicht nur unabdingbar zum gemütlichen Zuhause, sondern er ist auch Symbol der Gastfreundschaft.

Der Samovar – Symbol russischer Gastfreundschaft

genießen. An den Wänden hängen Bilder von einheimischen Künstlern, auf den Fensterbrettern stehen bauchige Samovare, und manchmal spielt ein alter Musiker auf.

In der ul. Karla Marksa (ул. Карла Маркса), einer zur ul. Moskovskaja parallel verlaufenden Straße, steht die alte Maria-Reinigungs-Kirche (4). Sie ist halb verfallen. In der ul. Sverdlova 9 (ул. Свердлова) wurde ein Museum für I. S. Kulikov (5), einem Schüler Ilja Repins, eingerichtet. Ohne Haupt und Glocken ragt die Maria-Entschlafens-Kirche (6) auf. Sie beherbergt einen Betrieb. An ihren Mauern entstanden häßliche Garagen, und die Atmosphäre hat etwas Unheimliches.

Ein alter Wasserturm, nach dem Muromer Ermakov benannt, prägt das Stadtzentrum (7). Alexej Ermakov war zwar nur sechs Jahre lang Stadtoberhaupt, trotzdem vermochte er viel für seine Stadt auszurichten. 1850 wurde er zum Kurator des städtischen Krankenhauses gewählt, wo er auf seine Kosten einen Gebäudeflügel für eine Frauenabteilung sowie eine Apotheke anbauen ließ. Auf seine Initiative wurde 1860 eine Lehranstalt für Mädchen eröffnet. Er bemühte sich um die Restauration des Dreieinigkeitsklosters und anderer Bauten. 1863 wurde er zum Stadtoberhaupt gewählt. Die Stadt bekam eine Wasserversorgung, die im August 1864 in Betrieb genommen wurde und zu der auch der Wasserturm gehörte.

Porträt Alexej Ermakov

Gegenüber vom Wasserturm befinden sich die alten Handelsreihen (8). Buntes Leben beherrscht noch immer ihren Alltag, denn hier befindet sich der Markt von Murom. Schon am frühen Morgen verkaufen Bäuerinnen frische Milch aus großen Glasbottichen, und es duftet nach frischem Brot.

Murom liegt auf sieben Hügeln, und auf einem der Hügel befand sich der alte Kreml. Er schaute auf die Oka und das weite Land und rüstete sich zur Verteidigung, wenn sich Feinde näherten. Doch allmählich verlor er seine Aufgaben und seine Bauten verwahrlosten, bis sie schließlich abgetragen wurden. Ein großer Stadtpark (9) überwucherte die Wunde, und mit der Zeit vergaß man den alten Kreml. Im Park läßt es sich ruhig spazieren, Karussells drehen sich im Wind, und am Ende steht man hoch über der Oka und kann die Aussicht genießen. Etwas unterhalb befindet sich ein Sommercafé. Von hier oben überschaut man auch die lange Brücke, die an das andere Ufer führt. Für Autofahrer ist sie gebührenpflichtig. Nähern sich Schiffe, wird der Verkehr gestoppt und die Brücke geöffnet.

In der ul. Pervomajskaja, die parallel zur Oka verläuft, befindet sich das Heimatkundemuseum (10) von Murom. Eine Ausstellung gibt einen Einblick in die Geschichte des Muromer Gebietes bis in unser Jahrhundert, eine weitere zeigt russische und westeuropäische Kunst vom 15. bis zum 19. Jahrhundert.

Ganz in der Nähe steht das wichtigste architektonische Ensemble von Murom. Das Dreieinigkeitskloster und das Maria-Verkündigungs-Kloster liegen in unmittelbarer Nachbarschaft. Die Maria-Verkündigungs-Kathedrale (11) wurde 1555 gemäß eines Gelübdes von Zar Ivan dem Schrecklichen errichtet, wurde 1664 aber stark umgebaut, so daß sie ihrem Stil nach vollständig dem 17. Jahrhundert angehört. Über dem Sockelgeschoß der im Grundriß nahezu quadratischen Kathedrale befindet sich ein pfeilerloser Innenraum, der von einem Klostergewölbe überdeckt wird. In das Innere der Kathedrale gelangt man durch einen breiten südlichen Treppenvorbau, der von einem dreifachen Zeltdach abgeschlossen wird.

Westlich der Kathedrale steht ein für das 17. Jahrhundert typischer Glockenturm mit Zeltdach, dessen Unterbau aus einem Quader besteht. Sein Glockengeschoß ist als Oktogon ausgebildet. Das Männerkloster wurde als eines der

Das Maria-Verkündigungs-Kloster

Prachtvoll gestalteter Kircheneingang

wenigen während der Sowjetherrschaft nicht zerstört. Die Kathedrale stand den Gläubigen zur Verfügung. In der düster wirkenden Kathedrale des Männerklosters werden die Reliquien von Konstantin, Michail und Fedor aufbewahrt. Sie sollen die Muromer christianisiert haben. Die Nonnen des benachbarten Dreieinigkeitsklosters hüten die Reliquien eines Ehepaares, der Heiligen Petr und Fevronija.

Die Reliquien von Konstantin, Michail und Fedor

Die Hauptbauten des Dreieinigkeitsklosters (12) entstanden im 17. Jahrhundert, die Klosterbefestigungen wesentlich später. Nach der Oktoberrevolution wurde das Kloster geschlossen und erst seit 1992 kann es von den Nonnen wieder genutzt und vor allem restauriert werden. Die Dreieinigkeitskathedrale wurde 1642/43 vom reichen Kaufmann Karas Borisov gestiftet. Dem Hauptbau der Fünfkuppelkirche sind eine Treppenvorhalle, eine Nordkapelle und drei Apsiden angegliedert. Besonders die Apsiden heben sich durch ihren reichen plastischen Dekor hervor. Eine Besonderheit der Kathedrale ist das außerordentlich kräftige und malerische Gebälk mit reichen Kacheleinfügungen mit Tiermotiven. Auf dem Klosterhof steht eine alte Holzkirche aus einem Dorf des Vladimirer Gebietes. Das Ensemble wird vollendet durch die 1648 erbaute Torkirche der Gottesmutter von Kazan (Надвратная церковь Казанской Богоматери), die von einem kleinen eleganten Zeltdach bedeckt wird.

Über dem Oka-Ufer erheben sich zwei weitere Kirchen. Allerdings erinnert nur ihr Äußeres daran, wofür sie einst gebaut wurden. Die Auferstehungskirche (13) und die Kirche der Einführung gehören zu einem Sportkomplex. In ihren Hallen haben ein Sportsaal, ein Boxring, Umkleideräume und eine Sauna Platz gefunden. Am steilen Uferhang überragt die Nikolaj-Kirche am Ufer alte Holzhäuser und bunte Gärten. Zu ihren Füßen fließt die Oka und lädt zu einem Spaziergang am Strand ein. Schon von weitem sind die Schiffe im kleinen Hafen von Murom zu sehen, der von den Kuppeln der alten und der neuen Kosmas-und-Damian-Kirche (14) überragt wird. Kosmas und Damian werden in Ruß-

Die Dreieinigkeits-Kathedrale

land als Schutzheilige der Ärzte verehrt. Beide waren ebenfalls Ärzte und befreiten zeitlebens Kranke unentgeltlich von ihren Leiden. Die näher dem Ufer zugewandte alte Kosmas-und-Damian-Kirche (1569) ist fest verschlossen. Eine steile Holztreppe führt hinauf zur neuen, im klassizistischen Stil gehaltenen Kosmas-und-Damian-Kirche (1804). Das emsige Hämmern und Sägen soll bald beendet sein und die Kirche wieder den Gläubigen übergeben werden.

Auch im unweit gelegenen Christi-Verklärungs-Kloster (15) wird sich in den nächsten Jahren einiges ändern. Im Jahre 1096 wurde zum ersten Mal eine kleine Holzkirche erwähnt. Doch dann ist lange Zeit nichts mehr über die Kirche und das gegründete Kloster zu erfahren. Erst als Zar Ivan der Schreckliche 1552 befahl, eine steinerne Kathedrale inmitten des Klosters zu errichten, tauchte der Name des Klosters wieder in alten Schriften auf. Das Kloster wurde befestigt und auch von Ivans Nachfolgern, Boris Godunov und Michail Romanov, reich beschenkt. Das Kloster erhielt Siedlungen und die Mönche das Recht, in der Oka und in den Seen zu fischen und im Wald zu jagen. Von den alten Baudenkmälern sind jedoch nur wenige erhalten geblieben.

Den Mittelpunkt des Männerklosters bildet die strenge Maria-Verkündigungs-Kathedrale (Благовещенский монастырь). Nördlich befindet sich die Maria-Schutz-Kirche (Покровская церковь) aus dem Jahre 1691. 1725 wurde im Kloster eine Schule für die Kinder der Geistlichen eingerichtet. 1758 entstand ein Glockenturm,

Holzkirche aus einem Dorf des Vladimirer Gebietes

Hoch über der Oka gelegen – die Nikolaj-Kirche

der in der Tradition der Zeltdacharchitektur ausgeführt worden war und 1930 abgerissen wurde. Westlich von der Maria-Verkündigungs-Kathedrale liegen die Gebäude der Mönche, die Ende des 17. Jahrhunderts enstanden. Ende des 19. Jahrhunderts nahm ein Friedhof einen großen Teil des Klostergeländes ein.

1918 wurde das Kloster geschlossen und ein Gefangenenlager eingerichtet. In den 30er Jahren wurde es der Militärverwaltung übergeben. Erst 1995 belebten Mönche das Kloster wieder. Eine alte Bäckerei bäckt in einem der alten Gebäude weiterhin das leckerste Brot der Welt.

Bahnhof und Busbahnhof liegen nur etwa 15 Minuten Fußweg voneinander entfernt. Züge verkehren nach Moskau, Kazan, St. Petersburg und in andere Städte des Landes. Busse verkehren wesentlich häufiger als Züge und sind zudem preiswerter. Der Busbahnhof an der ul. Moskovskaja (ул. Московская) ist von 7.30 bis 2 Uhr geöffnet. Busverbindungen bestehen nach Nižnij Novgorod, Rjazan', Moskau, Vladimir, Suzdal' und Ivanovo. Im Bahnhof stehen eine Gepäckaufbewahrung und Schließfächer zur Verfügung.

Im Busbahnhof kann das Gepäck beim Dispatcher abgegeben werden.
Da Murom bis vor kurzem eine ›geschlossene‹ Stadt war, stehen nur wenige Übernachtungsmöglichkeiten zur Verfügung. Da sich gerade in dieser Stadt vieles sehr schnell entwickelt, holt man sich am besten im Servicebüro im Bahnhof die neuesten Informationen ein. Das Büro hat täglich von 8 bis 12 Uhr und von 14 bis 19 Uhr geöffnet. Hotels, manchmal auch Privatunterkünfte, sowie Exkursionen werden gern vermittelt.

Direkt am Busbahnhof, ul. Moskovskaja 87 (ул. Московская), Tel. 4 28 12, befindet sich das Hotel ›Rus'‹ (Русь). Pro Person kostet eine Übernachtung etwa 13 Dollar.
Ähnlich sind die Preise im Hotel ›Lada‹ (Лада), ul. Moskovskaja 43 (ул. Московская), Tel. 2 11 80/ 3 11 71. Die Atmosphäre in dem kleinen Haus ist wesentlich angenehmer. Ein kleines Café hat von Mo bis Fr von 8 bis 23 Uhr und Sa und So von 11 bis 23 Uhr geöffnet, so daß auch das Frühstück gesichert ist.
In Murom gibt es keine Jugendherberge.

In Murom gibt es mehr als genug Cafés und Restaurants. Einige seien an dieser Stelle empfohlen. In der ul. Moskovskaja 14 (ул. Московская), täglich von 10 bis 16 Uhr und von 18 bis 24 Uhr, Mo von 10 bis 16 Uhr geöffnet, verwöhnt das Restaurant ›Traktir‹ (Трактир) mit russischen Gerichten in einem nostalgischen Ambiente. Gut speisen läßt sich auch im Restaurant ›Zolotoj Telec‹ (Золотой Телец/›Goldener Stier‹), ul. Moskovskaja 80 (ул. Московская).Etwas einfacher und preiswerter sind das Café ›Slavjanskaja‹ (Славянская), ul. Moskovskaja 3 (ул. Московская) und das Stehcafé ›Pogrebok‹ (Погребок) gleich daneben, geöffnet täglich von 8.30 bis 14 Uhr und von 15 bis 19 Uhr.

Ein kleiner Buchladen ist in der ul. Moskovskaja 16 (ул. Московская) Mo bis Fr von 9 bis 18 Uhr und Sa bis So von 9 bis 14 Uhr geöffnet. Ansonsten sind entlang der ul. Moskovskaja alle möglichen Geschäfte zu finden.

Das Heimatkundemuseum von Murom zeigt zwei Ausstellungen: eine über altrussische Kunst sowie die Geschichte Muroms und seines Gebietes und eine Austellung zu russischer und westeuropäischer Kunst des 15.–19. Jahrhunderts. Das Museum befindet sich in den Gebäuden der ul. Pervomajskaja 4 und 6 (ул. Первомайская) und ist Di bis Mi von 10 bis 16 Uhr und Do bis So von 10 bis 17 Uhr geöffnet.
Ein kleines Haus in der ul. Sverdlova 9 (ул. Свердлова) ist dem Leben und Wirken des Malers I. S. Kulikov gewidmet. Geöffnet Di bis Fr und So von 10 bis 16 Uhr.

Die Wundertätigen Petr und Fevronija

Vor etwa sieben Jahrhunderten regierte im alten Murom der Fürst Pavel, der gemeinsam mit seinem jüngeren Bruder leidenschaftlich gern zur Jagd in die tiefen Wälder des Landes ausritt. Dort wohnte der Teufel, der es nicht ausstehen konnte, wenn die Menschen fröhlich waren. In seiner Wut verwandelte er sich in einen abscheulichen Drachen und flog zur Fürstin Marija, die sich sehr nach dem Fürsten Pavel sehnte. Der Drache setzte sich an das Fenster der Fürstin Marija und nahm die Gestalt des Fürsten an.

Als der Fürst von der Jagd zurückkehrte, bemerkte er, daß seine Gemahlin während seiner Abwesenheit ihre jugendliche Schönheit verloren hatte. Sie klagte ihm ihr Leid vom Erscheinen des Drachens in Fürstengestalt. Der Fürst schenkte ihr zunächst keinen Glauben, doch dann entdeckte er die riesigen Fußtapsen auf dem Fensterbrett. Erst jetzt schwor der Fürst Rache.

Er hieß seine Gemahlin, den Drachen beim nächsten Treffen zu fragen, wie man ihn töten könne.

Der Drache sagte der Fürstin, daß ihn nur der Bruder ihres Mannes mit dem Agrikovschwert töten könne. Daraufhin ging der Fürst zu seinem jüngeren Bruder Petr. Ohne lange zu zögern, willigte er ein, den Drachen zu töten. Doch woher sollte er das unbekannte Agrikovschwert nehmen?

Petr sattelte sein Pferd und durchquerte lange das Land an der Oka, bis er zu einer einsamen Kirche gelangte. Er band sein Pferd an einer Birke fest und betrat die Kirche, um zu beten. Als sein Blick den Ikonostas streifte, erblickte er einen lieblichen Engel, der in seinen Händen ein schlankes Schwert hielt. Solch ein Schwert benötigte er, um den Drachen zu töten. Kaum hatte er das gedacht, als sich der Engel näherte und ihn aufforderte, ihm zu folgen. Er entnahm aus einer goldenen Truhe ein Schwert und überreichte es Petr. Einem Wirbelwind gleich fegte dieser in den Fürstenpalast und nahm den Kampf mit dem Drachen auf. Doch er wagte es nicht, den todbringenden Schlag auszuführen, denn er wußte nicht, ob es sein Bruder oder sein Gegner in Gestalt seines Bruders war. Als er die Ikone der Gottesmutter an der Wand des Fürstengemachs erblickte, wußte er, daß sie ihm zur Hilfe kommen würde. Der Drache erschien zum Kampf, sie wandte ihren Blick ab, und der junge Fürst Petr konnte den Drachen töten.

Aus dem Maul des Drachen schoß jedoch eine schwarze Flüssigkeit, die den Fürsten bespritzte. Sein Körper bedeckte sich von Kopf bis Fuß mit eitrigen Geschwüren. Kein Arzt, kein Wunderheiler des Landes wollte ihn berühren, keiner konnte ihn heilen. Eines Tages entdeckte sein Diener ein Dorf, in dem Kräuterkundige und Einsiedler mit magischen Kräften lebten. Einer wies ihn zu einer alten

Ikone der Wundertätigen Petr und Fevronija

Hütte, die sich am Rande der Siedlung duckte. Der Diener trat ein und traf eine junge Frau an, der man wundertätige Kräfte nachsagte. Sie befahl dem Fürsten, in die Banja zu gehen und sich mit einer von ihr gereichten Flüssigkeit einzureiben. Der Fürst versprach, ihr zum Dank alle Wünsche zu erfüllen, sollte sie ihm helfen können. Sie wünschte sich, seine Frau zu werden. Der Fürst sträubte sich zunächst, doch seine quälenden Wunden ließen ihn schließlich das Versprechen geben. Der Fürst tat wie ihm befohlen und genas. Er überhäufte die Wunderheilerin namens Fevronija mit Gold und Silber und reiste ab, ohne jedoch sein Versprechen eingehalten zu haben. Als er seine Fürstengemächer betreten hatte, überdeckte sich sein Körper erneut mit dem Leiden. Er kehrte zu Fevronija zurück, erkannte plötzlich ihre Schönheit und hielt Hochzeit mit ihr.

Stolz führte er sie nach Hause. Sein Bruder, Fürst Pavel, und dessen Gemahlin Marija begrüßten das Paar herzlich, doch die Bojaren und ihre neidischen Weiber stellten sich gegen Fevronija. Sie wollten sie nicht als Fürstin anerkennen, denn sie war von niederem Geschlecht. Fevronija willigte ein, den Hof zu verlassen, allerdings nicht ohne den Fürsten Petr, den sie liebte.

So verließen der Fürst Petr und Fevronija Murom. Lange waren sie auf Reisen. Die Bojaren bekriegten sich untereinander und wollten niemanden zum neuen Fürsten wählen. Ein Diener machte sich auf die Suche nach dem Fürsten Petr und bat ihn, zurückzukehren. Er antwortete stolz, daß nur Fevronija ihn dazu bewegen könnte. Fevronija war weise und konnte verzeihen. So kehrte das Paar glücklich zurück nach Murom und war für seine Regierung voller Güte und Liebe bekannt.

Als die beiden alt geworden waren, baten sie Gott darum, gemeinsam sterben zu dürfen und zusammen begraben zu werden. Fevronija wurde Nonne, Petr Mönch. Ihre Reliquien wurden nach ihrem Tode gemeinsam aufbewahrt. Sie sind in der Dreieinigkeitskathedrale zu sehen. Petr und Fevronija wurden 1552 von der russischen Kirche heiliggesprochen und gelten als Schutzheilige der Ehe.

»Gleich einem Becher goldenen Weines, der einen Sonnenstrahl eingefangen hat, erstrahlte dieser Morgen. Noch schwieg die weite Welt mit den grauen Hütten im Vordergrund, den in Nebel gehüllten Wäldern dahinter und dem Morgenrot darüber. Durch die bewaldete Talsenke mußte wohl ein Fluß ziehen, denn nur er konnte diese aufragende Zickzackschwade milchigen Nebels hervorbringen, die da

in die Waldesschwärze eingebettet war. In der Ferne ragte aus dem Nebel ein Kirchturm.«

Vladimir Solouchin, ›Feldwege von Vladimir‹

Das Vladimirer Land

Reise in die Vergangenheit

Inmitten von fruchtbaren Feldern und dunklen Wäldern liegen die alten Städte des russischen Nordostens. Fernab von der südlichen Hauptstadt Kiev führten sie einst ein unabhängiges Leben nach ihren eigenen Gesetzen und widersetzten sich lange Zeit der Kiever Herrschaft und der Einführung des Christentums. Berühmt wurden sie vor allem durch die Bautätigkeit ihrer Fürsten, welche sich seit Mitte des 12. Jahrhunderts in diesen Gebieten ansiedelten, den Widerstand der alteingesessenen Bojarenschaft brachen und zahlreiche neue Städte gründeten.

Von Macht und Reichtum der nordostrussischen Fürsten zeugen die wie durch ein Wunder erhalten gebliebenen, von feinen Reliefs überzogenen Kirchen ›aus weißem Stein‹. In Vladimir, in Bogoljubovo und in Kidekša an der Nerl', in Pereslavl'-Zalesskij und in Jur'ev-Pol'skij erzählen sie von der Blüte der altrussischen Baukunst vor dem Einfall der Tataren. Geprägt wird das Bild jener Städte auch von den unzähligen Kuppeln und Türmen der Bauwerke aus dem 17. und 18. Jahrhundert, die ihnen im Zusammenspiel mit der idyllischen Landschaft oftmals ein märchenhaftes Aussehen verleihen. Am Ufer von Flüssen und Seen gelegen und industriell und kulturell wenig entwickelt, scheinen sie den Traum vergangener Jahrhunderte zu träumen.

Inmitten von weißem Stein

Daß viele von ihnen wie lebendige Museen wirken und das Herz aller Rußlandschwärmer erfreuen, ist kein Zufall, liegen sie doch auf der klassischen Reiseroute des ›Goldenen Rings‹. Sie wurden als Touristenstädte der Sowjetunion ausgesucht und sollten mit ihren sorgfältig restaurierten Baudenkmälern das Kulturerbe eines Landes repräsentieren, in dem Hunderte von Kirchen zerstört und fremdgenutzt wurden. Heute, da die staatlich gelenkten Tourismusströme versiegen, wird der Zwiespalt eines solchen Umganges mit Geschichte und Gegenwart spürbar. Viele der kleinen Städte liegen in stiller Selbstbeschaulichkeit versunken da – mit Ausnahme der Gouvernementshauptstadt Vladimir – und bieten dem fremden Auge eine trügerische Idylle, die wenig über das heutige Leben ihrer Bewohner aussagt. Eine Reise durch das Vladimirer Land ist vor allem eine Reise in die Vergangenheit zu den Schätzen ehemals blühender Städte.

Rostov Velikij (Ростов Великий)

Nur wenige Städte der Rus' erhielten den Beinamen ›velikij‹ (groß), und das bedeutungsvolle Wort zeugt von einer ruhmreichen Vergangenheit. Eindrucksvoll belegt der Anblick des mächtigen Kremls, der sich unvergleichlich schön am Nordwest-Ufer des Nero-Sees erhebt, die Berechtigung dieses Beinamens. Die Stadt, die halbkreisförmig das Zentrum umschließt, kann man innerhalb eines Tages von einem Ende zum anderen durchwandern. Doch lädt ihr Charme zum Verweilen ein – das viele Grün, welches das Stadtbild bestimmt, die Morgenstimmung am See, der Klang der berühmten Kreml-Glocken, dessen Zauber sich allabendlich über die Stadt legt. Die nächstgrößere Stadt ist das 58 Kilometer entfernte Jaroslavl'.

Geschichte der Stadt

Rostov blickt auf eine mehr als tausendjährige Geschichte zurück. Weit weg von Kiev, der Hauptstadt der Rus', existierte in dem Gebiet ›hinter den Wäldern‹, im ›Zaless'e‹, eine blühende und stolze Stadt, die in der ›Chronik vergangener Jahre‹ erstmalig 862 erwähnt wurde. Bevor im 9. Jahrhundert die ersten slavischen Stämme in das Land kamen, siedelten hier die Meren, ein finno-ugrischer Stamm. Aus ihrer Sprache haben sich viele Orts- und Landschaftsbezeichnungen erhalten, so auch der Name des Sees Nero, an dessen Ufer die Stadt entstand.

Rostov wurde im 10. Jahrhundert zum Zentrum des Zaless'er Landes. Es wurde 988 einem Kiever Fürstensohn, dem später berühmten Jaroslav dem Weisen, zugesprochen und ging bei der Teilung der Rus' 1054 an seinen Sohn Vsevolod. Doch eigentlich interessierten sich die Kiever Fürsten wenig für das abgelegene Land und ließen es durch Statthalter verwalten. Auch reagierte die Bevölkerung sehr unwillig auf die Machtansprüche der entfernten Fürsten. Die Bojaren hatten sich über Jahrzehnte an ihre Unabhängigkeit ge-

Nach Rostov Velikij!

wöhnt, und die ›veče‹, die Volksversammlung, hatte einen großen Einfluß in der reichen Handelsstadt.

Das Christentum hatte in Rostov, das später zu einem bedeutenden Kirchenzentrum werden sollte, zunächst einen schweren Stand. Der erste von Kiev eingesetzte Bischof, Leontij, wurde 1071 von den Verteidigern der alten Bräuche umgebracht, und die Kirche konnte sich danach siebzig Jahre lang nicht entschließen, einen neuen Bischof zu entsenden. Auch die Fürsten, die seit dem 12. Jahrhundert begannen, sich mehr auf die ererbten Fürstentümer zu konzentrieren, mieden die alte Hauptstadt und wählten ihren Sitz in anderen Städten: Jurij Dolgorukij (1125–1157) in Suzdal' und Andrej Bogoljubskij (gest. 1175) in Vladimir.

Bis in die Anfänge des 13. Jahrhunderts gehörte die eigenwillige Stadt zum Fürstentum Vladimir-Suzdal', das nach dem Tod Vsevolods III. (1212) in Teil-

Rostov Velikij

Legende

1 ehemaliges Knabengymnasium (Бывшая мужская гимназия)

2 Kreml (Кремль)

3 Kaufhof (Гостиный двор)

4 Erlöserkirche am Markt (церковь Спаса на Торгу)

5 Stadtpark (Городской парк)

6 Kirche des Seligen Isidor (церковь Вознесения с приделом Исидора Блаженного)

7 Abraham-Kloster (Авраамиев монастырь)

8 Erlöser-Jakob-Kloster (Спасо-Яковлевский монастырь)

fürstentümer unterteilt wurde. Rostov wurde unter Konstantin Vsevolodič zur Hauptstadt eines eigenen Fürstentums, zu dem Jaroslavl', Uglič, Beloozero und Ustjug gehörten. Die Stadt erlebte eine kurze Blüte. Ihr Bild wurde geprägt vom Fürstenhof, vornehmen Bojarenhäusern, einem großen ›veče‹-Platz bei der Maria-Entschlafens-Kathedrale und den Vorstädten der Kaufleute und Handwerker. In der Baukunst bildete sich parallel zur Suzdal'-Nižnij-Novgoroder Schule die Rostov-Jaroslavler Schule heraus, die sowohl die Stein- als auch die Ziegelbauweise anwandte. Doch das Schicksal vieler Fürstentümer der Rus' ereilte auch Rostov; es zerfiel in noch kleinere Einheiten, und im Jahre 1238 standen die Tataren vor den Toren der Stadt. Rostov wurde mehrere Male zerstört und spielte wiederholt eine wichtige Rolle im Widerstand gegen die Eroberer. Im Laufe des 14. Jahrhunderts verlor es zunehmend an politischer Bedeutung.

Die Maria-Entschlafens-Kathedrale

Unterdessen stieg Moskau auf und faßte über eine geschickte Heiratspolitik auch im Zaless'e Fuß, das in Hunderte von Kleinfürstentümern zersplittert war. »Im Rostover Land sitzt in jedem Kaff ein Fürst«, beschreibt ein Sprichwort jener Zeit die Situation. Als sich die alte Stadt 1474 endgültig Moskau unterordnete, war das weltliche Spiel für immer verloren. Dafür entwickelten sich die geistigen und geistlichen Kräfte um so stärker, deren Werke bis heute das Erscheinungsbild der Stadt prägen. Rostov, bisher Zentrum eines Bistums, stieg Anfang des 16. Jahrhunderts zum Erzbistum auf und erhielt Ende des Jahrhunderts den Metropolitenrang.

Vom Reichtum der Metropoliten, die über weite Ländereien, Wälder und Dörfer mit Leibeigenen verfügten, zeugt die rege Bautätigkeit des 17. Jahrhunderts. In dieser Zeit entstand das gewaltige Ensemble des Kremls, der als Metropolitensitz genutzt wurde. Der ehemalige Fürstenhof war, wie auch große Teile der Stadt, in der Zeit der Wirren von polnischen Truppen zerstört worden. Auch die Erdwälle, die noch heute die Innenstadt wie ein Ring umschließen, stammen aus den 30er Jahren des 17. Jahrhunderts. War ihre Errichtung eine Reaktion auf die Plünderungen während der ›Zeit der Wirren‹ oder diente sie eher dem Schutz der Kirchenreichtümer? Die Wälle erfüllten wohl beide Funktionen. 1701 ließ Metropolit Dmitrij Rostovskij im Kreml eine Griechisch-Latein-Schule eröffnen, und auch eines der ersten russischen Theater entstand auf Initiative des bühnenbegeisterten und engagierten Metropoliten.

Einen erneuten Einschnitt im Leben der Stadt führte die Regierungszeit Peters des Großen herbei. Baukräfte wurden abgezogen und die Kirche durch die Nationalisierung ihrer Ländereien geschwächt. Mit der Verlegung der russischen Hauptstadt in den Norden nach Petersburg ging auch der Handel andere Wege. Administrativ wurde Rostov der Pereslavl'-Zalessker Provinz zugeschrieben. Ein Zwischenspiel gab es, als das alte Kirchenzentrum zum Flucht- und Sammelpunkt der Gegner der Reformen Peters I. wurde. Anführer war der Nachfolger Dmitrij Rostovskijs, der Erzbischof Dosifej, der 1714 gefangengenommen und verurteilt wurde. 1787 wurde der Metropolitensitz in die Gouvernementshauptstadt Jaroslavl' verlegt. Der Kreml war verwaist, und man versuchte, seinen Verfall aufzuhalten, indem man verschiedene Institutionen in seinen Mauern ansiedelte und einen Teil der Gebäude als Speicher nutzte. Die Stadtväter kamen sogar auf den Gedanken, den nun nutzlosen Komplex einfach abzureißen.

›Dmitrij Rostovskij jun.‹

Abwechslung in das Leben der immer mehr zur Provinz verkommenden Stadt brachte die alljährliche Frühjahrsmesse, die hier seit dem frühen Mittelalter abgehalten wurde. Sie stellte auch den einzigen Ansporn für weitere Bautätigkeit dar, weil Katharina II. bei einem Besuch befand, daß die Stadt für ein Messezentrum nicht ansehnlich genug sei. Die Zarin beauftragte den Gouverneur, Einfluß auf die Wohlhabenden der Stadt zu nehmen, damit diese mehr Häuser aus Stein errichteten. Die Messe brach jedoch Mitte des 19. Jahrhunderts zusammen, als die Eisenbahnlinie von Moskau nach Jaroslavl' gelegt wurde. Von nun an waren mit dem Namen Rostov nur noch Gartenbau und Landwirtschaft, deren Erzeugnisse in die Metropolen gebracht wurden, verbunden. Daran hat sich auch in der heutigen Zeit nicht viel geändert. Rostov ist mit 36 000 Einwohnern Zentrum eines landwirtschaftlich geprägten Bereiches, in dem es wenig Industrie gibt – eine Flachsspinnerei, eine Kaffee- und eine Melasse-Fabrik und ein Aggregate-Werk. Berühmt ist die Stadt durch das von alters her bekannte Rostover Email und die gut erhaltenen Zeugnisse einer reichen Geschichte.

Russische Glocken – Symbol der Hoffnung und Zukunft

Der russische Regisseur Andrej Tarkovskij (1932–1986) schildert in seinem filmischen Fresko ›Andrej Rublev‹ die Odyssee des Ikonenmalers Andrej Rublev (ca. 1360–1430) in einer Epoche, in der Rußland immer wieder von Tataren überfallen wurde, in der Gewalttätigkeiten den Alltag bestimmten und in der Menschenleben bedeutungslos waren. Der Mord, den er an einem Tataren, der während des Überfalls auf die Kathedrale ein schwachsinniges Bauernmädchen angegriffen hatte, begangen hatte, bewegte den Mönch und Ikonenmaler Andrej Rublev zu einem Schweigegelübde. Erst der machtvolle, leidenschaftliche Klang einer Glocke, welche der junge Glockengießer Boriska zum Leben erweckt hatte, vermochte es, sein Schweigegelübde zu brechen.

»Und endlich bricht der langerwartete Tag an. ... Bereits seit dem frühesten Morgen ist der Platz um die Glockengrube schwarz von Menschen, und immer mehr Leute erscheinen. Soweit das Auge reicht, drängt sich das Volk von allen Seiten um den Platz. Moskauer und die Bevölkerung der umliegenden Ortschaften, alle wollen sie Zeugen eines Schauspiels sein, das triumphal und groß ist wie nur wenige im Leben. ... Hunderte von Armen werden angespannt, Hände umklammern die Griffe der Tore, Blut schießt in die Köpfe, Venen treten hervor. Wie Saiten spannen sich singend die mächtigen Seile. Und da ist kein einziger Mensch, der kalt und gleichgültig bliebe unter den vielen, die darauf warten, daß die neue Glocke, Symbol der Hoffnung und Zukunft, über der Erde erscheint. ... Und jetzt zeigt sie sich über der Grube. Langsam, als käme sie widerwillig, feierlich schaukelnd, hervor, wächst sie aus ihr heraus, zum Staunen und zur Freude des Volkes. ... Ein ungeheurer, voller und tiefer Ton löst sich von der erzitternden Glocke und steht, hörbar bis in die hintersten Reihen, zauberhaft schwebend über der reglos staunenden Menge.
... Der zweite Schlag weckt vielstimmiges Glockenecho, ein regelloses, freudiges Antwortgeläut.
... Die glücklichen Menschen winken und schreien, reißen die Mützen vom Kopf und bekreuzigen sich, den Kuppeln des Kremls zugewandt.«
(Andrej Tarkovskij: Andrej Rublev)

Viele Jahrhunderte begleitete Glokkengeläut das russische Leben. Glocken kündigten die Geburt eines Menschen an, luden zu Festen und Märkten ein, läuteten zum Morgen- und Mittagsgebet und betrauerten die Toten. Glocken wiesen verirrten Wanderern den Weg, riefen zu Versammlungen auf und warnten vor

Glockengeläut. Aus: Adam Olearius »Vermehrte Moscowitische und Persianische Reisebeschreibung«, 1656

drohendem Unheil. Sie begleiteten die Soldaten in den Kampf, beklagten Gefallene und begrüßten jene, die siegreich aus der Schlacht zurückgekehrt waren. Gewöhnlich wurden die Glocken bei der Eroberung von Städten fortgeschleppt, wußte man doch um ihre geheimnisvolle Macht. Ivan III. befahl 1478 demonstrativ, die Sturmglocke von Novgorod nach Moskau zu schaffen. Boris Godunov ließ die Glocke von Uglič öffentlich auspeitschen, sie nach Sibirien verbannen und ihr den Klöppel herausreißen. Der russische Schriftsteller und Revolutionär Alexander Herzen nannte im 19. Jahrhundert seine in der Emigration erscheinende Zeitung ›Die Glocke‹. Viele russische Komponisten ließen in ihren Werken Glocken erklingen: Glinka, Mussorgskij, Rimskij-Korsakov, Rachmaninov, Tschaikowski. Besonders beeindruckend sind die Glockenpartien in den Opern ›Chovanščina‹ und

›Boris Godunov‹ von Mussorgskij.
Die ersten russischen Glocken stammten wahrscheinlich von byzantinischen Meistern, nach deren Vorbild sich bald eine nationale Tradition der Glockengießerei entwickelte.
Das Glockengießen erforderte große Kunstfertigkeit, die von Generation zu Generation weitergegeben wurde. Im Unterschied zu anderen Ländern zeichneten sich russische Glocken dadurch aus, daß nur der Klöppel, nicht aber die Glocke schwang. Dadurch konnten riesige Glocken gegossen werden, die einen großartigen, vollen Klang gaben.
Die russischen Glocken waren auf das engste mit der Geschichte und dem Leben des Volkes verbunden. Unter Peter I. ereilte sie ein trauriges Schicksal: Sie wurden zu Kanonen umgegossen. In den 20er und 30er Jahren unseres Jahrhunderts wurden die Glocken von den Türmen heruntergestürzt. Jahrzehntelang verstummte in Rußland das festliche Geläut.
Eine der bekanntesten Losungen des Jahres 1927, ›Glocken in den Industrialisierungsfond des Landes‹, läutete eine Epoche ein, in der die Glocken eingeschmolzen wurden. Nur wenige Meisterwerke der alten Gießereikunst konnten gerettet werden. Glockengeläut wurde verboten, und erst während der Tauwetterperiode unter Chruščev Ende der 50er/Anfang der 60er Jahre war ihr Klang wieder zu vernehmen.

Glockenstuhl der Maria-Schutz-Kirche an der Nerl'

Mit Perestrojka und Glasnost' wurden auch die alten Traditionen wiederbelebt. Seit 1989 finden im Mai die russischen Glockenfestivals statt. In verschiedenen Städten treffen sich Glöckner und lassen die Glocken erklingen.

Ein Rundgang

»Jemand klopft ans Fenster. Keti schaut hinaus. Unterm Fenster steht eine alte Frau in wunderlichem Aufzug, mit zwei Koffern in der Hand. ›Sagen Sie, führt diese Straße hier zur Kathedrale?‹, fragt sie. Keti begreift nicht, starrt die Unbekannte an. ›Ich frage, ob diese Straße zur Kathedrale führt‹, wiederholt die Alte fordernd und ungeduldig. ›Nein, das hier ist die Warlaam-Arawidse-Straße, die führt nicht zur Kathedrale.‹ Die Unbekannte hebt verwundert die Brauen: ›Wozu ist sie denn da? Wozu eine Straße, wenn sie nicht zur Kathedrale führt?‹ Sie dreht sich um und geht davon – stolz, unabhängig – die lange, in unbekannte Fernen führende Straße entlang.«

(Schlußszene des Filmes ›Die Reue‹ von Nana Dshanelidse, Reso Kweselawa und Tengis Abuladse)

In dem ringförmig am Ufer des Nero gewachsenen Rostov führen alle Straßen zur Kathedrale. Doch zu welcher? Eine Vielzahl mächtiger Kuppeln drängt sich innerhalb der Kreml-Mauern aneinander. Ihr harmonisches Zusammenspiel jedoch ergibt sich durch die Orientierung auf eine einzige Kathedrale, deren Sonderstellung auch dadurch betont wird, daß sie durch eine Mauer vom eigentlichen Metropolitenhof getrennt ist. Die Maria-Entschlafens-Kathedrale ist seit dem 12. Jahrhundert die Hauptkathedrale der Stadt; hier trafen sich die Bürger auf dem ›veče‹-Platz; sie symbolisierte das Selbstbewußtsein des erblühenden Rostovs. Als im 17. Jahrhundert der Metropolitenhof in seiner jetzigen Form erbaut wurde, bezo-

Das Erlöser-Jakob-Kloster am Ufer des Nero-Sees

gen sich die Architekten auf die benachbarte Kathedrale. Auf diese Weise entstand ein einmaliges Ensemble, dessen Harmonie und Schönheit sich am besten vom See, beziehungsweise der dem Kreml gegenüberliegenden Insel aus erfassen läßt. Fischer bieten gegen ein Entgelt gerne ihre Dienste an.

Lenin in Gesellschaft der schönen Musen

Der Blick lohnt die Mühe: Oberhalb kleiner Gärten und Hütten, die sich an die Erdwälle schmiegen, erhebt sich der weiße Kreml mit der Pracht seiner unzähligen Kuppeln und Türme. Abgerundet wird das Bild durch die Silhouette zweier Klöster, die die Stadt begrenzen: links liegt das Erlöser-Jakob-Kloster und rechts das Abraham-Kloster. Beide sind vom Zentrum aus in etwa einer halben Stunde zu erreichen. Genauso weit ist der Weg vom an der nördlichen Peripherie gelegenen Bahnhof zum Ufer des Nero. Die Achse ist hier die beschaulich wirkende ul. Lunačarskogo (ул. Линачарского), in der sich in einem schönen Holzhaus die komfortable Jugendherberge der Stadt befindet.

Nach der Okružnaja ul. (ул. Окружная) geht die ul. Lunačarskogo über in die ul. Belinskogo (ул. Белинского). Hier fällt das schöne klassizistische Gebäude des ehemaligen Knabengymnasiums auf (1). Lenin erscheint hier in Gesellschaft der schönen Musen, in dem Haus fand nämlich 1917 die erste Sitzung des Rostover Sowjets, des Rates der Arbeiterdeputierten, statt. Hinter den Wällen erstrecken sich große Freiflächen. Rechts liegt der pl. Oktjabr'skoj revoljucii (пл. Октябрьской революции) mit einem kleinen Teich und dahinter der Sobornaja pl. (Соборная пл.), wo die fast einen Kilometer langen Mauern des Kremls (2) beginnen. Hier befindet sich auch der Eingang zur Maria-Entschlafens-Kathedrale, mit deren Besichtigung die Bekanntschaft mit diesem Architektur-Ensemble unbedingt beginnen sollte.

Die gewaltige Sechspfeilerkirche mit den drei Apsiden und fünf großen Zwiebelkuppeln, die wahrscheinlich Anfang des 16. Jahrhunderts errichtet wurde, beeindruckt vor allem durch ihre Proportionen. Im Grundriß bildet sie ein Rechteck mit 20 mal 30 Meter langen Seiten, ihre Höhe umfaßt mit dem Kreuz 60 Meter. Die Fassade ist durch Lisenen gegliedert und wird durch kielförmige Sakomare abgeschlossen. Den einzigen Dekor stellt ein breiter Blendbogenfries in der Horizontalen dar, der sich an den Trommeln wiederholt. In den geräumigen und hohen Innenraum fällt nur sehr wenig Licht, wodurch die geheimnisvolle Wirkung der alten Fresken verstärkt wird. Diese stammen aus den 60er und 70er Jahren des 17. Jahrhunderts und wurden von einer Malergenossenschaft aus Kostroma unter Leitung von Gurij Nikitin und Sila Savin angefertigt. Der holzgeschnitzte, vergoldete Ikonostas entstand in der ersten Hälfte des 18. Jahrhunderts. In der Kathedrale befinden sich die Gräber weltlicher und kirchlicher Herrscher; auch der Erbauer des Rostover Kremls, der Metropolit Jona Sysoevič, wurde hier bestattet.

Die Komposition der Kathedrale orientiert sich an der Fünf-Kuppel-Komposition der Maria-Entschlafens-Kathedrale im Moskauer Kreml, während die rahmenartige Gliederung der Fassade und das horizontale, die Lisenen überschneidende Gesims eher an die Erzengel-Kathedrale erinnern. Doch die Zeichen der jungen Moskauer Architekturschule überschneiden sich mit den Einflüssen der alten Vladimirer Baukunst. So entstammen der Vladimirer Schule die Unterteilung der Fassade in unterschiedlich breite Wandabschnitte, wie dies an der südlichen und nördlichen Wand zu sehen ist, und die Anordnung der Fenster oberhalb der Blendarkatur.

Berühmt ist auch der Glockenturm der Kathedrale, der in den Jahren 1682–1687 nach dem Vorbild des Ivan Velikij im Moskauer Kreml erbaut wurde. Er besteht aus einer Glockenwand mit drei Bögen und einem Turm, in dem die größte Glocke aufgehängt ist. Hohlräume innerhalb des Bauwerkes sorgen für eine gute Resonanz. Das mehrstimmige Geläut der Rostover Glocken erklingt jeden Abend kurz vor 17 Uhr. Die Glöckner der Kathedrale entwickelten im Laufe der Jahrhunderte eine große Kunstfertigkeit des Glockenspiels und erfanden verschiedene Klangvariationen, die zu speziellen Anlässen ertönten. Der sogenannte Jona-Klang ist der strengste, klarste und feierlichste. Seit 1731 hörte man in der Stadt den Akim-Klang, der den Eindruck eines Festzuges vermittelte. Unter Peter I. setzte sich der Jegor-Klang durch, bei dem drei große Glocken einen harmonischen, gleitenden Rhythmus erzeugen, begleitet vom fröhlichen Klang der kleineren Glocken. Auch der Jonathan-Klang vom Ende des 19. Jahrhunderts setzte auf das Zusammenspiel der kleinen Glocken, die eine fröhliche und festliche Stimmung verbreiteten, während die mittleren Glocken die Melodie trugen. Für alle diese Klänge, mit Ausnahme des Alltags-Klanges, waren mindestens fünf Glöckner im Einsatz.

Die den Gläubigen heute wieder zugängliche Maria-Entschlafens-Kathedrale ist von dem in den Jahren 1670–1683 erbauten Metropolitenhof durch eine niedrige Mauer abgetrennt. Das benachbarte, noch heute als Museum genutzte Ensemble bezieht sich jedoch in faszinierender Weise auf sie. Der mittlere Platz auf dem Kremlgelände, der im Schnittpunkt verschiedener optischer Linien liegt, korrespondiert mit dem Standort der Kathedrale. Die Torkirchen ahmen den Baustil, die Form der fünf Kuppeln und den Sakomare-Abschluß nach. Zudem wird an den meisten Kirchen das Motiv der Blendarkaden wiederholt. Das nördliche Tor öffnete sich in Richtung der Kathedrale und war früher mit ihr entlang der Glockenwand durch einen gepflasterten Weg verbunden, den der Metropolit vor den Gottesdiensten abschritt. Auf der gegenüberliegenden Seite schließt sich, ebenfalls durch eine Mauer abgetrennt, der ehemalige Metropolitengarten an. Umgeben wird der ganze Komplex von einer 12 Meter hohen und 2 Meter starken Mauer, die ihm den Eindruck einer Festungsanlage verleiht. Jedoch fehlen für die Verteidigung wichtige Elemente. So gibt es in den Türmen keine Plattformen, von denen aus man aus den unteren Räumen hätte feuern können, in fast alle Wände sind Fenster eingelassen, und selbst die Schießscharten scheinen eher als dekorative Elemente zu dienen.

Der Hang zu Dekor und zu malerischen, stilisierten Ansichten war eine für das ausklingende 17. Jahrhundert typische Erscheinung, die mit dem Säkularisierungsprozeß einherging. Funktionale Elemente traten immer mehr zugunsten der ästhetischen zurück. Im Licht der Säkularisierung ist auch die Anordnung der anderen Kirchen zu sehen, die nicht das Zentrum des Geländes einnehmen, sondern an die Peripherie ›zurückweichen‹. Sie alle sind entweder in die Festungsmauer eingebaut oder grenzen an sie. Alle Kirchen des Kremls sind zweigeschossig. Im Erdgeschoß lagen die Wirtschaftsräume, während sich der eigentliche Kirchenraum im oberen Stockwerk befand. Eine weitere Besonderheit zeichnet die fünf Gotteshäuser aus: Der traditionelle Ikonostas ist durch eine steinerne Altarscheidewand ersetzt.

Betreten wird das Gelände durch das Westtor von der ul. 50-letija oktjabrja (ул. 50-летия октября), dessen Torkirche, die Kirche Johannes' des Evangelisten, viele Gemeinsamkeiten mit der nördlichen Christi-Auferstehungs-Torkirche aufweist. Beide Kirchen sind auf einem hohen Sockelgeschoß errichtet, in das drei ungleiche Torbögen eingelassen sind. Sie werden von zwei runden Festungstürmen flankiert, hinter denen der von einer Galerie umgebene, schlanke Kubus der Kirchen aufragt, der von fünf Kuppeln gekrönt wird. Der kleine Glockenturm ist direkt auf die Festungsmauer aufgesetzt. Den Dekor der Fassaden bilden mit farbigen Kacheln geschmückte Širinki und Blendbogenfriese, welche wirkungsvoll die Tore umrahmen. Die geschindelten Hauben der Türme bilden einen reizvollen Kontrast zu den zwiebelförmigen Kuppeln.

Die um 1670 erbaute Christi-Auferstehungs-Torkirche verbindet den Kathedralenplatz mit dem Metropolitenhof. Ihre Bauweise vereint die Forderung nach Strenge und Erhabenheit mit dem barocken Bestreben nach Heiterkeit und Eleganz. Die barocken Einflüsse drücken sich vor allem im vielseitigen Dekor aus, in der geschwungenen Silhouette der Turmbedachungen und der Kuppeln und in den geringfügigen Abweichungen von der Symmetrie. Diese Asymmetrie zeigt sich in den ungleich großen Türmen, in der unterschiedlichen Größe der durch Pilaster unterteilten Wandabschnitte und in der Verteilung der Širinki. Auch die Fenster des kubischen Baukörpers der Kirche sind aus der Symmetrieachse verschoben. Das Innere der Kirche wirkt festlich und erhaben. Die Wände sind über und über mit Fresken bedeckt, deren helles und zartes Kolorit Besucher in eine staunende Andacht versetzt.

Die Glockenwand im Rostover Kreml

Die Torkirche Johannes' des Evangelisten wurde 1683 erbaut und ist vermutlich das letzte Bauwerk des Ensembles, in dem die Meister ihre architektonischen Erfahrungen zur höchsten Vollkommenheit führten. Die Durchfahrten biegen im Inneren des Sockelgewölbes im rechten Winkel ab. Hier befindet sich die Kasse, in der Eintrittskarten für die verschiedenen Ausstellungen des Geländes verkauft werden. In der Hodigitria-Kirche werden Kirchengewänder und Kultgegenstände der russischen Orthodoxie gezeigt. Im Weißen Saal sind Exponate der Volkskunst des Rostover Kreises ausgestellt, und im Metropoliten-Palast befindet sich das Rostover Kunstmuseum, in dem ein besonderer Saal den berühmten Email-Arbeiten gewidmet ist.

Einen besonderen Reiz stellt ein Spaziergang auf den Mauern dar. In früheren Zeiten konnte man durch überdachte Gänge, durch die Türme und über die Galerien rund um den Kreml gehen. Heute ist ein Abschnitt dieses Ganges für Besucher geöffnet.

In der Erlöserkirche über der Vorhalle kann man Fresken vom Ende des 17. Jahrhunderts bewundern. Diese Kirche wurde um 1675 als Hauskirche des Metropoliten erbaut und ist durch eine Vorhalle mit dem Refektorium, dem Weißen Saal und den Fürstengemächern verbunden. Der Sockel stammt vermutlich von einer hölzernen Kirche, die 1671 durch einen Blitzschlag zerstört wurde. Hiermit erklärt sich die fehlende Übereinstimmung zwischen der Fassadengliederung des Sockels und der oberen Gebäude. Interessant ist auch die Innengestaltung, die die Vorliebe des Metropoliten Jona für feierliche Gottesdienste im byzantinischen Ritus aufzeigt. Der Raum ist in drei quergezogene Rechtecke unterteilt. Das Podium vor der steinernen Altarwand ist genauso groß wie der

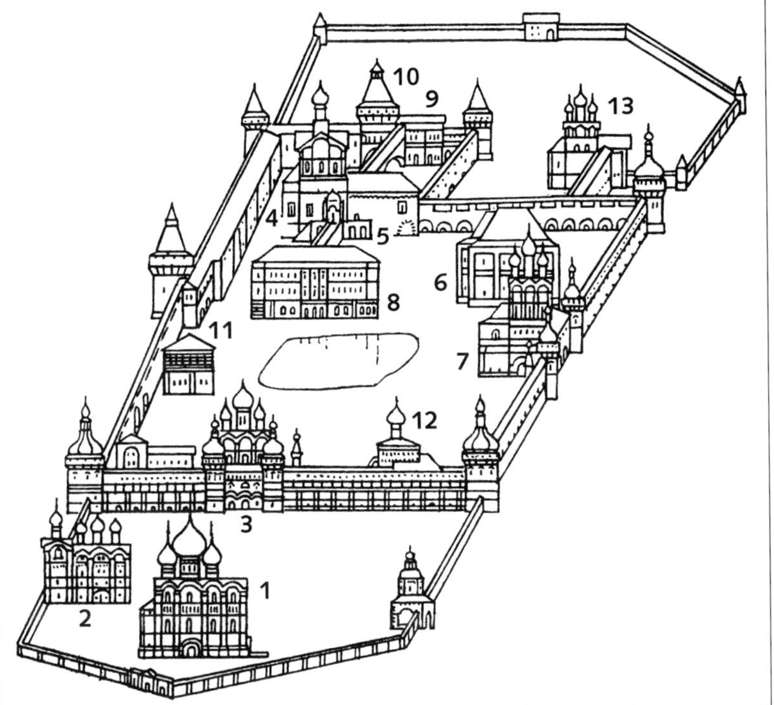

Der Rostover Kreml

Legende

1 Maria-Entschlafens-Kathedrale
2 Glockenwand
3 Christi-Auferstehungs-Torkirche
4 Erlöser-Kirche
5 Weißer Palast
6 Roter Palast
7 Torkirche Johannes' des Evangelisten
8 Samuel-Korpus
9 Fürstliche Gemächer
10 Palast des Jona und Garten-Turm
11 Hierarchen-Palast und Altes Wirtschaftsgebäude
12 Kirche der Gottesmutter Hodigitria
13 Kirche Gregors von Nicäa

Raum für die Gläubigen und der Raum hinter dem Altar. An den Gottesdiensten nahmen oft mehrere Priester und große Kirchenchöre teil, die zwei Drittel des Raumes beanspruchten, während für die wenigen ausgewählten Gäste ein Drittel des Platzes vorgesehen war. In den Wänden befinden sich kleine Kammern, in die dünnwandige Tontöpfe eingelassen sind, die sogenannten ›golosniki‹ (russ. ›golos‹ – Stimme), die zur Verbesserung der Akustik dienten. Das erhöhte Podium weist einen Bogengang mit mächtigen, vergoldeten Pfeilern auf. Die aus Messing gefertigte Heilige Pforte hat das Aussehen eines Stufenportals. Die Fresken zeigen Szenen aus dem Leben Christi.

Die gesamte Westwand wird von der Darstellung des Jüngsten Gerichts eingenommen. Die symmetrische und hierarchische Komposition zeigt die Gegenüberstellung von Gerechten und Sündern, Himmel und Erde sowie Erde und Unterwelt. Jedoch tritt die belehrende Funktion zugunsten des ästhetischen Vergnügens zurück, und der Gedanke der Barmherzigkeit und Rechtfertigung des Menschens steht im Mittelpunkt der Darstellung. Auffallend ist, daß unter den Sündern sehr viele Ausländer zu finden sind. In diesem Umstand drückt sich das neue Selbstbewußtsein der russischen Kaufmannschaft aus, die im 17. Jahrhundert eine bedeutende Rolle im gesellschaftlichen Leben spielte und nach und nach die fremden Konkurrenten ausschaltete, die nach der Zeit der Wirren in den Binnenmarkt eingedrungen waren. Neben Muselmanen mit reichgeschmücktem Kaftan und hohem Turban sieht man hier vor allem abendländische Frauen und Männer, die Kleider westlichen Schnitts mit Spitzenkragen und -manschetten tragen oder durch holländische Röcke, Kniehosen, Stulpstiefel und hohe Hüte als Westeuropäer gekennzeichnet sind. Restauriert wurden die Fresken erstmalig 1893 und im Laufe der Jahre 1977–1995.

Im Jahre 1883 wurde auf dem Kreml-Gelände das Rostover Museum eröffnet. Die meisten der Ausstellungsräume befinden sich im sogenannten Samuel-Korpus. In diesem Gebäude befanden sich im ersten Stock die Gemächer des Metropoliten. Das Untergeschoß wurde bereits im 16. Jahrhundert erbaut. Ein weiteres Stockwerk erhielt das Gebäude im 18. Jahrhundert unter dem Metropoliten Samuel, nach dem es seitdem benannt ist. Die Ikonensammlung des Museums umfaßt vor allem Ikonen des 14.–16. Jahrhunderts, unter ihnen eine schöne Darstellung der ›Gottesmutter von Vladimir‹ (Ende 15./Anfang 16. Jahrhundert) und der ›Gottesmutter im blauen Chiton‹ aus dem 16. Jahrhundert. Die berühmten Ikonen der Rostov-Suzdaler Schule aus dem 12.–14. Jahrhundert befinden sich in den Museen der Hauptstädte – in der Tretjakov-Galerie in Moskau und im Russischen Museum in Petersburg. Auffallend sind die Lebensikonen, von denen viele in Goldstickerei ausgeführt sind. Die Herstellung dieser Sakraltücher war in Rußland eine Domäne der Frauen. In der Ausstellung kann man auch die Heilige Pforte aus der Kirche des Seligen Isidor bewundern, die 1572 in Holz ausgeführt wurde, und die Heilige Pforte aus der Holzkirche Johannes' des Evangelisten in Bogoslovo am Fluß Išna aus dem Jahre 1562. Zu einem der Schätze der Holzschnitzkunst gehört auch die Skulptur des Heiligen Georgs, eine naive Darstellung aus dem 15. Jahrhundert. Die Steinschneidekunst ist durch Meisterwerke wie ein Medaillon mit der Darstellung der Gottesmutter Orante aus dem 12. Jahrhundert und ein Grabkreuz aus dem Jahr 1458 vertreten.

Eine besondere Ausstellung ist der Rostover Emailkunst gewidmet. Dieses Kunstgewerbe wurde von Byzanz übernommen und ist in der Rus' seit dem 12. Jahrhundert bekannt. Die Email, eine glasartige Mineralmasse aus Bleioxyd, Borax, Natriumkarbonat und Alkali, wird bei einer Temperatur von etwa 1000° Celsius auf gewölbte Kupferplättchen aufgeschmolzen. So ergibt sich eine glänzende, milchig-weiße Oberfläche, auf die Farben aufgetragen werden können. Die fertigen Motive werden erneut gebrannt. In Rostov existieren Werkstätten seit dem Ende des 18. Jahrhunderts. Die Rostover Meister fertigten Ikonen aus Email und Verzierungen für Kirchengerätschaften. In unserem Jahrhundert wurde die alte Kunst wiederbelebt, und in der Fabrik ›Rostover Email‹ werden verschiedene Schmuckstücke gefertigt, von denen eine Auswahl ebenfalls in der Ausstellung vertreten ist.

Die Hodigitria-Kirche mit ihrer schönen Bemalung wurde erst Ende des 17. Jahrhunderts nach dem Typ der Moskauer Refektoriumskirchen erbaut. Mit ihrer Anlehnung an den Stil des Naryškin-Barocks unterscheidet sie sich merklich von den anderen Kirchen des Kremls. Im ehemaligen Roten Palast, einem Gebäude im Südwestteil des Hofes, das für den Zaren und dessen Gefolge bestimmt war, befindet sich heute ein Hotel – das ›Haus über den Kellern‹.

Die Plätze und Straßen rund um den Kreml sind meistens belebt. In den Arkaden gegenüber der Torkirche ist eine Sparkasse zu finden. Vor dem Geschäft ›Kamennyj most‹ wird in der glühenden Hitze des Sommers häufig der beliebte Kvas zur Erfrischung angeboten – oder auch der dunkle Honigwein Medovucha. An der ul. 50-letija Oktjabrja (ул. 50-летия Октября), wo eine kleine Ladenzeile mit der Kreml-Mauer verwächst, befindet sich die Bushaltestelle, von der aus man schnell zu einem der Klöster gelangen kann. Doch wer noch ein wenig im Zentrum verweilen möchte, kann die Straße einfach weiter gehen bis zu den geschwungenen Bögen des Kaufhofs aus dem 19. Jahrhundert (3). In seinem Hof erhebt sich eine weitere Kirche, die Erlöserkirche (4) am Markt, deren blaue, goldgestirnte Kuppeln sie von der dunklen Pracht ihrer Schwestern im Kreml unterscheiden. Die 1685–1690 erbaute Kirche erhebt sich hoch auf einem Kellergewölbe, die Fassaden enden in dreifachen kleinen Giebeln. Die Kirche ist von einer Galerie umgeben und die Fenstereinfassungen durch Girki verziert, und im Inneren befindet sich ein schöner Ikonostas, der in der Technik der Freskenmalerei ausgeführt ist.

An den Handelsreihen vorbei gelangt man durch die kleine Geschäftsstraße ul. Alekseeva (ул. Алексеева) zum Sovetskaja pl. (Советская пл.). Hier befand sich im Schutz der Wälle einst das Maria-Geburts-Kloster (5). Von ihm ist nur die bescheidene Hauptkirche aus dem Jahr 1678 erhalten geblieben, die anscheinend von den gleichen Meistern errichtet wurde, die auch den Kreml erbaut haben. Sie steht auf einem Kellergewölbe, den Abschluß der Fassaden bilden drei Reihen

Kokošniki, über denen sich eine Kuppel erhebt. Die Gebäude auf dem Hof sind verfallen, hier spielt sich das Alltagsleben der Menschen ab, die ihre Wohnungen in der ehemaligen Klosteranlage erhielten. Ein Schild am Eingang weist aber darauf hin, daß schon bald wieder Nonnen hier Einzug halten werden.

Außerhalb der Wälle zäunt auf der rechten Seite ein Eisengitter den kleinen städtischen Kulturpark ab, in dem sich Karussels drehen, Kinderstimmen sich mit den Klängen russischer Romanzen mischen und eine kleine Brücke zum See hinunter führt. In einem schönen Holzhaus lädt ein Café zur Erholung ein. Hinter dem gegenüberliegenden Administrationsgebäude des Rostover Kreises führt ein Parkweg zu einem langgestreckten Gebäude, dessen Form an die Handelsreihen erinnert. Hier befand sich im 19. Jahrhundert die Zollbehörde der Stadt. Heute trifft man hier täglich auf das geschäftige Treiben eines Marktes.

Das Zollgebäude befindet sich an der ul. Karla Marksa (ул. Карла Маркса), die linker Hand zu einer der ältesten Kirchen des Posad führt, der Kirche des Seligen Isidor (6). Schöner ist es jedoch, einen kleinen Umweg zu machen und sich dem Bauwerk von der ul. Gogolja (ул. Гоголя) über die Wälle zu nähern. Die Kirche aus dem Jahr 1566 taucht überraschend an dem Parkweg auf, und erst allmählich enthüllen sich ihre anmutigen und klaren Formen. Der großfürstliche Meister Andrej Maloj schuf dieses kleine Kunstwerk im Auftrag von Ivan IV. Diese Daten sind auf einer Steinplatte an der Westwand vermerkt, was in der Zeit der anonymen, gemeinschaftlichen Bauten eine Seltenheit darstellte. Die Kirche entspricht einem in der ersten Hälfte des 16. Jahrhunderts weitverbreiteten Typ der Moskauer Vorstadtkirchen: eine im Grundriß fast quadratische, pfeilerlose Konstruktion mit nur einer Kuppel und einem Kreuzgewölbe. Die Fassaden sind durch Lisenen untergliedert, wobei der mittlere Abschnitt breiter ist als die seitlichen. Er ist auch höher und wird durch einen Kielbogen nach oben hin abgeschlossen, während die Seitenabschnitte in Viertelkreisbögen enden. Ein feiner Fries grenzt den Kubus vom Dach ab. Im Osten lehnen sich drei niedrige Apsiden an, im Westen wurde 1770 ein Nebenaltar zu Ehren des Seligen Isidors angebaut.

Der Selige Isidor (gest. 1474) war ein vermutlich aus Deutschland stammender ›Gottesnarr‹, dessen Leben durch Fresken im Inneren der Kirche dargestellt wird. Die Malereien stam-

Kirche des Seligen Isidor

men aus den 60er und 70er Jahren des 18. Jahrhunderts. Interessant an ihrer Ausführung sind die barocken Prinzipien, die Liebe zur Bewegung und zu komplizierten architektonischen Hintergründen. So finden sich hier Darstellungen Rostover Bauwerke wie der Maria-Entschlafens-Kathedrale und der Christi-Auferstehungs-Torkirche. Die holzgeschnitzte Heilige Pforte und den vergoldeten Ikonostas ließ Ivan IV. anläßlich seines letzten Besuches in Rostov im Jahre 1572 anfertigen.

Maria-Geburts-Kloster

Es wird vermutet, daß noch ein anderes Bauwerk der Hand des Moskauer Meisters, Andrej Maloj, entstammt: die Kathedrale zu Christi Erscheinen im Abraham-Kloster am Rande der Stadt (7). Dorthin fährt der Bus Nr. 1 vom Sobornaja pl. am Kreml oder auch vom Sovetskaja pl., jedoch erreicht man das Kloster auch bequem zu Fuß. Parallel zum See-Ufer führt der Weg immer geradeaus vom Sovetskaja pl. die Proletarskaja ul. (ул. Пролетарская) entlang. An der Flachsspinnerei ›Rol'ma‹ geht die ul. Željabovskogo (ул. Желябовского) ab, die, an einem Bahndepot vorbei, direkt zum Kloster führt. Hier bietet sich ein überraschender Blick. Die Atmosphäre ist völlig dörflich, rechts liegt ruhig der See, und in der Mitte des Weges erheben sich wuchtig zwei Eingangstürme aus Backstein, die mit ihrer Nikolaj-Torkirche an die Pforten des Kremls erinnern. Sie sind als einzige von der ehemaligen Umfriedung des Klosters erhalten und markieren so den Eintritt zu einem völlig verlassenen Gelände, wo zwischen Birken zwei Kirchen durchschimmern. Der weiße Glockenturm hat seine Glocken längst eingebüßt; in der Sowjetzeit wurden die Gebäude als Lager- und Wohnraum genutzt.

Das Abraham-Kloster ist eines der ältesten Klöster der Rus', seine Gründung fällt in das 12. Jahrhundert. Nach einer alten Legende wurde in seinen Mauern ein Stab aufbewahrt, den Abraham von Johannes, dem Jünger Christi, erhalten hatte. Mit seiner Hilfe bezwang er Veles, eine Gottheit der Slaven. Auch Ivan IV. vertraute auf die Wunderkräfte des Stabes im Kampf gegen die Andersgläubigen und nahm ihn zu sich, als er 1552 gegen die Tataren von Kazan auszog. Das Khanat fiel nach langer Belagerung, und zum Dank ließ der Zar noch im gleichen Jahr die Kathedrale zu Christi Erscheinen erbauen.

Der fünfkupplige Vierpfeilerbau mit den drei Apsiden entspricht in seinen Grundzügen den Stadtkathedralen jener Zeit. Jedoch verleihen ihm die Anbauten – drei Vorhallen an den Ecken, eine Vorhalle an der Westseite und die Galerie an der Südseite – ein sehr eigenwilliges Aussehen. Der ganze Komplex erhebt sich auf einem Kellergewölbe. Die kleinere Kirche zu Maria Opfer ließ Jona Sysoevič, der spätere Metropolit und Bauherr des Rostover Kremls, 1650 errichten. Zu jener Zeit war er noch Vorsteher des Klosters. Das ganze Gelände macht einen verwahrlosten, verlassenen Eindruck.

Auf der anderen Seite der Hauptstraße, zu der grasbewachsene Bahnschienen den Weg weisen, schließt sich, vom Kloster aus nicht zu sehen, eines der wenigen Neubaugebiete von Rostov an. Hier, an der Ecke der Jaroslavskoe šosse (Ярославское шоссе) und der Severnaja ul. (Северная ул.) befindet sich das Hauptpostamt von Rostov mit einem rund um die Uhr geöffneten Telegraphen.

Am anderen Ende der Stadt lockt das Ensemble des gut restaurierten Erlöser-Jakob-Klosters (8), das inzwischen wieder von der Kirche genutzt wird. Der Bus Nr. 1 verbindet die beiden so unterschiedlichen Klöster. Vom Stadtzentrum aus sind es aber auch zu Fuß nur 20 Minuten bis zum Erlöser-Jakob-Kloster – und der Weg führt direkt am See entlang. Wenn man das Kloster erreicht hat, muß man erst einmal die Mauern umrunden, da sich der Eingang auf der gegenüberliegenden Seite befindet. Rundherum erstrecken sich die Klostergärten, und eine schlanke fünfkupplige Backsteinkirche zieht die Aufmerksamkeit auf sich: die 1603 erbaute Erlöserkirche. Das Kloster wirkt von der Landseite her wie eine Burg mit aufgetürmten Steinbauten. Es wurde im 14. Jahrhundert vom Rostover Bischof Jakob gegründet. Die jetzigen Bauten stammen aus dem 17. und 18. Jahrhundert. Dem pseudogotischen Stil der zweiten Hälfte des 18. Jahrhunderts entspricht die Bauweise der weißen Mauern, deren Ecktürme als Lauben ausgeführt und mit spitzen Bögen und Zeltdächern versehen sind.

Zwei klassizistische Kirchen dominieren im Inneren des Klosters das Bild und verdecken fast die älteste Kirche des Ensembles, die Maria-Empfängnis-Kirche. Sie wurde in unmittelbarer Nähe des Sees 1686 erbaut und stellt eine typische Klosterkirche des 17. Jahrhunderts dar: fünfkupplig, mit drei Apsiden und nur wenig Dekor. Im Inneren sind wertvolle Fresken aus den Jahren 1689–1690 erhalten. Der hohe vergoldete Ikonostas stammt aus dem Jahr 1762.

An die alte Kirche wurde in den Jahren 1794–1802 die Demetriuskirche angebaut. Die Mittel zur Errichtung dieses großartigen klassizistischen Bauwerks stellte der Graf N. Šeremet'ev zur Verfügung. Das Projekt entwarfen der Moskauer Architekt E. Nazarov und die leibeigenen Baumeister Duškin und Alexej Mironov. Die Fassaden sind mit zahlreichen Reliefs und Skulpturen geschmückt.

Die 1824–1836 erbaute Jakobskirche wirkt wie ein einfacheres Spiegelbild der Demetriuskirche. Ihr Bau wurde wahrscheinlich von einem Jaroslavler Baumeister, P. Pan'kovyj, geleitet. Rechts liegen die Mönchszellen und verschiedene Wirtschaftsgebäude, die gleichzeitig mit der Errichtung des Glockenturms und der Umfriedung in der zweiten Hälfte des 18. Jahrhunderts entstanden.

Besucher werden gebeten, das Klostergelände nur in angemessener Kleidung zu betreten und in den Kirchen nicht zu fotografieren. Diese sind in der Regel nur zu den Gottesdiensten zugänglich.

Das Erlöser-Jakob-Kloster

Vom Erlöser-Jakob-Kloster aus ist es nicht weit bis zum Stadtrand und von hier bis zu einem kleinen Dorf namens Bogoslovo, in dem eine Holzkirche aus dem 17. Jahrhundert erhalten blieb. Bogoslovo liegt an der Straße nach Moskau. Regulär ist es mit öffentlichen Verkehrsmitteln nicht zu erreichen, man kann jedoch mit dem Busfahrer absprechen, daß er an der Abzweigung zu dem Dorf hält. Wer schon beim Erlöser-Jakob-Kloster ist, kann sich auch zu Fuß auf den Weg machen. Hierzu biegt man von der Moskovskaja ul. (Московская ул.) nach links in die Oktjabr's'kaja ul. (Октябрьская ул.) ein und von hier auf einen Sandweg, der zwischen kleinen Häusern und Gärten und dem Neubaublock der ul. Dekabristov 81 hindurchführt. So kommt man auf die nach Moskau gehende Landstraße, und es sind noch etwa 15 Minuten bis zum Ortsausgang, der durch einen Stein mit dem Rostover Wappen gekennzeichnet ist. Von hier ist die Kirche bereits rechts zu sehen, links liegen Wiesen und die glitzernde Wasseroberfläche des Nero. Sehr idyllisch ist der Weg trotzdem nicht, da die Straße stark befahren ist.

Die kleine Kirche Johannes' des Evangelisten wurde 1689 erbaut und erhielt ihren Namen nach der gleichnamigen Torkirche im Kreml. Eine Legende erzählt, daß das hölzerne Gotteshaus von weit her auf dem Fluß herbeigetragen und genau an dieser Stelle an das Ufer geschwemmt wurde. Möglicherweise enthält die Geschichte sogar einen Funken Wahrheit, da in alten Zeiten Bauwerke häufig direkt in den Wäldern zusammengebaut und dann auf dem Wasserweg an die richtige Stelle gebracht wurden. Auf diese Weise entstanden über Nacht ganze Festungen, wodurch die Feinde verwirrt wurden. Auch die Forscher späterer Jahrhunderte gerieten in Verlegenheit, da sie sich die in den Chroniken genannten kurzen Baufristen nicht erklären konnten. Wie auch immer sie entstanden sein mag – seit

Die Kirche Johannes' des Evangelisten in Bogoslovo

dem 17. Jahrhundert steht die Kirche an ihrem Platz und ist eine der wenigen Holzkirchen, die sich aus jener Zeit in den zentralen russischen Gebieten erhalten haben. Leider wurden Anfang unseres Jahrhunderts die Wände mit schmalen Brettern verkleidet und mit einem häßlichen rotbraunen Anstrich versehen. Im vorigen Jahrhundert wurde ein Glockenturm angebaut und die Galerie an der Südseite entfernt. Doch noch immer bezaubern die schlanken, aufstrebenden Formen, und im Innern ist die Meisterschaft, mit der die schweren Holzbalken bearbeitet wurden, gut zu erkennen.

Im 17. Jahrhundert waren stufenförmig aufgebaute Kirchen dieser Art recht häufig. Auf ein hohes Viereck wurde ein kleineres Achteck und darauf ein Sechseck gesetzt. Über diesem ragt die kleine, längliche Kuppel auf, die mit Holzschindeln gedeckt ist. An den quadratischen zentralen Baukörper schließen sich von Westen und Osten zwei ebenfalls quadratische, aber kleinere Blockbauten an. Die Vorhalle im Westen und der Altar im Osten werden von einem gewölbten Ziegeldach, der sogenannten ›Tonne‹, überspannt. Eine Galerie umgibt die Kirche von drei Seiten. Der ganze Bau erhebt sich auf einem hohen Sockelgeschoß. Der Ableitung des Regenwassers diente eine als ›Poval‹ bezeichnete Konstruktion. Hiermit ist die Verbreiterung des oberen achteckigen Baukörpers durch allmählich überkragende Balkenkränze gemeint.

Die Ausstattung des Innenraumes der Kirche ist gut erhalten. Die niedrige Decke schafft eine intime Atmosphäre. Die Inneneinrichtung der Gemeindekirchen sollte an die häuslichen Wohnstuben erinnern, häufig wurden sogar Öfen aufgestellt. Auf der Galerie, die dem Aufenthalt der Gläubigen vor und nach dem Gottesdienst diente, befinden sich Bänke mit figurierten Beinen. Die Kirche war der Hauptkommunikationsort des Dorfes, und die Galerie wurde auch für profane Zwecke genutzt: für Gerichtsverhandlungen, die Verlesung von Regierungserlassen und die Besprechung örtlicher Probleme. Den Eingang zur Kirche schmückt eine geschnitzte Einfassung, deren dekorative Formen an Elemente der Steinarchitektur erinnern. Vor dem Altar trennen zwei Brüstungen den Platz für den Kirchenchor vom Gemeinderaum ab.

Die holzgeschnitzte Heilige Pforte aus dem 16. Jahrhundert befindet sich im Museum des Rostover Kremls. Sie wurde vermutlich von einem Mönch des Abraham-Klosters gefertigt, zu dessen Sprengel die Kirche bis 1764 gehörte. Als die alte Bilderwand der Klosterkathedrale im 18. Jahrhundert durch eine neue ersetzt wurde, kam das Kunstwerk in die kleine Johanneskirche. Heute befindet sich an seiner Stelle eine Kopie. Der Ikonostas stammt aus dem 17. Jahrhundert.

Rostov ist am günstigsten mit dem Nahverkehrszug von Jaroslavl' oder von Aleksandrov aus zu erreichen. Fernzüge verkehren auf den Strecken Moskau–Jaroslavl' und Moskau–Kostroma.

Buslinien verbinden die Stadt mit Moskau, Jaroslavl', Kostroma, Pereslavl'-Zalesskij und Uglič. Bahnhof und Busbahnhof befinden sich im Norden der Stadt. Die Kassen für die Fernzüge haben rund um die Uhr geöffnet; Busfahrkarten erhält man von 6.30 bis 17 Uhr und von 19 bis 6.30 Uhr, es gibt jedoch keine Vorverkaufskasse, so daß man rechtzeitig vor Abfahrt des Busses da sein muß. Auf dem Bahnhof befinden sich eine Gepäckaufbewahrung und ein Telegraf, der Mo bis Sa von 10 bis 16 Uhr geöffnet hat. Ein Restaurant bietet täglich von 11 bis 23 Uhr preiswerte Mahlzeiten an. Ins Stadtzentrum fährt der Bus Nr. 7; zu Fuß ist man aber meistens schneller.

Die meisten Hotels in Rostov sind den neuen Zeiten zum Opfer gefallen. Erhalten hat sich das Hotel ›Dom na pogrebach‹ im Kreml, Tel. 0 85 36/3 12 44, in dem man für die Übernachtung in einem Zweibettzimmer in der billigsten Preisklasse rund 15 Dollar zahlt, aber auch Luxusappartements für etwa 50 Dollar mieten kann.

Eine sehr empfehlenswerte Alternative stellt die Jugendherberge ›SJUTur‹ (СЮТур) in unmittelbarer Nähe des Bahnhofs dar. Sie befindet sich in einem schönen Holzhaus auf der ul. Lunačarskogo (ул. Луначарского) (Eingang von der Spartakovskaja ul. (Спартаковская ул.). 5 Dollar pro Person kostet die Übernachtung in einem Zimmer, deren Komfort die Ausstattung vieler Hotels übertrifft.

In der Innenstadt sind mehrere Cafés und Restaurants zu finden. Das Restaurant ›Flamingo‹ am Sovetskaja pl. 8, auf dem Weg zum Maria-Geburts-Kloster, hat So bis Do von 12 bis 24 Uhr und Fr, Sa von 12 bis 2 Uhr geöffnet. Im Stadtpark lädt das Café ›V gorodskom sadu‹ Di bis So von 10 bis 22 Uhr ein. An der ul. Karla Marksa (ул. Карла Маркса), schräg gegenüber der Kirche des Seligen Isidor, bietet das Café ›Otdych‹ Piroggen, Pel'meni und andere russische Speisen an. Es hat Mo bis Sa von 8 bis 16 Uhr geöffnet. Außerhalb der Wälle befindet sich das Café ›Na Okružnoj‹, Okružnaja ul. 51 (Окружная ул.), kurz hinter der Kreuzung zur ul. Lunačarskogo (ул. Луначарского). Geöffnet ist Mo bis Do von 11 bis 23 Uhr, von Fr 11 bis 1 Uhr, Sa von 14 bis 1 Uhr und So von 14 bis 23 Uhr. Außer dem Restaurant im Bahnhof findet sich am Bahnhofsvorplatz noch eine Stolovaja, die Mo bis Sa von 8 bis 15 und von 15.30 bis 19 Uhr geöffnet hat. Sie gehört zum Aggregat-Werk in der Nähe des Erlöser-Jakob-Klosters und hat für Betriebsfremde von 7.30 bis 10 und von 12 bis 19.30 Uhr geöffnet. Das Werk ist das zweite Gebäude auf der rechten Seite, wenn man von der Moskovskaja ul. (Московская ул.) in die Leninskaja ul. (ул. Ленина) einbiegt, die Stolovaja befindet sich in dem Flachbau im Hof.

Der Rostover Kreml hat täglich von 9 bis 17 Uhr geöffnet, ebenso die verschiedenen Ausstellungen. Im Samuel-Korpus befindet sich das Kunstmuseum mit einer wertvollen Sammlung von Ikonen aus dem 14.–16. Jahrhundert, einer Gemälde-Ausstellung, Werken der angewandten Kunst, verschiedenen Holzschnitz- und Steinschnittarbeiten. Ein besonderer Saal ist der Rostover Email-Kunst gewidmet. Im Weißen Saal werden Erzeugnisse der Volkskunst und in der Hodigitria-Kirche Kirchengewänder und Kultgegenstände der orthodoxen Kirche gezeigt. In der Erlöserkirche sind die Fresken aus dem 17. Jahrhundert zu bewundern.

Angeboten wird auch eine Exkursion durch die Stadt mit Besuch des Erlöser-Jakob-Klosters. Karten für etwa 15 Dollar sind an der Kreml-Kasse erhältlich. Das Erlöser-Jakob-Kloster hat täglich von 7 bis 21 Uhr geöffnet. Dorthin fährt vom Sobornaja pl. (Соборная пл.) der Bus Nr. 1, der Reisende auch an das andere Ende der Stadt, zum Abraham-Kloster, bringt. Die Holzkirche Johannes' des Evangelisten am Fluß Išna, etwa 3 Kilometer von der Stadt entfernt, hat täglich von 10 bis 17 Uhr geöffnet.

Vladimir (Владимир)

Vor der Revolution war Vladimir eine Stadt von Kleinbürgern, Beamten und Kaufleuten. Der russische Schriftsteller Anton Tschechow nannte sie die langweiligste der russischen Gouvernementsstädte. Nach der Revolution wandelte sich das Gesicht Vladimirs. Ein bedeutendes kulturelles Zentrum und ein wichtiger Industriestandort entstanden. Heute leben 356 000 Menschen in Vladimir, das 190 Kilometer nordöstlich von Moskau liegt. Sie leben in einer Stadt, in der Meisterwerke der Baukunst aus dem 12. Jahrhundert erhalten geblieben sind: Erdwälle und majestätische weiße Sakralbauten mit märchenhaftem Reliefschmuck.

Geschichte der Stadt

An der Grenze des nordöstlichen Fürstentums Rostov-Suzdal' hatte im Jahre 1108 Vladimir Monomach (1053–1125) die Festung Vladimir gegründet. Als Regenten seines Fürstentums setzte er seinen Sohn Jurij Dolgorukij (1085–1157) ein, der Vladimir jedoch zunächst keine Beachtung schenkte. Sein Ziel war Kiev und die Einnahme des Thrones, weshalb er von seinen Zeitgenossen auch ›langer Arm‹ (Dolgorukij) genannt wurde. Erst kurz vor seinem Tod erinnerte er sich an sein Erbe im Norden. Er ließ in Vladimir einen neuen Palast und 1152 die dem heiligen Georg geweihte Kirche erbauen. Sein Sohn Andrej

Isaak Levitan ›Die Vladimirka‹, 1892

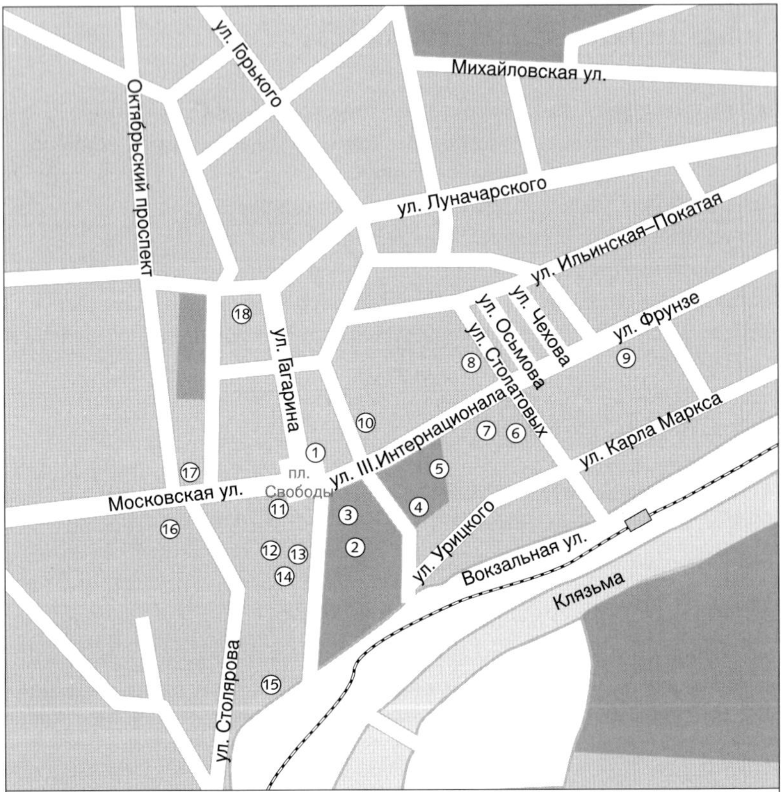

Vladimir (Владимир)

Legende

1 Obelisk zur 850-Jahrfeier (Монумент в честь 850-летия Владимира)
2 Maria-Entschlafens-Kathedrale (Успенский собор)
3 Andrej-Rublev-Denkmal (памятник Андрею Рублеву)
4 Ehemaliges Amtsgebäude (бывшие присутственные места)
5 Demetriuskathedrale (Дмитриевский собор)
6 Maria-Geburts-Kloster (Рождественский монастырь)
7 Nikolajkirche (Николо-Кремлевская церковь)
8 Stoletov-Museum (дом-музей Столетовых)
9 Kirche der Gottesmutter (церковь Успения Богородицы)
10 Gebäude der ehemaligen Adelsversammlung (Бывшее Дворянское собрание)
11 Georgskirche (Георгиевская церковь)

Bogoljubskij (1111–1174), seit 1162 Fürst von Rostov und Suzdal', setzte den Kampf um den großfürstlichen Thron in Kiev fort. 1164 nahm er ihn in Besitz, beließ aber seinen Regierungssitz im Norden. Die Hauptstadt seines Fürstentums verlegte er von Rostov nach Vladimir. Nachdem Andrej Bogoljubskij seine Anerkennung als Großfürst aller russischen Lande erzwungen hatte, wurde Vladimir neues politisches Zentrum. Somit war er der erste Fürst, der die Großfürstenwürde räumlich von Kiev trennte, was letztlich zum Aufstieg der nordöstlichen Fürstentümer und Moskaus führte.

In den Jahren 1158–1165 wurde in Vladimir eine rege Bautätigkeit verzeichnet, denn Andrej Bogoljubskij wollte die neue Hauptstadt der ›Mutter der russischen Städte‹, Kiev, ebenbürtig machen. Die neu erbaute Maria-Entschlafens-Kathedrale sollte die berühmteste Kirche der Rus', die Kiever Sophienkathedrale, an Schönheit und Reichtum übertreffen. Eine neue Befestigung wurde errichtet, am Weg nach Süden das Goldene Tor und das Silberne Tor an der Straße nach Bogoljubovo und Suzdal'. In Bogoljubovo, an der Mündung der Nerl' in die Kljaz'ma, wurden ein neuer, befestigter Fürstenpalast und eine Kirche aus weißem Stein gebaut.

Die Herrschaft Vsevolods III. (1176–1212), der wegen seiner vielen Kinder den Beinamen ›Das Große Nest‹ erhalten hatte, bedeutete für Vladimir eine Zeit der Blüte. Vsevolod ließ seinen Fürstenpalast nicht wie seine Vorgänger außerhalb der Stadt errichten, sondern verlegte ihn nach Vladimir und grenzte ihn durch eine Mauer von der übrigen Stadt ab. Vladimir entwickelte sich zu einem Zentrum russischer Baumeister und Handwerker. »Vor langer Zeit schon erkannten die Bewohner der Vladimirer Lande, daß die Erde allein keinen ernährt, deshalb verließen sie ihre Dörfer und gingen auf Broterwerb fern von der Heimat. So bildeten sich all diese Vladimirer Maler von Heiligenbildern, Bastschuhflechter, Schaffellgerber, Wollschläger, Walker, Sattler, die Stickerinnen, die Köhler, Pechbrenner, Sensenschmiede, Spielzeugmacher, Korbflechter, Hornbläser, Teerbrenner, Tischler, Bürstenmacher, Stellmacher, Koffermacher, Böttcher, Zimmerleute,

12 Erlöserkirche (церковь Спаса)
13 Nikolajkirche (Никольская церковь)
14 Wasserturm (Водонапорная Башня)
15 Nikolajkirche in den Galei (церковь Николы Мокрого в Галеях)
16 Ausstellung dekorativer und angewandter Kunst (Выставка декоративных и изобразительных искусств)
17 Goldenes Tor (Золотые ворота)
18 Maria-Entschlafens-Kirche im Fürstinnenkloster (Успенский собор Княгинина монастыря)

Rückkehr des Großfürsten Jaroslav Vsevolodovič ins zerstörte Vladimir. Miniatur aus der Bildchronik, 16. Jahrhundert

Töpfer, Maurer, Kupferschmiede, Schmiede, Steinmetzen heraus...« (Vladimir Solouchin, ›Feldwege von Vladimir‹)

1238 wurde Vladimir von mongolisch-tatarischen Heeren erobert. Trotz der schweren wirtschaftlichen Erschütterungen – die Steinbaukunst kam zum Erliegen, Handelsbeziehungen zu anderen Ländern rissen ab – blieb Vladimir Mittelpunkt der nordöstlichen Rus'. 1299 wurde Vladimir Residenz des Metropoliten, des Oberhauptes der russischen Kirche. Die Krönung der Großfürsten wurde nun in der Maria-Entschlafens-Kathedrale vollzogen. Zunehmend geriet das Großfürstentum Vladimir in den Interessensbereich der Dynastien von Tver' und Moskau, deren Machtbestreben sich besonders in den Monumentalbauten Moskaus widerspiegelte. 1395 wurde das Hauptheiligtum von Vladimir, die Ikone der Gottesmutter von Vladimir, in die Moskauer Maria-Entschlafens-Kathedrale überführt. 1328 ging die Großfürstenwürde auf den Moskauer Fürsten über, nachdem kurz zuvor der Metropolitensitz nach Moskau verlegt worden war. Dennoch nahmen die Moskauer Fürsten den Titel des Großfürsten noch bis 1432 in der Vladimirer

Maria-Entschlafens-Kathedrale an. Vladimir wurde eine einfache Stadt des Moskauer Staates.

Erst im 17. Jahrhundert konnte Vladimir wieder einen wirtschaftlichen Aufschwung verzeichnen. 1778 wurde es zur Hauptstadt der Vladimirer Statthalterschaft und 1796 des Vladimirer Gouvernements ernannt. Im 18. Jahrhundert lag ein Projekt zur städtischen Umgestaltung vor, das, im Gegensatz zu anderen russischen Städten, die alte Topographie verhältnismäßig gut bewahrte. Erhalten blieb auch die große Magistrale, die quer durch die Stadt verlief, später Vladimirka genannt, ein Trakt, auf dem im vorigen Jahrhundert Tausende politische Häftlinge nach Sibirien zogen. Ein berühmtes Gemälde von Isaak Levitan ist der Vladimirka gewidmet, und vom Vladimirer Schriftsteller Nikolaj Zlatovratskij (1845–1911) stammen folgende Erinnerungen: »Einer riesigen Welle gleich strömte die Menschenmasse auf uns zu. Von Wachsoldaten flankiert, marschierten in breiten Reihen Hunderte junge und alte Bauern. Einander überholend, liefen heulend und jammernd Frauen, ihre kleinen Kinder mit sich zerrend. Soldaten brüllten sie an. Aus manchen Läden und Häusern kamen Leute herausgelaufen und steckten den ›Kettenträgern‹ Semmeln, Piroggen, Brotstücke und Geld zu. Den Marschierenden folgte eine lange Karawane aus Karren, vollgepackt mit Säcken und Kleiderbündeln. Obenauf saßen weinende Weiber mit kleinen Kindern. Über der ganzen Straße hing eine dichte Staubwolke, durch die unvorstellbar gellende, verschiedenartige Laute drangen.«

Im 19. Jahrhundert war Vladimir Verbannungsort für politische Gefangene. Auch der russische Sozialrevolutionär Alexander Herzen (1812–1870) verbrachte zwei Jahre in Vladimir.

Die in der Folgezeit einsetzende industrielle Entwicklung in Rußland berührte Vladimir fast gar nicht, es blieb wie früher eine Kleinstadt des Beamten- und Kleinbürgertums. 1861 wurde die Eisenbahnlinie Moskau–Nižnij Novgorod via Vladimir eröffnet.

Ein Rundgang

Durch das moderne Vladimir verläuft eine alte Straße: » … diese Straße ist fürwahr eine Arterie, die alle Lebenssäfte der Stadt in sich aufnimmt. Hier vollzieht sich sowohl das geschäftliche als auch das dienstliche Treiben und das Amüsement. Diese Straße, die hier den Nevskij-Prospekt und die Pariser Boulevards ersetzt, besteht aus malerischer Vielgestaltigkeit und widerspiegelt das ganze Antlitz der Stadt mit all seinen Schattierungen.« (Reiseführer, 1978)

Die alte Straße heißt in ihrem Verlauf Moskauer Straße, Straße der III. Internationale und Frunzestraße. Michail Frunze (1885–1925) hatte sich als sowjetischer Politiker und Militärspezialist hervorgetan. Er galt als Organisator der Roten Armee, als Kontrahent Trotzkis und Begründer der sowjetischen Militärwissenschaften. Er starb 1925 unter ungeklärten Umständen nach einer angeblich von Stalin angeordneten Operation. Sein Denkmal steht am Frunzeplatz, nicht weit entfernt vom Bahnhof.

Oberhalb des Bahnhofs sind die goldenen Kuppeln der Kathedralen zu sehen, die den historischen Stadtkern von Vladimir bilden und zu Fuß in Kürze erreicht werden können. Vom Bahnhof fahren Trolleybusse entlang der Hauptmagistrale, vorbei am Hotel ›Vladimir‹ und den beiden Hauptkathedralen durch das Zentrum. Im historischen Stadtzentrum wurde anläßlich der 850-Jahrfeier ein Denkmal eingeweiht (1). Vor einem Obelisken aus weißem Kalkstein heben sich drei Bronzefiguren ab: ein Arbeiter, ein Soldat und ein Baumeister. Die Figur des Arbeiters ist den neuen Industriegebieten am Stadtrand von Vladimir zugewandt, der Soldat

Lädt zu Hochzeiten – die Maria-Entschlafens-Kathedrale

richtet seinen Blick auf das Goldene Tor und die ereignisreiche Geschichte der Stadt. Der Figur des Baumeisters steht für den Schöpfer der Maria-Entschlafens-Kathedrale.

Die Maria-Entschlafens-Kathedrale (2) wurde als Hauptkirche der nordöstlichen Rus' erbaut und zeichnet sich durch kolossale Größe und monumentale Gestaltung aus. Sie sollte die Stärke und das Ansehen der Regierung repräsentieren.

Als neuer Metropolitensitz war sie gesamtrussischer Mittelpunkt. Somit entstand mit der Kathedrale eines der großartigsten Werke der russischen Architektur des 12. Jahrhunderts, das für viele spätere Kathedralen zum Vorbild werden sollte. Die Maria-Entschlafens-Kathedrale wurde im Auftrag des Fürsten Andrej Bogoljubskij 1158–1160 als dreischiffiger Bau mit drei Apsiden, sechs Pfeilern, einer Westempore, einer Kuppel, drei kleinen Vorhallen im Süden, Norden und Westen und zwei Treppentürmen errichtet. Ihr Grundstein wurde gelegt, als man um die neue Hauptstadt einen Verteidigungsgürtel zu schaffen begann, von dem nur das Goldene Tor erhalten geblieben ist.

Im Jahre 1185 brannte die Kathedrale nieder und mußte völlig neu aufgebaut werden. 1185–1189 wurden unter Vsevolod III. die Vorhallen und Türme abgetragen und durch Galerien ersetzt, für deren Verbindung in die Wände Bögen eingebrochen wurden. So entstand aus der einst dreischiffigen Kathedrale eine fünfschiffige. Die Hauptkuppel über der Vierung fand in vier Nebenkuppeln über den Ecken der seitlichen Galerien Ergänzung. In die Außenwände wurden für die verstorbenen Mitglieder des hohen Klerus und des Fürstenhauses Wandgräber eingebaut. Schon das erste Bauwerk von Andrej Bogoljubskij war mit plastischem Dekor versehen, der dann beim Neuaufbau zum Teil an den neuen Fassaden wieder angebracht und durch Arbeiten aus den Jahren 1185–1189 ergänzt wurde. Am neuen Blendarkadenfries fallen figürliche Konsolen, Frauen- und Löwenköpfe, Vögel und verschiedene Fabelwesen und an der Südfassade weibliche Masken auf, die darauf hinweisen, daß die Kathedrale der Gottesmutter geweiht ist.

Das Andrej-Rublev-Denkmal

Auf Geheiß des Moskauer Großfürsten Vasilij Dmitrievič wurden die Wände mit Fresken versehen. Dazu wurden 1408 Daniil Černy und Andrej Rublev nach Vladimir gerufen. Auf dem Platz vor der Kathedrale wurde Andrej Rublev ein Denkmal errichtet (3). Leider sind von den Fresken nur Bruchstücke erhalten geblieben. Ein größerer Zyklus befindet sich am Tonnengewölbe unter der Empore im Westen. Dargestellt sind Christus als Weltenrichter sowie die Symbole der vier Kaiserreiche: des babylonischen (Bär), des makedonischen (Greif), des römischen (geflügelter Panther) und des Reiches des Antichristen (gehörntes Tier). Entgegen der byzantinischen Tradition sind die Sujets nicht auf einer, sondern auf verschiedenen Flächen angeordnet. Der Betrachter befindet sich gleichsam inmitten des Geschehens. An der Wand unter dem Gewölbe ist der Richterthron dargestellt, zu dessen beiden Seiten Adam und Eva, die Gottesmutter und Johannes der Täufer um Erbarmen für das Menschengeschlecht flehen. Am Pfeiler unter der nördlichen Empore erscheint dem Propheten Daniel ein Engel, am Pfeiler gegenüber sieht man Gesichter rechtschaffener Frauen. Nebenan befindet sich über dem Bogen das interessante, allerdings schlecht erhaltene Fresko ›Erde und Meer geben ihre Toten zurück‹. Die Erde wird als Frau mit einem Stab in der Rechten und einem Sarg in der Linken gezeigt, das Meer als Frau mit aufgelöstem Haar, die in der Rechten ein versunkenes Schiff hält. Das abschließende Bild des Jüngsten Gerichtes befindet sich im südlichen Kirchenschiff, wo der vom Apostel Paulus angeführte Einzug der Gerechten ins Paradies dargestellt ist.

Die beiden nach Vladimir berufenen Meister schufen auch einen Ikonostas, an dessen Stelle sich jedoch jetzt ein pompöser Barock-Ikonostas 1773/74 befindet. Ursprünglich nahm den Hauptplatz im Altarraum das zentrale Heiligtum von Vladimir ein – die Ikone der ›Gottesmutter von Vladimir‹. Sie wurde Anfang des

Der Apostel Petrus führt die Gerechten ins Paradies, Andrej Rublev und Daniil Černy, 1408, Ausschnitt aus dem Fresko am Gewölbe des Südschiffes in der Maria-Entschlafens-Kathedrale in Vladimir

12. Jahrhunderts von Konstantinopel nach Kiev, Mitte des 12. Jahrhunderts nach Vladimir gebracht und gilt als eines der bedeutendsten Werke der byzantinischen Kunst. Als Ikone der ›Gottesmutter von Vladimir‹ wurde sie als eine der berühmtesten der alten Rus' zum Nationalheiligtum erklärt. 1395 wurde die Ikone als Zeugnis des Aufstiegs nach Moskau in die Maria-Entschlafens-Kathedrale überführt. Um den Zorn der Vladimirer Bürger zu besänftigen, schickte man aus Moskau eine zuvor in Konstantinopel geweihte Kopie der Ikone nach Vladimir. Die originale Ikone wird heute in der Tretjakov-Galerie in Moskau aufbewahrt.

Die Ikone ›Gottesmutter von Vladimir‹

An die Stelle des durch Blitzschlag zerstörten Glockenturms wurde 1810 ein neuer Glockenturm mit einer vergoldeten Spitze errichtet. Er stellt eine gelungene Verbindung klassizistischer Elemente und neogotischer Details dar. Klassizistisch gibt sich auch die Georgskathedrale, die 1862 zwischen der Kathedrale und dem Glockenturm entstanden ist.

Entlang der Mauern des Maria-Geburts-Klosters

Auf dem Weg von der Maria-Entschlafens-Kathedrale zur Demetriuskathedrale trifft man auf das ehemalige Amtsgebäude (4). Der dreigeschossige Bau wurde im Stil des Klassizismus 1785–1790 für die Gouvernementsverwaltung errichtet. Hier befand sich die 1797 vom Moskauer Buchverleger Michail Ponomarev gegründete erste Druckerei der Stadt, in der von 1838–1840 Alexander Herzen arbeitete. Heute beherbergt das Gebäude eine Gemäldegalerie, in der russische Kunst des 18. und 19. Jahrhunderts gezeigt wird. Eine weitere Exposition beschäftigt sich mit der Geschichte des Vladimirer Adels.

Von einem unbekannten Baumeister wurde 1194–1197 die Demetriuskathedrale (5) errichtet. Sie war Hofkirche des Vladimirer Fürsten Vsevolod III. und seinem Schutzpatron, dem heiligen Demetrius von Saloniki, geweiht. Die Vierpfeilerkirche mit einer Kuppel war ursprünglich von niedrigen überdachten Galerien umgeben, an der nordwestlichen und südwestlichen Ecke befanden sich Treppentürme mit Zugängen zu den Emporen. Die Kathedrale zeichnet sich durch klare Formen aus, schlanke Pilaster gehen in Sakomare über und bewirken eine Dreiteilung der Steinfassaden. Jede Fassade hat ihr Portal, das wie ein kostbares Gemälde umrahmt ist. Besonders die reichen Reliefelemente machen die Kathedrale zu einer unverwechselbaren Erscheinung der altrussischen Architektur, auch wenn sie in den Jahrhunderten seit der Erbauung der Kathedrale stark gelitten haben. Viele wurden durch neue ersetzt, alte Reliefs wechselten ihren Platz. Dreimal ist an den mittleren Sakomaren der Fassaden die Gestalt des Psalmisten David zu sehen. Die schöne Ausführung zeugt von seiner Wichtigkeit im dekorativen System der Fassadengestaltung. Die Südfassade gilt als ›Fürstenfassade‹. An deren Blendarkadenfries befanden sich Gestalten russischer Fürsten, darunter auch die der Fürsten von Vladimir. Über dem rechten Fenster der Südfassade befindet sich die Sujetkomposition ›Himmelfahrt des Alexander von Mazedonien‹. Über dem linken Fenster der Nordfassade ist der Stifter der Kirche, Fürst Vsevolod III., inmitten seiner ihm Ehre erweisenden Söhne zu sehen. In den Feldern des Frieses befinden sich die Relieffiguren der Fürsten Boris und Gleb, von Erzpriestern und anderen Heiligen. An der Westwand illustrieren Reliefs die Taten des antiken Sagenhelden Herakles. In der Plastik des Westportales versinnbildlichen zahlreiche Chimären den Gedanken des Schutzes vor den bösen Kräften. Im plastischen Schmuck des Kuppeltambours vermischen sich Greife, Vögel und andere Lebewesen in kreisförmigen Verflechtungen mit der Darstellung von Heiligen. Von den zahlreichen Fresken, die Ende des 12. Jahrhunderts entstanden, ist nur ein Fragment des ›Jüngsten Gerichtes‹ unter den Emporen im Westteil der Kirche erhalten.

Die Demetrius-Kathedrale

Reliefelemente an der Fassade der Demetrius-Kathedrale

Von dem benachbarten Maria-Geburts-Kloster (6), das bereits 1191 gegründet wurde, stehen nur noch die Gebäude aus dem 18. Jahrhundert. Auch die hellen Backsteinmauern mit ihren Wehrtürmen und dekorativen Schießscharten, die das alte Kloster einfrieden, stammen aus dem 18. Jahrhundert. Bis zur Mitte des vorigen Jahrhunderts stand auf seinem Gelände die Maria-Geburts-Kathedrale, die zeitgleich mit der Demetriuskathedrale entstand, sich von dieser aber durch ihre schmucklose Schlichtheit unterschied. Unter den Gewölben dieser Kathedrale wurde 1263 der Staatsmann und Heerführer, Fürst Alexander Nevskij, bestattet. Das Maria-Geburts-Kloster diente bis 1561 als Hauptkloster der Rus', danach nahm das Dreieinigkeitskloster in Sergiev Posad bei Moskau unter den russischen Klöstern die Spitzenstellung ein. Vom Ende des 13. Jahrhunderts bis 1328 diente das Kloster auch als Residenz des Oberhauptes der russischen Kirche.

In unmittelbarer Nähe zum Kloster befindet sich auf dem Territorium des alten Kremls die 1761 erbaute Nikolajkirche (7), in der heute ein Planetarium untergebracht ist. Vor der Kirche steht ein Denkmal für Alexander Nevskij, der seit 1252 Großfürst von Vladimir war.

Die Straße ul. III. Internacionala (ул. III. Интернационала) führt zu der nach den Brüdern Stoletov benannten Straße ul. Stoletovych (ул. Столетовых). Der russische Physiker Alexander Stoletov (1839 – 1896) beschäftigte sich vorrangig mit Problemen der Elektrizität und des Magnetismus. Nach seinem Studium an der Moskauer Universität besuchte er in Heidelberg Vorlesungen der Physiker Hermann Helmholtz und Gustav Kirchhoff. Sein älterer Bruder Nikolaj Stoletov (1834–1912) beteiligte sich als bedeutender russischer General am Krimkrieg 1853–1856 und am Russisch-Türkischen Krieg 1877/78. Als Geograph war er an der Erforschung Mittelasiens maßgeblich beteiligt. Das Museum der Brüder Stoletov (8) in der ul. Stoletovych ist dem Leben der beiden Vladimirer Bürger gewidmet. Im Keller des benachbarten Hauses lädt ein kleines Café ein.

Die ul. III. Internacionala führt weiter Richtung Frunzeplatz, vorbei an einem Denkmal, das einem dunklen Kapitel der neueren russischen Geschichte gewidmet ist. Es wurde zum zehnten Jahrestag des Tschernobylunglücks in der benachbarten Ukraine eingeweiht. Die ul. III. Internacionala nennt sich nun ul. Frunze (ул. Фрунзе). Auf dem Hof des Hauses 135 steht zurückgezogen die Kirche zur Gottesmutter (9), die von Altgläubigen rekonstruiert und genutzt wird. Die Kirche wurde 1649 von reichen Vladimirer Kaufleuten errichtet, und ihr äußeres Erscheinungsbild wurde wesentlich vom Geschmack der Bürger bestimmt. Die fünf eng nebeneinander stehenden Zwiebelkuppeln ruhen auf einem hohen Kubus, der durch Pilaster gegliedert wird und in drei Reihen Kokošniki endet. Der Glockenturm strahlt erlesene Schönheit aus.

Wenn man die Straße weitergeht, kommt man zum Frunze-Denkmal, wo im 12. Jahrhundert das Silberne Tor stand und wo 1174 die Vladimirer die Leiche des

Blick vom Maria-Geburts-Kloster auf das moderne Bahnhofsgebäude von Vladimir

Fürsten Andrej Bogoljubskij in Empfang nahmen, nachdem er einer Verschwörung von Bojaren zum Opfer gefallen war. Vom Frunzeplatz ist es nicht mehr weit bis zum Bahnhof und dem Busbahnhof.

Die Nikolaj-Kirche

Zurück in das Stadtzentrum kommt man am schnellsten mit dem Trolleybus. In den vielen kleinen Cafés und den Restaurants laden russische Leckerbissen zum kulinarischen Streifzug ein. Im ›Staryj Gorod‹ (›Altstadt‹, ul. III. Internacionala 41) gehört russische Küche zum guten Ruf. Oder man kehrt in das einfache ›Pirožki‹ ein, das, wie sein Name schon verrät, vorzügliche, dampfende Pirožki, auftischt. Pirožki sind kleine Piroggen, die aus allen Arten von Teig gebacken oder gebraten und in vielen Variationen gefüllt werden. Vermutlich stammt ihre Bezeichnung von dem altrussischen Wort ›pir‹ (Gastmahl). Der Reisende Adam Olearius schrieb im 17. Jahrhundert über die fremden Sitten: » … sie haben eine besondere Art Gebäck, ähnlich Pasteten oder eher Pfannkuchen, die von ihnen Piroggen genannt werden … Sie füllen sie mit kleingehacktem Fisch oder Fleisch mit Zwiebeln und backen sie in Butter oder zur Fastenzeit in Speiseöl; sie schmecken recht angenehm, jeder Gast wird damit bewirtet, wenn er gut empfangen werden soll.« Eine andere Kulthandlung in Rußland ist das ›Bliny‹-Essen. Die ›Bliny‹ sind unseren Plinsen ähnlich und werden meist mit zerlassener Butter oder saurer Sahne serviert. Das ›Bliny‹-Essen ist von der Tradition der ›Maslenica‹, der ›Butterwoche‹, übriggeblieben. Die ›Maslenica‹ ging der großen Fastenzeit vor Ostern voraus und stellte eine Mischung aus christlichen und vorchristlichen Bräuchen dar. Sieben Tage und Nächte wurden Feste gefeiert, in den Städten und Dörfern Jahrmärkte besucht und Schlittenfahrten mit der Trojka veranstaltet. ›Bliny‹ sind das Essen der einfachen Leute, sie sind billig und schnell auf den Tisch gebracht. So auch in der ul. III. Internacionala 30 im Selbstbedienungsrestaurant ›Blinčiki‹.

An der Nordseite des zentralen Platzes, auf dem das Denkmal zur 850-Jahrfeier steht, wurde 1826 das Gebäude der ehemaligen Adelsversammlung (10) erbaut. Das zweigeschossige Bauwerk mit den zwölf ionischen Doppelsäulen dient heute als Haus der Offiziere.

Die Straße weiter führt auf der linken Seite eine kleine kopfsteingepflasterte Gasse, die ul. Georgievskaja (ул. Георгиевская), zur Georgskirche (11), die 1784 erbaut wurde. Sie wurde an Stelle einer weißen Steinkirche, die 1152 Jurij Dolgorukij erbauen ließ, errichtet und wird nunmehr als Konzertsaal genutzt. Für die Barockkirche wurde Material des ursprünglichen Bauwerkes verwendet, das man nach dem Brand von 1778 abgetragen hatte.

Die ul. Georgievskaja stößt auf eine pittoreske Gebäudegruppe, die inmitten der dörflich anmutenden Holzhäuser und grünen Gärten auffällt. Im 12. Jahrhundert befand sich hier der Hof von Andrej Bogoljubskij, in dessen Mauern 1164 die Erlöser-Kirche (12) vollendet wurde. Nach dem Brand von 1778 wurde die Kirche abgerissen und unter Nachahmung der Formen des alten Bauwerks neu geschaffen. Die kleinere Nikolajkirche (13) stammt aus dem 17. Jahrhundert und ist ganz in den Traditionen ihrer Zeit gehalten. Breite Kokošnikireihen am oberen Rand der Fassaden und prachtvolle Fenstereinfassungen machen sie zu einem einzigartigen Schmuckstück der Architektur von Vladimir. Den originellen Glockenturm mit hoher schlanker Spitze schmücken profilierte quadratische Elemente, sogenannte Širinki, mit eingesetzten grünen Kacheln.

Zu Beginn des 20. Jahrhunderts wurde auf der Krone eines alten Erdwalls ein roter Backsteinturm als Wasserturm (14) errichtet. Er hat längst seine ursprüngliche Funktion eingebüßt und birgt nun in seinen Mauern die Ausstellung ›Das alte Vladimir‹. Die Ausstellung möchte den Geist des alten Vladimir widerspiegeln,

Die Erlöser-Kirche

Der alte Wasserturm

einer Stadt von Kleinbürgern, Beamten und Kaufleuten. Von der hohen Aussichtsplattform des Turms bietet sich ein schöner Blick über die Stadt und die Weite der Landschaft. In der Ferne schlängelt sich silbern die Kljaz'ma, ein Nebenfluß der Oka, durch das Land.

Rechter Hand steht in der ul. Nikolo-Galejskaja 9 die Nikolajkirche in den Galei (15), dahinter auf einem Hügel die Himmelfahrtskirche. Eine Nikolajkirche, dem Schutzpatron ›der Reisenden zu Wasser und zu Lande‹ geweiht, befand sich wahrscheinlich schon im 12. Jahrhundert an dieser Stelle, nur war sie damals aus Holz erbaut. ›Galei‹ hießen große Ruderschiffe von der Art der Galeeren, und wahrscheinlich befand sich zu Füßen der Kirche eine Schiffsanlegestelle. Das heutige Kirchengebäude wurde 1732–1735 mit Mitteln eines reichen Fuhrmanns erbaut. An die Westseite des hohen viereckigen Kubus schließt sich ein flacher Refektoriumsbau mit einem Glockenturm an. Das Innere der Kirche wirkt sehr schlicht. Die Maria-Entschlafens-Kirche am Ende der ul. Voznesenskaja (ул. Вознесенская) wurde 1724 erbaut. Anbauten und der später errichtete Glockenturm haben ihr Aussehen stark verändert.

Die ul. Gogolja (ул. Гоголя) führt vorbei an einer römisch-katholischen Kirche zurück zur Hauptmagistrale. Auf dem lieblos mit Platten ausgelegten Platz steht das Theater der Stadt, ein Bauwerk sowjetischen Stils. Vor dem Theater, in der ehemaligen Dreieinigkeitskirche der Altgläubigen (1913–1916), zeigt eine Ausstellung dekorative und angewandte Kunst, insbesondere Kristall, Lackminiaturen und Stickereien (16).

Das Goldene Tor (17) gilt als das inoffizielle Wahrzeichen der Stadt Vladimir. Es wurde 1158–1164 nach den gleichnamigen Vorbildern in Konstantinopel und Kiev errichtet. Es war ursprünglich mit einem vergoldeten Kupferdach gedeckt, das ihm seinen Namen gab. Das Goldene Tor aus weißem Kalkstein gehörte zum Verteidigungssystem der Stadt und vereinte einen Festungsturm mit einem Triumphbogen, an dem feierliche Zeremonien stattfanden. Ursprünglich hatte der Durchfahrtsbogen eine Höhe von 14 Metern. Die Durchfahrt wurde von einem Tonnengewölbe überspannt. An den Seiten des Zwischenbogens sind die massiven schmiedeeisernen Torangeln sowie eine tiefe Aussparung für den schweren Riegelbalken erhalten geblieben. Über dem Bogen befand sich eine mit einer Zinnenbrüstung umgebene Plattform, von der aus die Soldaten den Gegner beschießen, die Belagerer mit einem Steinhagel empfangen oder siedendes Wasser herabgießen konnten. In der Südmauer des Tores befindet sich eine Treppe. Sie führt zur Torkirche, der Kirche der Gewandniederlegung Maria. Sie wurde 1469 erneuert und im 18. Jahrhundert umgebaut, wobei wahrscheinlich die runden Ecktürme hinzugefügt wurden. Das Goldene Tor beherbergt die militärhistorische Ausstellung, die die schicksalsvollen Ereignisse in der Geschichte der Stadt Vladimir und des Landes schildert. An das Goldene Tor schlossen sich von beiden

Das Goldene Tor in Vladimir

Seiten etwa neun Meter hohe Erdwälle mit befestigten Holzwänden an. An ihrer Außenseite befanden sich acht Meter tiefe und bis zu 22 Meter breite Gräben.

Gegenüber vom Goldenen Tor wurde 1908 das Pädagogische Institut eröffnet. Davor steht ein Denkmal für den russischen Literaturkritiker Lebedev-Poljanskij (1881–1948). Am Gebäude erinnert eine Tafel an den russischen Schriftsteller Wenedikt Jerofejew.

Am Pädagogischen Institut führt die ul. Nikitskaja (ул. Никитская) bergab zur grün getünchten Nikitakirche. Die in Formen des Barock gehaltene Kirche wurde 1762–1765 erbaut und ähnelt mehr einem dreigeschossigen Prunkpalast als einer Kirche. Jede Etage besaß einen eigenen Ikonostas und war von starkem Licht, das durch die großen Fenster einfiel, erfüllt. Von besonderer Schönheit ist der Glockenturm mit den Gruppen von Eckpilastern und dem Volutenmotiv. Der Baumeister schien dieses Motiv zu bevorzugen, denn er wiederholte es mehrfach am Oberteil der Kirche. Die zweigeschossigen Anbauten stammen aus dem 18. Jahrhundert.

Etwas unterhalb steht inmitten eines Dorfplatzes eine weiße Kirche von besonderer Grazie. Die Maria-Entschlafens-Kathedrale (18) stammt aus dem 16. Jahrhundert und wurde auf dem Fundament einer Kirche von 1200 errichtet. Sie gehörte zu einem ehemaligen Kloster, das von der Fürstin Maria Ivanovna, der Gattin des Fürsten Vsevolod III. gegründet und zu Ehren der Gründerin Fürstinnenkloster genannt wurde. Es diente als Begräbnisstätte von Frauen der hochfürstlichen Familie. Aus den Annalen ist bekannt, daß hier die Gründerin selbst,

›Die Reise nach Petuschki‹

Wenedikt Jerofejew lebte 1938–1990 in verschiedenen sowjetischen Städten, wurde aus mehreren sowjetischen Hochschulen ausgeschlossen und verdingte sich als Hilfsarbeiter. Seinen Ruhm als Schriftsteller begründete ›Die Reise nach Petuschki‹, ein Report aus dem sowjetischen Alltag, erzählt von Wenitschka, der vom Vodka gefangen gehalten wird: »Im Grunde genommen hat auf der Strecke nach Petuschki keiner Angst vor den Kontrolleuren, weil alle ohne Fahrschein sind. Wenn irgendein Abtrünniger im Suff aus Versehen einen Fahrschein gekauft hat, ist es ihm natürlich furchtbar peinlich, wenn die Kontrolleure kommen. Wenn sie ihn nach dem Fahrschein fragen, kann er niemandem in die Augen sehen, nicht dem Schaffner, nicht den Passagieren, er möchte am liebsten im Erdboden versinken.

Der Schaffner betrachtet seinen Fahrschein voller Abscheu und wirft dem Dreckskerl vernichtende Blicke zu. Die Passagiere sehen alle auf den ›Schwarzfahrer‹ mit großen, schönen Augen, als wollten sie sagen: ›Schlag die Augen nieder, du Schweinehund, du gewissenloser!‹ Und dem Schaffner sehen sie noch entschiedener in die Augen: ›Schau uns an, so sind wir, uns kannst du nichts vorwerfen. Komm her zu uns, Semjonytsch, wir werden dich nicht enttäuschen ...‹

Bis zu dem Zeitpunkt, als Semjonytsch Oberschaffner wurde, hatte alles ganz anders ausgesehen: die Fahrscheinlosen jagte man damals in die Reservate, wie die Indianer, schlug ihnen den Brockhaus-Jefron über den Schädel, kassierte die Strafe und dann raus aus dem Zug ... Der Oberschaffner Semjonytsch veränderte alles: Er schaffte sämtliche Strafen und Reservate ab. Er machte das einfacher: Er nahm von jedem Fahrscheinlosen ein Gramm Vodka pro Kilometer. In ganz Rußland nimmt das Fahrerpersonal von den Schwarzfahrern eine Kopeke pro Kilometer, aber Semjonytsch machte das anderthalbmal billiger. Ein Gramm pro Kilometer. Wenn man zum Beispiel von Tschuchlinka nach Ussad fährt, das sind neunzig Kilometer, schenkt man Semjonytsch neunzig Gramm ein und fährt anschließend völlig ungestört weiter, hingeflackt auf seine Bank wie ein Pascha.

Nun, die Neueinführung von Semjonytsch hatte die Verbindung zwischen Schaffner und breiter Masse gestärkt, hatte die Verbindung verbilligt, vereinfacht und humanisiert. Das allgemeine Zittern und Beben, aus dem sich der Aufschrei ›Die Kontrolleure!!‹ löst, hat heute nichts Erschreckendes mehr. Die Passagiere zittern vor Freude ... Semjonytsch kam in den Wagen, gierig grinsend. Er stand kaum noch auf den Beinen. Gewöhnlich fuhr er nur bis Orechowo-Sujewo. In Orechowo-Sujewo stieg er aus und begab sich in sein Kontor, vollgetankt bis zum Erbrechen ...«

die zweite Gattin von Vsevolod III. sowie Frau und Tochter von Alexander Nevskij begraben worden sind. Die Kirche ist in einen malerisch bunten Blumengarten eingebettet und an den umliegenden Holzhäusern wird wie in alten Zeiten emsig gehämmert.

Vladimir liegt an der Eisenbahnstrecke Moskau–Nižnij Novgorod. Nahverkehrszüge fahren von Vladimir nach Moskau, Petuški, Kovrov, Gorochovec, Gostjuchino, Mstera und Vjazniki. An den Bahnhof schließt sich der Busbahnhof an.

Busverbindungen bestehen zu folgenden Städten: Moskau, Kovrov, Ivanovo, Murom, Dzeržinsk, Suzdal', Gus'-Chrustal'nyj, Vjazniki, Minsk, Jur'ev-Pol'skij, Rjazan', Mstera, Kostroma, Jaroslavl' und Aleksandrovsk. Der Vorverkauf findet an der Kasse 9 statt.

In der vierten Etage des Bahnhofsgebäudes befindet sich das Bahnhofshotel ›komnaty otdycha‹ (Erholungszimmer), das Passagieren, die sich auf der Durchfahrt befinden, für eine Nacht zur Verfügung steht. Es ist von 19 bis 7 Uhr geöffnet. Eine Übernachtung in einem Mehrbettzimmer kostet etwa 7 Dollar. Im Bahnhof befinden sich Toiletten und eine Gepäckaufbewahrung.
Das beste Hotel der Stadt ist das ›Vladimir‹ (Владимир), ul. III. Internacionala 74 (ул. Интернационала), Tel. 22 73 05/22 30 42. Es ist zentral gelegen, verfügt über Geldwechselmöglichkeiten und andere touristische Serviceleistungen.
Die Übernachtung in einem Zweibettzimmer kostet pro Person 35 bis 70 Dollar. Ein bewachter Parkplatz steht zur Verfügung.
Etwas preiswerter ist das Hotel ›Zarja‹ (Заря), ul. Studennaja Gora 36 (ул. Студенная Гора), Tel. 9 14 41. Pro Person kostet eine Übernachtung etwa 16 bis 30 Dollar. Man erreicht es mit dem Trolleybus 5. Zwei Stationen nach dem nicht zu übersehenden Goldenen Tor muß man aussteigen.
Etwas außerhalb der Stadt befindet sich das Hotel ›Zolotoe Kol'co‹ (Золотое Кольцо), ul. Čajkovskogo 27 (ул. Чайковского), Tel. 24 88 07, ab 18 Dollar.
Nett, einfach und billig ist die Jugendherberge ganz in der Nähe des Hotels ›Zarja‹. Sie liegt an der ul. Puškina 6 (ул. Пушкина), Tel. 2 25 84, und kostet 5 Dollar pro Person. Auf Anfrage bekommt man auch eine Kochgelegenheit gezeigt und die neuesten Geschichten der Stadt erzählt. Die Jugendherberge ist ebenfalls mit dem Trolleybus 5 (Haltestelle ›Studennaja Gora‹) zu erreichen.

Restaurants und Cafés gibt es mehr als ausreichend.

Einige sollen an dieser Stelle empfohlen werden.
Im ›Pelikan‹ (Пеликан) wird russische und europäische Küche serviert, ul. Bol'šaja Moskovskaja 61 (ул. Большая Московская), Tel. 32 73 62.
Restaurant ›Serebrjannyj dožd‹ (Серебрянный дожд), ul. Čajkovskogo 27 (ул. Чайковского), Tel. 24 79 16, im Komplex ›Zolotoe Kol'co‹.
Preiswerte Pel'meni, Torten und Tee gibt es im Café ›U Zolotych Vorot‹ (Am Goldenen Tor), ul. III. Internacionala 15, von 10 bis 15 Uhr und von 15.30 bis 22 Uhr. Daneben befindet sich das gleichnamige Restaurant. Es ist verhältnismäßig teuer und von 12 bis 23 Uhr geöffnet. Gegenüber befindet sich das schon erwähnte ›Piroški‹, ul. III. Internacionala 12, Mo bis Sa von 8 bis 20 Uhr geöffnet. Leckere Bliny, die russischen Plinsen, werden in ›Blinčiki‹, ul. III. Internacionala 30, täglich von 10 bis 18 Uhr gereicht.
Geschichts- und Kunstinteressierte kommen in Vladimir auf ihre Kosten. Die vielen Ausstellungen machen die Auswahl schwer. Eine archäologisch-historische Sammlung befindet sich in der ul. III. Internacionala 64. Sie ist Mi, Do, Sa und So von 10 bis 16.30 Uhr und Di und Fr von 10 bis 15.30 Uhr geöffnet und Mo sowie am letzten Freitag des Monats geschlossen.
In der ul. Stoletovych (ул. Столетовых) befindet sich das Stoletov-Museum (дом-музей Столетовых). Es ist den beiden Brüdern Stoletov, einem Physiker und einem General, gewidmet. Geöffnet ist Di, Fr, Sa und So von 10 bis 16.30 Uhr und Mi und Do von 10 bis 15.30 Uhr. Geschlossen ist am Montag und am letzten Freitag des Monats.
Eine militärhistorische Ausstellung befindet sich in den alten Gemäuern des Goldenen Tores. Sie steht Interessierten von Do bis So von 10 bis 17 Uhr und Mo, Mi von 10 bis 16 Uhr zur Besichtigung offen. Geschlossen ist am Di und am letzten Fr des Monats.
Das alte Vladimir wird in einer Ausstellung im Wasserturm präsentiert, Di, Fr, Sa und So von 10 bis 17 Uhr und Mi und Do von 10 bis 16 Uhr. Geschlossen ist Mo und am letzten Do des Monats.
Eine Kunstsammlung befindet sich im ehemaligen Amtsgebäude zwischen Maria-Entschlafens-Kathedrale und Demetriuskathedrale. Die Sammlung ist Di und Fr von 10 bis 16 Uhr und Mi, Do, Sa und So von 10 bis 17 Uhr geöffnet, geschlossen ist Mo und am letzten Do des Monats.

Bogoljubovo (Боголюбово)

Etwa zehn Kilometer von Vladimir entfernt liegt unweit der Mündung der Nerl' in die Kljaz'ma die alte Fürstenresidenz Bogoljubovo. Mehrmals täglich fahren Busse vom Busbahnhof in Vladimir nach Bogoljubovo. Nach etwa zwanzig Minuten fordert ein nicht zu übersehender Glockenturm zum Aussteigen auf.

Die ehemals burgartige Anlage wurde 1158 – 1165 von Fürst Andrej Bogoljubskij gegründet, nachdem er Vyšgorod bei Kiev verlassen hatte. Der Fürst führte die wundertätige Ikone der Gottesmutter bei sich, die er nach Rostov bringen wollte. Einer Legende nach sollen die Pferde an der Stelle, wo später der Fürstensitz gegründet worden ist, stehengeblieben sein. In der Nacht soll dem Fürsten die Gottesmutter erschienen sein. Sie habe den Wunsch geäußert, daß ihr Bild nicht nach Rostov gelange, sondern in Vladimir verbleibe und daß man ihr an dem Ort, wo die Pferde stehengeblieben waren, eine Kirche errichte. Der Standort der Festung erhielt den Namen Bogoljubovograd (Stadt des Gottesliebenden), und der Fürst nahm den Beinamen Bogoljubskij an.

Der Fürst ließ ein prachtvolles Schloß errichten, in dem er die zahlreichen Gesandten, Gäste und Kaufleute würdig empfing. Er errichtete eine Burg und die Gottesmutter-Geburts-Kathedrale mit Bogenübergängen zu den Wohngemächern. Die Stadt, die vor den Toren der Fürstenresidenz entstanden war, verlor nach der Plünderung durch die Tataren 1238 ihre Bedeutung. Zu Ehren der Ikone der Gottesmutter von Bogoljubovo entstand im 13. Jahrhundert aus den Resten des Palastes ein Kloster, das nach der Heiligsprechung von Andrej Bogoljubskij 1702 zum Pilgerort avancierte.

Von dem ehemaligen Fürstenpalast aus dem 12. Jahrhundert sind nur der nördliche zweigeschossige Turm des Palastgebäudes und der Übergang vom Turm in die Hofkirche Maria Geburt sowie die Grundmauern der Kirche erhalten. Der Grundriß des Turms ist fast quadratisch. Im Inneren des Turms führt eine steinerne Wendeltreppe über den Arkadengang zur Empore der Kirche. Eine andere Tür führte auf den Übergang zum Palast, so daß der Fürst aus den oberen Gemächern seines Palastes direkt zum Gottesdienst gelangen konnte. In diesem Turm ist Andrej Bogoljubskij einer Bojarenverschwörung zum Opfer gefallen.

Den Mittelpunkt der Residenz von Bogoljubovo bildete die Maria-Geburts-Kirche. Die einkupplige, viersäulige Kirche wurde im 13. Jahrhundert zerstört und später wieder aufgebaut. Die Besonderheit der Kirche bestand darin, daß die vier Stützen des Innenraums keine Pfeiler, sondern Säulen mit attischen Basen und riesigen, vergoldeten Blattkapitellen waren. Vor der Westfassade befand sich ein Ziborium aus Kalkstein, ein von acht Säulen getragenens Zeltdach, das um 1165 entstanden war. Darunter befand sich ein aus weißem Kalkstein gefertigtes Becken. An seiner Stelle steht heute eine Kapelle aus dem 17. Jahrhundert mit vier birnenförmigen Pfeilern. An Stelle der aus dem 12. Jahrhundert stammenden Kirche wurde 1751 der noch existierende Bau in den Formen des Barock errichtet. Die alte Kirche war mit prächtigen Ikonen und Fresken und edlen Steinen versehen. Auch das Innere der neuen Kirche weist überwältigende Wandmalereien auf. Bei Grabungen wurde teilweise das ursprüngliche Niveau der Kirche freigelegt. Vom ursprünglichen Skulpturenschmuck sind Frauen- und Löwenköpfe erhalten, die stark romanische Züge aufweisen. Von Interesse ist auch die ›Madonnensäule‹, von der ein viergesichtiges Kapitell erhalten geblieben ist.

Im Nonnenkloster von Bogoljubovo

Das dominierende Gebäude des Nonnenklosters von Bogoljubovo ist die 1866 entstandene große fünfkupplige Maria-Entschlafens-Kathedrale im russisch-byzantinischen Stil. Das Kloster mutet wie ein großer Landwirtschaftsbetrieb an. In der großen Hitze im August wird auf dem gesamten Klosterhof Gras zum Trocknen ausgelegt.

Vom Kloster führt die Fernverkehrsstraße weiter Richtung Nižnij Novgorod. Nach 200 Metern zweigt auf der rechten Seite die ul. Vokzal'naja (ул. Вокзальная) ab, die zum Bahnhof von Bogoljubovo führt. Nachdem man die Eisenbahnschienen überquert hat, wählt man den linken Weg nach der Gabelung. In der Ferne ist schon die Maria-Schutz-Kirche zu sehen. Sie steht in den Wiesen einer Flußniederung auf einem aufgeschütteten und befestigten Hügel. Sie wurde 1165 im Verlaufe nur eines Jahres geschaffen, vermutlich zum Gedenken an den in den Kämpfen mit den Bulgaren gefallenen Sohn des Fürsten. Die Kirche aus weißem Kalkstein war Bestandteil eines Klosters. Für Andrej Bogoljubskij galt sie als das symbolische Tor zu der von ihm regierten Rus'. Er ließ sie dem von ihm neu eingeführten Muttergottesfest weihen und betonte somit die russische Eigenständigkeit gegenüber Byzanz und dem griechischen Metropoliten in Kiev.

Die Maria-Schutz-Kirche besteht aus einem rechteckigen Bau mit einer Kuppel, drei Schiffen, drei Apsiden und vier kreuzförmigen Pfeilern, von denen die Trommel getragen wird. Die leicht nach innen geneigten Mauern verstärken den

Bogoljubovo, Maria-Geburts-Kirche, 1158–1165 (Rekonstruktionszeichnung von N. Voronin)

Eindruck schwerelosen Emporstrebens. Die vollendete Silhouette der harmonisch in Wiesen- und Flußlandschaft eingebetteten Kirche und die Originalität ihres Skulpturenschmucks machen sie zu einem Meisterwerk der altrussischen Architektur. Friedvoll besinnlich scheint der sparsame Reliefschmuck. In den mittleren Rundgiebeln der südlichen, westlichen und nördlichen oberen Wandfelder befindet sich die Skulptur des Königs David, der auf dem Thron sitzt, in der linken Hand die Harfe hält und die rechte zum Segensgestus erhoben hat. Um sich hat er Tiere versammelt. Jeweils zwei ihm zugewandte Vögel und Löwen, die ihren Raubtiercharakter verloren haben, lauschen dem Psalmisten. Als Prophet der Gottesmutter hat David unmittelbare Bedeutung für die Kirche, als Held des Volkes, Sieger über die Philister, Gründer des Staates und königlicher Herrscher war er Vorbild für Andrej Bogoljubskij, den Stifter der Kirche. Die Greifen in den seitlichen Sakomaren halten in den Krallen einen Hirsch, den sie allerdings nicht zerreißen, was sie von östlichen oder romanischen Vorbildern unterscheidet. Sie stellen symbolisch die Bergwelt dar, die dem Psalmensänger David lauscht. Zwanzig Frauenköpfe, die sich über den Fenstern als Fries hinziehen, symbolisieren die Weihe der Kirche an die Jungfrau Maria. Die weiblichen Köpfe, die verbunden mit zoomorphen Motiven in den Konsolen des Blendarkadenfrieses auftreten, stellen wahrscheinlich den Kampf der guten und bösen Elemente dar.

Suzdal' (Суздаль)

Eine Stadt mit unzähligen Kuppeln und Türmen, unberührt über Jahrzehnte, inmitten kleiner Holz- und Steinhäuser, hinter denen sich weit und harmonisch sanftes Hügelland ausbreitet: Suzdal' scheint das Traumbild aller Reisenden, die auf der Suche nach der alten Rus' in das widersprüchliche Land gekommen sind. Es hat offiziell den Status einer Museumsstadt, und es wirkt auch wie ein lebendiges Museum. Auf einer Fläche von etwa acht Quadratkilometern geben sich über 30 Kirchen aus den verschiedensten Jahrhunderten ein Stelldichein. Von weitem wie von nahem bezaubern die goldgestirnten blauen Kuppeln der Maria-Geburts-Kathedrale im Kreml, die hoch aufgerichtete Silhouette des Glockenturms im Kloster der Gewandniederlegung und das verwitterte Backsteinmassiv des Vasil'ev-Klosters, das Besucher auf ihrem Weg in die Stadt begrüßt.

Geschichte der Stadt

Fruchtbar und schön ist das Land am Ufer der Kamenka, eines Nebenflusses der Nerl', das bereits im 9. und 10. Jahrhundert dicht besiedelt war. Die Stadt Suzdal' wurde im Jahre 1024 das erste Mal urkundlich erwähnt, als sich die bisher freien Bauern gegen die Vereinnahmung ihres Landes durch die fremden Kiever Fürsten

Holzhaus in Suzdal'

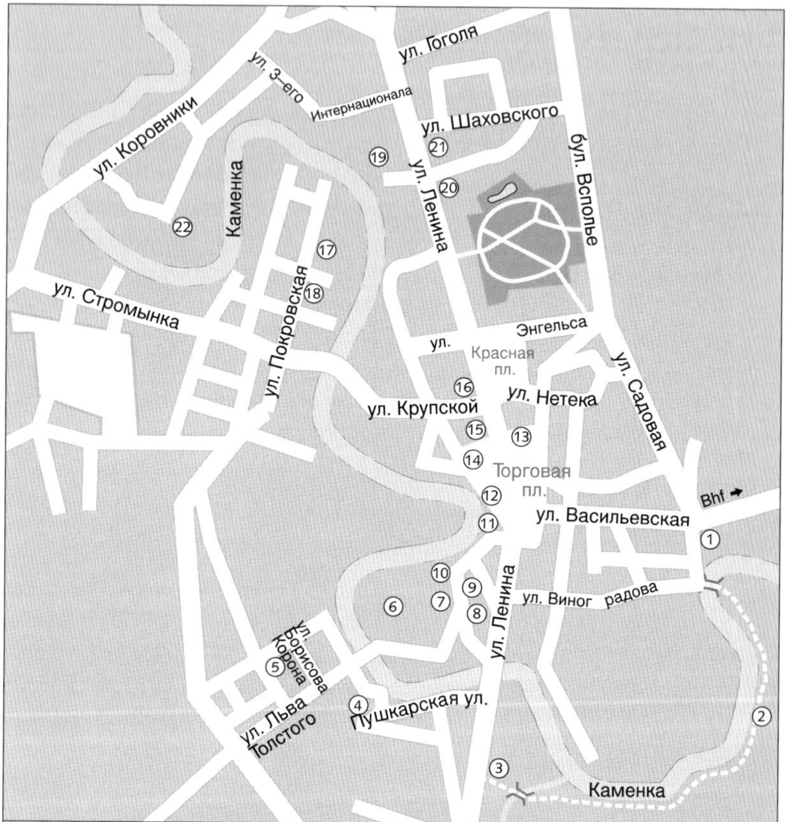

Suzdal' (Суздаль)

Legende

1 Vasil'ev-Kloster (Васильевский монастырь)

2 Floros-und-Lavros-Kirche und Erzengel-Michael-Kirche (церковь Флора и Лавра и церковь Архангела Михаила)

3 Maria-Erscheinens-Kirche und Maria-Gewandniederlegungs-Kirche (церковь Богоявленская и церковь Ризоположенская)

4 Museum für Holzbaukunst (музей деревянного зодчества)

5 Boris-und-Gleb-Kirche (церковь Бориса и Глеба)

6 Kreml (Кремль)

7 Maria-Entschlafens-Kirche (Успенская церковь)

8 Nikolajkirche und Christi-Geburts-Kirche (Никольская и Рождественская церкви)

und die aus ihren eigenen Reihen hervorgegangene soziale Oberschicht auflehnten. Der Bauernaufstand wurde durch Jaroslav den Weisen und seine Truppen niedergeschlagen. Das Gebiet um Rostov und Suzdal' wurde dem Sohn des Großfürsten, Vsevolod Jaroslavič zugesprochen, und immer mehr Bojaren kamen aus dem Süden und nahmen das Land in Besitz.

Unter der Regentschaft Vladimir Monomachs (1113 – 1125) und seines Sohnes Jurij Dolgorukij (1125 – 1157) entstanden die ersten befestigten Städte der Rus'. So auch Suzdal', dessen Befestigungswälle und erster Kreml vom Anfang des 12. Jahrhunderts stammen. Vladimir Monomach ließ an einer Flußwindung die erste Kathedrale in Stein erbauen, die Maria-Entschlafens-Kathedrale mit angrenzendem Fürstenhof. Jurij Dolgorukij wählte Suzdal' zur Hauptstadt seines Fürstentums, ließ aber seine Residenz fünf Kilometer entfernt in dem kleinen Ort Kidekša errichten (1152).

Suzdal' bot in jenen Zeiten den Anblick einer typischen russischen mittelalterlichen Stadt. Die Bauern und Handwerker hausten dichtgedrängt in kleinen Erdhütten, von denen nur die Dächer zu sehen waren. Dazwischen ragten die Holzhäuser des Adels empor, und über allem thronten die steinerne Kathedrale und der Fürstenhof. Die Festung lag auf einer Insel, die durch den Lauf der Kamenka und

9 Kirche Johannes' des Täufers (церковь Иоанна Предтечи)
10 Kirche des Einzugs in Jerusalem und Freitags-Kirche (Входоиерусалимская и Пятницкая церкви)
11 Handelsreihen (Торговые ряды)
12 Auferstehungskirche und Kazaner Kirche (Воскресенская и Казанская церкви)
13 Zar-Konstantin-Kirche und Kirche zur Schmerzensreichen (Царeконстантиновская и Скорбященская церкви)
14 Nikolaj-Kreuz-Kirche (Николокрестовская церковь)
15 Lazarus-Kirche und Antipij-Kirche (Лазаревская и Антипьевская церкви)
16 Gewandniederlegungs-Kloster (Ризоположенский монастырь)
17 Maria-Schutz-und-Fürbitte-Kloster (Покровский монастырь)
18 Petrus-und-Paulus-Kirche und Nikolajkirche (Петропавловская и Никольская церкви)
19 Erlöser-Euthymios-Kloster (Спасо-Евфимиевский монастырь)
20 Vorstadthaus (Посадский дом)
21 Smolensker Kirche und Simeonkirche (Смоленская и Симеонская церкви)
22 Tourismus-Komplex (Главный туристский комплекс)

Geheimnisumwobene Kirchen in Suzdal'

einen künstlich angelegten Graben entstanden war. Allmählich breitete sich außerhalb der Festung der Posad aus, der ab dem 13. Jahrhundert ebenfalls durch einen Wassergraben im Norden und einen Erdwall mit Palisadenwand geschützt wurde. In der Umgebung entstanden die ersten Klöster.

Andrej Bogoljubskij verlegte die Hauptstadt Mitte des 12. Jahrhunderts nach Vladimir, doch spielte die reiche Handelsstadt weiterhin eine wichtige Rolle in den Machtkämpfen innerhalb des Fürstentums. Die aus Kaufleuten und Handwerkern bestehende Stadtbevölkerung unterstützte nach dem Tod Andrej Bogoljubskijs dessen Nachfolger im Kampf um den Fürstenthron und unterstützte die fürstliche Macht gegen die Suzdaler und Rostover Bojaren. Vsevolod III. ließ die Stadt 1192 erneut befestigen und eine neue Kathedrale, die Maria-Geburts-Kathedrale, auf dem Fundament der alten errichten. Die Blüte der Stadt, ihrer Kultur und sehr eigenständigen Kunst wurde durch den Einfall der Tataren im Jahre 1238 jäh unterbrochen, von dessen Folgen sich die Stadt nur allmählich erholte.

Mitte des 14. Jahrhunderts gründeten die Suzdaler Fürsten das Fürstentum Suzdal'-Nižnij Novgorod, um sich dem aufstrebenden Moskau zu widersetzen. Die Hauptstadt wurde nach Nižnij Novgorod an der Volga verlegt, jedoch brach das Fürstentum Ende des Jahrhunderts zusammen, und Suzdal' schloß sich Moskau an. Es entwickelte sich zu einem der religiösen Zentren des jungen Staates, und die reichen Klöster entwickelten eine rege Bautätigkeit. Wohl in wenigen Städten gab es so viele Klöster, ihre Zahl erreichte 15. Sie stellten jedes für sich ein eigenständiges wirtschaftliches Zentrum dar, um das sich Handwerkervorstädte herausbildeten. Suzdal' entwickelte sich also nicht um einen Kern herum, wie die meisten anderen russischen Städte, sondern polyzentrisch. Erst durch die massive Bautätigkeit im 18. Jahrhundert und die Ausweitung der Vorstädte fügten sich die auseinanderliegenden Teile zusammen, und es entstand ein einheitliches Stadtbild.

Seit 1796 gehörte Suzdal' zum Gouvernement Vladimir und verlor allmählich an Bedeutung. Bis in die heutige Zeit hinein ernähren sich seine Bewohner hauptsächlich durch Gemüsezucht und Obstanbau. Sie leben in einer Stadt, die 1967 per Ministerratsbeschluß zum Museumsreservat erklärt, sorgfältig restauriert und zum Touristenzentrum ausgebaut wurde.

Ein Rundgang

Gemütlich nähert sich der Autobus von Vladimir der alten Stadt, und schon von weitem sind die Kuppeln und Türme von Suzdal' zu sehen. Der Busbahnhof liegt ein wenig vor der Stadt, an der Vasil'evskaja ul. (Васильевская ул.). Die Straße hat ihren Namen vom Vasil'ev-Kloster (1), das den Reisenden als erstes in der Stadt begrüßt. Malerisch auf einem Hügel gelegen und von einer dicken Backsteinmauer umgeben, ragen die Kathedrale und der Glockenturm empor.

Das Kloster entstand im 13. Jahrhundert als Vorposten der Stadtfestung. Die Mauer und die beiden Backsteinkathedralen sind jedoch jüngeren Datums. Die Vasilij-Kathedrale wurde in den Jahren 1662–1669 erbaut. Streng und ohne jeglichen Schmuck steht sie mit ihrem gewaltigen Glockenturm da und verstärkt noch den Eindruck einer Festung. Neben ihr steht die kleinere Refektoriumskirche zu Maria Lichtmeß vom Ende des 17. Jahrhunderts, in deren unterem Stockwerk die Wirtschaftsräume lagen und deren Obergeschoß als Kirchenraum mit Refektorium genutzt wurde. In den Gebäuden befanden sich in den vergangenen Jahrzehnten normale Wohnungen, und Alltagsgeschäftigkeit und Kinderlärmen erfüllten die alten Mauern. Doch damit wird es bald vorbei sein, denn das Gelände wurde an die Kirche zurückgegeben, und die Mönche haben bereits angefangen zu bauen.

Vor den Toren des Klosters fällt die Entscheidung schwer: Die Vasil'evskaja ul. führt geradewegs in die Stadt, vorbei an kleinen Holzhäusern und endet auf dem Marktplatz in unmittelbarer Nähe des alten Kremls. Doch links lockt ein Fußweg entlang der Kamenka, die sich durch die Wiesen schlängelt und sich langsam der Stadt nähert. Zwei Kirchen am gegenüberliegenden Ufer ziehen unweigerlich den Blick an. Unwirklich, fast durchscheinend wirkt die weiße Kirche, die Floros und Lavros, den Beschützern des Viehs, geweiht ist (2). Auf einem einfachen, quadratischen Kubus mit einer halbrunden Apsis ruhen fünf schlanke Trommeln, die die zierlichen Kuppeln tragen. Daneben steht eine gemütlich wirkende, einkupplige Winterkirche, die Erzengel-Michael-Kirche. Beide Kirchen stehen offen und machen einen ebenso verwahrlosten Eindruck wie der benachbarte Friedhof mit seiner dunklen Backsteinkirche. Von hier hat man einen schönen Blick über die Stadt; von weitem sind die blauen, goldgestirnten Kuppeln der Maria-Geburts-Kathedrale zu sehen, und rechts ragt der hohe Glockenturm des Gewandniederlegungs-Klosters empor.

Ab dem Friedhof wird der Weg schwierig. Wer hohes Gras und Kletten nicht scheut, kann hinunter zum Fluß gehen, bis zur Mündung des Flüßchens Mžara in die Kamenka, wo eine Holzbrücke ans andere Ufer führt. Bequemer gelangt man zu der Brücke, die linker Hand an der Kolchoznaja ul. (Колхозная ул.) liegt. Auf der anderen Seite des Flüßchens erheben sich zwei Kirchen, die Maria-Erscheinungs-Kirche von 1749 und die Maria-Gewandniederlegungs-Kirche von 1777 (3). Solche ›Paare‹ von Kirchen werden dem Reisenden in Suzdal' noch oft begegnen. Da die großen Kirchen im Winter schwer beheizbar waren, wurde in ihrer unmittelbaren Nähe meist noch eine kleinere, ›warme‹ Kirche erbaut. Die beiden Kirchen lagen im 18. Jahrhundert noch außerhalb der Stadt – im Dorf Pinaicha, an der Stelle, wo in alten Zeiten das Maria-Opfer-Kloster seinen Sitz hatte. Die Sommerkirche zu Maria Erscheinung unterscheidet sich stark in der Gestaltung der Nord- und der Südfassade. Die der Stadt zugewandte Seite ist verziert und mit einem feierlichen Portal versehen, während die Südfront mit den großen Fenstern eher an einen Profanbau erinnert. Über dem Sims, an der Stelle der üblichen Kokošniki,

Das Vasil'ev-Kloster

fällt eine Reihe religiöser Darstellungen auf. Das obere Achteck der Kuppel ist mit blauen und weißen Kacheln verziert, ein Element, das seit dem 17. Jahrhundert sehr beliebt war. Die kleinere Maria-Gewandniederlegungs-Kirche zeichnet sich durch ihre strengen klassischen Linien und Strukturen aus. In ihr befindet sich das Exkursionsbüro der staatlichen Museen der Stadt, das verschiedene Ausflüge anbietet und auf fremdsprachige Gäste eingestellt ist.

Doch auch an der Museumsstadt Suzdal' ist der Wandel der Zeiten nicht spurlos vorübergegangen. Merklich weniger Touristen kommen hierher, vor allem das Sprachengewirr aus den verschiedenen Sowjetrepubliken fehlt. Ein Teil der Kirchen wurde bereits an die orthodoxe Kirche zurückgegeben. Auch die dem Büro benachbarte Sommerkirche hält ihre Türen wieder für Gläubige geöffnet.

Die Maria-Erscheinens-Kirche und die Maria-Gewandniederlegungs-Kirche stehen am alten Vladimirer Weg, der an der Kamenka entlang führte und dann dem Verlauf der Nerl' folgte. Hier verläuft wie einst die Hauptstraße, die den ganzen Ort durchquert und von der nur wenige Nebenstraßen abzweigen. Heute trägt sie den Namen Lenins (ул. Ленина). Auf der linken Seite führt die Puškarskaja ul. (Пушкарская ул.) zum Museum für Holzbaukunst (4), dessen hölzerne Windmühlen schon von weitem grüßen. Die aus verschiedenen Dörfern herbeigetragenen Holzhäuser und Kirchen sollen eine Vorstellung vom Leben der Bauern im Rußland der vergangenen Jahrhunderte vermitteln.

Zwei Kirchen bestimmen das Gelände des Museums: die 1756 gezimmerte Christi-Verklärungs-Kirche (Благовещенская церковь) aus dem Dorf Kost-

Die Erzengel-Michael-Kirche und Floros-und Lavros-Kirche

ljat'evo und die Auferstehungs-Kirche aus dem Dorf Potakino (Воскресенская церковь), die 1776 erbaut wurde. Aufmerksamkeit erregen vor allem der eingebaute Glockenturm und die besondere Weise der Bohlenverlegung, die ein Eindringen von Nässe verhindert. Rund um die Kirchen gruppieren sich Bauerngehöfte. Die Einrichtungen der Hütten eines Mittelbauern und eines reicheren Bauern aus dem 19. Jahrhundert sind originalgetreu wiederhergestellt worden.

Im Museum für Holzbaukunst

Auf der gegenüberliegenden Seite, in einer Windung der Kamenka, liegt umgeben von Erdwällen der Kreml, die alte Suzdaler Festung. Links fällt der Blick auf die Eliaskirche, die malerisch auf einem Hügel steht. Doch vor Überquerung des Flusses und der Annäherung an den ältesten Teil der Stadt lohnt es sich, die ul. Alekseja Tolstogo (ул. Алексея Толстого) nach links zu gehen – zu einer der vergessenen Kirchen von Suzdal'. Die Straße hieß früher die ›Ščupačicha‹ (ščupat' – fühlen), weil sich hier im 18. Jahrhundert eine Zollschranke befand, und die Soldaten die Fuhren der Bauern prüften, indem sie mit Heugabeln hineinstachen. Kleine Holzhäuser säumen den Weg zur Boris-und-Gleb-Kirche (5). Die offenstehende, dunkelrote Backsteinkirche ist heute Heimstatt der Tauben; Gerümpel verrät, daß sie anscheinend auch als Werkstatt genutzt wurde. An den Wänden sind Reste von Fresken zu sehen. Die Kirche aus dem späten 17. Jahrhundert vertritt einen in Suzdal' seltenen Stil, den ›Naryškin-Barock‹.

Eine Holzbrücke führt über den Fluß in das Herz der Stadt, auf die Kreml-Seite. Einst befand sich hier das Nikolaj-Tor, durch das man die Festung betreten konnte. Heute ist der Zugang von allen Seiten möglich. Hier drängten sich einst die Erdhütten der Bauern und Handwerker rund um die stolze steinerne Fürstenresidenz. Einige der bis zur Hälfte unter der Erde liegenden Hütten (zemljanka) wurden bei Ausgrabungen entdeckt, ebenso wie Reste von Wohnhäusern über der Erde.

Erhalten blieb der Kreml (6) mit der Maria-Geburts-Kathedrale, dem riesigen Glockenturm und den später hinzugekommenen Gemächern des Erzbischofs. Die erste Kathedrale an dieser Stelle aus den Zeiten Vladimir Monomachs war die Maria-Entschlafens-Kathedrale, die von Kiever Baumeistern in der damals üblichen Technik erbaut wurde, aus Flachziegeln, die mit Kalk und Ziegelbruchzu-

Blick auf den Suzdaler Kreml

schlag gemauert wurden. In der Nähe der Festung wurden Überreste der Rundöfen entdeckt, in denen der Kalk gebrannt wurde. Die Ziegeleien befanden sich am Ufer der Kamenka. Fürst Georgij Vsevolodič ließ die Kirche wegen Baufälligkeit abreißen und 1222–1225 eine neue Kathedrale aus weißem Stein errichten.

Im 13. Jahrhundert waren einheimische Baumeister am Werk. Das Grundmaterial stellte poröser Tuff dar, von dem sich der Dekor aus weißem Kalkstein deutlich abhob. Durch den Gegensatz zwischen dem weichen, unebenen Untergrund und dem sorgfältig gearbeiteten Dekor wurde eine hohe Plastizität erreicht. An den Hauptportalen des Sechspfeilerbaues errichtete man an drei Seiten Vorhallen, die der Kirche die Gestalt eines Kreuzes verliehen. Die Gliederung der Fassaden erfolgte durch Pilaster mit Halbsäulen, die später durch die einfachen Lopatki ersetzt wurden, und einen Säulenbogenfries. Im 13. Jahrhundert war die Kathedrale wahrscheinlich höher als heute und die Hauptkuppel erhob sich auf einem gestreckten Postament über den Kielbogen-Kokošniki. Diese gewagte Bauweise führte im Jahre 1445 zum Einbruch der oberen Empore. Von der Kathedrale des 13. Jahrhunderts blieb also nur der untere Teil erhalten. In den Jahren 1528–1530 wurde der obere Teil aus Ziegelmauerwerk wieder aufgebaut und mit den üblichen fünf Kuppeln versehen, die 1750 durch die mächtigen Zwiebelkuppeln ersetzt wurden. Die schmalen, hohen Fenster entstanden Ende des 17. Jahrhunderts, gleichzeitig wurden die alten Emporen abgerissen. Im 18. Jahrhundert wurde der Sakomarenabschluß durch ein neues vierseitiges Dach ersetzt.

Trotz der vielen Umbauten bietet die Kathedrale heute in ihrem strahlenden Weiß ein sehr harmonisches Bild, und das reichgeschmückte Südportal vermittelt eine Vorstellung von der früheren Schönheit der Kirche. Die Maria-Geburts-Kathedrale war die erste ausgesprochene Stadtkirche, die nicht nur für die Fürstenfamilie, sondern auch für weniger angesehene Bürger der Stadt bestimmt war. Sie war nicht mit den Fürstengemächern verbunden, faßte eine große Anzahl von Menschen, und die bunte florale Bemalung entsprach dem Geschmack der einfachen Menschen. Sie traten in das Gotteshaus durch das kunstvoll geschnitzte Südportal aus weißem Stein, von dem sich leuchtend die kupfernen Tafeln des Tores abhoben. Auch das dem Fürstenhof zugewandte Portal der Westhalle ist beeindruckend mit seiner aus kleinen Steinen gemauerten Archivolte.

Auch heute noch gelangt man über das Südportal in den festlichen, reich geschmückten Innenraum der Kathedrale, dessen Wirkung im 13. Jahrhundert sich wesentlich von der heutigen unterschied. Die Gewölbe der beiden Westschiffe wurden früher von großen Emporen überspannt, auf denen sich die Gläubigen versammelten. Der untere Raum lag im Halbdunkel, während in den oberen reichlich Licht einfiel. Heute scheint der Raum einheitlicher und heller. Einige Ausschnitte der ursprünglichen Bemalung sind erhalten. An der Westwand, in der die Grabnischen für die Angehörigen der Fürstenfamilie und die Bischöfe eingelassen sind, leuchtet eine karminrote Blüte inmitten rankender Triebe und kleinerer Blüten. Die Malerei stammt aus dem Jahr 1233, in welchem die Kathedrale von Suzdaler und Rostover Meistern mit Fresken verziert wurde, die 1938 freigelegt wurden. Fragmente sind auch im obersten Teil der südlichen Apsis zu sehen: Zwei Heilige blicken mit finsteren asketischen Gesichtern auf die Betrachter. Doch umgeben sind sie von farbenfrohen floralen und geometrischen Ornamenten, wobei die Elemente der Volkskunst über die biblischen Motive dominieren. Ebenso bemerkenswert ist die Arbeit der Kunstschmiede, die die aus dem 13. Jahrhundert erhaltenen goldenen Pforten des Süd- und des Westportals schufen. Hier wurde die Technik der Feuervergoldung angewandt. Eine mit Lack geschwärzte Kupferplatte wurde mit Bienenwachs übergossen. Der Meister schnitt die Zeichnung ein und goß Quecksilbergold in die Vertiefungen. Beim Brennen verdampfte das Quecksilber, so daß sich das Gold leuchtend vom schwarzen Untergrund der Kupferplatten abhebt. Rundstäbe gliedern die Tore in Felder, auf denen Szenen aus dem Evangelium dargestellt sind.

Besondere Aufmerksamkeit galt der Mutter Gottes als Schutzpatronin der Kirche. An der Westpforte ist eine der ältesten Darstellungen des Festes von Maria Schutz und Fürbitte zu finden. Der Gottesmutter gewidmet sind auch die jüngeren Fresken aus dem 17. Jahrhundert in der westlichen und südlichen Vorhalle. Der Ikonostas vom Ende des 17. Jahrhunderts ist einfach und schlicht. Kein üppig verzierter Rahmen lenkt von den Ikonen ab, die sich wirkungsvoll von dem matt schimmernden vergoldeten Kupfer abheben. Die Komposition ist durchdrungen von den alten, strengen Traditionen, von der klaren Idee der weltlichen und himmlischen Hierarchie. Die Heiligen verneigen sich ehrfürchtig zur Mitte des Ikonostas hin, wo Christus dargestellt ist. Diese strenge, einfache Form wurde am Übergang vom 17. zum 18. Jahrhundert durch eine mehr weltlich geprägte Kunst abgelöst, die sich durch Prunk, die Liebe zu vielen verwirrenden Details und mannigfaltige Farben auszeichnete.

Der gewaltige Zeltdach-Glockenturm wurde 1635 errichtet und ist mit dem erzbischöflichen Palast durch eine geschwungene Galerie verbunden. Eine Uhr aus dem 17. Jahrhundert schlug nicht nur jede volle Stunde, sondern betonte durch einen kleinen Glockenschlag jede Minute der verrinnenden Zeit. Der Fürstenpalast ist nicht erhalten; an seiner Stelle steht der erzbischöfliche Palast, ein komplizierter Gebäudekomplex, der in der Zeit vom 15. bis 18. Jahrhundert entstand. Er umfaßte verschiedene Kult-, Wohn-, Parade- und Wirtschaftsgemächer, unter denen ein Prunksaal hervorsticht, in dem sich die kirchlichen Würdenträger trafen: der Kreuzkuppelsaal. Ein kompliziertes System von Übergängen, Treppen und Galerien verbindet den Saal mit dem Südostteil des Palastes und der Refektoriumskirche.

Der Kreuzkuppelsaal entstand Anfang des 18. Jahrhunderts. Zu ihm führt eine breite Paradetreppe, die von einem Zeltdach gekrönt wird. Die Inneneinrichtung wurde anhand einer Beschreibung aus dem Jahr 1788 wiederhergestellt. Das Parkett des Fußbodens ahmt die Zeichnung der Ziegelsteinmauer nach. In den Ecken stehen Kachelöfen aus dem 18. Jahrhundert. Auf den je 150 bemalten Kacheln mit weisen und ironischen Sprüchen wiederholt sich kein einziges Motiv. Ein großer Tisch steht im Zentrum des Raumes. Im Eingangsbereich des Kreuzkuppelsaales kann man Eintrittskarten für den ganzen Museumsbereich erwerben, der eine Ausstellung über die Geschichte der Stadt und eine Sammlung altrussischer Malerei umfaßt. Hier kann man eine Ikone aus der Frühzeit der Ikonenmalerei bewundern: die Gottesmutter von Maximovo (1299). Aus dem 14. Jahrhundert ist besonders die Ikone ›Maria das Kind im Arme liebkosend‹ hervorzuheben. Auffallend in ihrer schönen und lyrischen Gestaltung ist die Maria-Schutz-Ikone aus der Blütezeit der Suzdaler Kunst im 15. Jahrhundert.

Etwas abseits des Ensembles aus weißem Stein steht eine Holzkirche aus dem Jahr 1766, die Nikolajkirche. Sie wurde aus dem Dorf Glotovo hierhergebracht und auf dem Platz einer abgebrannten Holzkirche wieder zusammengesetzt. Die von einer Galerie umgebene Kirche steht auf einem Sockelgeschoß.

Noch innerhalb des Walles, an der zum Marktplatz führenden Kremlevskaja ul., steht die kleine Maria-Entschlafens-Kirche (7). Sie stellt eine der wenigen reinen Barockkirchen vom Typus ›Achteck auf Viereck‹ dar. In einer Stadt, in der die meisten Kirchen im 17. und 18. Jahrhundert erbaut wurden, erwartet man eigentlich mehr Kirchen dieser Art, doch die Suzdaler Meister verweigerten sich dem offiziellen Kanon. Sie entwickelten ihren eigenen Stil, der an den Traditionen der vormongolischen Zeit anknüpfte und schlichte, würfelförmige Baukörper den mehrgeschossigen Barockbauten vorzog. Die Bauweise der im 17. Jahrhundert entstandenen und 1715 umgebauten Maria-Entschlafens-Kirche wie auch ihre bescheidene Größe sind mit ihrer Nähe zum Kreml zu erklären. Die Innenwände der Kirche sind über und über mit neuen Fresken bemalt, die alte Motive aus dem Leben der Gottesmutter wiederholen.

Hinter der Kirche grenzt der Wall aus dem 13. Jahrhundert das Kremlgelände vom ehemaligen Posad ab. Einst befand sich hier die Zollschranke. An dieser Stelle wurde 1927 der erste Scheiterhaufen zum Verbrennen von Ikonen errichtet. Das letzte Feuer dieser Art brannte 1937 – auch eine Stadt wie Suzdal' blieb von den ›Pioniertaten der neuen Zeit‹ nicht verschont. Erst dreißig Jahre später faßte der Ministerrat der UdSSR den Beschluß, aus Suzdal' ein Touristenzentrum zu machen. 1977 fand in der Stadt die ›V. Generalversammlung zu Problemen der Bewahrung von Baudenkmälern und Sehenswürdigkeiten‹ statt, und 1981 erhielt sie den ›Goldenen Apfel‹, den Preis der Internationalen Föderation der Journalisten auf dem Gebiet der Touristik. Doch die Restaurationsarbeiten wurden schon eher begonnen. Einer der unermüdlichen Forscher und Restauratoren war der Direktor des Suzdaler Museums, Alexej Varganov, der vor allem die Kathedrale im Kreml und den erzbischöflichen Palast erforschte. Unter seiner Leitung wurde auch die Galerie rekonstruiert, die den Palast mit dem Glockenturm verbindet. Nach ihm ist seit 1977 eine Straße auf dem alten Festungsgelände benannt.

Das älteste Tor der Festung war das Nikolajtor am Südwall, das zur Brücke über die Kamenka führte (rechts von der Maria-Entschlafens-Kirche). Nikolaj galt als Schutzheiliger der Reisenden zu Wasser und zu Land. Die ihm geweihte, anmutige Kirche (8) weist alle Eigentümlichkeiten der Suzdaler Baukunst des 18. Jahrhunderts auf. Sie wurde 1719 nach einem großen Brand in Stein gebaut. Der einfache Kubus wirkt ein wenig gedrungen, auf ihm sitzt schmal und langgezogen die Trommel mit der zierlichen Zwiebelkuppel. Apsis, Kirche und Glockenturm bilden eine Linie, die durch die Fortführung des Kokošniki-Frieses am Glockenturm noch betont wird. Der Dekor der Kirche ist sehr zurückhaltend, wodurch die Fensterumrahmungen und das Portal besonders hervortreten. Die rhythmische Aufwärtsbewegung der architektonischen Komposition wird durch den nach oben zunehmenden Schmuck des Glockenturmes verstärkt. Auf einem relativ einfach gestalteten, vierkantigen Sockelgeschoß sitzt der achteckige Turm mit Zeltdach auf. Der Dekor besteht aus Kokošniki, Širinki, achteckigen Nischen und farbigen Kacheln. Auffallend ist die geschweifte Form des Zeltdaches, die dem Bauwerk eine nach oben strebende Dynamik verleiht und in Suzdal' noch öfter anzutreffen ist.

Die benachbarte Winterkirche ist Christi Geburt geweiht. In der Ferne auf einer Anhöhe, dem Jarun-Berg, ist ein ebenso geschweiftes Zeltdach auf einem schlanken Glockenturm zu sehen, der sich neben einer schlichten, weißen Kirche erhebt, der Kosmas-und-Damian-Kirche (1725). Hunderte solcher Kirchen entstanden um die Jahrhundertwende vom 17. zum 18. Jahrhundert in der Stadt, wobei die Baumeister die klassische Grundform vielfältig variierten. Es war die Zeit der wirtschaftlichen Blüte Suzdal's, in der vor allem der Reichtum der Kaufleute und

Im Danilov-Kloster in Pereslavl'-Zalesskij
Winter in Suzdal

23

7

Handwerker wuchs, die im Kirchenbau wetteiferten. Wie in Novgorod war es Brauch, in jeder Straße eine eigene Kirche zu errichten. Bei einer Einwohnerzahl, die nach den Katastrophen des 17. Jahrhunderts – Überfälle, Hungersnöte, Feuersbrünste – auf rund 2500 Menschen geschrumpft war, bleibt dies ein Wunder dieser ›Märchenstadt‹.

Die Kremlevskaja ul. (Кремлевская ул.) entlang kommt man rechts an der Kirche Johannes' des Täufers (1720) vorbei, die durch ihre geometrischen Formen und den gänzlichen Verzicht auf Dekor auffällt (9). Nur das reichgeschmückte Portal sticht aus der Schlichtheit hervor. Linker Hand liegt das Kirchenpaar (10) der Kirche des Einzugs in Jerusalem (1707) und der Freitags-Kirche (1772). Letztere, die Winterkirche, wirkt ungewöhnlich mit ihren zwei Sockeln, dem halbrunden Dach und der vasenförmigen Kuppel. Sie erinnert an die Bauwerke des Klassizismus.

Im Stil des Klassizismus erbaut sind auch die Handelsreihen (11), die den Westteil des Marktplatzes einnehmen. Sie wurden 1806–1811 nach einem Entwurf des Gouvernementsarchitekten A. Veršinskij errichtet. Am Marktplatz laden mehrere Cafés und Restaurants zu einer Pause ein. Das Café ›Slavjanskij‹ bietet verschiedene Salate, Bliny und Kohlsuppe, den Šči, an. Außerdem gibt es hier den beliebten Honigwein ›medovucha‹. Wer in den Genuß eines richtigen Mahls mit mehreren Gängen zu ebenfalls erschwinglichen Preisen kommen möchte, sollte das Restaurant ›Gostiny dvor‹ an der Rückseite der Handelsreihen wählen. Gegenüber macht das ›Pogrebok‹ Konkurrenz.

Die Hauptkirche am Markt ist die Auferstehungs-Kirche (12) aus dem Jahr 1720, die mit ihren glatten, weißen Wänden und dem sparsamen Dekor sehr repräsentativ wirkt. Daneben steht die kleine, 1739 erbaute Kazaner Kirche. Auf der rechten Seite führt die Vasil'evskaja ul. zum Bahnhof, hier brennt das Ewige Feuer für die Opfer des ›Großen Vaterländischen Krieges‹. Mit ihren fünf schmalen Kuppeln zieht etwas oberhalb die Zar-Konstantin-Kirche (13) aus dem Jahr 1707 die Blicke auf sich. Der westliche Anbau im Stil des Klassizismus mit drei Säulenpaaren entstand Anfang des 19. Jahrhunderts. Die Winterkirche zur Schmerzensreichen mit dem Glockenturm entstand 1725. Den Reigen der Kirchen auf dem Marktplatz vollendet im Nordosten der weiße Einkuppelbau der Nikolaj-Kreuz-Kirche aus dem Jahre 1770, in dessen Dekor sich Barockelemente durchgesetzt haben (14).

Die ul. Lenina führt aus dem Gebiet des ehemaligen Posads hinaus in die einstigen Vorstädte (slobody) und zu den erhaltenen Klöstern der Stadt. Auf der lin-

In Jur'ev-Pol'skij; Die Christi-Verkündigungs-Kathedrale in Pereslavl'-Zalesskij Maria-Entschlafens-Kathedralen in Bogoljubovo und Vladimir; Zeugnis der Suzdaler Kunstschule – Freskomalerei

ken Straßenseite haben sich zwei Kirchen mit einem Glockenturm in origineller bunter Bemalung, die in letzter Zeit originalgetreu wiederhergestellt wurden, geschmückt. Die von fünf Kuppeln gekrönte Lazarus-Sommerkirche (15) aus dem 17. Jahrhundert stellt eines der Steinbauwerke der Vorstadt dar. Interessant ist die in Suzdal' seltene Zweipfeilerkonstruktion, die schon im 16. Jahrhundert in den Städten jenseits der Volga angewandt wurde. Möglicherweise waren hier Meister aus dem Norden am Werk. Das Gegenstück zur Lazarus-Sommerkirche bildet die 1745 errichtete Antipij-Kirche, deren Glockenturm in seinen Formen wieder ganz dem Suzdaler Typus entspricht und der sich nur durch seine reizvolle Farbgebung von ihnen unterscheidet.

Hinter den Kirchen verläuft die ul. Staraja (Старая ул.), die direkt auf die beiden Eingangstürme des Gewandniederlegungs-Klosters (16) zuführt. Das Heilige Tor ist ein Werk der Baumeister Ivan Mamin, Andrej Šmakov und Ivan Grjaznov aus dem Jahr 1688. Bis ins 18. Jahrhundert wurden die Namen der Baumeister nur selten überliefert. Diese drei jedoch, die wahrscheinlich Leibeigene des Klosters waren, waren bekannt und arbeiteten immer zusammen. Das Kloster wurde im 13. Jahrhundert gegründet und nahm die höchste Stelle der Stadt ein. Heute wirkt das Gelände verlassen, das beeindruckende Tor ist von der Zeit gezeichnet. Es besteht aus zwei ungleichen Torbögen, die Fassade ist mit Širinki verziert, die mit farbigen Kacheln ausgelegt sind. Den oberen Abschluß der Fassade bilden ein

Maria-Geburts-Kathedrale, Greif, Ausschnitt aus der Westpforte, um 1235

Kachelfries und ein Zahnfries. Darüber erheben sich die mächtigen Türme mit ihren Zeltdächern, an denen sich die schmückenden Motive wiederholen.

Massiv und schön mit ihren dicken, weißen Wänden wirkt auch die Hauptkathedrale des Klosters, die aus der ersten Hälfte des 16. Jahrhunderts stammt. 1688 wurde die Kirche von einer Galerie umgeben, von der jedoch nur Teile an der Westseite erhalten blieben. Die Kirche wurde ohne Stützpfeiler erbaut, weshalb die Kuppeln sehr leicht sein mußten. Sie haben langgestreckte Trommeln und ihre Helme sind mit Biberschwanzschindeln aus Espenholz bedeckt. In den 20er Jahren wurde in die Kirche ein Elektrizitätswerk eingebaut, wobei die drei ursprünglich vergoldeten Zwiebelkuppeln abgerissen wurden; bei der Restauration wurden sie durch die heutigen ersetzt. Allerdings scheint die Kirche nun wieder dem Verfall preisgegeben. In den Klostergebäuden linker Hand befindet sich überraschenderweise ein Hotel, das ›Rizopoloženskaja‹, das relativ günstige Schlafplätze in dieser wild-romantischen Umgebung anbietet.

Verlassen steht der 70 Meter hohe Glockenturm, das höchste Bauwerk der Stadt. Seine Aussichtsplattform in 40 Meter Höhe wird zur Zeit nicht genutzt. Der in der Stadt der ausgewogenen Proportionen fremdartig anmutende Turm soll anläßlich des Sieges über Napoleon errichtet worden sein. Er wurde in den Jahren 1813–1819 im Empirestil erbaut. Die Höhe wird durch das Motiv eines Portikus mit paarigen Säulen, das sich, nach oben hin immer kleiner werdend, mehrere Male wiederholt, zusätzlich betont. Bei der Restauration erhielt der Turm seine ursprünglichen Farben gelb und weiß zurück.

Lang zieht sich die Mauer des Klosters an der ul. Lenina hin. Auf der gegenüberliegenden Seite liegt der Rote Platz (Красная пл.), an dem sich die Post und der Telegraf befinden. Die Straße führt weiter bis zum Erlöser-Euthymios-Kloster, es gibt aber einen sehr viel schöneren Weg am Fluß entlang. Dazu muß man auf der ul. Krupskoj (ул. Крупской) zur Kamenka gehen und nach dem Überqueren der Brücke einem Fußpfad nach rechts folgen. Bald wird der Blick auf die drei nördlichen Klöster der Stadt freigegeben: Links liegt hinter weißen Mauern das Maria-Schutz-und-Fürbitte-Kloster, und am anderen Ufer sind die Mauern, Kuppeln und Türme des Alexanderklosters und des Erlöser-Euthymios-Klosters zu sehen.

Das Maria-Schutz-und-Fürbitte-Kloster (17) liegt an einem der stillsten und abgelegensten Orte Suzdal's, und nichts verrät etwas von den tragischen Geschichten, die sich hinter den strahlend weißen Mauern abspielten. Ein Kloster soll an dieser Stelle schon im 14. Jahrhundert gestanden haben, belegt ist seine Gründung durch den Moskauer Großfürsten Vasilij III. jedoch erst am Anfang des 17. Jahrhunderts. Dieser verfolgte mit dem Bau ein grausames Ziel: Kein Kloster sollte hier entstehen, sondern ein Gefängnis für seine Frau Solomonia Saburova. Sie hatte keine Kinder zur Welt gebracht, und der um die Fortsetzung seines Geschlechts bangende Fürst wollte sich scheiden lassen, seine Frau in ein Kloster sperren und sich mit Helena Glinskaja vermählen. Die Scheidung kostete ihn unzählige Geschenke und Stiftungen an die Kirche; durch eine Untersuchung wurde die Unfruchtbarkeit der Frau ›bestätigt‹, und 1525 wurde ihr schließlich das Nonnendasein aufgezwungen. Eine Legende erzählt schließlich, daß sie im Kloster einen Sohn zur Welt brachte, den sie jedoch verbergen mußte, weshalb sie den Tod des Kindes vortäuschte. 1934 entdeckte man neben dem Grab der Solomonia im Kellergeschoß des Klosters einen kleinen Grabstein aus dem 16. Jahrhundert. In dem Sarg lag eine kunstvoll gefertigte Puppe in einem kostbaren Seidengewand.

In den darauffolgenden Jahrhunderten entwickelte sich das Kloster zum Verbannungsort für unliebsame Frauen. Zu einem Leben hinter Klostermauern verurteilte zum Beispiel Zar Ivan IV. seine vierte Frau, Anna Vasilčikova. Auch die Zarin Maria, die zweite Frau des vom Thron gestürzten Vasilij Šuiskij, und ihre Tocher Anastasia, die Gemahlin des Zarevič Ioan Ioanovič, wurden zu einem Leben hinter Klostermauern gezwungen. Die erste Frau Peters I., Evdokija Lopuchina, ereilte das gleiche Schicksal.

Von der Flußseite betritt man das Kloster durch einen der kleineren Eingänge neben den Wirtschaftsgebäuden. Der Haupteingang mit dem Heiligen Tor liegt auf der anderen Seite an der Pokrovskaja ul. (ул. Покровская). Inmitten blühender Klostergärten erheben sich die weißen Kirchenbauten und eine Reihe von Holzblockhäusern. In der Mitte ragt die Hauptkathedrale zu Maria Schutz und Fürbitte auf. Die 1510–1514 erbaute Kirche ist in klaren, reinen Formen ausgeführt, die an die Traditionen der vormongolischen Kunst anknüpfen. Der monumentale Vierpfeilerbau mit den drei mächtigen Apsiden erhebt sich auf einem hohen Sockelgeschoß und wird durch drei Kuppeln gekrönt, die eine harmonische Einheit mit den kielförmigen Linien der Kokošniki bilden. Auf drei Seiten umgibt die Kirche eine überdachte Galerie, über der eine Blendarkade den einzigen Schmuck des Bauwerkes darstellt. Der strenge, fast asketische Charakter des großartigen Steinbaus spiegelte seine Bestimmung als Hauptkirche eines Kloster-Gefängnisses und Mausoleum für adlige Frauen wieder. Im hohen Sockelgeschoß wurden die unfreiwilligen Nonnen bestattet. Das Grab der Solomonia Saburova befindet sich im Südwestteil des Kirchenraumes.

Die gleiche Strenge und Kälte wie der Baukörper strahlte auch das Innere des Gotteshauses aus. Der Fußboden war mit schwarzen Tonplatten ausgelegt, keine Malerei belebte die kahlen Wände. In den Wänden wurden in kleinen Nischen die Gebetsutensilien aufbewahrt. Jede Nonne hatte eine eigene, streng festgelegte Nische. Eine Ausnahme bildete der kostbare, schöne Ikonostas aus dem 15. Jahrhundert mit den Hauptikonen ›Verkündigung‹ und ›Fürbitte‹. Sie befinden sich in der Ikonensammlung im Kreml, werden aber möglicherweise wieder in das Kloster überführt, in dem auch heute wieder Nonnen leben – heute jedoch, zumindest äußerlich, keineswegs in Abgeschlossenheit. Touristen gehen ein und aus, und einige wohnen sogar auf dem Gelände: In den kleinen Holzhäusern befinden sich Gästezimmer des Hotels ›Pokrovskaja‹. Diese merkwürdige Konstellation erfordert Rücksicht von beiden Seiten, und es wird darum gebeten, die Nonnen nicht zu fotografieren und die Kirchen nur in angemessener Kleidung zu betreten.

Durch einen zweibogigen Übergang wurde die Kathedrale im 18. Jahrhundert mit dem Glockenturm verbunden, dessen zwei untere Geschosse ebenfalls Anfang des 15. Jahrhunderts entstanden. Auch sie wurden als Grabstätte genutzt. Der untere Teil mit seinen Halbsäulen und den schießschartenähnlichen Fensteröffnungen bildet eine Einheit mit der Kirche, was besonders durch die weniger strenge Gestaltung des oberen Achtecks mit dem Zeltdach auffällt.

Reizvoll wirkt die Refektoriumskirche zur unbefleckten Empfängnis der heiligen Anna. Ivan IV. ließ sie 1551 zum Andenken an seine Tochter Anna erbauen. Als erstes fällt der untypische Dekor auf: Ein über den Sims verlaufendes Reliefband aus roten Rauten auf weißem Grund. Doch auch die Bauweise ist ungewohnt. Die Mauern wurden aus kleinen Ziegeln errichtet. Beides weist darauf hin, daß die Kirche wahrscheinlich von polnischen Baumeistern errichtet wurde, die von der Mutter des Zaren, Helena Glinskaja, herbeigerufen wurden.

Durch das Heilige Tor mit der Maria-Verkündigungs-Torkirche von 1518, in welcher sich die Formen der Hauptkathedrale wiederholen, gelangt man auf die Pokrovskaja ul. 1694 wurde in der Klostervorstadt gegenüber dem Tor die fünfkupplige Petrus-und-Paulus-Kirche (18) errichtet, die für eine Vorstadtkirche ungewöhnlich groß ist. Die danebenliegende kleine Nikolajkirche wurde 1712 erbaut. Mit ihr begann der für Suzdal' typische paarweise Bau von Kirchen, bei denen eine kleine, beheizbare Winterkirche das Pendant zu einer größeren Sommerkirche bildet. In der kleinen und intimen Winterkirche ließ Evdokija Lopuchina, die verbannte Frau Peters I., einen Nebenaltar für ihren Sohn Alexej errichten.

Rechts an den Klostermauern entlang kommt man wieder zur Kamenka und über die Brücke zum Erlöser-Euthymios-Kloster (19), das sich wie eine mächtige Burg über dem Steilhang erhebt. Auch hinter diesen Mauern befand sich seit Ende des 18. Jahrhunderts ein Gefängnis – ein Staatsgefängnis. Es wurde im ehemaligen Mönchstrakt und in den Krankenräumen der Nikolajkirche des Klosters eingerichtet. Anfang des 19. Jahrhunderts wurde anstelle der Mönchszellen ein spezielles Gefängnisgebäude mit einem ganzen System von Höfen und einer Umfriedung errichtet, das bis 1905 seine Funktion erfüllte. In dem heute restaurierten Gebäude ist eine Ausstellung den Häftlingen des Klostergefängnisses gewidmet. Im 19. Jahrhundert wurden vor allem Feinde der Kirche hier eingekerkert: Priester, die ihren Austritt erklärten, Menschen, die atheistischen Ideen anhingen oder Kritik an den religiösen Dogmen übten, Altgläubige und Sektenmitglieder.

Der Eingang zu dem als Museum umgestalteten Kloster liegt an der ul. Lenina. Dort hebt sich der mit weißem Dekor bedeckte Durchfahrtsturm mit Zeltdachkonstruktion von der massiven Backsteinmauer ab. Die Einfriedung erstreckt sich über mehr als einen Kilometer Länge. Sie besitzt Schießscharten und zwölf wuchtige Wehrtürme, deren Höhe dem Relief der Landschaft angepaßt ist. Interessant ist der 22 Meter hohe Durchfahrtsturm, dessen unterer Teil streng und schmucklos gestaltet ist, während der obere mit Reihen eines einfallsreichen Musters bedeckt ist, dessen Elemente sich niemals wiederholen. Durch den dunklen Torbogen betritt man einen kleinen Innenhof, der vorn durch die Maria-Verkündigungs-Torkirche begrenzt wird. Den Schmuck der Kirche aus dem 16.–17. Jahrhundert bilden die schönen Fensterumrahmungen und ein Gesims mit Balusterstreifen.

Etwas entfernt erhebt sich weiß die Christi-Verklärungs-Kathedrale, die 1594 erbaute Hauptkathedrale. Davor gab es jedoch noch eine andere Kathedrale in dem 1352 gegründeten Kloster. Sie war der erste Steinbau der Stadt nach der Maria-Geburts-Kathedrale im Kreml und wurde 1507 über dem Grab des heiliggesprochenen ersten Klosterabtes errichtet. Doch die Kirche war zu klein für eines der reichsten Klöster der Stadt, so daß am Ende des Jahrhunderts die fünfkupplige Christi-Verklärungs-Kathedrale angebaut wurde. Die mit ihr durch einen Bogenfries verbundene erste Kirche bekam die Funktion eines Euthymios-Nebenaltares. Die durch die Anbauten etwas gedrungen wirkende Christi-Verklärungs-Kathedrale erinnert an die Kathedralen des Moskauer Kreml. Das Fresko über dem Portal ist Christi Verklärung gewidmet. Auch die schönen Bemalungen im Inneren der Kirche (1689) blieben erhalten. Sie wurden von einer Malergenossenschaft aus Kostroma unter der Leitung von Gurij Nikitin und Sila Savvin geschaffen.

Aus der ursprünglichen neuneckigen Glockenkapelle aus der ersten Hälfte des 16. Jahrhunderts entstand im Laufe des 16. und 17. Jahrhunderts eine Glockenwand, eine Erscheinung, die eher aus den nordrussischen Städten Pskov und Novgorod vertraut ist. An die hölzernen Zeltdachkirchen erinnert die anmutige Refektoriumskirche. Die Maria-Entschlafens-Kirche mit ihren schönen Kokošniki, die ebenso wie das Dach und die Apsis mit Biberschwanzschindeln aus Espenholz gedeckt sind, ist eine der ältesten erhalten gebliebenen Zeltdachkirchen Rußlands. Sie wurde 1525 erbaut und schließt an das zweigeschossige Refektorium an.

Das ehemalige Gefängnis liegt im Norden des Klosterhofes. Daneben steht die 1669 erbaute Nikolajkirche, in deren Obergeschoß sich ein Krankensaal zuerst für die Mönche und später für die Häftlinge befand. Im Osten wird der Hof vom Mönchskorpus begrenzt, dessen untere Mauern aus dem 17. Jahrhundert stammen, während das Obergeschoß im 19. Jahrhundert umgebaut wurde.

Von dem Kloster, das schon fast am Rande der Stadt liegt, gelangt man mit dem Bus Nr. 3 ins Zentrum und auch zum Busbahnhof zurück. Doch zuerst lohnt es sich, auf der dem Kloster gegenüberliegenden Straßenseite einem als Museum gestalteten alten Vorstadthaus einen Besuch abzustatten (20). Die Einrichtung vermittelt einen Eindruck vom Leben eines Vorstadtkaufmannes in der zweiten Hälfte des 18. Jahrhunderts. Das Haus selbst wurde bereits um die Jahrhundertwende erbaut und ist das einzige erhalten gebliebene Bauwerk dieser Art in Suzdal'. Mit seinen zwei Speichern und den Satteldächern erinnert es stark an die altrussischen Holzhäuser; und im Grunde genommen ist es ein Bauernhaus – nur nicht aus Balken, sondern aus Backstein.

Den Abschied von Suzdal' bildet jedoch noch einmal ein Kirchenpaar. Neben der Smolensker Kirche vom Ende des 17. Jahrhunderts erhebt sich die kleine, beheizbare Simeon-Kirche aus dem Jahr 1749 (21). Auch diese Sommerkirche schmückt sich mit eleganten Trommeln und Kuppeln über einem massiven Kubus und mit zierlichen Kokošniki, Balustern und Zahnschnittelementen.

Welche der vielen Kirchen von Suzdal' nun am meisten das Herz berührt hat – darüber wird wohl jeder, der die Stadt verläßt, im Zweifel bleiben.

Suzdal' liegt 37 Kilometer vom Zentrum Vladimirs entfernt und ist mit dem Bus in etwa einer Stunde zu erreichen. Buslinien verbinden Suzdal' auch mit Murom, Kostroma und Ivanovo. Die Kasse des Busbahnhofs hat rund um die Uhr geöffnet, mit kurzen Pausen von 9 bis 9.30 und 16 bis 16.30 Uhr. Im Bahnhofsgebäude befinden sich Gepäckschließfächer. Der Bus Nr. 3 verbindet den Busbahnhof mit dem Zentrum und fährt hinaus bis zum Tourismus-Komplex. (Turcentr-Rizalit/Турцентр-Ризалит)

Post und Telegraf an der ul. Lenina (ул. Ленина) haben von Mo bis Sa von 8 bis 17 Uhr geöffnet.

Das Exkursionsbüro der Stadt bietet täglich von 9 bis 17 Uhr Hilfe an. Es hat seinen Sitz in der Gewandniederlegungs-Kirche an der ul. Lenina 26, Tel. 2 09 37. Die Exkursionen durch die Stadt, die in Deutsch, Englisch, Französisch und Italienisch angeboten werden, sind allerdings teuer. Die Angestellten sind bei der Suche nach einem Hotel oder sonstigen Fragen gern behilflich.

Übernachtungsmöglichkeiten gibt es mehrere in Suzdal'. Im modern ausgestatteten Tourismus-Komplex, ul. Korovniki (ул. Коровники), Tel. 2 15 30, kostet eine Nacht etwa 22 Dollar. Die gleiche Summe zahlt man im Hotel ›Dom kupca Lichonina‹ (Дом купца Лихонина) für ein Doppelzimmer, ul. Slobodskaja 34 (ул. Слободская), Tel. 2 19 01. Teurer ist die Übernachtung in einem der Holzhäuser des Maria-Schutz-und-Fürbitte-Klosters: 45 Dollar, ul. Pokrovskaja 27 (ул. Покровская), Tel. 2 08 89. Wer billiger in einem Kloster wohnen möchte, sei auf das Hotel ›Rizopoloženskaja‹ im Gewandniederlegungs-Kloster verwiesen, wo die Übernachtung zwischen 7 und 15 Dollar kostet. Es ist ebenfalls mit dem Bus Nr. 3 zu erreichen, Tel. 2 05 53.

Die Restaurants und Cafés liegen alle am Marktplatz und an der Hauptstraße ul. Lenina. Sehr gut essen kann man im Restaurant ›Gostinyj dvor‹ im Gebäude der ehemaligen Handelsreihen, das im Sommer täglich von 10 bis 22 Uhr geöffnet und im Winter dienstags Ruhetag hat. Das Restaurant ›Pogrebok‹ gegenüber hat von Di bis So von 10 bis 18 Uhr geöffnet.

Etwas einfacher ist es im Café ›Slavjanskij‹ an der Kremlevskaja ul. (Кремлевская ул.), wo täglich von 12 bis 19 Uhr leckere Kleinigkeiten angeboten werden. Russische Küche scheint in allen drei Lokalen Pflicht. Eine Bar hat auf der ul. Lenina 88, in Richtung Gewandniederlegungs-Kloster, täglich von 11 bis 23 Uhr geöffnet. Im Eckhaus gegenüber befindet sich eine ehemalige Stolovaja, die ebenfalls täglich von 10 bis 17 Uhr warme Speisen anbietet und als Café bis 22 Uhr geöffnet hat.

Das Museum für Holzbaukunst läßt Besucher Mo und Fr von 9.30 bis 15 Uhr ein, Mi, Do, Sa und So von 9.30 bis 16.30 Uhr. Die Kasse für die Ausstellungen im Kreml, die sich im Erzbischöflichen Palast befindet, hat Mi bis Mo von 10 bis 18 Uhr geöffnet, ausgenommen ist der letzte Freitag des Monats. Hier werden Eintrittskarten für die Besichtigung des Kreuzkuppelgemachs, für die Ausstellung altrussischer Kunst und für die historische Ausstellung im Glockenturm verkauft. Das Tor des Erlöser-Euthymios-Klosters steht Neugierigen von Di bis So von 10 bis 17.15 Uhr offen, außer am letzten Donnerstag des Monats. Bezahlt werden muß bereits die Besichtigung des Territoriums. Außerdem werden mehrere Einzel-Ausstellungen angeboten, z. B. über die Häftlinge des Klostergefängnisses. In der ›Goldschatzkammer‹ werden Erzeugnisse der Juwelierkunst und Goldstickereien des 13. bis 20. Jahrhunderts gezeigt. Das Museum für modernes Volkskunstschaffen Rußlands stellt Werke aus allen Teilen Rußlands vor, deren Folkloristen die unterschiedlichen Traditionen ihrer Gebiete bewahrt haben. Dieses Museum hat donnerstags geschlossen. Die Ausstellung ›Bücherschätze aus sechs Jahrhunderten‹ zeigt verschiedene handgeschriebene und gedruckte Exemplare altrussischer Bücher, davon viele in kostbaren Einbänden. Sie hat freitags geschlossen.

Das Vorstadthaus in der ul. Lenina 148 zeigt sein Interieur von Di bis Do und Sa und So von 10 bis 17.15 Uhr; geschlossen hat es jeden letzten Do des Monats.

Jur'ev-Pol'skij (Юрьев-Польский)

In der kleinen Stadt am Zusammenfluß von Kolokša und Gza zieht vor allem ein Bauwerk Reisende in den Bann: eine Kathedrale aus dem 13. Jahrhundert, überzogen von einem Fries aus Fabelwesen, Pflanzenornamenten, skurrilen Figuren, die die Phantasie auf die Reise schicken – von den wenigen steinernen Zeugen dieser Zeit ist eines wie durch ein Wunder in Jur'ev-Pol'skij erhalten geblieben – die Georgskathedrale.

Das benachbarte Erzengel-Michael-Kloster mit seinen Bauten aus dem 17. Jahrhundert kann es an Schönheit mit ihr nicht aufnehmen, doch verraten die hier ansässigen Ausstellungen einiges über die Geschichte dieses noch immer hauptsächlich landwirtschaftlich geprägten Kreises.

Stadtgeflüster

Hier liegt die zweite Besonderheit dieses Städtchens, das ansonsten nicht mit einer Fülle anerkannter Sehenswürdigkeiten aufwarten kann: seine Lage inmitten von Feldern und kleinen Dörfern, von denen es sich selbst nicht groß unterscheidet. Das Leben plätschert dahin, viele arbeiten in der nächstgrößeren Stadt, im Fluß werden bunte Teppiche gewaschen, und wer es nicht weit hat, geht im Morgengrauen hinunter zum Baden. Sonntags Markt, ein Stadtpark, ein paar Geschäfte, ein Kino, eine Sauna, eine Poliklinik, ein Bahnhof, Schulen, eine Textilfabrik, ein Milch- und ein Fleischkombinat sowie Wald- und Landwirtschaft. Ein Hotel gibt es nicht, denn Touristen halten sich meist nur kurz in der Stadt auf.

Geschichte der Stadt

Russischer Mužik

Jur'ev-Pol'skij. Schon der Name bewahrt die Umstände der Entstehung der Stadt. Sie wurde 1152 von Jurij Dolgorukij gegründet, und zwar in einem wenig besiedelten Gebiet inmitten der Felder (russ. ›pole‹ – ›Feld‹). Den Beinamen ›Pol'skij‹ erhielt die Stadt in Unterscheidung zum alten Jur'ev im Dnepr-Gebiet. Jurij Dolgorukij, der sechste Sohn Vladimir Monomachs, der Suzdal'-Vladimir geerbt hatte, war als Städtegründer bekannt, auf ihn geht auch das lange Zeit unbedeutende Moskau zurück.

Jur'ev-Pol'skij wurde als neuer Stützpunkt der Fürstenmacht gegründet, die sich gegen die alteingesessene Bojarenschaft in Rostov und Vladimir zu behaupten hatte. Der Fürst berief in die neugegründete Stadt zahlreiche Kolonisten sowohl russischer als auch bulgarischer und finno-ugrischer Abstammung, die er durch Anleihen und Geschenke seiner Macht verpflichtete. Eine Festung wurde erbaut und darin die fürstliche Georgskirche. Im Jahre 1152 wurde das Zentrum mit Erdwällen umgeben. 1212, bei der Aufteilung der Vladimirer Lande unter den Söhnen Vsevolods III., fiel Jur'ev an Svjatoslav und war kurze Zeit Zentrum eines kleinen Teilfürstentums, das jedoch nie besondere Bedeutung erlangte.

Die Tataren fielen dreimal in der Stadt ein – 1238, 1382 und 1408. Schon in der ersten Hälfte des 14. Jahrhunderts starben die in Jur'ev ansässigen Fürsten aus, und die Stadt ging in den Besitz Moskaus über. Mehrmals gab die Moskauer Regierung Jur'ev in die Hände ausländischer Vasallen zu deren ›Unterhalt‹. Diese saugten alle Kräfte aus der Stadt, so daß sie mehr und mehr verarmte. Im 15. Jahrhundert bekam sie der litauische Fürst Svidrigiello, im 16. Jahrhundert der Khan von Kazan und der Astrachaner Prinz Kaibula. Erst Ende des 16. Jahrhunderts erholte sich die Stadt, und im Erzengel-Michael-Kloster konnten die ersten Bauten in Stein ausgeführt werden. 1612, während der polnisch-litauischen Intervention, brannten die meisten Holzhäuser ab.

Als kleine Kreisstadt im Gouvernement Vladimir ernährte sie sich vor allem vom Handel mit Korn, Flachs und Juchtenleder. Im 18. Jahrhundert entstand die erste Manufaktur, eine Weberei. Doch die Landwirtschaft ist und bleibt der wichtigste Zweig der Stadt ›in den Feldern‹.

Ein Rundgang

Vom Bahnhof gelangt man auf der Hauptstraße, der Vladimirskaja ul. (Владимирская ул.), schnell zum zentralen Platz der Stadt, der außerhalb der Erdwälle liegt: den pl. Sovetskaja (пл. Советская). Hier steht noch das alte Gebäude des Kaufhofes aus dem 19. Jahrhundert, ein paar Geschäfte bieten die nötigsten Dinge an. Rechts erheben sich die Erdwälle aus dem 12. Jahrhundert, hinter denen sich die Schätze der alten Stadt verbergen.

Die Georgskathedrale

Die ul. 1-ogo maja (ул. 1-ого мая) führt zum Erzengel-Michael-Kloster und weiter zur berühmten Georgskathedrale. Prächtig, ein wenig gedrungen und von der Zeit gezeichnet steht sie auf einem kleinen Platz, und das Auge verirrt sich im Gewirr der Reliefs und Ornamente, welche die Wände überziehen. Löwen mit gutmütigen Katzengesichtern, Zentauren in russische Volkstracht gekleidet, Vögel mit Mädchenköpfen, Heilige und Fabelwesen, biblische Figuren neben den Märchengestalten des Volkes, alles umwoben von filigranen pflanzlichen Ornamenten. Ungeordnet und rätselhaft wirken die Darstellungen, so als ob jemand die ursprüngliche Einheit und Komposition der Bilder durcheinandergebracht hätte, damit die betrachtenden Menschen sich Fragen stellen. Die Fragen wurden an Baumeister und Altertumsforscher weitergegeben, die die Geschichte der Kathedrale genauestens erforschten, und doch wird das Wissen den Zauber des Schauens nicht ersetzen.

Die erste Georgskirche in der Festung Jurij Dolgorukijs wurde 1152 errichtet und ähnelte wahrscheinlich den bekannten Kirchen jener Zeit (zum Beispiel der Georgskirche in Vladimir und der Erlöserkirche in Pereslavl'-Zalesskij), die ihrem Typ nach recht einheitlich sind. Im Vladimir-Suzdaler Gebiet hatte sich eine Architektur herausgebildet, die sich durch klare, strenge Formen, einfache Proportionen und Schmucklosigkeit auszeichnete. Die Kirchen waren kleiner als

Eingangsportal der Georgskathedrale

die der Kiever Schule, der Baukörper erschien kompakt und statisch, der Erde verbunden. Die typische Form waren kubische, einkupplige Vierpfeilerkirchen. Als Baumaterial nutzte man Kalkstein aus der Umgebung. Alles war einfacher und sparsamer als in der Blütezeit des Kiever Reiches und repräsentierte auf diese Weise den Kampf der einzelnen Fürsten untereinander, die ihre Macht zwar zeigen wollten, aber nicht verschwenderisch zur Schau stellen konnten. Eben eine solche kubische, einkupplige, schmucklose Vierpfeilerkirche muß die erste Kirche Dolgorukijs gewesen sein. Die Zersplitterung des Vladimirer Fürstentumes nach dem Tod Vsevolods III. spiegelte sich auch in der Architekturentwicklung wider. Zwei bestimmende Schulen bildeten sich heraus: die Rostov-Jaroslavler Schule und die Suzdal'-Nižnij-Novgoroder Schule. Letztere, die auch die Georgskathedrale prägte, entwickelte die Kalksteinbauweise, das Bauen in ›weißem Stein‹ weiter, verband die Schlichtheit der Bauweise jedoch mit folkloristisch geprägter Dekorationsfreudigkeit.

Svjatoslav, der Sohn Vsevolods, der nach dem Tod seines Vaters die Stadt Jur'ev zugesprochen bekam, ließ die baufällig gewordene Georgskirche abreißen und in den Jahren 1230–1234 eine neue errichten, durch die das kleine Fürstentum an Bedeutung gewinnen sollte. Die Kathedrale war das letzte große Bauwerk dieser Architekturepoche, die durch den Einfall der Tataren ins Vladimirer Land jäh unterbrochen wurde. Die Kirche überstand zwar alle Invasionen der Eroberer, stürzte jedoch aus ungeklärten Gründen im 15. Jahrhundert ein. Die Verwirrung der Steinbilder ist eine Folge dieses Einsturzes. Ivan III. entsandte 1471 den bekannten Baumeister Vladimir Ermolin, der vorher maßgeblich in Vladimir tätig gewesen war, mit dem Auftrag, die Kathedrale in ihrer früheren Form wiederherzustellen. Doch das gelang ihm nicht ganz. Die ursprüngliche Anordnung des Skulpturenschmucks ging verloren, und auch den eigentümlichen Gewölbeabschluß konnte der Restaurator nicht in der alten Form wiederherstellen. In den darauffolgenden Jahrhunderten war das alte Bauwerk noch mehreren Umbauten und Veränderungen unterworfen, bis es in der Sowjetzeit wieder die Gestalt erhielt, die ihm von Ermolin verliehen worden war.

Die Kirche hat einen fast quadratischen Grundriß und ist relativ klein, möglicherweise sind hier die Maße des Baus von 1152 zugrundegelegt worden. Auffallend sind drei stark hervortretende Apsiden im Osten. Im Süden, Norden und Westen schließen an die Seitenfassaden Vorhallen an, die sich zum Innenraum hin weit öffnen. Die westliche Vorhalle war größer und höher als die anderen. Hier hielt sich im zweiten Stock die Fürstenfamilie während der Gottesdienste auf, da die Kathedrale im Unterschied zu den bisherigen Kirchen des Vladimirer Landes keine Empore besaß. Der Innenraum war als einheitlicher Saal konzipiert, der sein kompositionelles Zentrum in der Vierung fand, wo durch die Trommel und zwei Fensterreihen reichlich Licht einfiel. Vier Innenpfeiler stützen die zentral emporstrebende Trommel mit der einen Kuppel. Im Nordosten befand sich ursprünglich eine Kapelle, die der Heiligen Dreieinigkeit geweiht war und in der 1252 der Bauherr Fürst Svjatoslav bestattet wurde. Auch sie wurde im 15. Jahrhundert zerstört, der Leichnam des Fürsten wurde umgebettet; erhalten blieb nur das Portal über dem Eingang, der aus der Vorhalle in die Kapelle führte.

Die Fassaden sind durch Pilaster vertikal in drei Abschnitte untergliedert, und in der Horizontalen durch einen Arkatursäulengürtel abgesetzt. Der Abschnitt der Fassaden oberhalb der Blendarkatur war ursprünglich fast genauso hoch wie der untere Teil, wodurch die Proportionen weitaus harmonischer waren und die

Erzengel-Michael-Kloster

Kathedrale nicht so gedrungen und massiv wirkte. Es wird angenommen, daß sich unter der Kuppel ein hohes turmartiges Postament befand, das den Einsturz der Gewölbe verursachte. Die Wandflächen waren durchgehend mit flachen, gobelinartigen Ornamenten bedeckt, von der sich die im Hochrelief ausgeführten Figuren und Kompositionen deutlich abhoben. Etwa 440 Reliefs blieben erhalten, und Ermolin setzte diese Meisterwerke der altrussischen Steinschnittkunst sorgfältig zusammen. Er bemühte sich, die Zusammenhänge zu erkennen, doch viele der Steine waren zerbrochen und als Material für das Mauerwerk verwendet worden. So bedeckte er die Mauern mit einem Rätsel für alle Betrachtenden.

Am besten erhalten blieben die Nordwand und der sich anschließende Teil der Westwand. Viele der Steine, die Ermolin auch für die neuen Anbauten verwandte, sind jetzt im Innern der Kirche ausgestellt und neu zusammengesetzt. Hier findet man Szenen wie die Kreuzigung, die Himmelfahrt Alexanders von Makedonien, die Deesis, Steine mit Köpfen und Büsten von Menschen, Frauenmasken und vielfältige, phantasievolle Ornamente. Einen Eindruck von der Kunst der unbekannten Meister erhält man jedoch am ehesten bei der Betrachtung der Fassaden. Der Dekor beschränkt sich nicht nur auf die Wandflächen, sondern verhüllt auch alle architektonischen Details. Die Pilaster sind mit eingemeißelten Gesichtern von Frauen und Kriegern verziert. Der Schaft der Rundsäulen an den

Die Georgskirche im Erzengel-Michael-Kloster

Ecken ist ebenfalls mit einem Kranz menschlicher Köpfe bedeckt, die Kapitelle der Portale bestehen aus pflanzlichen Motiven.

Russisches Matriarchat

Außergewöhnlich war die Verbindung von Flach- und Hochrelief. Hier wurde ein System in die Baukunst getragen, das bisher nur in der angewandten Kunst bekannt war: in der Verbindung der Spitzenmuster der Email-Kunst mit Edelsteinen. Bisher waren nur Hochreliefdarstellungen üblich. Sie wurden in die einzelnen Steine gehauen und dann in das Mauerwerk eingefügt. Neu war das Schneiden des teppichartigen Musters in die bereits fertige Wand. Es wurde zunächst als gezeichnete Kontur aufgetragen und dann so geschnitten, daß es nicht aus der Wandfläche hervortrat, sondern durch die Vertiefung des Hintergrundes entstand. So entstand das feine Netz, das die Reliefskulpturen einhüllte. Auch inhaltlich sind neue Auffassungen zu beobachten. Die zoomorphe Symbolik tritt zurück zugunsten der Psychologie menschlicher Beziehungen. Es gibt keine blutigen Kampfszenen, die Engel wirken nicht mehr soldatisch, die Krieger eher jugendlich als blutdürstig und kämpferisch. Die Tiergestalten wirken teilweise fast gutmütig und verlieren ihren einschüchternden abstrakten Charakter. Der Zentaur trägt eine russische Pelzmütze und ist mit einem russischen Kaftan bekleidet.

Die am besten erhaltene Nordfassade war dem Stadt-Platz zugewandt. Über dem Portal ist der Heilige Georg dargestellt, dem die Kathedrale geweiht wurde. Auf seinem Schild erblickt man einen sich aufbäumenden Panther, das Wahrzeichen der Vladimirer Fürstendynastie. An der Südfassade finden sich Teile großer Sujetbilder, die in ihrer Gesamtheit die Verklärung darstellten, die Kreuzigung und die Sieben Jünglinge von Ephesus. Insgesamt müssen sich in den Sakomaren neun solcher Kompositionen befunden haben. Die unteren Fassaden waren zum Bild der blühenden, zum Paradies gewordenen Erde gestaltet, wo der Vielgestaltigkeit keine Grenzen gesetzt waren.

Einen seltsamen Kontrast zu der Georgs-Kathedrale bildet die finstere Backsteinkirche der Dreieinigkeit, die auch schon lange Zeit geschlossen ist.

Die ul. 1-ogo maja führt zurück zu den weißen Türmen und Kirchen des Erzengel-Michael-Klosters. Dieses wurde ebenfalls im 13. Jahrhundert, in der Regierungszeit Svjatoslavs, gegründet, die jetzigen Bauten stammen jedoch aus dem 17. und 18. Jahrhundert.

Man betritt das Klostergelände durch das Westtor, das auch Heiliges Tor genannt wird: eine eigentümliche Konstruktion mit vier bogenförmigen Toröffnungen auf mächtigen Pfeilern mit zwei gewölbten Einfahrten und zwei Eingängen, über dem sich die Torkirche des Gottesgelehrten befindet. Die 1670 erbaute fünfkupplige Kirche mit der eindrucksvollen Vorhalle bietet gemeinsam mit der erhaltenen Mauer (1555) und den drei dicken runden Türmen (1555) einen harmonischen und prächtigen Anblick.

Durch einen niedrigen, in Halbdunkel gehüllten Bogen gelangt man in das Kloster, das in seiner Farbenprächtigkeit wie ein großer, schöner Garten wirkt. In seiner Mitte erhebt sich weiß und schlicht die Hauptkirche, die Erzengel-Michael-Kathedrale (Архангельский собор). Unweigerlich zieht der Glockenturm durch seine Massivität und seine Širinki die Blicke auf sich. Bescheidener nimmt sich rechter Hand die Maria-Erscheinens-Kirche (Богоявленская церковь) mit Refektorium aus. Auch die hölzerne Georgskirche (1718), die aus dem Dorf Egor'e hierhergebracht wurde, fügt sich malerisch in das Ensemble ein.

Die Erzengel-Michael-Kathedrale

Die Erzengel-Michael-Kathedrale wurde 1729 an Stelle einer älteren Kirche erbaut und wiederholt in Formen und Dekor die Anlage der Torkirche. Fünf Kuppeln erheben sich über schlanken Trommeln, der breite Sims ist zurückhaltend verziert. Die Ausstellung der Holzschnitzkunst im Inneren zeigt unter anderem eine Figur Georgs des Drachentöters aus dem 15. Jahrhundert, eine Paraskene aus dem 17. Jahrhundert und verschiedene Heilige Tore von Ikonostasen. Der achteckige Zeltdachglockenturm aus dem 17. Jahrhundert steht auf einem niedrigen, breiten Quader wie auf einem Sockel und wirkt mit seinem Dekor aus Širinki und Nischen überaus repräsentativ.

Das Refektorium mit der 1625 erbauten Maria-Erscheinens-Kirche und einer Kellerei an der Westseite hat eine für Bauten dieser Art typische Anlage. Es ist zweistöckig; auf der unteren Etage befanden sich die Wirtschaftsräume. Der große quadratische Saal des Refektoriums ist durch einen Bogen und zwei breite Fenster mit dem Kirchenraum verbunden. Die Hauptfassade ist mit größerer künstlerischer Sorgfalt gestaltet als die dem Wirtschaftsbezirk des Klosters zugewandten Seiten. Umbauten in späteren Jahrhunderten haben vor allem die Kirche stark entstellt, die offenbar mehrere dekorative Zeltdächer besaß.

In den Gebäuden erfährt man in einer heimatkundlichen Ausstellung mehr über das Leben der Bauern. Die Ausstellung im linken Teil des Gebäudes ist vor allem Fürst P. Bagration gewidmet, der 1808 im Auftrag Alexanders I. mit russischen Truppen in Finnland einmarschierte und die Alandsinseln besetzte. Hierdurch wurde Schweden zum Verzicht auf Finnland gezwungen. Der verwundete Fürst,

Denkmal für die Opfer des ›Großen Vaterländischen Krieges‹

der auch im Krieg gegen Napoleon Verdienste errang, erholte sich auf dem Gut der Golicyns in dem kleinen Dorf Sima in der Nähe von Jur'ev-Pol'skij. Die Ausstellung zeigt vor allem Gegenstände des Kriegshandwerks; ihr Herzstück stellt die Kutsche der Golicyns dar. Das Denkmal gegenüber des Klosters erinnert an die Opfer des ›Großen Vaterländischen Krieges‹.

Wer das Städtchen nicht gleich wieder verlassen und nicht nur den Spuren der Vergangenheit folgen möchte, kann außerhalb des Walls am Kaufhof vorbei zum Stadtpark gehen. Links vom Sovetskaja pl. kommt man zur Kolokša, an deren Ufer, etwas weiter, die einzige genutzte Kirche Jur'evs steht, die Christi-Geburts-Kirche, die sich in der Gesellschaft ihres hohen, schlanken Glockenturms romantisch im Wasser spiegelt. Der Platz auf der linken Uferseite wird sonnabends vom Markttreiben erfüllt.

Jur'ev-Pol'skij liegt 68 Kilometer von Vladimir entfernt und hat einen Bahnhof mit benachbartem Busbahnhof.
In die Stadt gelangt man am besten von Vladimir aus mit dem Bus (2 Stunden). Busse verbinden Jur'ev auch mit Ivanovo, Aleksandrov (2 Stunden) und Moskau (4 Stunden).

Es gibt die Möglichkeit, von Moskau mit dem Vorortzug nach Aleksandrov zu fahren (90 Minuten), und von dort weiter mit dem Bus. Sowohl auf dem Bahnhof als auch auf dem Busbahnhof gibt es eine Gepäckaufbewahrung. Vom Bahnhof führt die Vladimirskaja ul. (Владимирская ул.) in etwa 15 Minuten ins Stadtzentrum, zum Sovetskaja pl. (Советская пл.). Auf den sehr selten fahrenden Linienbus sollte man sich lieber nicht verlassen.

Hinter dem Erdwall befinden sich an der ul. 1-ogo maja (ул. 1-ого мая) das Erzengel-Michael-Kloster und die Georgskathedrale. Im Kloster hat das Heimatkundemuseum und die Ausstellung russischer Holzskulpturenkunst von Mi bis Mo von 10 bis 17 Uhr geöffnet.
In der restaurierten Georgskathedrale kann eine Sammlung der Steinschnittkunst besichtigt werden.

Ein Café, in dem auch ein Imbiß angeboten wird, hat am Sovetskaja pl. von Mo bis Fr von 9 bis 17 Uhr und Sa von 9 bis 14 Uhr geöffnet. Ein weiteres empfehlenswertes Café ist das ›Dunaj‹ (Дунай), Avangardnyj pereulok 3 (Авангардный пер.).
In der ul. Škol'naja (ул. Школьная), die parallel zur ul. 1-ogo maja vom Sovetskaja pl. abgeht, befindet sich eine Bank mit Umtauschmöglichkeit, von Mo bis Fr von 9 bis 13 Uhr und von 14 bis 16.30 Uhr und Sa von 8 bis 13 Uhr.

Pereslavl'-Zalesskij (Переславль-Залесский)

Von Moskau oder Jaroslavl' bringt der Nahverkehrszug die Menschen zu der Bahnstation Berendeevo, wo ein klappriger Bus schon auf seine Fahrgäste wartet, um sie 21 Kilometer weit an das Ufer des Pleščeevo-Sees zu bringen. Am südöstlichen Ufer, wo der Trubež in den See mündet, schläft das alte Pereslavl'-Zalesskij mit seinen 43 000 Einwohnern einen Dornröschenschlaf. Wer sich behutsam nähert, wird den beschaulichen Ort aus seinem Jahrhundertschlaf wecken und eine verzaubernde Offenbarung erleben. Die alte Stadt hat ihr Herz in einen hohen Erdwall geschlossen und ist umgeben von romantischen Klöstern und Kirchen, in einer einzigartigen Landschaft mit windzerzausten Birkenwäldern und frohen Klapperstorchwiesen.

Geschichte der Stadt

Pereslavl'-Zalesskij kann auf acht Jahrhunderte ereignisvolle Geschichte zurückschauen. Die Stadt wurde 1152, fünf Jahre nach Moskau, durch den Fürsten Jurij Dolgorukij gegründet. Die Lage der alten Siedlung am Ufer des Sees fand der Fürst

Romantischer Trubež

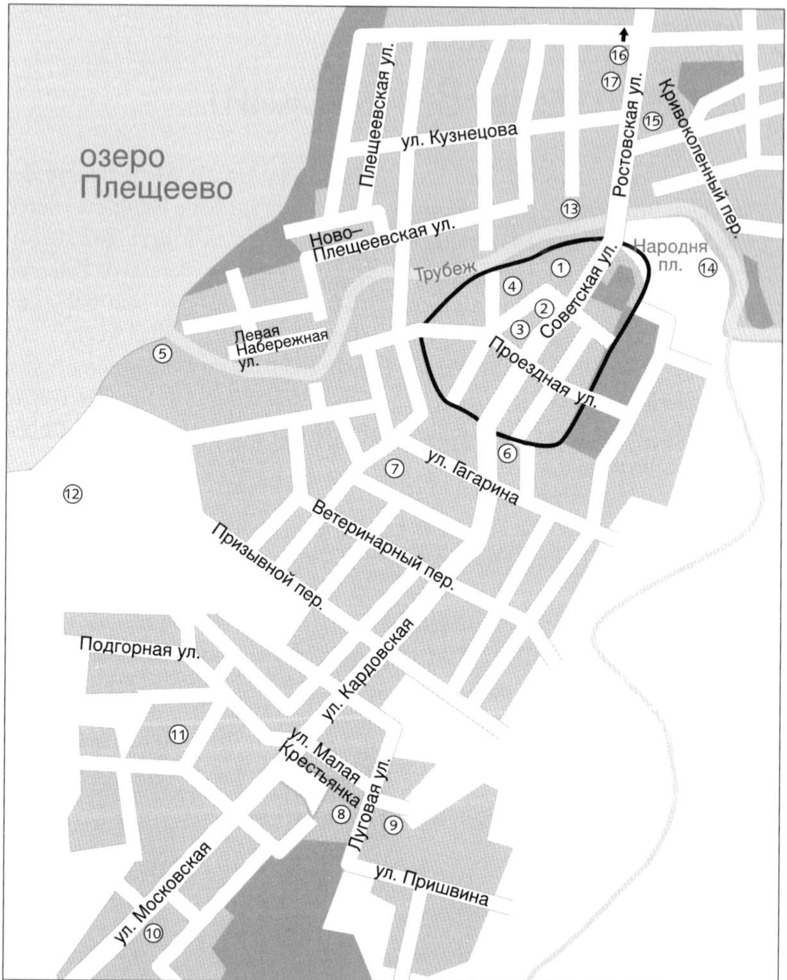

Pereslavl'-Zalesskij (Переславль-Залесский)

Legende

1 Christi-Verklärungs-Kathedrale (Спасо-Преображенский собор)
2 Kirche Petr des Metropoliten (церковь Митрополита Петра)
3 Vladimirkirche (Владимирская церковь)
4 Alexander-Nevskij-Kirche (церковь Александра Невского)
5 Kirche der vierzig Heiligen (Сорокосвятская церковь)
6 Jugendherberge (турбаза)

Das Stadtwappen von Pereslavl'-Zalesskij

ungünstig, so daß er sie in das sumpfige Gebiet verlegte, wo sie vor fremden Invasoren besser geschützt war. Der wasserreiche Trubež ermöglichte es außerdem, Schiffe bis vor die Stadttore fahren zu lassen. Festungsgräben wurden gebaut, Erdreich aufgeschüttet und Wälle errichtet. Die Burg wurde mit einer Palisade umfriedet und 1152 der Grundstein für die Christi-Verklärungs-Kathedrale gelegt. Die neue Burg wurde nach dem gleichnamigen Pereslavl' am Trubež südlich von Kiev benannt. Wahrscheinlich kamen aus dieser Gegend neue Siedler in das nordöstliche Gebiet. Schon bald wurde der Stadtname mit dem Zusatz ›Zalesskij‹ (hinter dem Wald) versehen.

Pereslavl'-Zalesskij wurde 1179 Fürstensitz, um den lange und blutige Kämpfe entbrannten. Seit 1302 war das Schicksal der Stadt auf immer mit Moskau verbunden, das im Kampf um ein geeintes russisches Land als Sieger hervortrat. Zu dieser Zeit war in der Burg ein hölzerner Fürstenpalast entstanden, der durch einen Übergang mit der Christi-Verklärungs-Kathedrale verbunden war. Eine belebte Straße verband das südliche mit dem nördlichen Tor, deren Verlauf sich in der modernen Hauptmagistrale wiederfindet.

7 Nikolajkloster (Никольский монастырь)
8 Maria-Reinigungs-Kirche (Сретенская церковь)
9 Danilovkloster (Данилово-Троицкий монастырь)
10 Fedorkloster (Федоровский монастырь)
11 Gorickijkloster, Museum von Pereslavl'-Zalesskij (Горицкий монастырь, историко-художественный музей)
12 Museum ›Botik‹ (музей ›Ботик‹)
13 Maria-Schutz-Kirche (Покровская церковь)
14 Markt (рынок)
15 Simeonkirche (Симеоновская церковь)
16 Hotel ›Pereslavl'‹ (гостиница ›Переславль‹)
17 Nikitaskloster (Никитский монастырь)

Blick von den Erdwällen

Am Ufer des Trubež, unweit des nördlichen Stadttores befanden sich eine Schiffsanlegestelle und ein Handelsplatz, wo Lager- und Handelshäuser entstanden. Pereslavl'-Zalesskij war reich und berühmt. Es lag an einem wichtigen Handelsweg, der Moskau mit dem im Norden gelegenen Archangelsk verband, über das im 16./17. Jahrhundert der Handel mit Westeuropa betrieben wurde. Im 16. Jahrhundert wurde Pereslavl'-Zalesskij zu einem Bollwerk der Opričina Ivan des Schrecklichen. Im Kampf gegen die Bojarenopposition hatte der Zar das Reich geteilt. Pereslavl'-Zalesskij wurde in diesem Zusammenhang als militärstrategisch wichtiger Punkt ausgebaut und 1561–1564 das befestigte Nikitas-Kloster errichtet.

Peter der Große kam 1688, gerade 16 Jahre jung, nach Pereslavl'-Zalesskij. Ihn interessierte der große See, um seiner Liebe zum Meer und seiner Leidenschaft für den Schiffsbau zu frönen. Noch im Herbst desselben Jahres kommandierte er ausländische Schiffsbauer an das Ufer des Pleščeevo-Sees und begann, an seiner Spielflotte zu hämmern. Doch als der Zar 1693 zu den Ufern des Weißen Meeres aufbrach, wurde es wieder still am Pleščeevo-See. Nach der Gründung St. Petersburgs und den russischen Erfolgen in der Ostsee verlor der nördliche Handelsweg und somit Pereslavl'-Zalesskij an Bedeutung. Die Stadt wurde 1744 Bischofssitz der orthodoxen Kirche, seit 1778 zum Gouvernement Vladimir gezählt und zehn Jahre später seiner Bedeutung als Bischofssitz wieder beraubt.

In den 60er Jahren des 18. Jahrhunderts wurde die Eisenbahnlinie Moskau–Sergiev Posad bis nach Jaroslavl' verlängert, ohne jedoch Pereslavl'-Zalesskij zu tangieren. Noch heute befindet sich die nächste Bahnstation, Berendeevo, 21 Kilometer entfernt und bietet der Bus eine bequemere Verbindung zu den Städten Jaroslavl' und Moskau.

Das Schicksal der Stadt war und ist immer mit ihrer geographischen Lage am Pleščeevo-See verbunden. Der klare See streckt sich bis zu 9,5 Kilometer in die Länge, seine Ufer ziehen sich über 28 Kilometer und seine mittlere Tiefe beträgt 25 Meter. Der See ist berühmt für seinen Fischreichtum. Neben bekannten Fischen wie Brasse, Hecht, Barsch und Plötze war es ein seltener Süßwasserhering, der im 18. Jahrhundert in das Stadtwappen einging. Er wird auch Zarenhering genannt. Am Zarenhofe wurde er als Delikatesse zu Feiertagen und Besuchen hoher ausländischer Gäste aufgetafelt. Aus alten Dokumenten ist bekannt, daß man allein im Jahr 1686 82 500 frische und über 20 000 geräucherte Heringe an den Zarenhof in Moskau geliefert hatte. Die Heringe sind dem See treu geblieben, auch wenn sich im letzten Jahrhundert Industrie an seinen Ufern angesiedelt hat und die Wasserverschmutzung zumindest diskutiert wird. Pereslavl'-Zalesskij ist von sowjetischen Umwälzungsprozessen weitgehend verschont geblieben, lediglich am Stadtrand haben sich Neubauviertel entwickelt. Die Stadt gehört verwaltungstechnisch zum Jaroslavler Gebiet, dessen Zentrum Jaroslavl' sich etwa 124 Kilometer nordöstlich befindet.

Die Vladimirkirche

Ein Rundgang

Eine hektische Straße führt durch die Stadt, und ehe man sich besonnen hat, ist man schon wieder am Stadtrand, ohne die Erdwälle der Burg zu bemerken und die Schönheit der alten Stadt zu ahnen. Dabei sind die Erdwälle, die im 12. Jahrhundert aufgeschüttet wurden, fast 2,5 Kilometer lang und so gut erhalten wie in keiner anderen Stadt. An einigen Stellen erreichen die Wälle eine Höhe von zehn Metern. Vier Durchfahrten führen in den alten Kreml und in die ehemaligen Vorstädte. Im Herzen der Anlage erhebt sich die alte Christi-Verklärungs-Kathedrale (1), die eines der ältesten Denkmäler der Vladimir-Suzdaler Hausteinarchitektur darstellt. Das Füllmauerwerk wurde sorgfältig mit behauenen weißen Kalksteinquadern verkleidet.

Die Kathedrale, die sich einfach und doch monumental gibt, besitzt einen fast quadratischen Grundriß, eine Kuppel, drei Schiffe, halbrunde Apsiden und vier kreuzförmige Pfeiler. Auf einem annähernd kubischen Baukörper trägt eine massige Trommel eine helmförmige Kuppel. Die Fassaden, die durch abgestufte Lisenen in drei Abschnitte untergliedert sind, verjüngen sich durch eine schräge Abstufung, über der jeder Wandabschnitt von einem schmalen Rundbogenfenster durchbrochen wird. In der nördlichen Wand befand sich statt eines Fensters eine Tür, die zu einem Übergang zum großfürstlichen Palast führte. Die großfürstliche Familie konnte somit von der Empore ungestört dem Gottesdienst beiwohnen. Nunmehr führt eine gußeiserne Treppe, die nachträglich eingebaut wurde, auf die Empore. Sie bietet einen erhabenen Blick in den schlichten Innenraum der Kathedrale. Ursprünglich waren die Innenwände mit Fresken bedeckt, die bei einer unsachgemäßen Restaurierung im vorigen Jahrhundert vernichtet wurden. Der Fußboden bestand aus mit einer farbigen Glasur überzogenen keramischen Platten.

Blick in den Garten der Jugendherberge

Wo Boote im Wellentakt schaukeln

Im Innenraum berichten mehrere Tafeln vom Schicksal des legendären Fürsten und Feldherren Alexander Nevskij, der 1220 oder 1221 in den sich anschließenden Fürstengemächern das Licht der Welt erblickt haben soll. Alexander Nevskij wurde 1236 Fürst von Novgorod, 1252–1263 Großfürst von Vladimir. Im Fürstentum Pereslavl'-Zalesskij regierte er vermutlich zwischen 1240 und 1263. Seinen Ruhm begründete er 1240 mit dem Sieg über die Schweden an der Mündung der Ižora in die Neva, daher auch der Beiname Nevskij. 1242 brachte er dem Deutschen Ritterorden auf dem Eis des Peipussees eine vernichtende Niederlage bei. Aus verschiedenen Gründen, unter anderem der aus Rom drohenden Missionierungsversuche, entschied sich der Fürst zu einer Zusammenarbeit mit den mongolisch-tatarischen Invasoren. Er unterstellte die freie Stadt Novgorod deren Tributherrschaft. Nach seiner letzten Reise in das Khanat 1262–1263 erkrankte der Fürst und starb auf dem Weg nach Hause. Alexander Nevskij wurde im 16. Jahrhundert heilig gesprochen. Auf dem Platz vor der Kathedrale wurde eine Alexander-Nevskij-Büste aufgestellt. Wenige Meter entfernt fällt eine Grabplatte mit einem Sowjetstern auf.

Unweit der Christi-Verklärungs-Kathedrale ragt das schlanke achteckige Zeltdach der Kirche Peters des Metropoliten (2), eines der bedeutendsten Baudenkmäler von Pereslavl'-Zalesskij, auf. Die 1585 aus Ziegeln errichtete Kirche besitzt einen kreuzförmigen Grundriß. Der mächtige Unterbau und das relativ kleine

Die Maria-Reinigungs-Kirche

Oktogon werden von einem achteckigen Zeltdach mit einer Kuppel über ebenfalls achteckigem Tambour bekrönt. Das Sockelgeschoß wird von Bogengängen umfaßt. Die Wände sind durch Pilaster in drei Abschnitte untergliedert und durch Rundgiebel abgeschlossen. Der an der Westseite angebaute Glockenturm entstand im 19. Jahrhundert.

In unmittelbarer Nähe zur Kirche Peters des Metropoliten stand das Maria-Reinigungs-Kloster, das 1764 aufgelöst wurde und von dem nur noch wenige Klostergebäude erhalten geblieben sind. Die vielen Gemeinsamkeiten der Vladimirkirche (3) und der Alexander-Nevskij-Kirche (4) weisen darauf hin, daß sie beide von denselben Baumeistern des 18. Jahrhunderts errichtet wurden. Sie heben sich von ihrer Umgebung durch die moosgrünen Kuppeln und golden blitzenden Kreuze ab.

Im Schutze der Alexander-Nevskij-Kirche lädt das kleine Café ›Bylina‹ ein. Besonders lecker sind die Pel'meni, Bliny und die verschiedenen Salate.

Der Name der ul. Proezdnaja (ул. Проездная) weist auf den Durchgang, der aus der alten Burganlage zum Trubež führt. Der Trubež fließt still durch die Fischersiedlung. Am Ufer watscheln Enten, einige Fischer streichen ihre Boote, ein leck geschlagener Kahn treibt einsam auf dem Wasser. Knarrende Fußgängerbrücken verbinden die beiden Ufer, wo Boote im Wellentakt schaukeln und fast immer Maler mit ihren bunten Staffeleien anzutreffen sind. Ein Boot kann man bei den Anwohnern des Trubež in einer der alten Holzhütten ausleihen.

Der Trubež mündet in den Pleščeevo-See, dort, wo sich über den niedrigen Dächern der Holzhäuser seit mehr als zwei Jahrhunderten das Haupt der Kirche der vierzig Heiligen (5) erhebt. Die Ufer wurden mit Holzpfählen befestigt und in das Fundament große Findlinge eingebracht. Die Kirche steht fest, nur der Glockenturm hat sich leicht geneigt. Er erleichtert den Fischern bei schlechtem Wetter und Nebel die Orientierung. Am anderen Trubež-Ufer stand die Kirche der Einführung, deren bekannter Ikonostas im Pereslavler Museum ausgestellt ist. Am Badestrand des Pleščeevo-Sees, an der Mündung des Trubež in den See, herrscht buntes Treiben. Auf einer Wanderung um den See lassen sich auch stille Buchten entdecken. Die Ufer werden dominiert von dichtem Schilfrohr und wilder Natur.

Fresko in der Kuppel der Dreieinigkeits-Kathedrale

Außerhalb der alten Erdwälle, doch nur einen Katzensprung entfernt, befindet sich in der ul. Kardovskogo 61 die Jugendherberge (6). Gegenüber weist ein Schild in die idyllische ul. Gagarina (ул. Гагарина) zum Nikolajkloster (7), das einst in friedlicher Nachbarschaft mit dem Boris-und-Gleb-Kloster lebte. Von letzterem ist nur eine Kirche erhalten geblieben. Seine Geschichte geht bis in das 14. Jahrhundert zurück, die Kirche wurde im 17. Jahrhundert errichtet. Das Kloster wurde wegen geringer Erlöse schon im 18. Jahrhundert geschlossen. 1348 wurde in den ehemaligen Sümpfen das Nikolajkloster gegründet. Nach der Oktoberrevolution wurde es geschlossen und die Nikolaj-

Das Danilov-Kloster

Die Theodor-Stratilat-Kathedrale im Fedor-Kloster

kathedrale abgerissen. Ein Holzkreuz steht an ihrer Stelle. Seit 1993 bemühen sich Nonnen um die Wiedereinrichtung des Klosters, das eher an einen landwirtschaftlichen Betrieb erinnert. Vor den Zellengebäuden wächst Mais, Pferde werden gefüttert. Aus der Peter-und-Paul-Kirche erklingt Mädchengesang. Es gibt viel zu tun, hektisch kommt die Äbtissin im Auto angerast und bringt Unruhe in die bäuerliche Idylle. Fremde werden verwundert registriert, denn wer verirrt sich schon hierher, abseits der klassischen Reiseroute entlang des Goldenen Rings?

Die ul. Kardovskogo (ул. Кардовского) führt stadtauswärts. Zwei Kirchen wollen gesehen werden: die Maria-Reinigungs-Kirche aus dem Jahre 1785 (8) und die Dreieinigkeits-Kathedrale des Danilovklosters (9). Sie stehen auf zwei Hügeln, die durch eine Schlucht getrennt sind, im Süden von Pereslavl'-Zalesskij. Das Dreifaltigkeits-Kloster, später Danilovkloster, wurde 1508 durch einen Mönch des benachbarten Gorickijklosters begründet. Der Mönch Daniil hatte den Sohn und lang ersehnten Thronfolger von Vasilij III., Ivan, der sich später zum ersten Zar ernennen lassen sollte, getauft. Anläßlich der Geburt des großfürstlichen Nachfolgers wurde in den 30er Jahren des 16. Jahrhunderts eine Steinkirche erbaut. Alle weiteren Klosterbauten blieben bis in das 17. Jahrhundert aus Holz bestehen, bis ein reicher Fürst in das Kloster eintrat und Umbauten ermöglichte. Das Kloster war im 18. Jahrhundert reich und bekannt. Es besaß große Ländereien, ihm oblagen Dörfer, eine Mühle und mehr als 3000 leibeigene Bauern.

Die befestigten Mauern und die Türme des Klosters sind nicht erhalten geblieben, so daß der Weg zur Kathedrale zunächst nicht den Eindruck erweckt, ein Kloster zu betreten. Die Kathedrale, der Glockenturm, das Refektorium und weitere Kirchen stehen nebeneinander, ohne den Eindruck der Zusammengehörigkeit zu erwecken. Die Namen der Baumeister, die 1530–1532 die Dreieinigkeits-Kathedrale schufen, sind nicht überliefert. Doch haben sie eine seltene Schöpfung vollbracht. In der zweiten Hälfte des 17. Jahrhunderts wurde die Kathedrale von mehreren Künstlern unter der Leitung von Gurij Nikitin und Sila Savvin ausgemalt, die noch während der Arbeiten nach Moskau abberufen wurden, um die Erzengelkathedrale auszugestalten. Einige der wertvollen Fresken sind noch im Originalzustand erhalten geblieben. An den Seitenwänden der Kathedrale wird die Geschichte von Lot und seinen Töchtern erzählt. Voller Ruhe wirkt die Szene der Ankunft der drei geheimnissvollen Wanderer bei Abraham und Sarah, voller Bewegung und Dramatik dagegen sind die Szenen im Hause Lots und die Zerstörung der Stadt Sodom durch die Engel; die Figur der Frau Lots, die sich trotz des Verbots ein letztes Mal umdreht, um auf ihre Stadt zu schauen und sich in eine Salzsäule verwandelt. An der westlichen Wand wird das Jüngste Gericht gezeigt. Die Apokalypse schildern die Künstler durch Figuren von brennenden Engeln, Drachen und einen in Ketten geschmiedeten Satan. Auf dem Fußboden der Kathedrale sind Heu und alte Teppiche ausgebreitet, die dem Innenraum eine wohnliche Atmosphäre verleihen. Inbrünstiger Gesang verbindet sich mit dem Krächzen der schwarzen Raben auf den alten Bäumen des Klosters.

An den nördlichen Abschluß der Dreieinigkeits-Kathedrale wurde 1660 über der Grabstätte des Klostergründers Daniil ein Seitenaltar errichtet, in dessen Gewölbe eine Darstellung des Klosters zum Teil erhalten geblieben ist und anhand dessen man sich eine Vorstellung vom alten Klosterensemble machen kann. Neben dem Seitenaltar wurde 1689 von Maurern aus Kostroma ein Glockenturm in den Himmel gezogen. In seiner unteren Etage befanden sich Wirtschaftsräume, darüber die Klostersakristei und in der südwestlichen Ecke eine Uhr. Das Glockenspiel wird von einem Zeltdach umgeben, das, breit angelegt, spitz nach oben zuläuft. Die Mauern werden von Fenstern durchbrochen, um das Glockengeläut weit über die Stadt zu tragen. Eine winzig kleine Kuppel bildet den Abschluß des Glockenturms.

Die Kirche der Einführung

Östlich vom Glockenturm steht die kleine, elegante Allerheiligen-Kirche, die 1687 von Kostromaern Baumeistern geschaffen wurde. An die Kirche schloß sich ursprünglich ein Hospital an. Im Süden befindet sich ein Gebäudekomplex, der das Refektorium, die Kirche der Lobpreisung der Gottesmutter und Räume des Klostervorstehers beherbergte. Die Gebäude haben die Jahrhunderte nicht unbeschadet überstanden und machen einen mitleiderregenden Eindruck. Ein Wirtschaftshof war von einem Gebäude, das sich von Westen nach Osten zog, und einer Steinmauer getrennt. In den Hof mit Pferdestall, Wagenschuppen und Heuschober führte ein Tor.

Das alte Danilovkloster schaut man sich am besten am Abend von Nordwesten an, wenn die Strahlen der untergehenden Sonne den Glockenturm, die Kathedrale, die Allerheiligen-Kirche und das dichte Grün der alten Linden zu einem unvergeßlichen Gemälde verschmelzen lassen. An windstillen Tagen spiegeln sich im Teich die Kuppeln der Kirchen und lassen die Legende der untergegangenen Stadt Kitež auferstehen.

Die Hauptmagistrale ul. Kardovskogo (ул. Кардовского) führt bergan und nennt sich nunmehr ul. Moskovskaja (ул. Московская). Im Haus ul. Moskovskaja 12 lebte 1916–1943 der russische Maler und Illustrator Dmitrij Kardovskij (1866–1943). Nachdem er die Petersburger Kunstschule absolviert hatte, arbeitete er zunächst in der Werkstatt von Ilja Repin, wurde 1907 zum Professor ernannt und 1911 Mitglied der Akademie der Künste. In dem Holzhaus befindet sich heute ein Künstlerhaus. In der ul. Moskovskaja 83 sind zwei Gedenktafeln angebracht worden, hier lebten der bekannte Pharmakologe Michail Gramenickij (1882–1942) und Petr Gramenickij (1922–1977), ein Spezialist für Raumfahrt-Medizin.

Seitlich des Eingangstores

Das Gorickijkloster

Ein alter Bretterzaun schließt sich an das Grundstück an und führt zu einem Tor, durch das man das alte Fedorkloster (10) betritt, in welchem keine Spur von klösterlichem Leben an die Vergangenheit erinnert. Es liegt auf einem Hügel an der Straße nach Moskau und ist schon von weitem zu sehen, wenn man sich der Stadt nähert. Das Kloster war eines der reichsten und bekanntesten in der Umgebung von Pereslavl'-Zalesskij. Es wurde an der Stelle einer blutigen Schlacht, die im Juni 1304 zwischen Moskauer und Tverer Fürsten ausgetragen wurde, im 16. Jahrhundert errichtet. Sein genaues Gründungsdatum ist allerdings nicht bekannt.

Bis 1667 beherbergte es ein Männerkloster, bis nach einer verheerenden Pestepedemie viele Mädchen und Witwen aus Pereslavl'-Zalesskij und Umgebung ihre Bleibe verloren hatten und Zuflucht suchten. Da die reichen Klöster Männerklöster waren, wurde beschlossen, das Fedorkloster in ein Frauenkloster zu verwandeln. Frauen bekannter Fürstengeschlechter und der Zarenfamilie opferten dem Kloster wertvolle Gegenstände: Ikonenbeschläge, Evangelien, Kreuze, Meßgewänder und Weihrauchgefäße. Meist waren sie aus vergoldetem Silber gefertigt und mit wertvollen Steinen verziert. Einige von ihnen sind im Museum von Pereslavl'-Zalesskij zu sehen. 1923 wurde das Kloster aufgelöst.

Blick entlang der ul. Rostovskaja auf die Simeon-Kirche

Im Zentrum des Klosters steht die Theodor-Stratilat-Kathedrale. Wahrscheinlich wurde der Bau 1557 auf Anordnung Ivan des Schrecklichen aus Anlaß der Geburt seines Sohnes in der Nähe des Klosters begonnen. Das Antlitz der Kathedrale hat sich über die Jahrhunderte verändert. In den ersten Jahren des 18. Jahrhunderts entstanden die Vorhallen, und in die Mauern wurden neue Fenster geschlagen, andere verschlossen. Im vorigen Jahrhundert wurden das Dach und die Kuppeln mit Eisen bedeckt, die nun baufälligen Vorhallen abgetragen. 1886 entstanden prunkvoll ausgestattete Galerien mit Zeltdachtürmchen und hervorstehenden Treppen, die die alten Mauern von drei Seiten umgeben.

Die kleine Kirche der Einführung wurde 1710 mit Geldern der Zarin Natalija Alexeevna gebaut. Die Kirche hat einen quadratischen Grundriß und drei Apsiden, die im Osten hervortreten. Ein Refektorium und zwei Seitenaltäre schlossen sich im Norden und Süden an die Kirche an. Drei Kuppeln zeugten vom Vorhandensein dreier Altäre. Die Kuppeln sind verlorengegangen. Mauern und Gewölbe stürzten teilweise ein, nachdem das Gebäude zu Sauna und Wäscherei umfunktioniert worden war. Um so erstaunlicher ist ihr heutiger Zustand, der nach umfangreichen Restaurationsarbeiten einen lieblichen Eindruck vermittelt. Im Süden des Klosters wurde 1714 die kleine Kirche der Gottesmutter von Kazan erbaut. Sie war für alte und kranke Nonnen gedacht, die ihre Zeit in den Krankenzellen der Kirche verbringen konnten. Im 18. Jahrhundert wurden diese Krankenzellen bei einem Brand zerstört. Das Klosterensemble ergänzte ein aus dem 18. Jahrhundert stammender Glockenturm, von dem man, würde er noch stehen, einen schönen Blick über die Stadt und den See hätte. Da er aber in den 30er Jahren unseres Jahrhunderts abgetragen wurde, verbleibt nur, die Stadt weiter aus der Menschenperspektive anzuschauen oder sich auf den Weg zu machen zum Gorickijkloster (11), das sich über der Stadt erhebt und das Stadtbild beherrscht.

Von seiner Lage auf dem Berge, ›na gorice‹, stammt auch die Bezeichnung Gorickijkloster, die sich gegenüber dem ursprünglichen Namen Maria-Entschlafens-Kloster durchgesetzt hat. Verschiedene Baumeister haben über viele Jahre an der kleinen ›Festung‹ gehämmert, doch alle haben eines beachtet und hervorgehoben: die unvergleichliche Lage auf dem Berge. Ganz bewußt wurden die größten Bauten – die Kathedrale und das Refektorium mit hoher Kirche – nicht wie üblich im Zentrum, sondern am Rande, für alle sichtbar, errichtet.

Heute gibt es keine alten Klostergebäude mehr zu sehen, dafür eindrucksvolle Werke der russischen Baukunst des 17.–19. Jahrhunderts. Über die Geschichte des Klosters weiß man wenig, da die alten Klosterschriften verlorengegangen sind. Das Kloster besaß große Ländereien und 5000 Leibeigene. In der Mitte des 18. Jahrhunderts wurde das Gorickijkloster Zentrum des neu geschaffenen Bischofssitzes von Pereslavl'-Zalesskij und Dmitriev, das ein großes Territorium umfaßte, von Gžatsk und Možajsk im Westen und bis Kiržač und Pokrov im Osten. Das Kloster wurde einem gewaltigen Umbau unterzogen, doch nachdem der Bischofssitz 1778 wieder verlegt worden war, konnte dieser nicht vollendet werden. Viele Bauten verwahrlosten. Davon ausgenommen war die Maria-Entschlafens-Kathedrale, die sich zum religiösen Zentrum der Stadt entwickelte.

Die fünfkupplige Kathedrale stammt aus der Mitte des 18. Jahrhunderts und hebt sich vor allem durch ihre prunkvolle Ausgestaltung im Inneren hervor, die von dem vergoldeten Barockikonostas beherrscht wird. Die Festungsmauern des Klosters und die Türme stammen aus dem 17.–18. Jahrhundert. Nach Süden öffnet sich das Haupttor, das sogenannte ›Heilige Tor‹. Der Baumeister bemühte sich, das Tor möglichst festlich zu gestalten, da das Kloster am Weg nach Moskau lag. Er verwendete standardisierte Formziegel und legte sie in verschiedenen Kombinationen aneinander, so daß der Eindruck unendlich vieler Details erzeugt wurde. Der Torbogen wird von Pilasterpaaren flankiert, die in Halbsäulen übergehen. Die Archivolten sind vielfältig verziert. Im deutlichen Kontrast zum fein differenzierten Unterbau hebt sich die schlichte Gestalt der Nikolaj-Torkirche ab. Ihre Wände sind von je drei Bandgiebeln und einem einfachen Gesims abgeschlossen. Einfache Fenstereinfassungen ergänzen die schlichte Dekoration der Kirche, die durch ein kleines Oktogon und eine kleine Trommel bekrönt wird, deren Kuppel wahrscheinlich aus dem 19. Jahrhundert stammt. Eine weitere Durchfahrt befindet sich in der östlichen Wand.

Zwischen den beiden Toren ragt der Palast aus dem 17. Jahrhundert auf. An der östlichen Mauer steht ein hoher Glockenturm aus dem 18. Jahrhundert. Nachdem der Bischofssitz verlegt wurde, schaffte man seine Glocken nach St. Petersburg und hängte sie im Glockenturm der Peter-und-Pauls-Festung auf. Im Klosterhof wurden zwei Holzkapellen aus nahegelegenen Dörfern aufgestellt. Sie vermitteln einen Eindruck von kleinen Kapellen, die in Dörfern oder an großen Verkehrswegen in Zentralrußland Ende des 19./Anfang des 20. Jahrhunderts standen. Von dem kleinen Glockenturm (19. Jahrhundert) an der nördlichen Klostermauer hat man einen schönen Blick auf den See, die Stadt, Felder und Wälder.

Ein Besuch des Klosters lohnt sich aber noch aus einem anderen Grund. In seinen Mauern befindet sich das Museum von Pereslavl'-Zalesskij, dessen Sammlungen Exponate ganz unterschiedlicher Couleur zeigen. Archäologische Funde, alte Urkunden und Handschriften werden aufbewahrt. Die alten Keramikplatten des Fußbodens der Christi-Verklärungs-Kathedrale und der Sarkophag aus weißem Stein des Fürsten Dmitrij Alexandrovič, Sohn des Alexander Nevskij, gehören zum Stolz des Museums. Die Gemäldegalerie umfaßt Ikonen ab dem 15. Jahrhundert, Gemälde und Skulpturen verschiedener Epochen. Ein Saal ist dem in Pereslavl'-Zalesskij ansässigen Maler und Graphiker Dmitrij Kardovskij gewidmet.

Ein Storch hält Ausschau nach frischen Fröschen

Unterhalb des Klosters führt die Straße nach Ves'kovo (Веськово), ein nicht zu übersehendes Schild weist in kyrillischen und lateinischen Buchstaben auf ein kleines Museum hin, das sich ›Botik‹ nennt (12). Wie der Name schon fast verrät, beherbergt es ein kleines Boot. Peter der Große beschloß Ende des 17. Jahrhunderts, am südlichen Ufer des Sees, etwa drei Kilometer vom Stadtzentrum entfernt, eine kleine Werft für eine Spielflotte einzurichten. Von nun an herrschte reges Treiben am Ufer des Sees. Um die Schiffe ins Wasser lassen zu können, wurde ein Kanal gegraben und auf der Anhöhe wurde ein kleiner Palast gebaut. Die alte Ruhe kehrte erst zurück, als sich der Zar nach Archangelsk am Ufer des Weißen Meeres begab, um dort eine richtige Werft zu bauen. 1803 wurde am Ufer des Pleščeevo-Sees ein Museum eröffnet. Für das einzig erhalten gebliebene Boot wurde ein Pavillon gebaut.

Lohnend ist eine Fahrt mit einem ›Spielzeugzug‹, der hinter dem Busbahnhof abfährt. Er gondelt entlang des Ufers durch bunte Wiesen und Schilfrohrdickicht und bringt Ausflügler mit Picknickkörben, Angler und Moskauer, die in ihre geliebten Datschas wollen, mit. An der zweiten Station muß man aussteigen und durch das Dorf in Fahrtrichtung noch etwa 10 Minuten laufen. Hohe Treppen führen zum Museum.

Nach Norden führt die ul. Rostovskaja (ул. Ростовская) aus der Stadt. An den alten Erdwällen verläuft sie über die Brücke über den Trubež und öffnet sich in einem Platz, dem Volksplatz, pl. Narodnaja (пл. Народная). Am westlichen Rand des Platzes zweigt die ul. Pleščeevaja zum See ab. Sie wird flankiert von einer der wenigen erhalten gebliebenen Gemeindekirchen aus dem 18. Jahrhundert. Die Maria-Schutz-Kirche (13) befand sich an einem der belebtesten Plätze der Stadt, wo Kneipen, Läden und Lager das Leben bestimmten. Besonders hoch her ging es an Markttagen, wenn die Bauern aus der Umgebung anreisten.

Das alte Flair ist an manchen Tagen noch nachzuempfinden, allerdings auf der anderen Seite der ul. Rostovskaja, wo sich der Markt (14) befindet. In einem kunterbunten Gewirr von Ständen und Tischen wird vom fertigen Spanferkel bis zur kleinsten Schraube alles angeboten. Alte Mütterchen in bunten Kopftüchern sitzen geduldig auf Holzkisten und bieten Einweckgläser voller frisch gesammelter Beeren und Körbe voller Pilze an. An der ul. Rostovskaja befinden sich viele Geschäfte. Etwas weiter steht die Simeon-Kirche (15). Die rot-weiße Kirche wurde 1771 erbaut und vom Barock wesentlich beeinflußt.

Im Norden der Stadt, auf dem Weg nach Rostov und Jaroslavl', werden Kirchenkuppeln, Glocken- und Festungstürme eines der ältesten Klöster von Pereslavl'-Zalesskij sichtbar. Der Weg führt am städtischen Friedhof vorbei. Zwischen Bäumen schimmert die Silhouette einer schlanken Kapelle weiß durch. Sie wurde 1702 an einer Stelle erbaut, an der der weitgereiste Černigover Fürst Michail von dem Wunderheiler Nikita von seinem Leiden geheilt wurde. In Gedenken an dieses Ereignis wird sie Černigover Kapelle genannt. Von der Kapelle ist es nicht mehr weit bis zum Nikitakloster (17). Der Weg verläuft zunächst am Friedhof entlang, durch eine Schlucht, an einem Teich vorbei, bis er durch das Haupttor, über dem ein hoher Glockenturm aufragt, den Blick in das Kloster eröffnet.

Wann genau das Kloster gegründet wurde, ist nicht bekannt, doch als man im 12. Jahrhundert begann, erste Befestigungen um Pereslavl'-Zalesskij zu bauen, kannte man das Kloster schon. Eine Legende berichtet von dem habgierigen Nikita, der Steuereintreiber in dem neu entstandenen Pereslavl'-Zalesskij war. Reumütig kam er an die Mauern des Klosters geschlichen. Er grub sich eine Erdhütte und sonderte sich von der Welt ab. Der wundertätige Nikita begründete den Ruhm des Klosters. Kranke und erniedrigte Menschen kamen aus Nah und Fern zu ihm und suchten bei ihm Heilung und Trost.

Im 16. Jahrhundert schenkte Ivan der Schreckliche dem Kloster große Aufmerksamkeit. Er ließ eine neue Kathedrale, ein Refektorium, Mauern und Türme errichten. Angeblich hatte sein kranker Sohn aus dem Klosterbrunnen heilendes Wasser getrunken und wurde gesund. Anzunehmen ist aber auch, daß Ivan der Schreckliche das Kloster und die Stadt als Verteidigungspunkt ausbauen ließen, denn in nicht allzu großer Ferne befand sich die Alexandrov-Siedlung, in die er nach der Abtrennung seiner Opričina zog. Das Kloster erlebte mehrere Etappen reger Bautätigkeit, bis es 1923 geschlossen wurde.

Im Zentrum des Klosters steht die Nikita-Kathedrale. Sie wurde an Stelle einer Kirche errichtet, die Ivan der Schreckliche abreißen ließ, obwohl sie nur fünfzig Jahre stand. Von der alten Kirche, die dem Schutzpatron, dem Wundertäter Nikita, geweiht war, steht die südliche Kapelle noch. Sie dient nun als Nebenaltar. Symmetrisch dazu wurde an die neue Kathedrale an die nördliche Seite eine weitere Kapelle angebaut. Die Kathedrale hebt sich durch die weit auseinanderstehenden Pfeiler und das dadurch breit angelegte Mittel- und Querschiff hervor. Die Kathedrale besitzt fünf Kuppeln. Die äußere Dekoration der Kathedrale geht auf Motive der Erzengel-Kathedrale in Moskau zurück. Die umlaufende Galerie wurde im 17. Jahrhundert angelegt.

Das Nikita-Kloster ist vielen Menschen aus sowjetischen Filmen bekannt. Seine alten Bauten boten für Filme wie ›Krieg und Frieden‹ und ›Emel'jan Pugačev‹ eine eindrucksvolle Kulisse. Sergej Eisenstein drehte die ersten Szenen von ›Alexander Nevskij‹ am Ufer des Pleščeevo-Sees. Pereslavl'-Zalesskij war der sowjetischen Filmindustrie wegen seiner alten Klöster und Kirchen ein Begriff, aber auch wegen der ersten sowjetischen Fabrik, die Filmmaterial herstellte. Die Fabrik befand sich zwischen den alten Erdwällen und dem Trubež. Viele Schriftsteller haben Pereslavl'-Zalesskij und seine wundersame Landschaft verewigt, wie der russische Schriftsteller Michail Prišvin (1873–1954), der das Land wie seine Westentasche kannte.

Pereslavl'-Zalesskij befindet sich 124 Kilometer südwestlich von Jaroslavl'. Die nächste Bahnstation ist Berendeevo (Берендеево), 21 Kilometer vom Zentrum entfernt.

Von der Bahnstation in Berendeevo besteht eine Busverbindung nach Pereslavl'-Zalesskij-Busbahnhof, der in etwa einer Stunde erreicht ist. Der Busbahnhof befindet sich an der ul. Kardovskogo (ул. Кардовского). Es bestehen Busverbindungen nach Moskau, Sergiev-Posad, Rostov, Jaroslavl' und Kostroma. Am Busbahnhof beginnt auch die Fahrt des kleinen Zuges Richtung Kupan (Купан). Nach zwei Stationen erreicht man das Botik-Museum. Die Züge fahren täglich um 9, 13 und 14.30 Uhr und zurück vom Museum um 12.30, 16 und 20.30 Uhr. Es verkehren allerdings auch Busse.

In Pereslavl'-Zalesskij befindet sich in der ul. Rostovskaja 27 (ул. Ростовская) das Hotel ›Pereslavl'‹, Tel. 2 17 88 pro Nacht etwa 35 Dollar. Im neu erbauten Hotel ›Zapadnyj‹ (Западный) am Trubež muß für ein Doppelzimmer mit 80 Dollar gerechnet werden, ul. Pleščeevskaja 1a (ул. Плещеевская), Tel. 3 43 78, Fax 3 43 80. Wesentlich preiswerter ist die Jugendherberge, die sich in der ul. Kardovskogo 61, Tel. 2 26 68, befindet und etwa 7 Dollar kostet.

Russische und europäische Küche bietet das Restaurant ›Zolotoe Kol'co‹ (Золотое Кольцо), ul. Pleščeevskaja (ул. Плещеевская).

Innerhalb der alten Kremlmauern bietet das kleine Café ›Bylina‹ eine kulinarische Pause. Es ist täglich von 9 bis 14.30 Uhr und 15.30 bis 21 Uhr geöffnet. Im Hotel ›Pereslavl'‹, ul. Rostovskaja 27, befindet sich eine Bar/Disco, geöffnet von 12 bis 17 Uhr und von 18 bis 24 Uhr.

In Pereslavl'-Zalesskij befinden sich zwei Museen, die beide sehenswert sind. Im Gorickijkloster haben verschiedene Sammlungen, archäologische und heimatkundliche sowie eine Gemäldegalerie von Mi bis Mo von 10 bis 17 Uhr geöffnet, geschlossen Di und am letzten Mo des Monats. Das Museum ›Botik‹, in dem unter anderem ein Boot von Peter dem Großen aufbewahrt wird, ist mit dem Bus vom Gorickijkloster oder vom Busbahnhof zu erreichen. Von dort verkehrt auch ein kleiner Zug, täglich um 9, 13 und 14.30 Uhr. Fahrkarten sind im Zug beim Schaffner zu lösen. Nach zwei Stationen muß man aussteigen und etwa 10 Minuten durch das Dorf ortsauswärts laufen. Zurück nach Pereslavl'-Zalesskij fahren die Züge um 12.30, 16 und 20.30 Uhr.
Das Museum ist von Di bis So von 10 bis 17 Uhr geöffnet.

»Es herrscht beständiges, trockenes Wetter; ich bin mit der Großmutter von morgens bis abends an Deck, unter dem klaren Himmel, zwischen den Wolgaufern, die vom Herbst vergoldet und wie mit Seide gestickt sind. Langsam strebt der helle, rostrote Dampfer, einen Lastkahn am langen Schlepptau, stromauf – träge und dumpf patschen die Radschaufeln aufs graublaue Wasser. Der Lastkahn ist grau und erinnert an eine Mauerassel. Unmerklich schwebt über der Wolga die Sonne auf ihrer Bahn; jede Stunde ist alles ringsum neu und verändert; wie üppige Falten im reichen Kleide

der Erde ziehen sich grüne Berglehnen hin; an den Ufern liegen Städte und Dörfer, sie sind von weitem wie lauter Knusperhäuschen anzusehen; goldenes Herbstlaub treibt auf dem Wasser.«

Maxim Gor'kij,
›Meine Kindheit‹

An der Volga

Alte Handelsstädte am längsten Strom Europas

Wohl kaum jemand kann sich der Schönheit dieses Flusses und der Landschaft, durch die er ruhig dahinfließt, verschließen. Eine Fahrt auf dem längsten Strom Europas ist ein unvergeßliches Erlebnis. Die Volga entspringt nördlich von Moskau in den Valdaihöhen und gräbt sich auf 3530 Kilometern ihren Weg durch das Land bis hin zum Kaspischen Meer. In Rußland wird sie als Mutter der Flüsse (›matuška Volga‹) verehrt, die alten Griechen nannten sie Ra, die ›Großmütige‹, und bei den Arabern war sie als Ithik, als der ›Fluß der Flüsse‹ bekannt. Die Volga ist die wichtigste Binnenwasserstraße Rußlands und ist auf 3256 Kilometern schiffbar. Heute verbinden sie Kanäle mit der Ostsee, dem Weißen, dem Asovschen und dem Schwarzen Meer sowie mit Moskau.

Mit sich trägt sie jedoch nicht nur ihre Bedeutung als Handelsweg, sondern auch Geschichten von Leid und Ausbeutung. Ilja Repin hat dies in seinem Bild

Ilja Repin ›Die Volgatreidler‹, 1870–1873

›Die Volgatreidler‹ verewigt, und auch Maxim Gor'kij erfuhr aus den Erzählungen des Großvaters von der dunklen Seite des Flusses: »Da bist du zum Beispiel mit einem Dampfer hergekommen, der Dampf hat dich hergebracht, während ich in meiner Jugend selber, mit meinen eigenen Kräften, die Frachtkähne gezogen habe, die Wolga stromauf. Der Kahn lief auf dem Wasser, ich das Ufer entlang, barfuß, über spitze Steine, über Geröll, und so von Sonnenaufgang bis nachts! Die Sonne verbrennt dir den Nacken, der Kopf glüht wie ein Kessel, aber du gehst und gehst, vornübergebeugt, das Kinn fast auf der Erde, und jedes Knöchlein knirscht, dabei kannst du den Weg nicht sehen, der Schweiß verklebt dir die Augen, während die Seele sich abhärmt …« (Maxim Gor'kij, Meine Kindheit)

Das Bild der Städte an ihren Ufern wurde durch die Geschichte von Handel und Reichtum geprägt, die Geschichte der wohlhabenden Kaufleute, die Kirchen und Wohnhäuser nach ihrem Geschmack errichten ließen. Das Flair weltoffener, lebendiger Städte, in denen sich das Neue mit der alten Architektur und Geschichte zu einem spannenden Mosaik verbindet, kennzeichnet die großen Städte Nižnij Novgorod, Kostroma und Jaroslavl'. In ihrer Umgebung finden sich stille, romantische Orte, die sich harmonisch in das sanfte Hügelland einfügen.

Nižnij Novgorod (Нижний Новгород)

»Wir waren in Gorki, der Stadt, die nach einem kleinen Jungen heißt, der in ihr lebte, nach Maxim Gorki, der hier aufgewachsen ist. Gorki ist aber das alte Nishnij-Nowgorod. Ich sah das Anschauungsbild der Geographiestunde wieder vor mir, da waren Flöße auf der Wolga vertäut und trugen den Jahrmarkt, die Messe von Nishnij-Nowgorod, da waren Kaufleute in Pelzen, und der Fluß und die Stadt wurden als bunter Märchenbasar vorgestellt, und man handelte mit Salzheringen und mit Fellen. Was ich zuerst erblickte, war ein Kreml, eine lange, rote, türmebewehrte Mauer, quadratisch auf eine Höhe gesetzt. Der Kreml beherrscht die Stadt seit Jahrhunderten. Die Häuser der Hafenstraße aber erinnerten mich an Lübeck, nur war hier der Verputz abgebröckelt, die Fenster waren blind, die Dächer verfallen.«

(Wolfgang Koeppen, Nach Rußland und anderswohin. Empfindsame Reisen, 1958)

Ein frischer, belebender Wind streift durch die Stadt, herübergetragen von der Volga und der Oka, diesen beiden mächtigen Flüssen, die sich hier vereinen. Nižnij Novgorod, das sich im 13. und 14. Jahrhundert zu einer der bedeutendsten Städte des russischen Nordostens entwickelte, gleicht auch in unserem Jahrhundert keiner Museumsstadt, sondern der Kreml, die Klöster, Kirchen und anderen Boten der Vergangenheit fügen sich harmonisch in das Leben einer modernen Industrie- und Kulturstadt.

Daß man es hier an der Volga versteht, zu leben und auch zu wirtschaften, spürt man überall in Nižnij, wie es von Russen meist abkürzend und liebevoll genannt wird. Das Wörtchen ›nižnij‹ dient seit alten Zeiten der Unterscheidung zum nördlichen Novgorod am Ilmensee.

Heute leben in Nižnij Novgorod etwa 1,44 Millionen Menschen, es gibt neun Hochschulen, fünf Theater und unzählige Museen. Die wichtigsten Industriezweige sind Maschinen-, Auto- und Flugzeugbau, war doch das ganze Gebiet einer der wichtigsten Stützpunkte der Rüstungsindustrie des Landes. Nach wie vor gibt es eine Werft und einen Hafen, doch sind es merklich weniger Schiffe, die die Volga entlangziehen. Auch die Messe, die seit dem 19. Jahrhundert das Leben in der Stadt bestimmte, hat sich verändert. Nižnij Novgorod, das von 1932 bis 1990 Gor'kij hieß, wirkt wie ein Spiegel in einem widersprüchlichen Land.

Geschichte der Stadt

Nižnij Novgorod wurde 1221 vom Großfürsten des Vladimirer Fürstentums, Jurij Vsevolodič, gegründet, nachdem sein Bruder Svjatoslav die Volgabulgaren geschlagen und die Grenze der Rus' nach Osten erweitert hatte. Die schnell befestigte Stadt diente als Vorposten sowohl gegen die Volgabulgaren als auch gegen die Mordvinen. Aufgrund der günstigen Lage am Zusammenfluß von Volga und Oka blühte bald der Handel im jungen Novgorod, dessen rasche Entwicklung zu einem der bedeutendsten Zentren des Landes durch den Einfall der Tataren 1238/39 aufgehalten wurde. Doch die Stadt wurde neu aufgebaut und bildete seit 1341, nach dem Zusammenschluß mit Suzdal' zu einem selbständigen Fürstentum, einen der Gegenpole zum aufstrebenden Moskau. 1350 wurde aus strategischen Gründen die Hauptstadt des Fürstentums von Suzdal' in die von Moskau weiter entfernte Volgastadt verlegt. Durch eine geschickte Heiratspolitik der Moskauer Fürsten brach das Fürstentum von Nižnij Novgorod 42 Jahre später zusammen.

In dieser kurzen Phase des Mächteringens unter Fürst Dmitrij Konstantinovič, aber auch angesichts der anhaltenden Bedrohung durch die Tataren wurde der Bau des steinernen Kremls begonnen. Im Jahre 1378 wurde Nižnij Novgorod von den Truppen Mamais zerstört. Unter dem Moskauer Großfürsten Vasilij III. wurde 1506 bis 1511 die neue Backsteinanlage der Kremlfestung errichtet, wodurch die Stadt Ivan IV. als guter Stützpunkt in seinen Kriegen gegen Kazan

Nižnij Novgorod wurde 1221 gegründet. Gedenkstein im Kreml

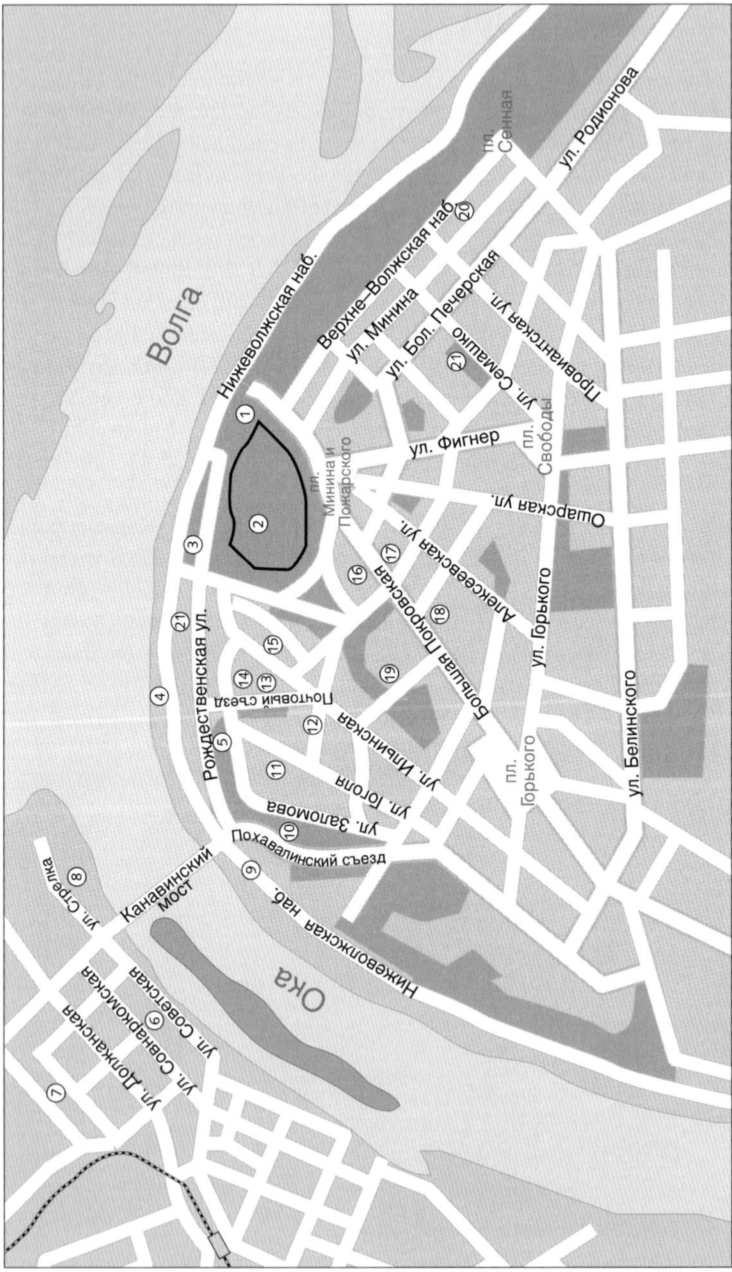

Nižnij Novgorod (Нижний Новгород)

(1547–1560) diente und auch im folgenden Jahrhundert die Einfälle der Mordvinen erfolgreich abwehrte.

In der zweiten Hälfte des 16. Jahrhunderts bildeten sich die zwei Teile der Stadt heraus. Das Zentrum oder die ›eigentliche‹ Stadt auf den Hügeln der Kreml-Seite wurde auch Nagornaja (›auf den Bergen‹) genannt. Die gegenüberliegende Seite, die Zarečnaja (›hinter dem Fluß‹), sollte zu dem Gebiet werden, in dem sich 1817 die berühmte Nižnij-Novgoroder Messe ansiedelte und später die ersten Industriegebiete entstanden.

Zwei weitere Namen, die in die russische Geschichte eingingen, sind mit der Stadt verbunden. Kuzma Minin, der Älteste der Stadtbürger von Nižnij Novgorod, der Vorsitzende des Zemskij sobor, spielte eine bedeutende Rolle in der ›Zeit der Wirren‹, bei der Vertreibung der Polen aus dem Land. Er begann Verbindung zu den benachbarten Städten aufzunehmen und Mittel für ein militärisches Aufgebot zu sammeln. Für die Führung des Heeres gewann er den Fürsten Dmitrij Požarskij, während er selbst im Hintergrund blieb und für die Versorgung der Befreiungstruppen sorgte. 1612 zogen diese in Moskau ein, erstürmten im Oktober Kitaj-Gorod und erzwangen die Kapitulation der Polen im Kreml. Hierdurch schufen sie die Grundlage für eine Neuformierung des Moskauer Staates und den

Legende

1 Čkalov-Treppe (Чкаловская лестница)
2 Kreml (Кремль)
3 Teestube ›Stolby‹ (Чайная ›Столбы‹)
4 Hafengebäude (Речной порт)
5 Maria-Geburts-Kirche (церковь Рождества Пресвятой Богородицы)
6 Messegelände (Нижегородская Ярмарка)
7 (Messe-) Erlöserkathedrale (Спасский Ярмарочный Собор)
8 Alexander-Nevskij-Kirche (церковь Александра Невского)
9 Maria-Verkündigungs-Kloster (Благовещенский монастырь)
10 Hotel ›Nižegorodskaja‹ (гостиница ›Нижегородская‹)
11 Pušnikov-Haus (дом Пушникова)
12 Kaširin-Haus (дом Каширина)
13 Olisov-Haus (дом Олисова)
14 Maria-Entschlafens-Kirche (Успенская церковь)
15 Haus Peters (дом Петра)
16 Schauspielhaus (Драматический театр)
17 Gebäude der ehemaligen Adelsversammlung (Бывшее Дворянское собрание)
18 Staatsbank (Государственный банк)
19 Synagoge (синагога)
20 Gor'kij-Literatur-Museum (литературный музей Горького)
21 Gor'kij-Hausmuseum (дом-музей Горького)

Beginn der Romanov-Dynastie. Der einfache Bürger und der Fürst gelten im russischen Geschichtsbewußtsein als Befreiungshelden. In Nižnij Novgorod wurde der Platz vor dem Kreml nach ihnen benannt und ein Denkmal errichtet.

Mit dem Umzug der Messe vom Makar'ev-Kloster nach Nižnij erlangte die Stadt endgültig ihre Bedeutung als eine der führenden Handels- und Industriestädte des 19. und 20. Jahrhunderts. Der Schiffsbau entwickelte sich, 1849 wurde das Sormover Schiffsbauwerk gegründet, 1862 die Eisenbahnlinie von Moskau nach Nižnij Novgorod gelegt. Diese Entwicklung setzte sich auch nach der Oktoberrevolution fort. Die Messe wurde weitergeführt, die Autofabrik 1930 eröffnet, und während des Zweiten Weltkrieges war die Stadt die bedeutendste Waffenschmiede des Landes. In der heutigen Zeit hat Nižnij Novgorod den Ruf einer Reformhauptstadt, was vor allem auf die geschickte Privatisierungspolitik des ehemaligen Gouverneurs, Boris Nemcov, zurückzuführen ist.

Ein Rundgang

Der Bahnhof und der Busbahnhof von Nižnij Novgorod liegen auf der Messeseite am linken Ufer der Oka. Die Straßenbahn Nr. 1 zuckelt gemütlich die ul. Ijul'skich dnej (ул. Июльских дней) entlang, bis sich plötzlich der Blick auf die andere Flußseite öffnet: auf eine Stadt inmitten von Grün, die sich auf mehreren

Vom Handeln ...

Hügeln ausbreitet. Gleich rechts hinter der Brücke grüßen die Kirchen des Maria-Verkündigungs-Klosters. Wuchtig erheben sich die Backsteintürme des Kremls, an dessen Mauer vorbei es steil bergauf bis zur Bol'šaja Pokrovskaja (Большая Покровская) geht, auf der man einen ersten Eindruck vom Leben der Stadt gewinnen kann. Von hier ist es nicht weit bis zum Kreml, dem einstigen Zentrum der heutigen Millionenstadt, die sich auf der Bol'šaja Pokrovskaja von ihrer besten Seite präsentiert. Lebhaftes Treiben erfüllt die Fußgängerzone, an bunten Ständen werden Bücher, Souvenire und verschiedenste Leckereien angeboten, und auch ein Stadtplan ist hier schnell zu finden. Straßencafés laden zum Verweilen ein.

Man vermeint, die Nähe der Volga und das Flair einer Hafenstadt zu spüren. Der Fluß ist auch nicht weit, um ihn zu erreichen, muß man zum pl. Minina i Požarskogo (пл. Минина и Пожарского) gehen, der nicht unbedingt der Vorstellung von einem Platz entspricht, da er sich als großer, stark befahrener Prospekt halbkreisförmig um den Kreml zieht. Hier geht die Verchne-Volžskaja nab. (Верхне-Волжская наб.) ab, die Uferpromenade, an deren Beginn die Čkalov-Treppe (1) hinab zum Fluß führt, von deren Höhe der Blick über das Wasser und endlose Uferwiesen gleitet. Schiffe ziehen langsam dahin, und Schornsteine in der Ferne erinnern an die Gegenwart.

Dort, wo Volga und Oka zusammenfließen, entstand die erste Stadtfestung, der Kreml (2), dessen jetzige Form auf den Anfang des 16. Jahrhunderts zurückgeht. Am Fuße des Kreml-Hügels befanden sich seit alten Zeiten die Anlegestellen, um

... und Genießen

›Ganztägige Erholung‹, verspricht der Salon ›Sjurpriz‹ auf der Bol'šaja Pokrovskaja

die herum sich der Untere Posad herausbildete. Seinem Schutz diente der Ivan-Turm, durch dessen Tore Reisende den Kreml betraten. Die gleiche Funktion erfüllte für den Oberen Posad der Dmitrij-Turm. Die Linie der Kremlmauer ergibt ein unregelmäßiges Vieleck, an dessen Ecken sich große quadratische Türme mit kleineren runden abwechseln. Zwei der ursprünglich 13 Türme fehlen. Sie standen an der der Volga zugewandten Seite und wurden durch Wasser und Erdrutsche zerstört und später mitsamt den zugehörigen Mauerstücken abgetragen.

Die Anlage ist in den 60er und 70er Jahren des 20. Jahrhunderts sorgfältig restauriert worden und gilt als eines der schönsten Beispiele russischer Fortifikationskunst. Die Mauer ist fast zwei Kilometer lang, ihre Höhe beträgt 12 bis 15 Meter, an den Fundamenten ist sie fünf Meter stark. Auf dekoratives Beiwerk wurde vollständig verzichtet. Der Bau vermittelt auch heute noch den Eindruck einer trutzigen, uneinnehmbaren Festung, deren Stärke sich in der Geschichte der Stadt oft beweisen mußte. Türme und Wände sind durch abgeschrägte Holzdächer geschützt. Ursprünglich waren die Türme mit hohen hölzernen Zeltdächern versehen, die später durch einfachere ersetzt wurden.

Als mit der Erweiterung des russischen Staates die Grenze allmählich nach Osten verschoben wurde, erwies sich die Festung mehr und mehr als Bürde für die Stadt, da sie für Verteidigungszwecke nicht mehr benötigt wurde und Mittel

Fenster im Naryškin-Barock an der Maria-Geburts-Kirche in Nižnij Novgorod
Blick auf Nižnij Novgorod; Die alte Handelsstadt Nižnij Novgorod an der Volga

ОКТЯБРЬ
Coca-Cola
МАГАЗИН

Макдоналдс
31 80 41
НИЖНИЙ НОВГОРОД

für ihre Instandsetzung bereitgestellt werden mußten. Sie wurde im Zuge des Generalplanes für Nižnij Novgorod im 18. Jahrhundert restauriert und noch einmal im 20. Jahrhundert. Die Türme und das riesige Gelände wurden als Lagerraum und Kaserne genutzt. Auch heute gibt es noch nichtzugängliche Teile, in denen Soldaten stationiert sind.

Man kann das Gelände von mehreren Punkten aus durch die Tortürme betreten. Vom pl. Minina i Požarskogo (пл. Минина и Пожарского) gilt der Dmitrij-Turm als Haupteingang. Dieser Turm wurde 1895 umgebaut, um das Kunsthistorische Museum der Stadt aufzunehmen, das hier bis 1918 seine Räume hatte. Der Gang in der Mauer wurde in eine gläserne Galerie verwandelt. Der obere Teil des Turmes wurde zum Museumssaal mit hohen Fenstern ausgebaut. Heute ist jedoch die ursprüngliche Form wiederhergestellt. Ein ungewöhnlicher Anblick erwartet die Besucher, die mit dem Wort ›Kreml‹ vielleicht eine Vielzahl verschiedener Kirchen auf einem Gelände verbinden. Hier gibt es nur ein Gotteshaus: die Erzengelkathedrale, die sich hinter Bäumen versteckt. Der Blick fällt zuerst auf die Panzer, die in einer Reihe entlang der Kremlmauer ausgestellt sind und vor allem den Kindern als Spielplatz dienen. An den ›Großen Vaterländischen Krieg‹ erinnert ein Obelisk mit dem Heiligen Georg, dem Drachentöter.

Der Nižnij-Novgoroder Kreml lädt zum Spaziergang ein. Der Rundgang auf der Mauer beginnt und endet im linken Nachbarturm des Dmitrij-Turms, dem

Grün bestimmt das Bild der Stadt

Das sowjetische und das ›westliche‹ Nižnij Novgorod
Zimmer mit Ausblick zu vermieten!

Lagerturm. Ursprünglich hieß er Alexej-Turm, seit dem 18. Jahrhundert wurde er als Lager genutzt. Hier findet man Toiletten und ein Café. Sehr gemütlich kann man mit einer Tasse Kaffee oder Tee oben auf der Galerie sitzen und die Spaziergänger beobachten, die sich auf den über einen Kilometer langen, reizvollen Weg begeben haben. Sie müssen ein starkes Gefälle überwinden, und oft führen Treppen steil hinab. Die Belohnung ist ein ständig wechselnder Blick auf die Stadt und die Volga und die ›Strelka‹, die Spitze, wo Volga und Oka ihre Wasser vereinen. Es duftet nach Holz, und manchmal gelingt ein kurzer Blick in einen der offenstehenden Türme, die zu betreten aber strengstens verboten ist.

Auf dem Weg passiert man Türme mit teilweise sehr anschaulichen Namen: den Tragejoch-Turm, den Geheim-Turm, den Uhrturm. Eine Legende verbindet den Namen des Tragejoch-Turms mit seiner traurigen Entstehungsgeschichte: Immer wieder stürzten die gerade errichteten Wände des Turmes ein, und die verzweifelten Handwerker baten einen Weisen um Rat. Er sagte ihnen, sie sollten am darauffolgenden Morgen zu der Baustelle gehen und die erste Person, die ihnen über den Weg laufe, in die Wand einmauern. Unglücklicherweise begegnete ihnen die Frau eines der Handwerker, die mit dem Tragejoch und den daranhängenden Eimern auf dem Weg zum Fluß war. Sie folgten dem grausamen Rat und mauerten die Frau schweren Herzens ein, und der Turm blieb stehen. Der Uhrturm war der Hauptwachturm, da man von ihm aus einen guten Ausblick auf den Fluß und den Aufstieg zur Kremlmauer hatte. Auf dem Turm befand sich ein hölzerner Aufsatz, die Uhrhütte, in der sich die Turmuhr befand, deren

Der Ivan-Turm

Glocken zur vollen und zur halben Stunde schlugen, aber auch in Gefahrensituationen Alarm gaben.

Im 17. Jahrhundert stand neben dem Turm das Häuschen des Uhrmeisters Ivaška Rodionov, der tagtäglich die Stufen hinaufstieg und das Uhrwerk aufzog. Seine Arbeit war nicht so einfach, da entsprechend der altrussischen Zeitrechnung die Stunden noch nach Tag- und Nachtstunden unterschieden und viel stärker am Lauf der Sonne orientiert waren. Die Mehrzahl der Menschen richtete sich sowieso nach den Gestirnen: Im 17. Jahrhundert gab es in der ganzen Stadt nur zwei Uhren, eine im Kreml und eine im Maria-Verkündigungs-Kloster.

Massiv und mächtig: die Kremlmauern

Der nächstfolgende Turm, der Ivan-Turm, steht 33 Meter tiefer als der Uhrturm. Er galt als Hauptturm für alle, die aus dem Unteren Posad oder von der Anlegestelle kamen, und besondere Aufmerksamkeit wurde den Vorkehrungen zur Verteidigung geschenkt. Er war höher als die anderen, auf einem Vorsprung an der Ecke zur Volgaseite waren Kanonen aufgestellt, was man an den Schießscharten noch sehen kann. Im Erdgeschoß befand sich ein Waffenlager. In einem weiteren Raum, der tief in den Berg hineinging, wurden Gefangene untergebracht. Heute befindet sich neben dem Turm der Ausgang aus dem Kreml, von hier kommt man links zur Roždestvenskaja ul. (Рождественская ул.).

Der Spaziergang auf der Mauer bricht am nächsten Turm, dem Weißen Turm, plötzlich ab, und dann beginnt der Aufstieg zurück zum Lagerturm. Doch kann man von hier oben auch den Kreml schon einmal erkunden. Die schlichte, weiße Erzengelkathedrale mit ihrer kleinen, grünen Kuppel fällt kaum auf inmitten des Grüns. 1221, bei der Gründung der Stadt, wurde an dieser Stelle die erste, hölzerne Erzengel-Michael-Kirche errichtet, die 1227 durch eine steinerne ersetzt wurde. Die Kathedrale in ihrer heutigen Form wurde in den Jahren 1628–1631 erbaut – anläßlich der Vertreibung der polnischen Interventen aus Moskau (1612). Ihre Vorgängerin stammte aus dem Jahr 1359, teilweise wurden die Fundamente in den Neubau einbezogen. Die Kirchen des 13. und 14. Jahrhunderts waren quadratisch im Grundriß, vier Innenpfeiler stützten den Tambour und die

»Ein russischer Schriftsteller darf nie ein Freund der russischen Regierung werden.« – *Maxim Gor'kij (1868–1936)*

Maxim Gor'kij wurde lange Zeit als der ›proletarische Schriftsteller‹ Rußlands und der Sowjetunion gefeiert, als der ›Anwalt der Armen‹, als der ›literarische Hohepriester‹ der jungen Sowjetunion. Er wurde zur lebenden Ikone, hinter deren Farbschichten sich ein Leben abspielte, das so zwiespältig und durchbrochen ist wie die Geschichte seiner Zeit und seines Landes.

Maxim Gor'kij wurde in Nižnij Novgorod geboren und lebte nach dem Tod seines Vaters im Haus des Großvaters, der ihn früh in die Welt hinausschickte. Von seinem 12. Lebensjahr an schlug er sich mit Gelegenheitsarbeiten durch, ging nach Kazan und wanderte 20jährig durch Rußland, um Lev Tolstoj zu besuchen. Die Eindrücke jener Zeit beschrieb er in Erzählungen, die ihn bald berühmt machten. Er sang das Lied der Straße, der Vagabunden, der Armen. Faszinierend und überzeugend ist dieser Blick von ganz unten auch in seiner autobiographischen Trilogie ›Meine Kindheit‹, ›Unter fremden Leuten‹, ›Meine Universitäten‹, in der er realistisch das Gesehene und Erlebte erfaßt, durchmischt mit etwas Pathos und der Hoffnung auf eine bessere Zukunft.

Als bekannter Schriftsteller, dessen Werke auch im Ausland erschienen, kehrte er 1902 in seine Heimatstadt zurück, wo er sein literarisches Schaffen mit engagierter publizistischer und politischer Tätigkeit verband. Er galt als Anwalt der Armen der Stadt, obwohl er selbst

M. Gor'kij 1915–1917 in Petrograd

dank seiner Veröffentlichungen längst nicht mehr so arm war. Er richtete die Teestube ›Stolby‹ für die Armen ein, gründete eine illegale Druckerei, schloß Bekanntschaft mit den radikalen Sozialdemokraten der Stadt und stand ständig unter polizeilicher Bewachung. In dieser Zeit mietete er die geräumige Wohnung in der ul. Semaško 19, in deren Zimmern er

viele Freunde beherbergte und wo so manche geheime Versammlung stattfand. 1906 war er gezwungen, ins Exil zu gehen, und kehrte erst 1913 aufgrund einer Amnestie nach Rußland zurück.
Gor'kij, der auf eine bessere Gesellschaft hoffte und den seit 1905 eine schwierige Beziehung mit Lenin verband, stand den Ereignissen während und nach der Oktoberrevolution sehr skeptisch gegenüber. Seine Beobachtungen und Zweifel äußerte er in den ›Unzeitgemäßen Gedanken‹. In den Wirren der Nachrevolutionszeit kümmerte er sich vor allem um die Schriftsteller und Künstler, besorgte Lebensmittelrationen und Unterkünfte. Immer wieder klagte er ein, daß die Intelligenz des Landes nicht ausgerottet werden dürfe – weder durch Gleichgültigkeit noch gezielt. Sein Ziel war es, Grundlagen für die Vermittlung von Bildung zu schaffen, um dem ›Volk‹ die Mittel zu Emanzipation und Verantwortung zu geben.
Er befand sich in ständiger, auch öffentlicher Auseinandersetzung mit der Politik der Bolschewiki, und 1921 zwang ihn Lenin erneut ins Exil, das als Kuraufenthalt für den lungenkranken Schriftsteller verschleiert wurde. Seine von Stalin herbeigeführte Rückkehr in den 30er Jahren war gekennzeichnet von Begeisterung für die Veränderungen in seinem Land, von dem Willen, an die Stärke des Volkes zu glauben.

M. Gor'kij 1934, Zeichnung von Kukryniksyj

Er wurde Vorsitzender des Schriftstellerverbandes, erhielt unzählige Ehrenbekundungen, und schon zu seinen Lebzeiten wurde seine Heimatstadt nach ihm umbenannt. Der ›Feind jeder Regierung‹ war unkritisch geworden, ließ sich zu Propagandazwecken mißbrauchen, ja er äußerte sich sogar positiv über die Arbeitslager im Norden des Landes. Isoliert und bewacht lebte er in seiner prachtvollen Jugendstilvilla im Zentrum Moskaus.
Vieles im Leben dieses Mannes bleibt rätselhaft und widersprüchlich. Antworten können seine Bücher geben, die die Wirren jener Zeit widerspiegeln.

Die Erzengelkathedrale

Kuppel. Im Osten schlossen sich die drei halbkreisförmigen Apsiden und an den anderen Seiten rechteckige Vorhallen an. Die Architekten Lavrentij und Antipij Vozoulin hielten sich bis auf wenige Änderungen an diese Maße und Formen, so auch an die dreiteilige Wandgliederung und den Sakomarabschluß, der in dekorative Kokošniki übergeht. Doch zum Zeichen des Sieges wählten sie die russische traditionelle Zeltdachform des 16. Jahrhunderts.

Ungewöhnlich sind die Fragmente alter Fußbodenplatten, die vor allem in der südlichen Apsis gefunden wurden und denen bei der Restauration 1962 die neuen Fußböden in Farbe und Zeichnung angeglichen wurden. Vermutlich gehen diese quadratischen Keramikplatten auf das 13. Jahrhundert zurück. In sie wurde im ungebrannten Zustand eine Zeichnung eingeschnitten, die dann nachträglich mit Gips ausgegossen wurde. Als Schmuck verwendete man verschiedenartige fünfzackige Sterne, die, da die Platten unregelmäßig auf dem roten Fußboden verteilt waren, wie Blumen auf einer Wiese erschienen und – dank der Restauration – auch heute wieder erscheinen. Eine solche Komposition ist einmalig in der altrussischen Kunst. Man vermutet Einflüsse der Kultur des Anfang des 13. Jahrhunderts untergegangenen Chasarenreiches, aus dem möglicherweise Meister auf der Suche nach Arbeit in die Rus' kamen.

Der alte Ikonostas wurde bei einem der Brände in den Jahren 1704 und 1715 zerstört. Die heutige Innengestaltung der Kirche stammt von 1795 und 1845: die Wände wurden mit Fresken

Durchgang zur Volga an der Roždestvenskaja

und aufgeklebten Wandbildern des einheimischen Künstlers Železnov bedeckt. In dieser Zeit wurde auch das Innere des Zeltdaches blau angemalt, übersät von goldenen Sternen. Auf dem Kremlgelände befand sich noch eine zweite Kirche, die Erlöserkirche, die 1929 abgerissen wurde. An ihrer Stelle errichtete man das Haus der Sowjets.

Steile Treppen führen den Kremlhügel hinauf

Gegenüber der Erzengelkirche steht das ehemalige Haus des Vizegouverneurs, ein Gebäude aus dem 18. Jahrhundert. Auffällig ist die unregelmäßige Gestaltung der Fassade des zweistöckigen Hauses: Während die rechte Ecke mit Pilastern versehen ist, schmückt sich die linke mit Dreiviertelsäulen. Dies erklärt sich mit dem ursprünglichen, nicht ausgeführten Plan, einen zweiten Gebäudeflügel für den Gouverneur anzubauen. Heute erklingen hier Konzerte der Philharmonie. Nicht weit entfernt brennt das ewige Feuer, und mit einem Granit-Obelisk aus dem Jahr 1828 wird das Andenken Minins und Požarskijs geehrt. Quer über das Kremlgelände verläuft der Ivanovskij s'ezd, der vomDmitrij-Turm tief hinab zum Ivan-Turm führt und so den ehemaligen Oberen Posad mit dem Unteren Posad verbindet.

Nach Verlassen des Kremls durch den Ivan-Turm sind es noch wenige Schritte bis zu einem kleinen Platz, dem pl. Ljadova (пл. Лядова), wo sich früher ein Kloster befand. Heute wird hier die Kirche Johannes' des Täufers wieder aufgebaut. Rechts daneben bot am Anfang unseres Jahrhunderts ein Nachtasyl den Obdachlosen eine Bleibe. In der Stadt erzählt man, daß dieser Ort Gor'kij die Inspiration für eines seiner besten Stücke gab, das ›Nachtasyl‹. Der Dichter hielt sich viel in dieser Gegend auf. In unmittelbarer Nähe, in der ul. Koževennaja 11 (ул. Кожевенная), wurde 1901 auf seine Initiative hin ein Treffpunkt für die Armen der Stadt eingerichtet, die Teestube ›Stolby‹ (3).

Am pl. Ljadova beginnt eine der schönsten Straßen Nižnijs, die belebte Roždestvenskaja ul. (Рождественская ул.). Jugendstilhäuser vom Anfang des Jahrhunderts sind hier neben klassizistischen Gebäuden zu finden. Mit jeder Seitengasse öffnet sich die Straße zur Volga hin, links führen Treppenstufen steil den Kremlhügel bergan, wo sich kleine, windschiefe Holzhäuser neben Telegrafen-

Denkmal für die Matrosen vor dem Hafengebäude

masten ducken. Die Straße ist nach einem Schmuckstück des Moskauer Barocks benannt, der Maria-Geburts-Kirche, der man sich jedoch nur langsam nähern kann. Zu viel gibt es zu betrachten auf dem Weg. Das schöne Jugendstilhaus (Nr. 23) auf der rechten Seite wurde 1911 für die Gesellschaft für Volgaschiffahrt von Šechtel erbaut. Wenige Schritte weiter öffnet das Komödientheater seine Pforten, während auf der gegenüberliegenden Seite im Haus Nr.18 das Café ›Bylina‹ Spezialitäten der russischen Küche verspricht. Aus dem Hof wehen Grilldüfte herüber, hier lädt im Sommer das Café ›Strelok‹ ein.

Nun öffnet sich, gegenüber dem schönen Backsteingebäude der ehemaligen Post, der Platz, an dem einstmals die Reisenden an Land gingen. Lebhaft geht es rund um das Hafengebäude (4) zu, an dessen Kassen Reisen nach Kazan und Samara, nach Moskau und Astrachan verkauft werden. Die Ankommenden können auf einer der Bänke verschnaufen und sich auf die Stadt freuen. Wolfgang Koeppen beschrieb seine ersten Schritte in Nižnij so: »Ich ging eine Anhöhe zu einer Kirche hinauf. Die Kirche war wie ein barockes Wohnhaus gebaut, aus geschnitztem Holz mit gedrechselten Säulen und fünf bunten Kuppeln. Die Zeit und der Regen hatten die Farbe von den Kuppeln gewaschen. Eine rohgezimmerte Holztreppe führte zur Oberstadt. Hin und wieder begegneten mir Menschen; sie waren unausgeschlafen und mißmutig, wie überall Menschen mißmutig sind, die früh zur Arbeit gehen. Diese Menschen waren nicht Städter und nicht Bauern. Am Ende der Treppe fand ich ein Dorf aus Holzhäusern. Ich dachte an Gorki. Hier war Armut, hier war Enge, aber hier war auch Schönheit und ein Hauch von Poesie. Eine Katze ließ sich freundlich streicheln. Ein Hund war internationaler Verständigung abgeneigt und bellte laut. Ich eilte einen steilen Pfad den Berg wieder hinunter. Der Weg war morastig und glitschig.«

Bevor man zur Maria-Geburts-Kirche oder den Berg hinauf- oder hinabeilt, sollte man sich noch einen Moment umsehen. In der Mitte des Platzes steht ein Denkmal mit drei Matrosen, stellvertretend für alle, die von hier aus in den Krieg zogen. Der protzige ›Stalinbau‹, in dem sich das Energiekombinat befindet, bildet einen seltsamen Kontrast zu der Reihe romantischer Häuser gegenüber, die an Italien erinnern. Neben dem Postgebäude führt der Počtovyj s'ezd (Почтовый съезд) den Berg hinauf, eine Apotheke verkaufte ihre Pulver und Wundermittel auch schon vor der Revolution. Ihr gegenüber zieht neben dem Café ›Eliva‹ ein altes, gußeisernes Tor die Aufmerksamkeit an. Im Hof des ehemaligen Handelshauses befand sich lange Zeit ein stadtbekannter Markt.

Viele der umliegenden Häuser gehörten der reichen Kaufmannsfamilie der Stroganovs, die ihren Namen in Nižnij Novgorod mit dem Bau der Maria-Geburts-Kirche (5) verewigten. Etwas erhöht stehend, im phantasievollen Gewand des ›Naryškin-Barocks‹, symbolisiert dieses Bauwerk Reichtum und Stärke einer Familie, die führend im Salzhandel Rußlands war und auch an anderen Stellen des Landes ähnliche Kirchen errichten ließ. Eine Ausstellung in der Vorhalle gibt Auskunft über die Bautätigkeit der Stroganovs.

Die Maria-Geburts-Kirche wurde in den Jahren 1697 bis 1718 erbaut. In unmittelbarer Nähe stand bereits eine Kirche, die der Geburt der Gottesmutter geweiht war. Sie hatte einer der

Seitenriß der Maria-Geburts-Kirche

alten Konkurrenten der Stroganovs im Salzhandel, Semen Zadorin, errichten lassen. Das strenge und bescheidene Bauwerk der altrussischen Kunst aus dem Jahr 1653 mußte Anfang des 19. Jahrhunderts abgetragen werden, da es an einer abschüssigen Stelle stand. Das Volk übertrug den Namen der Kirche auf den nun endgültig das Ensemble dominierenden Stroganov-Bau. Das Schönste und Auffallendste an der Kirche ist der reiche Dekor: das Zusammenspiel von rotem und weißem Stein, die beringten, kannelierten oder spiralförmig gedrehten Säulen mit ihren korinthischen Kapitellen, die Konsolen, Ziergiebel, Friese, Balustraden und die zapfenförmig herabhängenden Gesimse. Als Mittelpunkt der in sich geschlossenen Kompositionen dient die Fenstereinfassung, von der ausgehend die Motive kontinuierlich wiederholt werden. Das Ganze ergibt eine phantasievolle Einheit, die mit den aufstrebenden, fließenden Formen der Kirche verschmilzt.

Den Grundriß bildet ein Rechteck, dessen Hauptteil das langgestreckte Refektorium bildet, das wie alle Teile auf einem hohen Sockel steht. Der Gemeinderaum und der Altarraum und eine kleine Diele schließen sich an. Die unteren beiden Stockwerke machen in der Tat den Eindruck eines barocken Wohnhauses. Darüber erhebt sich jedoch das fünfkupplige Kirchenschiff, das aus einem weiteren Stockwerk und den Postamenten der vier Nebenkuppeln besteht, die ein gleichschenkliges Kreuz ergeben, in dessen Zentrum ein kurzes Oktogon thront. Dieses trägt den achteckigen Tambour der Hauptkuppel. Seine Vollendung findet das Bauwerk in den kunstvollen Eisenkreuzen, die hoch in den Himmel ragen. Die Apsiden treten weit hervor und sind wenig differenziert. Über ihnen erhebt sich eine weitere kleine Kuppel. Die Kirche entspricht insgesamt dem Typus der Bürgerkirchen der zweiten Hälfte des 17. Jahrhunderts. Der abgestufte Aufbau und das kreuzförmige Postament der seitlichen Kuppeln lassen Einflüsse der Holzarchitektur erkennen. Der ebenfalls reich geschmückte Glockenturm liegt etwas höher und besteht aus sieben nach oben kleiner werdenden Baukörpern in kubischer und oktogonaler Form.

Das Innere der Kirche steht dem Äußeren an Schönheit nicht nach, doch wird die Wirkung mit ganz anderen Mitteln erzielt. Die Wände des Refektoriums liegen glatt und weiß unter den Bögen. Von ihnen hebt sich die östliche Wand ab, die mit plastischen Reliefs aus Kalkstein bedeckt und deren Portal mit besonderer Meisterschaft gefertigt ist. Durch die Lichtöffnungen der Kuppeltamboure flutet reichlich Licht herein und erleuchtet den Ikonostas mit seiner filigranen Holzschnitzarbeit und den farbenprächtigen Ikonen. Er entstand zur gleichen Zeit wie die Kirche. Ursprünglich war das Holz blau gefärbt, erst 1847 wurde es vergoldet. Die Ikonen stammen vom Anfang des 18. Jahrhunderts. Sie werden durch zwei große Gemälde an den Seitenwänden des Gemeinderaums ergänzt. Zu Sowjetzeiten war die Maria-Geburts-Kirche als Museum zugänglich, heute finden hier wieder Gottesdienste statt.

Ruhm vergangener Zeiten – das Messegebäude

Der Kirche gegenüber führt die Gorodeckij per. (Городецкий пер.) zur Niževolžskaja nab. (Нижеволжская наб.), an der Ecke befindet sich ein geräumiges und teures Restaurant, der Traktir' ›Na Volge‹, wo man gut essen, tanzen und, bei Bedarf, auch spät nachts kommen kann. Der Name ist ein wenig irreführend, denn eigentlich steht man hier schon am Ufer der Oka, und es ist nicht mehr weit bis zur Brücke, der Kanavinskij most (Канавинский мост).

Auf der anderen Seite liegt die ehemalige Vorstadt Kunavino, wo sich die Messe (6) ansiedelte. Es empfiehlt sich nicht unbedingt, die stark befahrene Brücke zu Fuß zu überqueren. Von der Roždestvenskaja ul. kann man mit den Straßenbahnen 1 und 21 fahren, von der Niževolžskaja nab. mit den Autobussen 47 und 105 oder dem Trolleybus 2.

Die Bewohner der Vorstadt Kunavino waren arm, Maxim Gor'kij beschrieb, was die Messe und die Flüsse für sie bedeuteten: »Diebstahl galt in der Vorstadt nicht als Sünde, er stellte eine alte Gewohnheit und fast das einzige Existenzmittel der halbverhungerten Bewohner dar. Die anderthalb Monate Messe reichten nicht aus, um sie ein ganzes Jahr satt zu machen, so daß sehr viele ehrenwerte Hausbesitzer einem Nebenerwerb auf dem Fluß nachgingen – sie fingen Brennholz und Holzstämme ab, die das Hochwasser weggeschwemmt hatte, oder beförderten kleine Frachten mit ihren Booten, hauptsächlich aber befaßten sie sich mit Diebstählen auf den Lastkähnen und schnappten sich auf der Wolga und der Oka alles, was nicht niet- und nagelfest war. An Feiertagen prahlten die

Großen mit ihren Erfolgen, während die Kleinen ihnen lauschten und dabei lernten.« (Maxim Gor'kij, Meine Kindheit)

Ein Jahrhundert lang, von 1817 bis 1917, bestimmte der heiße, turbulente Messemonat das Leben der Stadt. Das Ereignis begann am 15. Juli mit dem Hissen der Messeflagge und einem Gottesdienst und endete am 25. August. In diesen Tagen erhöhte sich die Zahl der Menschen in der Stadt um das Dreifache: 100 000 bis 200 000 Menschen versammelten sich, handelten, feilschten, schlossen Verträge und gingen ihren Vergnügungen nach. Die Cafés und Restaurants hatten Hochkonjunktur; wer ein Zimmer vermieten konnte, tat es. Auf den beiden Flüssen lagen viele Kilometer lang die Schleppkähne, dichtgedrängt in mehreren Reihen, und nur in der Mitte blieb eine schmale Durchfahrt für die Schiffe. Für die Messetage wurde eine Brücke über die Oka errichtet, die wie die heutige Kanavinskij most vom Ende der Roždestvenskaja zum Messegelände verlief.

Das Messegelände wurde 1817 geschaffen, als die Messe vom Makar'ev-Kloster nach Nižnij Novgorod verlegt wurde. Die erste russische Messe im Volgagebiet entstand 1523 in Konkurrenz zum Handelsplatz von Kazan, der Residenz der Tatarenkhane. Vasilij IV. ließ die Messe bei Vasil-Ssurssk einrichten und verbot gleichzeitig seinen Untertanen den Besuch der Kazaner Messe. Nach der Unterwerfung von Kazan wurde 1624 die Messe weiter nach Norden verlegt, an die Mauern des Makar'ev-Klosters, einhundert Kilometer von Nižnij Novgorod entfernt. Doch das Gelände wurde häufig überschwemmt, und als 1816 ein Brand alle Gebäude zerstörte, suchte man nach einem günstigeren Ort. Zu diesem wurde Nižnij Novgorod auserkoren, und schon bald begann hier der Bau unter der Leitung des Ingenieurs A. Betankura.

Der Kaufhof wurde in den Jahren 1817 bis 1822 errichtet und setzte sich aus einzelnen Handelsreihen zusammen, die zur Oka gingen. In der unteren Etage waren die Lagerräume und Geschäfte, in der oberen die Kontore und Wohnräume. Näher zum Ufer hin wurde 1890 das noch heute existierende Haupt-Messegebäude im klassizistischen Stil errichtet. Im zentralen Korpus wohnte der Gouverneur von Nižnij Novgorod während der Messezeit, in den Seitenflügeln waren die Polizei, die Bank, die Post und ein Lazarett untergebracht. Der ganze Messekomplex war von einem Kanal umgeben, dessen Hauptfunktion der Schutz vor Hochwasser und vor Bränden war. Hinter dem Messegebäude führte ein Boulevard zur Messekathedrale, der Erlöserkirche, vor der sich die Chinesischen Reihen befanden. Sie hoben sich mit ihren kunstvollen Portalen und den pagodenähnlichen Türmchen auf den Dächern wirkungsvoll von den anderen Gebäuden ab. Außer der Erlöserkirche befanden sich auf dem Territorium eine Moschee und eine armenische Kirche. Rund um dieses symmetrische und genauestens geplante Ensemble drängten sich ungeordnet kleine Holzläden, Stände und Jahrmarktsbuden.

Eine Vorstellung von der damaligen Anlage vermittelt heute nur noch das Haupt-Messegebäude, das auf einen großen, gepflasterten Platz geht, auf dem einige neue Pavillons errichtet wurden. Das einstige bunte Treiben ist nur noch schwer vorstellbar, wenn man den meist leeren Platz betritt. Das Messegebäude hat täglich geöffnet; in ihm und den einzelnen Pavillons finden über das ganze Jahr verteilt wechselnde thematische Ausstellungen statt. Vertreten ist vor allem nationale, aber auch internationale Produktion. Ein Plan im Eingangsbereich gibt Auskunft. Durch die großen Fenster des passagenförmig aufgebauten Gebäudes wird an der Rückseite der Blick auf die Erlöserkathedrale freigegeben.

Die Alexander-Nevskij-Kirche

Zur Kirche gelangt man am besten nach einem Abstecher zum pl. Lenina (пл. Ленина), der links neben dem Messegelände an der Uferstraße, der ul. Strelka (ул. Стрелка), liegt und sich als Baustelle präsentiert, da hier die neue Metrostation ›Jarmarka‹ (Messe) entstehen soll. Hinter dem Platz verläuft die ul. Sovnarkomskaja (ул. Совнаркомская), wo im ersten der Neubauten, im Haus Nr. 14, das größte Buchgeschäft der Stadt, das ›Dom knigi‹, zu finden ist. Hier geht der bul. Mira (бул. Мира) ab, der mit seinen Grün- und Spielflächen, den Neubaublöcken und der Perspektive auf das monumentale Lenindenkmal das Flair sozialistischer Städteplanung trägt und auf den Jarmaročnyj proezd mündet.

Den Jarmaročnyj proezd (Ярмарочный проезд) nach rechts gehend, gelangt man zur Erlöserkirche (7), die mit ihren eindrucksvollen, massiven Formen an die Isaakskathedrale in Petersburg erinnert. Sie wurde 1818–1822 nach Plänen O. Montferrants erbaut: eine zentrische, fünfkupplige Anlage, an der drei Fassaden mit toskanischen Portalen und Ziergiebeln geschmückt sind, während die östliche Altarseite mit Pilastern versehen ist. Die Tamboure der fünf Kuppeln werden von ionischen Halbsäulen gerahmt.

Über die ul. Sovnarkomskaja und die Samarkandskaja ul. (Самаркандская ул.) schließt man den Kreis zurück zur ul. Strelka, an deren Ende sich die Alexander-Nevskij-Kirche (8) erhebt. Auch diese Kirche galt als Messekirche und wurde 1881 errichtet. Zur Zeit wird sie restauriert, und nur eine Seitenkapelle ist geöffnet.

Zum Maria-Verkündigungs-Kloster (9) auf der gegenüberliegenden Flußseite kommt man, wenn man hinter der Kanavinskij-Brücke den Pochvalinskij s'ezd (Похвалинский съезд) ein wenig bergan steigt. Kurz zuvor führt rechts eine Treppe den baumbestandenen Hang hinunter zu einer Quelle, an deren Heilkraft die Bewohner der Stadt glauben. Das gut gepflegte Kloster wird heute wieder von Mönchen bewohnt, die einen wunderschönen Blick auf die Oka haben. Auf dem Gelände duftet es nach frischem Brot, das in der klostereigenen Bäckerei gebacken und in einem kleinen Laden verkauft wird. Fremde scheinen jedoch nicht

Blick in die Ferne – Maxim Gor'kij

so häufig hierher zu kommen und werden recht mißtrauisch beäugt. Die Bäckerei und auch das in der Alexejkirche eingerichtete Planetarium bieten jedoch einen Vorwand, einen Blick auf die Kirchen und den schönen Klostergarten zu werfen.

Die Gebäude stammen größtenteils aus dem 17. Jahrhundert. Gegründet wurde das Kloster jedoch schon Anfang des 13. Jahrhunderts durch den Fürsten Jurij Vsevolodič. Es spielte eine wichtige Rolle, da es die Überfahrt über die Oka und den Zugang zum Kreml bewachte. Seine exponierte Stellung wurde noch verstärkt, als hier im Jahre 1370 der Metropolit Alexej Quartier nahm und die erste Steinkirche errichten ließ. Schon früh bestanden Verbindungen zu den hohen kirchlichen Mächten des Landes, und durch Spenden und durch den

Betrieb einer eigenen Wirtschaft wurde das Kloster eines der reichsten des Patriarchats. Zu ihm gehörten über 4000 Leibeigene, es betrieb Fischfang auf der Volga und Biberjagd an der Sura. Es verfügte über eine bedeutende Bibliothek und richtete schon früh ein Krankenhaus ein. Dieses stand an der Stelle, wo sich seit 1834 die Alexejkirche erhebt, das heutige Planetarium. Die Kirche wurde im klassizistischen Stil erbaut, mit quadratischem Grundriß, einer breiten Hauptkuppel (die vier kleineren fehlen) und feierlichen Säulenportalen an allen vier Seiten.

Das Ensemble der verschiedenen Kirchen auf dem Klostergelände wirkt recht malerisch. Das Zentrum bildet die Maria-Verkündigungs-Kirche, eine mächtige Vierpfeilerkirche mit dicken, runden Tambouren, die haubenförmige Kuppeln tragen. Sie wurde 1649 erbaut. Interessant ist die Form der Sakomare, drei an jeder Fassade, die an die Tonnen der Holzarchitektur erinnern. Der untere Teil des Gebäudes ist an drei Seiten von einer Galerie umgeben, deren Bogengänge früher offenlagen. Hier haben sich Einflüsse der Jaroslavler und Kostromaer Architektur niedergeschlagen. Ende des 17. Jahrhunderts wurde die kleine, einkupplige, achteckige Sergiuskirche angebaut. An ihrer Rückseite führten in der Vergangenheit mit Steinen ausgelegte Tunnel in den Berg, in denen wahrscheinlich die Mönche begraben wurden. Heute sind die Zugänge verschüttet.

Gegenüber streckt die Refektoriumskirche, die Maria-Entschlafens-Kirche, ihre zwei schmucken Zeltdächer in die Höhe. Diese sind über Blindgewölben errichtet und haben rein dekorativen Charakter. Daneben befindet sich der ebenfalls zeltdachförmige Glockenturm.

Oberhalb der Kreuzung, an der die Roždestvenskaja ul. und der Pochvalinskij s'ezd zusammentreffen, thront inmitten des Grüns der Neubau des Hotels ›Nižegorodskaja‹ (10). Hier blickt Gor'kij von einem Denkmal mit seinem Wanderstab in der Hand sehnsuchtsvoll in die Ferne – die Verkörperung seiner ›Wanderjahre‹ in Stein. Der Dichter hat viele Bilder seiner Reisen durch das vorrevolutionäre Rußland festgehalten. Für das Denkmal wurde jedoch ein Zitat aus einer späteren Zeit gewählt: »Meine Freude, mein Stolz – neuer russischer Mensch./ Erbauer eines neuen Staates./… Kamerad!/Wisse und glaube,/daß du/der unabdinglichste/Mensch auf der Erde bist;/Mache deine/kleine Sache,/du beginnst zu erschaffen/die wirklich/neue Welt.«

Einige Schritte nach links, der Biegung des Flusses folgend, dann nach rechts abbiegen, und man steht wieder mitten im realen Rußland, auf der relativ belebten ul. Gogolja (ул. Гоголя). Doch die Spuren der Vergangenheit sind überall zu finden. Weiß, mit dicken Mauern und einem Holzdach steht hier das Pušnikov-Haus (ul. Gogolja 52) und vermittelt eine Vorstellung von den Vorstadthäusern des 17. Jahrhunderts (11). Anfang des 18. Jahrhunderts gehörte es Pušnikov, einem der Bürgermeister der kaufmännischen Selbstverwaltung. Peter I. feierte hier 1722 seinen 50. Geburtstag und gleichzeitig den 500. Jahrestag der Stadt.

Das Haus besteht aus zwei Teilen, der kleinere wurde erst Anfang des 18. Jahrhunderts angebaut. In der unteren Etage befanden sich die Küche und Lagerräume. In der zweiten Etage, zu der man über eine Treppe direkt gelangen konnte, lagen die Wohn- und Empfangsräume. Der Geist der neuen petrinischen Zeit brach die Abgeschlossenheit der Kaufmannswelt auf, was sich auch in der Architektur niedergeschlagen hat. Der Parade- oder Empfangsraum hat große Fenster, während in anderen Räumen zum Teil noch die kleinen, engen Fensterdurchbrüche des Altertums zu finden sind, die die Häuser wie kleine Festungen erscheinen ließen. Die Stuckverzierungen stammen aus den Zeiten des Umbaus. Ursprünglich war das Dach mit Ziegeln gedeckt und wurde erst später als Holzdach mit tonnenförmigen Fensterumfassungen gestaltet.

Hier, in der Oberstadt auf den Hügeln, dem Gebiet der ältesten Bebauung, hat sich am längsten das alte Flair erhalten. Das ist auch die Gegend, in der Gor'kij die Jahre seiner Kindheit verbrachte. Das Holzhaus seines Großvaters, der Tochter und Enkel nach dem Tod des Vaters aufnahm, steht wie einst an der Ecke der Sergijevskaja ul. (ul. Urickogo) zum Počtovyj s'ezd. Das nach dem Großvater benannte Kaširin-Haus ist als Museum eingerichtet (12). Es steht etwas zurückgesetzt, und durch das windschiefe Tor betritt man zunächst den Hof, auf dem meist die großen Bottiche der Färberei standen. Vasilij Kaširin war der Älteste der Färberzunft, und auf dem Hof befand sich der kleine Handwerksbetrieb. Bis zu

Das Kaširin-Haus. Ein Blick in die Kindheit Gor'kijs

16 Menschen lebten zeitweise in dem einstöckigen Haus mit den niedrigen, engen Zimmern. Die Einrichtung ist so belassen, wie sie zu Ende des 19. Jahrhunderts war, und bietet einen interessanten Einblick in den Alltag jener Zeit und auch in die Kunstfertigkeit der Handwerker. Ein Spinnrad mit Intarsien aus gebeiztem Eichenholz, die die schwarzen Silhouetten märchenhafter Pferde, Reiter, Blumen und Kutschen darstellen, sowie mit Lackmalerei verzierte Lämpchen, bemalte Bögen, Spitzen aus Balachna gehören zu den wertvollen Ausstellungsstücken.

Doch einen Eindruck vom oft sehr schwierigen und streiterfüllten Zusammenleben der Menschen in diesen Räumen gewinnt man am besten aus den Schilderungen des Dichters selbst. »Wir langten am Ende der Auffahrt an. Ganz oben stand, gegen den rechten Hang gelehnt, am Anfang der Straße, ein einstöckiges, geducktes Haus, schmutzigrosa gestrichen, mit niedrigem, tief heruntergezogenem Dach und vorspringenden Fenstern. Von der Straße gesehen, erschien es mir groß, aber innen, in seinen kleinen, halbdunklen Stuben, war es eng; überall hasteten – wie vor dem Anlegen auf einem Dampfer – ärgerliche Menschen umher, tobten gleich einem Schwarm durchtriebener Spatzen die Kinder und herrschte ein beißender, unangenehmer Geruch.« (Maxim Gor'kij, Meine Kindheit)

Über die Krasnoflotskaja ul. (Краснофлотская ул.), auch Il'inskaja ul. (Ильинская ул.) kommt man nun zu einer der schönsten Ecken Nižnij Novgorods. Am Ende der Krutoj per. (Крутой пер.), auf dem Ilja-Berg, steht das Olisov-Haus (13) aus dem 17. Jahrhundert und in seiner unmittelbaren Nähe die anmutige Maria-Entschlafens-Kirche. Im ehemaligen Haus des Kaufmannes Olisov befindet sich heute das Haus der Folklore. Hier treffen sich alle, die sich für den Erhalt der alten Volkstraditionen engagieren. Es gibt einen Chor und ein Tanzensemble sowie verschiedene Zirkel, und wer nachfragt, wird freundlich in einen Ausstellungsraum geführt, wo Kostüme, Trachten und Musikinstrumente gesammelt sind. Der Ilja-Berg hat seinen Namen nach einem vorchristlichen Feiertag, dem Ilja-Tag, an dem mit Feuern, Tänzen und Pfiffen die Sonne begrüßt wurde. Ein wenig kann man sich davon noch vorstellen, wenn man vor dem Haus steht, auf den freien, verwilderten Platz blickt.

Die Maria-Entschlafens-Kirche

Vor dem Schauspielhaus. Leben auf der Bol'šaja Pokrovskaja.

Die Maria-Entschlafens-Kirche (14) wurde 1672 erbaut, bekam aber nach einem Brand 1715 ein völlig neues Aussehen verliehen. Bei dem Umbau verband der Baumeister den oberen Teil mit den fünf Kuppeln mit dem unteren, indem er an den Tambouren die Komposition des unteren Teiles wiederholte. Er schloß die Fassaden mit tonnenförmigen Giebeln ab und schmückte die Tamboure mit Kokošniki gleicher Form. Das Element der Tonne (bočka) entstammt der Holzarchitektur, an deren Traditionen auch die Anordnung der Kuppeln erinnert. Sie sind nicht auf die Ecken des Quadrates gesetzt, wie es die byzantinische Tradition vorschrieb, sondern an den vier Himmelsrichtungen orientiert. Die hohen Tamboure sind mit kunstvollen Kacheln geschmückt und die Kuppeln mit grünen Ziegeln gedeckt, die ihnen das Aussehen eines Schildkrötenpanzers verleihen. Dies alles macht die in den 60er Jahren des 20. Jahrhunderts restaurierte Kirche zu einer Besonderheit unter den Bauwerken der Petrinischen Epoche. Im Inneren, das nun von einem Atelier wieder in einen Raum für Gottesdienste verwandelt werden soll, wird gebaut.

An der rückwärtigen Verlängerung der Krutoj per., auf der ul. Dobroljubova 13a (ул. Добролюбова), befindet sich die Kirche der friedensbringenden Frauen aus dem Jahre 1649 und in ihrer unmittelbaren Nähe das älteste der Kaufmannshäuser aus dem 17. Jahrhundert. Das Haus des Kaufmannes Čatygin in der Počainskaja ul. 27 (Почаинская ул.) wird auch das Haus Peters genannt (15).

Hier lebte Peter I. einige Zeit, als er 1695 in die Asovschen Feldzüge zog. Heute befindet sich in den alten Gemäuern ein Club mit Bar und Konzertraum. Die Nachbarschaft der Kaufmannshäuser und der Kirchen ist kein Zufall, da die Kaufleute zum Zeichen ihres Reichtums und Ansehens Kirchen in der Stadt errichten ließen, und diese möglichst in der Nähe ihrer Wohnhäuser. Vom Haus Čatygins aus hat man einen schönen Blick auf den gegenüberliegenden Kremlhügel. Dazwischen liegt der Zelenyj s'ezd (Зеленый съезд), den die verschiedenen Straßenbahnen hinaufkeuchen, um sich ins Zentrum zu begeben.

Das unumstrittene Zentrum der Stadt ist die Bol'šaja Pokrovskaja (Большая Покровская), die den pl. Minina i Požarskogo und den pl. Gor'kogo miteinander verbindet. Sie ist die Einkaufs-, Kultur- und Flaniermeile der Stadt. Wer vom pl. Minina kommt, trifft zuerst auf das 1896 errichtete Gebäude des Dramatischen Theaters (16). Gegenüber herrscht lebhaftes Treiben auf einem Markt, dem Mytnyj rynok. Sehr empfehlenswert ist ein Besuch im kürzlich erst entstandenen kleinen Museum der Fotografie in der ul. Piskunova 9 (ул. Пискунова). In dem Gebäude, in dem zwei der bedeutendsten russischen Fotografen, Andrej Karelin und Maxim Dmitriev, in den 80er Jahren des vorigen Jahrhunderts arbeiteten, werden wechselnde Ausstellungen gezeigt. Karelin gilt als der Begründer der Kunstfotografie, während Dmitriev der erste Fotoreporter des Landes war. Viele seine Bilder zeigen die Städte an der Volga und natürlich Nižnij Novgorod und seine Messe.

An dem kleinen Platz an der Kreuzung der ul. Dobroljubova mit der Bol'šaja Pokrovskaja befindet sich das ehemalige Haus der Adelsversammlung (17). Das klassizistische Gebäude wurde 1826 fertiggebaut und zeichnet sich durch eine Loggia mit sechs kräftigen ionischen Säulen aus. Heute befinden sich hier eine Bank und ein Souvenirgeschäft. Die Bol'šaja Pokrovskaja war zu Sowjetzeiten nach Jakov Sverdlov benannt, dem ersten Präsidenten des Sowjetstaates, der 1886 hier geboren wurde. Sein Denkmal steht gegenüber dem Haus der Adelsversammlung. Ihren alten und nun wieder gültigen Namen erhielt die Straße nach der in den 30er Jahren zerstörten Maria-Schutz-Kirche, die sich an der Stelle des Hauses Nr. 30 a befand. Oberhalb der ul. Dobroljubova führt eine kleine schattige Straße zum Hausmuseum für den Literaturkritiker Dobroljubov (1836–1861), in der ul. Lykova Damba 2 (ул. Лыкова Дамба).

Wie ein Märchenschloß erscheint das Gebäude der Staatsbank (18), das eine phantasievolle Verbindung des russischen Jugendstils mit den Formen altrussischer Architektur darstellt. Es wurde 1913 nach einem Entwurf von V. Pokrovskij erbaut. Ein besonderer Akzent wird den reich verzierten Innenräumen durch die Malereien an den Wänden und Gewölben verliehen. Sie wurden von den Malern N. P. und G. P. Paškov nach Entwürfen von I. Bilibin ausgeführt. Leider ist es schwierig, das Gebäude zu betreten, so daß man nur einen kleinen Eindruck von der Malerei im Eingangsgewölbe gewinnen kann. Ein Torbogen auf der rechten Straßenseite führt auf die Gruzinskaja ul., in der sich die Synagoge (19) befindet.

Weiter auf der Bol'šaja Pokrovskaja befindet sich auf der rechten Seite das Gebäude der Universität mit einem Denkmal für den Mathematiker, Mechaniker und Physiker Bogoljubov. Hinter dem Puppentheater bietet das Geschäft ›Chudožestvennye promysli‹ ein vielfältiges Angebot an kunsthandwerklichen Erzeugnissen des Nižnij-Novgoroder Kreises. Interessant ist der Zusammenschluß verschiedener Handwerksbetriebe des Gebietes zu einer Aktiengesellschaft, die gemeinsam für Herstellung, Vertrieb und Reklame sorgt. Interessant ist auch das verhältnismäßig preiswerte Angebot an bemaltem Holzgeschirr, Schmuck, Lackminiaturen, Spitzen, Tüchern, Kleidung; und natürlich dürfen auch die Matrjoschkas nicht fehlen. Typisch russische Gerichte bietet das Café ›Piroškovaja‹ im Haus Nr. 44. Ein McDonalds am pl. Gor'kogo (пл. Горького) bietet den üblichen Fastfood. Hier findet man auch eine Post und einen rund um die Uhr geöffneten Telegrafen.

Verbindungen in alle Welt – Post und Telegraf am pl. Gor'kogo

Auf den Straßen rund um den Gor'kij-Platz, dessen Mittelpunkt ein Denkmal für Maxim Gor'kij bildet, herrscht starker Verkehr. Hier verkehren auch die meisten Linienbusse. Der Schnellbus 40-S (40-C) trägt seine Fahrgäste zum malerischen Ensemble des Höhlenklosters im Süden der Stadt. Man steigt am Busbahnhof ›Sennaja‹ an der ul. Rodionova (ул. Родионова) aus. Man kann allerdings auch mit einem der anderen Busse (Nr. 18, 41, 60-Z [60-З]) die ul. Gor'kogo entlang bis zum pl. Svobody (пл. Свободы) fahren und dort umsteigen (Nr. 62). Hinter dem Busbahnhof führt links ein steiler Weg, der S'ezd k Pečerskomu monastyrju (Съезд к Печерскому монастырю), nach unten. Ein Hauch von Wildnis und Verlassenheit streift die Näherkommenden, und die Umgebung lädt zum Verweilen ein. Der Blick auf die Volga ist frei, und auf dem davorliegenden Grebnevskij kanal kann man im Sommer Ruderwettkämpfe beobachten. Gegenüber, am anderen Volgaufer, streckt die Industriestadt Bor ihre Türme und Schornsteine in den Himmel.

Das Kloster wurde im 14. Jahrhundert als echtes Höhlenkloster gegründet, hoch auf dem Berg mit unterirdischen Gängen und Mönchszellen. Der Gründer Dionisij war aus dem Kiever Höhlenkloster an die Volga gekommen, und unter seiner Leitung entstand bald ein neues kulturelles und ökonomisches Zentrum der orthodoxen Kirche. Die Bedeutung des Klosters läßt sich schon an dem Umstand ablesen, daß es hier im 15. Jahrhundert bereits sechs steinerne Kirchen gab, während in Nižnij Novgorod selbst nur drei existierten. Durch einen Erdrutsch im Jahre 1597 wurde das Gelände zerstört, und es erwies sich als unmöglich, die Gebäude am alten Ort wieder aufzubauen. Ein neuer Platz wurde etwa einen Werst entfernt, näher an der Stadt gefunden, dort, wo das Kloster auch heute noch steht.

Die Torkirche des Höhlenklosters

Kriege verzögerten den Neubau, so daß erst 1631 mit der Errichtung der Hauptkathedrale, der Christi-Himmelfahrts-Kathedrale, begonnen wurde. Sie wurde auf einem hohen Postament errichtet und entspricht dem traditionellen Typus der fünfkuppligen Pfeilerkirche. Die Tamboure weisen eine unterschiedliche Dicke auf, möglicherweise sind zwei Kuppeln erst später hinzugekommen. Ursprünglich hatte die Kirche einen Sakomarabschluß, ansonsten wurde auf schmückende Details fast völlig verzichtet, was dem Bau eine eigentümliche Strenge verleiht. Nur das Westportal ist kunstvoll gestaltet und wiederholt die Formen der Erzengel-Michael-Kathedrale im Moskauer Kreml. Dies ist kein Zufall, da hier derselbe Baumeister am Werk war: Antipij Vozoulin. Ein Zeltdachbau ist der in den 30er Jahren errichtete Glockenturm des Klosters. Seine archaische Form des Vierecks, über dem sich ein kleines Achteck erhebt, ist möglicherweise eine Wiederholung des durch den Erdrutsch zerstörten früheren Bauwerks. Die Christi-Himmelfahrts-Kathedrale ist durch eine steinerne Galerie mit der Refektoriumskirche verbunden.

Im Museum für Holzbaukunst

Im Osten wird das Ensemble durch die kleine, schlichte Peter-und-Pauls-Kirche abgeschlossen, die mit der langen Reihe der Mönchszellen verbunden ist. Die einkupplige Kirche wurde 1738 errichtet. Das erst Ende des 18. Jahrhunderts erbaute Haus des Abtes hebt sich im Reichtum seiner Verzierungen merklich von der asketischen Strenge und Einfachheit der Mönchszellen ab. Das von einer mächtigen Backsteinmauer umgebene Kloster fügt sich malerisch in die Uferlandschaft der Volga ein.

Den Blick auf die Volga kann man weiterhin genießen, wenn man vom Sennaja pl. die Verchne-Volžskaja nab. (Верхне-Волжская наб.) entlang ins Zentrum zurückkehrt. Wer noch einen Abstecher in das Leben Maxim Gor'kijs machen möchte, muß von der Uferstraße links in die Proviantskaja ul. (Провиантская ул.) einbiegen. In der ul. Minina 26 gibt das Gor'kij-Literatur-Museum (20) eine Dokumentation von Leben und Werk des Dichters, in die auch Erkenntnisse und Forschungen der nachsowjetischen Zeit eingeflossen sind. Viele Fragen bleiben offen, aber daß sie sich bei Betrachtung der Materialien stellen, ist ein Reiz dieses Museums. Einen anderen Einblick in das Leben Gor'kijs erhält man im Hausmuseum in der ul. Semaško 19 (ул. Семашко), in dem Gor'kij seit 1902 mit seiner Frau Ekaterina Peškova lebte (21). Wer die ul. Semaško weiter hinunter geht und rechts in die ul. Kovalichinskaja (ул. Ковалихинская) einbiegt, steht vor dem Haus, in dem Gor'kij geboren wurde (Nr. 33). Die ul. Figner (ул. Фигнер) und auch die belebte Alekseevskaja ul. (Алексеевская ул.) führen zum pl. Minina i Požarskogo.

Eine ganz andere Richtung kann man vom Sennaja pl. aus einschlagen, wenn man mit dem Bus Nr. 28 bis zur Endschleife fährt. Der Bus fährt die ul. Belinskogo (ул. Белинского) entlang, den pr. Gagarina (пр. Гагарина) und die ul. Beketova (ул. Бекетова). An der Schleife der Endhaltestelle ist bereits die Holztür zu sehen, die sich zum Museum für Holzbaukunst der Völker des Nižnij-Novgoroder Gebietes öffnet. Das Museum, auf dessen Gelände Zeugnisse der Holzarchitektur zusammengetragen wurden, soll den Alltag in alten russischen Dörfern nachstellen. Auch wenn dieser Zugang in Anbetracht der gegenwärtigen ›lebendigen‹ Dörfer etwas problematisch erscheint, kann man sich doch dem verträumten Charme des Geländes nicht entziehen und erfährt einiges über die Besonderheiten der altrussischen Holzbauarchitektur.

»Das Hauptprinzip der alten russischen Holzbaukunst besteht darin, daß ein Einzelteil niemals den Gesamteindruck stört. An erster Stelle steht die allgemeine Form. Wenn ein Bauwerk bizarr ist, dann vor allem in seinem ganzen Umriß, wie z. B. die Kirche von Kishi. Verzierungen unterstreichen nur leicht, hie und da, wie eine niedliche Vignette am Ende eines Textes, die gesamte Schönheit des Bauwerks. Verzierungen, die keine praktische bauliche Bedeutung haben, gibt es nicht. Dadurch erlangt eine bescheidene Zeltkirche klassische Strenge im Sinne des Verhältnisses des Gesamtwerkes zu seinen Teilen.
Ihr Erbauer hatte jenes harmonische Gefühl für das Maß, das in jedem wirklich ernsthaften Stil zum Ausdruck kommt.«

(Ivan Bilibin, Volkskunstschaffen des russischen Nordens, 1904)

Buslinien verbinden Nižnij Novgorod mit Moskau, Vladimir, Kostroma, Murom und Rjazan'.

Züge verkehren in alle größeren Städte. Der Bahnhof Kanavinskij vokzal (Канавинский вокзал) und der Naljadovo-Busbahnhof (автовокзал Налядово) befinden sich nicht weit voneinander entfernt im Kanavinskij-Stadtbezirk. Von hier fährt die Straßenbahn Nr. 1 ins Zentrum, zur Bol'šaja Pokrovskaja ul. (Большая Покровская ул.).

Vom Flußhafen an der Roždestvenskaja ul. (Рождественская ул.) fahren Schiffe nach Moskau, Jaroslavl', Kostroma sowie nach Kazan, Samara und Astrachan. An der Kasse Nr. 10 werden verschiedene Tages- und Abendausflüge mit Unterhaltung und Tanz auf der Volga und der Oka angeboten. Das Hafengebäude hat von 6 bis 20 Uhr geöffnet.

Die Hauptpost am pl. Gor'kogo 1 hat täglich von 8 bis 20 Uhr geöffnet, während der Telegraf im gleichen Gebäude seine Dienste rund um die Uhr zur Verfügung stellt.

Die Hotels in Nižnij Novgorod sind größtenteils sehr teuer.

Eine schöne Lage hoch über der Stadt hat das Hotel ›Nižegorodskaja‹ in der ul. Zalomova 2 (ул. Заломова), Tel. 30 53 87. Die Übernachtung kostet etwa 20 Dollar. Um das Hotel zu erreichen kann man vom Busbahnhof und vom Kanavinskij-Bahnhof mit der Straßenbahnlinie 1, sowie vom Moskovskij-Bahnhof mit den Bussen 26 und 43 bis zum Ende der Kanavinskij-Brücke fahren. Das letzte Stück, den Berg hinauf, muß man zu Fuß gehen.

Ebenfalls hoch über der Volga, an der Verchne-Volžskaja nab. 9a (Верхне-Волжская наб.), Tel. 32 12 90, Fax 32 05 50, liegt das Hotel ›Oktjabr'skaja‹ mit Zimmern ab 30 Dollar pro Person.

Weitere Möglichkeiten sind das Hotel ›Bereg‹ in der ul. Čukotskaja 32a (Чукотская ул.), Tel. 62 12 20, das Hotel ›Oka‹ am pr. Gagarina 27 (пр. Гагарина), Tel. 65 86 40, das Hotel ›Volna‹ am pr. Lenina 98 (пр. Ленина), Tel. 96 19 00 sowie das Hotel ›Žuk Žak‹ (Жук Жак), ul. Bol'šaja Pokrovskaja 57 (ул. Большая Покровская), Tel. 33 04 62, mit Übernachtung ab 30 Dollar.

Am preiswertesten ist auch in Nižnij die Übernachtung in der Jugendherberge, Alekseevskaja ul. 22a (Алексеевская ул.), die allerdings keinen Komfort aufweist. Die Übernachtung kostet 5 Dollar, Tel. 35 35 67.

In der Innenstadt, vor allem auf der Bol'šaja Pokrovskaja (Большая Покровская), gibt es unzählige Cafés. Empfohlen seien hier:

Bar ›Bočka‹, Bol'šaja Pokrovskaja ul. 14, täglich von 12 bis 2 Uhr.

Café ›Russkie pel'meni‹, ul. Bol'šaja Pokrovskaja 24, täglich von 10 bis 21 Uhr.

Café ›Pirožkovaja‹, Bol'šaja Pokrovskaja 44, täglich von 10 bis 21 Uhr.

Café ›Mon Paris‹, pl. Minina i Požarskogo 6 (пл. Минина и Пожарского), Tel. 39 07 82.

Café ›Kosmos-NN‹ (Космос-НН), ul. Bol'šaja Pokrovskaja 31 (ул. Большая Покровская), Tel. 30 78 19.

Am pl. Gor'kogo 2 befindet sich ein McDonalds, das täglich von 8 bis 23 Uhr geöffnet hat und einen Spätverkauf rund um die Uhr anbietet.

Weitere gute Restaurants sind das ›Kupečeskij‹ (Купеческий), ul. Alekseevskaja 15 (ул. Алексеевская), Tel. 33 18 14, das ›Vitalič‹ (Виталич), ul. Bol'šaja Pokrovskaja 35 (ул. Большая Покровская),

Tel. 331691 und das ›Meksikanskie ėtjudy‹ (Мексиканские этюды), pl. Minina i Požarskogo 2 (пл. Минина и Пожарского), Tel. 391460.
Eine ›Stolovaja‹ findet man in der ul. Alekseevskaja 6 (Алексеевская ул.), sie hat von Mo bis Sa von 9 bis 19 Uhr geöffnet.

Ein Geschäft für kunsthandwerkliche Erzeugnisse in der ul. Bol'šaja Pokrovskaja 43 verkauft von Mo bis Fr von 10 bis 14 und von 15 bis 19 Uhr, Sa von 10 bis 17 Uhr.
Ein Kino, das auch russische Filme zeigt, befindet sich in der Alekseevskaja ul. 7.

Die Geschäfte und Ausstellungen im Messegebäude haben täglich von 9 bis 18 Uhr geöffnet.
Das Kremlgelände ist täglich geöffnet.
Zu einem Spaziergang auf den Kremlmauern, der am Lagerturm, Kladovaja bašnja, beginnt, wird täglich von 10 bis 20 Uhr eingeladen. In dem Turm hat ein Café von 10 bis 14 und 15 bis 21 Uhr geöffnet. Fr, Sa und So ist hier Tanz. Hier befinden sich auch die einzigen öffentlichen Toiletten auf dem Kremlgelände.
Die Erzengelkathedrale im Kreml hat nur sonntags zu den Gottesdiensten geöffnet.
Im Kreml ist gegenwärtig auch das Kunstmuseum mit Werken der altrussischen Kunst, der Wandermaler und der sowjetischen Kunst untergebracht. Es hat Do bis Mo von 10 bis 17 Uhr und Mi von 10 bis 19 Uhr geöffnet.
Die Kasse der Philharmonie im Kreml hat täglich von 11 bis 14 und 15 bis 18 Uhr geöffnet.
In der ul. Piskunova 9 (ул. Пискунова) befindet sich ein kleines Museum für Fotografie, das seine Ausstellung kostenlos von Mo bis Sa von 9 bis 17 Uhr zeigt.
In der Stadt gibt es drei Gor'kij-Museen: Das Kaširin-Haus, das als Museum eingerichtete Haus des Großvaters des Schriftstellers, am Počtovyj s'ezd (Почтовый съезд), hat von Do bis Di von 9 bis 16.30 Uhr geöffnet.
Das Gor'kij-Literatur-Museum in der ul. Minina 26 zeigt seine Ausstellung von Mi bis So von 9 bis 17 Uhr. Das Hausmuseum in der ul. Semaško 19 (ул. Семашко) ist von Fr bis So und Di und Mi von 9 bis 13 und 14 bis 17 Uhr geöffnet.
Das Museum für Holzbaukunst befindet sich an der Endhaltestelle des Busses 28 am Ščelokovskij chutor (Щелоковский хутор). Es hat von Sa bis Mi von 10 bis 17 Uhr und Do von 10 bis 15.30 Uhr geöffnet.
Das Museum für den Physiker, Dissidenten und Friedennobelpreisträger Andrej Sacharov, der nach Nižnij Novgorod verbannt wurde, befindet sich in seiner Wohnung am pr. Gagarina 214 (пр. Гагарина), zu erreichen mit dem Bus 28, geöffnet täglich von 9 bis 18 Uhr.

Kostroma (Кострома)

Im Jahre 1767 befand sich ein Schiff auf großer Fahrt zwischen Tver' und Kazan. An Bord residierte Katharina II., die sich vom Wohlbefinden der Volgastädte und ihrer Bewohner überzeugen wollte. Das Ereignis spiegelte sich wider im neuen Stadtwappen von Kostroma, das noch im selben Jahr bestätigt wurde: ein vergoldetes Schiff, dessen Segel im Wind flattern, schaukelt auf silbern glänzenden Volgawellen. Katharina II. war es auch, die in vielen russischen Städten Planungsänderungen im großen Maßstab anregte. Mehr als 400 Generalpläne wurden aufgestellt, der Plan für Kostroma wurde 1784 sanktioniert und fast völlig verwirklicht.

Das Wappen der Volgastadt Kostroma

Heute ist Kostroma nahezu die einzige russische Stadt, in der das architektonische Ensemble des 18./19. Jahrhunderts in seiner ursprünglichen Form erhalten geblieben ist. Alte Wohn- und Handelshäuser im Stil des provinziellen Klassizismus prägen das Stadtbild, dessen Hauptplatz mit den Handelsreihen sich zum Volgaufer öffnet. Kaufleute aus allen Gegenden des Landes zogen nach Kostroma, in der Hoffnung, Wohlstand und Reichtum zu gewinnen. Zahllos waren die Handwerker, die in die Stadt strömten und sich dort niederließen. Kostromaer Baumeister und Maler, die in Moskau und anderen russischen Städten vorzügliche Bauwerke errichteten und ausmalten, erschufen eine Stadt voll von Merkwürdigkeiten, poetisch, prächtig und geheimnisvoll wie in ›Tausendundeiner Nacht‹.

Kostroma ist ein Symbol des alten und des neuen Rußland. Das pulsierende Herz sind die Handelsreihen und das Markttreiben. »Kostroma ist eine alte Handelsstadt, ihre Kaufmannsgalerien, schönen Arkaden sind noch erhalten, aber die Schaufenster der Läden waren mit Brettern vernagelt und sahen verkommen aus. Hier war einmal mit Stoffen gehandelt worden, jetzt wurde man auf eine Textilschule aufmerksam gemacht, die groß und mit Säulen sehr fremd in einer Straße niedriger alter Häuser stand. Auf dem weiten Platz vor den Kaufmannsgalerien hatte man einmal die Wolgaschiffer, die Treidelknechte für die Saison angeworben, die Kaufleute traten als Heuerbasen auf, wahrscheinlich waren sie rechte Sklavenhalter, aber die Armen, die gebeugt die Schiffe den Fluß hinaufzogen, sind zu Gestalten russischer Romantik geworden, die Emigranten sangen ihr sentimentales Lied in Berlin und Paris, und Hollywood und Babelsberg drehten Wolgafilme.« (Wolfgang Koeppen, Nach Rußland und anderswohin. Empfindsame Reisen)

Geschichte der Stadt

Kostroma wurde 1152 von Jurij Dolgorukij gegründet und 1213 erstmals in einer Chronik erwähnt, als Fürst Konstantin Kostroma im Kampf um den Thron von Vladimir in Schutt und Asche legte. Im 13. Jahrhundert wurde die Stadt von mongolisch-tatarischen Invasoren geplündert und niedergebrannt. Kostroma bildete seit der zweiten Hälfte des 13. Jahrhunderts das Zentrum eines selbständigen Fürstentums, das 1364 dem Moskauer Staat angeschlossen wurde. Am linken Volgaufer entstand ein von Gräben umgebener Kreml. Kostroma entwickelte sich als wichtiges Handelszentrum am Ufer der Volga zu einer der bedeutendsten Städte Rußlands.

Das 18. Jahrhundert brachte gewaltige städteplanerische Neuerungen. Anlaß zur Umgestaltung der Stadt gab ein Feuer im Jahr 1773, durch das ein Großteil der Stadt niederbrannte. Der neue Plan sah einen Hauptplatz vor, der sich zum Volgaufer öffnete und von dem aus sieben Straßen strahlenförmig auseinanderliefen. Auf alten und auch auf modernen Stadtplänen kann man sehen, was die Kostro-

Gedenkstein zur Gründung der Stadt im Jahre 1152

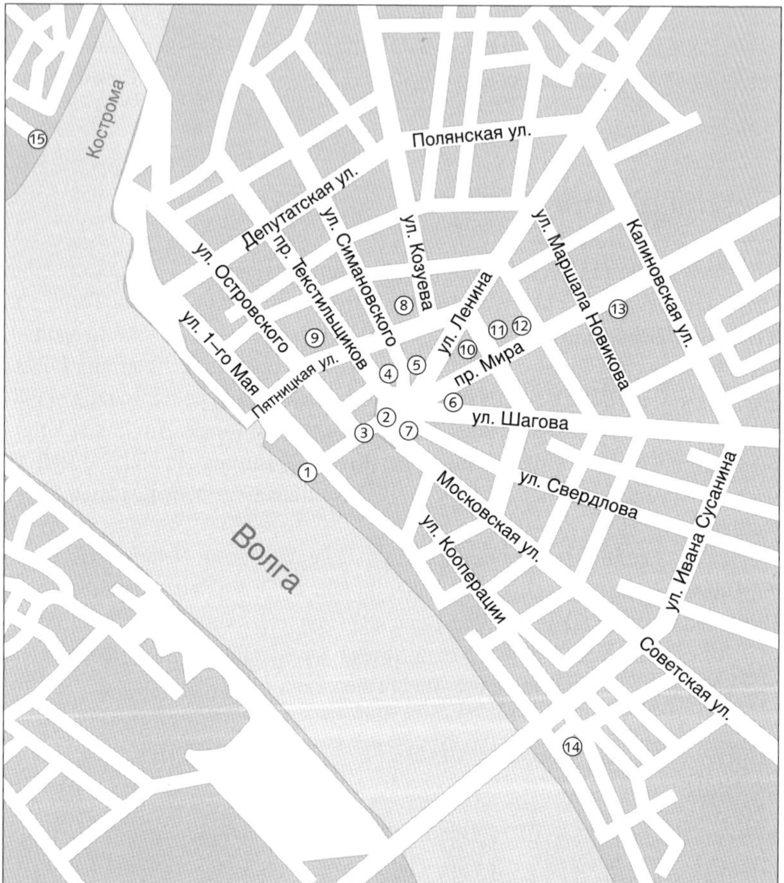

Kostroma (Кострома)

Legende

1 Moskauer Stadttor (Московская застава)
2 Handelsreihen (Торговые ряды)
3 Ivan-Susanin-Denkmal (памятник Ивану Сусанину)
4 Feuerwachturm (Пожарная каланча)
5 Hauptwache (Бывшая гауптвахта)
6 Borščev-Haus (дом Борщева)
7 Gebäude der Amtsstellen (Бывшие присутственные места)
8 Kloster des Erscheinens Christi (Богоявленский монастырь)
9 Denkmal zu Ehren der Gründung Kostromas (памятник в честь основания города Костромы)

maer dazu veranlaßt hat, ihre Stadt ein Spinnennetz zu nennen. Im 19. Jahrhundert verwandelte sich Kostroma in ein bedeutendes Industriezentrum, das im 20. Jahrhundert einer stürmischen Entwicklung unterworfen wurde und dem 21. Jahrhundert sorgenvoll entgegensieht.

›Stolovaja‹ in Kostroma

Kostroma, etwa 370 km nordöstlich von Moskau gelegen, fand Eingang in die autobiographischen Aufzeichnungen von Alexander Lebed (1950–2002), der eines der meist unbekannt bleibenden Gesichter einer Stadt beschrieb. Der bei einem Hubschrauberabsturz ums Lebens gekommene General a. D., Ex-Sicherheitsberater Boris Jelzins und ehemaliger Vorsitzender der Russischen Republikanischen Volkspartei, beschrieb seinen unbeirrbaren Wunsch, als Soldat seinem Land zu dienen. Mit schonungsloser Offenheit schilderte er, wie Ausbildung und Alltag in Kasernen aussahen, die bedrückende Atmosphäre von Demütigung und Erniedrigung, unter der vor allem die jungen Rekruten zu leiden hatten. Über eine Kaserne in Kostroma, in der Lebed vorübergehend stationiert war, schrieb er: »Besonders erschüttert war ich über die dürftige Innenausstattung der Kasernen, mal abgesehen davon, daß das ganze Kasernengelände mit Müll zugeschüttet war. Keine einzige Kompanie hat Trokkenräume oder Aufenthaltsräume. Extrem heruntergekommen waren die Toiletten und Waschräume. Zerbrochene Spülkästen und Waschbecken, stillgelegte Wasserhähne, mit Schimmel und Schleim bedeckte Wände. Die Paneele in den Schlafräumen waren mit dunkelgrüner Farbe gestrichen. Ein Grün, mit dem man

10 Kunstmuseum (музей изобразительных искусств)
11 Gebäude der ehemaligen Adelsversammlung (Бывшее Дворянское собрание)
12 Theater (театр)
13 Zirkus (цирк)
14 Auferstehungskirche im Walde (церковь Воскресения на Дебре)
15 Ipat'ev-Kloster, Museum für Holzbaukunst (Ипатьевский монастырь, музей деревянного зодчества)

sonst Panzer streicht. Die Decken waren mit Zement geweißt, die Hocker und Tische waren angeschlagen und schäbig, alles war grau, armselig und deprimierend. In einer solchen Atmosphäre kommt der Wunsch auf, seinem Nächsten etwas Gemeines und Hinterhältiges anzutun. Es waren Kasernen im schlimmsten Sinne des Wortes. Jeder, der hier hereingeriet, mußte sich einfach gezwungen sehen, irgendein Verbrechen zu begehen. Wie der Zustand der Kasernen ist auch der Zustand des militärischen Geräts erbärmlich.« (Alexander Lebed, Rußlands Weg, 1997)

Ein Rundgang

Kostroma liegt auf Terassen über dem Ufer der Volga, die hier fast 500 Meter breit ist. Am Hafen legen Schiffe an, und Menschen strömen der Stadt zu. Von der Anlegestelle verkehren Boote die Volga flußab- und aufwärts, unter anderem nach Ples, der Heimat des Malers Levitan. Am Wochenende und an Feiertagen werden Rundfahrten auf der Volga angeboten.

Den Eingang zur Stadt bildet das ehemalige Moskauer Stadttor (1). Die beiden Obelisken, an die sich Wachpavillons anschlossen und die von vergoldeten Adlern bekrönt wurden, entstanden 1823. Die ul. Moločnaja Gora (Молочная Гора) führt bergan und wird von den alten Handelsreihen (2) flankiert, die sich vom Volgaufer bis zum Platz der Revolution und dem Sowjetischen Platz, die das Stadtzentrum bilden, erstrecken. Am nahe gelegenen Volgaufer wurden 1808 vom Gouvernementsarchitekten N. Metlin die Fischreihen geschaffen, die sich durch rustizierte Pylone und Archivolten mit Schlußstein auszeichnen. Die sogenannten Pfefferkuchenreihen (Ende 18./Anfang 19. Jahrhundert) sind dem ansteigenden Gelände entsprechend terassenförmig angelegt worden. An der der Volga zugewandten Seite beträgt ihre Höhe mehr als zehn Meter mit vier Etagen, an der bergan gelegenen sind nur zwei Etagen ausgebildet. An den Stirnseiten werden die Pfefferkuchenreihen durch Kapellen aus dem 19. Jahrhundert, die von der Maria-Entschlafens-Kathedrale und dem Kloster der Gottesmutter von Igrica geblieben sind, beschlossen. Durch ihre Mitte führt eine steile Treppe zu den Schönen Reihen.

Die Südfassade der Schönen Reihen bildete das Parade- und Haupteinfahrtstor des Handelszentrums von Kostroma. Es wird von einem gewaltigen Portikus mit toskanischen Säulen akzentuiert und besitzt eine Einfahrt in den inneren Hof, in dem sich Reihen für Krämerläden erstrecken. Symmetrisch gegenüber gelegen befindet sich ebenfalls ein Tor, das sich zum zentralen Platz der Stadt öffnet. Die Schönen Reihen und die Großen Mehlreihen wurden von 1789 bis 1793 im frühklassizistischen Stil errichtet. Sie bilden große Rechtecke, deren Seiten mit Gale-

Auf Kostromas Straßen – ein Pferdefuhrwerk

rien und einer zur Straße hin offenen Arkade bebaut sind. Dabei entspricht eine Bogenöffnung der Größe eines Ladens (4,5 mal 7 Meter). Da in den Mehlreihen vornehmlich Großhändler agierten, entsprach hier die Größe eines Ladens zwei Arkadenöffnungen, ohne jedoch die typisierten Fassaden zu durchbrechen. Baukünstlerische Dominanten der Schönen Reihen und des gesamten Handelszentrums sind die Erlöserkirche (1766) und der Glockenturm. Gegenüber den Schönen Reihen wurden in den 20er Jahren des 19. Jahrhunderts die Tabakreihen errichtet. Das Ensemble entstand nach Plänen von V. P. Stasov, wonach die lange dorische Kolonnade an drei Stellen durch torähnliche Arkadenbögen gegliedert wurde.

Über dem hohen Volgaufer erhebt sich das Denkmal für Ivan Susanin (3). Wer vom Ufer durch die Handelsreihen die Stadt betritt, wird an ihm nicht unbemerkt vorbeikommen. Der Bauer Ivan Susanin (gest. 1613) stammte aus dem Dorf Domino bei Kostroma. Im März 1613 wurde er von polnischen Interventen, die den im Februar 1613 auf den russischen Thron gewählten Zaren Michail Fedorovič (1613–1645) beseitigen wollten, gefangengenommen. Das Land befand sich mitten im moskauisch-polnischen Krieg, der durch Polens Eingreifen in die seit 1584 anhaltenden Konflikte um den Moskauer Thron ausgelöst worden war. Ivan Susanin sollte die fremden Invasoren zum Kostromaer Gut des Zaren führen. Er täuschte die Polen, führte sie vom richtigen Weg ab, gestand seine List und wurde erschlagen. Das russische Volk feierte ihn als Helden im Befreiungskampf gegen die polnischen Invasoren und ließ ihn als mythenumwobene Gestalt auferstehen. Der Adlige Kondratij Ryleev (1795–1826) verfaßte ein episches Lied, ›Ivan Susanin‹, das wiederum Michail Glinka (1804–1857) inspirierte, seine gleichnamige Oper zu komponieren.

Denkmal für Ivan Susanin

Glinka war 21 Jahre alt, als 1825 Adlige auf dem Petersburger Senatsplatz Zar Nikolaj I. den Treueeid verweigerten und ein demokratisch regiertes Rußland forderten. Die Anführer des sogenannten Dekabristenaufstandes wurden vom Zaren verurteilt und hingerichtet. Zu ihnen gehörte Kondratij Ryleev. Die Ereignisse prägten das

Weltbild Glinkas und sein ästhetisches Konzept. Im Epilog seiner Oper hört das Volk der Moskauer Vorstädte von Susanins Tat. Es jubelt nicht dem Zaren zu, sondern reiht den Bauern Susanin ein in den Kreis der russischen Helden. Ebenso werden Požarskij und Minin als legendäre Volkshelden benannt. Glinkas Oper ›Ivan Susanin‹ wurde 1842 in Moskau uraufgeführt. »›Ivan Susanin‹, das ist nicht einfach ein Mužik, das ist ein Ideal, eine Legende, das gewaltige Werk der Notwendigkeit«, schrieb Modest Mussorgskij an Glinkas Schwester Ljudmila Ivanovna Šestakova. Die deutsche Erstaufführung sah ein begeistertes Publikum 1878 im Opernhaus von Hannover. 1924 kam die Oper in einer überarbeiteten Fassung unter dem Titel ›Für Sichel und Hammer‹ in Odessa zur Aufführung.

Die Handelsreihen

Nicht zu übersehen ist auch das Lenindenkmal, dessen ungewöhnliche Geschichte im Kapitel ›Eins, zwei, viele Lenindenkmäler‹ nachzulesen ist. Das Denkmal befindet sich im Stadtpark, dort wo sich ehemals der Kreml von Kostroma erstreckte. Das Leben von heute spielt sich am pl. Revoljucii (пл. Революции) und am Sovetskaja pl. (Советская пл.) ab. Trolleybusse, Autobusse und wild hupende Autos beherrschen das hektische Straßenbild. Über alldem ragt majestätisch der Feuerwachturm (4) auf. Er wurde 1823–1826 nach einem Entwurf des Architekten P. I. Fursov errichtet und bildet das Zentrum der frühklassizistischen Anlage. Der kubische Baukörper besitzt sechs ionische Säulen. Über dem breitgelagerten Portikus erhebt sich der sich nach oben verjüngende oktogonale Turm.

Die Hauptwache (5), entstanden von 1824 bis 1925, zeichnet sich durch eine klare Gliederung und ausgewogene Proportionen aus. Das Gebäude wird akzentuiert durch einen halbrunden offenen Vorbau, der von fünf Nischen belebt wird. Der Reliefschmuck der Wände ist dem Thema des Kriegsruhmes gewidmet und besteht aus militärischen Rüstungen, Schildern mit Darstellungen der Medusa der Gorgonen, Löwenmasken, Krebsen und Hunden. Da die Hauptwache nach dem

Die Feuerwache

Kloster des Erscheinens Christi

Vaterländischen Krieg des Jahres 1812 gebaut wurde, tragen zwei Engel das Monogramm von Alexander I.

Ebenfalls dem Hauptplatz zugewandt ist die Fassade des Borščov-Hauses (6). Es wurde 1824 von P. Fursov für General S. Borščov, einen Teilnehmer am Vaterländischen Krieg, errichtet. Zu erkennen ist es an dem korinthischen achtsäuligen Portikus am ersten Stockwerk. Das Ensemble des Platzes wird durch das ehemalige Gebäude der Amtsstellen (7), das von 1806 bis 1809 entstand, ergänzt. Der Entwurf des Gebäudes mit dem kräftigen Sockelgeschoß, der rustizierten ersten Etage und dem Vorsprung des Arkadenportikus stammt von N. Metlin, dem damaligen Gouvernementsarchitekten von Kostroma.

Strahlenförmig nehmen die großen Straßen der Stadt am Platz ihren Anfang. An der ul. Simanovskogo (ул. Симановского), die durch die alte Handels- und Handwerkersiedlung von Kostroma führt, steht streng und abweisend das Kloster des Erscheinens Christi (8), das der Überlieferung nach im 15. Jahrhundert vom Mönch Niketas, einem Jünger Sergijs von Radonež, gegründet wurde. Der Hauptbau des heutigen Nonnenklosters, die Kathedrale des Erscheinens Christi, ist der älteste in Kostroma erhaltene Steinbau. Die Kathedrale besticht durch die Großartigkeit ihrer Formen und Proportionen. Die fünfkupplige Vierpfeilerkirche mit ausgebildeten Apsiden ruht auf einem hohen Unterbau. Die Fassaden werden durch Lisenen gegliedert, die Sakomare durch einen fein profilierten Sims getrennt. In der Mitte des 19. Jahrhunderts wurde eine neue große Kathedrale im pseudorussischen Stil angebaut. In der Kathedrale sind Malereien von Gurij Nikitin und Sila Savvin aus dem 17. Jahrhundert erhalten. Auf dem Klostergelände befinden sich weiterhin ein Glockenturm aus dem 17. Jahrhundert, Gebäude mit den Mönchszellen (17. bis 19. Jahrhundert) und ein Refektorium (17. bis 18. Jahrhundert). Allerdings ist es nicht möglich, das Klostergelände zu betreten. Es steht nur den Nonnen zur Verfügung. Zu Gottesdiensten und an Feiertagen kann man das Innere der Kathedrale besichtigen. Nur einen Katzensprung entfernt, an der ul. Ostrovskogo (ул. Островского), steht ein Denkmal zu Ehren der Gründung Kostromas (9).

Entlang des pr. Mira (пр. Мира), der ebenfalls am Hauptplatz beginnt, befinden sich das Kunstmuseum von Kostroma, das Gebäude der ehemaligen Adelsversammlung und das Städtische Theater. Das Museumsgebäude (10) wurde 1913 gebaut und anläßlich der 300-Jahrfeier der Romanov-Dynastie eingeweiht. Es zeichnet sich durch Formen des ›Naryškin-Barocks‹ aus. Im Kunstmuseum wird eine große Sammlung von Werken russischer Maler gezeigt. Die Besichtigung beginnt in der oberen Etage. An den Wänden hängen Ikonen des 16. bis 17. Jahrhunderts, die im Kostromaer Gebiet gesammelt wurden. Weiterhin zu sehen sind Werke bekannter russischer Maler, so von Repin (1844–1930), Levitan (1861–1900), Serov (1865–1911), Nesterov (1862–1942), Tatlin (1885–1953) und Gončarova (1881–1962). Besondere Aufmerksamkeit gebührt dem Primitivisten Čestnjakov (Честняков). Im Eingangsbereich sind Graphiken von Nikolaj Kuprejanov (1894–1933) vertreten.

Das Kunstmuseum

Das Gebäude der Adelsversammlung (11) gehört ebenfalls zum Museum und lohnt einen Besuch. Die Villa wurde Ende des 18. Jahrhunderts für einen Kaufmann errichtet, in den 30er Jahren des 19. Jahrhunderts vom Adel Kostromas für die Adelsversammlung erworben und von I. P. Fursov umgebaut. Der langgestreckte dreigeschossige Bau zeichnet sich durch ein rustiziertes Sockelgeschoß und eine Pilastergliederung ohne Portikus aus. Die Fassade schmücken dreieckige Giebel über den Mittelfenstern und Stuckrosetten über den Seitenfenstern. Vom Vestibül führt eine Paradetreppe zur Galerie. Die Stufen und das Geländer der Treppe wurden aus Gußeisen geschaffen, unter Verwendung klassizistischer Motive, die die Treppenstruktur durchbrechen und leicht erscheinen lassen. Das Dekor wird durch Details aus vergoldeter Bronze vervollständigt. Rhombenförmige und rosettenartige Felder schmücken die Kassettendecke des Saales. In der oberen Etage befindet sich eine Verkaufsausstellung Kostromaer Künstler.

Ein paar Schritte weiter lädt das Theater der Stadt allabendlich ein. Gegenüber dem Gebäude steht eine Büste des russischen Dramatikers A. Ostrovskij (1823–1886). Der pr. Mira (пр. Мира) zieht sich stadtauswärts vorbei an einem Kaufhaus mit Geldwechsel zum Zirkusgebäude. Auf dem großen Platz befindet sich das Ehrenmal des Großen Vaterländischen Krieges.

Jugendstil im Zentrum Kostromas

Der Weg führt zurück zum Stadtzentrum. An der ul. Moskovskaja (ул. Московская) kann man die schönen Jugendstilbauten betrachten, zahlreiche Cafés und Restaurants laden zum Verweilen ein. Der pl. Oktjabr'skaja (пл. Октябрьская) wird belebt von geschäftigem Treiben rund um das Kaufhaus ›Kostroma‹. Rechts neben dem Kaufhaus sind Toiletten zu finden. Am Platz, unweit des Kaufhauses, befinden sich die Post und eine Geldwechselstelle. Auf der anderen Seite des Platzes erklingen in der Philharmonie Konzerte.

Die ul. Podlivaeva (ул. Подливаева) führt vorbei am Hotel ›Volga‹ zum Volgaufer. An der befahrenen Uferstraße wurde 1652 eines der bekanntesten und schönsten Bauwerke Kostromas errichtet. Einer Legende nach erhielt der Kaufmann Isakov, der in regem Handelsverkehr mit England stand, irrtümlicherweise anstatt eines Fasses mit der kostbaren indischen Indigofarbe ein ebenso wertvolles Faß mit Goldmünzen. Isakov fragte beim englischen Lieferanten nach, worauf dieser wünschte, das Gold für fromme Zwecke zu verwenden. So wurde es für den Bau der Auferstehungskirche im Walde (14) angelegt. Die Fünfkuppelanlage mit ihren Zwiebelkuppeln wird von vier Innenpfeilern getragen. Die Kirche wird durch Galerien mit Bögen auf vasenförmigen Säulen umgeben. Im Westen, Süden und Norden schließen sich Treppenvorbauten mit Zeltdächern an. Paarige Halbsäulen und breit ornamentierte Simse gliedern die Fassaden. Das Mauerwerk der Galerien mit den halbrunden Bögen ist mit Širinki und ›Vasen‹ besetzt. Die Eingänge aus den Galerien in das Kircheninnere werden durch profilierte Stu-

Prozession in Kostroma

fenportale geschmückt. Von besonderer Qualität sind die Schnitzereien des Königstores der nordöstlichen Dreiheiligenkapelle. In die Schnitzerei sind Pflanzenmotive, Früchte, aber auch Vögel einbezogen.

Im Kircheninneren sind wertvolle Fresken, die bald nach der Beendigung des Kirchenbaus entstanden waren, zu sehen. Die Ausmalung der Dreiheiligenkapelle zeigt Themen aus den Lebensgeschichten von Basilius dem Großen, Gregor von Nazianz und Johannes Chysostomos. Die Ikonostasen enthalten viele wertvolle Ikonen aus dem 15. bis 17. Jahrhundert.

Das Ipat'ev-Kloster

Am rechten Ufer der Kostroma, an deren Mündung in die Volga, erhebt sich das Ipat'ev-Kloster (15), das vom Stadtzentrum aus mit dem Bus Nr. 8 zu erreichen ist. Nach dem Überqueren der Brücke, von der aus schon die Kuppeln des Klosters zu sehen sind, muß man aussteigen. Das Kloster wird von vielen Reisegruppen besucht, die auf einer Volgaschiffsreise einen Landausflug zu der berühmten Anlage unternehmen.

Das Kloster wurde vermutlich in der ersten Hälfte des 14. Jahrhunderts gegründet. Einer Legende nach soll ein vornehmer tatarischer Fürst auf dem Weg aus der Goldenen Horde nach Moskau in Kostroma erkrankt sein. Im Traum erschien ihm die Gottesmutter zusammen mit dem Apostel Philipp und dem Märtyrer Ipatios. Sie versprachen ihm Heilung, würde er sich zum Christentum bekehren. Der Fürst ließ sich taufen und weihte nach seiner Genesung das Kloster dem heiligen Ipatios. Dank der Schutzherrschaft der Nachkommen des legendären Fürsten, der Bojaren Godunov, avancierte das Kloster im 16. Jahrhundert zu einem der wohlhabendsten in der alten Rus'. Es entwickelte sich zu einem bedeutenden Kulturzentrum, in dem eine berühmte Malereischule entstand und die Ipatios-Chronik aufbewahrt wurde. Nach dem Sturz Boris Godunovs stand das Kloster unter der Schutzherrschaft der Romanovs. Der junge Michail Romanov suchte zu Beginn des 17. Jahrhunderts im Kloster Schutz vor den Polen. 1613 folgte Michail Roma-

Das Ipat'ev-Kloster

nov aus dem Ipat'ev-Kloster dem Ruf nach Moskau auf den Zarenthron. Das Kloster wurde zu einer starken Festung ausgebaut. Es umfaßte die sogenannte Altstadt, in der sich alle Hauptbauten konzentrieren, und die Neustadt.

In den Jahren 1585 bis 1590 ließen Dmitrij und Boris Godunov die hölzernen Klostermauern durch neue aus Stein ersetzen. Von den alten Mauern blieb lediglich der Südteil mit dem quadratischen Durchfahrtsturm der Wachsschmelzerei erhalten. 1621 entstanden unter der Leitung des Moskauer Meisters I. Neverov elf Meter hohe Mauern sowie eine Reihe von Türmen. Von 1642 bis 1645 wurde die Altstadt durch die Neustadt ergänzt und mit einer Mauer umgeben, die sich durch zwei runde Ecktürme und einen quadratischen Durchfahrtsturm auszeichnet. Laut Überlieferung entstand dieser Turm an der Stelle, an der die Prozession, die den neuen Zaren Michail Romanov nach Moskau begleitete, innehielt. Ein weiteres Tor wurde 1767 anläßlich der Ankunft der Zarin Katharina II. geschlagen. Es dient heute als Haupteinfahrt und wird durch das Monogramm der Herrscherin und das Stuckrelief ›Das allsehende Auge‹ hervorgehoben.

Die Dreifaltigkeitskathedrale entstand im 16. Jahrhundert, wurde 1649 bei der Explosion des im Keller lagernden Pulvers zerstört und zwischen 1650 und 1652 als Fünfkuppelkirche mit vier Pfeilern erneuert. Die neue Kathedrale vereint in sich Merkmale der Architektur des 16. Jahrhunderts, die in der Monumentalität des Baukörpers, der Eleganz der Gliederung und der vielfältigen Profilierung der Gesimse zum Ausdruck kommen, sowie Charakteristika der Pfarrkirchen des 17. Jahrhunderts, was sich an den malerischen Galerien mit Zeltdachvorhallen und der reichen Verwendung von Širinki und Arkaden am Kuppeltambour zeigt. Besonders reich ausgestattet ist das Innere der Kathedrale. Die Fresken, welche die gesamte Mauerfläche, Gewölbe, Pfeiler und selbst die Fensterbacken bedecken, wurden 1685 von einer großen Werkstatt unter den bekannten Meistern Gurij Nikitin und Sila Savvin ausgeführt. Für die Monumentalmalerei des 17. Jahrhunderts ist der erzählerische Stil der Darstellungen charakteristisch. Große Aufmerksamkeit wurde den historischen Ereignissen, dem Leben der Heiligen und den Gleichnissen aus dem Evangelium geschenkt. Die 81 Kompositionen in der Dreifaltigkeitskathedrale sind zu fünf waagerechten Reihen gefügt, wobei die Anordnung der Szenen dem traditionellen Schema folgt. Im Altarteil ist die Freske, die die Taufe des tatarischen Fürsten Čet schildert, von Interesse. Der geschnitzte vergoldete Ikonostas wurde Mitte des 18. Jahrhunderts gefertigt, die 80 Heiligenbilder stammen aus dem 17. Jahrhundert. Von Bedeutung sind die

Die Wehrmauern des Klosters

drei in Moskauer Werkstätten gefertigten goldbeschlagenen Türen aus Kupferblech aus dem 16. Jahrhundert.

Der Glockenturm, der sich westlich an die Kathedrale anschließt, entstand in zwei Bauetappen. Der Grundbau wurde Anfang des 17. Jahrhunderts als dreigeschossiger Turm mit durchbrochener Glockenwand errichtet. 1649 baute man einen viergeschossigen Turm mit Zeltdach an. Die zweigeschossige Galerie mit fünf Bogenöffnungen stammt von 1852.

Im Südwestteil der Altstadt, einst durch einen Bretterzaun vom Hauptplatz getrennt, befindet sich das Gebäude ›über den Kellern‹. Das erste Geschoß entstand im 16. Jahrhundert in Ziegelbauweise, das zweite Geschoß entstand Ende des 17. Jahrhunderts und beherbergte Klosterkanzlei und Wohngemächer. Die Geschosse werden an der Fassade durch einen Zahnfriesgurt und ein Astragal aus behauenen Backsteinen markiert.

Eingangsportal der Dreifaltigkeitskathedrale

Im Romanov-Palais aus dem 16. Jahrhundert, dessen Bemalung Rustika imitiert, wohnte in zwei kleinen Zimmern Michail Romanov mit seiner Mutter, der Nonne Marfa. Das Haus wurde Mitte des 19. Jahrhunderts nach dem Vorbild des Moskauer Hauses der Bojaren Romanov und der Terem-Paläste im Kreml umgebaut. Die Wohngemächer des Zaren Michail Romanov sind zu besichtigen.

Der einzige Klosterbau auf dem Gelände der Neustadt wurde 1721 errichtet und seit 1875 als Seniorenheim für Geistliche genutzt. Die etwas deplaziert wirkende Christi-Verklärungs-Holzkirche stammt aus dem Dorf Spas-Veži. Sie wurde 1628 in der altertümlichen Form der Zelltypkirche mit strenger Silhouette und steilem Dach erbaut. Sie wurde 1955 beim Bau des Gor'kij-Kraftwerkes aus dem Überschwemmungsgebiet umgesetzt. Die Kirche wurde aus Eichengebälk errichtet und ruht, da sie ursprünglich am Unterlauf der Kostroma stand, auf 24 Eichenpfählen.

Die Kirche gehört zum Bestand des Museums für Holzbaukunst, das sich vor der Nordmauer des Ipat'ev-Klosters anschließt. Auf dem idyllisch anmutenden

Bauernhaus im Museum für Holzbaukunst

Gelände wurde eine umfangreiche und sehenswerte Sammlung von Sakral-, Wohn- und Wirtschaftsbauten aus dem Kostromaer Gebiet aus dem 16. bis 19. Jahrhundert zusammengetragen. Zu sehen ist das heute älteste Bauwerk im Gebiet Kostroma, die Kirche der Gottesmutterkathedrale aus dem Dorf Chrom (1552). Neben weiteren Kirchen ergänzen Mühlen, Korndarren und Badehäuser das Bild der Bauernhäuser aus Holz. Beeindruckend ist auch das Eršov-Haus (1860) aus dem Dorf Portjug mit seinem hängenden Vorbau und geschnitzten Simsen.

Kostroma liegt etwa 370 Kilometer nordöstlich von Moskau. Die Stadt mit 282 000 Einwohnern ist am besten mit dem Bus zu erreichen.
Der Busbahnhof befindet sich etwas außerhalb an der Kinešemskoe šosse 21 (Кинешемское шоссе). In das Zentrum gelangt man mit den Bussen 1, 2, 9, 14. Busse verkehren nach Moskau, Vologda, Jaroslavl', St. Petersburg, Ivanovo, Vladimir und in die nähere Umgebung.

Der Bahnhof befindet sich am Ende der ul. Titova (ул. Титова). Er ist vom Zentrum mit dem Trolleybus 2 zu erreichen. Oder man fährt mit einem beliebigen Bus oder Trolleybus die ul. Sovetskaja (ул. Советская) entlang bis zur

Haltestelle ›Privokzal'naja‹ (Привокзальная). Von hier sind es wenige Minuten Fußmarsch auf der ul. Titova bis zum Bahnhof. Züge verkehren nach Moskau, St. Petersburg, Chabarovsk, Galič, Jaroslavl'. Nahverkehrszüge verbinden Kostroma mit Jaroslavl' und Galič.

Das Hotelangebot in Kostroma hat sich in den letzten Jahren positiv entwickelt.
Das bekannteste ist das ›Volga‹ (Волга), ul. Podlivaeva (ул. Подливаева), Tel. 54 62 62. Es kostet etwa 50 Dollar pro Person.
In der ul. Sovetskaja 120 befindet sich das Hotel ›Kostroma‹, Tel. 54 10 81, etwa 30 Dollar pro Person.
Sauna und Frisör im Haus bietet das Hotel ›Ipatievskaja sloboda‹ (Ипатиевская слобода), ul. Beregovaja 3a (ул. Береговая), Tel. 31 99 44., 35 Dollar pro Person.
Ein kleines Privathotel ist das ›Staryj dvor‹ (Старый двор), ul. Sovetskaja 2 (ул. Советская), Tel. 31 47 42, 15 Dollar pro Person.
Eine preiswerte, jedoch sehr einfache Alternative stellt die Jugendherberge dar. Vom Zentrum ist sie mit dem Trolleybus 3 zu erreichen. Man fährt bis zur Endhaltestelle. Von dort sind es nur wenige Minuten bis zur ul. Kommunarov 3 (ул. Коммунаров), Tel. 57 66 06. Die Jugendherberge verfügt über große Schlafsäle und schlechte sanitäre Einrichtungen. Um so engagierter sind die Mitarbeiter des Hauses, die so manchen interessanten Tip weitergeben.

In Kostroma laden eine Unzahl an Cafés und Restaurants zum Verweilen ein: in der ul. Moskovskaja 25 (ул. Московская) eine Pizzeria, täglich von 9 bis 22 Uhr geöffnet; eine ›Stolovaja‹ in der ul. Moskovskaja 17 und am pl. Oktjabr'skaja (пл. Октябрьская) befindet sich das Fischrestaurant ›Okean‹.
Ebenfalls am pl. Oktjabr'skaja hat das Kaufhaus ›Kostroma‹ von Mo bis Fr von 10 bis 14 Uhr und von 15 bis 20 Uhr, Sa von 10 bis 18 Uhr und So von 10 bis 16 Uhr geöffnet. Die benachbarte Post öffnet von Mo bis Fr von 8.30 bis 19 Uhr, Sa von 9 bis 16 Uhr, die Bank von Mo bis Fr von 8.30 bis 14 Uhr und von 15 bis 18.30 Uhr, Sa von 8.30 bis 16.30 Uhr. Geschlossen ist die Bank am letzten Arbeitstag des Monats.

In Kostroma lohnen zwei Museen einen Besuch. Am pr. Mira 5 (пр. Мира) befindet sich das Kunstmuseum der Stadt, von Di bis Do und Sa/So von 10 bis 17 Uhr geöffnet. In unmittelbarer Nähe zum Ipat'ev-Kloster erstreckt sich auf einer weiten Fläche das Museum für Holzbaukunst. Es ist von Mai bis Oktober täglich von 9 bis 17 Uhr zu besichtigen.
Das Ipat'ev-Kloster steht Besuchern täglich von 10 bis 17 Uhr zur Besichtigung offen. Das Kloster erreicht man vom Zentrum mit dem Bus 8.

Isaak Levitan

Isaak Levitan verstand es als einer der bedeutendsten russischen Landschaftsmaler, die Seele der russischen Natur auszudrücken. Der in Litauen geborene Jude siedelte 1870 mit seiner Familie nach Moskau über, wo beide Eltern bald darauf starben. Von 1873 bis 1884 studierte er an der Moskauer Kunstschule für Malerei, Plastik und Architektur. »Man redete viel von seiner Begabung und von seiner schweren Not«, wußten seine Zeitgenossen zu berichten. Unermeßlich schien die Begeisterung Levitans für die Schönheit der Natur zu sein. In seinen Bildern verbinden sich der Charakter der russischen Landschaft, der innere Seelenzustand des Menschen, seine Hoffnungen und sein Leiden. Schon 1879 lernte Levitan den russischen Schriftsteller Anton Tschechow (1860–1904) kennen, fortan verband sie eine innige, wenn auch sehr komplizierte Freundschaft. Nicht nur Tschechow schätzte Levitan als einen Landschaftsmaler, auch Levitan wußte Tschechows Sinn für die Landschaft zu preisen: »Ich habe deine ›Bunten Erzählungen‹ und ›In der Dämmerung‹ noch einmal aufmerksam gelesen, du hast mich als Landschaftsmaler erschüttert. Ich

Isaak Levitan ›Das stille Kloster‹, 1890

Abendstimmung auf der Volga

rede nicht von der Menge interessanter und tiefer Gedanken; die Landschaften in deinen Erzählungen sind Gipfel der Vollendung ...«
1886 und 1888 unternahm Levitan Reisen an die Volga. Dieser Fluß mit seinen unendlichen Weiten, seinem unaufhaltbaren Leben und mit seinen malerischen Landschaften eroberte sein Herz. In seinen Bildern spiegeln sich die Vorstellungen des Volkes über die Volga wider. Seine Volgalandschaften hatten großen Erfolg beim Publikum. In dem Gemälde ›Nach dem Regen. Wasserweite‹ beispielsweise öffnet Levitan dem Auge des Betrachters die Schönheit der Natur: Fluß, Himmel und das Volgastädtchen Ples in der Ferne mit seinen vom Regen glänzenden Dächern sind noch von einem silbrig-grauen Schleier feuchter Luft eingehüllt, doch durch die Regenwolken beginnen schon die Sonnenstrahlen hindurchzubrechen.
Seinen Erfolg festigte endgültig das Gemälde ›Das stille Kloster‹ (1890), das 1891 auf der 19. Ausstellung der ›Wandermaler‹ präsentiert wurde. Levitans Verbundenheit mit dem russischen Volk äußert sich in dem Gemälde ›Vladimirka‹ (1892), in dem er den unmittelbaren Natureindruck mit den leidvollen Volksweisen verbindet: ein menschenleerer Weg, der sich endlos dahinzieht und von den nach Sibirien in die Verbannung geschickten Menschen ausgetreten ist.

Ples (Плес)

Etwa eine Stunde von Kostroma entfernt liegt am rechten Ufer der Volga das Städtchen Ples. Hierher kommt man, um das Geheimnis des Malers Isaak Levitan (1860–1900), des ›Sängers der russischen Natur‹ zu ergründen, der hier 1888/89 lebte. Die Bilder scheinen lebendig zu werden: eine Holzkirche in einem Birkenwald, einsame Lichtungen, Abendstimmung an der Volga. Viele seiner bekannten Gemälde sind hier entstanden, in diesem Ort, der nicht immer so ruhig war wie heute. Ples – so wird der gerade Flußabschnitt zwischen zwei Biegungen genannt, eine strategisch gute Stelle für eine Festung am Volgaufer.

Die Festung Ples wurde 1410 von Vasilij I. gegründet, als Vorhut gegen das nahe Kazaner Khanat. Viele Schlachten wurden hier geschlagen, mehrmals ging die Stadt in Flammen auf, wurde jedoch von den Meistern aus Kostroma immer wieder neu aufgebaut. Dank seiner Lage an der Volga entwickelte sich Ples aber auch zum Handelszentrum, das seine Bedeutung erst mit dem Bau der Eisenbahnlinie von Ivanovo nach Kinešma verlor. Doch mit dem Bau der Bahnlinie begann ein anderes Kapitel in der Geschichte des Städtchens. Im 19. Jahrhundert wurde es zum beliebtem Erholungsort für Maler, Schauspieler und andere Kulturschaffende.

Auch heute zieht es Einheimische und Fremde in seinen Bann. Die baumbestandene Uferstraße ist mit zweistöckigen Kaufmannshäusern aus dem 19. Jahr-

Blick auf den Marktplatz

hundert bebaut. Darüber breitet sich auf mehreren Hügeln die Stadt aus, in der noch viele der alten Holz- und Steinhäuser erhalten sind. Am Marktplatz mit den ehemaligen Handelsreihen wurde 1817 die hölzerne Auferstehungskirche durch eine fünfkupplige Steinkirche gleichen Namens ersetzt. Auf dem Hügel oberhalb des Platzes, der ›Sobornaja gora‹ (Kathedralenberg) genannt wird, erhob sich im Mittelalter die alte Festung der Stadt. Über die Stadtgeschichte gibt eine Ausstellung im Gebäude der ehemaligen Amtsstellen auf dem Hügel Auskunft. Hier wurde auch ein Denkmal für den Gründer der Stadt, Vasilij I., errichtet. Die benachbarte Maria-Entschlafens-Kirche, die dem Typ ›Achteck auf Viereck‹ entspricht, wurde an der Wende vom 17. zum 18. Jahrhundert erbaut. Auf der anderen Seite des Hügels befindet sich der Busbahnhof, an der ul. Kornilova (ул. Корнилова). Zwei Kirchen bilden ein trautes Paar – die Dreifaltigkeitskirche und die kleinere Winterkirche. Beide wurden Anfang des 19. Jahrhunderts erbaut. Der Hügel auf der anderen Seite der Šochonka – eines kleinen Nebenflusses der Volga, der viel zur idyllischen Stimmung des Ortes beiträgt – ist nach Levitan benannt, ›Levitanova gora‹. Das Haus, in dem der Maler 1888/89 lebte und arbeitete, steht an der Uferstraße, direkt hinter der kleinen, gewölbten Brücke über die Šochonka. In ihm befindet sich heute ein Museum, das neben Bildern und Reproduktionen verschiedene persönliche Gegenstände des Malers aufbewahrt. Besonders interessant sind Fotografien von Stellen in der Umgebung, die auch auf seinen Bildern zu sehen sind.

Dorfidylle

Inmitten von Birken – die Auferstehungskirche

Wenn man nach Verlassen des Hauses die Uferstraße bis zum Ende weitergeht und dann rechts durch die per. Kirova (пер. Кирова) den Berg hinaufsteigt, befindet man sich mitten in Levitans Birkenwald. An einer stillen Stelle erhebt sich eine kleine Holzkirche, die Auferstehungskirche. Tief unten fließt träge die Volga, in der Nähe sind Dorfgeräusche zu hören – die Stadt Ples zeigt hier mit ihren Holzhäusern und Scheunen, den Hühnern, Ziegen und Pferden einen völlig ländlichen Charakter.

Der schnellste und schönste Weg von Kostroma nach Ples ist der auf der Volga. Die Anlegestelle in Kostroma befindet sich am Ufer links vom ehemaligen Moskauer Stadttor. Karten kann man eine Viertelstunde vor Abfahrt erwerben. Bei der Rückfahrt von Ples bezahlt man an einer Kasse auf dem Schiff.

In Ples gibt es auch einen Busbahnhof an der ul. Kornilova (ул. Корнилова). Von hier fahren Busse nach Moskau, Kostroma und Ivanovo und in die nähere Umgebung.

Wer länger in dem Kurort bleiben möchte, dem sei das Hotel ›Dom tvorčestva‹ empfohlen. In dem unansehnlichen Neubau sind durchaus luxuriöse Zimmer mit Blick auf die Volga zu finden, in denen eine Übernachtung zwischen 8 (normal) und 15 (Luxus) Dollar kostet. Das Hotel ist eigentlich ein Ferienheim für Künstler und Schauspieler, das jedoch auch andere Gäste aufnimmt. Allerdings sollte man dann auch zwei Wochen bleiben und sich vorher anmelden. Zu dem Hotel gelangt man, wenn man von der Anlegestelle nach rechts geht, die Uferstraße, ul. Sovetskaja (ул. Советская), entlang. Reservierungen sind über folgende Telefonverbindungen möglich: 4 32 75 oder 4 31 57.

An der Uferstraße, ul. Lunačarskogo 43 (ул. Луначарского), kurz vor dem Marktplatz, befindet sich ein empfehlenswertes Restaurant mit einem reichhaltigen und preiswerten Angebot.

Im Buchladen in der ul. Lunačarskogo 41 kann man einen Übersichtsplan über die Stadt erhalten. Der Laden hat von Mo bis Fr von 10 bis 14 und 15 bis 18 Uhr und Sa von 10 bis 16 Uhr geöffnet.

Das Hausmuseum für Levitan öffnet von Di bis So von 9 bis 13 und 14 bis 18 Uhr. Gleiche Öffnungszeiten hat die Ausstellung für Stadtgeschichte ›Mittelalterliches Ples‹ im Haus der ehemaligen Amtsstellen auf dem Berg ›Sobornaja gora‹. Am letzten Freitag im Monat sind beide Ausstellungen geschlossen.

Jaroslavl' (Ярославль)

Die älteste der Volgastädte wendet den Ankommenden das unruhige und vielfältige Gesicht einer Großstadt zu. Industrieanlagen und Kirchen prägen das Bild, Schiffe liegen im Hafen, hoch über dem Ufer grüßen weiße Pavillons, und die ganze Stadt scheint in Grün eingebettet. Jaroslavl' – der Name der Stadt verweist auf eine reiche Geschichte, und im 17. Jahrhundert eilte der Ruf ihrer Baumeister, Maler und Handwerker durch das Land. Eigen und schön sind ihre Kirchen, die sich überall mit glasierten Kacheln schmücken, und in deren Innenräumen farbenfreudige Fresken vom Selbstbewußtsein und Lebensgefühl der alten Kaufmannsstadt künden. Eine Stadt des russischen Reiches, in der das erste öffentliche Theater gegründet wurde, in der 1786 die erste Provinzzeitschrift erschien, in der schon früh Lehranstalten eingerichtet wurden – das alles spricht für eine erkundenswerte Vergangenheit, die sich in zahlreichen Museen und im Stadtbild präsentiert. 636 000 Einwohner zählt heute die Gouvernementshauptstadt, die sich an beiden Ufern der Volga ausbreitet.

Geschichte der Stadt

Die erste Siedlung von Jaroslavl' entstand auf der Strelka, der Landzunge an der Mündung des Kotorosl' in die Volga. Erwähnt wird die Stadt erstmalig 1071 im Zusammenhang mit einem Bauernaufstand. Ihre Gründung jedoch wird mit Jaroslav dem Weisen verbunden, der von 988–1010 diese Lande regierte. Eine Legende erzählt, daß die Bewohner der heidnischen Siedlung einen Bären auf den Fürsten hetzten, als dieser gerade seine Ländereien inspizierte. Der Fürst tötete das Tier im Zweikampf. Der Bär galt als heiliges Tier und wurde zum Wappentier der späteren Stadt. Diese entwickelte sich aufgrund ihrer günstigen Lage rasch und wurde Anfang des 13. Jahrhunderts zur Hauptstadt eines selbständigen Fürstentums. Im Bereich der Strelka war eine erste hölzerne Festung, der Kreml, errichtet worden. Hier, in der Rublenyj Gorod, der Holzstadt, befanden sich der Fürstenpalast und die nicht erhaltene steinerne Kathedrale.

1238 zerstörten die Tataren die Stadt, und Jaroslavl' verbündete sich in den darauffolgenden Jahrhunderten, im Prozeß der ›Sammlung der russischen Länder‹ mit den Moskauer Großfürsten und schloß sich 1463 Moskau an. Innerhalb des neuen Staates nahm es eine bedeutende Stellung ein, da hier einer der wichtigsten Handelsrouten verlief – der von Moskau nach Archangelsk, dem Weißmeerhafen, der damals die einzige Seeverbindung zu Westeuropa darstellte. In dieser Zeit entwickelten sich auch die Beziehungen zum westeuropäischen Aus-

Das alte Schauspielhaus, 1842 erbaut nach einem Projekt von Pan'kov

land, und die Engländer bauten in Jaroslavl' einen eigenen Handelsstützpunkt auf.

Der Schwerpunkt des Lebens der Stadt verlagerte sich immer mehr in den von einem Erdwall umgebenen Posad, der auch Zemljanoj Gorod, Erdstadt, genannt wurde. In der alten Holzstadt lagen die Häuser der Statthalter und die Höfe der Bojaren, die sich hier aber nur in Kriegszeiten aufhielten und ansonsten auf ihren Gütern im Umkreis lebten. Die wohlhabende Bevölkerung der Stadt, Kaufleute und angesehene Handwerker, lebten in der Erdstadt, in der sich ein großer Handelsplatz befand. Rundherum und hinter dem Kotorosl' und der Volga entwickelten sich die Vorstädte der Handwerker. Im Posad wurden die ersten hölzernen Kirchen erbaut, deren Plätze noch heute durch die später entstandenen steinernen Kirchen gekennzeichnet sind.

Im 17. Jahrhundert entwickelten sich nicht nur der Handel, sondern auch Handwerk und Kunst zur höchsten Blüte. Die Jaroslavler Erzeugnisse aus Leder, Silber, bedruckten Stoffen, die Holz- und Schmiedearbeiten und die glasierten Kacheln waren in ganz Rußland bekannt. Eine eigene Kunstschule entwickelte sich, die ihre Anwendung im Bau der unzähligen Kirchen und Ensembles fand, und in der Geschmack und Lebensgefühl der Auftraggeber ihren Ausdruck fanden. Diese waren, im Gegensatz zum benachbarten kirchenpolitisch geprägten Rostov, die reichen Kaufleute der Stadt.

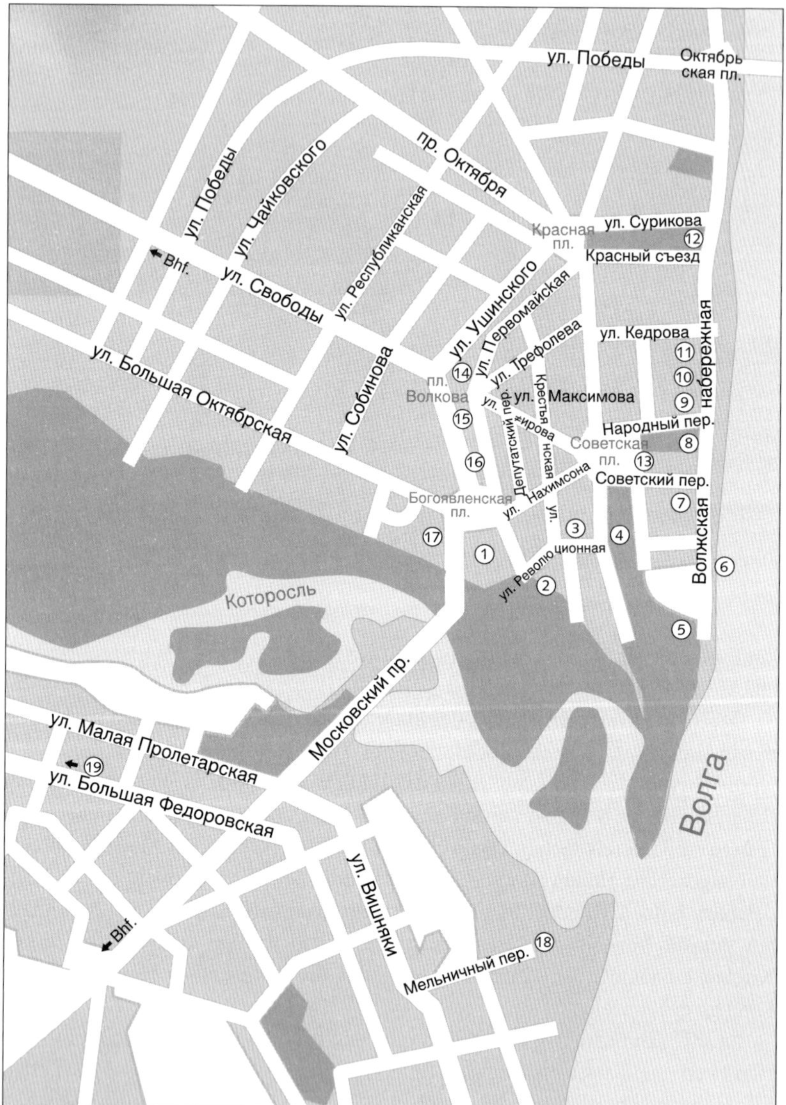

Jaroslavl' (**Ярославль**)

Legende

1 Christi-Verklärungs-(Erlöser-) Kloster (Спасо-Преображенский монастырь)

Das 18. Jahrhundert brachte auch Jaroslavl' einige Veränderungen. Durch die Schaffung Petersburgs verlagerte sich der Handel mit Westeuropa, und die Volgastadt orientierte sich mehr auf den Binnenmarkt. Sie wurde bald zu einem Zentrum der Manufakturindustrie. Am Ende des Jahrhunderts gab es über 70 Manufakturen: Gerbereien, Webereien, Seidenmanufakturen und Waffenherstellung. Auch in der Architektur der Stadt, die 1796 zur Gouvernementshauptstadt wurde, wurden neue Maßstäbe gesetzt. Wie in den meisten größeren Städten hielt der Klassizismus Einzug. Repräsentative Profanbauten entstanden, und 1778 wurde auch für Jaroslavl' ein Generalplan erstellt, nach dem die Straßen begradigt und verbreitert, neue Straßen und Plätze geschaffen wurden. Zum baukünstlerischen Zentrum der Innenstadt wurde der Elias-Platz (Sovetskaja pl.), von dem die Straßen strahlenförmig ausgehen. Boulevards wurden auf der Linie der ursprünglichen Wälle und Wassergräben angelegt, die Uferstraßen wurden befestigt und Grünanlagen angelegt. Über die Grenzen der Innenstadt hinaus wuchs die Stadt unregelmäßig und entwickelte sich im 19. und 20. Jahrhundert zum Industriezentrum mit den Schwerpunkten Maschinenbau und Chemische Industrie, verlor jedoch nie ihren Ruf einer Stadt der Kultur und des Kunsthandwerks.

2 Erzengel-Michael-Kirche (церковь Михаила Архангела)
3 Erlöserkirche ›in der Stadt‹ (церковь Спаса ›в городе‹)
4 Nikolaj-Rublenyj-Kirche (церковь Николы Рубленого)
5 Metropolitenpalast (Митрополичьи палаты)
6 Volgaturm (Arsenalturm) (Волжская [Арсенальная] башня)
7 Museum für Stadtgeschichte (музей истории города)
8 Kunstmuseum (Художественный музей/Губернаторский дом)
9 Nikolaj-Nadein-Kirche (церковь Николы Надеина)
10 Museum ›Musik und Zeit‹ (музей ›Музыка и Время‹)
11 Christi-Geburts-Kirche (церковь Рождества Иисуса Христа)
12 Flußhafen (Речной порт)
13 Prophet-Elias-Kirche (церковь Ильи Пророка)
14 Schauspielhaus (Драматический театр им. Волкова)
15 Vlas'ev-Turm (Власьевская башня)
16 Kaufhof (Гостиный двор)
17 Christi-Erscheinens-Kirche (церковь Богоявленiя)
18 Bauensemble in Korovniki (Ансамбль в Коровниках)
19 Kirche Johannes' des Täufers in Tolčkovo (церковь Иоанна Предтечи в Толчкове)

Ein Rundgang

Einen ersten Eindruck von Jaroslavl' verschafft man sich am besten von der Aussichtsplattform des Glockenturms im Christi-Verklärungs-Kloster (1). Die Stadt scheint im Grün zu ertrinken und breitet sich weit an beiden Ufern der Volga und des Kotorosl' aus. Überall ragen die Kuppeln und Glockentürme der unzähligen Kirchen auf, während gleichzeitig Neubauten vom modernen Leben einer Industrie- und Hafenstadt erzählen. Auf der gegenüberliegenden Seite des Kotorosl' lockt das faszinierende Backstein-Ensemble von Korovniki, während man sich auf der hiesigen Uferseite bereits im Herzen der Stadt befindet.

Das Christi-Verklärungs-Kloster, das auch unter der Bezeichnung Erlöserkloster zu finden ist, gilt als Kreml der Volgastadt. Es wurde bereits im 12. Jahrhundert gegründet und entwickelte sich zu einem bedeutenden kulturellen und geistlichen Zentrum. Hier wurde die erste Lehranstalt im Norden der Rus' eröffnet, aus deren Bibliothek einmalige Manuskripte des altrussischen Schrifttums erhalten blieben. Eines der bekanntesten Werke der altrussischen Dichtkunst, das ›Lied von der Heerfahrt Igors‹ wurde hier in den 90er Jahren des 18. Jahrhunderts entdeckt. Die ersten Steinbauten entstanden Anfang des 13. Jahrhunderts, erhalten blieben allerdings nur die Bauten, die ab dem 16. Jahrhundert entstanden. Nach der Errichtung der mächtigen Mauern mit den Wehrtürmen im 16. Jahrhundert zählte das Kloster zu den stärksten Festungen des Volgagebietes. Seit 1787 war es Residenz der Erzbischöfe von Jaroslavl'.

Der Eingang zum Kloster befindet sich an der Uferseite, so daß man, vom Bogojavlenskaja pl. (Богоявленская пл.) kommend, erst einmal die Mauern umrunden muß. Die heutige Befestigung stammt aus den Jahren 1621–1646. Hinter den Zinnen befindet sich ein innerer Wehrgang, von dem aus die Feinde mit Geschossen und notfalls auch mit heißem Pech oder Wasser abgewehrt wurden. Man betritt das Gelände durch das Heilige Tor, das einzige erhaltene Bauwerk des 16. Jahrhunderts. Der Südfassade wurde besondere Aufmerksamkeit gewidmet, sowohl in wehrtechnischer als auch in repräsentativer Hinsicht, da sich hier eine der wichtigen Übersetzstellen über den Fluß Kotorosl' befand. Das Tor wurde 1516 erbaut, unterlag jedoch im Laufe der Jahrhunderte zahlreichen Umbauten, so daß ein kompliziertes Ensemble entstand. 1621 wurde eine kleine Torkirche errichtet, an die heute nur noch eine offene Galerie mit niedrigen Bögen erinnert. Aus der gleichen Zeit stammt die Verzierung der Innenseite mit Lisenen, Širinki und einem breiten Dekorband. In dem hohen Wachturm an der Ostseite hing die Sturmglocke, die bei Gefahr geläutet wurde. Im Eingangsbereich erhält man Karten für die verschiedenen Ausstellungen, das Gelände selbst kann man kostenlos betreten.

Die Christi-Verklärungs-Kathedrale ist eine typische Kreuzkuppelkirche mit vier Pfeilern und drei Apsiden im Osten. Sie wurde in den Jahren 1506 bis 1516

Vom Glockenturm im Christi-Verklärungs-Kloster hat man einen schönen Blick über die Stadt

auf dem Fundament der Kathedrale aus dem 13. Jahrhundert erbaut. Der Bau zeichnet sich durch strenge geometrische Formen und klare Linien aus, die Innengliederung ist an der Unterteilung der Außenfassaden gut erkennbar. Die Kathedrale ruht auf einem hohen Kellergeschoß, das lange Zeit von einer dicken Erdschicht verdeckt wurde. Erst bei der Restaurierung der Kathedrale kamen durch die Entfernung der Erdschicht die ausgewogenen Proportionen des Bauwerks zum Vorschein. Die Fassaden sind durch Lisenen, die die Anordnung der Innenpfeiler wiedergeben, vertikal untergliedert. Sie schließen in Sakomaren ab, die durch einen breiten Sims von den Wänden abgetrennt sind. In die Sakomare sind runde Fenster eingelassen. Hoch erhebt sich der massive Tambour der goldenen Hauptkuppel über der Vierung und wird durch zwei kleinere Tamboure mit versilberten Kuppeln an der Ostseite ergänzt. Die offenen Galerien wurden mehrmals umgebaut, die Portale schmückt ein dekoratives Relief.

Auf die Galerie und damit ins Innere der Kathedrale gelangt man über den Säulengang der später angebauten Kirche der Jaroslavler Wundertäter. Wunderschöne Fresken blieben hier erhalten, die in den Jahren 1563/64 von den Moskauer Künstlern Larion Leont'ev, Tret'jak und Fedor Nikitin sowie den Jaroslavler Künstlern Afanassij und Demont Izidorov ausgeführt wurden. Die perlmuttartig schimmernden Farben wirken gedämpft und monochrom und unterstreichen die einfache, ausgeglichene Komposition des Raumes. Es sind die ältesten bekannten Wandmalereien in Jaroslavl', die schon einen Vorgeschmack auf die Blüte der Jaroslavler Kunst im 17. Jahrhundert geben. Dargestellt sind Szenen aus dem Alten und Neuen Testament und den ökumenischen Konzilien. In der Mittelkuppel thront Christus als Allherrscher. Die Westwand nimmt, wie gewöhnlich, die Darstellung des Jüngsten Gerichtes ein. Die Komposition ›Verklärung‹ ist an der Ostseite über den Apsiden zu finden. In der südlichen Apsis fällt vor allem der fein gezeichnete Kopf des Gottes Zebaoth auf. Über den zornigen und gerechten Richter aller Sünder und Gesetzesbrecher steht im Alten Testament: ›Das Kleid war schneeweiß und das Haar auf seinem Haupt wie reine Wolle.‹ Fresken schmücken nicht nur die Wände und Gewölbe, sondern auch die Pfeiler und Kuppeltamboure. Interessant sind auch die Darstellungen verschiedener baukünstlerischer Formen – Glockentürme, einschiffige Gotteshäuser, vielkupplige Kathedralen. Die Ikonen des dreirangigen Ikonostas vom Anfang des 16. Jahrhunderts werden im Museum für altrussische Kunst im Gebäude der Mönchszellen aufbewahrt.

Direkt neben der altrussischen Kirche erhebt sich die in den Jahren 1827 bis 1831 erbaute Kirche der Jaroslavler Wundertäter, die sich mit ihrer halbrunden Kuppel und der Rotunde, sechssäuligem Portikus und Giebeldreieck als typisches Bauwerk des späten Klassizismus präsentiert. Das steinerne Massiv des Glockenturms aus dem 16. Jahrhundert stellt eine Mischung aus altrussischen und neugotischen Elementen dar. Ursprünglich bildete das untere Stockwerk die Kirche der Gottesmutter vom Höhlenkloster, und über dem Glockengestühl erhoben sich zwei Zeltdächer, die mit glasierten, grünen Dachziegeln gedeckt waren. Beim Umbau Anfang des 19. Jahrhunderts wurden sie durch einen pseudogotischen Aufbau mit einer kleinen Rotunde ersetzt. Wenn man die Treppe zur Aussichtsplattform hinaufsteigt, trifft man im ersten Stockwerk auf eine Fotodokumentation über die in den 30er Jahren zerstörten Glockentürme und Glocken der Jaroslavler Kirchen. Zeitungsausschnitte der damaligen Zeit vermitteln einen Einblick in die Kampagne, die vor allem auch in den Betrieben geführt wurde: Beschlüsse von Arbeiterversammlungen, die fordern, die Glocken zu entfernen, da ihr Klang die Arbeit störe.

Gegenüber der Westfassade der Kirche der Jaroslavler Wundertäter befindet sich ein Gebäudekomplex, bestehend aus dem Refektorium mit der Christi-Geburts-Kirche und dem Gebäude des Klosterabts. Das Refektorium aus der ersten Hälfte des 16. Jahrhunderts hat einen sehr schlichten, aber wirkungsvollen Dekor, während das Gebäude des Klosterabts das Streben des 17. Jahrhunderts nach Schmuck und Repräsentation widerspiegelt. Beeindruckend ist der Innenraum des Refektoriums, der von einem mächtigen Gewölbe bekrönt wird.

Heute ist in dem Gebäudekomplex eine interessante Ausstellung zu sehen, die dem ›Lied von der Heerfahrt Igors‹, dem ›Igorlied‹, gewidmet ist. Es wurde um 1187 von einem unbekannten Dichter aufgezeichnet und stellt den unglücklichen Feldzug vier russischer Teilfürsten gegen das verfeindete Nachbarvolk der Polovcer dar. In einer eigenwillig poetischen Sprache wird die Tragik der Zerrissenheit der russischen Lande, der Zersplitterung in Teilfürstentümer und der dadurch entstehenden Desorientierung der Menschen geschildert. Im Deutschen gibt es eine sehr lesenswerte Nachdichtung von Rainer Maria Rilke. Die Ausstellung stellt das ›Igorlied‹ in Zusammenhang mit dem kulturellen Leben der alten Rus' und vermittelt einen Einblick in die Entwicklung und Verbreitung der altrussischen Literatur, beschäftigt sich jedoch auch mit der Zeit der Aufklärung, der Erforschung und Wiederentdeckung der alten Schriften. Besondere Aufmerksamkeit gilt hier dem Grafen Alexej Mussin-Puschkin (1744–1817), einem Jaroslavler Grundbesitzer, der die altrussischen Handschriften sammelte, erforschte und herausgab, so auch das ›Igorlied‹. Die Erstausgabe erschien 1800 in Moskau und ist im Museum ausgestellt; die Handschrift selbst ging verloren. Desweiteren sind in dem Gebäude die Ausstellungen über Natur und Geschichte des Jaroslavler Kreises untergebracht.

Im langgestreckten zweistöckigen Gebäude der Mönchszellen vom Ende des 17. Jahrhunderts findet man eine Ausstellung altrussischer Volkskunst. Das Gebäude besteht aus mehreren selbständigen Wohnblöcken, deren Grundriß deutlich am Dekor der Fassade zu erkennen ist. Jeder Gebäudeabschnitt besteht aus einer Diele und zwei zu beiden Seiten der Diele gelegenen Mönchszellen. Die Anordnung der Innenwände wird durch breite Lisenen markiert. Zur Ausstellung, die Denkmäler der Ikonenmalerei, Holzschnitz-, Silberschmiede- und Näharbeiten zeigt, gehört auch das rekonstruierte Interieur der Zellen. Im Eingangsbereich des Gebäudes befinden sich ein Souvenirladen und das Café ›Verba‹, das, recht teuer, Getränke und einen Imbiß bietet.

Östlich vom Kloster schließt sich im Gebiet zwischen der Pervomajskaja ul. (Первомайская ул.) und der Volga der alte Posad an. Hier befinden sich die alten Gemeindekirchen, und ein Spaziergang an der Volga wird zum unvergeßlichen Erlebnis. Dem Kloster gegenüber steht die 1657 bis 1680 errichtete Erzengel-Michael-Kirche (2), die seit 1995 wieder als Garnisonskirche genutzt wird. Zur Erlöserkirche ›in der Stadt‹, auch Christi-Verklärungs-Kirche genannt (3), gelangt man, wenn man links in die Krest'janskaja ul. (Крестьянская ул.) einbiegt. Sie war die Hauptkirche der ehemaligen Erdstadt, deren Befestigungen sich auf der Linie der heutigen Uferstraße des Kotorosl' befanden. Die 1672 erbaute Kirche wandte ihre Hauptfassade einem großen Handelsplatz zu. Sie ist ein typisches Beispiel der Jaroslavler Baukunst. Um die Mittelkirche gruppieren sich Galerien, Nebenaltäre und Vorbauten und erheben sich die verschieden

Vom russischen Humor

Tagtäglich trug er ein Notizbüchlein mit sich. Dahinein kamen Anekdoten, lustige Aphorismen, Rätsel und Begebenheiten. Nikulin, 1921 geboren, sammelte den Humor seines Volkes. Nach dem Krieg machte er eine Ausbildung zum Clown, wurde später Direktor des Moskauer Zirkus' und Publikumsliebling. In der Zeitschrift ›Ogonek‹ veröffentlichte er seit 1985 unter der Rubrik ›Anekdoten von Nikulin‹, und 1996, ein Jahr vor seinem Tod, gab er einen Sammelband ›1001 Anekdoten von Nikulin‹ heraus: Spiegel eines Volkes, das auch in entbehrungsreicher Zeit seinen Humor nicht vergessen hat.

– Das ist ja unerhört! Seit wann bezahlt man im Restaurant im voraus?
– Die Sache ist die, daß Sie Pilze bestellt haben.

Zwei Besucher einer Bar bestellen Bier.
Einer von ihnen fügt der Bestellung hinzu:
– Ich möchte bitte ein sauberes Glas.
Der Kellner bringt zwei Bier und fragt:
– Wer von Ihnen hat das saubere Glas bestellt?

Die Ehefrau ist verreist und ruft ihren Mann an.
– Wie geht es unserer Katze?
– Sie ist krepiert.
– Wie furchtbar! Hättest du mir das nicht etwas delikater beibringen können? Zum Beispiel, daß sie auf dem Dach sitzt, und später hättest du mir sagen können, daß sie runtergefallen ist. Verstanden?
– Vollkommen.
– Und wie geht es meiner Mutter?
– Sie sitzt auf dem Dach.

Ein neureicher Russe kommt zum Stomatologen. Er setzt sich hin und öffnet seinen Mund und zeigt seine Zähne – einer aus Gold, ein anderer aus Platin, ein dritter aus Brillianten. Der erschütterte Arzt fragt seinen Patienten:
– Was soll ich behandeln?
– Hören Sie, wozu behandeln? Installiere mir eine Alarmanlage!

Ein Ehemann kommt spät abends in äußerst lustiger Stimmung nach Hause.
Die Ehefrau:
– Wo warst Du?
– Tja, ich war bei Petka, wir haben Karten gespielt.
Die Ehefrau ruft Petka an:
– Petka, war meiner bei Dir?
– Ja, und er sitzt immer noch hier.

Eine Ehefrau erwacht von lauten Geräuschen in ihrer Küche. Sie steht auf und sieht ihren betrunkenen Mann, der die Kühlschranktür öffnet und schreit:
– Taxi, bringst du mich zum Flughafen?

Die Frau legt sich wieder schlafen und schimpft:
– Betrunkener Dummkopf, hält den Kühlschrank für ein Taxi.
Am nächsten Morgen kommt sie in die Küche – weder Mann, noch Kühlschrank sind da.
– Ist der Teufel doch gefahren!

Drei Betrunkene kriechen auf Eisenbahnschienen entlang.
Der Erste:
– Zum Teufel, die Stufen sind so hoch!
Der Zweite:
– Ja. Und das Geländer ist so niedrig!
Der Dritte:
– Macht nichts Kinder, schaut mal, der Lift kommt schon!

Ein Betrunkener geht auf der Straße. Er sieht und begreift nichts mehr. Er prallt gegen einen Laternenpfahl. Laut jammernd greift er sich an den Kopf und beginnt sich auf der Stelle zu drehen. Er läuft weiter und prallt wieder an den Laternenpfahl. Schließlich setzt er sich still auf den Bürgersteig.
– Am besten, ich warte bis die Demo vorbei ist.

Auf einem Fußgängerüberweg liegt ein Mensch, daneben steht ein Auto. Der Polizist holt einen Notizblock raus und fragt den Fahrer:
– Erzähl mal, mein Lieber, wie du ihn umgefahren hast?
– Nein, ich habe ihn nicht umgefahren. Ich habe einfach nur angehalten und ihm gezeigt, daß er rübergehen kann. Das ist doch ein Zebrastreifen. Der Arme, wahrscheinlich hat er sich so erschrocken, daß er das Bewußtsein verloren hat.

großen Zeltdächer des Glockenturms und eines Nebenaltars. Ungewöhnlich sind die Proportionen des Bauwerkes, da durch das Fehlen eines Kellergeschosses die Höhe der Kuppeltamboure die der Kirchenmauern übertrifft.

Von der Erlöserkirche ›in der Stadt‹ fällt der Blick auf die Nikolaj-Rublenyj-Kirche (4), die jedoch schon zur ehemaligen Holzstadt, Rublenyj gorod, gehörte, in der vor allem die Schiffsbauer lebten, deren Werften unterhalb des Abhangs am Ufer des Kotorosl' lagen. Die Schiffsbauer ließen auch 1695 die kleine Kirche errichten, die einen für Jaroslavl' eher ungewöhnlichen Anblick bietet. Es ist ein pfeilerloser Bau mit einem Refektorium an der Längsachse und einem Zeltdachglockenturm. Die Kirche beeindruckt vor allem durch ihre klare Komposition und den Kontrast zwischen dem Weiß der schmucklosen Fassaden und dem Grün der Kuppeln und Dächer.

Nicht mehr weit ist es nun bis zur Strelka, an der Mündung des Kotorosl' in die Volga. Ein weißer Pavillon vermittelt lyrische Stimmung, während der Park auf der Spitze der Landzunge in sowjetischem Stil angelegt ist. Hier beginnt die Uferpromenade, Volžskaja nab. (Волжская наб.), deren erstes Haus, der ehemalige Metropolitenpalast (5), zu einer Exkursion in die Welt der altrussischen Kunst einlädt. Das Gebäude wurde in den 80er Jahren von den Baumeistern des Rostover Kremls errichtet und war für Besuche des Metropoliten vorgesehen. Die sehr sehenswerte Ausstellung führt durch die verschiedenen Epochen der Ikonenmalerei, vom 13. bis ins 17. Jahrhundert. Die Klarheit und Strenge der Bilder des 13./14. Jahrhunderts werden im Laufe der Zeit immer mehr durch weltliche Einflüsse verändert, bis im 17. Jahrhundert Verspieltheit und ästhetische Komponenten den Kunstgeschmack dominieren. Unter den frühen Ikonen sind vor allem die Darstellung des Erlösers aus der Mitte des 13. Jahrhunderts und der ›Gottesmutter von Tolga‹ (1314) bemerkenswert. Die Ikone der Gottesmutter von Tolga galt als die Beschützerin Jaroslavls. Laut Legende soll sie einem Rostover Fürsten an der Mündung des Flusses Tolga erschienen sein, der an dieser Stelle ein Kloster erbauen ließ. Interessant ist der Vergleich mit einer Ikone gleichen Motivs aus dem Jahre 1655.

Korovniki. Das heilige Tor.

Schmückende Details. Die Johannes-Christosomos-Kirche

Als Blütezeit der Jaroslavler Schule gilt die zweite Hälfte des 17. Jahrhunderts, in der eine zunehmende Verweltlichung der Kunst zu beobachten ist. Typisch ist die Verknüpfung einer feierlichen Komposition mit vielen Detaildarstellungen, in denen vor allem die Alltagsszenen und Architekturmotive bemerkenswert sind. Charakteristisch sind die hellen, intensiven Farben, die aus Erdfarben der Umgebung hergestellt wurden, und die starke Vergoldung des Untergrunds. Beispielhaft sind hier die Ikonen zu dem Psalmentext ›Lobet den Herrn im Himmel‹ und die Werke des Künstlerkreises um Semen Spiridonov von Cholmogory. Die Tendenzen in der Ikonenmalerei verliefen parallel zur Entwicklung in der Monumentalmalerei, deren schönstes Beispiel die Fresken der Prophet-Elias-Kirche am Sovetskaja pl. (Советская пл.) sind.

Doch zunächst lohnt es, noch am Volgaufer zu verweilen. Die alten Befestigungsanlagen des Posads, die aus Erdwällen mit Holzmauern und Türmen bestanden, brannten 1658 ab. An ihrer Stelle wurden Steintürme errichtet, von denen zwei erhalten blieben, der Maria-Erscheinens-Turm und der 1659 bis 1669 erbaute Volga- oder Arsenalturm (6) am Ufer des Flusses. Heute kann man hier gemütlich in einer Bar mit Pub-Atmosphäre den Abend verbringen oder einen Imbiß zu sich nehmen. An den Gebäuden der Uferstraße lassen sich verschiedenste Architekturstile studieren. Gleich gegenüber dem Turm ist ein Haus im Stil des frühen Klassizismus gestaltet, in dem sich 1812 ein Spital für Offiziere der russischen Armee befand. Das Haus Nr. 11 wurde Ende des 19. Jahrhunderts im ›neorussischen Stil‹ als Augenklinik erbaut. Heute hat hier die Medizinische Hochschule ihren Sitz. Etwas weiter zieht die schöne Fassade des Hauses der Ärztegesellschaft (Nr.15) die Blicke an. Der Bau mit dem klassizistischen bogenartigen Portikus wurde Anfang des 19. Jahrhunderts auf einem Kellergeschoß errichtet, das noch vom Ende des 17./Anfang des 18. Jahrhunderts stammt. An der Ecke zur Sovetskij per. (Советский пер.) ließ sich 1893 der Porzellanfabrikant Matvej Kuznecov eine Villa erbauen, in deren Eklektizismus Elemente der

Renaissance besonders hervortreten. In ihr befindet sich das Museum für Stadtgeschichte (7), das vor allem die Architekturentwicklung der Stadt dokumentiert.

Die im Metropolitenpalast begonnene Reise durch die russische Kunstgeschichte kann man danach im ehemaligen Haus des Gouverneurs (8) fortsetzen. Hier findet man Werke der russischen Kunst seit dem 18. Jahrhundert sowie sowjetische Kunst. Das Haus wurde in den 20er Jahren des 19. Jahrhunderts im klassizistischen Stil errichtet, erfuhr aber 1866 einen Umbau, dessen Ergebnis vor allem die Fenstereinfassungen des ersten Stockwerks mit ovalen und dreieckigen Ziergiebeln und das breite Gurtgesims zwischen den Stockwerken sind. Hinter dem Haus schließt sich ein schöner Park an, in dem wechselnde Skulpturenausstellungen zu sehen sind.

Die älteste Gemeindekirche von Jaroslavl', die Nikolaj-Nadein-Kirche (9) steht etwas zurückgesetzt in der Narodnyj per. (Народный пер.). Sie wurde 1620 bis 1622 mit den Mitteln eines Kaufmanns gebaut, für den auch der Maria-Verkündigungs-Nebenaltar angebaut wurde, damit er im engsten Kreis von Verwandten und Freunden an den Gottesdiensten teilnehmen konnte. Die ursprüngliche klare und einfache Konstruktion wurde durch Umbauten Ende des 17. Jahrhunderts verändert. Sakomarbögen rahmen die Fenster, von den fünf Kuppeln blieb nur eine, und ein Zeltdachglockenturm wurde angebaut. Die Fresken im Inneren stammen aus den Jahren 1640/41. Interessant ist auch der Barockikonostas von 1751, der vermutlich von Fedor Volkov (1729–1763) entworfen wurde. Volkov, der eine entscheidende Rolle in der Geschichte des russischen Theaters spielte, gehörte in seiner Jugend dieser Gemeinde an.

Auf der Volžskaja nab. wird man plötzlich von ungewöhnlichen Klängen angelockt. Das schlichte Backsteinhaus, aus dem sie kommen, beherbergt das erste private Museum in Rußland (10). Es entstand auf Initiative von John Grigor'evič Mostoslavskij, der seit den 40er Jahren alles sammelt, was mit Musik und Klang zu tun hat. In der Ausstellung ›Musik und Zeit‹ sind Spieldosen, Drehorgeln, Klaviere, Grammophone, Uhren und Glocken nicht nur zum Anschauen und Zuhören da, sondern wer möchte, kann ihnen auch selbst Klänge entlocken. Gelegentlich lädt der Hausherr zu ›magischen Konzerten‹ ein. Führungen durch die Räume werden auch in englischer Sprache angeboten.

Vom Hof des Museums aus ist die originelle Anlage der Christi-Geburts-Kirche (11) mit dem beeindruckenden Glockenturm zu sehen. Die Kirche entstand in der Frühzeit des Moskauer Barock, in den Jahren 1635–1644. Ungewöhnlich ist vor allem die Glockenturm-Torkirche, deren Zeltdach von zwei seitlichen Türmen mit pyramidalem Abschluß flankiert wird. Bewundern kann man hier auch die erstmalig verwendeten Glasurkacheln, die später vielen Jaroslavler Kirchen ihre eigentümliche Schönheit verleihen sollten. Diese Kacheln mit ihren oft phantasievollen Gestalten und Motiven wurden im 15. Jahrhundert als Ersatz für die Kalksteinschnittkunst eingeführt und entwickelten sich erst im Laufe der Jahrhunderte zu einem eigenständigen dekorativen Element. Ihre Blüte erlebten die Kacheln im 17. Jahrhundert, und das nicht nur in Jaroslavl', sondern auch in Moskau und anderen Städten. Doch besonders auffallend ist diese Kunst in Jaroslavl', wo sie mit anderen Details harmoniert und den Bauwerken einen sehr eigenwilligen Charakter verleiht. Besonders schön wirken die oft grün glasierten Kacheln im Zusammenspiel mit rotem Backstein und goldenen Zierleisten, wie zum Beispiel beim Bauensemble in Korovniki. Als Peter I. ein Jahrhundert später befahl, die Kacheln nach holländischem Vorbild zu gestalten, gerieten die Traditionen der Herstellung allmählich in Vergessenheit und werden erst in heutiger Zeit wiederbelebt, zum Beispiel in den Jaroslavler Keramikwerken.

Die Uferstraße führt weiter zum Flußhafen (12), von wo aus man schnell zur belebten Pervomajskaja ul. kommt. Doch dazwischen liegt noch ein Gewirr strahlenförmig angeordneter kleiner Straßen, deren Zentrum der Sovetskaja pl. (Советская пл.) bildet. Dieser Platz hieß in der Vergangenheit Elias-Platz nach der gleichnamigen Kirche. Die Prophet-Elias-Kirche (13) aus den Jahren 1647 bis 1650 ist vor allem durch ihre Wandmalereien berühmt. Sie wurden 1681 von einer Gruppe unter der Leitung der Künstler Gurij Nikitin und Sila Savvin ausgeführt. Die Tendenzen der Monumentalmalerei im 17. Jahrhundert entsprachen denen der Ikonenkunst. Ein neues Kolorit bildete sich heraus, das auf der Verbindung heller und intensiver Farbtöne wie Grün, Himmelblau, Gelb und Rosa beruhte. Eine Ver-

Die Johannes-Christosomos-Kirche

weltlichung der Motive ist zu beobachten, was auch darauf zurückzuführen ist, daß die Auftraggeber in der reichen Handelsstadt meist Kaufleute waren.

Das stärkere Hervortreten weltlicher Momente und das Zurücktreten des religiösen Inhalts der Bilder ist in den Fresken zu beobachten, die dem Propheten Elias und seinem Schüler Elisa gewidmet sind. Hier wird das Thema der heiligen Schrift zu einer spannenden Erzählung über menschliche Beziehungen und Lebenssituationen. In dem Fresko, das die wunderbare Heilung des Knaben durch den Propheten Elisa zeigt, nimmt den Hauptteil des Bildes die Darstellung der Ernte und der Tätigkeit der Schnitter ein. Die Darstellung des Wunders selbst ist an den Rand der Komposition gerückt. Interessant ist hier auch die Interpretation des Jüngsten Gerichts an der Westwand, in der uns der schöne Mensch, umgeben von einer ebenso schönen Landschaft und reicher Architektur, begegnet. Ungewöhnlich ist auch die freimütige Abbildung nackter Körper.

Aus dieser idealistischen Welt des 17. Jahrhunderts tritt man nun in das moderne Leben der Stadt, das sich mit den Bauten der Jaroslavler Administration machtvoll ankündigt. In der rechts abgehenden Sovetskaja ul. (Советская ул.) befindet sich eine ›Stolovaja‹ gegenüber einem interessanten Stalinbau mit Marmorstatuen. Die ›Stolovaja‹ und das benachbarte Café ›Polina‹ sind im Hof des Hauses Nr. 9 zu finden. Ein Buchladen in der ul. Trefoleva 16 (ул. Трефолева) hat ein interessantes Angebot. Nebenan verdeckt das Planetarium, ein spätklassizistischer Bau aus den Jahren 1835–1845, die Kirche des ehemaligen Kazaner Klosters. An der Ecke der ul. Andropova (ул. Андропова) zur ul. Maximova (ул. Максимова) lädt das Café ›Višnevyj sad‹, ›Kirschgarten‹, zu Cocktails, Eis und Pizza ein. Das Haus des Volkskunstschaffens befindet sich in der ul. Maximova 7. Früher befand sich hier das Theater für junge Zuschauer, das heute ein neues Gebäude in der ul. Svobody (ул. Свободы) hat. Doch die Bühne blieb erhalten, hier finden Auftritte des Singe- und Tanzensembles des Hauses statt.

Die Grenzen des Posads und die Linie des ehemaligen Stadtwalls sind erreicht, wenn man über die ul. Kirova (ул. Кирова) den pl. Volkova (пл. Волкова) betritt. Den Mittelpunkt des ehemaligen Theaterplatzes bildet das Akademische Schauspielhaus (14), das ebenfalls nach dem Schauspieler Fedor Volkov (1729–1763) benannt ist. Fedor Volkov gilt als der Begründer des russischen Berufstheaters. Er wurde in Kostroma geboren, kam als Kind nach Jaroslavl' und ging dann nach Moskau und Petersburg. Nach Jaroslavl' kehrte er 1748 zurück – voll von den Eindrücken, die er in Moskau und Petersburg bei den Aufführungen italienischer Opern und deutscher Sprechbühnen gewonnen hatte, und mit dem festen Vorsatz, ein Theater zu gründen. 1750 ließ er in Jaroslavl' ein Theatergebäude erbauen, das erste in der Provinz, das einem breiten Publikum zugänglich war. 1752 wurde seine Schauspieltruppe nach Petersburg berufen, wo sie ihre Aufführungen im Winterpalais gab. Das Denkmal am Volkov-Platz in Jaroslavl' stellt den Schauspieler in deklamierender Pose dem Theater zugewandt dar. Das erste Schauspielhaus an der Stelle war aus Holz gebaut, Anfang des 19. Jahrhunderts wurde es durch einen Steinbau ersetzt. Das heutige Gebäude im Stil des Moskauer Klassizismus entstand 1911.

Das neue Gebäude des Schauspielhauses

Am anderen Ende des Platzes steht von Häusern umbaut der zweite der erhaltenen Festungstürme der Erdstadt, der Vlas'ev- oder Maria-Erscheinens-Turm aus dem 17. Jahrhundert (15). Hinter ihm erstreckt sich der alte Kaufhof (16), der 1814–1818 an der Stelle des Stadtwalls zwischen dem Vlas'ev-Turm und dem Uglič-Turm errichtet wurde. Der erhalten gebliebene Nordflügel und der Mittelteil vermitteln eine Vorstellung vom einstigen Aussehen des Komplexes, dessen Südflügel 1918 abbrannte. Die Verkaufsstände befanden sich in den beiden Flügeln, die ursprünglich isolierte Innenhöfe mit Bogendurchfahrten hatten. In den Höfen wurden die Waren abgeladen und gelagert. Überdachte Galerien mit langen ionischen Säulengängen umgeben das Gebäude, von denen her die Käufer die Verkaufsstände betraten. Die Rotunde in der Mitte, die von einer Kuppel abgeschlossen wird, umrahmt halbkreisförmig ein eindrucksvoller Säulengang, während ihre Hauptfassade mit einem zweireihigen Portikus mit Giebeldreieck versehen ist. Mit dem Namen des Architekten des Kaufhofes, Petr Pan'kov, sind viele der klassizistischen Bauten aus der ersten Hälfte des 19. Jahrhunderts in Jaroslavl' verbunden.

Der Bogojavlenskaja pl. (Богоявленская пл.) ist ein belebter, befahrener Platz. Hier befinden sich die Hauptpost und der Telegraf, von hier fahren Busse in alle Bezirke der Stadt. Begrenzt wird der Platz durch die Mauern des Christi-Verklärungs-Klosters, in seiner Mitte steht ein Denkmal für den Namensgeber der Stadt, Jaroslav den Weisen. Benannt ist der Platz nach der Christi-Erscheinens-Kirche (17), einem reich geschmückten Bauwerk, dessen Ziegelsteinrot eine reizvolle Verbindung mit den verschiedenen Grüntönen der Dächer, Kuppeln und Kacheln eingeht, akzentuiert durch goldene Streifen, die wie Fäden das Gestein durchwirken. Das Bauwerk aus den Jahren 1684–1693 ist ein typisches Beispiel der späten Jaroslavler Kunst und bietet einen Vorgeschmack auf die Kirchen in den ehemaligen Vorstädten. Die Kirche, deren Konstruktion ohne innere Stützpfeiler auskommt, ist von nur einem Gewölbe überdacht. Die Fassade ist mit Kokošniki und Kacheln verziert. Große Fenster lassen reichlich Licht in den Innenraum, der hoch und hell erscheint und dessen Wände und Gewölbe mit Fresken bedeckt sind. Diese wurden in den Jahren 1692/93 von Jaroslavler Meistern angefertigt. Der prachtvolle, siebenreihige Ikonostas stammt aus derselben Zeit. Die Kirche ist als Museum geöffnet.

Das gleiche Farbenspiel der Außenfassaden wie bei der eben beschriebenen Kirche eröffnet sich dem Blick in einer völlig anderen Umgebung. Dem Bauensemble in Korovniki (18) sollte man sich am besten in den späten Nachmittagsstunden nähern, wenn die schrägen Strahlen der Sonne die Glasur und das Gold auf dem tiefroten Untergrund zum Funkeln bringen. Geheimnisvoll und verlassen wirkt das Gelände am Volgastrand. Verstärkt wird dieser Eindruck noch durch das Wissen, daß die Kirchen den ›Ketzern‹ gehörten, den Altgläubigen, und sich hier in jüngster Zeit wieder eine Altgläubigengemeinde formiert.

Altgläubiger

Die Altgläubigen spalteten sich Mitte des 17. Jahrhunderts von der orthodoxen Kirche ab, da sie den Reformen des Patriarchen Nikon, der eine Annäherung an das griechische Vorbild forderte, nicht folgen wollten. Sie praktizierten über Jahrhunderte eine Beibehaltung der alten nationalkirchlichen Riten und entwickelten sich nach der anfänglichen grausamen Verfolgung zu einer Randgruppe, die meist in Opposition zu den Entwicklungen in Kirche und Staat stand. Mit den Altgläubigen verbanden sich lange Zeit oft nur Bilder von religiösen Fanatikern, von ganzen Dörfern, die sich in den Zeiten der Kirchenspaltung selbst verbrannten, von finsteren

Die Volga in Jaroslavl'
Kostroma: Zirkus, Auferstehungskirche im Walde und Jugendstilfassade

с 12 сентября
Праздник цветов

Männern mit langen Bärten, die sich mit zwei Fingern bekreuzigen und sich allen neuen Sitten widersetzen. Aber dadurch erhielten sie in Zeiten der Auflösung und Verwirrung auch immer wieder neuen Zulauf, und durch ihr Festhalten an alten Traditionen hat sich vieles bewahrt, was sonst der Vergangenheit anheimgefallen wäre. Der Gemeinde in Korovniki gehört auch ein Chor an, dessen ungewöhnlicher, gleichförmiger Gesang, die Einstellung der Gläubigen widerspiegelt: Der gewohnte vielstimmige Gesang während eines Gottesdienstes wird als unnötige Theatralik abgelehnt.

Märchen aus ›Tausendundeiner Nacht‹ – die Kirche Johannes' des Täufers in Tolčkovo

Auflehnung drückt sich auch in der Architektur des Ensembles aus. 1654, im Jahr der Durchsetzung der Nikonschen Reformen, die auch ein Verbot von Zeltdächern beinhalteten, wurden hier die Bauten mit Zeltdächern gekrönt. Nikon lehnte diese im russischen Norden entwickelte Dachform als Abweichung von der byzantinischen Kunst ab, und für ihre Ausführung konnte man in Straflager geschickt werden. Doch der Baumeister Johannes Zlatousta setzte sich über dieses Verbot hinweg und schuf eines der schönsten Bauensembles an der Volga. Zwei prachtvolle, fünfkupplige Kirchen stehen einander gegenüber, in der Mitte das zur Volga gerichtete Heilige Tor, hoch und schlank ragt der Glockenturm auf, der den Beinamen ›Sveča‹, ›Kerze‹, erhielt.

Die Hauptkirche ist die Johannes-Christosomos-Kirche, die 1649–1654 erbaut wurde. Die Kuppeln mit ihren Tambours sind zusammen mit den Kreuzen höher als der gedrungene Kubus, der nicht auf einem Sockelgeschoß errichtet wurde. Die Disproportionalität wird durch eine niedrige Galerie und zwei symmetrisch angeordnete Nebenaltäre an der Nord- und Südseite ausgeglichen. Über den Nebenaltären erheben sich Zeltdächer, die etwas niedriger als die Kuppeln sind und dem Bau so ein pyramidales Aussehen verleihen. Vollendet wirken die Verzierungen: der Kachelfries an den Giebeln, die kunstvolle Kachelrahmung des

Russische Holzbaukunst
Wohnhaus in Bogoslovo mit charakteristischen Fenstereinfassungen

Fensters der zentralen Apsis, die Girka der Vortreppe und die dreifachen Halbsäulchen mit geschnittenen Kapitellen aus Kalkstein und Kacheleinsätzen, die die Lisenen an der Westfassade ersetzen. Das Gegenstück zu diesem Bauwerk bildet die 15 Jahre später erbaute Winterkirche, die Kirche der Gottesmutter von Vladimir, die, wenn auch schlichter, die Formen der Johannes-Christosomos-Kirche wiederholt. In der Verlängerung der Achse des Heiligen Tors steht auf einem Hügel der in den 80er Jahren erbaute, im Grundriß achteckige Glockenturm. Stolz erhebt sich das Zeltdach, und die Fassade ist mit kachelgeschmückten Širinki bedeckt.

Durch die Abgeschlossenheit der Gemeinde erweist sich das Betreten des Geländes als schwierig, wenn der Zufall nicht hilft. Manchmal öffnet sich quietschend eine kleine Holztür von der Seite der Korovnickij per. (Коровницкий пер.). Doch auch der Blick vom Volgaufer lohnt den Ausflug in die ehemalige Vorstadt der Viehzüchter (›korova‹ – Kuh). Nach Korovniki fährt vom Bogojavlenskaja pl. der Autobus Nr. 4. Man steigt an der zweiten Station, ›Mel'ničnaja‹, aus, von hier führt die Mel'ničnyj per. (Мельничный пер.) an Holzhäusern vorbei direkt zur Volga. Wenn man von der Bushaltestelle aus die entgegengesetzte Richtung einschlägt, die ul. 2-ja Poljanskaja (ул. 2-ая Полянская) entlang, kommt man zu der Stelle, an der 1257 eine Schlacht mit den Tataren stattfand, in der fast alle Jaroslavler Krieger fielen. Der Hügel wurde ›Tugovaja gora‹ genannt, der ›Hügel des Schmerzes‹.

Noch eine der beeindruckenden Jaroslavler Backsteinkirchen erhebt sich auf dieser Seite des Kotorosl': hinter der zweiten Brücke, am pr. Tolbuchina (пр. Толбухина), liegt die ehemalige Hauptkirche der reichen Vorstadt der Gerber, die Kirche Johannes' des Täufers (19), die 1671–1687 erbaut wurde. Sie steht auf einem verwilderten Gelände, in unmittelbarer Nachbarschaft einer Fabrik und wirkt mit ihren 15 Kuppeln und den 5 Apsiden wie ein Märchen aus Tausendundeiner Nacht. Die Nebenaltäre bilden mit der Ostfassade des Hauptbaus eine Linie auf gleicher Höhe und sind statt mit Zeltdächern mit eigenen Kuppeln versehen. Leider ist die Kirche mit ihren wunderschönen Fresken vom Ende des 17. Jahrhunderts nicht zugänglich. Ins Zentrum zurückkehren kann man mit der Straßenbahnlinie 2, deren Haltestelle sich auf der ul. Bol'šaja Fedorovskaja (ул. Большая Федоровская) befindet. Die Linie endet kurz vor dem Bogojavlenskaja pl. an der Mukomol'nyj per. (Мукомольный пер.), einem kleinen Platz, der vom Charme baufälliger Häuser geprägt ist. Jedoch lohnt es sich auch, die Straßenbahn nur zum Überqueren der Brücke zu nutzen, an der ul. Čajkovskogo (ул. Чайковского) auszusteigen und das Gebiet zwischen der ul. Bol'šaja Oktjabr'skaja (ул. Большая Октябрьская) und der ul. Svobody (ул. Свободы), in dem sich viel von der Bausubstanz vom Ende des 19. Jahrhunderts erhalten hat, zu erkunden.

Jaroslavl' liegt 280 Kilometer nördlich von Moskau. Zu erreichen ist es mit der Bahn von Moskau, Nižnij Novgorod, Kostroma und Petersburg, mit Vorortzügen von Rostov, Kostroma und Aleksandrov.

Busverbindungen bestehen nach Moskau, Vladimir, Kostroma, Pereslavl'-Zalesskij, Ivanovo, Rostov und Uglič. Die Busse kommen am Busbahnhof neben dem Moskovskij vokzal (Московский вокзал) an, am Moskovskij pr. (Московский пр.). Von hier kommt man mit den Bussen 1, 2, 12, 13, 16, 41, 416 und den Trolleybussen 5 und 9 ins Zentrum, zum Bogojavlenskaja pl. (Богоявленская пл.). Die Vorortzüge verkehren über den Jaroslavler Hauptbahnhof (Ярославль Главный), der am Ende der ul. Svobody (ул. Свободы) liegt. Von hier fahren der Trolleybus 1 und der Autobus 20 ins Zentrum.

Man kann sich Jaroslavl' jedoch auch auf der Volga nähern, und zwar von Moskau, Kostroma und Nižnij Novgorod. Vom Hafengebäude führt der Krasnyj s'ezd (Красный съезд) zum Krasnaja pl. (Красная пл.), an dem die Hauptstraße ul. Pervomajskaja (ул. Первомайская) beginnt und viele Busse verkehren.

Eine preiswerte Unterkunft in Jaroslavl' zu finden, ist nicht einfach. Zu den teureren, komfortablen Hotels gehören: Das ›Jubilejnaja‹ am Kotorosl'naja nab. (Которосльная наб.), direkt beim Bogojavlenskaja pl. (Богоявленская пл.), Tel. 30 73 63, 75 Dollar; ein Touristenbüro bietet Stadtführungen an.
Ebenfalls im Innenstadtbereich, in der ul. Kirova 10 (ул. Кирова), Tel. 73 11 11, befindet sich das Hotel ›Volga‹. Übernachtungen kosten hier zwischen 30 und 120 Dollar.
An der Bol'šaja Oktjabr'skaja 87 (Большая Октябрьская), Tel. 21 24 15, bietet das Hotel ›Kotorosl'‹ Zimmer für 35 Dollar. Zum gleichen Preis kann man im Hotel ›Juta‹ in der Respublikanskaja ul. 79 (Республиканская ул.) übernachten, einer Nebenstraße der Bol'šaja Oktjabr'skaja. Der Eingang befindet sich an der Rückseite des hohen Gebäudes Nr. 79, Tel. 32 97 86.
Zentral gelegen ist auch das Hotel ›Jaroslavl'‹ (Ярославль) mit einfachen Zimmern mit oder ohne Dusche, ul. Ušinskaja 40/2 (ул. Ушинская), Tel. 73 23 14.
Eine hauseigene Sauna bietet das Hotel ›Turist‹ (Турист) am pl. Lenina 2 (пл. Ленина), Tel. 25 23 93.
Die ›komnaty otdycha‹ am Hauptbahnhof bieten Zimmer für 17 bis 25 Dollar pro Person und verschiedene Serviceleistungen wie Gepäckaufbewahrung, Duschen etc.

Russische und georgische Spezialitäten lassen sich im Restaurant ›Rus'‹ (Русь) probieren, ul. Kirova 10 (ул. Кирова), Tel. 72 94 08.

Das Restaurant ›Kotorosl'‹ (Которосль) im gleichnamigen Hotel bietet russische und europäische Küche, ul. Bol'šaja Oktjabr'skaja 87 (ул. Большая Октябрьская), Tel. 72 80 08.

Cafés sind in der Innenstadt zahlreich zu finden. Empfehlenswert sind die Bar ›Arsenal‹ am Volžskaja nab. (Волжская наб.), die täglich von 12 bis 24 Uhr geöffnet hat, und das Café ›Višnevyj sad‹ in der ul. Maximova (ул. Максимова), täglich von 11 bis 21 Uhr.

In der ul. Svobody bietet das Restaurant ›Medved'‹ von 12 bis 23 Uhr russische Gerichte an.

In der Sovetskaja ul. 9 (Советская ул.) (im Hof) hat eine ›Stolovaja‹ täglich von 11 bis 15 Uhr geöffnet und das benachbarte Café ›Polina‹ bis 22 Uhr.

Eine ›Stolovaja‹ in der Nähe des Busbahnhofs, am Moskovskij pr. 18 (Московский пр.), hat von 9 bis 19 Uhr geöffnet.

Zwei gute Buchläden sind im Zentrum zu finden: an der Ecke ul. Pervomajskaja/ul. Kirova (ул. Первомайская/ул. Кирова), geöffnet von Mo bis Fr von 10 bis 14 und 15 bis 19 Uhr und Sa von 10 bis 18 Uhr, und in der ul. Trefoleva 16 (ул. Трефолева), von Mo bis Sa 10 bis 18 Uhr.

Der zentrale Telegraf befindet sich am Bogojavlenskaja pl. (Богоявленская пл.) und hat rund um die Uhr geöffnet, die Post im gleichen Gebäude von Mo bis Sa von 8 bis 20 Uhr und sonntags bis 18 Uhr.

Museen in der Innenstadt: Christi-Verklärungs-Kloster am Bogojavlenskaja pl. Das Gelände ist täglich von 9.30 bis 19 Uhr zugänglich. Die Ausstellungen zu altrussischer Kunst und angewandter Volkskunst, zur Natur und Geschichte des Gebietes und zum ›Igorlied‹ und altrussischem Schrifttum haben von Di bis So von 10 bis 17 Uhr geöffnet.

Christi-Erscheinens-Kirche am Bogojavlenskaja pl., von Mi bis Mo von 10 bis 17 Uhr.

Ausstellung für altrussische Kunst im Metropolitenpalast, Volžskaja nab. 1 (Волжская наб.), von Sa bis Do von 10 bis 17 Uhr.

Museum für Stadtgeschichte, Volžskaja nab.17, von Do bis Mo von 10 bis 18 Uhr.

Kunstmuseum im ehemaligen Haus des Gouverneurs, Volžskaja nab. 23, von Di bis So von 10 bis 18 Uhr.

Museum ›Musik und Zeit‹, Volžskaja nab. 33a, Tel. 32 86 37, eine Reise durch die Welt der Töne und Klanginstrumente, auch englische Führungen, von Di bis So von 10 bis 19 Uhr.

Nikolaj-Nadein-Kirche, Narodnyj per. (Народный пер.), von Sa bis Mo, Mi, Do von 10 bis 17 Uhr.

Eliaskirche am Sovetskaja pl. (Советская пл.), von Do bis Di von 10 bis 13 und von 14 bis 18 Uhr.

Reisetips von A bis Z

Anreise und Ausreise

Deutsche, Österreicher und Schweizer benötigen für die Einreise in die Russische Föderation einen Reisepaß, der mindestens noch sechs Monate gültig ist, sowie ein Visum. Bei der Beantragung eines Visums müssen der Reisepaß, ein Paßfoto, der ausgefüllte Visaantrag und bei Individualreisen eine offizielle Einladung der russischen Gastgeber vorliegen (siehe auch Individualreisen). Bei Gruppenreisen übernehmen die Reisebüros in der Regel die Visaformalitäten. Es empfiehlt sich, das Visum rechtzeitig zu beantragen, mindestens drei Wochen vor Reisebeginn. Die konsularischen Vertretungen bieten auch einen Expresservice an, allerdings muß dann mit sehr hohen Visakosten gerechnet werden.

Anreise mit dem Flugzeug

Der internationale Flughafen Šeremet'evo II wird mehrmals täglich von fast allen großen westeuropäischen Städten aus angeflogen. Moskau kann man mit der russischen Fluggesellschaft Aeroflot, mit Lufthansa, Swissair, Austrian Airlines, KLM und anderen erreichen.
Der Flug von Berlin aus dauert etwa 2,5 Stunden, von München, Frankfurt/Main, Wien und Zürich aus etwa 3 Stunden.

Anreise mit der Eisenbahn

Beschwerlicher, doch viel aufregender ist die Fahrt mit der Eisenbahn. Von Berlin besteht eine Direktverbindung nach Moskau (etwa 36 Stunden). Die Fahrt bietet eine gute Einstimmung auf das russische Leben. Die Fahrkarten müssen immer in Verbindung mit einer Bettkarte

erstanden werden. Eine Bettreservierung für die Rückfahrt ist nur in Rußland möglich und sollte in der Hauptreisezeit rechtzeitig getätigt werden. In Moskau verkehren die Züge vom Belorussischen Bahnhof (Белорусский вокзал), an der gleichnamigen Metrostation ›Belorusskaja‹ (Белорусская). Die Fahrkartenschalter für ausländische Reisende befinden sich am Bahnhofsvorplatz, pl. Belorusskogo vokzala 7, im Service-Zentrum.

Anreise mit dem Auto

Reisen mit dem Auto nach Moskau und in die anderen Städte Rußlands bietet im besonderen Maße die Möglichkeit, Land und Leute kennenzulernen. Wer nicht auf öffentliche Verkehrsmittel angewiesen ist, kann viel Zeit sparen. Allerdings muß man mit schlechten Straßenverhältnissen und karger Ausschilderung rechnen. Tankstellen und Reparaturwerkstätten, besonders für westliche Autotypen, sind in letzter Zeit überall entstanden. Den wilden Pressemeldungen über Autodiebstähle muß an dieser Stelle widersprochen werden, statistisch gesehen gleichen die Zahlen denen anderer großer Städte und Länder Europas.

Apotheken

In allen Städten werden in Apotheken gängige Medikamente verkauft, die zum großen Teil aus dem westlichen Ausland stammen und entsprechend teuer sind. Wer regelmäßig Medikamente benötigt, sollte sich einen entsprechenden Vorrat mitbringen.

Ärztliche Hilfe

Die Schnelle Medizinische Hilfe (Skoraja pomošč (Скорая помощь)) ist im ganzen Land unter der Rufnummer 03 zu erreichen. Sie ist im Notfall auch für Ausländer kostenlos, ansonsten muß der Besuch eines Arztes oder Zahnarztes bezahlt werden. Die Kosten können später bei der Krankenkasse abgerechnet werden. Es empfiehlt sich, eine Auslandskrankenversicherung (mit Rücktransport!) abzuschließen, da zwischen der Russischen Föderation und der Bundesrepublik Deutschland kein Krankenversicherungsabkommen besteht.

Autofahren

Reisende, die mit dem Auto nach Rußland fahren, müssen einen internationalen Führerschein und Fahrzeugpapiere bei sich führen. Es empfiehlt sich, die Fahrzeugpapiere übersetzen zu lassen, wenn Fahrer und Halter nicht identisch sind. Eine beglaubigte Übersetzung ist in den diplomatischen Vertretungen oder an der Grenze erhältlich.
Das Tankstellensystem ist in den letzten Jahren gut ausgebaut worden, so daß man überall bleifreies Benzin und Diesel erhalten kann. Bleifreies Benzin ist durch die Oktanzahlen 98 oder 95 gekennzeichnet.
In ganz Rußland besteht für Auto-

fahrer Anschnallpflicht, woran sich allerdings die wenigsten halten.
In geschlossenen Ortschaften beträgt die Höchstgeschwindigkeit 60 Stundenkilometer, außerhalb 90 Stundenkilometer. Das teilweise rücksichtslose Verkehrsverhalten russischer Autofahrer fordert zu besonders umsichtigem Fahren auf. Erhöhte Geschwindigkeit, schlechte Straßenmarkierungen und alkoholisierte Fahrzeuglenker können das Fahren auf russischen Straßen zum Abenteuer werden lassen.
An wichtigen Ausfallstraßen und Verkehrsknotenpunkten befinden sich Polizeiposten, die sogenannten GAI (ГАИ). Wer von den Verkehrspolizisten angehalten wird, muß sich mit Geduld wappnen. Fahrzeugpapiere werden kontrolliert, und nach wenigen Minuten wird man neugierig ausgefragt, woher und wohin und wieviel der Wagen in Deutschland kostet. Auf jeden Fall sollte man die Ruhe bewahren, da man in Rußland gegen die Polizei nichts ausrichten kann. Und man sollte damit rechnen, immer wieder angehalten zu werden, was dann wahrscheinlich am ausländischen Nummernschild liegt oder einem erhofften Bestechungsgeld.
In Moskau und anderen größeren Städten besteht die Möglichkeit, sich einen Wagen zu mieten. Die Mietzentralen befinden sich meist in den großen, teuren Hotels. Die Mietpreise sind sehr hoch und die Konditionen oft ungünstig, deshalb sollte man sich vorher genau erkundigen, bevor man einen Wagen mietet.

Bahn

Rußland verfügt über ein weitreichendes Eisenbahnnetz. Ausländer müssen spezielle Ausländertarife zahlen.

Die Wagen der russischen Eisenbahn teilen sich in vier Kategorien ein: ›Ljuks‹ (Люкс), zwei Betten in einem Abteil, ist die teuerste; in der Kategorie ›Kupe‹ (Купе) teilen sich vier Personen ein Abteil; hinter ›Plackartnyj‹ (Плацкартный) verbirgt sich ein offener Schlafwagen, der relativ preiswert ist, für längere

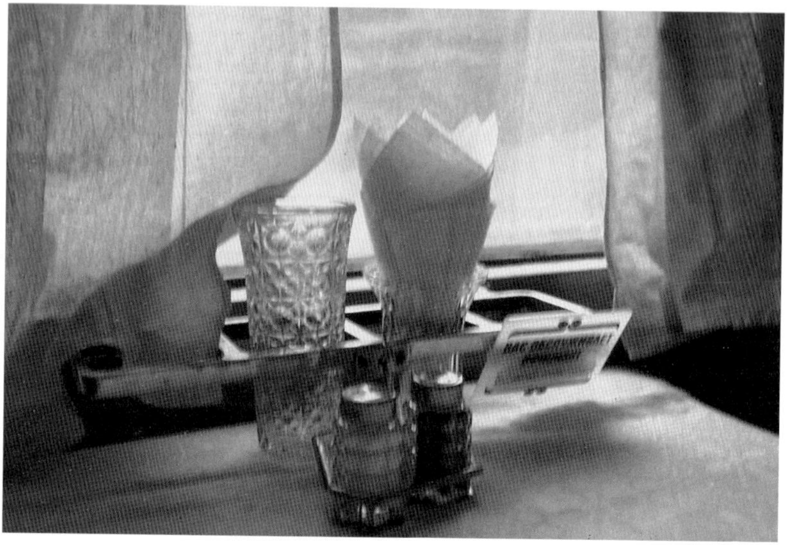

Strecken mit mehreren Übernachtungen aber auch sehr anstrengend sein kann; ›Obščij‹ (Общий) ist ebenfalls ein offener Schlafwagen, den alle benutzen, die nur eine kurze Strecke reisen. Zu Zeiten, in denen die Bahn ausverkauft ist, finden sich alle Zuspätgekommenen ohne Reservierung hier ein, bis kein Platz mehr ist. In heißen Sommermonaten kann das Reisen im ›obščij vagon‹ zur Qual werden. In den ersten drei Kategorien wird Bettwäsche vom Schaffner verkauft. Er sammelt auch die Fahrkarten bei Reisebeginn ein, um Reisende rechtzeitig benachrichtigen oder wecken zu können. Jeder Waggon verfügt über einen Samovar, und die Schaffner reichen Tee.
Von jeder größeren Stadt fahren Vorort- oder Nahverkehrszüge (Пригородные поезда/электрички) ab. In den Bahnhöfen hängen die Streckenpläne aus, die auch einen Überblick über die Preiskategorien geben, die nach Kilometerzonen unterteilt sind. Für die Nahverkehrszüge gibt es keine gesonderten Ausländertarife.

Bus

Zu einem gebräuchlichen Verkehrsmittel gehört in Rußland der Bus. Die Busse fahren weite Strecken und verbinden große Städte miteinander. Bei der Reiseplanung sollte man beachten, daß das Busnetz zentralistisch organisiert ist. Die Busse fahren also von den großen Städten in mittelgroße Städte oder umgekehrt. Zwei benachbarte mittelgroße Städte sind oft nur über den Umweg

über die große Stadt zu erreichen. Reisen braucht in Rußland Zeit. Die Busse fahren so manchen Umweg oder halten an, um an der Straße Leute mitzunehmen. Die Bustickets kann man entweder im voraus an den Vorverkaufskassen (Предварительные кассы) oder am Abreisetag kaufen. Für Transitbusse, die von außerhalb kommen, werden die Tickets nach Maßgabe freier Plätze erst bei Ankunft des Busses verkauft.
Der zentrale Busbahnhof befindet sich in Moskau an der Metrostation ›Ščelkovskaja‹ (Щелковская).

Cafés
Das russische ›kafe‹ (кафе) stellt eher eine Imbißbude dar als ein gemütliches Etablissement, in dem man in aller Ruhe Kaffee und Kuchen zu sich nehmen kann. Im ›kafe‹ werden Kleinigkeiten zum Essen und Getränke angeboten, die preiswerter sind als in den Restaurants.

Diplomatische Vertretungen
Diplomatische Vetretungen Rußlands im Ausland:

Deutschland:
Botschaft der Russischen Föderation,
Unter den Linden 63–65,
10117 Berlin,
Tel. 030/229 11 10.
Visaabteilung Behrenstr. 15,
10117 Berlin,
Tel. 030/832 70 04.
www.russische-botschaft.de

Generalkonsulat Hamburg,
Am Feenteich 20,
22095 Hamburg,
Tel. 040/227 63 80.

Generalkonsulat Leipzig,
Kickerlingsberg 18,
04105 Leipzig,
Tel. 03 41/596 18 76.

Generalkonsulat München,
Seidlstr. 28,
80335 München,
Tel. 089/592 25 28.

Österreich:
Botschaft der Russischen Föderation,
Reisnerstr. 45–47,
1030 Wien,
Tel. 02 22/712 12 29.

Schweiz:
Botschaft der Russischen Föderation,
Brunnaderstr. 53,
3006 Bern,
Tel. 031/352 05 67.

Ausländische Botschaften und Generalkonsulate in Moskau:

Deutsche Botschaft,
ul. Mosfil'movskaja 56,
119285 Moskva,
Tel. 095/956 10 80.

Konsular- und Visaabteilung,
Leninskij prospekt 95a,
117 393 Moskva,
Tel. 095/936 24 10.

Österreichische Botschaft,
Starokonjušennyj per. 1,
119034 Moskva,
Tel. 095/201 73 17.

Schweizer Botschaft,
ul. Stopany 2/5,
107149 Moskva,
Tel. 095/925 53 22.

Luxemburger Botschaft,
Kruševskij per. 3,
119034 Moskva,
Tel. 095/202 53 81.

Einkaufen

Die Geschäfte haben in Rußland täglich von 9 oder 10 Uhr bis 20 Uhr geöffnet, am Samstag meist bis 18 Uhr. Dafür muß man auch in den Großstädten eine Mittagspause, meist von 14 bis 15 Uhr, einplanen. Lebensmittelgeschäfte sind auch am Sonntag geöffnet. Die umständliche Einkaufsprozedur in russischen Läden erfordert etwas Geduld. Hat man sich für eine Ware entschieden und sie abwiegen beziehungsweise sich den Preis nennen lassen, muß man zur Kasse eilen, den Preis ansagen und bezahlen. Mit dem Kassenbon geht man wieder zur Verkaufstheke und erhält seine Ware. Mittlerweile gibt es aber auch Selbstbedienungsläden. Eine gute Alternative zu den Läden stellen die Verkaufsstände auf den Straßen und die Märkte dar.

Elektrizität

Die Stromversorgung wird in Rußland ebenfalls mit 220 V Wechselstrom betrieben. Allerdings werden häufig andere Steckdosen als in Deutschland verwendet, so daß ein Universal- oder Zwischenstecker mitgenommen werden sollte.

Fotografieren

Es ist verboten, Militär- und Industrieanlagen, Flughäfen, Bahnhöfe und Brücken zu fotografieren. In Museen muß in der Regel eine Foto- beziehungsweise Videoerlaubnis gekauft werden. In Kirchen und Kathedralen ist Fotografieren unerwünscht, in bedeutenden Klosteranlagen wie Sergiev Posad benötigt man eine Fotogenehmigung. Filmmaterial aus westlicher Produktion wird in Moskau und den anderen größeren Städten in Kaufhäusern und Fachgeschäften angeboten. Das Filmmaterial ist etwas teurer als in Deutschland. In der Regel werden Farbfilme verkauft, während Diafilme und sehr lichtempfindliche Filme seltener im Angebot sind.

Feiertage

▶ 1. Januar – Neujahrsfest

Am 31. Dezember kommen ›Ded moroz‹ (Väterchen Frost) und ›Sneguročka‹ (das Schneemädchen) und bringen Geschenke für Groß und Klein. Große Plätze und auch die russischen Wohnzimmer werden durch eine Tanne geschmückt, und der Eßtisch scheint unter den vielen

Köstlichkeiten zu bersten. Das Fest wird in das Neue Jahr hinein gefeiert, das mit einem Feuerwerk begrüßt wird.

▶ 7. Januar – Weihnachten

Das orthodoxe Weihnachtsfest wird nach dem alten Julianischen Kalender gefeiert. Nach der Oktoberrevolution wurde das Weihnachtsfest abgeschafft und durch das Neujahrsfest

ersetzt. Erst seit 1992 ist der 7. Januar wieder offizieller Feiertag. In den Kirchen finden Gottesdienste statt, doch für die meisten Menschen hat sich im Laufe der 70 Jahre der letzte Dezembertag als Weihnachtsfest etabliert.

▶ 8. März – Internationaler Frauentag

Die russischen Frauen erhalten von ihren männlichen Mitbürgern einen Blumenstrauß. Dann wird gefeiert, wobei die Frauen sich um das kulinarische Vergnügen kümmern und die Männer sich derweil am Vodka festhalten.

▶ 9. Mai – Tag des Sieges

Das Ende des Zweiten Weltkrieges – am 9. Mai 1945 kapitulierte die deutsche Wehrmacht in Berlin – ist vor allem für die Kriegsveteranen ein besonderes Ereignis. Die Stadt wird festlich geschmückt, Kundgebungen finden statt, und die Veteranen treffen sich an verschiedenen Plätzen der Stadt.

▶ 12. Juni – Tag der Unabhängigkeit Rußlands

Am 12. Juni 1991 erklärte Rußland seine Unabhängigkeit.

Geld

Die Ein- und Ausfuhr von Rubeln ist begrenzt (seit 2000 höchstens ein Gegenwert von 1500 US-Dollar) erlaubt, die Bestimmungen ändern sich aber häufig. Frei konvertierbare Währungen dürfen uneingeschränkt eingeführt werden, müssen bei der Einreise jedoch auf der Zolldeklaration vermerkt werden. Ebenso Zahlungspapiere für ausländische Währungen und Edelmetalle. Bei der Ausreise muß die Zolldeklaration vorgelegt werden, und Devisen und Wertsachen dürfen nur bis zur Höhe der bei der Einreise deklarierten Beträge ausgeführt werden.

Bargeld kann in allen größeren Hotels,

in allen Banken und den vielen Wechselstellen getauscht werden. Es wird dringend abgeraten, auf der Straße zu wechseln. Bezahlung in Euro oder Dollar ist nur selten möglich. Rubel können jedoch problemlos bei Banken in Dollar und meist auch in Euro umgetauscht werden. Hierbei wird häufig die Vorlage des Passes verlangt. Man sollte darauf achten, daß die mitgeführten Scheine gut erhalten sind. Hartgeld wird selten gewechselt. Reiseschecks und die gebräuchlichsten Kreditkarten wie American Express, EuroCard und Visa werden in großen Banken und Hotels und einer zunehmenden Zahl von Restaurants und Geschäften akzeptiert.
Anfang 2003 betrug der Kurs 1 Euro = 32,5 Rubel.

Hotels

Das Hotelangebot in Moskau ist sehr vielfältig. Die bekannten und größeren Hotels sind sehr teuer, ohne den entsprechenden Service zu bieten. Im Kapitel ›Praktische Moskautips‹ sind Hotels entsprechend der Kategorie aufgelistet. Bei der Ankunft müssen der Reisepaß und das Visum zwecks Registrierung bei der örtlichen Meldestelle abgegeben werden. Gleichzeitig erhält man eine Hotelkarte, auf der Anreise- und Abreisedatum vermerkt sind, und die zum Betreten des Hotels berechtigt. Auf der Zimmeretage erhält man gegen Vorlage des Hotelausweises den Zimmerschlüssel. Die Etagendame ist für Ruhe verantwortlich. Meist steht auf jeder Etage ein Samovar bereit.
In kleineren Städten beschränkt sich das Hotelangebot meist auf ein Haus. Zudem stehen noch Jugendherbergen zur Verfügung. Entsprechende Angaben finden sich im jeweiligen Kapitel. Die Jugendherbergen (центр юного туризма) entsprechen bei weitem nicht dem westlichen Standard. Sie sind sparsam ausgestattet, die Schlafräume für mehrere Personen meist nur durch dünne Wände voneinander abgetrennt. Die Sanitäranlagen sind oft hoffnungslos überaltet, Duschen sind eher selten. Um so mehr kann man Leute kennenlernen, und das Personal steht den Gästen sehr aufgeschlossen gegenüber. Kochgelegenheiten sind meist nicht vorgesehen. Heißes Wasser spendet ein Samovar, und auf Nachfrage läßt sich auch meist ein Plattenkocher finden.

Individualreisen

Wenige Individualreisende wagen sich nach Rußland. Dabei ist Rußland das Land der Gastfreundschaft, das Land, in dem man zwar viele Unannehmlichkeiten erleben wird, aber auch das Land, in dem niemand am Abend ohne Bleibe sein wird. In Rußland gibt es vieles zu entdecken, besonders abseits der klassischen Reiserouten. Rußland kennt keinen Massentourismus, ist

kein Land, in dem Rucksacktouristen das Straßenbild prägen.
Wahrscheinlich sind die meisten von den Pressemeldungen oder vom fremden kyrillischen Alphabet abgeschreckt worden.
Ein Hindernis besteht auf jeden Fall in den etwas umständlichen Visaformalitäten. Individualreisende brauchen eine offizielle Einladung russischer Gastgeber. Nach der Reise wird man sicher viele Bekannte und Freunde in Rußland haben, doch vorher? Einige deutsche Reiseveranstalter haben sich darauf spezialisiert, Visa auch für Individualreisende zu beschaffen, zum Beispiel Lernidee-Reisen oder Vostok-Reisen, Adressen siehe ›Reiseveranstalter‹.

Klima und Reisezeit

Die beste Reisezeit sind die Sommermonate, allerdings ist zu bedenken, daß die Temperaturen schnell über 30 °C klettern, und im August bereits wieder auf 5 °C sinken können.
Auf jeden Fall sollten Sonnencreme und -brille sowie regenfeste Kleidung im Gepäck mitgeführt werden. Die russischen Winter sind sehr kalt und schneereich, so daß eine Reise in den Wintermonaten zu einem unvergeßlichen Erlebnis werden kann.

Kriminalität

Es gibt keinen Grund zu übertriebener Furcht. Die Kriminalitätsrate in Moskau und den anderen Städten unterscheidet sich nicht von der anderer europäischer Städte. Allgemein bekannte Vorsichtsmaßnahmen sollten hier ebenso beachtet werden wie anderswo. Schmuck sollte nicht auffällig getragen und Geld sorgfältig verstaut werden. In der Nacht sollte man weniger beleuchtete Straßen meiden und auf das Benutzen von Schwarztaxis verzichten. Pressemeldungen in westeuropäischen Zeitungen beziehen sich zum großen Teil auf die Machenschaften der Mafia, die im Chaos der Wirtschaftsreformen eine gut durchorganisierte Kraft darstellt, von deren Treiben Touristen jedoch normalerweise nicht betroffen sind.

Märkte

Auf den Märkten bieten Bauern aus allen Regionen des Landes Waren an. Sie offerieren ein reichhaltiges Angebot an Gemüse, Obst, Fleisch und Geflügel. Die Preise sind für den normalverdienenden Russen sehr hoch. Er wird hier nur zu besonderen Anlässen einkaufen kommen. Märkte sind in allen Städten zu finden und bieten sich zur Selbstversorgung gut an.

Museen

In jeder Stadt wird man mehrere Museen besuchen können, eine Auswahl kann schwerfallen. Die Öffnungszeiten sind in den entsprechenden Kapiteln angegeben. Dabei sollte man unbedingt beachten, daß die Kassen mindestens eine Stunde vor der angegebenen Zeit schließen. Meist wird man eine Ausschilderung oder begleitende Kommentare in einer westeuropäischen Sprache vermissen. In bekannteren Museen, die regelmäßig von ausländischen Touristen besucht werden, gibt es für Russen und Ausländer gesonderte Preise. Sie sind oft sehr hoch und stehen in keinem Verhältnis zum Dargebotenen.

Nachtleben

Die Moskauer Nächte haben sich in den letzten Jahren belebt. Es gibt Nachtbars, Diskotheken und Clubs. Das Moskauer Programm kann man den wöchentlich erscheinenden Zeitungen ›Dosug‹ (Досуг) und ›Pjatnica‹ (Пятница) entnehmen. Eintritt und Getränke sind teuer, entsprechend setzt sich auch das Publikum zusammen: Touristen und wohlhabende Russen. Ein normalverdienender Russe oder gar Student wird sich hier nicht verabreden.

Notrufe

Feuerwehr: 01
Polizei: 02
Notarzt: 03

Öffentliche Verkehrsmittel

Das öffentliche Verkehrsnetz in Moskau ist sehr gut ausgebaut. Metro, Busse, Trolleybusse und Straßenbahnen verkehren täglich von 6 Uhr morgens bis 1 Uhr nachts. Das schnellste Verkehrsmittel ist die Metro. Die Stationen sind durch ein beleuchtetes ›M‹ zu erkennen. Am Eingang hängen Pläne des Streckennetzes aus. An den Kassen werden Wertmünzen verkauft, die man sodann in den Schlitz der Absperrung steckt. Man kann das Metronetz nun solange benutzen, wie man es nicht verläßt, also auch beliebig oft umsteigen. Rolltreppen führen zu den Bahnsteigen hinunter. Die Züge fahren im Minutentakt. Der Metroplan ist im ersten Farbteil abgebildet. Fahrscheine für Busse, Trolleybusse und Straßenbahnen erhält man in Kiosken an den Haltestellen oder beim Fahrer. Sie werden meist in Zehnerreihen verkauft. Nach dem Betreten des Verkehrsmittels müssen sie in einem Entwerter gestanzt werden. In einigen Städten, wie zum Beispiel Vladimir, verkaufen mit-

fahrende Schaffner Fahrscheine. Busse, Trolleybusse und Straßenbahnen fahren nicht immer regelmäßig, selten nach Fahrplan und sind in den Spitzenzeiten hoffnungslos überfüllt. Das Verkehrsnetz einer Stadt in Kürze zu überschauen ist selten möglich, da Übersichtspläne nicht existieren, überaltet sind oder sich Straßennamen geändert haben.

Post und Kommunikationsmittel

Postämter gibt es in jedem Ort, und auch in den großen Hotels bieten Postschalter ihren Service an. Briefkästen für Sendungen außerhalb des Stadtgebietes sind blau. Postkarten und Briefe in das Ausland können auf dem Landweg oder mit der Luftpost verschickt werden. Die Postlaufzeiten sind sehr unterschiedlich. Eine Luftpostsendung von Moskau nach Deutschland benötigt etwa eine Woche. Die Gebühren für Auslandssendungen haben sich den westlichen Postgebühren angeglichen.

Bis vor kurzem war das Telefonieren innerhalb von Ortschaften kostenlos, mittlerweile hat sich ein neues System etabliert. In den meisten Städten kauft man spezielle Telefonkarten, die jedoch nicht in anderen russischen Städten benutzbar sind. Ein Gespräch außerhalb der Ortsgrenzen beginnt man mit dem Wählen von 8 und wartet auf das Freizeichen. Dann fährt man fort mit Vorwahl und Rufnummer. Auslands- und Ferngespräche sind über diese nicht möglich, sondern nur von den Telegrafenämtern aus, die sich meistens neben der Post befinden, oder von Privatanschlüssen aus.

Restaurants

Rußland ist kein Land für Feinschmecker. Selbst in Restaurants gehobener Kategorie kommen Gourmets nur selten auf ihre Kosten, dabei sind die Preise häufig sogar höher. In einfacheren Restaurants ist es oft preisgünstiger. In russischen Restaurants wird zu jedem Essen auch ohne Bestellung Brot gereicht. Tee und Kaffee bilden immer den Abschluß einer Speisenfolge: Wer einen Tee oder Kaffee bestellt hat, wird ihn erst nach dem Essen serviert bekommen, es sei denn, er weist ausdrücklich darauf hin, das heiße Getränk sofort zu bekommen. In vielen Restaurants spielen am Abend Musikkapellen zum Tanz auf.

Eine preiswerte Möglichkeit zu speisen, bieten die Cafés und die Stolovajas, die Selbstbedienungsrestaurants. Letztere haben nur bis 19 Uhr geöffnet und bieten eine einfache, sehr volkstümliche Küche an.

Reiseveranstalter

Deutschland

▶ Biblische Reisen GmbH, Silberburgstraße 121, 70176 Stuttgart, Tel. 0711/619250, Fax 0711/6192544, www.biblische-reisen.de.

▶ Bund Naturschutz, Spitalstraße 21, 91207 Lauf an der Pegnitz, Tel. 091 23/999 57 10, Fax 091 23/999 57 99, www.bund-reisen.de.

▶ CVJM Hamburg, Reisedienst GmbH, An der Alster 40, 20099 Hamburg, Tel. 040/28 40 95 70, Fax 040/280 20 11, e-mail: CVJM-reisedienst@t-online.de, www.cvjm-russlandreisen.de.

▶ DERTOUR GmbH & Co. KG, Abteilung Rußland, Baltikum und Ukraine, Emil-von-Behring-Straße 6, 60424 Frankfurt/M., Tel. 069/95 88 53 08, Fax 069/95 88 53 01.

▶ Doris Knop Reisen GmbH, Herbststraße 13, 28215 Bremen, Tel. 04 21/379 59 17, Fax 04 21/379 59 17, www.knop-reisen.de.

▶ GO EAST Reisen GmbH, Bahrenfelder Chaussee 53, 22761 Hamburg, Tel. 040/89 69 09-0, Fax 040/89 49 40, www.go-east.de.

▶ Lernidee Reisen, Eisenacher Straße 11, 10777 Berlin, Tel. 030/78 60 00-0, Fax 030/786 55 96, www.lernidee-reisen.de.

▶ Olympia-Reisen, Siegburger Straße 49, 53229 Bonn, Tel. 02 28/40 00 30, www.olympia-reisen.com.

▶ Ost-Reise-Service, Am Alten Friedhof 2, 33647 Bielefeld Tel. 05 21/417 33 33, Fax 05 21/417 33 44, www.ostreisen.de.

▶ Perelingua, Varziner Straße 5, 12159 Berlin, Tel. 030/851 80 01, www.perelingua.de.

▶ Studytours München,
Adalbertstraße 23, 80799 München,
Tel. 089/28 66 05 30,
Fax 089/28 60 40,
www.studytours.de.
▶ Dr. Tigges Reisebüro,
Altendorfer Straße 104, 45143 Essen,
Tel. 02 01/810 40 60,
www.tiggesreisebüro.de.
▶ TSA, Travel Service Asia,
Schmelzweg 10,
88400 Biberach/Riß,
Tel. 073 51/37 32 10,
www.Travel-Service-Asia.de.
▶ Ventus Reisen GmbH,
Krefelder Straße 8, 10555 Berlin,
Tel. 030/39 10 03 32 und -333,
Fax 030/399 55 87,
www.ventus.com.
▶ VOSTOK Reisen, Ackerstraße 157,
10115 Berlin, Tel. 030/30 87 10 22,
Fax 030/30 87 10 28, www.vostok.de.
▶ World Touristik Service,
Große Straße 12, 27367 Sottrum,
Tel. 042 64/831 80,
www.wts-touristik.de

Schweiz

▶ Kira Reisen KG, Mellingerstraße 6,
CH-5400 Baden, Tel. 056/200 19 00,
Fax 056/222 77 24,
www.kiratravel.ch.
▶ East West Tours, Staatsstraße 75,
CH-9463 Oberriet,
Tel. 071/761 03 03, Fax 761 04 04,
www.ewtours.com.
▶ GUS Reisen, Stephan Zurfluh,
Altenburgstraße 5,
CH-5430 Wettingen,
Tel./Fax 056/426 54 30,
mobil 079 320 57 91,
www.gusreisen.ch.

Schiffsfahrten

Zu einem unvergeßlichen Erlebnis kann eine Schiffsfahrt auf der Moskva, der Oka oder der Volga werden. Schiffstickets werden in Moskau am Severnyj Rečnoj Vokzal verkauft, Metrostation ›Rečnoj Vokzal‹ (Речной вокзал). Eine zentrale Anlegestelle befindet sich an der Haltestelle ›Kievskij vokzal‹. Schiffe verkehren nach Jaroslavl', Kostroma, Nižnij Novgorod, Kazan, Samara bis nach Volgograd und Astrachan. Es gibt auch Routen nach Kolomna und Murom sowie in den russischen Norden nach St. Petersburg. Die Schiffe verkehren von Juni bis Oktober.

Taxi

Wer in Rußland Taxi fahren möchte, sollte wissen, daß er, einmal als Ausländer erkannt, einen Fahrpreis bezahlen wird, der höher als in Mitteleuropa ist. Ein Taxameter wird in der Regel nicht eingeschaltet. Am besten man handelt vor dem Besteigen des Taxis einen Fahrpreis aus. Besonders vor den Flughäfen und den größeren Hotels muß man damit rechnen, übers Ohr gehauen zu werden. Taxis können an den Straßen angehalten werden, dabei sollte man sich nicht wundern, wenn auch Privatfahrzeuge anhalten. Die Fahrer fragen nach dem gewünschten Ziel und sollte es in ihrer Richtung liegen, nehmen sie

Fahrgäste auf, um so die Benzinkosten zu verringern.

Toiletten

Ein leidiges Problem in ganz Rußland! Es gibt sie im öffentlichen Raum nur selten, auch in Cafés fehlen sie häufig. Besonders in kleineren Städten kann das zum Problem werden. An Busbahnhöfen und Bahnhöfen sind zwar immer Toiletten zu finden, aber die hygienischen Bedingungen sind furchterregend und sehr gewöhnungsbedürftig. Oft befinden sich mehrere Toilettenbecken in einem Raum ohne Zwischenwände. Toilettenpapier gibt es nicht, man sollte es immer bei sich führen! In den großen Städten sind in letzter Zeit Pachttoiletten entstanden, die sauber gehalten werden und schon eher zu empfehlen sind.

Vorwahlen russischer Städte innerhalb Rußlands:

Jaroslavl': 08 52
Jur'ev-Pol'skij: 092 46
Kolomna: 095 61
Kostroma: 09 42 (für sechsstellige Nummern), 094 22 (für fünfstellige Nummern)
Moskau: 095
Murom: 092 34
Nižnij Novgorod: 83 12
Pereslavl'-Zalesskij: 085 35
Rjazan': 09 12
Rostov: 085 36
Sergiev Posad: 096 54
Suzdal': 092 31
Vladimir: 092 22

Internationale Gespräche können in Rußland direkt durchgewählt werden, auch von Privattelefonen.
Vorwahl von Rußland nach Deutschland: 8/10 49-Vorwahl-Rufnummer (z. B. von Moskau nach Berlin: 8/10 49/30-Rufnummer)
nach Österreich: 8/10 43-Vorwahl-Rufnummer
in die Schweiz: 8/10 41-Vorwahl-Rufnummer

Zeit

Der Zeitunterschied zwischen Mitteleuropäischer Zeit (MEZ) und Moskauer Zeit beträgt zwei Stunden. In der Russischen Föderation wurde auch die Sommerzeit eingeführt.

Zollbestimmungen

In die Russische Föderation dürfen die für den persönlichen Gebrauch bestimmten Gegenstände zollfrei eingeführt werden. Sowohl bei der Einreise als auch bei der Ausreise muß eine Zollerklärung ausgefüllt werden. Die Einreiseerklärung wird bis zum Ende der Reise aufgehoben und bei der Ausreise abgegeben. Deklariert werden müssen alle Devisen, Schmuck- und Wertgegenstände. Es empfiehlt sich, möglichst genaue Angaben zu machen, um bei der Ausreise keine Schwierigkeiten zu bekommen. Verboten ist die Ausfuhr von Antiquitäten und Kunstgegenständen, man kann sich aber um eine spezielle Erlaubnis beim Kultusministerium bemühen.

Glossar

Apsis, Apside
meist halbkreisförmiger östlicher Abschluß des Kirchenraums, von einer Halbkuppel überdeckt und in der Regel Standort des Altars

Archimandrit
Vorsteher eines großen und bedeutenden Klosters

Archivolte
zumeist mit reichem plastischen Schmuck versehene Rahmenleiste eines Rundbogens an Portalen

Astragal
ionisches Zierelement aus runden und länglichen Perlen mit Zwischenplättchen an Kapitellen, Gebälk oder Kassettendecken

Attika
brüstungsartiger Aufbau oder niedriger geschlossener Mauerstreifen über dem Hauptgesims eines Gebäudes, einer Säulen- oder Pilasterordnung

Baptisterium
Taufkirche oder Taufkapelle

Blendarkade
bogenförmige Blende, die einer geschlossenen Wandfläche vorgelegt ist und sie gliedert, ohne sie zu öffnen

Bojaren
ursprünglich höchster Adelsstand in Altrußland, Ursprung der Bezeichnung wahrscheinlich vom türkischen Wort ›bajar‹ vornehmer, reicher Mann

Choromen
Wohnhaus des Adels, das in Form eines Blockhauses angelegt ist, zumeist bestehend aus einem Ensemble von mehreren Choromen, die durch Übergänge und Dielen miteinander verbunden sind

Deesis
byzantinische Darstellung des thronenden Christus zwischen Maria und Johannes dem Täufer beim Jüngsten Gericht

Detinez
zentraler befestigter Teil der altrussischen Stadt (andere Bezeichnung für Kreml)

Duma
russische Bezeichnung für Rat oder Versammlung

Fresko
Wandmalerei auf frischem, feuchten Kalkputz, zumeist mit Sekko-Technik gemischt, mit der sie im Verlaufe des Trocknungsprozesses eine sehr haltbare Verbindung eingeht

Girka
figürliches, an einem Eisenstab hängendes Element zwischen zwei Dekorbögen zur Verzierung von Toren, Freitreppen und Fenstereinfassungen

Ikonostas (auch Ikonostase)
in orthodoxen Kirchen eine mit Ikonen geschmückte Wand aus Holz mit drei Türen, die den Altarraum vom Laienraum trennt

Kokošniki
Blend- oder Ziergiebel, halbkreisförmig oder mit kielbogenförmigen Oberteil, zumeist in zwei oder drei Reihen um die Trommel angeordnet, auch zur äußeren Verkleidung von Gewölben und als oberer Abschluß der Außenwände

Kollegienassessor
Amtsschreiber, Titel nach der Rangtabelle Peters I.

Lisene
aus der Mauer hervortretender schmaler, senkrechter und flacher Streifen als architektonisches Gliederungselement von Wandflächen, ohne Basis und Kapitell

Lukarne
Geschoßhoher Ausbau einer Gaube, die auf dem Hauptgesims in Fortsetzung der Außenfassade aufsitzt

Lünette
halbkreisförmiges Bogenfeld über Fenstern und Türen, oft dekorativ ausgestaltet

Nališnik
ornamentale Umrahmung von Tür- oder Fensteröffnungen

Narthex
abgeschlossene Vorhalle, Vorraum bei Kirchen

Oktagon, Oktogon
Gebäude mit achteckigem Grundriß

Pilaster
an Außen- und Innenwänden flach aufliegender Wandpfeiler, der im Gegensatz zur Lisene aus Basis, Schaft und Kapitell besteht

Metropolit
Stellvertreter des Patriarchen, des Oberhauptes der orthodoxen Kirche

Portikus
säulentragender Vorbau vor dem Hauptgebäude

Posad
dem Kreml vorgelagerte Vorstadt beziehungsweise Handelsort

Protopope
Geistlicher höchsten Ranges

Pylon
massiver, turmartiger Baukörper mit rechteckigem Grundriß und abgeschrägten Seitenwänden

Rustika (rustizieren)
Mauerwerk aus grob zugehauenen Werksteinquadern

Sakomare
Rundgiebel, halbkreisförmiger Abschluß der oberen Wandteile

eines Kirchengebäudes

Širinka
viereckige, von einem figürlich gestalteten Rahmen umgebene Mauernische, in die manchmal eine Kachel oder aus Ziegel oder Kalkstein skulptierter Schmuck eingelassen ist

Tambour
zylinderförmiger, ovaler oder polygoner Baukörper, der zwischen Kuppelträger und Kuppel eines Gebäudes gesetzt ist, meist von Fenstern oder Lichtöffnungen durchbrochen

Ukaz
Erlaß des Zaren, Anordnung, Befehl

Veče
von altrussisch ›veščat'‹ – ›sprechen‹, Volksversammlung der altrussischen Städte

Vierung
der Raumteil im Zentrum der Kirche, der aus der Kreuzung von Längs- und Querschiff entsteht, weist meist quadratischen Grundriß auf

Ziborium
steinerner, von Säulen getragener Altarbaldachin

Zemstvo/Zemskij sobor
Organ der lokalen Selbstverwaltung auf Gouvernements- und Kreisebene in Rußland von 1864–1917; gewählte Vertreter des Adels, der das Übergewicht hatte, sowie Städter und Bauern bildeten unter Vorsitz des Adelsmarschalls die Zemstvoversammlung und -verwaltung (Zemskij sobor), der die Förderung des Verkehrs-, Gewerbe-, Gesundheits- und Volksschulwesens oblag

Literaturhinweise

Da auch beim Suchen nach Literatur im Buchhandel oder in der Bibliothek ein Problem mit der Umschrift auftauchen kann – oft mehrere oder nur eine einzige Variante in den Computern angegeben werden – sind im folgenden die möglichen Schreibweisen aufgelistet. Dies betrifft vor allem die Belletristik: Cvetaeva – Zwetajewa; Čechov – Tschechow; Čaadaev – Tschaadajew; Dostoevskij – Dostojevskij – Dostojewski; Erofeev, Venedikt – Jerofejew, Wenedikt; Esenin – Jessenin; Gor'kij – Gorki; Lichačev – Lichatschew; Okudžava – Okudschawa; Pil'njak – Pilnjak; Saltykov-Ščedrin – Saltykow-Schtschedrin; Solženicyn – Solschenizyn; Vyssockij – Wyssozki – Wyssotzki

Antonowa, Irina/Merkert, Jörn (Hg.): Berlin–Moskau 1900–1950, Prestel, München 1995

Chan-Magomedow, S. O. : Pioniere der sowjetischen Architektur, VEB Verlag der Kunst, Dresden 1973

Donnert, Erich: Altrussisches Kulturlexikon, VEB Bibliographisches Institut, Leipzig 1985

Goehrke, Carsten/Hellmann, Manfred u. a. (Hg.): Rußland, Fischer Weltgeschichte, Frankfurt/Main 1973

Faensen, Hubert/Iwanow, Wladimir: Altrussische Baukunst, Union Verlag, Berlin 1973

Kasack, Wolfgang: Lexikon der russischen Literatur des 20. Jahrhunderts, Verlag Otto Sagner, München 1992

Lichatschew, D. S. /Wagner, G. u. a.: Rußland – Seele, Kultur, Geschichte, Bechtermünz Verlag, Augsburg 1996

Margolina, Sonja: Rußland: Die nichtzivile Gesellschaft, Reinbek b. Hamburg 1994

Maschkowzew, N. G. (Hg.): Geschichte der russischen Kunst, VEB Verlag der Kunst, Dresden 1975

Mironowa, Animaissa: Kunstschätze Altrusslands, VEB E. A. Seemann Buch- und Kunstverlag, Leipzig 1990

Noever, Peter (Hg.): Tyrannei des Schönen. Architektur der Stalin-Zeit, München 1994

Plessix Gray, Francine de: Drahtseilakte. Frauen in der Sowjetunion, München 1990

Ruge, Gerd: Weites Land. Russische Erfahrungen. Russische Perspektiven, Knaur 1998

Stender-Petersen, Adolf: Geschichte der Russischen Literatur, Verlag C. H. Beck, München 1993

Stökl, Günther: Russische Geschichte, Alfred Kröner Verlag, Stuttgart 1990

Tarkowskij, Andrej: Andrej Rubljow – Die Novelle, Limes, Berlin 1992

Torke, Hans-Joachim (Hg.): Lexikon der Geschichte Rußlands, Verlag C. H. Beck, München 1985

Ders. (Hg.). Historisches Lexikon der Sowjetunion, Verlag C. H. Beck, München 1993

Literatur zu und über Moskau (Auswahl)

Bielfeldt, Sigrun: Moskau. Der literarische Führer, Insel Verlag, Frankfurt/Main 1993

Keller, Christoph (Hg.): Moskau erzählt, Fischer Taschenbuch Verlag, Frankfurt/Main 1993

Kuntze, Klaus: Reise nach Moskau, Aufzeichnungen und Berichte 1526–1972, Heimeran Verlag, München 1980

Mayenburg, Ruth von: Hotel Lux. Das Absteigequartier der Weltrevolution, Serie Piper 1978

Schlögel, Karl: Moskau lesen, Siedler Verlag, Berlin 1984

Wassiljewa, Larissa/Siwik, Hans: Frauen in Moskau, Dortmund 1991

Belletristik und Lyrik

Barlach, Ernst: Das dichterische Werk in drei Bänden. Band 2: Die Prosa I, München 1973

Bulgakow, Michail: Gesammelte Werke in 13 Bänden, Verlag Volk & Welt, Berlin 1996

Gorki, Maxim: Meine Kindheit, Berlin und Weimar 1970

Ders.: Meine Universitäten, Berlin und Weimar 1968

Ders.: Wanderungen durch Rußland, Berlin und Weimar 1979

Grasshoff, Helmut: Altrussische Dichtung aus dem 11.–18. Jahrhundert, Reclam, Leipzig 1971

Jerofejew, Wenedikt: Die Reise nach Petuschki, Serie Piper 1987

Jessenin, Sergej: Gedichte, Leipzig 1986

Kjetsaa, Geir: Maxim Gorki, Claassen Verlag, Hildesheim 1996

Koeppen, Wolfgang: Nach Rußland und anderswohin. Empfindsame Reisen, Stuttgart 1958

Kopfbahnhof, Almanach: Das falsche Dasein, Sowjetische Kultur im Umbruch, Reclam, Leipzig 1990

Lebedewa, Katja (Hg.): Auf der Suche nach dem verlorenen Leid, Neue Russische Literatur, Edition Druckhaus 1994

Mierau, Fritz: Sergej Esenin, Reclam, Leipzig 1991

Okudschawa, Bulat: Romanze vom Arbat, Berlin 1985

Pil'njak, Boris: Das nackte Jahr, Berlin und Weimar 1980

Ders.: Maschinen und Wölfe, Reclam, Leipzig 1992

Puschkin, Alexander: Eugen Onegin, Reclam, Leipzig 1972

Roth, Joseph: Reise nach Rußland, Feuilletons, Reportagen, Tagebuchnotizen 1919–1930, Kiepenheuer & Witsch, Köln 1995

Saltykow-Schtschedrin, Michail: Die Tugenden und die Laster, Leipzig 1976

Solschenizyn, Alexander: Der Apchipel GULag, Reinbek b. Hamburg 1988

Tschechow, Anton: Die Dame mit dem Hündchen. Späte Erzählungen, München 1988

Tschaadajew, Peter: Apologie eines Wahnsinnigen, Leipzig 1992

Wolf, Christa: Moskauer Novelle, In: An den Tag gebracht (Anthologie), Halle 1961

Wyssozki, Wladimir: Zerreißt mir nicht meine silbernen Seiten, Berlin und Weimar 1989

Zwetajewa, Marina: Auf eigenen Wegen, Frankfurt am Main 1987

Dies.: Ausgewählte Werke. Lyrik. Prosa. Briefe, Berlin 1989

Kartenmaterial

GUS Shell EuroKarte, Großblatt 1, Rußland von St. Petersburg bis Moskau
Moskau, Falkplan

Danksagung

Die Autorinnen danken allen Freundinnen, Freunden und Bekannten, die bei der Entstehung des Buches mitgeholfen haben.

Besonderer Dank geht an Jana Schröder, Bert Konopatzky und Gert Schmidt; an Michael Schroedter, Falk Haberkorn, Michael Kardaetz und Uwe Dippelt sowie Beate und Wedigo Scheer für das zur Verfügung gestellte Fotomaterial.

Für Anregungen und aufmerksame Unterstützung danken wir Ulrike Reiter, Jana Korb und D.V. Netz, Konstanze Kleiner, Gernot Lindemann und Felix Schnell.

In Rußland danken wir für Hilfe und schöne Stunden Sergej Mitrachovič (Minsk, Weißrußland), Lilja Malachova und Pavel in Kolomna, Galina Gorbatenko in Rjazan', Nadja und Andrej in Kostroma sowie Marina und Igor' Nasyrovy in Jur'ev-Pol'skij.

Ortsregister

Personen- und Sachregister

Kartenregister

Trescher Verlag

Der Osteuropaspezialist

Die Krim entdecken
Unterwegs auf der Sonneninsel im Schwarzen Meer, 14.95 €

Kroatien entdecken
Unterwegs zwischen Istrien, Slawonien und Dalmatien, 14.95 €

Litauen entdecken
Europas neuer Mittelpunkt im Baltikum, 14.95 €

Masuren entdecken
Unterwegs im Land der Seen und Wälder, 13.95 €

Montenegro entdecken
Zwischen Adria und Schwarzen Bergen, 14.95 €

Die Neumark entdecken
Durch die alte Kulturlandschaft östlich der Oder, 9.95 €

Nordkorea-Handbuch
Unterwegs in einem geheimnisvollen Land, 13.95 €

Die polnische Ostseeküste
Unterwegs zwischen Oder und Frischem Haff, 13.95 €

Das Riesengebirge entdecken
Rübezahls Land an der tschechisch-polnischen Grenze, 13.95 €

Rumänien entdecken
Kunstschätze und Naturschönheiten, 14.95 €

Sibirien entdecken
Städte und Landschaften zwischen Ural und Pazifik, 18.95 €

Trescher Verlag im Internet unter www.trescherverlag.de mit ausführlichen Infos über alle unsere Bücher und Onlineshop